Jens Rosteck
Jane und Paul Bowles

Jens Rosteck

Jane und Paul Bowles
Leben ohne anzuhalten

Eine Doppelbiographie

Goldmann Verlag

Originalausgabe

1. Auflage
Copyright © 2005 by
Wilhelm Goldmann Verlag, München,
in der Verlagsgruppe Random House GmbH
Satz: Uhl + Massopust, Aalen
Dieses Buch wurde auf holz- und säurefreiem Papier gedruckt,
geliefert von Salzer Papier GmbH, St. Pölten.
Das Papier wurde aus chlorfrei gebleichtem Zellstoff
hergestellt und ist alterungsbeständig.
Druck und Einband: GGP Media GmbH, Pößneck
Printed in Germany
ISBN-10: 3-442-31079-2
ISBN-13: 978-3-442-31079-1

www.goldmann-verlag.de

Inhalt

Einleitung
7

Prolog
Fliegende Teppiche
Unterwegs ins Labyrinth
21

1
Kopf oder Zahl
Leben ohne anzuhalten
69

2
Die Zügel des Sonnenwagens
Zu allen Schandtaten bereit
125

3
Ein Klavier am Ende der Welt
Freddy in Paris
179

4
Zeit der Feindschaft, Zeit der Freundschaft
Flitterwochenjahre mit Papagei
235

5
Dreams That Money Can Buy
Das Weite suchen – und finden
303

6
Mozart und Mariachis
Tanger zwischen Fluchtburg und Peepshow
361

7
Vergessenssucher
Nichts Köstlicheres, als ein Fremdling zu sein
419

8
Sommerhäuser, später
Wie man Sünde auf Sünde häuft
481

9
Stille Tage in Málaga
Schachteln, die an Kopfwände stoßen
555

Epilog
»No Exit«
611

Anhang
Nachwort
Verzeichnis der Abkürzungen
Ausgewähltes Literaturverzeichnis und Quellen
643

Einleitung

Der Komponist, Reiseliterat, Poet, Novellist, Übersetzer und Romanautor Paul Bowles (1910–1999) und die Avantgarde-Erzählerin und Dramatikerin Jane Auer Bowles (1917–1973) waren und bleiben eines der faszinierendsten, widersprüchlichsten und rätselhaftesten kreativen Paare der Kulturgeschichte im 20. Jahrhundert. Zwei komplexe, vielschichtige Künstler waren hier gleichberechtigt am Werk und drückten ihrer Epoche einen unverwechselbaren Stempel auf, wie vor und nach ihnen nur noch etwa Frida Kahlo und Diego Rivera, Yoko Ono und John Lennon, Lotte Lenya und Kurt Weill, Simone de Beauvoir und Jean-Paul Sartre, Gala und Salvador Dalí, Elsa Triolet und Louis Aragon, Yvan und Claire Goll, Zelda und F. Scott Fitzgerald.

Die höchst unkonventionelle Verbindung zweier der wichtigsten amerikanischen Schriftsteller ihrer Ära nahm im Vorkriegs-New York der späten Dreißiger ihren Anfang, führte das Duo auf Abenteuerreisen nach Mittelamerika und Paris, zum Inselkauf nach Sri Lanka und schließlich in einen jahrzehntelang währenden (Alp-) »Traum am Ende der Welt«, in das Tanger der Nachkriegszeit.

Dort, im Grenzland zwischen Europa, Afrika und Atlantik, im ästhetischen, gesellschaftlichen wie erotischen Freiraum der »Internationalen Zone«, kamen sie Hippies, Drogenabhängigen und Aussteigern zuvor, hielten bereits ab den frühen Fünfzigern Hof, standen im Zentrum mondäner Parties, erweiterten ihre Kreativität und erprobten neue Schreibtechniken durch ungehemmten Kif-Konsum, spürten den Musiktraditionen des Maghrebs nach, erkundeten die Wüste, nahmen an rituellen Trance-Zeremonien teil, wurden Zeugen innenpolitischer Unruhen. Und lockten bald die Vertreter der *beat generation* – mit der sie nicht allzuviel gemein hatten, aber schleunigst von ihr vereinnahmt wurden – in ihr Refugium an diesem geheimnisvollen, abgründigen und gefährlichen äußersten Zipfel Nordwestafrikas voller Verheißung, in die *dream city*.

Beide wurden in und um New York geboren. Beide verweigerten sich frühzeitig tradierten Vorstellungen von Familienleben und Männer- oder Frauenrolle.

Jane wuchs vaterlos mit einer dominanten Mutter auf, erlitt einen schweren Reitunfall und wurde zu Pflegeaufenthalten in schweizerische Sanatorien eingewiesen. Nach unwirklichen Monaten in alpinem Ambiente kehrte sie auf einem Atlantikdampfer in die Staaten zurück, wo sie einem *enfant maudit* der französischen Literatur, dem Romancier Céline, begegnete – ein Schlüsselerlebnis. Janes augenblicklichen Entschluß, selbst Schriftstellerin zu werden, krönte ein abgeschlossener Roman der Jugendlichen in französischer Sprache. Noch nicht volljährig, lebte sie mit älteren Gefährtinnen zusammen, führte ein Bohème-Dasein in Manhattan und wurde zum Dauergast so mancher Lesbenlokale. Die kettenrauchende Trinkerin, Exzentrikerin und Vielrednerin laborierte jahrelang an Romanen (*Two Serious Ladies*) und Fragmenten, bei deren mühseligem Abschluß ihr Paul willkommene Hilfestellung leistete.

Ihr einziges Theaterstück (*In the Summer House*) erntete wie alle ihre übrigen Publikationen (etwa der Erzählband *Plain Pleasures*) mäßige bis vernichtende Kritiken, trug ihr in maßgeblichen Kreisen jedoch unerhörten, ja legendären Ruhm ein und brachte es bis an den Broadway. Kenner, Intellektuelle und Eingeweihte liebten ihre verrätselte, spröde Prosa, die immer auch um das Schreiben selbst, die Unmöglichkeit von Ehegemeinschaften und die Problematik ausschließlich weiblicher Beziehungen kreiste. Tennessee Williams, Truman Capote und Virgil Thomson verehrten die ungestüme junge Frau mit steifem Bein, und ihre bloße Gegenwart auf einer Abendgesellschaft schüchterte hartgesottene Starjournalisten und Partylöwen reihenweise ein.

Paul stammte aus Long Island und war der Sohn eines autoritären Zahnarztes, der den Jungen bei jeder sich bietenden Gelegenheit züchtigte und erniedrigte. Seine Mutter las ihm im Gegenzug Gruselgeschichten von Poe vor, um ihm das Einschlafen zu erleichtern. Durch Attentatsversuche väterlicherseits und groteske Gutenachtrituale mütterlicherseits ließ sich Paul keineswegs aus der Fassung bringen. Das frühreife Wunderkind verfaßte eigene Texte bereits im Knabenalter, weigerte sich, mit gleichaltrigen Kindern zu spielen, und wollte um jeden Preis Komponist werden. Mit Streichholzfiguren schuf es sich eine eigene, autarke Traumwelt. Führende Lyrikzeitschriften druckten seine Gedichte, als er noch in der Pubertät war. Paul wurde Schüler des seinerzeit tonangebenden Aaron Copland. Ohne seine Eltern zu informieren, riß er nach Paris aus und fand alsbald wohlwollende Aufnahme im Allerheiligsten der *lost generation*: im Salon von Gertrude Stein. Von seinen lyrischen Ergüssen hielt sie herzlich wenig, ermunterte ihn aber, eine Zeitlang nach Marokko zu gehen und zu komponieren. So geriet Paul erstmals nach Tanger, wo er ein leidlich verstimmtes Klavier fand und mit Copland zusammenlebte. Er beherzigte den Rat der großen alten Dame und vertonte sogar die Briefe, die sie ihm schrieb.

In den folgenden zwei Jahrzehnten wurde Bowles zu einem der vielversprechendsten und meistbeschäftigten Tonsetzer der Vereinigten Staaten. Er verfertigte Kammeropern, Instrumentalmusik, Dutzende von Liedern und war ein gefragter Komponist von Bühnen-, Ballett- und Filmmusiken. Stets von Fern- und Weltreisen unterbrochen, hastete er bis Ende der vierziger Jahre rastlos zwischen entlegenen Orten des Globus und Premieren in New York hin und her. *Without Stopping* lautet nicht umsonst der Titel seiner Memoiren. Seine Musik, beeinflußt von lateinamerikanischen Meistern und dem Esprit der französischen »Six«, war lakonisch, witzig und ironisch. Anmutig und anekdotisch. Als Ethnologe machte er sich mit einem Stipendium der Rockefeller Foundation zusätzlich daran, schwer zugängliche Folklore-Musik in Marokko vor Ort aufzuzeichnen und systematisch zu archivieren.

Genau zu dem Zeitpunkt, als Paul seine musikalischen Auftragsarbeiten für den amerikanischen Theaterbetrieb ermüdeten, erhielt er den Auftrag des Verlages Doubleday, einen Roman zu schreiben. Damit begann unvermutet seine zweite, ungleich erfolgreichere Karriere. *The Sheltering Sky* verschaffte ihm auf Anhieb den Durchbruch; drei weitere Romane folgten. Hochglanzzeitschriften und literarische Magazine druckten seine oft grausamen, in nüchternem, leidenschaftslosem Ton gehaltenen Erzählungen. In scharfem Gegensatz zu seinen frechen, modernen Kompositionen gibt sich sein Schreibstil zutiefst altmodisch, düster und beklemmend, kalt und pessimistisch, ja makaber. Aufgrund des nihilistischen Tonfalls und der omnipräsenten Thematik – westliche, auf sich selbst gestellte, verzweifelte und der Zivilisation entsagende Individualisten oder Ehepaare gehen in exotischem Ausland als Fremde auf Sinnsuche und scheitern an ihren unlösbaren inneren Konflikten – verpaßte man ihm das Etikett »Existentialist«: eine Rubrizierung, die Bowles – der immerhin Sartres Kammerspiel *Huis clos* als *No Exit* ins Englische übertragen hatte – energisch zurückgewiesen hat. Vielmehr kreierte er eine Ästhetik des Morbiden und Makabren. Gelassen vorgetragen in lapidarem Parlando.

Einer Traumvision gehorchend, machte er sich ein zweites Mal nach Tanger auf – diesmal für immer. Jane »gehorchte« ebenfalls und kam mit, wenn auch eher widerstrebend. Pauls Privatleben, geschickt verborgen hinter der Fassade des jederzeit – auch bei der Dünensafari – penibel gekleideten, formvollendeten Gentleman und fürsorglichen Gatten, war stets in einen kunstvollen Schleier von Vermutungen gehüllt. Fragen nach seiner homosexuellen Identität begegnete er ausweichend; gern leistete er der Vermutung Vorschub, er habe über weite Strecken seines Daseins eine eremitisch-asketische oder gar asexuelle Existenz geführt. Korrespondenz, Aufzeichnungen und Interview-Aussagen sprechen da eine andere Sprache: Selbst die so autonom liebende Jane litt zeitweise stark unter den Affären – besser gesagt: frei ausgelebten Amouren – ihres Mannes, und seine intensive Beziehung zu dem Maler Ahmed Yacoubi (wie so oft bei ihm ein pädagogisch-erotisiertes Vater-Sohn-Verhältnis in Pygmalion-Manier), mit dem er auf seiner Insel Taprobane im Indischen Ozean zusammenlebte, belastete das Zusammenleben der Ehepartner auf Dauer.

Wenn es seine Fans und literarischen Nachfolger auch schmerzen mag: Im Gegensatz zu Jane – deren Leben und Œuvre sich mit gutem Willen als selbstgewähltes *outing* auffassen läßt – war Paul alles andere als ein modischer *gay writer*.

Der elegante Dandy und die scharfzüngige Rebellin – schnell genossen sie Kultstatus. Sie wurden zum Inbegriff eines mit nonchalantem Achselzucken überwundenen Kulturschocks. Pioniere in Übersee. Propagandisten einer multikulturellen Koexistenz *avant la lettre*. Mit einem Apéritif in der Hand blickten sie vom Rande der Sahara auf den unendlich weiten »Himmel über der Wüste«. Grenzerfahrungen von einem sicheren Posten aus, der alle Annehmlichkeiten eines westlichen Eldorados bot. Von dürftigen Vorschüssen noch zu schreibender Bücher zwar nur mühsam über Wasser gehalten, hielt man sich hier an reichlich vorhandenem, billigem Dienstpersonal schadlos, profitierte vom starken Dollar und den Diensten der zur Prostitution gezwungenen Jünglinge aus den Armenvierteln. Ohne den geringsten Zynismus nahm allabendlich eine kleine, aber feine High Society aus Geldadel und Literaten raffinierte Cocktails ein – vor der Kulisse eines der damals ärmsten Länder der Erde, in unangreifbarer Entfernung von den Dachterrassen der *expatriates* überschaubar. Ungeniert und selbstbewußt betrieben Jane und Paul die Stilisierung ihrer bewußt kinderlosen, so anarchistischen wie hedonistischen Existenz, posierten vor Dünen und am Ozean, in Kaftanen, mit Krawatte und Maßanzug, Perlenkette und Abendkleid, in schicken Sportwagen, einen schneidigen Chauffeur an der Seite, Kakteen und Kamele dekorativ im Hintergrund.

Als mondäne Nomaden, als emanzipiertes Dichter-Tandem ohne einengende Fesseln, als Vorreiter der freien Liebe und als Bindeglieder zwischen der versnobten literarischen Szene von

Manhattan und den uralten Traditionen der Geschichtenerzähler eines ursprünglichen, undurchdringlichen Marokkos empfingen sie in ihren wechselnden Behausungen Klassiker der Moderne, Beat-Poeten und Showstars, Milliardäre und einheimische Schafhirten, Marktfrauen und Strichjungen, Geliebte beiderlei Geschlechts. Erika Mann und Truman Capote liefen ihnen über den Weg. William Burroughs, Ned Rorem und Tennessee Williams gingen bei ihnen ein und aus; Libby Holman, Cecil Beaton, Allen Ginsberg, Brion Gysin und Alfred Chester folgten.

Alle Nachzügler waren auf der Flucht vor einem aggressiv materialistischen, ungeliebten Amerika, in dem die Hexenjagd der McCarthy-Jahre beängstigende Ausmaße angenommen hatte und jegliche experimentellen künstlerischen Umtriebe im Keim erstickte. Alle kehrten sie ihrem Heimatland der vorgeblich unbegrenzten Möglichkeiten, in dem Männerfreunde und Damenpaare gnadenloser Verfolgung ausgesetzt waren, den Rücken. Die blendende Sonne an der Straße von Gibraltar machte die labilen Naturen blind für die Gefahren, die Probleme und den rauhen Alltag im Maghreb. Dabei lagen die Fallstricke offen zutage. Bei nicht wenigen von ihnen verschwammen im exotischen, pyschedelischen Ambiente die Grenzen zwischen Genie und Wahnsinn, Freiheitsdrang und Hörigkeit. Nicht allen gelang die heikle Balance, sich wie Paul als Lebenskünstler zu gerieren und sich mit Hilfe intensiven Schaffensdranges der Verführungskraft eines libertinären Orients immer wieder zu entziehen.

Tanger als Fata Morgana, die freiwillige Emigration als künstliches Paradies und Schimäre: Auch die Zynikerin Jane wurde zum Opfer. Für ihre Schlagfertigkeit gerühmt und wegen ihrer schwebenden, vagen Kurzprosa und ihrer Dialoge bewundert, um ihre souveräne Konversationskunst beneidet und wegen ihres beißenden Humors gefürchtet, konnte ihr einst in Brooklyn oder im Village niemand wirklich Paroli bieten. In der nordafrikanischen Medina hingegen verloren sich Gewißheiten, verkehrten sich Stärken und Begabungen in Schwächen. Hier galten jahrhundertealte, unausgesprochene Gesetze und Tabus. Und je stärker Paul sich als Schriftsteller durchzusetzen vermochte, desto größer und unüberwindlicher wurde Janes Schreibblockade. Sie fühlte sich zusehends fremd, verunsichert, hilflos und abhängig. Jüdin, bekennende Lesbierin, von Kindheit an körperlich behindert und Alkoholikerin (so ihre eigene spöttelnde Charakterisierung), war sie, deren schmales Gesamtwerk in einer Taschenbuchausgabe Platz findet, letztlich der Anziehungskraft dieser doppelbödigen »Neuen« Welt nicht gewachsen. Jane verfiel einer Einheimischen – der androgyn-mysteriösen Cherifa – mit Haut und Haaren und wurde nach und nach von einem infernalischen Strudel mitgerissen und zugrunde gerichtet. Ablenkungsversuche, Zweifel an den eigenen Fähigkeiten und eine unüberbrückbare Kluft zwischen Schreiben und Leben waren die Elemente und Schubkräfte dieses nicht mehr aufzuhaltenden Teufelskreises.

In Pauls und Janes Romanen und Erzählungen tauchen immer aufs neue Paare und Zweier-Konstellationen auf, die das gemeinsame reale Leben, Schreiben und Reisen abbilden, konterkarieren, karikieren, verfremden. Als verblüffend kohärente »literarische Osmose« ist dieses Bowles-Phänomen zu Recht bezeichnet worden. Utopien und Zerrbilder, Wunschvorstellungen und Phantasien von jeweils zwei miteinander um ihr Lebensglück hadernden Menschen – sie eignen sich bestens dazu, mit den Fakten ihrer doppelten Biographie kritisch verglichen zu werden.

Insbesondere Jane war davon überzeugt, ihr eigenes tragisches Schicksal und Ende sei in den finalen Kapiteln von Pauls *Sheltering Sky* (Vereinsamung, Ausgeliefertsein in der Wüste, Vergewaltigung, Irrsinn, Bewußtseinsverlust für die Protagonistin Kit) vorgezeichnet gewesen – eine schlimme Prophezeiung. Und in ihren eigenen Texten (*Camp Cataract; A Quarreling Pair*) gibt sie die authentischen Kommunikationsschwierigkeiten in ihrer eigenen Partnerschaft dutzendfach auf einer fiktiven, überhöhten Ebene wieder.

Doch worin bestand die Funktionsfähigkeit dieser Zweierbeziehung genau? Wie kam sie zustande, was hielt sie am Leben, wie bewährte sie sich, und wann war sie zum Scheitern verurteilt? Wer definierte die Nuancen, in denen sich die Koordinaten des Zusammenlebens immer wieder verschoben und veränderten? Kreativität und Nachschöpfung, Aktion und Reaktionen: Von wem gingen wann Initiativen aus? Wer war in welcher Situation die treibende Kraft, und wer ließ sich treiben? Wer stürzte ins Bodenlose, wer fing den anderen auf?

Und nicht zuletzt: Welche Rolle spielte gerade bei diesem Paar die Geschlechterfrage, welche die sexuelle Orientierung? Bestätigte ihre kreative Zelle einmal mehr das ewige Stereotyp aktiver, dominierender, künstlerisch vielseitiger und erfolgreicher Mann (hier: Homosexueller) versus passive, allmählich immer defensiver agierende, künstlerisch eingleisig tätige Frau (hier: Lesbe), deren Schaffen zum Schluß gänzlich zum Erliegen kommt?

Ihre – nicht nur für die damalige Zeit – überaus kühnen Lebensentwürfe sollen im folgenden auch auf ihre ›Tauglichkeit‹ hin überprüft werden.

※ ※ ※

Was den allgemeinen Bekanntheitsgrad der beiden »Bowleses« betrifft, so hat es damit seine eigene, recht kuriose Bewandtnis. Entweder rennt man bei Initiierten, für die ihre Lebensgeschichte und ihr Werkkatalog regelrechten Kultstatus besitzen, mit der bloßen Nennung ihrer Namen offene Türen ein, oder man stößt selbst bei Leseratten mit enormer Orientierungsfähigkeit in der Literaturgeschichte des zurückliegenden Jahrhunderts auf völlige Unkenntnis. (In manchen Enzyklopädien zur amerikanischen Kultur der Neuzeit, auch jüngeren Datums, fehlen ihre Namen schlichtweg.) Dazu mag beigetragen haben, daß in Pauls Schaffen nahezu ausnahmslos nicht-amerikanische Themen, Sujets und Begebenheiten im Vordergrund stehen, er also gar nicht auf breiter Basis als US-Autor wahrgenommen wurde oder wird. Womöglich ist er jedoch der bedeutendste *ex-*

patriate der amerikanischen Literatur seit Henry James, mit dauerhaftem, mehrere Dekaden umfassendem Exil auf einem anderen Kontinent. Mehr noch: Einer Betrachtungsweise aus archaischem, arabisch-orientalischem oder asiatischem Blickwinkel und ihrer Aufarbeitung gelingt weiterhin nur allzu selten ein wirkliches Eindringen in das christlich geprägte westliche Kulturbewußtsein; ein solches Versäumnis schließt auch Werke von europäischen und amerikanischen Verfassern der klassischen Moderne ein. Daß die Existenz und Vielseitigkeit von Pauls zahlreichen Kompositionen aber selbst bei versierten Literaturkennern erstauntes Stirnrunzeln hervorruft, hängt mit einer grundsätzlichen, verhängnisvollen Ignoranz gegenüber allem, was im weitesten Sinne mit zeitgenössischer oder moderner Musik zu tun hat, zusammen. Der musikalische Horizont sogar hochbelesener Intellektueller im Kulturbetrieb macht, es muß bedauerlicherweise konstatiert werden, oft an den Grenzen von Pop, Jazz oder sogenannter *world music* halt. Zu den Hommage-Konzerten mit Bowles-Werken in Madrid, Paris und New York in den Jahren 1993–95 strömten nur abgebrühte *aficionados*.

Bei Janes Rezeptionsgeschichte liegt das Popularitätshemmnis auf einer anderen Ebene: Person und Œuvre sind allzu rasch auf ein Schubladendenken verengt worden. Ihre Schriften werden meist vergröbert unter Frauen- oder Lesbenliteratur rubriziert; genaueres Hinsehen hätte eine weitaus größere Differenzierung zur Folge gehabt. Bestenfalls konzentriert man sich bei der Wahrnehmung ihrer künstlerischen Leistungen auf ihren Leidensweg. Noch in alternativen Leserkreisen, Buchhandlungen und Bibliotheken eilt ihr der Ruf – das Stigma – einer modernen Pasionaria und weniger der einer ernstzunehmenden Autorin voraus.

Geschrieben wurden die nachstehenden Seiten und Kapitel in Nizza an der Côte d'Azur. Selbst hier, an der französischen Riviera, haben unsere beiden Hauptdarsteller gewollt oder unbeabsichtigt Spuren hinterlassen. 1938 bot Saint-Tropez die Kulisse für die erste große Ehekrise der Bowleses, in Cannes kam es gar zu einer entsetzlichen Kontroverse, und die einander mühsam abgerungene Versöhnung wurde letztendlich in Èze-Village besiegelt, einem spektakulär hoch über der Küste versteckten, winzigen Bergdorf, nicht weit von Monte Carlo entfernt. In diesem steil in den Fels gehauenen Adlernest suchten sie sich, nachdem die Wunden geleckt waren, ein Häuschen. Jane, die sich bislang nie für eine begnadete Köchin gehalten hatte, ließ sich von Einheimischen in die Kunst der Zubereitung einer vollendeten *canard à l'orange* unterweisen; im Hinterzimmer feilte Paul an Partituren. Im übrigen trägt in Nizzas typisch ligurischer Altstadt eine traditionsreiche Schokoladenconfiserie, schräg gegenüber vom Opernhaus, seit fast anderthalb Jahrhunderten Janes mitteleuropäischen Mädchennamen »Auer«.

Und ausgerechnet hier, an der eleganten »Promenade des Anglais«, unweit der italienischen Grenze, und nicht etwa in Tanger, erblickte Paul 1929 die ersten Palmen seines Lebens: »Eines Abends kam ich mit dem Zug in Nizza an. Die Gerüche und die milde Luft verrieten, daß ich mich in einer anderen Klimazone befand. Nie zuvor«, so der neunzehnjährige Ausreißer, dem in Paris die Decke auf den Kopf gefallen war, »hatte ich subtropische Vegetation gesehen; so war es nur natürlich, daß die Palmen und Mimosen in den Straßen der Stadt eine geradezu sinnliche Atmosphäre schufen.

Ich blieb eine Woche, stand jeden Morgen bei Tagesanbruch auf und wanderte im Sonnenaufgang am Meer entlang [zum] Mont-Boron, wo ich ein kleines Bistrot direkt am Wasser kannte. Hier bestellte ich meinen Kaffee und Croissants, verbrachte lange Zeit mit Lesen und Schreiben und beobachtete einfach das Meer. Einige Pferdewagen und gelegentlich eine Straßenbahn fuhren vorbei. Ich erledigte einen Großteil meiner Korrespondenz in diesem Café.«[WSR]

Nun, was die seinerzeit bestehenden Tramlinien angeht, so werden sie gerade wieder neu eingerichtet. Der erwähnte Spaziergang ostwärts über den Hafen hinaus nach Villefranche ist immer noch eine der schönsten Flanerien am Mittelmeer. Und von Zeit zu Zeit, wenn der Blick auf meinen überquellenden Schreibtisch mir die Sicht zu versperren drohte, habe ich eine künstlerische Pause eingelegt und Perspektiven, die im Begriff waren zu verrutschen, mit Hilfe einer ausgiebigen Betrachtung des Meeres wieder behutsam zurechtrücken können.

Das Buch ist die Geschichte zweier Personen, die lieben. Ja, genau: Die lieben, ohne davor gewarnt worden zu sein. Das spielt sich außerhalb des Buches ab. Ich sage hier etwas, was ich im Buch nicht sagen wollte, was ich jedoch jetzt nicht zu sagen vergessen darf, mag es auch ein bißchen schwierig sein, die passenden Worte zu finden. Diese Liebe entzieht sich jeder möglichen Beschreibung. Es ist eine Liebe, die von der Schrift noch nicht erfaßt worden ist. Sie ist zu stark, stärker als diese Menschen. Sie ist völlig unorganisiert...

Ja, dieses Buch ist die Geschichte einer nicht eingestandenen Liebe zwischen zwei Menschen, die durch eine unerklärliche Kraft daran gehindert sind zu sagen, daß sie sich lieben. Und die sich lieben. Das ist nicht klar. Das läßt sich nicht deklarieren. Das entzieht sich die ganze Zeit. Das ist ohnmächtig. Und ist doch da. In einer Verworrenheit, die ihnen gemeinsam, die ihnen eigen ist, und die die Identität ihres Gefühls ausmacht...

Wenn man sagt, daß Menschen sich lieben, heißt das im allgemeinen, daß sie sich körperlich lieben. Hier handelt es sich um Menschen, die nicht zu lieben vermögen und die doch eine Liebe leben. Aber das Wort kommt ihnen nicht über die Lippen und das Begehren nicht übers Geschlecht, um die Liebe auszudrücken, freizusetzen... Nein...

Wir haben alle Kompromisse, alle üblichen »Arrangements« zwischen den Geschlechtern verschmäht, wir haben der Unmöglichkeit dieser Liebe getrotzt, wir sind nicht zurückgewichen, sind nicht geflohen, das war eine Liebe, die von sehr weit kam, die man sich nicht vorstellen konnte, sie war so seltsam, wir machten uns lustig, wir gestanden sie uns nicht ein, und wir lebten sie, wie sie sich gab, wirklich unmöglich, und ohne einzugreifen, ohne etwas zu tun, damit wir weniger unter ihr litten, ohne ihr zu entfliehen, ohne sie niederzumachen oder wegzugehen.

Und das hat nicht gereicht.

MARGUERITE DURAS
Das tägliche Leben

Prolog

FLIEGENDE TEPPICHE
UNTERWEGS INS LABYRINTH

Wir sind doch gerade erst zur Schule gegangen.
Das Leben erscheint mir auf einmal kurz wie ein Pistolenschuß.
Ich amüsiere mich hier himmlisch mit vielen verrückten Leuten.
Ich bin in diesem Augenblick sehr, sehr deprimiert.
Anscheinend gibt es nichts zu erleben, was ich nicht schon kenne.
Ich habe es satt, zu lieben und geliebt zu werden.
Meine eigene Stimme hängt mir zum Hals raus.
Und ich hasse Bücher.

Jane (1937)[OTW]

Es gibt eigentlich nichts zu sagen über mein Leben.
Ich weiß, was es heißt, sich zu verstellen.
Meine Gefühle nicht zu zeigen ist ein Verhalten,
das mich wahrscheinlich mein ganzes Leben lang begleiten wird,
auch wenn ich mir jetzt, heute,
nicht bewußt bin, daß ich es tue.
Man muß so sein, wie die anderen es von einem erwarten.
Ich habe mich nicht verändert seit meiner [Kindheit],
und ich hätte es auch nicht gewollt.
Man kann niemals offen sagen, was man empfindet –
das ist die ›Spielregel‹.
Aber daß man dieses ›Gesellschaftsspiel‹ mitmachen muß,
gefällt wahrscheinlich niemandem.
Ich würde mich am liebsten überhaupt nicht äußern müssen.
Ich hoffe, daß ich eines Tages vom Erdboden verschwinde,
ohne je meine geheimsten Gedanken öffentlich ausgesprochen
zu haben.
Wenn man will, kann man sie aus meinen Texten
und meiner Musik herauslesen.

Paul (1989)[TNG]

Für einen reisenden Fremden, Europäer oder Nordamerikaner, ganz auf sich allein gestellt und mit viel zu wenigen Urlaubstagen zur Verfügung, ist das unvorbereitete Eindringen in eine nordafrikanische Medina oder Kasbah mit ihren vielfältigen, verstörenden und verwirrenden Sinneseindrücken auch heute noch ein Schock: greller Lichteinfall, starke Hitze, stehende Luft hinter weißgekalkten, engen Mauern, unvermutete Dunkelheit und Schatten wechseln in rascher Folge, Gänge weiten sich zu kleinen Plätzen. Woanders versperren Wände den Weg. Schubkarren, Gläsertürme, Stoffballen drängen sich an ihm vorbei, Flüche werden ausgestoßen. Eine chaotische Mischung aus Gerüchen, Gestank, Parfüms, Räucherstäbchen, Exkrementen und Tierblut raubt ihm den Atem; Lärm, Musik, Muezzinrufe und aus Seitengassen gezischte Verwünschungen begleiten seinen Irrweg durch ein labyrinthisches Gewirr; er watet in Schlamm und Kot und den Resten aufgeplatzter, matschiger Wassermelonen, reibt seine Ellbogen an abbröckelndem Putz, er verliert binnen Minuten die Orientierung, seine Entscheidungskraft beginnt zu schwanken. Willenlos taumelt er vorwärts, verliert jegliches Zeitgefühl. Ihm wird schwindlig und übel, ihm bricht der Schweiß aus. Ehe er es sich versieht, locken ihn Unbekannte in teppichverhangene Höhlen, zahnlose Greise drohen ihm und fuchteln mit Stöcken, links von ihm tropft aus abgehackten, an Eisenhaken aufgehängten Ziegenbockköpfen schwarzroter Saft, rechts dudelt eine Popcassette. An einem Tresen, um den träge, dicke Fliegen schwirren, trinkt er stark gesüßte Pfefferminztees, obschon ihm der Sinn nach einer kühlen Erfrischung steht. Hält er auch nur eine Sekunde inne, wird er auf der Stelle von zahllosen ungebetenen Führern und Helfern umringt, ihm baumeln Goldkettchen, Armbanduhren und Kif-

Pfeifchen vor den Augen. Kaufen soll er, kaufen, kaufen, kaufen. Er ist hier die Sensation, er steht hier im Mittelpunkt, keinen Moment lang läßt die Aufmerksamkeit nach, die ihm zuteil wird, nein, keinen Schritt lang läßt man ihn in Ruhe. Kindermeuten hängen sich wie Kletten an seine Arme, zupfen ihn am Hemd, tasten nach seinem Rucksack, rufen ihm vielsprachig Obszönitäten und Beleidigungen hinterher. Man reißt ihm seine Sonnenbrille von der Stirn und johlt, kleine Hände fahren blitzschnell in seine Gesäßtaschen, er stolpert über Betende, Krüppel, verwahrloste Katzen, in sich zusammengerollte Menschenleiber. Ausgestreckte, fordernde Handteller nähern sich alle paar Sekunden seinem Gesichtskreis. Ein Inferno. Die wiederholten Berührungen und Knuffe sind ihm zuwider, er fühlt sich umzingelt, und in seiner zunehmenden Ungeduld und Erschöpfung sehnt sich der Geplagte nach der Möglichkeit, einen Ausweg zu finden aus dem hektischen, rastlosen, erstickenden Backofen und sich einen Überblick über all das Durcheinander und Gewusel zu verschaffen.

Am besten eine Leiter hinaufklettern, um auf eine der sonnendurchglühten Terrassen auf den Flachdächern dieser ineinander verschachtelten kubistischen Häuser und Baracken zu gelangen. Nur dort könnte er endlich zur Ruhe kommen, Luft holen, durchatmen, unbehelligt einen Blick in das Wirrwarr unter ihm werfen. Distanz gewinnen, Motive auswählen, filmen und knipsen. Hinter all die Geheimnisse, Rätsel, Intrigen, Lebensgeschichten und Schicksale zu dringen, die sich unter seinen Füßen wie in einem Ameisenhaufen auftun, würde ihm hingegen schwerfallen, ja auf immer verwehrt bleiben. Niemand händigt ihm einen Schlüssel aus, mit dem er sich Zugang verschaffen oder der wenigstens ein partielles Verstehen ermöglichen könnte. Verdammt, den ewigen Außenseiter zu spielen, resigniert er. Selbst wer anfänglich noch aufgeschlossen und guten Willens ist, begibt sich früher oder später zum Flughafen, in die klimatisierte Kabine seines Kreuzfahrtschiffes oder in einen Ferienclub, wo ein buntes Bändchen ums Handgelenk unbegrenzte Konsumierbarkeit verheißt und die Authentizität des

Gastgeberlandes mit Wachpersonal und Stacheldraht am Eindringen in seine intakte Zivilisation erfolgreich gehindert wird.

Vor einem Dreivierteljahrhundert war die Wucht des Kulturschocks, den westliche Reisende im vorderen Orient oder im Maghreb zu gewärtigen hatten, noch um ein Vielfaches stärker. Leicht konnte sie einen zu Boden stürzen und unter sich begraben; anderen entzog sie für immer die Kraft zum Weiterziehen. Beginnender Wahnsinn und Ichverlust, durch vollzogene Identifikation mit dem unverständlichen Lebensraum, lagen bedenklich dicht beieinander; die vermeintliche Befreiung von bürgerlichen Zwängen, die man abschütteln wollte, war von der allgegenwärtigen Bedrohung, wie sie von der andersartigen Umgebung ausging, nicht sauber zu trennen. Hinzu kamen die Sprachbarriere und unvereinbare religiöse Gegensätze.

Trotz alledem – das ungleiche Paar, dessen Lebensweg noch vor uns liegt, schien einem solchen Ansturm gewachsen. Es brachte die Voraussetzungen zur Konfrontation mit und hatte sich kraft seiner Phantasie und Einbildungsgabe langsam, aber sicher dorthin geträumt. Es setzte sich mit Enthusiasmus und aus freien Stücken dieser Prüfung aus, auf ewig als ungläubige »Nazarener« unter Marokkanern, Muslims, Magiern und Geschichtenerzählern zu wohnen, und blieb, eingedenk einer latenten, nie endenwollenden Ablehnung durch die einheimische Bevölkerung, für Jahrzehnte freiwillig in einem Universum, das sich ihm nur bruchstückhaft erschloß. Als Vergessenssucher waren diese zwei Individualisten bereit, für Minuten oder Jahre in Einsamkeit und Isolation einzutauchen. Zeit stand nicht zur Disposition; Zeit war ihr persönliches Luxusgut, das ihnen niemand so schnell streitig machen konnte. Sie waren willens, sich unbequemen Realitäten zu stellen, sich auf die Verständnislosigkeit ihrer Umwelt einzulassen, darauf gefaßt, von der omnipräsenten Faszinationskraft Schritt für Schritt aufgesogen zu werden. Und doch mangelhaft präpariert für die unausgesetzten Attacken auf ihre Sinne und Überlebensmechanismen. Die Bewältigung des Alltags in Marokko wurde leicht unterschätzt.

Einen Fluchtweg bot nur die Sprache, ihr Amerikanisch, ein Terrain, das ihnen ihre exotische Umgebung nicht abspenstig machen konnte. Hier, in der Literatur, waren sie kompetent und unverwundbar, besaßen Rückzugsmöglichkeiten, diskutierten unter ihresgleichen. Jeder Satz, jede Erzählung, jedes Buch von ihnen verwandelte sich, wenn sie die Augen zumachten und die Hand übers Papier gleiten ließen, in einen fliegenden Teppich, der sie, bevor die Falle zuschnappte und sie von der Fremde gänzlich ausgelöscht wurden, aus Tanger wie von Zauberhand in andere Gefilde transportieren konnte. Fort aus Tanger – je nach Lesart »Tand-ja«, der Schönen, oder französisch Tanger, das wie »danger«, Gefahr, klingt, fort aus der Stadt am Ende der Welt, dem Schnittpunkt zweier Kontinente, der wie eine Trutzburg an der Meerenge zwischen Atlantik und Mittelmeer lauert und Gestrandete mit launenhafter Willkür herausfischt. Nach Guatemala oder Ceylon etwa trug sie ihr Teppich, nach Paris und London flogen sie mit ihm oder nach Thailand und Japan.

Auch sie photographierten sich und andere mit Vorliebe auf Häuserterrassen, ob hoch über den Souks oder ganz oben auf den Wolkenkratzern der Vereinigten Staaten. So wurden sie zu Privilegierten. Einen Spalt weit öffneten sich alsbald die urbanen Legenden und Fatalitäten, auf die sie neugierig, konzentriert und mit Einfühlungsvermögen hinabschauten, und lieferten ihnen ein wenig Stoff für ihre Geschichten, Romane und Erzählungen. Und dann, wenn sie das Erschaute und nur in Teilen Durchdrungene mit nervösen Fingern hastig in die Tasten ihrer rostenden Reiseschreibmaschinen tippten, schien es ihnen manchmal wieder, als würden sie nirgendwo richtig Station machen, als könnten sie die Entfernung zwischen Traum und Realität nie vollständig überwinden. Als schwebte ihr Teppich ohne Unterlaß über all den Kontinenten, Ländern, Städten und Dörfern, in die sie über Jahre hinweg ihren Fuß gesetzt hatten, ohne daß sie Gelegenheit besäßen, abzusteigen, einfach nur mitzuleben und den Bann zu brechen.

Aber noch sind wir nicht in Tanger, wir greifen dem Geschehen voraus. Der Teppich segelt zunächst einmal zurück in eine außergewöhnliche Großstadt, deren verschlungenes Labyrinth aus Schluchten, Schneisen, Hindernissen, Avenuen und Wohnblocks, verbauten Fluchtwegen und Sackgassen nicht seinesgleichen kennt. Nur aus der Vogelperspektive, aus dieser sicheren Warte, lassen sich Aussagen über die Menschen und Existenzen, die in sein Straßennetz, seine Lebensadern, verstrickt sind, treffen. Machen wir es uns auf unserem Transportmittel bequem, vielleicht gelingt uns die eine oder andere Momentaufnahme.

Der fliegende Teppich macht halt in New York, an einem kalten, ungemütlichen Februarabend im Jahre 1937. Gelegenheit für ein Photo, das nie gemacht worden ist, ein Photo in Schwarzweiß. Midtown Manhattan, vier Personen vor einer hellerleuchteten Hotellobby. Das Plaza in der 59. Straße, so gegen 22 Uhr. Der Abzug ist etwas verschwommen, denn es regnet in Strömen. Man erkennt zwei Männer und zwei Frauen, allesamt Bohémiens. Das Quartett wartet auf ein Taxi. Von links nach rechts: Erika Mann, aus Deutschland emigrierte Kabarettistin und engagierte Tochter eines berühmten Vaters. Sie braucht hier nicht näher vorgestellt zu werden. Neben ihr John LaTouche, ein zwanzigjähriger, talentierter Poet aus Virginia. Ein abgenutzter Schlips dient ihm als Hosengürtel. Er komponiert, schreibt vor allem Songs und ist gerade dabei, das Programm von Erikas antifaschistischer Exil-Revue »Die Pfeffermühle« ins Amerikanische zu übertragen. An der New School for Social Research soll es zur Aufführung kommen. John, oder besser gesagt Touche, wie ihn Eingeweihte nennen, hat einen guten Freund im Schlepptau: Etwas weiter rechts auf dem Trottoir hat er sich lässig gegen eine Laterne gelehnt und raucht, mit abwesendem, gelangweiltem Gesichtsausdruck. Sechsundzwanzig, spindeldürr, eine dandyhafte Erscheinung, mit kurzem, gewelltem blondem Haar, einem arroganten, gutgeschnittenen Profil und tiefliegenden, kleinen, leicht abstehenden Ohren. Tadelloser Anzug, Krawatte, Zigarettenspitze aus Elfenbein. Gestatten: Paul Bowles, ebenfalls Komponist.

Surrealistische Gedichte, die er als Halbwüchsiger in angesehenen Lyrikrevuen untergebracht hat, tut er längst als Jugendsünden ab. Frankophil und abenteuerlustig ist er und kennt keine Berührungsängste. Mit einem Band von André Gide im Gepäck und einer Handvoll Dollars ist er einst als Neunzehnjähriger seinem »Heimatgefängnis« entronnen, einem goldenen Käfig Amerika, dessen künstlerische Horizonte ihn einengten und zu ersticken drohten. Mit Gertrude Stein in Paris, Kurt Schwitters in Hannover, Christopher Isherwood in Berlin und Aaron Copland in Tanger ist er auf du und du. Keine Geringeren als Jean Cocteau, George Antheil, Virgil Thomson, Orson Welles und Nadia Boulanger, *you name it,* kreuzen seit seiner Jünglingsflucht aus den Staaten irgendwo in der weiten Welt seinen Weg. Eher ungern gestattet er sich von Zeit zu Zeit ein Intermezzo in seiner alten Heimat. Mittlerweile tummelt er sich am Broadway, ist schon um den halben Globus gereist, lange in Nordafrika hängengeblieben und gerade auf dem Sprung in die karibischen Länder, um sich im dortigen Underground politisch zu betätigen. Snob und Globetrotter, Asket und Gentleman, Provokateur und Abenteurer in Personalunion. Einen Traum grenzenloser Evasion im Kopf, eine glänzende Karriere vor Augen. Ein attraktiver, schwer in den Griff zu bekommender Junggeselle.

Touche will ihn auf ein, wie er sagt, großartiges, wunderbares, verrücktes Mädchen aufmerksam machen. Er spart wahrlich nicht mit der Aufzählung vorteilhafter Attribute, und dies, obwohl Bowles sich bisher nie sonderlich für Frauen interessiert hat. Phantastisch sei sie, witzig, geistreich, und bereits seit Wochen liegt er Paul mit einem arrangierten Treffen in den Ohren. Immer ist etwas dazwischengekommen. Und es war auch heute nicht leicht, ihn zum Kommen zu überreden. Da steht sie neben ihm, mit trotziger Miene, unecht rothaarig, wohl hennagefärbt, spitznasig, mit dunkelgelocktem Wuschelkopf, üppigen, aufgeworfenen Lippen, blickt mürrisch drein und stemmt ihr linkes Bein nach vorne in eine Pfütze. Es ist steif, seit einem Reitunfall, als sie vierzehn war, und mehrere mißglückte Operationen haben alles nur noch verschlimmert. Beim Gehen hinkt sie, während sie Witze reißt und mit offenkundiger Genugtuung über Bekannte lästert, die sie vorher zum Lunch getroffen hat. Im abgelegenen Schweizer Sanatorium von Leysin hat sie ein paar Monate wie auf dem Zauberberg verbracht und ist auf dem Dampfer, bei ihrer Rückfahrt, dem großen französischen Dichter Céline begegnet – »bis ans Ende der Nacht« dauerte die gemeinsame Atlantiküberquerung. Jane Auer, jüdischer Herkunft und Halbwaise, besitzt wache, expressiv funkelnde Augen und verfügt über ein freches Mundwerk sowie eine scharfe Zunge. Recht exzentrisch ist sie in der Tat – sie bezeichnet sich selbstbewußt als Schriftstellerin, obschon sie noch keine einzige Seite veröffentlicht hat. Ein komplettes Romanmanuskript von ihr, noch dazu in französischer Sprache, soll verschollen sein. Eilig hat sie es nur, wenn sie von einer Party zur nächsten zieht. Die Kunst kann vorerst warten. Sie ist vergleichsweise betucht, keine von diesen Hungerleidern unter den Möchtegern-Artisten, die ihre Heimatstadt bevölkern. Mit ihrer schrulligen Mutter wohnt sie in Hotels, verläßt den *big apple* so selten wie irgend möglich, trinkt gern mal einen über den Durst und geht, gerade zwanzig Jahre alt, seit langem in den Lesbenbars der Metropole ein und aus. Wo sie sich die Nächte um die Ohren schlägt und ihr unbekannte Damen unvermittelt auf den Mund küßt.

Ein unscharfer Schnappschuß, der nicht ins Album gelangt. Das Taxi fährt vor, und die vier jungen Leute lassen sich durch den ruhigen Abendverkehr nach Harlem schaukeln. Zweck der Unternehmung ist eine Marihuana-Soirée in schummrigem, illegalem Ambiente. Sie lassen den Wagen vor einem heruntergekommenen Haus halten, das ausschließlich von Schwarzen bevölkert ist, und tasten sich durch mit Funzeln fast unmerklich erhellte Zimmer. Gestalten, Schemen, Konturen kauern auf dem Boden, lagern in Sitzecken, hocken auf Sofas. Eine Eintrittsgebühr wird fällig, und jeden Zug lassen sich die Gastgeber extra bezahlen. Mit fünfzig Cent pro Joint sind sie dabei. LaTouche führt die kleine Schar durch weitere klaustrophobisch kleine Räume mit verhangenen Fenstern. Die Rothaarige wird nervös, kichert schrill und hängt sich bei der Deutschen unter. Sie haben die Orientierung verloren und lassen sich, noch bevor sich ihre Augen an die Finsternis gewöhnt haben, irgendwo nieder, sinken in große, weiche Kissen. Wenn Bowles sich aufrafft und aus Höflichkeit das Wort an Johns seltsame Freundin richtet, wirft sie ihm jedesmal einen kurzen, mißbilligenden Blick zu, dann ruckt ihr Kopf schnell wieder zur anderen Seite. Sie hat nur Augen für Erika Mann, hängt an deren Lippen und läßt in regelmäßigen Abständen eine kreischende Lachsalve hören. Sonderlich gesprächig ist sie nicht. Doch wird es für keinen der Beteiligten ein sonderlich aufregender Abend. Die Unterhaltung ist fade und matt, das ausgiebige Inhalieren zeitigt die erwünschte Wirkung, alle vier werden allmählich schläfrig, und bald verstummen sie, wie die übrigen Konsumenten, vollends. »Jeder blieb in seinem Winkel sitzen. Ich glaube, eigentlich war sie nicht besonders erfreut, mich kennenzulernen. Ich spürte jedenfalls ihre Feindseligkeit.« Ihm ist sie eher gleichgültig. Er hält sie für ein neues wunderliches Exemplar in der Kuriositätensammlung von LaTouche. Schräg und überdreht, doch kaum der Rede wert. Paul hat Jane bereits vergessen, als er abends ins Bett torkelt.

Bei ihr hat er allerdings einen nachhaltigeren Eindruck hinterlassen, als er oder die anderen vermutet hätten. Sie ist verwirrt, ja entsetzt, findet ihn geheimnisvoll, grauenerregend und finster. Kühl und abweisend. Und verspürt eine unheimliche Vorahnung: »Er ist mein Feind«, flüstert sie ihren Freunden über den schönen Unnahbaren zu, dem sie insgeheim Verführungskraft und Charme zubilligt.

Wenige Tage später hat sie Gelegenheit, ihre anfängliche Antipathie zu überprüfen. An einem Sonntagnachmittag im März, die New Yorker Künstler- und Intellektuellenszene ist letzten Endes doch nur ein kleiner, in sich abgeschotteter Zirkel, sitzen die beiden unverhofft wieder zusammen, diesmal in Greenwich Village, am Patchin Place, wo der Avantgarde-Dichter e. e. cummings haust. Paul hat Besuch aus Europa mitgebracht, den surrealistischen Maler Kristians Tonny und dessen aparte Frau Marie-Claire Ivanoff. Auf Anraten Gertrude Steins hat Bowles Tonny vor Jahren in Tanger aufgegabelt, jetzt ist der Holländer und Wahlfranzose in Manhattan und brütet mit Paul über Partiturcovern, die er für dessen Kleinverlag Éditions de la Vipère entwirft. Nur mit dem Englischen hapert es bei Kristians und Marie-Claire; anfangs fühlen sie sich, trotz Pauls Hilfestellung, ein wenig ausgeschlossen. Zum Glück ist heute jedoch Jane zur Stelle. Gewandt parliert sie mit ihnen auf Französisch, als hätte sie ihre gesamte Jugend in Paris verbracht, eine frühreife Vielrednerin aus der Alten Welt. Konversationen mit ihrer europäischen Nanny haben sie von Kindesbeinen an in der Sprache Bretons und Artauds geschult; alles übrige hat sie bei der Niederschrift ihres abhanden gekommenen Romanmanuskriptes, *Le Phaéton Hypocrite,* vervollkommnet und idiomatisch geschmeidig gemacht. So wird aus einer geplanten Stippvisite ein längerer Besuch, aus einem Treffen zum Fünf-Uhr-Tee ein improvisierter Cocktail mit zwei Gläschen oder auch dreien, und flugs ist aus einer Laune heraus die Idee geboren, kurzerhand nach Mexiko aufzubrechen.

Tonny samt Ehefrau, versteht sich, und Bowles, der sich ihnen spontan anschließt. Eine soeben eingetroffene Erbschaft seiner Großeltern hat ihm die Entscheidung erleichtert. Zur allgemeinen Überraschung springt Jane unvermittelt auf, verkündet, auch sie wolle mitkommen – »zu viert wird es sicher noch viel lustiger« –, und eilt schnurstracks ans Telephon. Sie hat ihre Mutter im Hotel Meurice an der Strippe. Claire Stajer Auer, sechsundvierzig und schon seit geraumer Zeit Witwe, fällt aus allen Wolken, als sie vernehmen muß, daß ihre Jane unmittelbar vor der Abreise nach Mexiko steht. Wie ihre Nachfragen ergeben, wird sie mit zwei in Frankreich lebenden Holländern und einem Amerikaner unterwegs sein. Wissen, um wen es sich da überhaupt handelt, möchte sie schon. Mit ungeduldigen Handbewegungen kommandiert daher die aufmüpfige Tochter ihren bisherigen »Feind« und frischgebackenen Reisebegleiter zu sich und drückt ihm den Hörer in die Hand. Mutter und künftiger Schwiegersohn schnappen nach Luft. Bowles kann nur noch Ja und Amen sagen, als Claire ihn wissen läßt, sie müsse, schon um sich selbst zu beruhigen, um jeden Preis den jungen Mann sehen und sprechen, der Janie da so mir nichts, dir nichts nach Mittelamerika zu entführen gedenke. Der Selbsteinladung der Tochter folgt die Aufforderung zum Dinner mit der Mutter, und Paul kommt aus dem Staunen nicht mehr heraus, als die ältere Dame ihm, ganz offensichtlich einem Gentleman, bei diesem Gegenbesuch ohne zu zögern ihre Tochter anvertraut. Die hat sich inzwischen ihre Haare kürzer schneiden lassen, qualmt zur Einstimmung auf den Trip kubanische Zigarillos und drängt Bowles und Cummings wiederholt zu Varietébesuchen unten in der Bowery, bei denen sie ganz aus dem Häuschen gerät.

Paul, wider Willen zu einem idealen Schwiegersohn in spe mutiert, hat sich Hals über Kopf an eine ganz andere Jane zu gewöhnen. Amüsant, eigensinnig, angetrieben von verblüffenden Impulsen und sprunghaften Sinneswandeln. Bei Spaziergängen stibitzt sie seinen Filzhut und verwandelt sich in einen aufsässigen, unberechenbaren Gassenjungen – vorübergehendes Spiel, Pose, Verstellung. Noch ist Bowles völlig unklar, wie ihm die undankbare Rolle des Begleiters und Beschützers eigentlich untergeschoben wurde. *Whatever.* In seiner Gesellschaft fühlt Jane sich, das ist unübersehbar, schlagartig ausgesprochen wohl. Nichtsdestotrotz – sie hat sich ihm förmlich aufgedrängt.

Auf Long Island hätten sie sich leicht schon als Teenager über den Weg laufen können, denn dort wurde er geboren, und beide wuchsen sie dort auf – er in Jamaica, sie in Woodmere. Beide waren sie Einzelkinder, Paul der Sohn eines autoritären, lebens- und lustfeindlich gesinnten Zahnarztes, Jane die Tochter österreichisch-ungarischer Juden in der zweiten Einwanderer-Generation. Sidney Auers Tod machte Janies Mutter 1930 zur jungen Witwe; das Mädchen reifte fortan in einer in Gänze männerlosen Frauenwelt heran – Tanten, Freundinnen, Kusinen. Paul dagegen schottete sich mit gleich zwei bemerkenswerten Großelternpaaren gegen seinen verhaßten Vater ab. Beide hielten sich lange Zeit von anderen, gleichaltrigen Kindern fern und wurden in dem ungetrübten Bewußtsein älter, aufgrund ihrer früh ausgeprägten Persönlichkeiten und schwierigen Charaktere »etwas

Besonderes« zu sein – so vermittelten es ihnen jedenfalls ihre Familien. Beide waren altkluge Geschöpfe, gebärdeten sich wie kleine Erwachsene; beide waren verwöhnt worden, durften zu Hause Prinz und Prinzessin spielen. Sie hielten sich und man hielt sie für originell. Denn so sehr sie auch in der Folgezeit gegen ihre Herkunft rebellieren und aufbegehren mochten, im Grunde waren sie daheim nach Kräften gefördert und jeder auf eine vielleicht seltsame Weise geliebt worden, hatten materielle Unterstützung erfahren und das anregende Ambiente der Weltstadt New York zumindest in Ansätzen verspüren dürfen. Was Paul nicht länger ertrug, spielte sich daher auf einer anderen Ebene ab: das bourgeoise Gehabe und die puritanische Starre seiner Eltern, das unterwürfige Verhalten seiner blassen Mutter gegenüber ihrem Gatten, das Mißtrauen und der Widerstand gegenüber allem Künstlerischen, das Verbot für ihn, sich sprachlich angemessen artikulieren oder eigenständige Entscheidungen treffen zu dürfen. Doch mehr, als es ihm vielleicht lieb war, erweckte er außerhalb von Musiker- und Intellektuellenkreisen durchaus das Bild eines blendend aussehenden, anständigen jungen Mannes aus gutem Hause. Kein Wunder, daß Claire Auer, die mit ihrer Tochter in einer komplizierten, emotional aufgeladenen Symbiose zusammenlebte und Jane das Flüggewerden schwermachte, entzückt von diesem smarten, kosmopolitischen Herrn war, mochte er sich auch noch so spießerfeindlich und revolutionär gerieren. Claire selbst war nämlich alles andere als konventionell, was sie deutlich von Pauls Eltern unterschied, die darauf bedacht waren, ein unauffälliges Dasein zu führen und nirgends anzuecken. Das konnte man von ihr, einem Pensionsdauergast in der 58. Straße mit einer aufsässigen Tochter am Hals, die ihr mit ihrer anfälligen Gesundheit auf der Tasche lag, nicht gerade behaupten. Und sie merkte es dem Arztsohn Bowles an, Gehabe und Ausdrucksweise und seine ausgezeichneten Manieren verrieten es förmlich, daß er aus nicht gerade mittellosen Verhältnissen stammte.

Das Frühjahr 1937 stellte für die einander unbekannten Verlobungskandidaten in mehrfacher Hinsicht einen heiklen Wendepunkt in ihren jeweiligen Lebensläufen dar. Jane, obschon noch jung an Jahren, stand unter erheblichem Druck, demnächst heiraten zu müssen. Nichts konnte befremdender für sie sein als diese groteske Aussicht. Dessen ungeachtet setzte ihr ihre Mutter diesbezüglich nun schon seit mehreren Monaten zu, denn sie trug sich selbst mit der Absicht, sich abermals zu verehelichen. Julian Fuhs, ein aus Nazideutschland geflüchteter Jude und Musiker, sollte Claires künftiger Mann und Janes Stiefvater werden. Deren Mutter hatte sich bislang jedoch standhaft geweigert, in die Eheschließung einzuwilligen, solange Janie ihrerseits noch nicht unter der Haube war. Sie war sich über den unsteten, ausgefallenen Lebenswandel ihrer Tochter im klaren, die zwischen dem mondänen Zirkel im Salon der Askews, eines Galeristenpaares, umgeben von »Künstlern und Pseudokünstlern«, dem Milieu der »little friends« des autoritären Komponistenzaren Virgil Thomson und dem berüchtigten Nachtclub einer gewissen Spivy Le Voe an der Lexington Avenue hin- und herpendelte. Sie wußte ferner, daß es im Liebesleben ihrer jungen Jane nicht bei einer oder zwei lesbischen Affären geblieben war. Noch hegte sie aber die Hoffnung, daß es sich dabei um eine vorübergehende Phase handeln mochte, und wurde nicht müde, Jane einen jungen jüdischen Mann nach dem anderen aus ihrem Bekanntenkreis zu präsentieren, von denen einer früher oder später schon anbeißen würde. Einstweilen konnte bei Claire Auer lediglich von reinem Wunschdenken die Rede sein, und das lästige Thema wurde zu einem ständigen Zankapfel zwischen taktierender Mutter und verruchter Tochter.

Janes Einschätzung spiegelt ihre folgende Aussage aus der Rückschau: »Meine Mutter war sehr nervös, weil ich mich nicht nach einem Ehemann umsah. Sie versuchte, mich mit Drohungen einzuschüchtern, daß ich im Armenhaus landen würde. Mein Vater war gestorben, und meine Mutter hatte sein ganzes Vermögen aufgebraucht. Wie alle Mütter hoffte sie, daß ich einen Mann heiraten würde« – nach Möglichkeit keinen *goy*, keinen Ungläubigen –, »der sich um mich kümmerte. Als ich um die zwanzig war, wurde sie extrem nervös, denn inzwischen wollte sie selbst heiraten.«[ALO] Jane versuchte, den Spieß umzudrehen und beteuerte, sie würde Claire nicht die geringsten Steine für deren eigene Hochzeit mit Fuhs in den Weg legen, aber ihre Mutter blieb hartnäckig. LaTouche, den irischstämmigen Gelegenheits-Türsteher George McMillan oder Cecil, eine umherstreunende Saufkumpanin Janes, für die sie zwischenzeitlich ernsthaft entflammt war und neue Kleidung kaufte, konnte man wohl schwerlich als heiratsfähige Kandidaten einstufen. Sie waren nichtsdestoweniger die einzigen, die Janie mit zum Dinner ins Hotel brachte. Angehende Dichter, Experimentalpoeten, Visionäre, so lautete die Präsentation durch ihre Tochter. Arme Schlucker, Clochards, effeminierte Strichjungen, *wanna-bes*, Typen mit brotlosen Jobs, wenn man Claire fragte. Ein Grund mehr für sie, über das plötzliche Auftauchen von Paul völlig aus dem Häuschen zu geraten. Ein Lichtblick. Daß er kein Jude war, fiel auf einmal kaum noch ins Gewicht. Und da er sich vorzüglich darauf verstand, seine Homosexualität zu camouflieren, wähnte sich Claire Auer ihrem Ziel, Janie ein für alle Mal versorgt zu wissen, ein gutes Stück näher.

Von der bevorstehenden Fahrt nach Mexiko machte sie sich ebenso falsche Vorstellungen und stattete Jane aus, als ginge es auf eine Kreuzfahrt mit allabendlichem Ball. Sie besorgte ihr eine komplett neue, täglich zu wechselnde Garderobe, festliche Gewänder und Schuhe für alle möglichen Gelegenheiten. Sie stattete ihre Tochter mit Empfehlungsschreiben für wichtige Persönlichkeiten in der mexikanischen Hauptstadt aus, die ihr von Freunden empfohlen worden waren. Schließlich schärfte sie Jane, für die ihr nur das Beste genug zu sein schien, ein, daß sie nicht zögern solle, notfalls im dortigen Ritz-Hotel abzusteigen. Dabei brachen die Tonnys mit einem absolut minimalen Budget zu dieser Reise mit ungewissem Ausgang auf, und Bowles beherrschte ohnehin seit seiner Parisflucht – damals war er im gleichen Alter gewesen wie heute Jane – die Kunst des Vagabunden, von der Hand in den Mund zu leben und eventuellen Engpässen gelassen entgegenzusehen.

Kurz vor der Nacht in Harlem und dem Auftakt ihrer Beziehung mit Paul schrieb Jane zwei denkwürdige Briefe, die belegen, wie stark bei ihr in jener Zeit die Weigerung ausgeprägt war, ein herkömmliches, programmiertes Frauendasein mit früher Heirat und kleinen Kindern zu führen – für sie der Inbegriff einer öden, durch und durch sinnentleerten Existenzform. Der Nachtclubwirtin Spivy teilte sie mit, nicht ohne einen Gruß an Touche hinzuzufügen, daß die Pläne ihrer Mutter sie stark beunruhigten. Von einer Reise nach Kuba, einer Ankündigung, die sich in Luft auflösen sollte, heißt es: »Ich werde entweder auf der Fahrt dorthin von Haien gefressen – oder heirate einen Latino – und alle meine Kinder kommen mit Ohrringen auf die Welt. Ich will nicht nach Havanna.« Und sie verlor beinahe die Fassung, als ihr ihre Jugendfreundin Miriam Levy Fligelman etwa um dieselbe Zeit das Bevorstehen eines freudigen Ereignisses mitteilte. Schlimmer noch, Miriam beabsichtigte offenbar, ihr Baby – als Hommage an ihre intensive Mädchenfreundschaft – nach Jane benennen zu wollen. In ihrem Antwortschreiben jammert die Namensgeberin: »Um Himmels willen, nenn bloß ein Kind nicht Jane. Niemals. Es sei denn, Du bist [eine] Sadistin. Das Ganze macht mir einen Riesenbammel. Ich kann Dich einfach nicht mit einem Baby in Verbindung bringen. Bitte rede mich in Zukunft mit ›Tante Jungfer‹ oder dergleichen an. Für mich liegt Heiraten weiß Gott in weiter Ferne. ... Hoffentlich bekommst Du das hübscheste Baby der Welt. Ich wünsche Dir jede Menge Glück.« Sie schließt, es klingt wie ein Aufatmen, mit einer für sie typischen selbstironischen Wendung: »Ich werde mich jetzt für ein paar Stunden sinnlos betrinken. Und das Schlimmste ist, ich werde keinen Kater bekommen, weswegen mich alle meine Freunde verabscheuen.«[OTW]

Für Paul hatte sich zwischen 1935 und 1937 in jeder Hinsicht der Wind gedreht. Er war nach bewegten Lehr- und Wanderjahren in Europa und am Rande der Sahara endlich dabei, sich daheim Stück für Stück eine Karriere aufzubauen, als etablierter New Yorker Bühnenkomponist. Ein Antrag bei der Guggenheim-Stiftung, traditionelle marokkanische Musik systematisch aufzuzeichnen und die Klangwelt der Berberstämme für westliche Archive zu erschließen, war zwar vorerst gescheitert. (Zwanzig Jahre später sollte er dieses Vorhaben doch noch realisieren können.) Aber einflußreiche Regisseure und Kollegen waren inzwischen auf ihn aufmerksam geworden, und es reihte sich ein Auftrag und Erfolgserlebnis an das andere. Seine Werke standen auf einmal hoch im Kurs, ein Glücksmoment, während gleichzeitig die Aufbruchsstimmung der amerikanischen Linken im kulturellen Schmelztiegel New York Wirkung zu zeigen begann. Paul wurde Mitglied bei den tonangebenden »Freunden und Feinden der Modernen Musik«, die sich mit kämpferischen Tönen dafür einsetzten, daß Komponisten, im Laufe der Geschichte viel zu oft leer ausgegangen, in Zukunft genügend Selbstbewußtsein entwickelten, um ein anständiges Einkommen zu erhalten anstelle miserabler Almosen. Sein kurzer, aber heftiger Flirt mit der amerikanischen kommunistischen Partei setzte ein, in deren Umfeld er den Regisseur Joseph Losey und den Photographen Henri Cartier-Bresson kennenlernte. Unter seinen neuen Bekanntschaften waren des weiteren die aufstrebende Wüstenmalerin Georgia O'Keeffe, der Schauspieler Joseph Cotton und der Avantgarde-Porträtist Alfred Stieglitz. Für den Komponisten Vernon Duke verdingte er sich als Kopist, Lincoln Kirstein bestellte bei ihm eine Ballettmusik (*Yankee Clipper*). Es hagelte Angebote, denen er in rascher Folge gerecht wurde – Kurzfilme, in denen er selbst mitspielte, eine Trilogie von Theaterpartituren für Orson Welles und jede Menge »engagierte Musik«, darunter für Loseys Inszenierung von *Who Fights This Battle?*, einer deutlichen Parteinahme im gerade anbrechenden Spanischen Bürgerkrieg zugunsten der Republikaner.

Als Franco seine Vormacht auf der iberischen Halbinsel ausbaute und in Andalusien einmarschierte, ein Horrorszenario für all diejenigen, die sich der Freiheit verschrieben hatten, taten sich Paul und seine Kollegen zusammen und riefen das »Komitee für ein republikanisches Spanien« aus; bei Aufführungen wurde Geld dafür gesammelt. Die Southern Tenant Farmers

Union, eine trotzkistisch ausgerichtete Gewerkschaft von Landwirten, klopfte unterdessen wegen eines weiteren Bühnenprojektes bei ihm an. Im New Yorker Midtown Center kam – und dies war eine Premiere für ihn – ein Konzert zustande, in dem ausschließlich Bowles-Werke auf dem Programm standen. Virgil Thomson, Amerikas derzeit wichtigster Komponist und aufgrund seiner Unerbittlichkeit gefürchteter Musikkritiker, sorgte schließlich dafür, daß Paul erstmals in seinem Leben eine feste Anstellung zuteil wurde: Im Rahmen des Federal Theatre Project damit betraut, Welles' Labiche-Bearbeitung von *Un chapeau de paille d'Italie* unter dem neuen Titel *Horse Eats Hat* mit Musik zu unterlegen, wurde er als sogenannter Research Technician für sage und schreibe 23 Dollar und 86 Cents pro Woche engagiert.

Es ging gerade hoch her in Manhattan, das Schlagwort von *the red decade* machte die Runde. Das »rote« Jahrzehnt – Präsident Roosevelt unternahm alle Anstrengungen, auch dem innovativen Kulturleben in den Metropolen nach der Depression auf die Beine zu verhelfen. Die Auswirkungen der stimulierenden Reformprogramme im Rahmen des »New Deal« begannen, erste Früchte zu tragen. Daß auf einmal Subventionen, staatliche Förderungen für Theater, Ballett und Oper zur Verfügung standen, stellte ein unerhörtes Novum dar. Es war auch die Geburtsstunde von Marc Blitzsteins rebellischem Anti-Establishment-Musical *The Cradle Will Rock*. Ein Hauch von Umsturz lag in manchen Theatern und Büros in der Luft, und aus Frankreich und Spanien schwappten Volksfrontbegeisterung und Bürgerkriegsfanatismus über den Großen Teich. Soeben hatte Welles, heftig akklaimiert, seine *Doctor-Faustus*-Bearbeitung mit Pauls *incidental music* einem Publikum vorgesetzt, das die Ohren spitzte. Und trotzdem – wider alle Vernunft nahm Bowles seine beginnende Reputation auf die leichte Schulter. Ihm waren all seine gerade erst erworbenen Errungenschaften und finanziellen Gewißheiten nur ein Achselzucken wert. Teilerfolge waren ihm noch nie zu Kopfe gestiegen, und er vollzog eine kaum nachvollziehbare Kehrtwende. Mitten im politisch brodelnden, von

Streiks, Betriebsrevolten und Arbeitsniederlegungen gelähmten Vorkriegs-New York setzte er mit dem voreilig getroffenen Entschluß, Jane und die Tonnys durch Mexiko zu schleppen, sowohl seine materielle Sicherheit als auch sein Renommee leichtfertig aufs Spiel. Beim Federal Theatre Project kündigte er einfach und zog sich damit den Zorn seines Freundes Eugene Berman zu, eines russischen Malers, den die Unverantwortlichkeit von Pauls Handeln in Rage versetzte. Ihm war nur allzu bewußt, daß Bowles sämtliche Türen im Kulturbetrieb, die er in den letzten Jahren unter großen Anstrengungen zu öffnen vermocht hatte, mit einer in seinen Augen idiotischen Fehlentscheidung wieder zugeschlagen hatte. Ohne Not stellte er sich selbst kalt. Berman wußte, daß es nahezu unmöglich sein würde, den Posten zurückzuerobern. Eindringlich versuchte er, auf ihn einzuwirken, seine vielversprechende Zukunft nicht im Stich zu lassen. Es half alles nichts. Gegen Pauls Reisefieber war noch nie ein Kraut gewachsen gewesen.

Einzig Claude und Rena Bowles jubelten. Zum ersten Mal freuten sich seine Eltern, daß sich Paul zu einer Expedition aufmachte. Seine Mitgliedschaft in dieser »schändlichen« linksgerichteten Organisation war ihnen von Anfang an ein Dorn im Auge gewesen. Nun konnten sie aufatmen, daß ihr Filius mit solch anrüchigen Aktivitäten, deren ganze Ausrichtung – sozialistische Strukturen, Wohlfahrtsideologie, Mitbestimmung auf allen Ebenen – sie zutiefst verabscheuten, nichts mehr im Schilde führte.

Dabei kam es noch viel schlimmer. Sie kannten nur die trügerische, beruhigende Hälfte der Reiseumstände. Sie hatten keine Ahnung davon, daß Paul, weit davon entfernt, dem Kommunismus abtrünnig zu werden, sich soeben als Opfer stalinistischer Indoktrination mißbrauchen ließ – wenngleich er diesen momentanen Schwächeanfall, der ihn damals ereilte, rückblickend auch mit einem Augenzwinkern als harmlosen Gag abzutun trachtete. Wie auch immer, jedenfalls fand er sich dazu bereit, vor seiner Abreise bei einem kleinen Drucker in der 23. Straße fünfzehntausend antitrotzkistische Anstecker und Aufkleber anfertigen zu lassen. Drei kurze spanische Texte mit scharlachroter Tinte auf gummiertem Papier. Die Zettelchen, auf denen nacheinander Trotzkis Anwesenheit im mexikanischen Exil als Gefahr hingestellt und seine Ausweisung, ja sogar sein Tod durch Attentat gefordert wurden, sollten während der Reise in möglichst vielen Provinzen verteilt werden, um die einheimische Bevölkerung gegen die unfreiwillige Anwesenheit von Stalins Erzfeind in ihrem Lande aufzuwiegeln. Der argwöhnische Drucker weigerte sich zunächst, Pauls Ansinnen nachzukommen, ließ sich dann aber doch erweichen, weil er sich als Gesinnungsgenossen auffaßte und dem Abweichler Trotzki gleichfalls das Handwerk legen wollte.

Welche fragwürdige Gegenleistung man Bowles für diesen ideologischen Liebesdienst auch versprochen haben mochte, womöglich waren seine Motive für seinen übereilten Ausstieg aus seinem New Yorker Engagement doch weniger unpräzise, als es für seine Freunde den Anschein hatte. Sollte man ihn wirklich als Überzeugungstäter bezeichnen? Soweit sich beurteilen läßt, begnügte sich dieser eher unpolitische Nomade freilich mit diesem »revolutionären Akt« für sein gesamtes weiteres Leben und hat sich danach nicht mehr als Saboteur oder Partisan bewähren müssen. Wenige Monate darauf trat das junge Ehepaar Bowles übrigens, noch ganz unter dem Eindruck des Münchner Abkommens vom September 1938, für kurze Zeit der CPUSA, der amerikanischen KP, bei. Mit der Mitgliedschaft waren unweigerlich Pflichtbesuche an der Workers' School verbunden, deren Kurse sie artig zu absolvieren hatten. Damit taten sich die beiden Novizen schwer, begaben sich lustlos zu der dumpfen Einpaukerei, und Jane bemühte sich vergeblich, der Lektüre der Kampfschriften irgendeinen Reiz abzugewinnen. Und keine zwei Jahre später, im Herbst 1940, war der Spuk schon wieder vorbei. Paul trat offiziell aus, nachdem man ihm beschieden hatte, ein »Urlaub in Acapulco« sei für die Partei keine hinreichende Entschuldigung für andauernde Abwesenheit und mangelnde Aktivität.

Neben den Hunderten von Stickern befand sich aber noch

etwas anderes in Pauls Gepäck: »Kurz vor unserer Abreise aus New York hatte ich mir ein gebrauchtes Akkordeon für hundertfünfundzwanzig Dollar gekauft. Es war mit Imitationen von Bergkristall, künstlichen Rubinen und Smaragden verziert. Ein phantastisches Gerät mit dem vollen Klang, wie er für italienische Akkordeons charakteristisch ist.«[WSR] Bowles probierte es erstmals in Tehuantepec aus, als Jane längst in die USA zurückgereist war, in einem kleinen Ort im Bundesstaat Oaxaca, berühmt für seine matriarchalischen Traditionen, auf einem Isthmus gleichen Namens gelegen und von paradiesischer, fast überirdischer Schönheit. Paul hatte sich auf eine Gegend mit spanischen oder nordafrikanischen Charakteristika eingestellt und war nun überwältigt von dem einzigartigen landschaftlichen Reichtum des Fleckens. Ein Garten Eden, in dem die jungen Frauen und Mädchen des Dorfes sich allmorgendlich nackt unter Wasserfällen wuschen und in Teichen badeten. Da die Verteilungsaktion mit den Aufklebern nur von schwachem Erfolg gekrönt war – unterwegs war er immerhin schon einige hundert losgeworden – und auch nicht im entferntesten eine entsprechende Mini-Revolution unter den Provinzbewohnern auslöste, versuchte Bowles es mit dem Kauf von Stoff und der Anfertigung roter Transparente für die Feierlichkeiten zum 1. Mai. Doch auf die kindlich-unschuldigen Fragen der Bauern und Zapoteken-Indianer, denen er mit Slogans aus Lehrbüchern nicht beikommen konnte, was Kommunismus denn eigentlich sei, wußte er keine befriedigende Antwort. Die Leute zogen enttäuscht ab, und Paul gab auf.

Anstatt Trübsal zu blasen, packte er sein Akkordeon aus und zog damit allabendlich durch den Park. Davon waren die Zapotekaner begeistert, kamen nicht aus dem Staunen heraus und folgten ihm in kleinen Gruppen. Schnell hatte er seinen Spitznamen weg, »Don Pablito«. Die Knöpfe und Verzierungen spiegelten den tropischen Mondschein, und die Schar seiner Zuhörer wurde von Tag zu Tag größer. Die vielen überflüssigen Anstecker wurde er allerdings erst zu guter Letzt, auf der Rückfahrt mit dem Schiff von Veracruz nach New York, los. Eine mitreisende Genossin erklärte sich bereit, sie heimlich in das von Stabschef Batista kontrollierte, bald auch despotisch regierte Kuba hineinzuschmuggeln und auf alle öffentlichen Gebäude zu kleben. Und das, rühmte sich Bowles stolz, obwohl nicht abgesprochene »Einzelaktionen« streng untersagt waren, da sie nicht den Grundsätzen der offiziellen, orthodoxen Doktrin entsprachen!

Doch greifen wir hier erneut dem Gang der Ereignisse vor.

Von Beginn an stand die mexikanische Expedition, vorsichtig ausgedrückt, unter einem sehr ungünstigen Stern. Bestenfalls handelte es sich um eine Verlobungsreise mit Hindernissen. Ehrlicher wäre es, bedenkt man, wie das Ganze zustande kam, von einer Schnapsidee zu sprechen. Zu unterschiedlich waren die Ansprüche aller Beteiligten an die Unternehmung, und Jane war für ihre drei Gefährten, offen gesagt, nur ein störender, quengelnder Klotz am Bein, ein kapriziöses junges Ding, das bremste, wo es nur konnte, und alles nur noch nervenaufreibender gestaltete. Aus Sicht der Tonnys zumal eine kindische Spielverderberin. Zünftig, in komfortablen Greyhound-Bussen, die sie alle hundert Meilen wohl oder übel wechseln mußten, zockelte das Quartett mit quälender Langsamkeit südwestlich Richtung Grenze. Schon der erste Teil der Reise zog sich gehörig in die Länge. In Baltimore mußte der erste Halt eingelegt werden. Paul kannte Verantwortliche des dortigen Kunstmuseums, und es gelang ihm, dem Kurator einige Bilder von Kristians aufzuschwatzen. Ohne diese gewaltige Budgetaufstockung wäre das Expeditionsprojekt von vornherein zum Scheitern verurteilt gewesen. Wochenlang ging es anschließend weiter von Großstadt zu Großstadt. Überall schauten sie sich um, solange es ihnen Spaß machte, verbrachten mindestens zwei Nächte an jedem Ort und erreichten so erst nach vierzehn Tagen Houston, New Orleans und endlich Laredo. Sobald die Dämmerung einbrach, wurde erneut eine Rast eingelegt.

Das Schneckentempo barg einen immensen Vorteil – Jane und Paul kamen sich näher. Sehr viel näher sogar. Sie fanden Gefallen aneinander im Laufe ihrer stundenlangen, intensiven Konversationen. Nie ging ihnen der Stoff aus, nie entstand eine Verlegenheitspause, und Jane behauptete in späteren Jahren, inmitten all dieser Gespräche über Swing, französische Literatur, die Kunst des Reisens, Kindheit, Familien und ihre eigenen Biographien sei ihr aufgegangen, daß sie sich ohne eigenes Zutun tatsächlich in Paul verliebt habe. Leidenschaft, das nun gerade nicht. Liebe brach hier nicht etwa aus wie ein schwer kontrollierbares Buschfeuer. Es flackerte eher. Platonische, aber heftige Anziehungskraft. »Jane und ich«, erinnerte sich Bowles ein halbes Jahrhundert später, »sprachen immer Französisch, niemals Englisch. Damals konnte ich es viel besser als heute. Sie war es gewöhnt, Französisch zu sprechen und zu denken. Frankreich, das war für uns beide sehr wichtig.« Jane zog alle Register. Und hatte doch den Mut, ihm ihre vermeintlich mangelnde literarische Bildung (eine Koketterie), ihre zahlreichen Schwächen und Ängste einzugestehen – ganz besonders vor Tunneln und Hunden, Feuer, Haifischen und Aufzügen. Hierin war sie ehrlich, wenn auch das Eingeständnis einer Liftklaustrophobie aus dem Munde einer eingefleischten Bewohnerin von Manhattan, eingekreist von den höchsten Skyscrapern der Welt, selbst einen gutwilligen Zuhörer stutzen lassen mußte. Ihre Phobien wie Schwindelgefühle, verbunden mit dem unwiderstehlichen Zwang, sich in Abgründe zu stürzen, und ihre unerfindliche, anfallartige Panik vor der Übermacht der Natur breitete sie vor ihm aus. Sie gewährte ihm tiefe Einblicke in ihr Inneres, gab Geheimnisse ihres Seelenlebens preis. Sie stellte klar, daß ihre auf Hochglanz polierte *sophistication* nur eine feine, oberste Schicht ihres Charakters ausmachte, unter der sich ihr wahres, fragiles Ich verbarg. Das war Janes Art und Weise, eine Liebeserklärung abzugeben.

Im gleichen Atemzug beschied sie Paul, daß sie noch Jungfrau sei und vor längerer Zeit beschlossen habe, diesen Zustand bis zu einer eventuellen Heirat aufrechtzuerhalten. Was sollte er mit dieser Information anfangen – war sie als Warnung oder als Verheißung gedacht? Nichts war wohl weniger dazu geeignet, ihn aus der Fassung zu bringen. Aber auch er konnte nicht umhin zu konstatieren, daß sie ihn dauernd zum Lachen brachte, ihn auf mysteriöse Weise beständig aufheiterte. Was Jane rein verbal und intellektuell alles so zu bieten hatte, fand er extrem anregend. Die Durchquerung von Louisiana und Texas erschien ihnen, als leerten sie ununterbrochen ein Champagnerglas nach dem anderen. Für zwei »Feinde«, die sich noch vor wenigen Wochen als blasierte Schaumschläger in gegenüberliegenden Wohnzimmerecken angeschwiegen hatten, waren sie sich jetzt auf jeden Fall auf geradezu erschreckende Weise sympathisch.

Solange sie noch auf amerikanischer Seite weilten, waren Jane und Paul in Hochstimmung. Bowles kabelte Virgil Thomson aus New Orleans: »Wunderbare Stadt. Janie hat ihren Make-up-Koffer, ihre Sandalen und ihre Unordnung verloren. Das ist alles.« Dann kam die Grenze. Sie mußten in andere Busse umsteigen, allesamt schmuddelige, rostige Seelenverkäufer, reif zum Ausrangieren. Die Straßen wurden steiler und schlechter, wanden sich in langen Schlingen die Berge hinauf und hinunter und verwandelten sich in Sandpisten. Der Fahrer hatte getrunken. Wenn er wieder einmal eine Haarnadelkurve schnitt oder einem bis obenhin beladenen Lastwagen auswich, der sich eine Handbreit weit an ihm vorbeidrängte, sah er nicht geradeaus, sondern plauderte angeregt mit einem Fahrgast oder einer Bauersfrau, die an der letzten Kreuzung zugestiegen waren. Jane war, seitdem sie sich auf mexikanischem Boden befand, unausgesetzt übel. Noch bevor sie Monterrey erreichten, wurde sie krank. Sie litt an Durchfällen. Ihre Höhenangst meldete sich zurück. Sie ertrug es nicht länger, aus dem Fenster zu sehen. Um den schwindelnden Abgründen zu entweichen, die sich zu beiden Seiten ihres beschlagenen, von Fliegendreck starrenden Busfensters vor ihren Augen auftaten und sie bedenklich an die furchteinflößende, in ihren Kosmos aus Horrormotiven unauslöschlich eingebrannte Schweizer Bergkulisse gemahnten, hockte sie sich ganz hinten in dem wackligen, schwankenden Gefährt auf den Boden. Bleich kauerte sie dort für Stunden, gab keinen Laut von sich und entleerte ihren Körperinhalt notgedrungen zwischen die Sitzreihen. Je schlechter es ihr ging, desto mehr blühten Paul und die beiden Holländer-Franzosen auf. Der Anblick des sensationell ursprünglichen Landes, die vor ihnen ausgebreiteten, mit jeder Wegbiegung wechselnden Panoramen und die Tuchfühlung mit den mitreisenden Einheimischen versetzten sie unwillkürlich in Euphorie. »Acht Tage später kamen wir in Monterrey an und stiegen in einem heruntergekommenen Hotel ab«, erzählt Paul gutgelaunt in seiner Chronik der Ereignisse. »Am ersten Abend hob ich eine Diele des Holzbodens an und konnte, wenn ich mich hinlegte, in das Zimmer darunter sehen, wo vier Chinesen saßen und sich unterhielten. Dies schien mir eine gute Einführung für Mexiko.«[WSR]

Vorfälle wie dieser waren natürlich wenig dazu angetan, Janes Stimmung merklich zu heben. Die Karawane zog weiter, und jedes auch noch so geringfügige Detail brach wie eine Katastrophe über ihren angegriffenen Geistes- und Körperzustand herein. Ihre Busse waren inzwischen hoffnungslos überfüllt, quollen über von gackernden Hühnern, übereinandergetürmten Lebensmitteln, Kindern, Haustieren. Dicht an dicht drängten sich die Mexikaner, Bäuerinnen redeten auf sie ein, die Geräuschkulisse schwoll zu einem ohrenbetäubenden Tohuwabohu an, es wurde heiß. Jane meinte, ersticken zu müssen. Ihr erging es wie dem eingangs skizzierten Touristen in seiner Kasbah. Sie wollte nur noch eines: dieser sie nach Strich und Faden überfordernden Hölle auf Erden entweichen. Stoppte der Bus aber für kurze Pausen in Marktflecken – und diese Halte schienen sich zu endlosen Unterbrechungen zu dehnen –, weigerte sie sich dennoch, ihr Gefängnis zu verlassen, denn rudelweise umstanden streunende Hunde die aussteigenden Fahrgäste und sprangen wütend an ihnen hoch. Paul, Kristians und Marie-Claire schüttelten die Tölen lachend ab, erkundeten den Weiler und waren stets unter den Letzten, bepackt mit Mitbringseln und Snacks, wenn es ans Weiterfahren ging. Der ungeduldig hupende Fahrer mahnte ihre Rückkehr ein ums andere Mal an. Jane fand, ihr Verhalten sei unter den gegebenen Umständen empörend, ja provozierend. Mitgefühl erwartete sie und wollte bedauert werden, und ungefähr zur selben Zeit fielen dem solidarisch zusammengeschweißten Trio ihre völlig übertriebenen Reaktionen auf eine durch und durch harmlose Überlandfahrt mehr und mehr auf die Nerven. Die Situation eskalierte.

Tonny platzte schließlich der Kragen. Nie konnte man es Jane recht machen, lautete sein Urteil, und er begann zu stänkern, setzte zu ausgiebigen Beschimpfungen an. Die Tatsache, daß seine Annäherungsversuche bei Jane anläßlich eines früheren Stops nicht im geringsten verfangen hatten und er sang- und klanglos bei ihr abgeblitzt war, gab ihm Auftrieb. »Dumme, verzärtelte Gans« und »bourgeoise Kapitalistenkuh« waren noch die schmeichelhaftesten Komplimente seiner Suada, während er bis zur Ankunft in der Hauptstadt zu Höchstform auflief. Seine Frau nahm Jane zunächst halbherzig in Schutz, übte sich in weiblicher Solidarität, doch auch ihr wurde es irgendwann zu bunt, daß die vierte im Bunde mal maulfaul, mal zickig mit ihrem unreifen Verhalten den Ausgang ihrer Exkursion systematisch sabotierte.

Was Kristians am meisten auf die Palme brachte, war Janes Snobismus und Luxusgehabe. Daran gewöhnt, daß ihr schwarzes Stubenmädchen im Hotel Meurice alles hinter ihr herräumte und aufhob, was sie – etwa beim Entkleiden – achtlos auf den Boden fallen ließ, fiel es ihr nun schwer, den Verzicht auf einen solchen Service in den Provinzherbergen dieses unterentwickelten Landes zu verkraften. Um sie zusätzlich aufzuziehen, bedachte er Jane in Anspielung auf ihre Familie mit dem unfreundlichen Spitznamen »le bec Auer« – damit meinte er nach einem deutschstämmigen Ingenieur benannte Gaslaternen in Frankreich, ein Patent, das sich von Paris aus von der Jahrhundertwende an überall hin verbreitet hatte. »Bec«, das war deren Schnabelform und eindeutig auf Janes Schnute, ihre vorgewölbte Nasen-, Mund- und Lippenpartie, gemünzt. Schon in New York hatte man hinter vorgehaltener Hand ihre Himmelfahrtsnase hämisch als »Sprungschanze« verunglimpft. Jane tat, als wäre sie taub für die Flutwelle aus Beleidigungen, die in voller Lautstärke direkt über ihrem geplagten Hirn hinwegbrandete.

Tonny hatte noch giftigere Invektiven auf seiner Palette. »Arme Kleine, Du wärst wohl besser bei Mommy zu Hause geblieben«, oder, auf französisch: »Tu nous emmerdes avec tes histoires de gosse de riches.« (Von den Einheimischen waren sie ja ohnehin durchweg für Franzosen gehalten worden.) Sozialneid, Verachtung und Hohn mischten sich in Kristians' aufgekratzte Haßtirade. Gemeinheiten und sadistische Ausfälle steigerten sich ins Maßlose. Seine Stimme überschlug sich. Marie-Claire hatte sich in die erste Reihe gesetzt, die Finger in die Ohren gebohrt, und schrieb ungerührt Tagebuch. Indianer bliesen durchdringende Notenfolgen in ihre kleinen tönernen Pfeifen, bis Jane nahezu den Verstand verlor.

Und Paul? Er hielt sich aus der ganzen Sache heraus und wahrte Distanz. Er beobachtete die unschöne Szene, als beträfen ihn diese Vorgänge alle überhaupt nicht. »An invisible spectator« wurde er in einem Porträt aus den 1980ern zu Recht einmal genannt. Seine Jane, ein jammerndes Häuflein Elend, würdigte er kaum eines Blickes. Kavaliersregungen waren ihm, der in wenigen Stunden mit bedeutenden mexikanischen Komponisten zusammentreffen wollte und mit einer brisanten politischen Mission betraut war, zur Stunde fremd. Sollte sie mit Fürsorge, Hilfsbereitschaft, gar mit Mitgefühl seinerseits gerechnet haben, so hatte sie sich gründlich getäuscht. Wenn das der Anfang einer Liebesgeschichte war, so kamen beide, abgebrüht wie sie waren, ohne Illusionen und Sentimentalitäten aus.

Kaum hatten sie ihre Endstation, den Busbahnhof im Zentrum von Mexico City, erreicht und ihre Gepäckstücke aus den verschmutzten Kofferstapeln befreien können, verschwand Jane, deren Nervenkostüm nunmehr aufs äußerste strapaziert war, auf Nimmerwiedersehen. Oder zumindest außer Sichtweite. »Ich verdufte ins Ritz«, wie sie sich auszudrücken beliebte. Gesagt, getan. Sie nahm gleich den ersten Ratschlag von Claire für bare Münze. Sie hatte es satt, sich als fünftes Rad am Wagen zu fühlen, und war nicht bereit, noch länger hinzunehmen, daß ihr keinerlei Aufmerksamkeit geschenkt oder Bewunderung entgegengebracht wurde, wie es ihr in jedem Kabarett in

Manhattan täglich, ja viertelstündlich widerfuhr. Den Demütigungen, so befand sie, mußte schleunigst ein Riegel vorgeschoben werden. Ein Träger, unter der Last ihrer Taschen und Schachteln verschwunden, lief strampelnd hinterher und hatte Mühe, mit ihr Schritt zu halten. Hocherhobenen Kopfes stolzierte Jane von dannen. Tonnys Flüche gellten ihr, als sie eigentlich schon außer Hörweite sein mußten, noch vernehmlich in den Ohren.

Paul grinste verlegen, kratzte sich am Hinterkopf und lockerte seinen Krawattenknoten. Ein Fiasko, das Ganze, es ließ sich nicht länger bemänteln. Der fliegende Teppich hatte sich nicht einmal zentimeterweise in die Luft erhoben, er war, von unsichtbaren Zentnerlasten beschwert, am Boden klebengeblieben.

Das Trio durfte aufatmen und bezog in einer billigen Absteige Quartier. Am nächsten Tag kamen sie nachsehen, ob es Jane inzwischen besser ging, doch im Ritz hatte sich niemand unter dem Namen Auer eingetragen. Sie benötigten eine halbe Woche, um ihrer habhaft zu werden. Indem sie die ganze Stadt absuchten. An Hotels aller Kategorien herrschte in der mexikanischen Hauptstadt nun wahrlich kein Mangel. Im Hotel Guardiola entdeckten sie Jane dann. Ihr Befinden hatte sich rapide verschlechtert, Fieber und Bauchschmerzen quälten sie, ein Arzt kümmerte sich um sie und verabreichte ihr in regelmäßigen Abständen Spritzen. Das Blumenmeer, von dem ihr Krankenbett umstellt war, war nicht von neuen Verehrern zusammengetragen, sondern von ihr selbst ins Hotel beordert worden. Paul und Kristians' Frau war die Lage peinlich, reumütig bemühten sie sich, Jane abzulenken, sprachen ihr Mut zu und brachten hie und da ein Witzchen an. Sie berichteten ihr, was sie beim Stierkampf erlebt hatten, beschrieben ihr die Vorzüge der Metropole – Mahlzeiten, Spezialitäten, Musikeindrücke. Tonny stand versteinert daneben, er war ungerührter denn je. Jane sprach lediglich von ihrem Gesundheitszustand und ihrer baldigen Abreise. Ihre Haltung war ausdruckslos, ihre Redeweise monoton. Die Stimmung blieb anhaltend unerfreulich. Man einigte sich auf ein

Rendezvous am kommenden Tag zum Lunch und verbreitete die Hoffnung, Jane würde in ein paar Stunden schon wieder auf dem Damm sein. Als sie sich aber zur verabredeten Zeit einfanden, erfuhren sie an der Rezeption, daß die junge Dame aus New York ihr Check-Out veranlaßt habe und in die Vereinigten Staaten zurückgeflogen sei. »Unsere vierte Mitreisende«, so Bowles' lapidarer Bescheid an seinen Freund und langjährigen Briefpartner Bruce Morrissette, »hat die Busfahrt durch die Berge in Angst und Schrecken versetzt. Sie trat die Flucht aus Mexico, Districto Federal, an, per Flugzeug nach San Antonio [in Texas]. Ohne uns auch nur Bescheid zu sagen. Wir haben es nicht bedauert, sie los zu sein.«[PB/AIS*]

Niemand weinte ihr eine Träne nach, niemand redete sich ein schlechtes Gewissen ein. Paul fiel sogar ein Stein vom Herzen. Von nun an konnte er ohne Umschweife seinen gewohnten, zupackenden Reiserhythmus durchziehen und eine ungebremste Intensität an den Tag legen, ohne Jane, die sich wie ein Mehlsack an ihn gehängt und ihn in eine unmögliche Situation gebracht hatte, überall hinter sich herschleifen zu müssen. Ob es ihr schwergefallen sein mochte, Reißaus zu nehmen, ob sie ihre Kehrtwendung bedauerte oder ob er es lediglich mit den Spielereien eines reichen Töchterchens, von Stimmungsumschwüngen gebeutelt, zu tun hatte – ihm war es vollkommen einerlei. Ihre gegenseitigen Annäherungsversuche im Bus tat er als romantische Schimäre ab. Mit Feuereifer machten sich die drei Abenteurer an die Bewältigung ihrer Pläne, und es gab alle Hände voll für sie zu tun.

Tehuantepec und Trotzki waren unterdessen abgehakte Programmpunkte; mit seinem Besuch bei Silvestre Revueltas, Mexikos – neben Carlos Chávez – herausragendstem Komponisten, stand Paul aber ein echtes Highlight bevor. Eingeführt durch ein Begleitschreiben seines Mentors Copland, kam er mit dem großen Mann, einer über alle Maßen warmherzigen und gastfreundlichen Persönlichkeit ohne den geringsten Anflug von Hybris, im Conservatorio Nacional zusammen und war überwältigt von dessen Bescheidenheit, Belesenheit und immensem musikalischen Wissen – eine Attitüde, die in denkbar schärfstem Kontrast zu den Gepflogenheiten der Pariser und New Yorker Salonwelt stand. Binnen kurzem schwenkte ihre Unterredung auf die Lyrik García Lorcas um, Revueltas trommelte augenblicklich ein improvisiertes, aber trotz der Kürze der Zeit bestens besetztes Orchester zusammen und betrieb diesen ganzen Aufwand nur, um Bowles mit diesem Handstreich in den Genuß einer Privataufführung seiner eigenen *Homenaje a García Lorca* kommen zu lassen. Paul war von der Persönlichkeit und der Wiedergabe des farbigen, rhythmisch ungemein reichen, fast gewalttätig motorischen symphonischen Werkes hingerissen. Fieberhaft machte er sich nach seiner Begegnung mit Silvestre, einer Lektion in Demut und Understatement, an die Niederschrift seiner dreiteiligen kammermusikalischen Tanzsuite *Mediodía* für Bläser, Klavier und sieben Saiteninstrumente, die erste einer ganzen Reihe von südamerikanisch inspirierten, auf Revueltas' Lektion rekurrierenden Kompositionen (so z. B. die beiden *Huapangos* für Soloklavier, in denen er anstrebte, im pianistischen Part die Klangeffekte der kleinen dörflichen Ensembles nachzuahmen).

Als Bowles Revueltas jedoch in dessen privatem Domizil, einem besseren Bretterverschlag, aufsuchte, wurde ihm mulmig zumute. Seit seinen Expeditionen durch Mitteleuropa und die nordafrikanischen Länder war ihm der Anblick bitterer Armut vertraut, aber was ihn in diesem Slum, einer von Grund auf verwahrlosten Vorortsiedlung am Rande der Kapitale, an dumpfem, nacktem Elend entgegenschlug, machte ihn betroffen und nachdenklich. Selbstverständlich wahrte Revueltas den Schein, ließ sich keine Verlegenheit anmerken und empfing seinen jungen Gringo-Gast mit einer Nonchalance, als stünde ihm eine Suite an der Park Avenue zu Gebote. Er geizte nicht beim Bewirten. Paul konstatierte noch beim Hinausgehen, daß nur ein einziges echtes Möbelstück in dieser jämmerlichen Bruchbude, durch die der Wind pfiff, vorhanden war – das gottlob unversehrte Klavier des Meisters. Es war nur sehr schwer vorstellbar, daß der Stolz einer ganzen Nation dazu gezwungen sein sollte, seine Tage in einer solch menschenunwürdigen Behausung zu fristen. Seine persönliche Privilegiertheit ging ihm für Tage nicht mehr aus dem Sinn.

Der Rest der vierwöchigen Fahrt mit den Tonnys ist schnell erzählt: Es sah ganz danach aus, als müßten sich die drei verbleibenden Reisenden ihr geplantes Zwischenspiel in Guatemala aus dem Kopf schlagen. Bowles hatte die Unvorsichtigkeit begangen, bei der Frage nach Religionszugehörigkeit auf dem Einreiseformular »Atheist« anzugeben – eine Selbstbezichtigung, mit der er sich für die zuständigen Behörden disqualifizierte. Genausogut hätte er die restlichen Anti-Trotzki-Anstecker in der Zollstation aus dem Koffer kippen können. Das Trio gab dennoch nicht auf. Tagelang saßen sie in einer gottverlassenen Grenzstation fest, aber es gelang ihnen einfach nicht, die von den Kontrolleuren festgesetzte Zahl von Bürgen aufzutreiben und zur Unterschrift auf ihren Einreiseanträgen zu überreden – guatemaltekische Staatsbürger, die bereit gewesen wären, für Unbekannte die Verantwortung zu übernehmen, waren von dort aus schwerlich herbeizuzaubern. Blieb ihnen wirklich nichts anderes übrig, als unverrichteter Dinge wieder den Rückzug anzutreten? Kleinlaut waren sie deshalb nicht geworden. Die örtliche mexikanische Gewerkschaft, in der Kommunisten das Sagen hatten, schuf am Ende Abhilfe. Ein Funktionär trieb andere, die »richtigen« offiziellen Zettel auf, brachte andere, die »richtigen« Grenzbeamten dazu, sie abzustempeln, und konnte auch mit einem kleinen Kahn dienen, mit dem das Übersetzen nach Ayutla gelang. Drei Wochen lang verschafften sich die drei Glückspilze »einen kurzen Überblick über die malerische kleine Republik« Guatemala. Hochgestimmt ging es danach zurück an den Ausgangspunkt.

Kristians und Paul steigerten sich, jeder in seiner Disziplin, in einen wahren Schaffensrausch hinein, erforschten nebenbei die faszinierende Großstadt Mexico City aufs Gründlichste und gönnten sich zum Ausklang einige exklusive Tage in Saus und Braus im Palast von Malinche, einem verschwenderisch schönen, für Einheimische sündhaft kostspieligen Prachtbau an der

Peripherie der Hauptstadt. Dann kam es, wie es kommen mußte, Bowles hatte es vorausgesehen – den Tonnys ging das Geld aus, und er, der gern knauserte, wenn es nicht ihn selbst betraf, sah sich gezwungen, ihnen einen beträchtlichen Betrag aus eigener Tasche vorzuschießen. Aus heiterem Himmel traf eines Tages ein Telegramm von Kirstein ein, das die unmittelbar bevorstehende Uraufführung von seinem (noch gar nicht fertiggestellten) Ballett *Yankee Clipper* in Pennsylvania verhieß. Paul bestieg folgsam den Dampfer, aber seine gemischten Gefühle sprechen Bände: »Dies war ein zweifelhafter Triumph. Einerseits wollte ich hören, wie das Philadelphia Orchestra mein Stück spielte, und ich mußte natürlich hin, andererseits war ich bereits dem eigenartigen ländlichen Charme des Lebens hier und der melancholischen Pracht der Landschaft verfallen. Ich hatte mich darauf gefreut, einen endlosen Sommer lang die Hähne in Malinches Palast krähen zu hören, und nun mußte ich darauf verzichten.«[WSR] In nicht allzuweiter Ferne sollte der Tag liegen, an dem Bowles dieses Hin- und Hergerissensein zwischen unstillbarer Reisesucht und professionellen Verpflichtungen der heimischen Theatersaison nicht länger auszubalancieren vermochte und sich dafür entschied, tabula rasa zu machen, um seiner Lebensweise eine eindeutigere, doch karrierefeindlichere Ausrichtung zu geben.

Zurück in New York informierte ihn Copland, daß er für längere Zeit nach Kalifornien gehen mußte, und bot Paul für die Zwischenzeit sein Loft an. Ein ungestörtes Quartier – er griff mit Freuden zu und machte sich dort, im legendären Chelsea Hotel oder im Studio des Tanzkritikers Edward Denby an die Arbeit, denn es blieben nur noch wenige Wochen bis zur Premiere. Zwar hatte er vor, Jane auf den Familienlandsitz in Glenora mitzunehmen, um ein paar Tage im Waldhäuschen zu verbringen. Doch die Tonnys, wieder mit von der Partie, waren, kaum nimmt es Wunder, strikt dagegen. Bowles tröstete sich mit einem kleinen Techtelmechtel. Marian Chase hieß die Auserwählte und war eigentlich Touches Freundin und auch eine Heiratskandidatin für Bowles' Pariser Kameraden Harry Dunham.

Aber es handelte sich wohl nur um eine Verlegenheitslösung für Paul.

Nebenbei bemerkt, es hat sich von der verunglückten Jungfernfahrt mit Jane kein Photo erhalten, kein visuelles Zeugnis, nichts.

Yankee Clipper, von dem Bowles letztlich nur die eine Hälfte in der Klavierfassung fertigstellte, war ein Ballett ganz nach seinem Geschmack – die Geschichte eines von Reise- und Abenteuerlust überwältigten Farmerjungen, den es aus seinem Heimatort aufs Meer und in die weite Welt hinauszieht. Er wird Matrose und läßt seine Jugendliebe im Stich. Sein Schiff legt in Indonesien, Afrika, Polynesien und Japan an, was ideale Gelegenheiten für Tanzszenen und *pas de deux* mit exotischem Lokalkolorit bot. Andere Begebenheiten spielten sich auf offener See ab; Nixen kam eine wichtige Rolle zu. Die Titelrolle – sein Alter ego? Mitten bei der Arbeit an der Partitur klingelte eines Tages im Hochsommer das Telephon. Paul hatte Jane in der Leitung. Ihre Stimme, etwas dünn und eingeschüchtert drang sie an sein Ohr, erkannte er kaum wieder. Ohne ihr Verschwinden in Mexico City auch nur mit einem Sterbenswörtchen zu erwähnen oder ihm mitzuteilen, was ihr in der Zwischenzeit alles zugestoßen war, kam sie gleich zur Sache: Bowles war fürs Wochenende nach New Jersey eingeladen. Claire hatte dort für die Dauer der Sommerferien ein Häuschen in Deal Beach gemietet und freute sich darauf, ihre Tochter, auch in den Ferien an ihrer Seite, in anregender männlicher Gesellschaft zu sehen. Ohne lange nachzudenken, ging Paul auf den Vorschlag ein und fuhr hin.

Sie kamen miteinander aus. Sie scherzten. Wenn ihnen das Geplauder mit Claire und die Nachmittage am Strand zu langweilig wurden, besorgten sie sich im Schwarzenviertel von Asbury Park etwas Marihuana. Nachschub eben. Die ausgelassene Heiterkeit, die sich nach dem Drogengenuß einstellte, versetzte beide wieder in die vertrauliche Zweisamkeit während der texanischen Busfahrten. Jane war ein absolutes Novum in Pauls Katalog frappierender Erscheinungen, und er war durch sein

Menschenstudium auf den Straßen von Paris und Tanger bereits abgebrüht. »Während sie sprach oder zuhörte, schwebte ein Ausdruck von koboldartiger Belustigung auf ihren Gesichtszügen, und sie drückte sich mit grammatikalischer Genauigkeit aus, neigte in ihrer Wortwahl gar zur Parodie. Hin und wieder gestattete sie sich jedoch einen farbigen Ausdruck der jiddischen Umgangssprache oder gebrauchte mit erstaunlicher Leichtigkeit ein französisches Wort oder eine Redewendung.«[ER/ERS] Rein sprachliche Mißverständnisse konnten ihren ganzen Zorn erregen; wie vom Blitz getroffen empörte sie sich, verfiel in eine nörgelnde Litanei, mutierte zu einer Cholerikerin, war untröstlich. Man hatte ihr den Abend, das Wochenende, den Frühling verdorben, wenn man unvorsichtigerweise ein ihr lebenswichtiges Formulierungsdetail verdarb. Nichts und niemand konnte sie dann beruhigen – »wenn ich nur nicht so analytisch veranlagt wäre!« –, niemand außer dem anspruchsvollen, linguistisch einfühlsamen Paul, dessen eigener geschliffener Sprachgebrauch und syntaktische Akkuratesse ihr das Gefühl vermittelten, sie sei mit einem Zwilling auf derselben intellektuellen Wellenlänge. Ein Ausnahmefall.

Aus dem »berühmten Wochenende« wurden zwei. Diesmal im leerstehenden Haus von Pauls Eltern, wo es zu ersten körperlichen Annäherungsversuchen gekommen sein soll, bei denen er die Initiative ergriff. Im letzten Moment zog sich Jane jedoch mit erneuten Hinweisen auf die Notwendigkeit, ihre moralische wie physische Unversehrtheit bis zur Eheschließung zu wahren, aus der Affäre. Im Zug nach Philadelphia schließlich, wo die symphonische Fassung von *Yankee Clipper* erstmals zur Aufführung kam, bildeten Jane und Paul schon den harten Kern eines größeren Bowles-Fanclubs – Freunde, Kollegen und Familien hatten ein ganzes Abteil besetzt. Eine Flasche nach der anderen wurde geköpft, es ging hoch her. Jane brannte ein verbales Feuerwerk ab, dirigierte humorvoll den Chor der Mitreisenden und lief zu ungeahnter Form auf. Übermütig. Spitzbübisch. Schelmisch. Sie machte sich zur furiosen Entertainerin dieser Bahnfahrt. Und Rena Bowles gewann zum ersten Mal den

Eindruck, daß mit dem jungen Mädchen, ihrer künftigen Schwiegertochter, irgendetwas nicht stimmen konnte: Sie hielt sie für eine Wilde und befand, ein bißchen merkwürdig sei sie schon.

»Viele fanden sie ›amüsant‹, ›verrückt‹ oder auch ›temperamentvoll‹. Aber man akzeptierte sie nicht immer so, wie sie war. Viele Leute fanden sie auch ›unerträglich‹, und natürlich wußte Jane genau, wie sie diejenigen ärgern konnte, von denen sie annahm, daß sie sie nicht mochten. Ich glaube, es gab Menschen, die sie so haßten, wie sie sie hätten lieben können. Und wie viele mögen sich gefragt haben, was zwei so verschiedene Menschen wie Jane und Paul wohl aneinander interessierte?! Genau die Unterschiede eben. Er ist bedächtig, diskret und wahrt auf eine sehr reflektierte, fast kalte Art Distanz. Sie ist offenherzig, ganz intuitiv und kennt keine andere Abneigung als die gegen Mittelmäßigkeit. Sie spielt alles ›allegro‹. Ma sempre troppo. Das Leben ist für Jane ein Schauspiel mit Dauervorstellung.«[RB]

Wahrscheinlich blieb das letzte Kapitel von Janes abgebrochenem Ausflug nach Mexiko für immer ihr Geheimnis. Wenn Bowles auch die Wahrheit erfahren hätte, Details wären ihm bestimmt gleichgültig gewesen. Jedenfalls war die sterbenskranke, unglückliche junge Frau seinerzeit gar nicht nach San Antonio geflogen, sondern nach Tucson in Arizona. Wie sie Jahrzehnte später einem Freund anvertraute, soll sie dort auf einer Art Karneval oder Volksfest, bei dem die Leute abends singend durch festliche, mit Lichterketten geschmückte Straßen tanzten, ein seltsames Wesen beobachtet haben, amorph und isoliert, halb Mann, halb Frau. Ein Hermaphrodit? Jane, wie gebannt, habe sich ein Herz gefaßt, den Freak angesprochen und tatsächlich dazu überreden können, ihre Einladung zum Abendessen anzunehmen. Über den Verlauf ihrer Unterredung, über den Rest der Nacht hüllte sie sich in Schweigen. Weiter ging es danach für Jane nach Kalifornien, wo ein keineswegs platonisches Wiedersehen mit ihrer Freundin Genevieve Phillips gefeiert wurde. Allem Anschein nach hatte sie sich vorgenommen, alle möglichen Facetten ihres Gefühlshaushaltes zu aktivieren und Amouren auszukosten, bevor es für Unabhängigkeit und eigenständige Entscheidungen zu spät sein konnte. Denn wenn sie auch, gerade erst in New York zurück, ihr gewohntes Tingeln zwischen Askew-Salon, Spivys Nachtclub und Claires Hotel aufnahm und noch ein ganzer Herbst und Winter der Annäherung und vertieften Zweisamkeit zwischen ihr und Paul vergehen sollte, im Geiste sah sie sich wohl schon als »Mrs.« Bowles, als Gattin ihres selbsternannten »Feindes«.

Das irrwitzige Ereignis ließ nicht lange auf sich warten und trat noch vor Ablauf der Jahresfrist nach ihrem ersten Zusammentreffen ein: Am 21. Februar 1938, am Vortag ihres einundzwanzigsten Geburtstages, der gleichzeitig auch die Wiederkehr von George Washingtons Wiegenfest markierte, trat die Jüdin Jane Auer in einer kleinen holländisch-reformierten Kirche in Manhattan vor den Traualtar. Als sie sich nach Abschluß der unprätentiösen Zeremonie dem Ausgang zuwandte, standen anstelle ihres riesigen beiderseitigen Freundes- und Bekanntenkreises nur drei Menschen Spalier. Ihre Mutter Claire und Pauls Eltern Rena und Claude. Sie hakte sich bei Bowles junior unter, trat auf die Straße und blinzelte in das graue, milchige Licht, das vom Morgenhimmel über ihnen auf das New Yorker Häusermeer fiel, ihre vertraute Welt, ihren Mikrokosmos, dessen Wirrwarr und Vexierspiel es spielend mit der anarchischen Sogwirkung jeder nordafrikanischen Medina aufnehmen konnte. Für einen Moment befiel sie ein Gefühl wohliger Zufriedenheit, dessen Herkunft sie gar nicht erst ergründen mochte.

I do. Sie war nicht länger allein.

Sie heirateten, um ihre Familien zu schockieren. Um etwas Verrücktes zu tun. Aus einer plötzlichen Laune heraus. Und weil einfach überhaupt nichts, rein gar nichts dafür sprach. Die Konvention war hier die Provokation. Es galt nicht etwa, eine konformistische Nische zu schaffen oder zwei voneinander unabhängige, unanständige Lebensformen durch stillschweigendes Aufrechterhalten einer eingespielten Einrichtung taktvoll zu bemänteln, das heißt beiden gleichgeschlechtlichen Angetrauten insgeheim Spielraum zu verschaffen. Mit der augenscheinlich so bürgerlichen Trauung brüskierten sie – wenn überhaupt – eher ihre alleinlebenden schrägen Vögel aus der Konzert- und Verlagsszene. LaTouche und Thomson, Spivy und Berman würden allenfalls den Kopf schütteln. »Jane und ich malten uns aus, wie lustig es wäre, wenn wir heirateten und jedermann einen Schreck einjagten, vor allem unseren Familien. Von der Phantasie zur Wirklichkeit ist es manchmal ein kleinerer Schritt, als man glaubt; plötzlich dachten wir ernsthaft über diese Möglichkeit nach.«[WSR]

Ihre Eltern waren zu ihrem Leidwesen weit weniger vor den Kopf gestoßen, als sie es sich erhofft hatten. Claire gab sich glücklich und erleichtert. Sich Janes »Glück« in den Weg zu stellen, hätte sie schwerlich gewagt. Ihre Verwandtschaft sorgte für eine erstklassige, dem unspektakulären Vorgang völlig unangemessene Garderobe; Claude und Rena, denen zwar eine abgemildert antisemitische Einstellung nachgesagt wurde, hatten in dieser Hinsicht absolut nichts gegen Jane einzuwenden. Zumal Jane selbst ihr Judentum eher kaschierte als herausstellte. Pauls Mutter störte es lediglich ein wenig, daß er mit einer »Versehrten« die Ehe eingegangen war. Eine Vernunftheirat? Erst recht nicht, wo hier doch erklärtermaßen die Unvernunft regiert und keine Camouflage betrieben wurde. Nein, Vernunft war nicht mit im Spiel, denn diese Liaison war ja nicht von den Schwiegereltern arrangiert worden und führte wohl kaum zu einer einträglichen geschäftlichen Verbindung zwischen beiden Parteien. Machte also einer von beiden eine gute Partie? Wenn überhaupt, dann Paul, da bei Jane am Tag ihrer Hochzeit die Auszahlung einer kleineren Erbschaft fällig wurde. Er selbst war von Rena und Claude immer kurzgehalten worden und hatte sich lange Jahre von Job zu Job hangeln müssen.

Mit den Tonnys hatte es im übrigen noch ein böses Nachspiel gegeben, denn sie weigerten sich, ihm das in Mexiko geliehene Geld zurückzuzahlen. Nach einer unliebsamen und peinlichen Dauerfehde, in die auch Bowles' älterer Komponistenkollege Thomson gegen seinen eigenen Willen einbezogen wurde – er meinte es durchaus gut mit Bowles und hatte nur vermitteln wollen –, mußte sich der junge, aufbrausende Ehemann zähneknirschend damit zufriedengeben, leer auszugehen. Seine Schuldner reisten ohne viel Federlesens einfach nach Europa ab. Pikanterweise war Paul, in Künstlerkreisen für seinen Geiz berüchtigt, selbst notorisch unpünktlich und unzuverlässig, wenn es ums Zurückzahlen von Darlehen aus Freundeshand ging. Er neigte dazu, sie nach Verstreichen einer Höflichkeitsfrist als »Gaben« zu interpretieren, die ihm als angehendem Genie gewissermaßen zustünden, und die Zahl seiner eigenen Gläubiger ging mittlerweile in die Dutzende. Wenn Jane also ein wenig *cash* als Mitgift in die Ehe einbrachte, so konnte dies in der Tat nichts schaden – ausschlaggebend für die Entscheidung zur Heirat wird es nicht gewesen sein.

Blieb die Möglichkeit einer Scheinehe, etwas, was die Franzosen eine »mariage blanc« nennen. Und die Deutschen eine »Lavendelehe«. Hier hätte sie sogar beiden Seiten als Deckmäntelchen genutzt. Paul hatte ein solches Manöver aber eigentlich gar nicht nötig. Die amerikanische Musikszene in den späten Dreißigern war im »Klassik«-Bereich ohnehin dermaßen von einflußreichen »gay composers« dominiert (ein Begriff, der damals noch gar nicht kursierte) – Copland, Thomson, Barber, der junge Ned Rorem und der aufgehende Stern Leonard Bernstein sind nur einige wenige Beispiele für ein veritables schwules Netzwerk mit gegenseitiger Hilfestellung –, so daß er keinesfalls fürchten mußte, als Homosexueller anzuecken. Da konnte ihm von Gleichgesinnten, wenn überhaupt, schon eher die Eheschließung als Verrat an der Gemeinschaft ausgelegt werden. Auch in dieser Hinsicht war die Aktion eher dazu geeignet, seine Eltern einzulullen und in Sicherheit zu wiegen.

Doch Paul war schon immer ein Musterbeispiel an Diskretion gewesen, wenn es um seine Männerbeziehungen ging. Nach allem, was sich in Erfahrung bringen läßt, fielen sie, zumal in New York, ohnedies mehr sporadisch aus, hielten nie lange an. Hier konnte er sich also keinen Zugewinn an Maskerade einhandeln. Fassaden brauchten nicht eingehalten, kein Schein gewahrt zu werden. Und Jane war seit jeher nach Kräften darum bemüht gewesen, ihr intensives lesbisches Gefühls- und Sexualleben an die große Glocke zu hängen. Jedem, der sie einigermaßen kannte, machte sie unmißverständlich deutlich, daß sie nicht im Traum daran dachte, der Frauenliebe von einem Tag auf den anderen abzuschwören. Sie verkörperte gelebtes, selbstbewußtes Lesbentum in seiner reinsten, emanzipiertesten Form. In jenen Jahren eine wahrhaft revolutionäre, ja in Gänze unbekannte Haltung, zu der einige Zivilcourage gehörte. Und daß, erwägt man auch noch die letzte absurde Eventualität, eine Schwangerschaft der Motor für die seltsame Hochzeit gewesen sein sollte, hätte ausnahmslos jeder ihrer »little friends« mit einem ungläubigen, hysterischen Lachen abgetan. Sie alle wußten, daß Jane sich auch nicht im entferntesten etwas aus Männern – wohlgemerkt in ihrer Eigenschaft als Sexualpartner – machte. Daß sie »ein ganz normales Mädchen« sei, daß »dieser lesbische Kram nur eine jugendliche Phase sei (Jugend dauert in unserer Familie von sieben bis dreiunddreißig)«, eine utopischere Wunschvorstellung ließ sich eigentlich nicht mehr hegen.[OTW*]

Man konnte es drehen und wenden, wie man wollte – es blieb eine von Grund auf unverständliche Entscheidung. »Niemand wirkte erschreckt, was alles leichter, wenn auch weniger dramatisch machte.«[WSR] Virgil Thomson traf vermutlich den Nagel auf den Kopf, als er für den Vorfall den sarkastischen Ausdruck »queer marriage« prägte – schräg, ausgefallen, von der Norm abweichend. »Queer« war für viele Jahrzehnte im Englischen außerdem das Codewort für Zugehörigkeit zu lesbischen und homosexuellen Kreisen. Paul strengte sich immerhin deutlich an, um Verständnis für seine Handlung zu werben, indem er anführte, so etwas wie eine Heirat gehöre nun einmal dazu, sei etwas, das man eben so tue, ohne lange darüber nachzudenken. Er stellte es als etwas Unvermeidliches dar, als handle es sich um den Verlust der Milchzähne, Stimmbruch oder das Einsetzen von Monatsblutungen. Überzeugen konnte er niemanden damit, nicht in den zutiefst antibourgeoisen Kreisen, in denen beide verkehrten und denen sie darüber hinaus letztlich auch ihren momentanen hohen Stellenwert in der Kulturwelt verdankten.

Auch enge Freunde und genaue Beobachter der beiden Ehepartner blieben skeptisch, wie der amerikanisch-französische Autor Édouard Roditi, der Jane und Paul ein Leben lang mit wohlmeinendem, brüderlichem Interesse zur Seite stand und alle kleineren und größeren Umschwünge in ihrem Privatleben zu studieren vermochte. Er hegte begründete Zweifel an der mit lautem Getöse inszenierten, wie einstudiert zur Schau gestellten Rechtfertigungsakrobatik: »Obwohl Paul und Jane gut zusammenzupassen schienen und als Paar ausgeglichen und glücklich wirkten, glaubte ich nie daran, daß diese Ehe tatsächlich so normal war, wie sie es aller Welt glauben zu machen versuchten. Sie verhielten sich viel zu sehr wie Schauspieler, die in einer Sittenkomödie ein verheiratetes Paar spielen.«[ER/ERS] Die banalste, häufigste Form zwischenmenschlichen und gesetzlich geregelten Zusammenlebens als Ausnahmezustand, als avantgardistisches Experiment – begriffen als Einübung in die Phantasiewelt eines fiktiven Theaterstückes –, auf eine so komplizierte wie »verrückte« Denkfigur mußte man erst einmal kommen.

Von Liebe aber, von Verliebtsein im herkömmlichen Sinne, von wahrer Leidenschaft und Passion, von einem unbezähmbaren beiderseitigen Rausch, der unvermeidlich zur Vereinigung führen muß, war in allen vorhandenen Zeugnissen, die uns von Paul und Jane vorliegen, nie wirklich die Rede. Erst sechzehn Jahre nach Janes Tod räumte Bowles ein, daß ein bloßer Jux der vorherrschende Beweggrund gewesen war: »Wir amüsierten uns köstlich. Das ist doch ein guter Grund, um zu heiraten, oder? Das heißt, wir lebten nicht sehr lange wirklich zusammen. Und unser gemeinsames sexuelles Leben dauerte zwei Jahre. Jane fühlte sich, ganz offen, eher zu Frauen hingezogen, und ich zu Männern, aber im Geheimen. Ich hätte mich zu sehr geschämt. Zwischen Jane und mir gab es deshalb keine Unstimmigkeiten, wir amüsierten uns immer sehr gut miteinander. Ich glaube, sogar schon vor der Mexikoreise wußten wir es beide. Wir waren uns intellektuell sehr verbunden: Das ist die beste Gemeinsamkeit, die höchstmögliche Form der Vereinigung.«[TNG]

Diese immer noch recht euphemistische Einschätzung kommt der Realität dieser Ehe höchstwahrscheinlich am nächsten. Wer immer noch die Illusion nähren möchte, große, starke Gefühle hätten auf den beiderseitigen Entschluß eingewirkt, dem sei vor Augen geführt, daß Paul in seinen Memoiren, die er 1972 zu Papier brachte, als Jane in Andalusien im Sterben lag und der Gedanke an ihr bevorstehendes, zermürbendes Ende ihn ununterbrochen belastet haben mußte, geschlagene 217 Seiten benötigte, bis er das Wörtchen »Jane«, den bloßen Namen seiner Lebenspartnerin, seiner Ehefrau, mithin seiner »Liebe«, zum erstenmal der Aufnahme in den kurz darauf gedruckten Text für würdig erachtete. Ein Buch, das man überdies vergeblich auf den geringsten Hinweis auf Emotionen, Zärtlichkeiten, Berührungen, Küsse oder anderen intimen zwischenmenschlichen Austausch absuchen könnte – weder im Zusammenhang mit Jane noch mit irgendeinem anderen, männlichen Liebhaber.

Forscht man nach einem photographischen Hinweis auf das junge Glück, so läßt einen der Blick auf ein etwas überbelichtetes Familienphoto aus der Hochzeitsphase ähnlich ratlos: Jane und Paul im Sonntagsdreß, weder nebeneinander noch Hand in Hand, im Kreise von Onkeln, Tanten und Eltern. Säuberlich voneinander getrennt präsentieren sich die Geschlechter, vorn hockend die Damen, dahinter stehend die Herren, niemand wendet sich der Kamera zu. Claude Bowles trägt wie gewohnt eine finstere Miene zur Schau, Paul schnippt die Asche von seiner Zigarette und verdreht die Augen in Richtung Zimmerdecke. Rena schaut mit entzückter Verwunderung seitlich auf Jane, die ihrerseits, adrett frisiert und in züchtigem Kostüm, traurig den Kopf abwendet und wie abwesend nach unten starrt. Von Zusammengehörigkeit oder Affekten, von Schwärmerei oder Begehren keine Spur. »Bevor wir Zeit hatten, darüber nachzudenken«, berichtet uns Bowles lakonisch, wie stets von der nächsten und übernächsten Ortsveränderung ins Exotische besessen, »waren wir schon auf dem Weg nach Panama«, nach

Costa Rica und Guatemala, »an Bord eines [japanischen] Dampfers namens ›Kano Maru‹.«[WSR] Am 1. März 1938 stachen sie in See.

Ungeachtet der schlechten Erfahrungen im Vorjahr stürzte sich das junge Paar, Jane diesmal mit spürbar größerem Enthusiasmus, wiederum auf eine lange Reise in tropische Gefilde, mit abermals ungewissem Ausgang. Nur daß es diesmal ihre Flitterwochen waren und nach der vorangegangen Generalprobe auf der Irrfahrt nach Mexiko nunmehr der Ernstfall eintreten würde. »In guten wie in schlechten Tagen«, so schrieb es die Trauungsformel schließlich schwarz auf weiß vor. Betrachtet man diese skurrile mexikanische Exkursion auf allegorische Weise als ›Hochzeitsnacht‹ von Paul und Jane, dann hatten die beiden damals unbestreitbar eine Menge an- und miteinander gelernt, die Expedition geradezu symptomatische Züge für die Koordinaten ihrer Zweisamkeit getragen – ein ›Test‹ für zukünftige Belastbarkeit. Im Bereich der Musik etwa würde Jane Paul nie das Wasser reichen können. Von dieser Domäne, in der sie sich nicht im Geringsten auskannte, blieb sie für immer ausgeschlossen. Terra incognita. Das hielt ihm den Rücken frei. Was allerdings das Schreiben betraf, so war ihr Ehrgeiz der ausgeprägtere, auch wenn lesbare Resultate noch auf sich warten ließen. Hier konnte er von dem Beispiel ihres unbedingten, hochgesteckten Anspruches an sich selbst profitieren. Blieb ihre verhängnisvolle Neigung zu Zerstreuung und Ablenkungen. Wann immer Jane schrieb, dann durfte ein gefülltes Whiskeyglas auf dem Schreibtisch nicht fehlen. Paul hatte sich über die Jahre kompromißlose Disziplin und Zielstrebigkeit angeeignet und begab sich, wenn Abgabepflichten näher rückten, mit Manuskripten und Notenpapier einfach ins Bett.

Soweit ihre Fachgespräche – nun zum Innenleben:

Beide hatten sie ein langes, hartes Training als überzeugte Individualisten hinter sich, das sie sich so schnell nicht, auch nicht vom Ehepartner, streitig machen lassen würden. Es würde lange Phasen der Trennung geben, Dreiecksverhältnisse, Phasen der Entfremdung, Eindringlinge, deren Präsenz dem Anderen Schmerzen beibringen würde. Getrennte Zimmer, unabhängige Wohnungen. Keine Romanze. Da machten sie sich nichts vor. Ihnen war bereits aufgegangen, daß sie es nie längere Zeit zu zweit miteinander aushalten würden, die Anwesenheit Dritter war ab und zu unbedingt erforderlich. Für Jane, weil sie ein Publikum benötigte, um sich bis zur Bestform zu steigern, um die Hauptrolle des emphatisch gestikulierenden und virtuos agierenden Gesellschaftsschrecks zu übernehmen. Und zugleich als Schutz vor Paul, dessen Einsilbigkeit, Zurückhaltung und Strenge ihr Angst machen konnten. Vor seinen oft gar nicht ausgesprochenen, aber indirekt signalisierten moralischen Vorhaltungen ihr gegenüber, einer Spielart brüderlicher Autorität, fürchtete sie sich zuweilen. Und suchte doch die Kontrolle und Einschränkung in seiner Gegenwart, einen Halt, ein Gegengewicht zur jäh einsetzenden Einsamkeit, wie sie sich inmitten all des Trubels, zwischen zwei Einladungen oder Parties, immer öfter schmerzhaft bemerkbar machte. Der raffinierte *small talk*, die alkoholisierten Blödeleien und das brillante Geplänkel, das sie an ihren anderen *gay buddies*, bislang ihre Standarderfahrung mit maskulinen Begleitern, so liebte, war ihrem Gatten fremd. Ein Mann von einem anderen Planeten.

Paul war seinerseits bislang nur allein auf sich gestellt oder mit männlichen Reisegefährten unterwegs gewesen, Frauenfreundschaften oder überhaupt die tagtägliche Anwesenheit einer femininen Persönlichkeit in seinem egozentrisch eingerichteten Alltag waren etwas Neues für ihn. Nach Rena, seiner verehrten Mutter, seinen so unterschiedlichen Großmüttern, seiner enigmatischen Ratgeberin Mary Crouch und dem Gespann Gertrude Stein/Alice B. Toklas war Jane erst die sechste Frauenfigur in seiner Vita, die wirklich zählte. Und die allererste Langzeitpartnerin. Auch er benötigte daher die Rückversicherung und Bestätigung durch andere, seien es nun New Yorker, Kollegen, Mitreisende oder Neuerwerbungen in seiner Sammlung interessanter Menschen. Es gehörte zu seiner Routine, die Tür hinter sich schließen zu können, wenn es brenzlig für ihn wurde, unangenehm und wirklich persönlich. Ein Einsiedler mitten im Geschehen. Teilen wollte er seine solitären Zustände durchaus nicht. Und ganz allein auf sich zurückgeworfen, nichts als Intimität und Stille zwischen sich, tat sich so in aller Regel eine schwer überbrückbare Kluft zwischen ihnen beiden auf. Vergnügungssucht, gepaart mit Anlehnungsbedürfnis, kollidierte mit radikalem Einzelgängertum und heftigem Fernweh.

Janes Stärke war ihre große, entwaffnende Offenheit Paul gegenüber – sie entblößte sich ihm in Briefen und Gesprächen, zeigte, wie verletzlich und verwundbar sie war, gab mit eindeutigen Hinweisen zu verstehen, daß sie ihre Sensibilität auch in ihrem Schreiben immerfort leben, ausfechten, thematisieren mußte. Entscheidungen fielen ihr schwer, wurden stündlich neu überdacht, bildeten ein Spinnennetz aus einander hemmenden Vor- und Rückwärtsbewegungen. Kleinigkeiten brachten sie ganze Tage lang zum Grübeln und bisweilen an den Rand der Verzweiflung. Ihre Selbstsicherheit stand auf tönernen Füßen. Dieser Einblick blieb ihm allein vorbehalten. Paul ließ sich weniger von den Reaktionen Außenstehender anfechten. Seine absolute Reserviertheit, auch sie eine Maske, bot beträchtlichen Selbstschutz. Er handelte rational und systematisch, steckte Rückschläge weg und besaß genügend Selbstbewußtsein und Verdrängungsmechanismen, um unerwünschte, sein Ego in Frage stellende Vorfälle vom Tisch wischen und notfalls ignorieren zu können.

Seine Schwäche war seine schwer zu überwindende Scheu, etwas von sich preiszugeben, weichere, weibliche Züge in seinem Verhalten auch Jane gegenüber zuzulassen. Die Furcht, lächerlich und nackt vor ihr zu stehen. In Momenten wie diesen wurde er zum sauertöpfischen, verdrossenen »gloompot« – so ihr erster Spitzname für ihn – und verzog sich in sein Schneckenhaus, legte sich ins Bett und tippte, komponierte, korrespondierte, existierte einfach nicht mehr für sie. Ein in sich gekehrter, schwermütiger Melancholiker. Laut Jane ein »Miesepeter«. Und wenn er sich weiterhin belagert fühlte und das Leben zu zweit einfach nicht mehr auszuhalten war, ging er eben wieder auf Reisen. Sein Nomadentum war ebenso eine Obsession, unheilbar und trügerisch, wie ihr Zwang, es ihm gleichzutun, obschon ihr bewußt sein mußte, daß ihr das Hinterherlaufen und die Ortsveränderungen, bei denen sie sich von Anfang an nutzlos, hilflos und schutzlos fühlte, ihr schweren, irreparablen Schaden zufügten.

»Wie schrecklich, sich für ein ganzes Leben zu verbinden!«, spotteten sie. Aber niemand fiel in ihr Lachen ein. Ihre Partnerschaft lag wie ein Niemandsland vor ihnen, von dem sie selbst den Atlas würden anfertigen müssen.

> Dies würde ein besonderer Abend werden. Nicht, daß es einen besonderen Hinweis darauf gegeben hätte, das war nicht nötig. Es war in ihrem Gespräch deutlich geworden, gestern nachmittag... Sie hatten einige Augenblicke plaudernd zwischen den Schreibtischen gestanden, und dann hatte er ihr den Schlüssel zugesteckt.
> Das war gewiß das Aufregendste, das je zwischen ihnen geschehen war – dieser Übergang der Schlüssel von seiner Hand in die ihre. Mit dieser Geste gab er etwas auf, von dem sie wußte, daß es ihm sehr wichtig war – seine Privatsphäre. Er sollte nicht denken, daß sie sich dessen nicht vollkommen bewußt war, und daher sagte sie: »Du kannst sie mir ruhig anvertrauen, glaube ich« und lachte gleich danach, damit [ihre] Bemerkung nicht lächerlich klang... Und dann waren sie zehn Minuten [lang] Kaffee trinken gegangen.[PB/GE1]

Zwischen kleiner, aber feiner Hochzeitsfeier und ihrer Jungfernfahrt stiegen die beiden Flitterwöchner ein letztes Mal auf eine New Yorker Dachterrasse. Nicht etwa, um sich den Ort ihres Aufeinanderstoßens von oben zu besehen, um sich sein komplexes Schachbrettmuster einzuprägen für alle Zeiten, sondern zu einem zweiteiligen Konzert ganz oben auf dem St. Regis Hotel. Niemand anderer als Duke Ellington spielte im Vorprogramm auf. Bowles stellte hier, es war der 23. Februar, seine mexikanische Tanzsuite *Mediodía* vor, hörbare »Frucht« der Abenteuer von 1937, und hatte eigens für diese Wiedergabe einen Schlagzeugpart hinzugefügt. Er selbst saß an den Trommeln und versetzte die Zuhörer in das so vertrackte wie suggestive, so folkloristische wie hypnotische Universum seiner Weltflucht, ins Zentrum einer Musik, die so wenig nordamerikanisch und so typisch mittelamerikanisch wie nur möglich ausgefallen war. Er bediente Trommeln, Tambourins und Kastagnetten, und wenn sich für mehrere Takte eine Spielpause für ihn ergab, richtete er vom Viennese Roof seinen Blick in die Ferne. Er träumte davon, den Himmel über seine Heimatstadt ein für alle Mal mit dem stahlblau gleißenden, unbarmherzigen Himmel über der Wüste vertauschen und die Erde fortan von einer sicheren, überhöhten Warte aus betrachten zu können – *The Sheltering Sky, Up Above the World, Let it Come Down, Under the Sky* waren nicht zufällig die Titel, die er für seine Romane und Novellen gewählt hatte – jeder ein Motto für eine kosmische Perspektive. Für eine Weltsicht »von oben herab«.

Wenn sein Wunsch in Erfüllung ginge, gäbe es keinen Grund mehr für ihn, auf seinem fliegenden Teppich irgendwo Station zu machen oder an einem bestimmten Ort abwärts zu schweben, um sich erneut den irdischen Realitäten stellen zu müssen. Zum ersten Mal aber teilte er diese magische, unangreifbare Fläche, auf der er bislang niemanden zugelassen hatte, weder männliche *lovers* noch weibliche Gefährten, mit einer anderen Person. Mit Jane. Einer einzigartigen Frau, die er noch kaum kannte. Seiner Frau. Nun gut – es würde sicher noch genug Platz bleiben für ihn allein. Er würde dafür Sorge tragen, daß sie nicht zu dicht zu ihm heranrückte, und im schlimmsten Fall müßte sich eben jeder in eine Ecke, auf den äußersten Zipfel des Teppichs verziehen.

Eng würde es hingegen schon werden – auf ihrem Weg in Richtung Äquator hatten Mr. und Mrs. Bowles nicht weniger als zwei Kleidertruhen, siebenundzwanzig Koffer, ein Grammophon samt Schellackplattensammlung und die obligatorische Schreibmaschine mit dabei.

1
KOPF ODER ZAHL
LEBEN OHNE ANZUHALTEN

Jeder hat nur ein einziges Leben,
und das ist unser wirkliches Leben,
es beginnt an der Wiege und endet im Grab.
Ich warne Dorothy jedesmal, wenn ich sie sehe,
daß ihr Leben, wenn sie nicht aufpaßt,
ganz elend und verhungert am Straßenrand liegen bleibt
und sie ohne es ins Grab muß.
Je weiter man dem Regenbogen folgt, desto schwerer fällt es einem,
zu dem Leben zurückzufinden, das man aufgegeben hat wie einen
alten Köter.
Manchmal, wenn man älter wird, hat man eine Erleuchtung
und würde so furchtbar gern dorthin zurückkehren, wo man sein
Leben gelassen hat,
aber es gelingt einem nicht, da wieder hinzukommen – nicht oft.
Es ist immer besser, auf der Seite des Lebens zu bleiben.

Jane in *Plain Pleasures* (1946)[EFR]

Ich glaubte, alle seien so wie ich.
Die Frauen seien so wie ich, sie hießen eben nur Frauen,
und die Männer seien so wie ich und hießen eben Männer.
Dann erklärte man uns den Unterschied zwischen Männchen und Weibchen.
Ich war schockiert.
Ich zog es vor, lieber weiterhin zu denken, daß alle gleich wären.
Etwas später habe ich begriffen, daß der Unterschied tatsächlich da ist.
Ich blieb für mich, das war besser.
Allein, ohne Freunde.
Ich war es seit meiner Kindheit und blieb es, bis ich erwachsen war.
Ich hatte Angst, immer noch Angst.
Selbst heute gefällt mir der Gedanke nicht, daß es diesen Unterschied gibt.
Im tiefsten Winkel meiner Seele denke ich, alle sollten gleich sein.
Männlich, natürlich.

Paul über das Sezieren von Fröschen (1989)[TNG]

Paul Frederick Bowles, einer der umtriebigsten Weltenbummler der ersten Jahrhunderthälfte, erblickte am 30. Dezember 1910, wenige Stunden vor dem Jahreswechsel, im Mary Immaculate Hospital seines künftigen Heimatortes Jamaica das Licht der Welt. Es war eine teuflisch schwierige Geburt vor den Toren New Yorks, bei der Mutter Rena und der Neugeborene nur knapp mit dem Leben davonkamen. Sehr wenig sprach in diesem Moment dafür, daß aus diesem Neubürger von Long Island eine Persönlichkeit werden sollte, die man im Französischen mit dem schönen Beinamen *touche-à-tout* kennzeichnet. Wörtlich verstanden jemand, dem alles, wirklich alles, was er in die Finger bekommt, gelingt und sich zu etwas Besonderem, Wertvollem auswächst, auf gut Deutsch ein Allroundkünstler, ein Multitalent, ein Universalgenie, ein Tausendsassa. Leonardo da Vinci, Goethe oder Jean Cocteau wären gute, sich jeglichem Vergleich entziehende Beispiele für eine solch außergewöhnliche Vielfältigkeit. Paul, Sprößling von überzeugten Neuengländern und an Religion vollends desinteressierten Unitariern, eiferte ihnen auf einer bescheideneren Ebene nach. Und reüssierte.

Vier Romane, über sechzig Erzählungen, mehrere Reiseessays, Ortsbeschreibungen in Tagebuchform, gut zwanzig Bände an Übersetzungen und Transkriptionen aus drei verschiedenen Sprachen, Photobücher, Filmskripts und Drehbücher, ein Gedichtband, ein Drama, ethnologische Aufzeichnungen, mehr als vierzig Klavierlieder, verschiedene große Werke für Oper und Musiktheater, Ballettpartituren, Bühnenmusiken in großer Zahl, Kammermusikkompositionen, Tonbänder mit marokkanischer Folklore und die Betreuung von Werken anderer, die Hilfestellung bei der Entstehung von Janes Prosa noch gar nicht mitgerechnet, sprechen eine beredte Sprache. Sie zeugen von Fleiß und ungeheurem Durchsetzungswillen. Dem unbezähmbaren Wunsch, sich mit einem ureigenen poetischen Idiom auszudrücken und durch die Ausarbeitung einer unverwechselbaren Handschrift Selbstvergewisserung zu schaffen. Bekannt, ja berühmt zu werden; deutliche Spuren zu hinterlassen. Bemühungen um eine Laufbahn in den Bildenden Künsten hatten in Jugendjahren ebenfalls stattgefunden, und wie Cocteau besaß Bowles einen untrüglichen Instinkt für Qualität und Originalität bei bedeutenden, noch in den Startlöchern steckenden Künstlerpersönlichkeiten, deren Begabungen er erkannte und förderte. Mochten ihm seine erstaunliche Vielseitigkeit und sein lebenslang ungebrochener Arbeitseifer in der öffentlichen Wahrnehmung auch eher schaden und ihn am kommerziellen Durchbruch hindern – Außenstehende, Rezensenten, Leserschaft und Konzertgänger verloren irgendwann den Überblick –, gegen die Macht seines Wunsches nach unbedingter künstlerischer Selbstverwirklichung war für Paul kein Kraut gewachsen. Kaum eine Domäne, für die er kein glückliches Händchen besaß, die seine Experimentierlust, seinen Gestaltungszwang oder sein Einfühlungsvermögen nicht angestachelt hätte.

Nur für ein Genre schien er weniger gut geeignet zu sein: die Autobiographie. Und das, obwohl kaum ein Lebensweg zwischen 1910 und 1960 aufgrund seiner schieren Unwahrscheinlichkeit und unglaublichen Fülle eher dazu angetan war, größeres Interesse zu erregen als der seinige. Ein Leben voller Töne, ein Leben voller Wörter, ein Leben voller Legenden und großer Namen. Ein unwiederbringliches Panoptikum der Moderne, ein Défilée eines versunkenen Zeitalters. Ein *Who's Who* der Alternativ- und Populärkultur, von Djuna Barnes über Ezra Pound bis zu Manuel de Falla, Stephen Spender und Luchino Visconti. Er war dabeigewesen, er hatte mitgestaltet, mal graue Eminenz, mal Hauptdarsteller.

Zwar läßt es sich nicht leugnen – als er *Without Stopping* Anfang der siebziger Jahre lustlos und uninspiriert zu Papier brachte, stand der Autor unter enormem Zeitdruck. Bowles hatte die Auftragsarbeit angenommen, annehmen müssen, weil er dringend beträchtliche Summen für den Unterhalt und die Pflege von Jane benötigte. Ihr Daueraufenthalt im Klosterspital von Málaga, Therapien, Medikamente und seine regelmäßigen Überfahrten per Boot zwischen Tanger und Südspanien verschlangen Unsummen. Paul brauchte Geld, forderte, um dem Vorhaben in letzter Minute zu entgehen, immer höhere Vorschüsse, hangelte sich aber, als sie ihm wider Erwarten ausgezahlt wurden, bar jeder Motivation durch sein Manuskript. Herausgekommen dabei ist alles andere als ein praller, von Klatsch und Hintergrundinformationen strotzender Lebensroman. Vor den nach dem Lüften von Bowles' Geheimnissen gierenden Käufern liegt eine seltsam blasse, wie aussagelose Aneinanderreihung von Fakten, trotz der Vielzahl darin enthaltener witziger Begebenheiten unanschaulich, ohne Farbe, Kraft oder Vitalität. Paul konfrontiert seinen Leser mit einer sintflutartigen Aufzählung von großen Namen und Legenden der Avantgarde; die abgegriffene Wendung vom bloßen *name-dropping* war selten so angebracht wie bei diesem Auftragswerk. Nach eigenem Bekunden soll er bei der abschließenden Durchsicht des Textes sogar noch auf fünfzig bis sechzig Einträge verzichtet haben – leichten Herzens. Die eine oder andere hübsche Anekdote bleibt bei der Lektüre durchaus haften, doch die Masse und verblüffende Vielzahl von Ereignissen steht in krassem Widerspruch zu ihrer unbeteiligten, unpersönlichen Darstellungsweise.

Bowles wählt zu allem Überfluß auch noch die naive Erzählperspektive eines staunenden Kindes. Ein aufreizend harmloser Plaudertonfall, der im schärfsten Kontrast zur kristallenen, präzisen und unerbittlichen Prosa seiner Novellen steht. Schlimmer noch: Durch und durch unpolitisch gibt sich dieser Ich-Erzähler, rast ohne die geringste zeitgeschichtliche Reflexionsebene durch die Dekaden, die großen historischen Stationen seiner Epoche gleichsam umschiffend wie hinderliche Bojen. Wer die Stimme des abgeklärten, weisen Nestors von Tanger erwartet, eine unbequem intellektuelle, scharfsinnige Stellungnahme, wie sie seine Interviews durchweg prägt, wird enttäuscht. Bowles versteckt sich ein weiteres Mal. Letztlich eine für ihn typische, konsequente Attitüde. So wird man den Eindruck nicht los, hier sei jemand im Eilschritt durch ein Leben geschritten, das ihn keine Sekunde lang wirklich betraf. Eine einzigartige Gelegenheit wurde mutwillig verschenkt. Oder gab es für den Autor keine andere narrative Möglichkeit, Distanz und damit auch sein Gesicht zu wahren?

Without Stopping – rastlos, atemlos, ohne anzuhalten, gleitet der Meister der Verschwiegenheit fürwahr durch seine Vita. Man könnte auch sagen: abgehetzt. Er, der sich nie Notizen für seine Prosatexte machte, der sein Lebtag kein echtes Tagebuch geführt hat, außer auf einigen wenigen Expeditionen, ist auf sein schwankendes Erinnerungsvermögen angewiesen, das nicht immer einwandfrei funktioniert, und bricht immer dann ab, springt immer dann zum nächsten Vorfall, wenn es anfangen könnte, spannend, interessant, privat oder intim zu werden. Ohne Punkt und Komma. *Stopping* wäre daher der zutreffendere Titel. Von dem Beatnik William S. Burroughs, dem zweiten prominenten, lange in Tanger ansässigen Dichter, Freund, Knabenliebhaber und innovativen Kollegen Pauls, stammt das gelungene Bonmot, Bowles hätte seine Memoiren, mit ihrem unverhohlenen Unwillen zwischen den Zeilen, irgendetwas auch nur annähernd mitzuteilen, besser *Without Telling* nennen sollen. Eine Anspielung auf das ausgebliebene Outing als Männerfreund, das in Zeiten der *political correctness* und angesichts des Erwartungsdruckes der literarischen Öffentlichkeit nicht nur bei den ihm nahestehenden *gay writers* gern gesehen worden wäre. Dergleichen kam für Bowles natürlich nicht in Frage, schon aus Gründen der Selbstachtung, er hielt es vielmehr, über zwanzig Jahre seiner Zeit voraus, mit Bill Clintons Doktrin des »Don't ask, don't tell«. Folgerichtig ist es müßig, die über vierhundert Seiten seiner Lebenserinnerung auf Spuren seiner Homophilie abzusuchen. Auch nicht der versteckteste Hinweis läßt den Schluß zu, daß hier ein Autor auf seinen Parcours zurückschaut, der in Wirklichkeit lange Jahre seines Lebens in Gesellschaft oder Partnerschaft mit anderen Männern verbracht hat, und dies gern. Im Gegenteil, Paul streut ab und an wie zufällig launige Bemerkungen über den Liebreiz junger Mädchen ein, um sich nach allen Seiten abzusichern. Ein Rückblick ohne auch nur die geringste Preisgabe, das ist schon ein Kunststück, das dem heutigen Leser Respekt abverlangt.

Without Stopping hat dennoch eine Fortsetzung gefunden – in den mittlerweile auf mehrere dicke Bände angewachsenen »Diaries« seines Freundes Ned Rorem. Rorem, dreizehn Jahre jünger als Bowles, gleichfalls hin- und hergerissen zwischen seiner Tonsetzer- und Schriftstellerkarriere, trat in jeder Hinsicht in Pauls Fußstapfen. Wie sein Vorbild erkundete dieser schöne, begabte Amerikaner in jungen Jahren ausgiebig Paris und Frankreich, verschaffte sich wie jener Eintritt in die Häuser reicher Gönnerinnen und Gönner, wie Bowles komponierte er unter dem Einfluß der französischen »Six«, bevorzugte Kammermusik und Lieder. Was Gertrude Stein für Paul darstellte, sollte Marie-Laure de Noailles, eine der kunstsinnigsten Mäzeninnen der Zwischenkriegsavantgarde, für den jungen Ned leisten. Beide waren gutaussehende, attraktive Jünglinge, als sie auszogen, Paris zu erobern, und jonglierten geschickt mit diesem Trumpf. So wie Paul seine Jane unter qualvollen Bedingungen verlor und dazu gezwungen war, ihr beim Sterben auf Raten und Verdämmern tatenlos zuzuschauen, so verlor Ned unter ähnlichen, grauenvollen Umständen seinen Lebensgefährten James Holmes. Beide überlebten ihre Partner und sahen sich genötigt, wie amputiert weiterzuexistieren.

Nur gab es einen entscheidenden, gewichtigen Unterschied: Rorem machte nicht nur keinen Hehl aus seiner Homosexualität, sondern stellte sie bei jeder sich bietenden Gelegenheit – und dies mit Erfolg – zur Schau, mit einer schonungslosen Offenheit, die eher an Jane gemahnt. (Mit ihr hatte er die Abhängigkeit vom Alkohol gemein.) Seine ersten Tagebücher waren mit unverblümten erotischen Details, neben dem obligatorischen *name-dropping*, geradezu gespickt, trumpften mit saftigen, gekonnt formulierten Sexszenen auf, kündeten von einer nie dagewesenen Freizügigkeit und entgingen, lange vor den Stonewall-Revolten erschienen, nur knapp der Zensur. Ein »succès de scandale«. Seither ist Rorem, ein begnadeter Polemiker, seinerseits von einer Kultgemeinde umgeben, die auf jeden neuen Wälzer seiner Memorabilia ungeduldig wartet, zumal Rorem im Verbreiten von einschlägigem *gossip*, ob es sich nun um Künstler, Stars oder anziehende junge Männer handelt, selten geizt. So manches weltweit anerkannte Mitglied der Literatur- und Musikszene fand sich in Neds unbarmherzigen Erinnerungsergüssen eindeutiger präsentiert, als es ihm lieb sein konnte.

Der absolute Gegenentwurf zu Pauls Versteckspiel mithin – und nicht ohne Selbstironie, bedenkt man, daß eine der jüngeren autobiographischen Schriften Rorems pikanterweise, als augenzwinkernde Bowles-Hommage, den Titel *Knowing When to Stop* trägt. Ein Titel-Echo, das vernehmlich nach Tanger hinüberschallte, und eine Tautologie schlechthin, denn nur wenige Autoren haben sich unter so großen Schwierigkeiten beim Ausbreiten ihres Innenlebens »bremsen« können wie Rorem. Er wußte eigentlich nie, wann es an der Zeit war, aufzuhören und es gut sein zu lassen. Das gute, kameradschaftliche Verhältnis zwischen den beiden Eremiten, die sich übrigens in Sachen Kulturpessimismus, Frankophilie und ästhetischen Werturteilen oft einig waren, kühlte sich in Pauls letzten Jahren allerdings merklich ab. Eine Briefausgabe erschien immerhin, *Dear Paul, dear Ned*, und Rorem, der mittlerweile zurückgezogen auf der Nordatlantikinsel Nantucket lebt, macht unverdrossen weiter: Sein neuestes Opus nennt er bezeichnenderweise: *Lies* (*Lügen*).

Doch gibt es auch eine persönliche Vorgeschichte zu *Without Stopping*: Der blutjunge Literat Bowles, soeben zurück von seiner ersten Frankreich-Expedition, hatte sich 1929 unter derselben Überschrift in einem einzigartigen Schaffensrausch an einem Elaborat versucht, das den klassischen surrealistischen Prinzipien folgte, ein wahrhaft atemloses Aufzählen all dessen, was ihm in den fünfeinhalb ereignisreichen Monaten auf der gegenüberliegenden Atlantikseite zugestoßen war. *Écriture automatique*, mechanisches, unkontrolliertes, pausenloses Schreiben, und ein nie versiegender *stream of consciousness*, ein kreativer Akt, einem wild auf die Manuskriptseiten verspritzten *action painting* nicht unähnlich – unter Beherzigung dieser avantgardistischen Maximen entstand so Jahrzehnte zuvor ein Jugendwerk gleichen Titels. Ob Lüge, Scham, Palimpsest, Distanzstreben, Vorsichtsmaßnahme oder Pflichtübung – lesen wir seine späteren autobiographischen Erinnerungen also als etwas Gefiltertes. Als nostalgisches Anknüpfen an einen unausgegorenen, aber mit heißer Feder und glühenden Wangen zu Papier gebrachten Einstiegstext. Als Dokument einer Flucht nicht weg von etwas, sondern hin zu etwas: dem nicht in den Griff zu bekommenden Leben. Und nehmen wir Pauls Maxime ernst, daß nicht die Begegnungen mit bedeutenden Persönlichkeiten zählten, sondern ihr bloßes Stattfinden – er wollte nach eigener Aussage lediglich »Menschen sammeln«. Sie ansprechen, ihnen die Hand schütteln, auflisten, in seinen Lebensplan einfügen, erwähnen und wieder vergessen; das genügte schon. »Stück für Stück ein chronologisches Skelett rekonstruieren.«

Und wer ihn ein ums andere Mal mit der Nasenspitze auf den zweifelhaften Wahrheitsgehalt all dieser *magic encounters* stoßen sollte, dem hatte er bereits im Schlußkapitel seiner Memoiren den Wind aus den Segeln genommen mit einem Hinweis auf die Münzparabel von Jorge Luis Borges. Seinen Rückblick faßt er demnach auf als »undankbares Unterfangen«, als »Journalismus, bei dem der Augenzeugenbericht von dem Ereignis durch die Erinnerung an das letzte Mal, daß man sich daran erinnerte, ersetzt wird«[WSR]. Ein zutiefst unzuverlässiger Prozeß mit etlichen Fehlerquellen. Borges, und mit ihm Bowles, legen Geldstück nach Geldstück auf einen Tisch, die erste Münze stellt ein Bild dar, die zweite die Erinnerung daran, die dritte die Erinnerung an die zweite und so fort. Das ursprüngliche Bild ist verdeckt und bleibt versteckt, läßt sich nicht mehr aus der Tiefe, aus den Ablagerungen hervorholen.

Kopf oder Zahl – ein Münzwurf sollte dennoch die Lebenseinstellung des Heranwachsenden Bowles von Grund auf verändern und in Gänze neu ausrichten, weit weniger passiv, als uns hier vorgegaukelt werden soll. Mit einem Paukenschlag, mit einer handfesten Entscheidung.

In Pauls Lebensgeschichte, so die treuherzige Auskunft ihres Verfassers, gebe es keinen dramatischen Sieg, weil keine Schlacht stattgefunden habe. »Ich ließ mich treiben und wartete ab.« Daran läßt sich zumindest anfangs nicht deuteln, denn mit dieser kontemplativen, indifferenten Haltung begann bereits seine erste Kontaktaufnahme mit der Welt. Bowles wollte einfach nicht die schützenden Geborgenheit des Mutterleibes gegen die rauhe Außenwelt eintauschen. Und blieb, wo er war. Während Ärzte, Hebammen und Nonnen um das schiere Überleben von Mutter und Kind kämpften, machte es sich der zu Gebärende ein letztes Mal gemütlich. Zu sagen, Paul wäre umstandslos aus dem Ei geschlüpft, wäre also eine gewagte Übertreibung. Nur eine Zangengeburt bereitete dem physischen Grauen ein Ende, eine unglückliche Steißlage verhinderte das schnelle Austreten des Kopfes. Es mußte nachgeholfen werden, und letztlich wurde nach Stunden des Ringens und nicht nachlassender Qualen ein schwerer Brocken, ein immerhin achteinhalb Pfund wiegender Säugling zutage gefördert, mit Verletzungen und Schnitten am Schädel. Man fürchtete das Schlimmste, man sorgte sich um das Seelenheil von Rena und ihrem mächtigen Neugeborenen. Ohne vorher nachzufragen, entschlossen sich die Schwestern des Mary Immaculate Hospital spontan zu einer Nottaufe. Doch hatten sie die Rechnung ohne die erschöpfte Wöchnerin gemacht, die sich urplötzlich wie eine Furie auf die schwarzverhüllten Nonnen stürzte, finstere, häßliche Geschöpfe, und ihr dickes, riesiges Kind mit Händen und Füßen verteidigte. Es gab ein Gezerre und Geschrei um den kleinen Bastkorb mit dem Baby, bis die Mutter ihren Sieg über die »schwarzen Vögel« in ihren Kutten und Umhängen, einen zutiefst antireligiösen Triumph, davontrug. Sie bewahrte ihren Sohn schon im Kindbett vor einer »geheimnisvollen und obszönen Prozession« – einem christlichen Sakrament. Sie übernahm ohne Scheu die volle Verantwortung für seine Seele. »Ah, diese abstoßenden Geschöpfe! Die alten Kreuze, die um ihren Hals baumeln! Sie jagten mir einen Schauer über den Rücken. ... Wenn sie dieses Kind aus dem Zimmer bringen, komme ich auf allen vieren hinterher.«

Ein dramatischer Sieg durchaus, eine veritable Schlacht sogar – Bowles' Wiedergabe der Niederkunft straft seine eigene Selbsteinschätzung gleich zu Beginn Lügen. Und was da unter so großen Mühen dem zerbrechlichen Ei mehr entrissen worden als aus eigener Kraft herausgeschlüpft war, sollte sich als ein *enfant terrible*, ein »schreckliches Kind« im wahrsten Sinne des Wortes, entpuppen. Der kleine Junge und seine Erzeuger machten sich von Anfang an gegenseitig das Leben zur Hölle, und wie man es auch drehen und wenden mochte, alle Zwistigkeiten und Kontroversen ließen sich auf die grotesken Umstände dieser unerfreulichen, in gleich mehrfacher Hinsicht umkämpften Geburt zurückführen. Daß keine weiteren Geschwisterchen folgen würden, war beschlossene Sache und bedurfte keinerlei Erwähnung. Die nichterfolgte Taufe wurde somit zum Fluch für alle Beteiligten.

Rena, geborene Winnewisser, war die erste Leidtragende: Von Stund an bewahrte sie sich bis an ihr Lebensende eine delikate, anfällige Gesundheit. Claude Dietz Bowles, ihr aus Wisconsin stammender Gatte, sah sich genötigt, sie mit Samthandschuhen anzufassen. Er hatte keine rechte Freude mehr an seinem Ehe- und Sexualleben und nutzte jeden erdenklichen Anlaß, seinem Filius die alleinige Verantwortung für die schlimme Verfassung Renas aufzubürden. Schon als Kleinkind wurde Paul also tagtäglich mit dem Vorwurf konfrontiert, seiner Mutter etwas Grauenvolles angetan zu haben, für ihre Anfälligkeit haftbar gemacht – als habe es sich um einen bewußten, vorsätzlichen Akt pränataler Folterbereitschaft gehandelt. Was das für die Psyche eines kleinen Jungen, der im Begriff ist, laufen und sprechen zu lernen und sich unterbewußt eine sexuelle Identität zu verschaffen, bedeuten mag, kann man sich nur allzu leicht ausmalen. Eine Vorstrafe. Schwere Schuldkomplexe und Gewissensbisse, ein undeutliches Bewußtsein, für etwas unaussprechlich Böses in grauer Vorzeit den Keim gelegt zu haben – ohne Vorfall und Anschuldigungen auch nur annähernd intellektuell bewältigen zu können. Hinzu kam, daß Claude Bowles seine ständigen Nörgeleien und Tadel, die sich auch auf ganz andere Aspekte des

Benehmens und Verhaltens erstreckten, altväterlich mit einem gönnerhaft-anklagenden »junger Mann«-Nachsatz abschloß. Eine bedrohliche Mischung aus scheinheiliger Fürsorge, unverhohlener Feindseligkeit und anklagendem Unterton. Staatsanwalt-Vater und störrischer Sohn haßten sich fortan aus tiefstem Herzen.

Claude stammte aus Waukesha in Wisconsin und war mit seinen zweiunddreißig Jahren ein trauriger, unglücklicher und schmächtiger Mann, dem man selbst daheim früh die Flügel gestutzt hatte. Von einer Karriere als Konzertvirtuose hatte er, einstmals ein hochmotivierter, vielversprechender junger Geiger, geträumt. Solche Hirngespinste hatten »Daddypapa« Frederick und »Daddymama«, so die Spitznamen des kleinen Paul für die alten Leute, als Dilettantismus eines Taugenichts bezeichnet und mit einer unwirschen Handbewegung ohne viel Federlesens zunichte gemacht; ein kompletter Nervenzusammenbruch des enttäuschten Claude ließ die hartherzigen Großeltern Bowles kalt. Sie hatten für ihn ausersehen, ein anständiger Zahnarzt zu werden – genau wie sein älterer Bruder. Ihr Sohn schickte sich in die ihm vorbestimmte, freudlose und unauffällige Existenz eines Kleinstadtdentisten in Long Island. Gefügig führte er ein Leben ohne Kunst und Kultur, entwickelte einen selbstzerstörerischen Haß auf alles, was ihm vorher lieb und teuer gewesen war, und schien seine gesamte Energie auf einen einzigen sadistischen Hang zu fokussieren: es seinen strengen, unnachgiebigen Eltern gleichzutun, die Unterdrückung geistiger oder freisinniger Impulse und das genüßliche Ausleben autoritärer Machtausübung zu reproduzieren. Der unterdrückte Sohn Claude verwandelte sich in den Tyrannen, der es seinerseits auf die Unterdrückung Pauls abgesehen hatte.

Immer neue Bosheiten und Drangsalierungen dachte er sich für die Schikanierung seines zarten Söhnchens aus: Essen mußte in winzigen Bissen mindestens vierzigmal nach einer ganz bestimmten medizinischen Methode im Mund zerkleinert und dauergekaut werden. Man speiste nicht etwa, sondern vertilgte in mühsamer Kleinarbeit, so wie der Erfinder der genußlosen

Übung, ein gewisser Dr. Fletcher, es für richtig hielt. Erledigte Paul etwas mit der linken Hand, so setzte es Schläge, um ihn zur Benutzung der anderen anzuhalten, damit aus ihm ja ein ordentlicher Rechtshänder würde. Während der den ganzen Tag über andauernden Sprechstunden durfte nicht der geringste Lärm gemacht werden, absolutes Stillschweigen wurde auferlegt. Ab achtzehn Uhr hatten alle Spielsachen weggeräumt zu sein in einem keimfreien, sterilen Wohnbereich des Hauses, und auch erst von dieser Stunde an durfte im Hause Bowles gelesen werden – was sich Paul selbstredend allein beigebracht hatte. Lesen vor sechs galt als schädlich, und daß ein Kleinkind sich tagelang mucksmäuschenstill zu verhalten hatte und nicht vom Fleck rühren durfte, war ein unantastbares Gebot. Malen und Schreiben schied ganz aus, wenn es der Hausherr so befohlen hatte. Vom alleinseligmachenden Fortschritt seiner eigenen, ihm aufgezwungenen Disziplin beseelt, der Zahnmedizin, verordnete Dr. Bowles seinem Paul allwöchentliche Besuche bei einem befreundeten Kieferorthopäden in Manhattan, wo ihm neumodische Spangen eingesetzt wurden, deren Schrauben in regelmäßigen Abständen wieder nachgezogen und festgezurrt werden mußten – Torturen und immerwährende Schmerzen für den kleinen Jungen, der die offenbar völlig widersinnige Behandlung bei Dr. Waugh tapfer ertrug, verhieß sie doch ein paar Stunden Freiheit auf der Hin- und Rückfahrt zum Kollegen seines grausamen Vaters. Als Claude schließlich einmal bei dem schon herangewachsenen Paul die Hand ausrutschte und er sich zu ein paar körperlichen Züchtigungen hinreißen ließ, hatte er in den Augen des Jungen auch den letzten Respekt verspielt. Er war bei ihm unten durch.

Einer unausrottbaren Legende in den Familien Bowles und Winnewisser zufolge kam es in einer eiskalten Februarnacht mit ergiebigem Schneefall zu jenem ungeheuerlichen Vorfall, der die tiefsitzende Abneigung zwischen Vater und Sohn gleichsam besiegelte.

Schwiegermutter Winnewisser, die ihrer Tochter Rena in deren Haus in den schweren Monaten nach Pauls Geburt zur Seite stand, erwachte mitten im Blizzard, als der Wind um das Anwesen heulte, vom schwachen Geräusch eines kläglichen Wimmerns. Von fern drang es wie ein winterliches Miauen an ihr Ohr. Als sie die Tür zum Kinderzimmer aufriß, fand sie die Wiege ihres sechs Wochen alten Enkels leer, die warmen Decken zurückgeschlagen, das Fenster sperrangelweit geöffnet und den nackten Säugling schutzlos in einem Körbchen auf der zugefrorenen Fensterbank, bereits zur Hälfte zugeschneit. Die Rettung kam in buchstäblich letzter Minute. Eine Viertelstunde später, und Claudes Rechnung wäre aufgegangen – Erkältung, Lungenentzündung, Tod des ungeliebten Nachwuchses. Er hätte sein Mütchen gekühlt, seiner Eifersucht Genüge getan und Rena wieder für sich alleine gehabt. Deren Mutter kochte vor Zorn und ließ keine Gelegenheit aus, an den Mordversuch, wie sie es nannte, ihres »Teufels« von Schwiegersohn zu erinnern. Auch Paul wurde unaufhörlich von der Untat seines Rabenvaters erzählt, mit immer neuen Ausschmückungen und empörten Kommentaren. Letzterer gemahnte die alte Frau auf fatale Weise an einen bejahrten, so dickköpfigen wie maliziösen Kater, der sich vernachlässigt und zurückgesetzt fühlt und heimtückisch im eigenen Wurf auf kannibalische Rache sinnt.

Claude war es leid, in der Gunst seiner Frau stets den Kürzeren zu ziehen. Gern wäre er ihr »baby« geblieben. Sein Sohn lebte zu seinem Leidwesen weiter. Er nahm es schweren Herzens zur Kenntnis, und er machte sich nicht einmal die Mühe, den Vorgang oder auch nur die Tötungsabsicht abzustreiten. Henrietta Winnewisser hatte ihren halbtoten Großsohn in einem Wollschal geborgen, dem Täter die Stirn geboten und war ihm entgegengetreten: »Nur über meine Leiche!« Claude war einer dieser Väter, die im Grunde gar keinen echten Kinderwunsch hegten. Als alter Kater, der seine Kätzchen frißt, trottete er ab jetzt mißmutig durch sein stillgestelltes Haus, aus dem jegliche Vitalität verbannt war. Ein unerfreuliches Heim. Nur die herbeigesehnte Lungenentzündung ereilte ihn übrigens selbst und legte ihn für längere Zeit lahm – 1921, als Paul elf wurde und sich fast die ganze Familie ansteckte. Alle außer Bowles junior.

Im Laufe der Jahre resignierte Claude. Er entwickelte sich zu einem Hypochonder, dokterte an so manch eingebildetem Zipperlein herum. Die Praxis lief nicht immer so einwandfrei, wie er es sich gewünscht hätte. Probleme und Anspannungen wuchsen ihm über den Kopf. Wochenweise verlor er einseitig das Augenlicht, flüchtete sich in kontemplatives Golfspiel. Sein fadenscheiniges Nervenkostüm machte ihm zu schaffen. Oft hatte er das Gefühl, den Anforderungen seines Berufslebens überhaupt nicht gewachsen zu sein, und hielt sich mit fortgesetzter Gängelung an seinem mißratenen, aufsässigen Jungen schadlos. Er duckte sich weiterhin vor seinen eigenen Eltern, zog dort den Kopf ein wie ein geprügelter Hund. Und als Familienoberhaupt entwickelte er wunderliche Züge. Ein halbes Jahrhundert, bevor auch nur der Begriff existierte, versorgte er sich mit geschmackloser »Biokost« nach obskuren Rezepten. Magerte zu einem schmalen Hemd ab. Klagte sein Sohn, was selten genug vorkam, einmal über richtigen Hunger, so riet er ihm barsch, sich zu beherrschen, und tat das Leeregefühl mit Verdauungsstörungen ab. (Kaum hatte Paul mit seinem Universitätsstudium begonnen, nahm er schlagartig zu, wurde ihm doch zum erstenmal in seinem Leben handfeste Kost vorgesetzt.) Die Anwesenheit des Vaters in seinem bisher kurzen Erdendasein hatte ihm auf alle Fälle jede Menge echter und eingebildeter Krankheiten beschert und obendrein nicht nur im übertragenen Sinne gehörig auf den Magen geschlagen. Damit sollte es jetzt ein Ende haben: »Ich gelobte, mein Leben seinem Untergang zu weihen«, so Paul, »und wenn es mein eigenes Verderben bedeuten sollte – eine kindliche Vorstellung [zwar], doch eine, die mich noch viele Jahre beschäftigen sollte.«[WSR]

Ein angenehmes Kontrastprogramm boten die Stunden in der Gesellschaft seiner, schenkt man ihren Photoporträts Glauben, schönen, edlen und fragilen Mutter Rena. Gebürtig aus Bellow Falls in Vermont war sie belesen und kultiviert und begegnete Anfeindungen von außen gegen ihr ohnehin nur schwach ausgeprägtes Unitariertum – die Leute mokierten sich gern, die Bowleses seien weder Christen noch Juden, sondern »etwas dazwischen« – mit Gleichmut und Gleichgültigkeit. Vermutete man hingegen hinter ihrem Mädchennamen Winnewisser eine uneingestandene jüdische Herkunft, so reagierte sie mit Vehemenz und beeilte sich, von einem Vorfahren zu erzählen, der Familienmitgliedern mit einem Hammer das Nasenbein zerschlagen habe, um scharfe Züge zu verschleiern, der »korrekten« Physiognomie auf die Sprünge zu helfen und unliebsamen antisemitischen Verdächtigungen den Boden zu entziehen. Auch hier und in Springfield, Massachusetts, wo ihre Eltern August und Henrietta Winnewisser auf der Happy Hollow Farm residierten, waren die Verhältnisse also alles andere als unkompliziert, zumal das Gerücht kursierte, Renas Schwester Emma sei mit einem diskret seinen Neigungen nachgehenden Homosexuellen verheiratet, Onkel Guy – ein Tabu, das schwer über beiden Familien lastete, und das Paul erst viel später zu lüften vermochte.

Zwischen der leicht kränkelnden Mutter und ihrem neugierigen, von ihr heißgeliebten und verwöhnten Sohn, den sie aber auch nur so weit vor ihrem Gatten in Schutz nahm, wie es ihr selbst nichts schaden konnte, war es zur schönen allabendlichen Gewohnheit geworden, ihm mit ihrer klaren, lebendigen Stimme sämtliche *gothic stories* und *mystery tales* von Edgar Allan Poe und Nathaniel Hawthorne vorzulesen. Wie es hieß, bloß »zum Einschlafen« – aber diese Lektüreabende konnten sich, zur Wonne des kleinen Zuhörers, stundenlang hinziehen. Unter vollständiger Konzentration auf die außerordentlichen Vorkommnisse in diesen Fabeln. Gewiß nicht gerade die ideale Kost für das sensible Gemüt eines durchschnittlichen Fünfjährigen, der mit knapper Not dem Attentatsversuch seines eigenen Vaters entgangen war. Aber Rena hatte ihre eigenen, sehr ausgefallenen Vorstellungen von Kindererziehung, in die sie sich, im Kinderzimmer vor Claudes unheilvollen Attacken ausnahmsweise für einen kurzen Zeitraum geschützt, nur ungern hineinreden ließ. Das Literarische war ihre Domäne. Und sie besaß offenbar einen Instinkt, was bei Paul, einem ganz eigentümlichen Kind, verfangen, fruchten und haftenbleiben konnte. Denn mehr als alle anderen Einflüsse haben die wiederholt bis ins Detail erzählten, eindringlich vorgetragenen Schauergeschichten ihre Spur in Bowles' imaginärer Innenwelt hinterlassen und auf sein späteres literarisches Schaffen eingewirkt: die wohlige Mischung aus Entsetzen und Ekel, Abscheu und Voyeurismus, Horror und Wollust, Strafen, Erdulden und Genießen. Die markante, nicht diffuse, sondern entschiedene Sprachgebung, der Sinn für Proportionen und bündige Kürze, die wenig alltägliche, isolierte Position der Protagonisten, die in ausweglose Situationen hineingetrieben werden, aus denen es kein Entweichen gibt. Anstatt sich zu gruseln und zu schütteln, empfand Paul Wohlbehagen, sinnliche Befriedigung, Ansporn – den unwillkürlich starken Drang, es den großen Vorbildern gleichzutun. Und damit, ein perverser Umkehrschluß, seine Mutter zufriedenzustellen, die leider nur viel zu selten zu ihm hielt, wenn es gegolten hätte, dem cholerischen Claude energisch Paroli zu bieten.

Gleich zwei Hommagen resultierten direkt aus dieser künstlerisch so wirksamen Gruselindoktrination: sein künftiger Entschluß, sich mit siebzehn, genau wie Poe, an der Virginia University in Charlottesville immatrikulieren zu lassen. Und die bewegende Widmung für Rena, die der vierzigjährige Sohn 1950 seinem ersten Band mit Erzählungen, *The Delicate Prey*, vorangestellt hat, eine zärtliche Erinnerung an die Leseabende mit ihr auf Long Island – wobei die provokante Titelgeschichte seiner Sammlung in ihrer expliziten Darstellung von Folter und Verstümmelung, Schändung und menschlicher Regungslosigkeit, ja Kälte, noch weit über das Modell Poe hinausgeht. Der mütterlichen Widmungsträgerin Rena, als Rezitatorin von harter Kost mit gehörigem Schockpotential eigentlich abgebrüht, dürften ungewöhnlich intensive, dankbare Schauer über den Rücken gelaufen sein.

Und noch etwas anderes brachte sie Paul bei, fürderhin von größtem Nutzen für ihn: ein Spiel mit sich selbst und der eigenen Phantasie, das sie »den Kopf leeren« nannte. Es handelte sich darum, das Bewußtsein durch die totale Konzentration auf »nichts« dermaßen auszutricksen, bis selbst einfache Bewegungsvorgänge nicht mehr theoretisch durchzuspielen oder zu rekonstruieren waren. Vorstellungen, Gedanken, logische Anschlüsse, Grübeleien, Erinnerungen, Zahlenspiele, alles war so lange untersagt, bis sich ein Zustand extremer innerer, geistiger Bewegungslosigkeit einstellte. Nichts durfte durch den Verstand huschen, Nicht-Denken war das schwierige Gebot. Was tut man zuerst, wenn man eine Tür öffnet, wenn man sich anzieht, wenn man sich in ein Auto setzt? Die einfachsten Abläufe werden in der Perspektive eines eingebildeten Schneckenhauses im Kopf geheimnisvoll und undurchdringlich, und irgendwann prallt die Außenwelt ganz an einer inneren Mauer der Unaufmerksamkeit ab. »Ich mache es manchmal«, berichtete Rena ihrem Kind, »und ich bin so weit gekommen, daß ich es ziemlich lange schaffe. Ich trete einfach in die Leere und schließe [eine unsichtbare] Tür hinter mir.«[WSR] Mit Meditationsspielchen wie diesen, Einübungen in Selbstdisziplin und geistiger Kasteiung, um eine ungeliebte, geistfeindliche Umwelt auszublenden und sich innere Freiräume von ungeahnten Dimensionen zu schaffen, stieß sie bei Paul naturgemäß »auf fruchtbaren Boden«.

Aber ihm standen auch die Grenzen einer solchen, immer nur temporären Realitätsverweigerung deutlich vor Augen, wenn er an das selbstgewählte Los seiner Mutter dachte. Stets, wenn es darum gegangen wäre, deutlich Stellung zu beziehen, zu ihrem Sohn zu halten, einen schlimmen Konflikt mit ihrem Mann in Kauf zu nehmen, eine unangenehme Auseinandersetzung wirklich bis zum bitteren Ende durchzustehen, fiel sie um, gab sie nach. Um eines fragwürdigen Harmoniebedürfnisses willen, das in ihrer Ehe von vornherein keinen echten Platz gehabt hatte, schlug sie sich auf die Seite ihres tyrannischen Gatten. Seufzte, resignierte, lebte widerwillig hinter der Kleinfamilienfassade weiter ein verlogenes Dasein, akzeptierte klaglos eine nie besprochene Rollenverteilung und ließ den Ernährer sich an Paul austoben. Ihre halbherzigen Versuche, das Kind zu schützen, schlugen fehl. Sie vermochte nichts gegen Claude auszurichten. »Er hat sie erdrückt. Und mit der Zeit hat sie sich seinem autoritären Verhalten angenähert. Um sich selbst zu retten, denke ich. Sie hatte eigentlich keine Wahl.«

Der im Erlauschen unerhörter, furchterregender Novellen inzwischen hellhörig gewordene Junge machte sich rechtzeitig seinen Reim auf das engstirnige, kleinbürgerliche Klima im Zahnarzthaus. Permanente Konflikte waren an der Tagesordnung, aber niemand war bereit, sie in vollem Umfang auszutragen oder notfalls schmerzliche Konsequenzen wie Trennung oder eigenständiges Handeln einzufordern. Man benötigt nicht übermäßig viel Phantasie, um sich den monotonen, unerquicklichen Ehealltag bei den Bowleses vorzustellen. Für Paul ein eindringliches, jeden Tag aufs neue uraufgeführtes Lehrstück, wie man *nicht* mit einem Partner oder einer Partnerin umgehen sollte. Wie wichtig vorübergehende Rückzüge für das empfindliche Gleichgewicht innerhalb einer Beziehung sein können. Und daß zwei Menschen möglicherweise nicht dafür geschaffen sein mögen, Jahrzehnte pausenlos und vierundzwanzig Stunden am Tag Seite an Seite durchzustehen – ohne Pause, ohne Aufbegehren, ohne gelebte individuelle Freiheit.

»Ich begriff schon früh, daß man mich stets von dem abhalten wollte, was ich gern tat, und mich stattdessen zwang, das zu tun, was ich nicht mochte. [Zuhause] vertrat [man] die Ansicht, Vergnügen sei destruktiv; sich mit einer unangenehmen Sache zu beschäftigen dagegen trage zur Bildung des Charakters bei. So wurde ich Experte in der Kunst der Verstellung, zumindest was Gestik und Ausdruck anbelangte.«[WSR] Seine Kindheit war ein unablässiges Wechselbad der Gefühle. Züchtigung und absolute Autorität hier, größtmögliche Förderung und großzügige Toleranz dort – Rena schwor auf die fortschrittlichen Erziehungsmethoden eines Kinderpsychologen namens Dr. Riker. Er pries die rückhaltlose Unterstützung aller Fähigkeiten und Begabungen eines heranwachsenden Menschen, ermunterte die Eltern zu maximaler Ermutigung ihrer Geschöpfe. Rena beherzigte diese Grundsätze, soweit es in ihren Kräften stand, hielt Paul, der sich ja nichts sehnlicher wünschte, zum Schreiben und Malen, Zeichnen und Fabulieren an, zum Ausbau seines explodierenden, überreichen privaten Kosmos, kommentierte die Ergebnisse, äußerte sich kritisch, lobte, korrigierte, gab Anregungen, tat alles dafür, daß ihr Wunderkind wirklich auch Wunder vollbrachte. Aber eben nur so lange, als sich ihr Autoritätsfeld nicht mit dem Claudes überschnitt. In der Präsenz des jeweiligen Erziehungsberechtigten sah er sich gezwungen, eine geradezu schizophrene Haltung einzunehmen, stets tat er das, was Mutter oder Vater von ihm erwarteten, bis der Widerstand sich bisweilen dennoch Gehör verschaffte und nach einer wirkungsmächtigen Protestaktion verlangte.

Eskapaden oder Streiche halfen nicht lange, rebellische Fünkchen waren es nur, glimmten viel zu kurz auf und änderten fundamental nichts an der starren Haltung der beiden Überzeugungstäter. Die Eltern zeterten wie gehabt und sorgten dafür, daß noch in der Namensgebung ihres Sohnes ein Konkurrenzkampf auf Messers Schneide ausgetragen wurde – Paul und Fred hießen Renas Brüder und wurden zu seinen beiden Vornamen; Frederick, Bowles' zweiter Name, leitete sich demgegenüber von seinem Großvater, Daddypapa Frederick Bowles, her. Fast brachte man ihn mit dieser Doppelbelegung um eine Kostbarkeit – um seine eigenständige Persönlichkeit, um seine Individualität. Allmählich wurde er zwischen zwei einander widersprechenden philosophischen Überzeugungen und Lebenshaltungen, für die die Erziehungsmethoden nur als Vorwand dienten, zerrieben. »Ich glaube, [man] wollte vor allem ein Opfer aus mir machen.« In seinem Kopf bildete sich eine große, pralle, übervolle Blase, die mit der Zeit zu platzen drohte. Er wappnete sich und legte sich einen dicken Panzer zu.

Zum Glück gab es zwei Pufferzonen für Paul: die beiden Großelternpaare und ihre stadtferne, traumverlorene Umgebung. Vier Menschen aus einer versunkenen Epoche, in deren Landsitzen die Kleinfamilie Wochenenden, Sommerfrischen, große und kleine Ferien verbrachte. Bei Claudes Eltern, den alten Bowleses, tauchte man in eine Höhle mitten im Wald ein. Sie befand sich in Glenora im Staate New York, am Seneca-See. Daddypapa Frederick, der neben einer Stadtresidenz in Elmira dort mehrere Häuser besaß, wurde seine erste wichtige Bezugsfigur. Mit seinen endlosen Reisen durch alle Staaten der USA während des Sezessionskrieges – »the perfect life« – gab er mächtig an, parlierte Französisch mit seinem Enkel, lernte in hohem Alter noch Spanisch, besaß ein ausuferndes, mit Schätzen, Vitrinen, Souvenirs und Atlanten angefülltes Lesezimmer. Er war eine ehrfurchtgebietende, geheimnisvolle Sammlerfigur. Der Abkömmling einer traditionsreichen, distinguierten Familie durch die Bank reüssierender Männer liebte Katzen, deklamierte Balzac und Dumas im Original und gerierte sich als hoffnungsloser Büchernarr. Er studierte tagelang und exzerpierte Zeitungsausschnitte, ohne seine Stube in der Horseshoe Cabin je zu verlassen. Turmhoch stapelten sich Folianten und vergilbende Blätter.

Im Waldhaus herrschte absolute Stille, das Stadtkind Paul kam mit Stinktieren und Eulen in Berührung. Nachts träumte es von Indianern, die sein Großvater »Amerinden« nannte, und Figuren aus dessen Bürgerkriegsgeschichten standen an seinem Lager. Eine vage Vision von Fernweh stieg vor Paul auf, hatte Opa Frederick angeblich doch kaum zwei Nächte in ein und derselben Stadt verbracht, als er den Kontinent der unbegrenzten Möglichkeiten durchpflügte. Morgens nach dem Aufwachen standen Paul dann bescheidenere Expeditionen bevor. Rund um den See waren Bootsschuppen verteilt. In einem von ihnen lag die *Aloha*, ein kleines Motorschiff, mit dem Picknickfahrten unternommen wurden. Tante Mary meditierte, Onkel Charles betrieb Yoga, beide pflegten die »okkulten« Wissenschaften. Spiritismus, Mystizismus, Transzendentalismus. Von Trance und Aufhebung des Bewußtseins war die Rede. Man vermied es ansonsten, von Religion oder Ideologien zu sprechen. Der alte Frederick kam nie mit zu den Ausflügen. Von Vergnügungen hielt er nichts. Wie ein Schrat lebte er, redete mit seinem buschigen weißen Schnauzbart auf den Jungen ein, blinzelte ihm vom Ufer durch seinen Zwicker zu. Er verkörperte eine natürliche Autorität, vermittelte Kompetenz und virile Stattlichkeit. Und bemühte sich auf eine unbeholfene, anrührende Weise, an Paul wieder ein wenig von dem gutzumachen, was er bei Claude durch Liebesentzug und fortgesetzte Verbote versäumt, oder besser gesagt, verbrochen hatte.

Großmutter Bowles hingegen war eine zwiespältige Gestalt. Mit einer düsteren Prophezeiung warnte sie, die »Daddymama«, Pauls Eltern vor einer unheilvollen Entwicklung, die das unnatürlich frühreife Kind unweigerlich nehmen würde, wenn man es nicht zu »normalem« Verhalten anhielte – der Junge begann seinerzeit bereits mit vier Jahren, selbstverfaßte Tiergeschichten zu notieren. Ihre Warnung erstreckte sich insbesondere auf gefährliche Tendenzen, sogenannte »andere Richtungen« des Abnabelungsprozesses, die man im Keim ersticken müsse, wolle man es nicht später bereuen. Paul, das radikal solitäre Kleinkind, dürfe sich in dieser entscheidenden Phase nicht abkapseln, benötige den Kontakt mit Gleichaltrigen. Dunkle Vorahnungen von einer atypischen sexuellen Orientierung? Rena und ihrem Sohn war die alte Dame mit ihrem »schiefen, zynischen Lächeln« unheimlich, sie belegten sie – in ihren privaten Rollenspielen und Theaterabenteuern – mit dem Attribut »energische Frau«. Mißtrauisch schlich sie um Mutter und Kind und ließ keine Gelegenheit aus, Störungen aufzudecken und Fehlverhalten zu monieren. Ein »Desaster« stünde kurz bevor. Besonders ihre Schwiegertochter hatte sie mit ihren Attacken im Visier. Und Rena ergriff Panik, als sie die Ähnlichkeiten zwischen Claude und seiner Mutter bemerkte. Sie schärfte Paul ein, auf keinen Fall dieser willensstarken Frau nachzueifern, die alle Familienangelegenheiten von Grund auf »vergiftete«. Immerhin war sie, »a strongminded woman«, einst bis nach Paris vorgedrungen und hatte sich dort mit vornehmer Garderobe eingedeckt. Da konnte auch Rena nicht mithalten. Als Paul vierundzwanzig war und in Baltimore für einen wohlhabenden, ans Bett gefesselten Österreicher mit Namen Fuhrman Vorleser und Begleiter spielte, starb die alte Dame und vermachte ihm ein hübsches Sümmchen. Der Beschenkte sollte nicht lange zögern und ihre Ersparnisse in eine weitere Reise investieren.

So also verliefen alljährlich die Augustmonate in Glenora. Im Juli aber ging es zu den alten Winnewissers auf die Happy Hollow Farm, in ein altes, weißes Schindelhaus mit einem riesigen angrenzenden Grundstück. Eine Countryidylle. Dort lebten August, ein ehemals erfolgreicher Kaufmann, und Henrietta mit Renas namensstiftenden Brüdern Paul und Fred auf einem Anwesen, in dem das pralle Leben zu Hause war. Töchter und Schwiegersöhne gingen ein und aus, es herrschte reges Treiben, und die Kommunikation riß nie ab – das Gegenmodell zu den Bowleses senior. Mauern und Wände erzitterten hier mehrmals stündlich unter den heftigen Temperamentsausbrüchen des kapriziösen, jähzornigen und aufbrausenden Haushaltsvorstandes. Bei jeder sich nur bietenden Gelegenheit wetterte Renas Vater gegen alle gesellschaftlichen Vereinigungen und Zusammenschlüsse. Religionen wurden verteufelt und ad absurdum geführt, und daß die Existenz Gottes an sich eine gottverdammte, schlimme Lüge darstelle, wurde dem kleinen Jungen überdeutlich eingeschärft. Nur die Freimaurer, zu denen er selbst zählte, fanden Gnade vor Augusts Augen.

Es brachte den Patriarchen schier um den Verstand, daß kaum ein Schwiegersohn, Claude Bowles eingeschlossen, auch nur das geringste kaufmännische Talent geerbt zu haben schien. Er beschimpfte sie als eine Bande von Weichlingen mit (zufällig) weiblichen Männervornamen. Mit ihnen, so sein unter Ausfällen und Verwünschungen vorgebrachter Unkenruf, würde es noch ein schlimmes Ende nehmen. Degenerierte Kerle seien sie allesamt. Wie Pauls Vater galt Winnewissers größte Furcht der Eventualität, ein erwachsener Mann könne »sissified« ausfallen, d. h. weibische Züge aufweisen. Claudes Verhältnis zu Vater und Schwiegervater, muß es noch eigens erwähnt werden, war mithin denkbar schlecht. Die beiden alten Männer verachteten ihn und bewahrten Abstand zu einem Schlappschwanz, wie er im Buche stand. Claude blieb nichts anderes übrig, als durch übertriebene Kompensation für die Präsenz von Männlichkeit zu sorgen, die seiner eigenen Ausstrahlung abging. »Sein Vater mochte nicht, wenn man Jungen küßte«, schreibt Bowles 1957 in seiner Erzählung *Eisfelder*. »›Männer geben sich die Hand‹, pflegte er zu sagen. ›Sie küssen sich nicht.‹«

Blieb Henrietta, die heldenhafte Retterin des Säuglings Paul. Von den vier Alten war sie ihm am liebsten. Eine Harmonie verbreitende, gelassene Frau, ein Gegengewicht zu verbaler und physischer Gewalt, ein in sich ruhender Charakter, nie in Selbstmitleid oder Klage verfallend. Den blasphemischen Ausfällen und Tiraden begegnete sie mit stoischer Ruhe, stellte die humane Lautstärke im Hause Winnewisser wieder her, nachdem sich die Tobsuchtsorkane gelegt hatten, stemmte sich durch ein Bekenntnis zum Gefühl auf subtile Weise unerträglichen Phänomenen wie Gewalt, Zerstörung, Häßlichkeit entgegen. Spurenlos ging das nicht ab. Sie versank in übermenschlicher Hausarbeit, schwere Migräneschübe marterten sie. Isoliert von der Außenwelt opferte sie sich für das Familienheil auf, stolzen Kopfes und ohne Larmoyanz. »Wenn ich sie ansah, dachte ich, wie schön es sein müßte, sie zur Mutter zu haben. In ihrer Gegenwart erschien die Welt bisweilen [halbwegs] erträglich.« August hielt sie auf dem Lande regelrecht gefangen, hatte ihr eine Existenzform aufgezwungen, die nicht auf ihrer freien Entscheidung beruhte. Die Güte, für die sie geschaffen war, versickerte wie ein Rinnsaal, wie ein kostbares Naß in der prallen Sonne. Die Winnewissers raunten sich zu, wenn sie einmal stürbe, dann würde sie unter Garantie vom kulturfeindlichen, primitiven Landleben vernichtet, für das sie, eine zarte, aristokratische Natur, auch nicht im geringsten geschaffen gewesen sei. Zerbrochen, am Boden zerstört, ohne kapituliert zu haben.

Ob Eltern oder Großeltern: Ein durchgängig negatives Image des Zusammenlebens all dieser Ehepaare war die niederschmetternde Botschaft, die sich dem kindlichen Beobachter erwachsener Lebensentwürfe unmißverständlich mitteilte. Generationen, die nicht gelernt hatten, Emotionen in ihren Partnerschaften zuzulassen, oder die Fragen nach persönlichem Glücksempfinden entrüstet von sich gewiesen hätten, die nicht wagten, auf einem individuellen Gefühlsanspruch zu bestehen, und die maximalen Verzicht als erstrebenswerteste Ausdrucksform menschlichen

Wohlbefindens erachteten, lebten ihm das Modell unmöglicher, verhinderter Liebe vor. Auf Gedeih und Verderb schienen sie aneinandergekettet. Ein unachtsamer Schwächemoment, ein lächerlicher Zeugungs- und Fortpflanzungswunsch nämlich, hatte sie für alle Zeiten aneinandergeschweißt. Keine Himmelskraft konnte sie augenscheinlich von ihrem Joch befreien. Bowles rechnete mit dieser Erfahrung literarisch ab, ein für alle Mal: In seinen Erzählungen und Romanen macht sich nirgends auch nur die geringste Gruppenzugehörigkeit breit. Die Protagonisten seiner Werke und Schriften sind immer allein. Auch die verheirateten. Ganz allein.

Es war insgesamt eine verwirrende, heterogene Welt und Weltsicht, die sich in jungen Jahren des »besonderen« Kindes Paul bemächtigt hatte, das sich alsbald, gewissermaßen autodidaktisch, mit allen ihm zur Verfügung stehenden Kräften gegen diese an ihm zerrenden Vereinnahmungstendenzen zur Wehr zu setzen begann. Auch nach den vielen Umzügen des Trio Bowles, 1916 aus dem »klassischen, alten, grau angestrichenen Sandsteinhaus, düster und abschreckend« in die lichtere De Grauw Avenue, »auf dem Hügel«, und 1922 noch weiter hinaus ins Grüne, in die Terrace Avenue, verbunden mit einer minimalen Erweiterung seines Bewegungsradius, änderte sich nichts Nennenswertes an der bedrückenden Atmosphäre zwischen Praxis und kaltgestellten Spielzimmern. Räumen, in denen niemand spielte, wo sich nichts regen durfte. Von Ausgelassenheit oder Lebensbejahung keine Spur. Auch weiterhin hungerte Paul nach dem geringsten Indiz von Zuneigung und Interesse seitens seines griesgrämigen Vaters und wurde enttäuscht. Alle Verantwortlichkeit, so hatte es den Anschein, lag bei ihm selbst: Verkehrt herum war er auf die Welt gekommen, Schuldgefühle waren ihm erfolgreich eingeimpft worden, unterdessen hatte er sie verinnerlicht und gegen sich selbst gerichtet. Die erste Kontaktaufnahme mit Kameraden, Mitschülern, anderen Kindern, die ihm intellektuell hoffnungslos unterlegen waren, ihn aber physisch spielend beherrschen konnten, kam einer Sensation gleich – Paul hatte ganze sieben Jahre hinter sich gebracht, als er sich erstmals mit Gleichaltrigen auseinandersetzen mußte. Eine Beziehung, die ausschließlich von absolutem Unverständnis, unüberwindbarer Fremdheit, einem Wechselspiel von Schmerzzufügen und Schmerzerdulden gekennzeichnet war.

Wie wilde Tiere stehen diese unvergleichbaren Kinder einander gegenüber, eine Kluft tut sich auf. Die Einschulung wird zum Alptraum, er läßt sich prügeln, prügelt halbherzig und eher defensiv zurück, sieht sich einem Inferno von Konflikten, Ablehnung und Destruktionsbestrebungen ausgesetzt. »Oft habe ich ihnen weh getan, oft haben sie mir weh getan, aber der Krieg ging immer weiter.« Claude, selbst ein Eigenbrötler mit schweren zwischenmenschlichen Kommunikationsstörungen, betrachtet das unwürdige Spektakel, die demütigenden Behandlungen, die sein Sohn über sich ergehen lassen muß, mit Schadenfreude und Genugtuung.

Verbote beherrschen seinen Horizont, Lustfeindlichkeit prägt das Klima zwischen den Eheleuten. Alles Körperliche ist verbannt, Intimität eine klinisch-aseptische Notwendigkeit. Nur in der vehementen Ablehnung alles Spirituellen, in ihrer tief verwurzelten Antireligiosität sind sich die drei dominanten Elternpaare in Pauls direkter Umgebung seltsam einig. »God doesn't exist«, wie eingebrannt steht diese Aussage, Winnewissers Fanal, auf der Stirn des Schulpflichtigen geschrieben. Noch Jahrzehnte später wird der »Aussteiger« Bowles seinen Reisebericht *Their Heads Are Green* mit dem vielsagenden Untertitel *Scenes from the Non-Christian World* versehen. Ein nichtchristlicher Kosmos, Szenen einer widersinnigen Ehe – geradezu das Programm seiner Jugend. Er verbringt die nächsten Jahre damit, seine Gefühle zu verstecken, sich eine eigene Welt zu schaffen. Er bringt es nicht fertig zu lügen, sondern huldigt ganz im Gegenteil der Authentizität des heiligen Wortes. Plastisch schildert er, wie in einem Schlüsselerlebnis des krabbelnden, quasi unbeweglichen Kleinkindes Paul die nachgerade magische Entdeckung des Wortes »mug« als Bezeichnung für das Objekt »Becher« mit den gleichmäßigen, metallenen Schlägen der goldenen Standuhr im

Wohnzimmer und dem unwillkürlichen Aufrichten des Babys an der Stuhllehne zusammenfällt. Erfassung des Gegenstandes, Wort, Bedeutungserkenntnis, Sinnverleihung, Körperbeherrschung, geistige Souveränität, sinnliche Befriedigung – eine Erleuchtung. Hier liegen die Wurzeln seines überzeugten Literatentums. Eine verhaßte Welt verleugnen ist das eine – äußerer Druck, Fremdeinwirkung lassen einem nicht immer die Wahl –, auf dem korrekten, präzisen Sinn der Welt-Benennung zu bestehen dagegen Ehrensache. Kreatives, authentisches Handeln steht für Freiheit. Heucheln, das ist etwas anderes, unumgänglich, um Meinungen und Anschauungen nachhaltig zu verbergen.

Hat Paul auf Long Island die Liebe in irgendeiner Spielart kennengelernt, hat man ihm gezeigt, wie Liebe funktioniert, wurde er von Affekten berührt? Der Journalist Robert Briatte befragte den knapp achtzigjährigen Witwer Bowles in Tanger und setzte ihm die Pistole auf die Brust: »Haben Sie schon einmal geliebt?« Und erhielt die überraschend offene, erschreckende Antwort: »Nein, nie. Nicht, weil ich nicht an die Liebe glaube, aber ich habe nie wirklich etwas dabei empfunden. Ich leugne nicht, daß die Sexualität manche Leute glücklich machen kann. Aber in meinem Werk kommt sie tatsächlich kaum vor. Ich habe schon immer gefunden, daß das alles nichts in Büchern zu suchen hat. In einem literarischen Werk sollte Sexualität nicht auftauchen. Sie ist kein wichtiger Teil im Leben eines Wesens, sie ist etwas, das man begraben muß. Unglückseligerweise ist sie erforderlich, um die Spezies [Mensch] zu erneuern.«[RB/PB/TNG*] Etwas, das man begraben muß – mit seiner Ablehnung physischer Lebensfreude, seinem Asketentum, seiner Areligiosität und seiner einzelgängerischen, zurückgezogenen Daseinsform hatte Bowles, betrachtet man seinen Lebensweg als Ganzes, die Vorgaben seiner Vorfahren weit buchstäblicher und anhänglicher beherzigt, als er es sich wohl je selbst hätte träumen lassen. Wenn seine Lehr- und Wanderjahre auch wie eine bilderbuchartige Jungmännerrevolte abgelaufen waren, der exzentrische Nomade war im Kern den Grundsätzen und Prinzipien der

Bowleses und Winnewissers treu geblieben. Jane, die Männergeschichten, flüchtige Sinnesfreuden – alles nur Episoden. Er war und blieb ein gelehriges, folgsames Kind.

Als er vier oder fünf ist, schreibt er artig Geschichten und Romane. Tiere sind seine Helden. Als diktatorischer Regisseur seiner Streichholzfiguren schwingt er sich zum imaginären Theaterdirektor auf. Bei der Einschulung, mit sieben, schneidet man ihm die Haare kurz. Ein richtiger Junge soll aus ihm werden. Ein Plattenspieler kommt ins Haus, Paul schließt Bekanntschaft mit Tschaikowskys Vierter Symphonie. Selbst kauft er sich Dixielandplatten, die der Vater verabscheut. Schund. Mit acht beginnt der Klavierunterricht. Seine erste Lehrerin, Miss Chase, mißbilligt, daß ihr junger Schüler lieber improvisiert als übt. Sie hat ihre liebe Not mit ihm. Er schätzt seine eigene Musik höher ein als die Etüden, an denen er herumwerkeln soll. Ein Lichtblick sind trotz aller Qualen seine allwöchentlichen Schraub-Sitzungen bei Dr. Waugh. Denn bald darf er, spangenverziert, von einem Maulkorb verunstaltet, ganz allein nach Manhattan hin- und zurückfahren. Fürsorgliche Tanten regen sich darüber fürchterlich auf, doch ausnahmsweise setzt sich Rena einmal mit ihrer unkonventionellen Sichtweise durch und läßt den Kleinen allein die Weltstadt entdecken. Sie ängstigt sich keineswegs zu Tode, und Pauls Erlebnisse geben ihr recht: Es passiert ja »nie etwas«. Rein gar nichts. Und doch – die Ausflüge schmecken nach Freiheit. Sind anregend, steigern den Appetit auf mehr.

Auf dem Nachhauseweg ist ein Umweg in der ehrwürdigen Public Library fester Programmpunkt für den Neugierigen. Tante Adelaide arbeitet dort, eine belesene Frau, deren Name ihm schon deshalb gefällt, weil er ihn mit einer Stadt in weiter Ferne, in Australien, verbindet. Miss Annie Carroll Moore leitet die Kinderbuchabteilung und ist mit Adelaide befreundet. Sie zieht ihn ins Vertrauen. Ab und zu fällt ein schönes Buch für Paul ab, das sie mit einer eigenhändigen Widmung versieht. Die geistreiche Bibliothekarin steuert den Lesekanon des Knaben, der mit zehn seine eigene Zeitung herausgibt.

Gerade als eine seiner zwei neuen »besten Freundinnen«, besagte Tante Adelaide, von der Spanischen Grippe, die in New York wütet, dahingerafft wird, entsteht in Pauls Kinderzimmer auch eine Oper. Er nennt sie *Le Carré* und unterteilt sie in neun Kapitel. Wie in einem Singspiel lösen sich in diesem »Quadrat« Melodien, dramatische Szenen und Textabschnitte in lockerer Folge ab. Es geht um einen Frauentausch unter Ehemännern, um Scheidungsexperimente. Ein geometrisches Arrangement, eine Sittenkomödie à la *Così fan tutte*. Ein kühnes Sujet für einen Grünschnabel in kurzen Hosen. Wenn er daraus vorliest, lauschen die Großen amüsiert. Doch wird er den Verdacht nicht los, daß sie sich insgeheim über ihn lustig machen. Er behauptet daher, sein Manuskript sei ihm abhanden gekommen, und schreibt heimlich an noch Abseitigerem weiter. An einer Erzählung über eine Rebellin, Spielerin und Rauschgiftsüchtige: Außenseiter bevölkern samt und sonders seine unausgegorenen artistischen Gehversuche. Nur bei Miss Moore zu Hause im Greenwich Village darf er »er selbst« sein. Dort gerät er ins Staunen. Sie lebt wie in einer japanischen Pagode, umgeben von Drachen, schaukelnden Lampen aus Papier, feinem Porzellan und unverständlichen, alle Wände bedeckenden Schriftzeichen. Exotik ist keine Bilderbuchschimäre, man darf sich woanders auch nach eigenem Gutdünken in ihr einrichten. Zum ersten Mal begegnet er einem Menschen mit freier Wahl. Unabhängig. Kinderlos.

Zwischen neun und zwölf Jahren, er müht sich am Klavier gerade unbeholfen an Grieg, Schumann und Czerny ab, bringt er fiktive Tagebücher zu Papier, verhandelt Themen wie die Pest, einen Rechtsstreit, Bigamie, Ehebruch, Drogenkonsum und das Schicksal von Deserteuren. Das Konzerterlebnis mit Strawinskys *Feuervogel* in der Carnegie Hall wirft ihn aus der Bahn. Haut ihn förmlich um. Ein Plattenkauf dieses Werkes, der auf dem Fuße folgt, verändert sein Leben. Bluesaufnahmen vervollständigen seine kleine, aber feine Diskographie. Er entwirft Kalender und verfaßt prädadaistische Gedichte auf seine Tante Emma, die er mit seinem Vater und seiner Mutter, alle drei kreischend im Pyjama durch das Elternschlafzimmer turnend, zu früher Stunde bei munterem sonntäglichen Treiben auf frischer Tat ertappt. Ein einmaliger Vorgang. Er kommentiert ihn stirnrunzelnd mit holprigen Exerzitien am Flügel, Skalen, die nirgendwo hinführen. Mit elf nimmt er sich Melodramen vor, die nächste Gattung.

Eine Wahrsagerin, gleich nach seiner Geburt von Großmutter Winnewisser beauftragt, die Zukunft des Knäbleins zu deuten, sollte recht behalten: Berge und Stapel von Papier würden ihn umgeben, sonst nichts. Einen »Volltreffer« nennt die alte Dame die Bewahrheitung dieses Orakels, als sie einen Blick in Pauls Zimmer wirft. Darin geht es, wie sie entgeistert konstatieren muß, schon zu wie in der Papierschnipselsammlung seines anderen Opas. Ihren Enkel zum Wegwerfen des vorgeblich »wertlosen Gekritzels« zu bewegen, ist sie freilich nicht imstande. Paul verteidigt seine Schätze.

Dann wird es wieder Sommer. Claude liegt lungenkrank darnieder und ist außer Gefecht, Paul darf die vierte Klasse überspringen und entkommt dem Familiengefängnis vorübergehend. Eine Sternstunde für den Freiheitsdurstigen. Beim ominösen Onkel Guy in Northampton wird ihm Quarantäne verordnet. Ihm ist es nur recht. Er genießt die Auszeit. Er kommt mit Comicstrips in Berührung, schmökert in Kriminalromanen, läßt sich ins Kino, ein »scheunenartiges Gebäude«, mitnehmen. Schließt virtuelle Bekanntschaft mit Charlie Chaplin und schwelgt in den Wonnen, die unverhoffte Kollisionen mit der Trivialkultur bei ihm hervorrufen.

Auch Onkel Guy, der völlig selbstverständlich im selben Gebäude eine andere Etage bewohnt als die mit ihm verheiratete Tante Emma, haust in einem perfekt abgestimmten japanischen Interieur, einer Welt aus Räucherstäbchen, Kimonos und Bronzedrachen. Als sein anfangs so freundlicher Gastgeber aber in der Wohnung seiner abwesenden Frau eine geheime Party steigen läßt, wird der enttäuschte Neffe vorher abgefüttert und ins Bett gesteckt. Dabeisein soll er um keinen Preis. Er aber tut nicht, wie ihm geheißen. Von detektivischen Instinkten übermannt, huscht er auf dem Höhepunkt des Festes im Morgenmantel von Stockwerk zu Stockwerk: »Noch bevor ich zur Wohnungstür gelangte, hörte ich Tanzmusik, die auf dem Klavier gespielt wurde, lautes Stimmengewirr und Gelächter. Als ich sie öffnete, erhaschte ich einen flüchtigen Blick auf das Zimmer. Es war voller hübscher Männer, die miteinander tanzten. Im selben Augenblick packte mich eine rauhe Hand an der Schulter, drehte mich um und zog mich weg. Ich erblickte Guys wutverzerrtes Gesicht. Die andere Hand legte sich wie ein Schraubstock um meinen Nacken und schob mich den Korridor entlang zurück.«

Paul hat nicht gehorcht, wird eingeschlossen und rächt sich an seiner endgültigen Verbannung aus der Sphäre mann-männlicher Vergnügungen, indem er – ein Vorfall mit hoher Symbolkraft – das gerahmte Bild eines verführerischen Mädchens, zynisch von der Wand auf ihn herablächelnd, zerstört und mit einem Faustschlag das Schutzglas zum Splittern bringt. Die Hand blutet, der Zwischenfall bleibt unerwähnt, die Strafe zur Überraschung Pauls aus. Er darf zuletzt doch noch die Bekanntschaft von Guys Lebensgefährten Mister Bistany schließen, einem fettleibigen Importeur von Orientwaren, der ihn mit Präsenten überhäufen möchte, und fühlt sich, wieder auf der Rückfahrt in die Familienzelle, dennoch ein weiteres Mal verraten und verkauft. »Onkel Guy hatte sich als ein Erwachsener wie alle anderen entpuppt.«

Paul entwickelt gesteigerte Kunstfertigkeit darin, sich die Gunst von Wohlmeinenden leichtfertig zu verscherzen. Miss Crane, seine Klassenlehrerin, bekommt als nächste zu spüren, daß der kleine Bowles es auf eine Machtprobe angelegt hat – um sie als Person geht es hierbei nur am Rande. Ganz unbestreitbar ist er ein außergewöhnlicher, exzentrischer und vorzüglicher Schüler. Doch hat er es mutwillig auf die systematische Sabotage ihrer Unterrichtsstunden abgesehen. Am Ende des Schuljahres ist sie gezwungen, ihm mangelhafte Noten in Betragen, Fleiß und Musik auszustellen – wider besseres Wissen. Regelmäßig schaltet er auf stur. Er tut den Mund nicht auf, wenn er gefragt wird, gibt absichtlich falsche Antworten, boykottiert den geregelten Verlauf der Gesangsklasse und gibt Aufsätze ab, in denen kein einziges Wort stimmt oder richtig geschrieben ist. Auf den ersten Blick natürlich nur – würde Miss Crane genauer hinschauen, könnte ihr auffallen, daß sie einen völlig fehlerfreien, intelligenten Text vor sich hat. Nur sind – nichts einfacher als das – alle Wörter verkehrtherum notiert. Eine Retourkutsche: Sie hat ihn zur Rede gestellt, er führt sie mit seiner simplen List vor. Die Mitschüler johlen. Paul hat sie ausgetrickst, die Erzieherin verliert die Beherrschung. Genau, was er erreichen möchte – sie hat sich ihm aus freien Stücken ergeben und ist in die Aggressionsfalle getappt. Eine »Feindin« mehr – Paul verbucht es mit Stolz.

Während die Gefoppte durch die Schulflure rennt, um Kollegen vor dem monströsen, ungezogenen Rumpelstilzchen zu warnen, heckt der Bowles-Sprößling schon die nächste Untat aus. Diesmal ereilt es Mrs. Woodson – laut Rena, die sich in seltener Eindeutigkeit hier auf die Seite ihres Sohnes geschlagen hat, in der Tat eine »ungebildete, engstirnige« Person. Mit ihr eröffnet Paul die verfängliche Debatte, ob und warum kleine Mitschülerinnen »einen Schnurrbart zwischen den Beinen« trügen. Ob sie einen ahnungslosen, völlig unaufgeklärten oder impertinenten Burschen vor sich hat, die Pädagogin wird aus seinen Formulierungen nicht schlau. Ihr Wutausbruch ist jedoch nicht dazu angetan, ihr Bewunderung seitens des Übeltäters einzuhandeln. In der Elternsprechstunde bewährt sich, rar genug, die entwaffnende, kompromißlose Solidarität seiner Mutter. Wer ihres Sohnes Ausführungen und Aktionen in Zweifel zieht, bekommt ihre Unbeugsamkeit zu spüren. Ohne zu wanken, nimmt sie ihn vor anderen in Schutz und unter ihre Fittiche. Nur zu gut weiß sie aus eigener Erfahrung: Sobald ein Erwachsener sich die Blöße von Unkenntnis oder Dummheit gibt oder sich verbal nicht aus der Affäre zu ziehen weiß, legen sich Pauls clevere syntaktische Schlingen um seinen Fuß, ihm oder ihr bleibt nichts anderes übrig, als zu stolpern und der Länge nach hinzuschlagen. Mit puterrotem Kopf aufzustehen und die Niederlage zu kassieren.

Auf die Model School von Jamaica folgt die Highschool in Flushing. Der Schulweg verkürzt sich, die Hosenbeine werden länger. Ein neues Klavier löst das alte ab, entnervte Klavierlehrer geben sich die Klinke in die Hand. Diesem Jungen ist nichts Elementares auf dem Instrument beizubringen. Nur zu genau weiß er, was er *nicht* lernen will. Seine Skepsis angesichts der Leistungen der Alten Meister ist berechtigt, bringen sie ihn doch keinen *inch* weiter. Seine eigenen Improvisationen gedeihen dafür auf das Schönste. Sie wachsen sich zu prächtigen, in sich abgeschlossenen Stücken aus; die Idee keimt auf, sich als Komponist zu versuchen. Paul studiert chinesische Poesie und laboriert an einer komplizierten Geschichte namens *Hadeized*. Die Protagonisten verschwinden aus dem Geschehen, ohne Spuren zu hinterlassen, nachdem sie Alkohol konsumiert haben. Fiktion und Praxis: In seinem Kinderzimmer stellt er künstliches Rauschgift her und verabreicht es Spielgefährten als echtes Morphium. Trottelige Tanten unterstellen ihm, er würde noch bald »auf die schiefe Bahn geraten«. Was könnte es wohl Schöneres für ihn geben?

Er, der sich vor eingebildeten Einbrechern maßlos fürchtet, träumt mit übersinnlicher Intensität von imaginierten Einbrüchen und stellt am nächsten Morgen fest, daß sie bei ihm zu Hause tatsächlich auch stattgefunden haben. Besitzt er das zweite Gesicht? Er haßt Rena dafür, daß sie ihm hinter Sofas und Gardinen auflauert und ihn mit jähem Aufschrei zu Tode erschreckt, nur um ihn für seine Ängstlichkeit zu necken. Als ihm zu Ohren kommt, daß Menschen allen Ernstes Beschneidungen an ihren wehrlosen kleinen Söhnen vornehmen und das makabre Ereignis auch noch mit einem Fest begehen, windet er sich vor Ekel. Und nimmt die nächste Lehrerin aufs Korn, diesmal in der Biologiestunde. An einer Miss Vickers ist es, ihm aus heiterem Himmel die Unterschiede im menschlichen Forpflanzungssystem darzulegen. Paul verbohrt sich mit arglosem Nachfragen in die heikle Diskussion, worin die Differenzen zwischen Mann und Weib denn nun »genau« bestehen, ob es sich »wie bei den Mäusen« verhalte, warum Frauen »dicke Brüste« besitzen, und bekommt ein dreimaliges zorniges Fauchen zur Antwort. »Ich war einem großen Geheimnis auf der Spur.« Zeit, darüber nachzugrübeln, erhält er in ausreichendem Maße, als er im Anschluß an die Entfernung eines Tumors am Unterkiefer monatelang das Bett hüten muß. Eine Operation, der ein Leben lang andere Krankenhausaufenthalte und Eingriffe rund um den Globus folgen werden – wenige *travel writers* nur wurden so häufig Opfer von Typhus, Gelbsucht, Kreislaufkollapsen, Magengeschwüren, Sonnenstichen, Amöbenruhr, Schwächeanfällen und operativen Eingriffen wie Paul Bowles.

Ist auf die älteren Familienmitglieder und auf Autoritätspersonen wie Klavier- und Musiklehrer schon kein Verlaß, so gelingt es ihm dafür immer häufiger, außerhalb des feingesponnenen, vorgeschriebenen Beziehungskokons aufregendere Bezugspersonen zu erobern und Förderer aufzutun. Komplizen in Geist und Tat. Da ist zum einen der Highschool-Lehrer Daniel Burns, dem er durch gleichgesinnte Freunde begegnet, etwa zehn Jahre älter als Paul, beschlagen in französischer Literatur. Ein eloquenter, witziger schwuler Mann mit weltstädtischem, manieriertem, aber ironisch gefiltertem Auftreten und pointierter Sprechweise. Er unterrichtet anderswo, gibt aber in diesem Ausnahmefall bereitwillig »Nachhilfe«, denn bei seinen sonstigen Schülern stößt er selten auf so offene Ohren wie hier. Burns stellt so etwas wie den ersten Mentor in Pauls außerinstitutioneller Schulung dar, macht sich aber keineswegs an den Jüngling heran, dessen latente, für ihn deutlich spürbare Veranlagung ihm nichtsdestotrotz eher zusagt als mißhagt. Er erweitert Pauls Lesekanon beträchtlich, nimmt ihn bei seinen noch unkoordinierten Exkursionen in geistige Reiche wie ein großer Bruder an die Hand. Gibt den Vater und Berater, den Paul nie hatte und wohl auch nie mehr haben würde. Schwerer noch wiegt: Burns hat geraume Zeit in Paris verbracht. Dem gilt es nachzueifern! Beide tauschen sich in originellen und anspielungsreichen Briefen aus, sogar noch in Bowles' europäischen Jahren. Unter vorsichtiger Anleitung kommt es zu ersten Übersetzungsübungen aus dem Französischen.

Und durch Burns fühlt sich der intellektuell vernachlässigte Klavierschüler Paul auch bemüßigt, fast jeden Samstag nicht nur die Abonnementkonzerte der New Yorker Philharmoniker zu besuchen, die alle an einer unsichtbaren Grenzlinie Brahms-Wagner-Bruckner haltmachen, sondern sich in alternativen Konzertreihen auch Wiedergaben zeitgenössischer Musik zuzumuten. Für Paul tut sich ein ganz neues Universum auf. Er beginnt zu erkennen, daß er bislang in weitgehender – fremdverschuldeter – Ignoranz einer lebendigen, kreativen, innovativen Musikszene dahinvegetiert ist. Zum erstenmal hört er Namen wie Varèse, Antheil, Schönberg. Je verschrobener und überkandidelter dem von der Moderne bisher unberührten Zahnarztpaar die übersprudelnden Berichte von diesen Konzerterlebnissen, wie sie sich aus Pauls enthusiastischem Redefluß Bahn brechen, erscheinen mögen, desto sicherer ist sich der Jüngling, daß er, wie Burns und andere Eingeweihte, den richtigen Pfaden folgt. Wenn dies die geheimnisumwobenen »anderen Richtungen« waren, von denen Daddymama gemunkelt hatte, dann befand er sich inzwischen auf dem Königsweg, von dem ihn keine Macht der Welt auf konventionelle Bahnen zurückführen würde – denn das waren wohl die wirklich »schiefen«.

Da sind zum anderen die Hoagland-Schwestern, Nachbarinnen aus Glenora. Miss Ann, Miss Jane, Miss Sue. Nicht weit von Horseshoe Cabin, wo Bürgerkriegsveteran Daddypapa allmorgendlich und allabendlich mit patriotischer Geste das *starspangled banner* hißt und wieder einholt, liegt Lassata, ihr Grundstück. Als handle es sich um Figuren aus einem Stück von Tschechow, mehr noch: Als seien sie einer für Jane Bowles' Interieurs so typischen, ausschließlich weiblichen Erzählkonstellation entsprungen, leben sie in Eintracht zusammen, töpfern, lesen, pflegen einen antibourgeoisen Lifestyle, eine so betuliche wie anziehende *ménage à trois*. Sie pendeln zwischen einem schönen Haus im grüneren Teil von Brooklyn und dem Seneca-See, wo man sich in der Bowles-Familie schon das Maul über das seltsame Frauenquartett zerreißt – denn eigentlich sind sie vier. Eines Tages taucht eine Mrs. Mary Crouch aus Kapstadt auf.

Und bleibt. Halbindianerin, dunkelhaarig, gebieterisch, mit rauher Stimme, auf einer Chaiselongue lagernd, ungeduldig, mit Gehstöcken aufstampfend. Verbreitet sich mit königlichen, arroganten Gesten, ist an nicht nachlassende Huldigungen gewöhnt. Sie hat Kinder dabei, die so ziemlich alles dürfen, was Paul verboten ist – rauchen, trinken, lange aufbleiben. Obwohl sie kaum älter sind als er. Sie hat zu allem eine prononcierte Meinung, die stets von der gängigen Einstellung abweicht. Sie gilt als »skrupellose Abenteurerin« und »abenteuerliches Weibsbild«. Paul liebt sie vom ersten Moment an. Miss Sue und sie leben in einer beängstigend intensiven Symbiose zusammen, in der er schon studieren kann, wie es künftig in Paris bei Gertrude Stein und Alice B. Toklas zugehen wird.

Die vier fremdartigen Frauen bieten Paul ein neues Heim. Gehen auf ihn ein, nehmen ihn mit ins Kino. Harold Lloyd steht auf dem Programm. Oder in die Brooklyn Academy of Music. Mit jeder der vier verbindet ihn ein anderes Interessengebiet. Und schnell fällt ihm auf, wie unabhängig jede einzelne agieren, ausgehen, Entscheidungen treffen kann. Keine hinderlichen Familienbande hemmen hier den Bewegungs- und Bildungsradius. Wieder sind es weitaus ältere Menschen, denen er sich anvertraut, und die ihm Mut zusprechen; wieder sind es Frauen, noch dazu außerhalb seiner heimischen Sphäre, die seine Talente fördern und neue Horizonte eröffnen. Mrs. Crouchs unbequeme, kritische Haltung und ihre boshafte Neigung, geräuschvoll anzuecken, machen ihm diebischen Spaß. Und wie später bei Stein bezieht er einen gewissen masochistischen Lustgewinn daraus, sich ihren Schrullen und Kaprizen, Befehlen und Kommandos unterzuordnen. Der blonde Boy spielt ganz offensichtlich gern den Sklaven eines verruchten Mannweibs.

Die Hoagland Sisters, besessen vom unorthodoxen Lebenswandel im Mikrokosmos der lokalen »Bohème«, als dessen unverzichtbaren Teil sie sich begreifen, nehmen ihn mit ins Village, in Ateliers, in Studios, in literarische Salons. Die Begegnungen mit all den illustren Persönlichkeiten, die derzeit in Greenwich so hoch im Kurs stehen und deren Namen auf Long Island niemand im Mund führt, sorgen für eine gehörige Portion Desillusionierung. Paul ist schwer verständlich zu machen, daß all diese Künstler, Architekten, Musiker, Photographen, Dichter sich nach außen hin abschotten, ein Ghetto bilden. Die Notwendigkeit für die Schaffung einer solchen Gegenwelt will ihm nicht recht einleuchten. Heroisch hatte er sich ausgemalt, daß ein geistig und kreativ Tätiger dermaßen in seinem Werk und seiner Produktion aufgeht, daß er vollständig von ihr aufgesogen wird und hinter den Kunstprodukten verschwindet – ein Unsichtbarer, vor der Masse der trivialen Rezipienten versteckt und für sie unkenntlich. Ein Zuschauer-Voyeur, der sich nicht abheben darf, sondern kraft seiner Andersartigkeit bereits längst in einen anderen, ungreifbaren Aggregatzustand übergegangen ist. Eine weitere Prämisse seines künftigen eigenen künstlerischen Selbstverständnisses zeichnet sich hier ab: Nie Teil eines Ganzen sein, einer Gruppe sein oder eines Zirkels, nie sich zu einer »Schule« gehörig fühlen, keine Manifeste unterzeichnen, kein Gruppenzwang. Bowles will autark sein, aus einem fremden Kulturkreis heraus für ein amerikanisches Publikum schreiben und komponieren, das unter völlig konträren Bedingungen ganz woanders lebt, dessen Schicksal und Reaktionen ihm gleichgültig sind. Das den Rücken stärkende Miteinander, die Zwangssolidarität kreativer Zweckbündnisse, darauf wird er verzichten können, mehr noch, es wird ihm stets ein Greuel sein.

Für sich selbst möchte er weiterkommen, weder mit anderen an einem gemeinsamen Projekt werkeln noch hehre Botschaften unters Volk bringen. Er ist auf dem besten Wege, ein Egozentriker reinsten Wassers zu werden. In bewußter Isolation möchte er seine Künstlerpersönlichkeit ausleben. Die Furcht, zu ersticken, eingeengt oder ausgemerzt zu werden, sobald ein Zusammenschluß droht, wird übermächtig. Noch ist er allerdings am Suchen und Schwanken, wo der Schwerpunkt seiner künstlerischen Ausdrucksfähigkeit wirklich liegen mag – soll er schreiben, Tonsetzer werden oder, wie es seine vier Damen aus Brooklyn am liebsten hätten, Maler? »Niemals stellte ich mir die Frage, ob ich irgend etwas zu sagen hätte, das für andere interessant sein könnte. Mir ging es darum, meiner Persönlichkeit Ausdruck zu verleihen, koste es, was es wolle; darüber hinaus konnte ich mir nichts vorstellen.«[WSR] Mrs. Crouch und die drei Fräuleins haben einstweilen die Kunst gutgeheißen – also wird er sich, ohne daß es einen nennenswerten Unterschied machen würde, für ein Dreivierteljahr in der School of Design and Liberal Art an der Südflanke des Central Park einschreiben, um die Wartezeit zwischen Highschool und College zu überbrücken.

Innerhalb seiner literarischen Laufbahn vollzieht sich ein dramatischer Wandel. Kometenhaft katapultiert es ihn in die Höhe, er möchte nach den Sternen greifen. Eben noch hat er Daddy Claude mit albernen, aber vertrackten Anagrammen zum Narren gehalten, ihn mit dem Worträtsel »Notninrivo« (der Name für eine fiktive Zughaltestelle), das sein Vater fälschlich mit »Nothing in the river« zu übersetzen sucht, an der Nase herumgeführt und zur Weißglut getrieben. Eben noch hat er nach einem selbstdachten, hochdifferenzierten Buchstabencode eine Geheimschrift und -sprache entwickelt, nur für ihn selbst unter Anlegung verfeinerter Tabellen von Äquivalenzen entzifferbar, vor dem unerwünschten Zugriff durch mißliebige Dritte gesichert. Und eben noch hat er ganze Kataloge von fiktiven Ortsnamen und Bahnstationen aufgestellt, Fahrpläne entworfen und säuberlich notiert, nun macht er sich schon an das Abfassen ganzer Erzählungsfolgen. *The Snake Woman Series* lautet ihr Titel, es sind tautologische, in die Irre führende kleine Kriminalromane, und Mrs. Crouch bekommt sie natürlich als erste zu hören.

Keine drei Jahre ist es her, daß er architektonische Zeichnungen in großer Zahl anfertigte, Gebäudefassaden ohne geometrischen Sachverstand, mit dem Plan, ganze, nach ausnahmslos seinen Vorstellungen gestaltete Stadtviertel anzulegen. Gewaltige Anstrengungen, um seiner überbordenden Phantasie Herr zu werden. Jetzt gehört er bereits zu den ersten Abonnenten des *New Yorker*, eines intellektuellen Trendblattes, das soeben erst gegründet worden ist, und wird festes Mitglied im Editionsteam eines anderen Periodikums: der Schülerzeitung seiner Highschool. *The Oracle* heißt die selbstgemachte Postille, und innerhalb weniger Monate mausert sich Paul vom Witzredakteur, der die Gags der Woche anderen Pennälern unterzujubeln hat, zum *poetry editor*, dem Verantwortlichen für Lyrik. Zugleich wird er zum, wie es hochtrabend heißt, Präsidenten der Literarischen Gesellschaft seiner Highschool erklärt. Längst erprobt er da seine Begabung für rätselhafte Reime an eigenen Oden, Klanggedichten und, wie er sich selbst despektierlich auszudrücken pflegt, »Ergüssen«. Er beherzigt die Devisen der Dadaisten, möchte es den Jüngern Bretons gleichtun, weiß durchaus, wie etwa ein *cadavre exquis* funktioniert. Und er findet rasch heraus, daß in der Pariser rue Fabert, im Herzen des geistigen Europas, eine surrealistische Zeitschrift regelmäßig erscheint. *transition* ist ihr programmatischer Name. Paul faßt sich ein Herz und schickt, so beklommen wie kühn, eine Auswahl von Gedichten aus seiner eigenen Feder an die Redaktion in Frankreich. »Keine Publikation hatte je einen so nachhaltigen Eindruck auf mich gemacht. Ganz abgesehen von dem Frontalangriff des Surrealismus, von dessen Existenz ich nichts geahnt hatte, gefielen mir auch das Format, die seltsamen, gedämpften Farben des weichen Papiers, das sie für den Umschlag benutzten, und die Tatsache«, noch heute kennzeichnend für viele in Frankreich hergestellte Bücher, »daß jede Seite mit dem Papiermesser aufgeschnitten werden mußte.«

Ein Buch öffnen und lesen, das konnte demzufolge mehr bedeuten als einfach nur aufschlagen und die Seiten auseinanderklappen: Es mußte erst verletzt, beschädigt und aufgebrochen werden, bevor sich einem die darin verborgenen Kostbarkeiten zu erkennen gaben. »Vor allem hatte ich die Illusion, [selbst] in Paris zu sein, wenn ich jeden Monat die neueste Ausgabe kaufte, denn das Gefühl [von dieser] Stadt, das ich beim Lesen gewann, paßte [genau] zu meiner [früheren] Vorstellung von Paris.«[WSR*]

Und im Frühjahr 1928, mit Hilfe der Hoagland-Schwestern, hat er gerade ein paar amateurhafte Bildchen unter die Leute und an den Mann gebracht – es haben sich tatsächlich willige Käufer für Skizzen und Aquarelle gefunden –, liegt auf der Türschwelle, er hatte die Angelegenheit längst ad acta gelegt, auf einmal ein Päckchen aus Frankreich. Die zwölfte Ausgabe der *transition* mit einem Anschreiben der Pariser Redaktion. Nun darf er selbst zum Brieföffner greifen und sich an den jungfräulichen Papierbögen vergehen. Die preziösen Seiten aufschneiden, scharfe, mechanische Gesten, wie eine Sichel führt er die Klinge, und mittendrin den Abdruck seines siebenteiligen, enigmatischen »Ergusses« *Spire Song* mit Selbstbeweihräucherung und Hochgefühl in Augenschein nehmen. Die Aufnahme seines Poems *Entity* würde in der nächsten Nummer folgen, teilt man ihm unaufgefordert mit.

Siebzehn Jahre ist er alt, eine der angesehensten Revuen druckt irgendwo, in einer fernen, gebildeten, entrückten Welt seine Fingerübungen, ein junges Mädchen von der Kunstakademie geht mit ihm aus, hat in ein weiteres Rendezvous eingewilligt, und Claude und Rena haben die Stirn, ihm am Frühstückstisch mit galliger Miene Vorhaltungen zu machen, weil er am Vorabend etwas zu spät mit der Subway nach Hause gekommen ist. Es ist ein Triumphschrei, der gellend die Stille im *suburbian home* zerreißt, schwarz auf weiß bestätigt man ihm, daß seine ungeheure Chuzpe, die an Hybris grenzt, aufgegangen ist. Ein Beweis, daß sein Gedicht nichts von seiner beschämenden Grünschnabelexistenz verrät. Nicht der Highschoolschüler Paul war hier am Werk, sondern der angehende Dichter Paul Bowles. Ein Beleg dafür, daß man mit entleertem Kopf, *without stopping* oder auch nur *thinking*, unter Befolgung mütterlicher Methoden und klassicher surrealistischer Prinzipien den *stream of consciousness* wirkungsvoll aufs Papier zu gießen vermag. Es ist aber auch ein Wutschrei, mit dem er die Fesseln seines Elternhauses mit einem Schlag abschütteln will. Es ist der lebens- und kunstbejahende Urschrei eines jungen Mannes, der diesem goldenen Käfig früher oder später den Rücken kehren und mitten ins Zentrum artistischen Geschehens vorstoßen wird. Ein Teenager ist dieser »Aufschneider« und frischgebackene Experimentalpoet immer noch, als er die Seiten seiner ersten Veröffentlichung »aufschneidet«.

Sein Ehrgeiz kennt fortan keine Grenzen mehr. Ein Ventil für seine Sehnsüchte ist gefunden. Die Welt scheint ihm mit einem Male offenzustehen. Und *transition*, das ist auch eine überaus passende Selbstdefinition für Bowles' Werdegang insgesamt. Scheinbar unberührt, filternd und verarbeitend, läßt er Erfahrungsprozesse, Stimulierungen und Anregungen durch sich hindurchgehen, verwandelt sie, versteht sich nur als Medium, Brücke, als »Durchgang«. Und noch wenn er im letzten Lebensdrittel auf einer kaum wahrnehmbaren Schwelle zwischen Orient und Okzident den Vermittler zwischen der Schriftkultur der Alten Welt und den mündlichen Traditionen des Maghreb spielt, führt er einen Austausch herbei, sei er auch noch so bescheiden, zwischen Überzeugungen, Konfessionen, Anschauungen. Eine fast selbstquälerische Wonne, sich in ein handelndes Nichts aufzulösen, einer Funktion zu dienen, selbst nie hervorzutreten. Ein Mann des »Übergangs« zu sein.

Seine nächste Eroberung heißt André Gide. Wie Bibeln trägt Paul drei Bücher des großen Mannes mit sich herum, Giftschränke der Moderne, Heiligtümer der Avantgarde, Elixiere aus einer Pariser Hexenküche. Die parfümiert-sinnlichen, betörenden *Paludes* sind darunter, *Die Falschmünzer*, für das er als Literaturfachmann des *Oracle* eine detaillierte Rezension anfertigt, und natürlich *Die Verliese des Vatikan*. Noch jeden ambitionierten Jugendlichen seiner Generation hat Lafcadios berühmter *acte gratuit*, der sinnlose Mord an einem Unbekannten, um den Finger gewickelt. So auch Paul. Er befindet sich im selben Alter wie Bernard, der Held der *Faux-Monnayeurs*, verfolgt dessen spannende Fluchten und Irrwege durch Paris. Und auch der homoerotische Unterton in den beiden Jahrhundertromanen des großen Moralisten dürfte ihm nicht entgangen sein. Dieser Autor gehört zu der Handvoll wichtiger Persönlichkeiten, die er sich in naher Zukunft an Ort und Stelle, an den Ufern der Seine, einverleiben muß. Nicht kennenlernen. Nicht austauschen. Sondern nur treffen. Begrüßen. Sammeln.

Bei Gide heißt es auch – in dessen epochalen *Journaux*: »Immer, wenn ich eine bestimmte Gestalt annehme, habe ich das Gefühl, daß ich ärmer werde. Es macht mir nichts aus, keine scharf umrissene Existenz zu haben, solange die Gestalten, die ich erschaffe, die ich aus mir heraushole, eine besitzen.« Ein Motto, das Paul in seine Memoiren übernimmt; ein Bekenntnis, dem er rückhaltlos zustimmen kann. Gleichzeitig macht er sich bewußt, in welch hohem Grade auch er, kritischer und aufmerksamer Beobachter seiner selbst, Zwangsvorstellungen und Obsessionen erliegt, und beschreibt die Episode, als er sich wieder und wieder genötigt fühlt, beim Betreten eines heimischen Supermarktes die Drehtür zu durchschreiten, ohne sich Einhalt gebieten zu können, erneut und so lange, bis das Erscheinen des elterlichen Automobils am Horizont dem sisyphoshaften Spuk ein Ende bereitet.

Literatur, das ist die Botschaft für Paul in diesen für ihn charakter- und stilbildenden Jahren des Überganges, der »transition«, erfüllt ganz verschiedene, oftmals einander widersprechende Funktionen. Nach Poe und Gide entdeckt er den englischen Autor Arthur Machen, der in den USA der 1920er gerade eine Renaissance erlebt, und den sagenumwobenen französischen Dichterfürsten und Sonderling Lautréamont. Beide sind Anwälte des Bösen, bei denen er für seinen eigenen Schreibstil in die Lehre gehen wird. Propheten des Abgründigen, Makabren und Geschmacklosen, Ästheten der Gefühllosigkeit und der Kälte, ersetzen sie ihm den Einfluß des Marquis de Sade, den er angeblich nie gelesen haben will. Machen und der Comte Lautréamont führen ihm vor Augen, daß Kunst und Verbrechen, Kunst und Strafe nicht nur untrennbar miteinander zusammenhängen können, sondern nachgerade zwangsläufig aufeinanderfolgen *müssen*. Und so gelingt es ihm schließlich auch, in seiner allerersten Prosaveröffentlichung – natürlich in *The Oracle* – literarischen Exorzismus zu betreiben, der Gespenster seiner Kindheit Herr zu werden. *Waterfall* heißt die Erzählung und beschreibt das Schicksal eines zwischen Reue und Wut schwankenden Vaters, der sich in einem Akt kathartischer

Selbstreinigung an den Ort begibt, an dem sein Sohn seinem Leben ein Ende bereitet hat. Der Selbstmord fand als Sturz vor einem hohen Wasserfall in ein tiefergelegenes Becken statt. Um den Beweggründen nachzusinnen, schaut der Alte in die Tiefe hinab. In die Verständnislosigkeit des trauernden Vaters über die Unbegreiflichkeit der Tat seines Sohnes mischt sich eine hypnotische, suggestive Sogwirkung, die von den abwärtsstürzenden Wassermassen ausgeht. Unwillkürlich fühlt er sich seinerseits zum Sprung und zur Selbstaufgabe veranlaßt, vergibt dem jungen Lebensmüden, als er sich selbst schon im freien Fall befindet. Milde und Identifikation, Versöhnung im Todesmoment und utopische Harmonisierung schwelender Konflikte fließen ineinander. Eine klassische ödipale Bewältigung, wie sie Claude und Paul auf Erden nicht vergönnt sein sollte. Ist es bloßer Zufall, daß auch in einer von Jane Bowles' packendsten Novellen, die sich um das Schwesterntrio vom *Camp Cataract* dreht und Jahre später entstanden ist (publiziert 1949), ein Wasserfall, tödliche Verstrickung, eine Familientragödie und angedeuteter Selbstmord durch Herabstürzen im Zentrum stehen?

Dreißig weitere Jahre benötigt Paul, um sich abermals in seiner Prosa des literarischen Exorzismus zu bedienen und seinem Familientrauma, nunmehr als renommierter Schriftsteller, alle bösen Geister auszutreiben. *The Frozen Fields* (*Eisfelder*), eine seiner meisterhaften Erzählungen und darüber hinaus eine Rarität, als sie in einem ausschließlich nordamerikanischen Ambiente angesiedelt ist, vereinigt dramatisch zugespitzt nochmals alle Aspekte seiner Kindheit. Es ist die Geschichte des sechsjährigen, aufgeweckten Donald, eines Stadtkindes, das mit seinen Eltern zu einem Weihnachtsfest mit der Großfamilie auf dem Lande aufbricht. Es herrscht bittere Winterkälte, die Landschaft ist tief verschneit, Züge bleiben stecken, Kutschfahrten führen über zugefrorene Seen, Eisblumen erblühen an den Innenseiten der Fensterscheiben. Das ganze Personal ist versammelt: der tyrannische, unberechenbare Vater, der seine Gewaltausbrüche kaum mehr kontrollieren kann, die zwischen Toleranz und Aufbegehren hin- und hergerissene Mutter, die unerhörte Anwesenheit eines zutiefst sympathischen, homosexuellen Onkelpaares samt angeheirateter Tante, über das getuschelt und gelästert wird, Donald als Opfer im Zentrum, Foltern und drakonische Erziehungsmaßnahmen des cholerischen Erzeugers.

Verstellung und Einschüchterung, verquälte Freundlichkeit und bodenloser Groll evozieren in fataler Kombination ein beklemmendes Klima der Lähmung, in dem alle Emotionen abgestorben sind. Wie Blei lastet das vermeintliche Freudenfest auf den zarten Schultern Donalds. »Die Anwesenheit seines Vaters jedoch bedeutete ernsthafte Gefahr, denn es war so gut wie unmöglich, irgendetwas vor ihm geheimzuhalten. Sobald er von der Existenz der anderen [positiven] Welt erfuhr [als Gegenentwurf das harmonische Zusammenleben aller übrigen Familienmitglieder], würde er alles tun, um sie zu zerstören. Und Donald war noch nicht sicher, daß alle Zugänge sicher bewacht oder wirksam getarnt waren.«[PB/GE1*]

Bescherung, festliche Mahlzeiten und Tischgespräche wachsen sich zu einer Katastrophe aus. Zwischen Onkeln und Tanten, Schwagern und Schwägerinnen wird gehetzt, gestichelt, verleumdet. Zuerst heimlich, dann direkt vor dem Christbaum. Offener Haß bricht aus. Wer auch immer Donald in Schutz nehmen oder auch nur großzügig beschenken will, bekommt es mit der harten Hand des diktatorischen Vaters zu tun. Er zwingt seinen Sohn in die Knie, stopft ihm Eisbrocken und Schnee unter die Kleidung, verbietet ihm die Kontaktaufnahme mit den abartigen Verwandten und isoliert den Knaben, bis jener sich in seiner Verzweiflung um das Anwesen herumstreichende bissige Wölfe herbeiwünscht, die ihre Zähne in die Kehle des monströsen Erziehers schlagen sollen. Überstürzt und vorzeitig reist das Trio ab, der Wunschtraum zerschlägt sich. Donald ist dazu verurteilt, als willenloses Geschöpf seines brutalen Vaters und seiner passiven Mutter weiterzuleben. Weinen tut er nicht. In seiner Phantasie sieht er sich, vergraben in das zottige Fell des rächenden Wolfes, mit ihm in die Ferne ausbrechen, über Rauhreif, Eisseen und Felder hinwegrasend, das grauenhafte Anwesen hinter sich zurücklassend. Ein schwacher Trost.

Donald hatte mit den Fingernägeln Bilder in das Eis geritzt, das die untere Hälfte des Fensters neben seinem Sitz bedeckte. Sein Vater sagte: »Laß das!« Er wagte nicht zu fragen: »Warum?«, aber er dachte es; er sah nicht ein, was daran schlecht sein sollte, und er nahm es seiner Mutter ein wenig übel, daß sie nicht eingegriffen hatte. Er hätte es so hinbiegen können, daß sie gegen das sinnlose Verbot protestierte, doch die Erfahrung hatte ihn gelehrt, daß er nur eine begrenzte Zahl von Malen am Tag auf ihre Hilfe bauen konnte und es unklug war, ihren [ebenso begrenzten] Vorrat an gutem Willen überzustrapazieren.[PB/GE1]

Diese düsteren, obsessiven Vorstellungen beschäftigten und verfolgten Bowles demnach noch 1957, als reifen Mann und Inselbesitzer, auf der Überfahrt nach Sri Lanka bei der Niederschrift der *Frozen Fields*, lange, nachdem er mit Claude seinen Frieden gemacht hatte, und Jahrzehnte nach dem Ende seiner Tätigkeit als Schülerzeitungsredakteur. Ein einziges Mal nur, schon Anfang zwanzig, hatte er tatsächlich die Hand gegen den Vater erhoben und ein Messer nach ihm geschleudert. Dieses Eingeständnis von Schwäche sollte er sich nie verzeihen. Eine Geschichte oder auch zwei, eine symbolische Sühne, das war die einzig denkbare Wiedergutmachung, die vor seinem künstlerischen Gewissen Bestand hatte.

Selbst, und das ist die Kehrseite der Medaille, nahm er im kommenden halben Jahrhundert immer wieder die Vaterrolle ein, sei es gegenüber Jane, wissensdurstigen Journalisten und Newcomern oder seinen jungen marokkanischen Freunden. Es war eine Rolle, die ihm über die Maßen gut zu Gesicht stand, die er gerne ausfüllte und die ihm lag.

Für Paul beginnt im Laufe des Jahres 1928 eine etwas orientierungslose Phase. Auf Anhieb gelingt es ihm nicht, die Tür zu einer selbstbestimmten Welt zu öffnen. Die ersehnte »transition« liegt noch in weiter Ferne. Von Rena und Claude hat er sich mehr denn je entfremdet. Er hat es aufgegeben, ihnen mit leuchtenden Augen von Nachmittagen zu erzählen, die er in Gesellschaft von Burns oder Miss Jane im südlichen Manhattan mitten unter den Wegbereitern der Moderne zugebracht hat, zu denen er sich – einsam selbstverständlich und aus großem Abstand – im Geiste schon selber dazurechnet. Wenn sie über seinen kürzlichen Besuch in der Werkstatt des mathematisch-architektonischen Experimentalgenies Buckminster Fuller auch die Nase rümpfen mögen: Er ist persönlich dabeigewesen, als diskutiert wurde, wovon morgen alle ernstzunehmenden Feuilletons Amerikas raunen werden. Überzeugungsarbeit unter Kunstverächtern zu leisten, ist pure Zeitverschwendung.

Beim Abgang von der Highschool hat man ihn schon ganz richtig eingeschätzt, als ein Porträt von ihm in der letzten von ihm mitgestalteten *Oracle*-Nummer mit dem schmeichelhaften Zusatz »This Strange Disease of Modern Life« versehen wurde. In dieser Pose gefällt er sich ausnehmend: an einer gesunden, aber hohlen, öden und ignoranten Welt krankend, generationsbedingt wehleidig und unbedingt seiner Zeit voraus – meilenweit. Er gibt den gramgebeugten, an Weltschmerz leidenden Hedonisten, bis über die Ohren verwöhnt. Ein erstaunlicher Mehrzeiler definiert ihn im selben Abschiedsblättchen wie folgt: »Paul Bowles: Er ist/Ein Tagträumer; Er denkt Er sei/Ein Dichter; Er wäre gern/Ein futuristischer Künstler Ist stets mit einem benommenen Gesichtsausdruck anzutreffen; Hobby/Literatur.«[CS*] Wobei der Reiz des selbstentlarvenden Porträts gerade dahin besteht, daß sich jeder Zeileninhalt eben auch auf den vorangegangenen Satz oder die Folgebemerkung beziehen kann. Eine ehrliche Einschätzung. Er weiß noch immer nicht so recht, wohin mit sich.

Und auch in den Mal- und Zeichenklassen seiner Kunstakademie hat Paul das unbestimmte Gefühl, wertvolle Momente zu vertrödeln. Einer englischen Modestudentin, Peggy, einer Schönheit, kommt er näher und himmelt sie doch nur platonisch an. Die unverfänglichen Schäferstündchen überwacht deren Vater. An Sexuellem grundsätzlich uninteressiert in jenen Jahren, treibt ihn einzig und allein die Vervollkommnung seiner immer noch lückenhaften Bildung um. Sein gutes Aussehen, seine vollen

Lippen und sein unreifer, arroganter Blick scheinen ihm da eher zu schaden. Männer sehen in ihm das unausgegorene Bürschchen, dem man gehörig auf die Füße treten sollte, sie nehmen ihn noch nicht ganz für voll; Frauen vermissen den erotischen Biß, erkennen die Selbstbezogenheit seines libidinösen Feuers und greifen zu mütterlichen Strategien. In ihm brodelt es, aber die Energien erhalten keinen eindeutigen Bescheid, in welche Bahnen sie sinnvoll gelenkt werden könnten.

In den Kursen der Liberal Art School dominiert gleichfalls die Ratlosigkeit. Die Pädagogen zucken mit den Schultern. Gewisses Talent besitzt er, man bedenkt ihn mit Verlegenheitskomplimenten und verqueren Auszeichnungen, weil man nicht den Mut zu schlechten Noten aufbringt, doch weiß er selbst am besten, daß all das, was er da zu Papier bringt, zehn abstrakte Variationen eines »Wurms in D« etwa – wobei die einzelnen Stufen etwa »danger«, »death« oder »damnation« repräsentieren sollen –, nicht wirklich etwas taugt. Wie weit es um seinen Reifegrad tatsächlich bestellt war, läßt sich aus seiner unfreiwillig komischen Beschreibung der Aktstunden herauslesen:

»Nach einiger Zeit aber begannen wir mit Gipsabgüssen, um mit der Anatomie vertraut zu werden, und dann kamen die Modelle. Bis dahin hatte ich noch nie einen unbekleideten menschlichen Körper gesehen, weder einen männlichen noch einen weiblichen, und nach den ersten paar Wochen, in denen ich das Phänomen betrachtete, hatte ich kein Verlangen, je wieder einen zu sehen.
Ich hätte nie gedacht, daß Menschen so abstoßend aussehen konnten. Die Frauen waren dreimal so dick, wie sie hätten sein sollen, und die Männer am ganzen Körper behaart. Ich fragte die Direktorin, warum wir soviel Zeit damit verbrachten, nackte Menschen zu zeichnen; ihr Staunen war gefärbt von Entsetzen über meine Empfindungslosigkeit.« Daß der menschliche Körper, wie sie behauptete, das höchste ästhetische Phänomen darstellen solle, »erschien mir als reine Konvention, völlige Willkür. Ich gab zu bedenken, daß eine gesunde Katze oder ein Pferd viel schönere Wesen seien, aber davon wollte sie nichts hören.«
Bei der Ölmalerei »benutzte ich« bei den Akten »nur Blautöne für

Fleisch. Das stieß auf allgemeine Ablehnung, auch bei den Modellen, die während der Pausen nackt und verschwitzt durchs Studio spazierten, um zu begutachten, was wir gemacht hatten. Eine Frau war besonders aufgebracht, als sie sich in leuchtendem Blau wiederfand, aufgedunsen wie eine Leiche; von diesem Tag an hegte sie einen starken Groll gegen mich. Glücklicherweise wechselten wir jede Woche die Modelle.«[WSR]

Claude hätte nicht stolzer auf seinen Sohn sein können, der hier, es war unübersehbar, wertvolle Jugend- und Karrierestunden verplemperte: Paul hatte Körperfeindlichkeit und Puritanismus, wie sie ihm im Elternhaus eingetrichtert worden waren, bereits dermaßen verinnerlicht und sich zu eigen gemacht, daß die Kluft zwischen seinem angestrebten, um jeden Preis modernen, libertinären Lebensstil und seiner individuellen sexuellen Befangenheit, neuenglisch und blaustrümpfig par excellence, womöglich gar nicht mehr zu schließen war. Noch einige Jahre später, Bowles war damals immerhin schon zwanzig und mitten im erotischen Vorkriegsparadies Berlin, sollte er sich dort noch maßlos über seinen schönen jungen Kollegen Christopher Isherwood erregen, dessen offenes Hemd Brust und Bauch freigab. Wohlgemerkt an einem Sommertag! Eine harmlose Entblößung, getragen von der sexuellen Euphorie, wie sie in jenen Zwischenkriegsjahren in der deutschen Hauptstadt herrschte, ein bloßes Freizeitphänomen – Paul, in seiner unkurierbaren Verklemmung, sollte von diesem außerordentlichen Aufbruch der Sinne lediglich die mangelnde Schicklichkeit, den Verstoß gegen die guten Sitten wahrnehmen. So gerne wäre er ein Vertreter des Zeitgeistes gewesen – einstweilen war er nichts als ein bis obenhin zugeknöpfter Rebell. Er nahm sein Zeugnis, verließ die Akademie und verkürzte sich den Sommer brav mit einem unverfänglich-unauffälligen Bankjob, den Daddy ihm besorgt hatte. Sein erstes Gehalt – aber auch die erste und letzte Erfahrung mit einer geregelten Existenz eines in Lohn und Brot stehenden bürgerlichen Angestellten. Er konnte es kaum fassen, daß man für solch erniedrigende Tätigkeiten bezahlt wurde, und dies nicht einmal schlecht, während verkannte Genies über Jahrzehnte hin vergeblich mit zukunftsweisenden Manuskripten oder Partituren hausieren gehen mußten: »Es wurde keinerlei geistige Anstrengung von mir erwartet. Und es machte Spaß, Geld zu sparen.«

Endlich stand der ersehnte Herbst vor der Tür, sein Aufbruch nach Charlottesville in Virginia. Sein *freshman year* konnte beginnen. Paul war es zwar etwas peinlich, von Rena den ganzen weiten Weg von Long Island bis ins Immatrikulationsbüro begleitet zu werden, aber die Vorstellung, Claude an seiner Seite zu wissen, wäre wohl noch unerträglicher gewesen. Erleichtert durfte er feststellen, daß so ziemlich alle Pensionen der Tabakstadt zu Semesterbeginn von Müttern und Söhnen bevölkert waren. Annie Carroll Moore, seine Lektüre-Patin aus der Public Library, hatte die Wahl des Studienortes für ihn getroffen, der geliebte Poe war sein Vorgänger und Kronzeuge. Er entschied sich für ein Studium generale, ohne besondere Antriebskraft zu verspüren. Hier ein wenig englische und französische Literatur, dort ein bißchen Musikgeschichte. Er genoß die nie gekannte physische und psychologische Freiheit, rannte bei jeder sich bietenden Gelegenheit über die Felder und in die Wälder Virginias, als sei er der kleine, seinem Gefängnis entronnene Donald auf seinem davonflitzenden Wolfsrücken.

Im Kreise von Kommilitonen probierte er Äther und zog sich dabei eine nicht ganz ungefährliche Vergiftung zu. Noch nicht die Opiate Cocteaus oder der Absinth Verlaines, aber der gute Wille zum standesgemäßen Rauschgiftkonsum war klar erkennbar. Er wandelte sich auch, ganz gegen seine Absicht, zu einem Snob unter Snobs und ging, erklärter Menschenfeind, der er war, sogar ein paar enge Freundschaften ein. Der gleichaltrige Bruce Morrissette, für viele Jahre sein Vertrauter und Geistesverwandter, war der wichtigste unter ihnen. Mit mehreren Burschen unter einem Dach zu schlafen, mißfiel Paul sehr. Er wütete, wenn man ihn fälschlicherweise der heimlichen Masturbation bezichtigte. Aber er war auch stolz, wenn man ihn, den Siebzehnjährigen, für neunzehn hielt. Er hörte Prokofjew und Gregorianische Gesänge, wanderte durch die unverfälschte Natur der Blue Ridge Mountains. Er übte Klavier und komponierte wie besessen. Am Vorabend seines achtzehnten Geburtstages unternahm er einen Trip mit dem Zug nach New York, eigens um einem Konzert mit Werken von Copland und Roger Sessions beizuwohnen, den hiesigen Neutönern, in deren Dunstkreis er unbedingt geraten wollte. Alle diese bedeutsamen Kleinigkeiten sprechen zu uns aus den beschwingten, sprachlich furiosen Briefen, die er an Burns schrieb.

Er war so glücklich und verwirrt, wie man es mit achtzehn nur sein kann. Und verspürte doch eine tiefgehende, unerklärbare Leere. Die Examen bestand er mit links, es ging alles zu glatt. Ihn beschlich der Verdacht, das Universitätsdasein beschränke sich doch nur auf die Vergnügen eines Country Clubs, so wie Claude es ihm höhnisch prophezeit hatte. Irgendetwas fehlte – eine Herausforderung, eine Probe aufs Exempel, ein Ereignis, das beispiellosen Mut erfordert hätte. Paul war nach Russischem Roulette zumute, zumal sein heißgeliebter Plattenspieler soeben den Geist aufgegeben hatte. Ohne Blues und Strawinsky, ohne Ellington oder Pariser Chansons erschien ihm das Dasein noch eine Spur sinnloser. Seine Schellackscheiben knisterten, kratzten, blieben vollends hängen, der Teller hörte auf, sich zu drehen. Sein Weitermachen, sein Studium, seine Bemühungen, seine Träume hingen am seidenen Faden. Er entschloß sich in einem Anfall jugendlichen – und auch etwas lächerlichen – Leichtsinns, sein Leben aufs Spiel zu setzen. Mit einer einzigen, pathetischen Geste. Er verriegelte die Tür zu seinem Studierzimmer und warf die Münze, die er schon seit Tagen in der Tiefe seiner Hosentasche versteckt hatte und nun umklammert hielt, hoch in die Luft. Sie wirbelte nach oben, beschrieb einige Kreise in der Luft, drehte sich um sich selbst und schwankte abwärts. Es war ein Quarter, eine Vierteldollarmünze, und – sie kam auf der Kopf-Seite zum Liegen. »Zahl« hätte Selbstmord bedeutet; das Fläschchen Allonal stand schon bereit. Pillen und Schlaftabletten hatte er in großer Zahl gehortet.

»Kopf« – das war das Synonym von Freiheit, Aufbruch, Parisflucht. Da war er wieder, der Münzwurf von Borges, und ehe Paul es sich versah, war es schon geschehen: Das Bild der Erinnerung an seine etwas mutwillig herbeigeführte, aufgeblasene Entscheidung überlagerte schon das Bild vom Entschluß dazu, überlagerte das Bild seiner unbefriedigenden Kindheit, das Bild seiner unausgeführten künstlerischen Pläne. Zugegeben, er hatte dem Schicksal mit Gewalt nachgeholfen, aber nur das Ergebnis zählte jetzt noch. Sorgfältig legte er Münze auf Münze. Er selbst hatte sich innerhalb weniger Minuten in einen Gide'schen »Falsch-Münzer« verwandelt. Sechs Wochen war jener Bernard durch Paris gestreift, er hingegen würde mindestens sechs Monate bleiben. »Kopf« – das konnte doch einfach nur Paris bedeuten. Das Epizentrum der modernen Kultur, der Erscheinungsort von *transition*, wo man seit geraumer Zeit seine Gedichte verlegte.

Hier hatten sich alle versammelt, die Rang und Namen hatten, Ernest Hemingway und Erik Satie, Gertrude Stein und André Gide, ein Panorama strahlender, funkelnder Sterne. Im Geiste sah er sich schon sich gewandt an ihren Gesprächen beteiligen und ihnen eine individuelle Note hinzufügen – auf französisch, wohlverstanden. Paris, das würde auch sein *promised land* werden, die »Lichterstadt« an der Seine seine ureigene Stadt der Verheißung. Charlottesville, Jamaica und Manhattan mochten verblassen – in Paris würde er seine ganz persönliche Reifeprüfung ablegen, unter erschwerten, von ihm selbst auferlegten Bedingungen, die keine amerikanische Universität jemals an ihn stellen würde.

Seine Vorstellung von Paris stand von jeher unverrückbar fest: »Dort waren die Menschen verzweifelt, aber intellektuell, zynisch, hielten jedoch fanatisch an ihren Überzeugungen fest. Paris war der Mittelpunkt des Seins; ich spürte seine Glut, wenn ich das Gesicht ostwärts wandte, wie ein Moslem das Licht Mekkas, und ich wußte, daß ich mit ein bißchen Glück eines Tages dorthin gelangen und an seinen heiligen Stätten stehen würde.«[WSR]

Paris war sein erstes Tanger.

Er besaß wenig Bargeld, aber er hatte Verbündete. In diesen Märzwochen des Jahres 1929 kam es auf jede Sekunde an. Mrs. Crouch und Miss Sue feuerten ihn an, wo es nur ging. Sie besorgten ihm für die Übergangszeit ein kleines schäbiges Hotel in Manhattan, während Claude und Rena ihn sicher mitten im Seminar in Virginia wähnten. Und als die Wanzen im Bett seiner Absteige überhandnahmen, trieben sie eine kleine Wohnung für ihn auf. Es war eine großangelegte, in jedem einzelnen Punkt vernünftig durchgeplante Verschwörungsaktion, die in diesen Tagen vor Ostern ihren Lauf nahm. Die beiden Frauen legten einen Meineid für ihn ab, sprachen zur Beschaffung von Papieren, Reisedokumenten und Pauls Ersparnissen bei den Behörden von Long Island vor. Fieberhaft planten sie jeden Schachzug. Sie statteten ihren jungen Helden mit dem soeben erschienenen *Journal des Faux-Monnayeurs* von Gide, obskurer pro-sowjetischer Bekehrungsliteratur und drei Empfehlungsschreiben für Pariser Bekannte aus. Und mit mageren 24 Dollar in der Tasche ging er an Bord des alten Dampfers »Rijndam«, der zur Holland-America-Linie gehörte. In Hoboken, New Jersey, sollte das Schiff auslaufen, ein verspäteter Wintersturm lag in der Luft, und Bowles starb tausend Tode, seine Eltern könnten noch im allerletzten Moment Wind von seinen Absichten bekommen. Mrs. Crouch, die Pauls psychologische Verfassung gut einschätzen konnte, und der an seiner Parisflucht mit einer Intensität gelegen war, als ginge sie selbst auf eine weite, gefährliche Wüstenexpedition, schickte dem Ausreißer noch kurz vor dem Ablegen ein junges Mädchen an die Gangway, zudem eine entfernte Freundin Pauls aus Lassata: ihre junge Adoptivtochter Lucy Rogers, eine im französischen Geistesleben bewanderte Ex-Pariserin und trotz ihres jugendlichen Alters eine Kennerin der Seine-Metropole. Sie nahm ihm an diesem Ostersamstag die Angst vor Paris und vor seinem eigenen Schneid. Das Wichtigste war, jetzt im Angesicht der bevorstehenden Entscheidung nicht noch wankelmütig zu werden.

Es wäre ohnehin längst zu spät gewesen. Die Münzen waren gefallen, die wertvolle Überzeugungsarbeit geleistet worden.

Lucy ging von Bord, Mrs. Crouch durfte aufatmen, Schneeregen fiel in dichten Schauern über den Hudson. Der Dampfer befand sich schon in voller Fahrt. Eine dreißig Jahre währende Dauerreise setzte für Paul ein. *Without stopping, without stopping.* Er entschwand den Blicken all derer, die ihn vergeblich aufzuhalten versuchten. Und stahl sich davon, ohne auch nur ein Sterbenswörtchen von seinen inneren Beweggründen, seinen Emotionen und Enttäuschungen, seinen Glückszuständen und Hoffnungen preiszugeben. *Without telling.*

2

Die Zügel des Sonnenwagens
Zu allen Schandtaten bereit

Wenn man sich, wie ich,
dem Schreiben nur in tiefem Ernst nähern kann –
vielleicht sollte ich sagen:
mit Feierlichkeit –,
übersteigt es fast die Kraft,
wenn man ständig an der eigenen Aufrichtigkeit zweifelt,
denn das heißt,
am eigenen Werk zu zweifeln…
Meine Langsamkeit ist entsetzlich…
Ich bin ernsthaft, doch isoliert,
und meine persönlichen Erfahrungen sind wahrscheinlich
im Augenblick für niemanden interessant…
Ich wünschte mir, Du wärst hier.
Ich bin viel allein, mehr,
als ich es je seit meiner Kindheit war.

Jane in einem Brief aus Connecticut
an Paul (August 1947)[ERS]

Immerhin hatte [Jane] mir gesagt,
daß meine »Lebensanschauung« sie dermaßen deprimiere,
daß ihr in meiner Nähe
alles vollkommen hoffnungslos erscheine.
Die Folge davon sei,
daß sie immer nur kurze Zeit
mit mir zusammensein könne
und dann vor der schrecklichen Düsterheit,
die ich ausstrahlte, flüchten müsse.
(Viel später gestand sie ein, daß sie Angst davor hatte,
mit mir allein zu sein, vor allem außerhalb von New York.) ...
Ich dagegen bildete mir ein,
den Lauf der Dinge zu kontrollieren
und dafür sorgen zu können,
daß sie nicht allzuviel trank.

Paul über die Ereignisse im Sommer 1940 (1972)[WSR]

Es ist zwar schon mitten im Frühjahr, als der Liniendampfer »Champlain« Anfang 1934 ein weiteres Mal geduldig die weite Strecke zwischen Europa und den Vereinigten Staaten zurücklegt. Aber es herrscht weiterhin bemerkenswerte Kälte in den unwirtlichen Gefilden des nördlichen Atlantiks; auch der schwache Sonnenschein vermag die grimmigen Temperaturen an diesen einförmigen, kurzen Tagen, während derer sich das Schiff unbeirrt seinen Weg nach Westen bahnt, nur unwesentlich zu mildern. Kaum ein Mitreisender verirrt sich auf das riesige obere Passagierdeck, auf dem ein unbarmherziger Wind schneidend um die Ecken pfeift. Bei der Ankunft in Manhattan wird es schwerlich in der Lage sein, des Andrangs der Schaulustigen Herr zu werden, die sich gegenseitig an die Reling schubsen, um dabeizusein, wenn die markante Skyline der Neuen Welt sich undeutlich am Horizont abzeichnet. Jetzt liegt es verlassen da; nur einige Unentwegte ziehen, dick in Mäntel, Schals und Mützen eingemummelt, tapfer ihre Runden über die blankgescheuerten Holzplanken. Sie trotzen der Langeweile, hängen ihren Gedanken nach oder beobachten zerstreut, wie der Bug die Wellen zerteilt. Wie das mächtige Schiff, von unsichtbarer Kraft getrieben, gleichmäßig die grauschimmernden Wassermassen durchpflügt. In der Ferne steigt zuweilen die Spitze eines Eisberges aus den metallenen Fluten auf. Mehr gibt es nicht zu sehen. Oder doch. In einer geschützten Ecke, zwischen zwei Treppenaufgängen, in denen der Zugwind aufheult, und einem Stapel rotweißer Rettungsringe hat sich seit Tagen ein junges Mädchen verschanzt. Ganz allein, ohne Begleitung. Auf einen Liegestuhl aus grobem, blaugestreiftem Tuch, den die Franzosen passend zur Reiseroute »transat'« getauft haben, hat sie sich gelagert; aus einer Schicht von Wolldecken schauen nur Kopf und

Unterarme hervor, die ein dickes Buch halten. Sie wandert nicht umher, sie liegt und liest. Jeden Nachmittag. Starr und unbeweglich. An ihren Lesestoff und ihre Liegestatt scheint sie wie gefesselt zu sein.

Diese Siebzehnjährige, eine New Yorkerin, ist eine von Grund auf ungewöhnliche Heranwachsende. Soeben hat sie ein paar Wochen in Paris verlebt, mit ihrer Mutter. Nur eine Zwischenstation. Denn anderthalb Jahre in einem Sanatorium am Südosten des Genfer Sees liegen hinter ihr, in Leysin, von denen sie die meiste Zeit in einem Streckverband zugebracht hat. An der Seite eines französischen Privatgelehrten, der sich mit Montherlant und Louise de Vilmorin, mit Gide und Proust bestens auskannte. Und seine junge amerikanische Schülerin mit seinem leidenschaftlichen Fieber für die zeitgenössische Literatur infiziert hat. Zwar ist er, wie Jane später spöttisch bemerkte, von Hause aus eigentlich in »griechischer Mythologie und Geschlechtskrankheiten« bewandert, doch seine Passion gilt der Moderne, dem Abseitigen, Verstiegenen und Schwierigen. In der mal verschlossenen, mal eigensinnigen Jane mit dem eingegipsten Bein hat er eine gelehrige Komplizin gefunden; er hat sie angesteckt, ihr die Geistesgrößen seiner Nation nähergebracht. Seither streckt sie ihre Fühler aus. Das Buch, das heute auf ihren Knien liegt und das sie nicht mehr aus der Hand legen mag, ist erst vor zwei Jahren erschienen. Erschienen? Es hat vielmehr die europäische Gegenwartsliteratur im Jahre 1932 wie eine vernichtende Bombe getroffen und bis ins Mark erschüttert. Im Kopf seiner Leser hinterläßt es einen tiefen Krater der Verwüstung und Zerstörung, der weder zuwachsen noch verheilen will. Ein Schlüsselwerk der Zwischenkriegszeit, umstritten, schockierend, großartig. Ein wilder, vulgärer, obszöner Aufschrei gegen die »Verkommenheit« der Welt, ihren desolaten Zustand mit adäquaten Vokabeln abbildend. Wüst und anarchistisch. Ein geistiges Experiment voller Explosionskraft. Eine literarische Sprachrevolution. Eine radikale Zivilisationskritik. Ein Meilenstein des modernen Romans, an dem sich Geister, Gemüter und Wege scheiden. *Voyage au bout de la nuit* ist sein Titel, und wer wie die Exilschweizerin Jane bis zu den letzten Seiten an den Lippen des Erzählers hängt, ist mit ihm und seinem Protagonisten Bardamu unterwegs zu einer aufwühlenden »Reise ans Ende der Nacht«. Eine Lebensreise, die zugleich wie eine Vorstufe der Hölle daherkommt. Ein Bekenntnis. Nachtseite und Gegenentwurf zu Prousts großangelegter Erkundung der Erinnerung, der *Recherche du temps perdu*.

Unter dem verheerenden Eindruck des »großen Schlachtens« im zurückliegenden Ersten Weltkrieg hat es sein Autor Destouches, der sich das Pseudonym Céline zugelegt hat, in einem unvergleichlichen Rhythmus, von Rausch und Fieber getrieben, zu Papier gebracht. Ein widerwärtiger Grundton herrscht vor. Man ekelt sich. Haß und Niedertracht kennzeichnen die von ihm geschilderte, so verwirrende wie bedrückende Totalität, im umgangssprachlichen Argot verfaßt, mit Kraftausdrücken durchsetzt. Ein virtuos gezeichnetes Kaleidoskop einer völlig aus den Fugen geratenen Zeit. Seinen Antihelden Bardamu schickt Céline durch Kriegsgreuel und psychiatrische Kliniken, Pariser Elendsviertel und französische Kolonien, bis er, nacheinander Medizinstudent, Freiwilliger, Soldat, Galeerensträfling, Verwaltungsbeamter, Vagabund, Arbeiter am Fließband einer Autofabrik und Armenarzt, im afrikanischen Dschungel und in den Sterbehäusern der Großstädte landet, jeweils lediglich Allegorien der gesamten, im Namen der Menschheit begangenen Zivilisationsverbrechen wie Ausbeutung, Unterdrückung, Kolonialismus, Sklaverei. Das Elend im unterjochten Afrika, das grausige Massensterben in den Schützengräben, das Foltern Unschuldiger in den Irrenhäusern, das Dahinvegetieren in den heruntergekommenen Mietskasernen der Pariser *banlieue*, das jämmerliche Verlöschen verwahrloster Kreaturen auf der untersten Stufe der gesellschaftlichen Hackordnung, Céline setzt alles in eins, prangert die damit einhergehende Gleichgültigkeit und Verachtung, so notdürftige wie bigotte Maskierung durch fragwürdige christliche Werte an. Er enttarnt die eingespielten Funktionszusammenhänge des Abendlandes als zutiefst barbarisch. Unsere Behauptung und Lebensgrundlage, so etwas wie

»westliche Kultur« präge unser Handeln und Denken, Entscheiden und Mitfühlen, führt er, ein Moralist inmitten von Chaos und Leid, höchst wirkungsvoll ad absurdum. Ein »schwarzer Mystiker« ist er deshalb genannt worden, der mit seinem experimentellen Roman nicht »die Einsamkeit des Einzelnen, sondern vielmehr die unfaßliche Einsamkeit der Masse« demonstriere – facettenreich, unerbittlich, vor den Abgründen unmenschlicher Realitäten nie zurückschreckend.

Sensationell wirkt die *Voyage* noch aus heutiger Sicht vor allem durch die Bereitschaft Célines, seinem von desaströsen Beschreibungen nur so strotzenden Anti-Reisebericht einen üblen, ätzenden Fäkal- und Sexualjargon als Dauerton zu unterlegen. Für unsere leidgeprüften Ohren längst zur Selbstverständlichkeit geworden, doch zu Beginn der Dreißiger eine ungeheure Provokation. Ein existentialistischer Rap mit angeschmuddelter, durchaus auch bösartig-witziger Musikalität und erotischen Konnotationen kommt so zustande, assoziativ, vital und übermütig, als tanzte man fortwährend durch eine stinkende Pfütze. Der »typische Céline-Sound« eben. Jazzig, verstörend, tabubrechend, Kategorien wie Vernunft, Ordnung, Sauberkeit, Kohärenz wie beiläufig aufhebend. Nachlässig und lyrisch, verlottert und sinnlich. Jane saugt ihn mit jeder Faser ihres jungen, erlebnishungrigen Verstandes gierig auf. Verleibt ihn sich ein. Sie stellt eine Verbindung her von diesem finsteren, faszinierenden Machwerk, das ihr die Welt erklärt, wie sie »wirklich ist«, zu ihrem persönlichen Reich der Schmerzen, das seit mehreren Jahren tagaus, tagein ihren Alltag bestimmt und ihre Existenz von derjenigen ihrer Altersgenossen abgetrennt hat. Vaterlos ist sie und ohne Geschwister, isoliert, gebrechlich und in ihrer Bewegungsfähigkeit erheblich eingeschränkt, Gips und Streckverbänden vorübergehend glücklich entronnen. Entlassen hat man sie; geheilt ist freilich nichts.

Auf der anderen Seite der Kluft bewegt sich ihr Verstand mit nahezu grenzenloser Gelenkigkeit, hungert nach Austausch und Anregungen, sucht sich Verbündete auf bedruckten Seiten, will herrschen, vorwärtskommen, drängt nach Verfeinerung. Gleichaltrige und Spielgefährten stören da nur oder sind pure Zeitverschwendung, eignen sich bestenfalls zum Herumkommandieren; Verwandte gar sind eine lästige Plage. Die ereignislose Atmosphäre der sterilen Sanatorien und gesichtslosen amerikanischen Vorstädte belebt sie insgeheim mit den Figuren und Ereignissen aus Romanen, Filmen, Theaterstücken. Ihre unliebsame, geradezu künstliche Realität stellt sie gegen die weit überlegene, verheißungsvolle realistische Künstlichkeit: die Welt der Bücher. Keine Märchengestalten, Prinzen, Elfen oder Feen allerdings – nur Charakteren, die aus dem Rahmen fallen, hat sie sich verschrieben. Rigorosen Außenseitern. Menschen, die auffällig agieren. Anecken und verstören. Nur viel zu selten kommt es zu den erhofften Überschneidungen zwischen Innen und Außen, sehnsüchtig Imaginiertem und qualvoll Erduldetem. So wie jetzt, als ein abgerissener Mittdreißiger, für die Kälte viel zu dünn gekleidet, unablässig um ihren Liegestuhl herumstreicht und sie nicht aus den Augen läßt. Ein komischer Vogel mit markantem Profil. Verärgert seufzt die in ihrem Lesegenuß gestörte junge Frau und läßt den Band sinken, um einen ungeduldigen, prüfenden Blick auf den frechen Eindringling in ihre geistige Privatsphäre zu richten. Unwirsch hebt sie den Kopf.

Kleine Atemwölkchen gefrieren in der eisigen Luft, als der mitreisende Passagier sie anspricht und um Verzeihung bittet. »Sie lesen Céline, wie ich sehe.« Jawohl, bekommt er schroff zur Antwort und wird von oben herab von ihr, ein überlegenes Lächeln auf den Lippen, belehrt, daß es sich dabei um den derzeit bedeutendsten lebenden Dichter handele. Geschmeichelt lächelt er zurück und stellt sich der arroganten Dame vor. Er wolle sie zwar nicht länger vom Weiterlesen abhalten, doch der Autor des Buches sei er selbst. Mit einem Ruck setzt Jane sich auf. Sie nutzt die Gunst der Stunde. Diese schicksalhafte Begegnung, so durchfährt es sie, würde ihr Leben verändern. Sie besitzt Symbolkraft. Céline verwickelt sie augenblicklich in ein langes Gespräch. Die Dämmerung ist bereits hereingebrochen, als Claire Auer ihre Tochter auf dem Oberdeck suchen kommt.

Die Weiterreise vergeht wie im Fluge. Aus der Atlantiküberquerung im Wartezimmer ihrer Jugend wird im Handumdrehen ein Intensivlehrgang in literarischer Inspiration. Der Austausch zwischen dem Skandaldichter und der genesenden Europareisenden setzt sich mit unverminderter Intensität fort. Tagelang, nächtelang. Claire bekommt Jane nur noch selten zu Gesicht. Die Zeit ist kostbar. Bevor der *oceanliner* anlegt, sind die Würfel gefallen: Sie muß, sie wird Dichterin werden. Auf der Stelle. Koste es, was es wolle. Céline ist ihr Kronzeuge. Ein solches Privileg ist ihr nicht umsonst zuteil geworden.

Der Dialog mit Céline auf offenem Meer trägt symptomatische Züge. Außerhalb von Ort und Zeit hat ein Berufener an eine innere Saite in ihr gerührt, die schon gestimmt war und nur noch zum Klingen gebracht werden mußte. Nicht die Initiation einer Ahnungslosen fand hier statt, sondern ein Geben und Nehmen auf nahezu gleicher Höhe – zwischen einer bereits gutinformierten Wißbegierigen und einem Kollegen, der schon lange Jahre durch das Tal der Schaffensqualen und Selbstzweifel gewandelt war. Vage Pläne einer Schauspielausbildung zerstreuten sich flugs für sie; die einsamen Monate in Leysin hatten Früchte getragen. Einbildungskraft und die Fähigkeit, mit weit reiferen Erwachsenen in einen intellektuellen Wettbewerb einzutreten, waren gewachsen und verlangten nach einem ebenso ausbaufähigen Terrain. Ein Funke war entzündet worden, der übersprang. Erste Ideen zur Niederschrift eigener Texte keimten noch auf dem Dampfer. Und noch etwas anderes zeichnete sich an Bord der »Champlain« ab, das sich bald zu einem Muster verselbständigen sollte: Jane und die großen Köpfe ihrer Ära, Berühmtheiten und lebende Legenden, fielen einander fast zwangsläufig auf. Mochte Paul in den für ihn erfolgreichen 1940er Jahren auch mit Tennessee Williams und Virgil Thomson produktiv zusammenarbeiten, die gesellschaftliche Basis, der unverzichtbare Charme und die zwischenmenschlichen Komponenten, sie wurden von Jane geliefert und garantiert. Ihrer brillanten Konversationskunst, ihrem immensen literarischen Wissen, ihrer Schlagfertigkeit und ihrem unvorhersehbaren, ansteckenden Humor, der anfallartig über sie kam und ihre

Gesprächspartner förmlich mitriß, verdankte sich Beginn, Ausweitung und Aufrechterhalten so mancher ihrer gemeinsamen Künstlerfreundschaften.

Über Literatur sprach man eher mit ihr als mit ihm; Paul war derjenige, der mitkam, dabeihockte und kommentierte, der manchmal etwas Originelles einwarf. Sie hingegen war der charismatische Kopf, dessen Silhouette und Eigentümlichkeiten man nicht vergaß, die Erscheinung, nach der man sich umwandte, unweigerlich der Mittelpunkt von Debatten, Parties und Signierstunden. Ihr Sprechtempo war immens, ihre geistige Aufnahmefähigkeit kurvte von einem Sujet zum anderen. Im Vergleich dazu war Paul der Eigenbrötler. Bedächtig, schüchtern, sprachlos fast.

Kaum war das junge Ehepaar einige Wochen in Paris und Jane dabei, das Quartier Latin auf eigene Faust zu erkunden, hinterließ sie einen tiefen Eindruck bei einem alleinstehenden Herrn, der ihr auf Schritt und Tritt folgte, in Bars und Cafés nachspionierte und ihr schließlich eindeutige Offerten machte, sie gar zu einem *quickie* in einem Stundenhotel in Saint-Germain aufforderte – ein erotisches Angebot, das sie ausschlug und dies im nachhinein bedauerte, doch erst, als Paul sie darauf aufmerksam machte, daß es sich bei dem tüchtigen Freier um niemand anderen als Henry Miller gehandelt hatte. Als Jane und er bei einer anderen Gelegenheit durch einen Schneesturm, mit Weihnachtspaketen beladen, zwischen Central Park und Madison Avenue spazierten, kam eine spektakulär gewandete, exotisch wirkende Dame mit energischen Schritten auf Mrs. Bowles zugeeilt und ließ den verblüfften Paul eine Viertelstunde lang eingeschneit auf dem Trottoir warten, als sei er ein funktionsloser Feuerlöscher. Es war Anaïs Nin, die es spontan für nötig befunden hatte, Jane gehörig ihre Meinung über deren ersten Roman kundzutun – eine endlose Aufzählung von Tadeln und Rügen, eine veritable künstlerische Mängelliste, mit der sie nicht hinter dem Berg halten mochte. Aber der springende Punkt war, daß Jane von ihr erkannt, ja eräugt wurde, ohne daß sich die beiden Frauen jemals zuvor leibhaftig gegenübergestanden hatten. Sie besaß Aura und Präsenz, hatte etwas an sich, zog Blicke und Aufmerksamkeit nachgerade magnetisch an. Pauls doch recht bemerkenswerte physische Erscheinung verblaßte zuweilen in ihrer Begleitung. Öfter, als es ihm lieb war.

In Janes Kinder- und frühe Jugendjahre, eine in sich abgeschlossene finstere Kammer, Licht zu bringen, ist ein eher schwieriges Unterfangen. So übervoll und prall Pauls Vita mit ihren weitverzweigten Bezugsfiguren daherkommt, so verriegelt und auskunftsarm präsentiert sich all das, was sich in Janes ersten zehn bis fünfzehn Jahren zutrug. Mit einer Autobiographie oder üppigen Memoiren konnte sie, deren vorzeitiger Tod schwerlich voraussehbar war, selbstverständlich nicht aufwarten, und den Gefallen, munter von zurückliegenden Begebenheiten zu plaudern und sich über Lehrer und Spielkameraden zu verbreiten, hat sie neugierigen Zuspätkommern nicht tun wollen. Was bleibt, sind zahlreiche Briefe, von denen die ersten erhaltenen allerdings erst einsetzen, als Jane bereits achtzehn war, ihre spärlichen literarischen Schriften, in die gewiß ein guter Bestandteil Erlebtes eingeflossen ist, und die lebhaften Schilderungen ihrer Person und Persönlichkeit durch Dritte. Es war wohl eine überwiegend unspektakuläre Zeit bis zur Berührung mit der Alten Welt, als sie sich ins Sanatorium von Leysin unweit von Montreux und Vevey einweisen ließ und zum ersten Mal mit der europäischen Welt konfrontiert wurde, aus der ihre Familie ja ursprünglich stammte. Oder Jane erachtete diese Passagen ihres Daseins als einfach nicht der Rede wert. Trauerte nicht der Vergangenheit nach, lebte für das Hier und Jetzt, zerbrach sich jedoch ständig den Kopf über die Unwägbarkeiten der vor ihr liegenden Zeit, über deren Kostbarkeit sie sich nicht im klaren war.

Weder Claire Auer noch andere Verwandte schienen es überdies für nötig gehalten zu haben, die klassischen Stationen dieses Kleinmädchenlebens wie Krabbeljahre, Einschulung, religiöse Zeremonien und Standbilder von regelmäßig wiederkehrenden, den Jahresablauf gliedernden Feiern und Festen photographisch systematisch festzuhalten – oder falls sie es doch getan haben sollten, dann sind diese Zeugnisse heute unwiederbringlich verloren. Gerade einmal zwei Konterfeis haben sich erhalten. Auf beiden wirkt sie weit älter und blickt verschlossen in die Kamera. Das erste ist kein Porträt, sondern eher ein Schnappschuß, er zeigt die vielleicht Zwölfjährige in Reitkluft in unbequemer Haltung gegen die Fensterbrüstung eines Holzhauses gelehnt, das steife Bein unbeholfen vom gesunden abgewinkelt und gestreckt. Zwanzig könnte sie auf diesem Photo sein oder auch vierzig, sie ringt sich eine gequälte Grimasse ab. Zwei Strähnen hängen ihr in die Stirn; Lederhandschuhe und Lederstiefel, in denen sie sich mehr schlecht als recht am Sims abstützt, stehen ihr nicht so recht zu Gesicht. Das zweite stammt aus einem Photoautomaten und präsentiert die Achtzehnjährige im Sommer 1935, nach den Debatten mit Céline und schon mitten bei der Arbeit an ihrem *Phaéton*-Roman. Mit düsterer Miene fixiert sie hier den anonymen Apparat, das Gesicht wirkt fast aufgedunsen, die offenbar geschminkten, aufgeworfenen Lippen sind zu einem Wulst gespitzt. Ein modisches dunkles Käppchen sitzt ihr schief auf der lockigen Kurzhaarfrisur, ein Spitzenkragen umrahmt ihren Hals. Von jugendlichem Ungestüm, von Frische und Unschuld keine Spur. Und von der mal mondänen, mal entrückten Pose, die sich Jane auf den Publicityphotos in den Vierzigern zu eigen machte, sind diese Dokumente meilenweit entfernt. Seltsam aussagelos wirken sie. Hermetisch und beinahe feindselig. Ein junges Mädchen hinter der Fassade einer bösartigen Frau mittleren Alters, das sich in Trotzhaltung entschlossen hat, so wenig wie möglich von sich preiszugeben. Als Zwölfjährige schrieb Jane einer Schulfreundin ins Poesiealbum, daß absolut nichts Originelles an ihr sei. Nichts Spezifisches. Und davor den für ihre künstlerische Zaghaftigkeit so bezeichnenden Satz: »Ich weiß gar nicht richtig, wo ich anfangen soll.« Was immer sie auch begann, sie stellte gleich sich selbst und ihre gesamte Persönlichkeit wieder und wieder in Frage.

Betrachten wir die nüchternen Fakten: Das Haus der Auers in Woodmere, Long Island, ist ein unscheinbares, mittelgroßes Gebäude mit kleinem Rasen. Züge fahren direkt am Haus vorbei; der JFK-Großflughafen befindet sich in Hör- und Sichtweite. Keine Stunde entfernt von hier liegt das Herz Manhattans; man ist mit der Metropole auf Tuchfühlung. Elm Street lautet die Adresse, und die Zeit scheint stillzustehen. »Wir kamen aus einer Familie von lauter Frauen«, faßte Jane einmal das Hauptmerkmal ihrer Herkunft in einer prägnanten Aussage zusammen. Mitschülerinnen. Nachbarinnen. Kleine und große Mädchen. Mütter. Tanten. Schwestern (wenn auch nur die anderer Familienmitglieder). Cousinen. Großmütter. Claires Mutter Mary etwa, die einmal pro Jahr darauf bestand, daß die Familie zum Jom-Kippur-Fest mit ihr den Gemeindetempel aufsuchte. Claires Schwestern Constance und Florence, die bei den Auers ein- und ausgingen. Eine in fester Gemeinschaft lebende Großfamilie assimilierter Juden der ersten und zweiten Einwanderergeneration, entschlossen, ihre Religionsausübung in Grenzen zu halten oder, wenn irgend möglich, sogar in Gänze einzuschränken. Trotz des Einhaltens bestimmter, leicht verkümmerter europäischer Rituale geradezu ängstlich darauf bedacht, ihr Judentum nicht ostentativ herauszukehren. Man hielt auf demokratische Tugenden, engagierte sich für Bedürftige, pries die tägliche gute Tat. Zusammenhalt, Solidarität und gegenseitige Unterstützung waren wichtig; als lebensnotwendig erwies es sich, so wenig wie möglich aufzufallen. Es ging darum, im Gros der übrigen Mitbürger und Vorstadtbewohner aufzugehen, Teil einer friedlichen, unscheinbaren Masse zu werden.

Füreinander gingen die Stajer-Geschwister, im Alltag aneinandergeklettet, hingegen jederzeit durchs Feuer, hätten ihr Leben füreinander geopfert. Niemand betrieb hier Vergangenheitserforschung oder biographische Spurensuche. Nostalgie war ein Fremdwort. Daß die Vorfahren dieser Menschen keine dreißig, vierzig Jahre zuvor in den Traditionen des österreich-ungarischen Großreiches aufgezogen worden waren, die Prägungen einer k. und k. Gesellschaftsordnung in sich trugen, konnte man nur schwer erahnen. Zukunftsorientiert wurde gelebt, ohne übertriebene Ambitionen. Man gab sich ehrgeizig, ohne gleich nach den Sternen greifen zu wollen. Geschickte Grundstücksspekulationen am Columbus Circle hätten den alten Stajers beinahe übergroßen Reichtum beschert. Doch dann starb Janes Großvater mütterlicherseits zum falschen Zeitpunkt, und der Traum vom schnellen Geld brach in sich zusammen. Entbehren mußten sie nichts. »Den Auers ging es immer gut«, erinnerte sich Janes Cousin. »Sie waren nie richtig reich, aber sie litten auch keinen Mangel.«

Für eine Gouvernante, eine Zugehfrau oder ein Zimmermädchen reichten die Mittel immerhin zu allen Zeiten. Als Claire Janes Vater, Sidney Major Auer aus Cincinnati, 1913 im Ansonia Hotel in Manhattan ehelichte, wurde er der im Hausinnern überaus quirligen, nervtötend lauten und aufgekratzten Frauenschar als neues Element einfach hinzugefügt. Ein Mann von sanftem Naturell, ließ Sidney es wohl gutmütig mit sich geschehen. Zumindest anfangs. Nach vier Jahren kam Jane, ebenfalls in New York, zur Welt. Das junge Glück samt Großmutter Stajer nannte zunächst eine kleine Wohnung an der Upper West Side sein Heim, bevor Jane und ihre Eltern, die Grandma stets in der Nähe, dann von der West 89th Street nach Woodmere, gewissermaßen »aufs Land« zogen. Sidney selbst, Sohn eines österreichischen Vaters und einer deutschen Mutter, stammte aus Cincinnati und hatte an der Universität von Michigan in Ann Arbor ein Studium absolviert. Keine Selbstverständlichkeit vor dem Hintergrund der prekären materiellen Lage seiner Einwanderer-Eltern.

Auch er trachtete nach rascher Assimilation und ließ seinen Geburtsnamen »Isaiah« in das unverfängliche, geschmeidigere »Sidney« umwandeln. Er war nichts weniger als das, was man einen »praktizierenden Juden« nennt. Der junge Akademiker Auer hatte im übrigen Examenserfolge in Literatur vorzuweisen; in seiner Freizeit hielt er es mit schöngeistigen Aktivitäten, sang im Chor und lernte Streich- und Zupfinstrumente. Um 1912 besaß der Banjospieler eine Firma zur Hemdenherstellung mit dem exotischen Namen »Geisha Blouse Company«, als sich sein Lebensweg mit dem von Claire Stajer im Haus gemeinsamer Freunde in Arverne auf Long Island kreuzte.

Janes Vater war kein wirklich erfolgreicher Geschäftsmann. Nach einem vielversprechenden Start rutschte er in die Mittelmäßigkeit ab, lebte auf Pump. Mit der Hemdenfirma verschuldete er sich zusehends, mußte zwischenzeitlich die demütigende Stelle eines Gelegenheitsarbeiters annehmen und wechselte schließlich in die Versicherungsbranche. Er begann als einfacher Vertreter, bemühte sich nach Kräften um die Verbesserung seines Status und konnte 1928, Jane war damals elf Jahre alt, doch noch ein Büro in Manhattan sein eigen nennen. Gegen Claires erklärten Willen führte er eines Tages die Übersiedlung seiner Familie in die *suburbs* herbei. Es war für ihn eine Frage des Prinzips; er wollte hiermit ein Exempel statuieren. Sidney war kein Stadtmensch und nahm frühmorgens und spätabends lieber das zeitaufwendige Pendeln zwischen Woodmere und dem Big Apple in Kauf, als auf sein kleines Heim im Grünen, von dem er ja nur am Wochenende profitieren konnte, zu verzichten. Das Häuschen in der Elm Street war letzten Endes auch nur gemietet. Erfolgreicheren Familienmitgliedern war dieser schmachvolle Umstand ein Dorn im Auge.

Denn unter der Oberfläche der einebnenden Solidarität und Einmütigkeit, des vielbeschworenen guten Willens, brodelte und gärte es im Familienclan der Stajers und Auers mächtig; interne Rivalitäten untereinander ließen sich nicht immer ohne Eklats in Schach halten. Schadenfreude und Neid brachen sich in Getuschel und Heimlichkeiten Bahn, Schwester und Schwager kamen ins Gerede. Doch der gütige Sidney war nun einmal keine Kämpfernatur, kein *golden boy*. Claire litt ebenfalls, denn für sie stellte das abwechslungsreiche, attraktive Leben zwischen Eighth und Park Avenue ihr eigentliches Element dar, ein Elixier, lud dort doch jedes Schaufenster zum Shoppen ein, mit den Schwestern konnte sie sich nach Herzenslust zum Lunch treffen; es dampfte nur so vor Vitalität. Sie fühlte sich in Woodmere wie lebendig begraben, entwurzelt und überflüssig, und ausgerechnet Sidney, der New York förmlich haßte, durfte tagtäglich an ihrer Stelle – wenn auch nur für Büroaufenthalte – die Metropole aufsuchen, aus der er sie verbannt hatte. Einander widerstreitende Konzepte von Behaglichkeit und Vergnügungsstreben durchkreuzten sich, und der Schlagabtausch zwischen Janes Eltern nahm sicher Monat für Monat an Intensität zu: Zwischen Versöhnungsbereitschaft und offener Konfrontation schwankte die Stimmung im Hause Auer. Jane, die man in Privatschulen untergebracht hatte, schlich ähnlich bedrückt durch die beiden Etagen, spielte selbstvergessen im kümmerlichen Vorgarten. Und Sidney konnte sich am Feierabend in seinem Wohnzimmersessel auch nicht so recht an seinem ländlichen Refugium erfreuen.

Von 1929 an überschlugen sich die unerfreulichen Ereignisse. Der legendäre Börsenkrach brach einer gesamten Nation, ja der ganzen am Finanzplatz Amerika orientierten Weltwirtschaft das Genick. Abertausende waren von einem Tag auf den anderen ruiniert. Und Hunderte von selbständigen Geschäftsmännern und Familienvätern nahmen sich das Leben, weil sie es nicht ertrugen, gescheitert zu sein, ihr Gesicht zu verlieren. Nicht dem ökonomischen Kontext oder der miserabel agierenden Finanzverwaltung von Betrieben, Staat und Nation schoben sie die Schuld in die Schuhe, nach ihrem Selbstverständnis hatten sie ganz persönlich versagt; Ruin und Zusammenbruch lagen, so wollte es die kapitalistisch-puritanische Doktrin in Nordamerika, ausschließlich im Bereich ihrer eigenen Verantwortung. Ihre Familien standen plötzlich mittellos und zur Hälfte verwaist da. Diejenigen Männer und Berufstätigen, die weitermachten, schleppten zentnerschwere Gewissenslasten mit sich herum, Zukunftssorgen, unausgesprochene Ängste. Daß darüber kaum offen geredet wurde, machte den Druck auf die Ernährer und Familienoberhäupter nur noch schlimmer.

Ursächlich gab es vielleicht nur rein gesundheitliche Gründe dafür, Überarbeitung, eine schwache Konstitution, daß Sidney Auer im Juli 1930 von einem eigenartigen Unwohlsein ergriffen wurde, im Wohnzimmer zu Boden sank und am Abend im Schlafzimmer sein Leben aushauchte, gerade fünfundvierzig Jahre alt. Womöglich war er aber der Härte und grimmigen materialistischen Realität des »Amerikanischen Traumes« einfach nicht gewachsen gewesen. Ein Tod ohne Vorwarnung. Jane erreichte die Nachricht in einem Sommerferienlager, aus dem man sie zur Beerdigung abkommandierte. Aufgewühlt und durcheinander trat sie die Heimreise mit dem Zug an. Die Erinnerung an Sidney löste sich für sie in wenige Bestandteile auf: sein Boot, das er gleichfalls »Geisha« getauft hatte, auf dem Jane manchmal mitfahren durfte. Gemeinsame Stunden in der Freizeit, wenn er sie zum Fischen und Segeln mitnahm. Und seine eigentümliche Gewohnheit, Jane stets mit Jungennamen zu belegen und zu rufen. Mißfallen hatte ihr dieser spielerische Geschlechtertausch nicht.

Zwei einschneidende Konsequenzen brachte das unvermutete Verschwinden Sidneys für Jane mit sich: Ohne zu zögern verließ Claire die ungeliebte Vorortidylle von Woodmere und nahm ihre Tochter mit nach Manhattan zurück. Sie zogen ins Hotel Croydon, wo schon die Saltzers, die Familie von Janes Cousin Robert, lebten. Auch die Hornsteins und Eggers, weitere Zweige der Schwesternschar, waren nicht weit; es ging wieder hoch her. Das Karussell des Stajer-Clans drehte sich aufs neue, mit ungeahnter Kraft. Der Zwischenfall Ehe schien für Claire Auer nur ein zu vernachlässigendes Intermezzo gewesen zu sein. Die Anwesenheit Sidneys ein lästiger Pausenfüller im um soviel heitereren, ausgelasseneren Stammesleben, einem fast vollkommenen Matriarchat. Gelächter, Zank, Kämpfe, Aufbrausen, Schlichtungsversuche, Zusammenhalten, Geschrei, theatralische Machtspiele – es war immer etwas los, und die Frauen wetteiferten miteinander, wer bei einem Streitgespräch, einer Mahlzeit, einem Parkspaziergang, einem Einkaufsbummel dominieren durfte. Es gab – nur am Rande – tatsächlich noch einen weiteren Mann, Onkel Sid, dessen unkonventioneller Lebenswandel und regelmäßiger Opiumgenuß bei Jane großen Eindruck machten. Eine burleske Randfigur. Jane profitierte allmählich von dem Zugewinn an Freiheit, die ihre Mutter so dringend für sich benötigt hatte. Sie verabredete sich mit ihren Cousinen in einem schicken Deli auf ein Truthahnsandwich. Sie schwärmte für Showstars, ging ins Theater, zu Musicalinszenierungen und in kleine Cabarets. *One-woman-shows* galt ihr besonderes Augenmerk. Eva la Gallienne oder Helen Morgan vergötterte sie, ließ keinen ihrer Auftritte aus. Sie begann, Schallplatten zu sammeln, kaufte alles, was sie von Marlene Dietrich oder von Mistinguett ergattern konnte. Broadwaystars und Chansonetten wie Lucienne Boyer wurden von ihr angehimmelt; sogar ihre eigene Mutter lief nur noch im Fuchspelz durch die Hotelsuite.

Ein Hauch vom Leben im großen Stil schwang mit in jenen Monaten. Claire, beflügelt von der eindrucksvollen Summe auf ihrem Konto, die Sidneys Lebensversicherung überwiesen hatte, trug sich sogar mit dem Gedanken, zusammen mit Schwestern und Bruder ein ansehnliches Brownstone-Gebäude in der exklusiven Park-Avenue-Gegend zu erwerben. Auf einmal wollte sie hoch hinaus. Der Leichtsinn verlieh ihrem Übermut Flügel. Doch, Hand aufs Herz, niemand in der munteren Familie wollte ernsthaft wieder ein Wagnis eingehen, sich an einem unklugen Investment verheben und erneut eine schmerzliche Bauchlandung riskieren. Bequemlichkeit und die Aussicht auf minimalen, aber beständigen Luxus behielten die Oberhand. Das Vorhaben entpuppte sich als Hirngespinst. Man machte es sich in den kleinen Hotels gemütlich, mit ihren Annehmlichkeiten wie Dienstpersonal, jederzeit vorbereiteten Mahlzeiten und der von unsichtbaren Geistern und Händen übernommenen Erledigung lästiger Haushaltspflichten. Wurden sie eines Domizils überdrüssig, zogen sie einfach weiter – ins Hyde Park Hotel oder ins Meurice, ein paar Blocks *downtown* oder *uptown*.

Was Jane und Paul ein Lebtag im Großen praktizieren sollten, ein Nomadenleben aus dem Koffer, aber stets mit den dazugehörigen Kofferträgern, Köchen und Domestiken, hier konnte es der Teenager Jane schon einmal im Kleinen proben und sich von den Vorzügen permanenter Bewirtung überzeugen lassen. Mit dem von Claire initiierten Dasein ohne festen Wohnsitz begann ein Jahrzehnt der Großstadtbohème, das Janes Wünschen und Vorlieben im Grunde auf perfekte Weise entsprach. Von den Hotels waren es nur ein paar Schritte zu den Lesbenbars und schrägen Spelunken. Das Alltagsleben großer Stars ließ sich in der eigenen Straße studieren; Leinwandgöttinnen und Tonfilmhelden begegnete man beim Einkaufen oder Flanieren auf Schritt und Tritt. Jane kannte sich schnell aus im urbanen Dschungel. Für ihn entwickelte sie, ihrer Mutter sei Dank, rasch den richtigen Riecher und war, was im Aufkommen und im Abstieg begriffene Trends betraf, passende Garderobe and *talk of the town* anging, dem im Kokon von Long Island eingesponnenen Paul im gleichen Lebensalter beim Auskundschaften des *big-city*-Codes schon um ein paar Nasenlängen voraus. Manhattan, nicht im entferntesten ein undurchdringliches Dickicht – sondern die Innenseite ihrer Westentasche. Unerschöpflich, mitreißend, bezwingend.

Die Verankerung mitten in New York geriet aber auch zum Auftakt eines mehraktigen Dramas, das kein Ende nehmen mochte – der wachsenden wechselseitigen Abhängigkeit von Mutter und Tochter Auer. Die schmerzhafte, komplexe Haßliebe zwischen Jane und Claire war die Kehrseite der Medaille. Claire Stajer, keine vierzig, als Sidney aus ihrem Leben trat, hätte beinahe den Beruf einer Lehrerin ergriffen, bevor sie heiratete; ihren eigenen Vater hatte sie im gleichen Alter verloren wie Jane. Mehr noch als in Woodmere setzte sie nun ihr Vorhaben in die Tat um, sämtliche unerfüllten Wünsche und Träume, hinsichtlich Profession, Kultiviertheit, Pflege und sozialem Aufstieg, auf ihre Tochter zu projizieren. Nichts war ihr für sie gut genug; eine französische Gouvernante mußte her, um Jane den richtigen Schliff zu verpassen. Das Kosewort vom *million-dollar baby* verwendete sie ohne Ironie. Die nicht zum Zug gekommene Pädagogin in ihr stürzte sich auf das vollkommene Liebesobjekt, ihr »ein und alles«. Verteilte Rügen, Streicheleinheiten, Strafen, gute und schlechte Noten nach dem Füllhornprinzip. So sporadisch wie undurchschaubar.

Noch in späteren Jahrzehnten, egal ob Jane längst verheiratet, vom Schlaganfall gezeichnet und bettlägerig war oder im Sterben lag, mischte Claire sich ungefragt mit seitenlangen, flehenden Briefen in alle Angelegenheiten des verwöhnten Töchterleins ein, dem sie das Flüggewerden so schwer wie nur irgend möglich gemacht hatte. Jane sei doch »ihr Leben«. Stets im Brustton der Überzeugung, nur das »Beste«, ja das »einzig Richtige« für sie im Auge zu haben, es doch nur »gut« zu meinen, nicht selten mit spekulativen Verweisen auf Mahnungen und Tadel, die Sidney, würde er noch unter ihnen weilen, zum jeweiligen Sachverhalt beigesteuert hätte, fungierte sie wie eine ungefragte Non-stop-Kommentatorin von Janes wechselvoller Vita. Noch 1947 sieht sich die dreißigjährige Ehefrau Jane gezwungen, Paul aus Connecticut nach Spanien zu berichten: »Ich habe Dir geschrieben, daß ich zehn Tage mit Mama in New York verbringen wollte. So kam es. Es war ein gräßlicher Holocaust, schlimmer, als ich es mir vorgestellt hatte, denn zehn Tage lang konnte ich keinen Strich tun.«[GMG] Starker Tobak, doch der hartnäckige, insistierende Zugriff der fast Sechzigjährigen auf ihre Janie schien sich einfach nicht abschütteln zu lassen.

Es war eine Art närrischer Affenliebe, mit der Claire ihre Tochter eng an sich zu binden versuchte; hinzu kam, daß sie Jane bei jeder sich bietenden Gelegenheit fast zwanghaft berühren und betatschen mußte – als könne sie, bildlich gesprochen, in der Tat nicht die Finger von ihr lassen. Nun fehlte nur noch der himmelstürmende, blendend aussehende und im Reichtum schwelgende Traumgatte, der ihr selbst nicht vergönnt gewesen war. Jane entwickelte als Heranwachsende selbstredend eine gehörige Trotzhaltung gegen diese zur Schau getragenen mütterlichen Besitzansprüche, machte Claire, wo es nur ging, das Leben schwer, spielte das verzogene, überspannte, neurotische Problemkind, foppte das Dienstmädchen, mißachtete die Anweisungen der Gouvernante, begann in frühem Alter zu trinken, nahm sich, mit frappierender Frühreife, je nach Gusto Liebhaberinnen.

Für Claire brach da eine Welt zusammen. Ihre unrealistischen Phantastereien, ihr stellvertretend ausgelebter Aufstiegswille erfüllten sich durch den Widerstand der halsstarrigen Jane nicht einmal in Ansätzen. Doch blieb es ein ungleicher Kampf. Durch das propagierte, umumstößliche elterliche »Anrecht« behielt

Claire noch in Momenten, wenn sie die angemessene Affektdosis gehörig überzog, selbst angesichts eines offensichtlichen Irrtums den Triumph des unanfechtbaren »letzten Wortes« für sich, gespeist durch den Altersunterschied, das festgelegte Rollengefüge, die materielle Abhängigkeit. Je nach Gutdünken konnte sie die Zügel enger ziehen und locker lassen. Ihr Kind befingern, anfassen und damit wortwörtlich seine Zukunft »in die Hand nehmen«. Im Zweifelsfalle entschied ein Scheck oder ein Ausgehverbot, wenn das Gezeter zwischen den beiden willensstarken Frauen überhandnahm.

Leicht hatten sie es dabei beide nicht – eine tonangebende männliche Präsenz oder Autorität vermißten Claire wie Jane auf schmerzhafte Weise. Claire blieben dauerhaftes Liebesglück und das Erlebnis einer stabilen Partnerschaft versagt, kein *boyfriend* oder Vormund nahm ihr weitreichende erzieherische Entscheidungen ab; Jane sehnte sich nach einem Menschen, der ihr Vater- oder Bruderersatz leisten, sie herausfordern und fördern konnte, an dem weibliche Abreaktion auszuprobieren war. Vorerst war niemand in Sicht. Kein Mann übernahm die undankbare, doch unumgängliche Pufferfunktion zwischen den beiden unvergleichbaren Frauen. »Es war das Schlimmste, was mir hatte passieren können, daß ich nach dem Tod meines Vaters mit [Claire] alleinblieb.« Wieder so ein apodiktischer, niederschmetternder Satz. Bald aber begann die unter der Einengung leidende, pubertierende Tochter, die charakteristischen Wesenszüge beider Elternteile wirkungsvoll gegeneinander auszuspielen: Das kultivierte, beherrschte, zurückhaltende und feine Benehmen des österreichisch-deutschstämmigen Vaters, das, je länger er tot war, von ihr zunehmend idealisiert und verklärt wurde, stellte sie über das sprunghafte, überschwengliche und temperamentvolle Verhalten der energischen, zupackenden, launischen und engagierten Mutter. Letztere war mehr als stolz darauf, daß sie mit Gefühlen nicht hinter dem Berg hielt, sondern sie deutlich zeigte, und daß sie selbst vor Explosionen und Katastrophen nicht zurückschreckte, was sie auf ihre ungarische Herkunft und das »Zigeunerblut in ihren Adern« zurückführte.

Der plakative Kontrast macht Janes unvermittelte Hinwendung zu einem reservierten, der Höflichkeit Vorrang einräumenden Lebensgefährten wie Paul, in dessen Gehabe sie positive, von ihr als »germanisch« eingeordnete Kennzeichen wiederzuerkennen glaubte, plausibel und nachvollziehbar. Ihr schwebte ein Mann vor, der nicht ständig Stellung bezog, der anwesend war, ohne sich einzumischen, der sie in Frieden ließ und sie nicht mit einem absurden, vorgefertigten Reglement einzukesseln suchte. Gepflegte Indifferenz, enigmatische Parteilosigkeit, abwägendes Schweigen sagten ihr bei Männern zu.

Was sie in jungen Jahren noch nicht erkennen konnte, war jedoch, wieviel sie der oftmals irritierend handelnden, doch stets von Fürsorge und Zuneigung angetriebenen Claire eigentlich verdankte: die Fähigkeit nämlich, sich in einem großen Kreis lärmender, durcheinanderredender und gestikulierender Menschen durchzusetzen und zu behaupten – ein Aufschrei, ein gelungenes Bonmot, ein Witz, eine überraschend eingeworfene, geistreiche Lappalie genügten, um eine Kehrtwendung herbeizuführen, um das Tohubawohu im Kreise erregter Familienmitglieder zum Verstummen zu bringen, Lachsalven hervorzurufen, im Mittelpunkt zu stehen. Diese verbale Durchsetzungsfähigkeit, das Erwerben kommunikativer Ellenbogen konnte sie tagtäglich im Laufe der chaotischen Diskussionen, in mehreren Hotelzimmern zugleich, erwerben. Ein echtes Überlebenstraining. »Mutter rumorte in der Küche herum (Antiklimax), und Tante Flo hatte sich in Onkel Carls Schlafrock gehüllt. Immer wenn's Ärger gibt, grabschen sich diese Frauen Decken, Männermäntel, Wärmflaschen, Wollschals. Ich blieb angezogen – immerhin waren sie vier gegen eine«, erzählt die leidgeprüfte Achtzehnjährige vom geballten familiären Ansturm auf ihre Toleranz und Geduld.

Hier liegt die Wurzel für Janes überschäumenden, sprudelnden Humor, für die Kaskade von Geistesblitzen, mit denen sie in den Salons des Village und später in Tanger wie keine zweite aufwarten konnte. Die Gabe, sensationelle, überrumpelnde Äußerungen und Themenwechsel zu plazieren, hatten ihr die

Wortgefechte zwischen Tanten und Cousinen, Müttern und Großmüttern eingeimpft. Claire, die Übermutter mit den scharf geschnittenen Gesichtszügen und ausdrucksstarken Augen, bereitete, ohne es so gemeint zu haben, Jane mit dem sprichwörtlichen »Mutterwitz« darauf vor, die ungekrönte Partykönigin künftiger Jahrzehnte zu werden. Ihre Tochter brauchte diese Grundlagen nur noch zu verfeinern und um das enstprechende intellektuelle Süßholzgeraspel zu erweitern. Und, von der Kontrollinstanz ihrer Mutter einmal abgesehen, die sie im Laufe der Jahre mit Raffinesse und Einfühlungsvermögen dann ja doch nach Strich und Faden um den Finger zu wickeln verstand, wenn es darum ging, ihr ein Extrataschengeld oder eine Ausgeherlaubnis abzuluchsen – in ihrem um Hotellobbies, Bars und Theater kreisenden, von keiner Finanzsorge getrübten Jungmädchendasein war sie wie nie zuvor in ihrem Element. Fühlte sich wie ein Fisch im Wasser. So gesehen war Sidneys früher Tod auf makabre Weise, gefolgt vom Wegzug aus Woodmere, der ideale Einstieg in eine Existenzform, die ihr, einer Großstadtpflanze par excellence – und insofern ganz die Mama – sonst auf ewig verwehrt geblieben wäre.

Ein Manko blieb an ihr haften, dessen sie sich liebend gern entledigt hätte: Ihre Abstammung von den Auers war ihr zeitlebens unangenehm. Als bekannte Autorin in Paris darauf angesprochen, ob sie der gleichen Linie wie Leopold Auer, der berühmte ungarische Violinvirtuose des 19. Jahrhunderts, zuzuordnen sei, schlug sie mit der Faust auf den Tisch, funkelte zornig und stieß mit bebender Stimme aus: »Ja – jetzt weißt du es.« Nachweislich existierte zwischen Jane und Leopold aber keinerlei verwandtschaftliche Verbindung.

Sie war nicht gerade das, was man als ein niedliches Mädchen bezeichnen würde. Auf den ersten Blick hatte sie, auch äußerlich, wenig Liebenswertes an sich. Mehrfach war von ihr als »unberechenbare[m] Krallenäffchen« die Rede, sie wirkte »klein und dunkel, mit riesigen braunen Augen und einer wirren Masse dunkler Locken«, man registrierte ihre »Stupsnase und [ihren] leicht negroiden Mund«.^GMG Wieder andere betonten ihre androgynen Merkmale, maskuline Eigenschaften, das Jungenhafte oder auch etwas Geschlechtsloses, das Schwanken der Heranwachsenden zwischen Kind und junger Frau. Einem ulkigen »Kobold« gliche sie, einem Troll, hieß es oft, einem aufgeweckten »Knaben«; manche erblickten in ihr aber auch eine fragile »Elfe«, gar einen »verspielten, zutraulichen jungen Hund«. Jeder Beschreibungsversuch war immer nur eine partielle Wahrnehmung einzelner Wesenszüge, als gelte es, eine unbeholfene Karikatur anzufertigen; Menschen, die ihr begegneten, hatten Mühe, sie als Ganzes, als Einheit in den Griff zu bekommen, sie eindeutig zu rubrizieren. Jane präsentierte ihre Leerstellen, das Fragmentarische ihrer noch unausgegorenen Persönlichkeit, eben eine Spur schonungsloser als gemeinhin üblich.

Daß sie schon als Siebzehnjährige mit Vorliebe Männerkleidung trug, verwirrte selbst jene, die ihr wohlwollend entgegentraten, und sandte eindeutige Signale in Richtung potentieller gleichgeschlechtlicher Partnerinnen aus, von denen in Manhattan pro Quadratmeile mehr Vertreterinnen anzutreffen waren als in ganz Long Island zusammengenommen. Das entsprach durchaus ihrer Absicht. »Nahm man jedes Teil für sich, war sie eine sehr feminine Frau, ... und doch erweckte sie eher den Eindruck eines kleinen Strolches«, urteilte ihr Schriftstellerkollege und Tanger-Freund Gordon Sager, der 1950 einen Schlüsselroman über die Bowleses unter dem Titel *Run Sheep Run* herausbrachte. »Sie sah aus wie ein überdurchschnittlich gewitzter Zeitungsjunge, einer von denen auf der Third Avenue in New York, mit aufgekrempelten Hosenbeinen; er weiß bereits, daß das Leben unberechenbar ist und läßt sich nicht davon beeindrucken. Sie sah aus, als habe sie vor langer Zeit beschlossen, in einer Welt, in der alles in Bewegung war, nicht stehenzubleiben.«^GMG Nur nicht anhalten, lautete schon in Jugendjahren ihre Devise. Als griffe sie Pauls Motto vom *Without stopping* auf. Und die physischen Behinderungen nonchalant überspielen.

Édouard Roditi bestätigte die vorangegangene Einschätzung und ergänzte sie um seine Eindrücke in den Jahren nach 1937:

»Trotz ihres steifen Knies, das von mehreren Operationen herrührte und der Grund war für ihr leichtes Hinken, sah sie fast zu jung aus, um verheiratet zu sein. Die natürlichen Locken in ihrem dunklen Haar waren leicht mit Henna getönt, so daß sie da und dort kupferfarben glänzten; sie waren ziemlich kurz, fast jungenhaft geschnitten über ihrem beinah kindlichen Gesicht, in dem ihre kleine und leicht schräge Nase in überraschendem Gegensatz stand zu ihren ziemlich vollen Lippen.«[ER/ERS] Wer dann in den Vierzigern Bekanntschaft mit der jungen Mrs. Bowles machte, hatte es mit seiner Klassifizierung schon leichter und konnte kurz und bündig zu Protokoll geben, sie wäre schlicht »umgeben vom Nimbus lesbischer Promiskuität«. Jane selbst hätte es gleich, ohne Umschweife, auf den Punkt gebracht. Sie sprach von ihrer eigenen Person ohnehin nur als »Crippie, the kike dyke«: Aus der witzig-zynischen Aneinanderreihung übler Schimpfworte zu einem wohlklingenden, fast zärtlichen Binnenreim – für sich genommen vulgäre Etikettierungen, mit denen man sie, je nach Gusto, auf der Straße im Vorübergehen bedachte (›Krüppel‹, ›Jüdin‹, ›Mannweib‹, ›Lesbe‹) – bezog sie ihre Identität und griff damit der *gay liberation* in der *Stonewall*-Ära nach 1969 schon Jahrzehnte früher selbstbewußt vor. Entschlossen, sich ihr Schicksal nicht von äußerlichen Beeinträchtigungen bestimmen zu lassen, mobilisierte sie die dafür erforderlichen Energien.

Claire verzweifelte ein ums andere Mal an Janes uncharmant störrischer Art, denn Jane wurde bockig, wenn sie zu einem stromlinienförmigen, artigen Schulmädchen umgemodelt werden sollte. Sie haßte es, attraktiv wirken zu müssen, sich mit typisch weiblichen Reizen einzuschmeicheln, puppenhaft zu agieren, sich kleinmädchenhaft dumm zu stellen, um sich gesellschaftliche oder schulische Vorteile zu verschaffen. Sie nutzte, anders gesagt, geschlechtsspezifische Vorzüge und Stigmata nicht zu ihren Gunsten aus. Lieber sollte ihr ihre Andersartigkeit oder Einmaligkeit schaden. Sie wollte nicht um jeden Preis attraktiv für jedermann oder jede Frau sein. Nichtsdestotrotz war sie eine gute, lernwillige Schülerin, und wenn sie sich auch ungern zur

Einzelgängerin, zur von ihren Mitschülern gemiedenen Außenseiterin herabstufen ließ, wie es in der exklusiven Privatschule von Stoneleigh geschehen war, auf die Claire sie zwischenzeitlich verfrachtet hatte und in der sie als Jüdin geschnitten wurde, so fand sie immer wieder Förderinnen.

Wie zum Beispiel eine Englischlehrerin auf der öffentlichen Highschool »Julia Richman«. Dort, wohin man sie leider nur ein Halbjahr schickte, wurde sie von der aufmerksamen Pädagogin gleich zum Schreiben angehalten. Ein Ausnahmefall, daß man ihre Begabung und Interessen einmal ernstnahm. Die Elitewelt von Stoneleigh hingegen war ein Tiefpunkt. Kein Wunder, daß sie ausgerechnet dort, unter Neureichen und vermeintlich Blaublütigen, vom Pferd fallen mußte. Anstelle von heranreifenden Persönlichkeiten begegnete sie dort angehenden Funktionären, hochnäsigen Teenagern, die alles Individuelle, alles Jugendliche in sich, wie es bei ihnen zu Hause üblich war, längst ausgemerzt hatten und sich etwas Besseres dünkten. Jane war zutiefst unglücklich in dieser luxuriösen Kaderschmiede.

Da wünschte sie sich schon lieber in das anarchistische, schrille Geschrei ihrer komischen Tanten zurück, die sich auf Jahre hin in *midtown*-Pensionen eingenistet hatten. Alles war sie bereit hinzunehmen – nur nicht, einem Prototyp entsprechen zu müssen. Denn nichts ertrug Jane weniger als Normalität, Konformismus, Spießbürgertum, Geradlinigkeit. Im Kreis von gleichgeschalteten, kulturfeindlichen Duckmäusern, die, ohne auszuscheren, einem vorgezeichneten Durchschnittsleben frönten, fühlte sie sich zutiefst unwohl – und das hatte sie mit Paul gemein. Wenn sie also scheel in Photokameras linste, dann deshalb, weil sie sich fehl am Platze fühlte.

Unser Bild von Jane Auer als Mädchen nimmt an Schärfe und Differenziertheit noch zu, wenn man über den enggesteckten Zirkel des bizarren Eltern- oder besser Großfamilienhauses hinausblickt und die Augenzeugenberichte der wenigen Freundinnen und Spielkameradinnen miteinbezieht, auf die sie bereit war sich längere Zeit einzulassen. Ausnahmslos mit Geschlechtsgenossinnen machte sie, noch in Woodmere, Gärten, Spielplätze und Straßen unsicher; kleine gleichaltrige Jungen kamen zum Zeitvertreib so gut wie nie in Frage. So schlimm scheint die so oft beklagte Frauendominanz in ihrer Hotelkommune dann wohl doch nicht gewesen zu sein. Und sie suchte sich auch stets ihre Kameradinnen danach aus, daß sie mit ihnen ein gut aufeinander abgestimmtes Duo bilden konnte. Mit Grüppchen, Banden oder Mädchencliquen führte sie nichts im Schilde. Zu zweit zog sie am liebsten zu Abenteuern los, und sie machte von Anfang an unmißverständlich klar, daß sie die Anführerin spielen würde, die Ideengeberin, Anstifterin und Antreiberin. Das jeweils andere Kind sah sich einem Wechselbad der Gefühle ausgesetzt: Mal wurde es als Komplizin und Vertraute, dann wieder als Antipodin und Rivalin behandelt. Mal klettete sich Jane förmlich an sie, um ihnen tags darauf mit versteinerter Miene aus dem Wege zu gehen, sie links liegen zu lassen. War die andere die Hübschere, so gab Jane die Kluge; handelte es sich bei ihrem Gegenüber um ein größeres Mädchen, dann setzte sich Jane als Chefin durch.

Vorherrschend war der Eindruck aller Befragten, sie seien von ihr mehr oder minder »abstrakt« eingesetzt worden, als Teil eines komplizierten Rollenspiels. Regeln, Bedingungen und Ablauf seien ihnen vorenthalten und schon im voraus von Jane festgelegt worden. Keineswegs wurde dabei Zeit totgeschlagen – die beteiligten jungen Damen konnten sich über einen Mangel an Entertainment nie beklagen. Romantisch ging es nicht zu; es waren rauhe, derbe Spiele. In Janies Brust, so wußte ihre Cousine Mary Jane Shour zu berichten, schlummerten nicht im Traum irgendwelche süßlichen Märchen von Prinzessinnen, bösen Stiefmüttern und »unglaublich gutaussehenden verkleideten Prinzen«. Von so etwas wollte Jane, deren Pekinese Pa-o nicht von ihrer Seite wich, »nichts hören«. Sie hatte Handgreiflichkeiten im Sinn. Zeigte den kleinen Unschuldsengeln aus der Stadt ihre Schätze und Geheimnisse.

»Ich versuche, Ihnen meine Cousine so zu zeigen, wie ich sie gesehen habe«, ließ sich diese Mary Jane in einem autobiographischen Fragment vernehmen. Sie charakterisierte Janie als ein

»wildes kleines Geschöpf mit den Augen eines Kobolds und einem gewollt ungesunden Äußeren, eine irgendwie weltentrückte Person, die ebenso hart an ihren Verrücktheiten arbeitete, wie wir übrigen versuchen, bei Verstand zu bleiben«.[ALO] Harmlose Späße und Streiche waren es in der Mehrzahl, wie sie alle Kinder einmal aushecken. Phantasien etwa wie jene, einen verhaßten Nachbarn an einen Pfahl zu fesseln und schmoren zu lassen oder grausame Strafen für die alten ungarischen Tanten zu ersinnen, die es nicht lassen konnten, in einem fort Sentimentalitäten auszutauschen und über Budapest zu plappern. Von solchen Kopfgeburten war der Übergang zum Schabernack fließend. Zum heimlichen Essen von in Alkohol eingelegten Früchten in der Speisekammer. Zu Janes Gabe, ihrer Gefährtin einen Schrecken einzujagen, wenn sie chinesische Kunststoff-Drachen, die im Halbdunkel in Vorgärten lauerten, realistisch mit Fauchgeräuschen zum Leben zu erwecken wußte. Zum Erforschen leerstehender Spukhäuser. Das Bemalen von Wäschestücken, Hemden und Bettlaken auf einer fremden Wäscheleine mit roter und blauer Farbe war dann schon von anderem Kaliber, erregte unliebsames Aufsehen in der Vorortsiedlung. Gelegenheit hatte Diebe gemacht: In diesem Fall war es das zufällige Auffinden eines bis zum Rand gefüllten Farbeimers mit Pinseln, der nur darauf zu warten schien, möglichst originell geleert zu werden. Ärger und vollends unnötig war letztendlich die organisierte Plünderung und Verwüstung von Garagen in den Nebenstraßen und deren Inhalt – gelagerte Möbel, Gartengerätschaften, Limousinen – durch Janie und Mary Jane; die Zerstörungslust der beiden kleinen Teufelchen schlug auf einmal Kapriolen, wuchs sich zu unkontrollierbarem Furor aus. Für die erheblichen Schäden mußten die Eltern Auer aufkommen.

Einer schwarzen Köchin im Viertel stahl Jane die schlecht gemachte, unecht wirkende Perücke nachts vom Bettpfosten und versetzte die Genarrte beim Aufwachen in Panik. Über die tiefgläubige Farbige machte sie sich auch weiterhin lustig, indem sie deren religiöse Gesänge täuschend ähnlich imitierte und die bemitleidenswerte Angestellte einmal mehr zum Gespött ihrer

Herrschaft degradierte. Unbarmherzig, grausam und unvorhersehbar war ihr Humor des öfteren, und immer beobachtete sie scharf, welche Reaktion sie bei ihren Begleiterinnen erntete, ob der gelungene Streich ihr auch wirklich den geforderten Respekt eintrug. Kein Zweifel, Jane wünschte sich, daß man um jeden Preis zu ihr aufsah. Sie verlangte ihren Kameradinnen unbedingte Gefolgschaft ab, ja Gehorsam; für das auserkorene Mädchen war es eine Ehre, Janes Mitspielerin zu sein.

Andere Kinder müssen sie fortgesetzt gehänselt haben – die kleine, unbeholfen vorwärtshüpfende und -hopsende Jane, von ihrem Stützkorsett am normalen Gehen zusätzlich behindert, beim Rennen immer mit einem Bein nachschlenkernd, um das Pa-o bellend und übermütig hin- und zurücksprang. Die großen hübschen Mädchen aus der Stadt, die sich zu ihr hinunterbeugten und bewußt den Schritt verlangsamten, und dann noch Mary Jane oder die schon erwähnte Freundin Miriam Fligelman, stets einen Kopf größer, niedlicher angezogen, adrett, feminin. »Das Verwirrendste aber war sie selbst, ein richtiger Unband«, formulierte Miriam. »Sie konnte einen Wutanfall kriegen, und gleich danach kam ihr wundervolles wildes Lachen. Sie stampfte vor Ungeduld mit dem Fuß auf, was man unmöglich ernst nehmen konnte. Ich kam nie dahinter, warum sie so wütend werden konnte. Sie war ein launisches Kind, und ihre Launenhaftigkeit grenzte an Depressionen, doch die Gründe dafür blieben mir ein Rätsel.«[ALO] Mit wem Jane auch umherstreifte, es war eigentlich immer ein ungleiches Gespann, und wer ihnen von weitem nachsah, fühlte sich unwillkürlich an die so unterschiedlichen Silhouetten von Pat und Patachon, dem weltbekannten dänischen Komikerduo aus der Stummfilmära, erinnert.

Angst hatten immer nur die »normalen« Mädchen, Janie ließ sich nicht so leicht ins Bockshorn jagen. Aggressionen auflauernder Spielverderber begegnete sie mit erstaunlicher Keckheit und Chuzpe, und an finstere, abgelegene Orte, wo sich so mancher Junge gründlich gefürchtet hätte, führte sie ihre ihr ergebenen Kameradinnen mit Vorliebe, um sich an den Schauern zu weiden, die sie den Angsthäsinnen mit ihren abseitigen Einfällen und Plänen über den Rücken jagte. Alle Initiative ging immer von ihr aus. Sie testete ihre Begleiterinnen, fühlte vor, wie weit sie gehen durfte, und konstatierte befriedigt, wenn die Saat ihres Humors oder ihres Schreckens wunschgemäß aufging.

Janes Anführerschaft konnte in Terror umschlagen, wenn sie vor Mary Janes oder Miriams unverständigen Ohren seitenlang und unentwegt große Textmengen auf Französisch zum Besten gab. Mal stammten die Exzerpte aus einem zufällig gefundenen, schaurigen Groschenroman, mal aus einem literarischen Meisterwerk, eine Portion Stendhal, Valéry oder Flaubert, von der sie selbst nur die Hälfte verstand. Die großen Mädchen litten, zogen es aber vor, besser nicht gegen den fremdländischen, pathetischen Singsang aufzubegehren. Jane liebte es einfach, sich aufzuplustern, den großen Diven nachzueifern, Chic zu verbreiten. Sie gab gern damit an, was sie einst in der feinen französischen Schule bei Madame Tisnée in Manhattan, von Claire für sie ausgesucht, gelernt hatte, und wendete es an, ohne dafür extra aufgefordert werden zu müssen. Sie parodierte ebenso gern den Gesang der von ihr angeschmachteten Musicalstars bis zur Perfektion; im Hotel gelang es ihr gar, sich Zugang zu den Gemächern der beliebten Sängerin Frances Williams zu verschaffen. Sie rüstete sich mit Aufwischeimer, Feudel und Besen aus, verkleidete sich notdürftig als Zimmermädchen, und prompt erhielt sie Zutritt zum Allerheiligsten, verbrachte eine absurde Viertelstunde mit der Angebeteten. Jedes barsche Kommando, das die Williams an sie richtete, während sie, so gut es eben ging, herumwienerte und die Kissen aufschüttelte, feierte sie nach geglückter Tat wie eine Trophäe ihres unbedingten Fantums und als Beweis ihrer grenzenlosen List.

Beängstigende Züge trug des weiteren ihre in Kindertagen zur Schau getragene, bis an Mimikry grenzende Identifikation mit der Kinderbuchheldin Elsie Dinsmore. Sie war besessen von ihr, kämpfte aber auch gegen sie an, mokierte sich über sie. Die Figur der lieblichen Elsie, ersonnen von der Schriftstellerin Martha Finley, war sozusagen eine entfernte Verwandte von Heidi, Nesthäkchen, Hanni und Nanni (ohne Hanni!). Im ausgehenden neunzehnten Jahrhundert in den USA äußerst populär, wurden und werden ihre Erlebnisse von Generationen lesehungriger kleiner Mädchen regelrecht verschlungen.

Zwischen den Schicksalen von Elsie und Janie gab es seltsame Parallelen, in manch anderer Hinsicht war der achtjährige, dunkelgelockte Wonneproppen Elsie aber auch Janes genaues Gegenteil. Gebärdete sich Jane eher als mutige, jungenhafte Pippi-Langstrumpf-Variante, so stellte Elsie das Ebenbild eines anmutig-tugendhaften, süßen Geschöpfes ohne Fehl und Tadel dar. Hier, in Finleys Roman, ist es die Mutter, die früh stirbt, noch im Kindbett, und Elsie als Halbwaise zurückläßt, mit einem beeindruckenden Vermögen allerdings. Elsie verinnerlicht die Schuld am Tod der jungen Frau. Vater Horace befindet sich auf langen Geschäftsreisen in Europa; die unschuldige, verletzliche Elsie wächst praktisch ohne Zuneigung bei Verwandten in den Südstaaten heran. Die grob vereinfachende Geschichte trägt plakative Züge: Das kleine Mädchen führt das Dasein einer Außenseiterin, lebt isoliert, leidet unter der strengen Fuchtel einer gemeinen, perversen Erzieherin, um endlich Zuflucht und Trost in der – selbstredend christlichen – Religion zu finden. Die Gebote Jesu werden Elsie zum Leitfaden; um die schreckliche Realität zu kompensieren, träumt sie abwechselnd vom Christuskind und von ihrer toten Mutter, die vom Himmel auf sie herunterblickt. Als Horace nach Hause zurückkehrt, muß Elsie zur Kenntnis nehmen, daß er ein strenger, hartherziger Mann ist, nicht der ersehnte, zärtliche Heilsbringer und gütige, väterliche Beschützer. Elsie muß sich seine Gunst und Liebe durch Unterwerfung und unbedingten Gehorsam erst mühsam erobern, ihren freien Willen aufgeben. Seine Wünsche sind ihr Befehl, ihre Persönlichkeit wird ausgelöscht. Spaß und Zerstreuung werden vollständig getilgt, und es ist für sie ein harter, entbehrungsreicher Prozeß, bis sie die unversöhnliche Schale des abweisendes Mannes aufzubrechen imstande ist und sich als Belohnung die Liebkosung abholen, wie ein gefügiges Kätzchen bei ihm anschmiegen und auf seinen Schoß krabbeln darf. Ein Lehrstück christlich verbrämten Masochismusses mit sinnlichem, fast wollüstigem Unterton. Dem Abschwören von Sünde und Vergehen und der Inkaufnahme seelischer Pein, um die mageren Streicheleinheiten eines autoritären, mächtigen Menschen zu erheischen, wird hier in bedenklicher Weise das Wort geredet. Absoluter Verzicht wird gepredigt, religiöses Sklaventum propagiert.

Es fällt nicht schwer, sich das Hin- und Hergerissensein der mitfiebernden Leserin Jane auszumalen, als sie das Machwerk wie eine Lebensanleitung auf der Suche nach Brauchbarem durchkämmte: hier die Geschwisterlosigkeit, das Außenseitertum, das Bewußtsein, im Verborgenen »Schuld« auf sich geladen zu haben, die Sehnsucht nach einer positiven Vaterfigur, die Lust an der Selbstauslöschung, das Verlangen, bestraft zu werden – dort das Kopfschütteln über die Dämlichkeit Elsies, der feste Wille, sich so etwas nicht bieten zu lassen, zu protestieren und zu trotzen, der Beschluß, nicht wie dieses glücksverliebte Mondkalb zu enden. Und dann wieder die Strahlkraft des vorgegaukelten Glückes, die bequeme Selbstverleugnung, die libidinöse Fixierung auf brutale zwischenmenschliche Interaktion, die wünschenswerte Mutterlosigkeit. Jane kam lange nicht von Elsie los.

Aber im Unterschied zu ihr war sie mit einem gerüttelt Maß an Phantasie gesegnet und mit der Fähigkeit ausgestattet, sich Alternativen zu schaffen. Wenn sie schon als Einzelkind aufwuchs, dann zauberte sie sich eben selbstgewählte Geschwister herbei – Mädchen, die ihr in treuer Ergebenheit Gefolgschaft leisteten. »Man spürte einfach, daß sie anders war. Jeder gab ihr nach. Auch ich tat, was sie wollte«, bekannte eine von ihnen. Und konnte sich selbst nicht erklären, wie Jane mit einem langen, drohenden Blick eine derartige Erwartungshaltung auszustrahlen in der Lage war, so daß keine Widerrede möglich war. So daß man einfach mitmachte. Ohne nachzudenken, ohne Fragen zu stellen, ohne Einwände vorzutragen. In einer Episode unter vielen machte Jane einem Möchtegern-Liebhaber ihrer Mutter, es war noch in den Woodmere-Jahren, das Leben schwer, indem sie ihn jedesmal, wenn er vor dem Häuschen vorfuhr und den Wagenschlag aufriß, wütend anfunkelte und gehörig anspuckte, unaufhörlich, und zwar so lange, bis er wieder davonraste. Der beleibte, unattraktive Kandidat trat mit rotem Kopf die Flucht an, als hätte er den Leibhaftigen vor sich gehabt. Noch merkwürdiger aber war, daß die Jane an jenen Tagen zugesellte Freundin, kaum hatte sie den »langen Blick« empfangen, ohne daß sie es sich selbst rational erklären konnte, in die Spuckkanonade einstimmte und, wie fremdbestimmt, mitspie, was das Zeug hielt. Als wäre jeglicher freier Wille von ihr gewichen, als handle sie im Namen einer unsichtbaren, gewaltigen Macht, die über sie gekommen war. Spukhaft fast. In solchen Minuten schien es den Mädchen angezeigt, Janes metaphysische Überlegenheit besser unangetastet zu lassen, sich zwar zu wundern, aber nicht zu kommentieren. In dieser Situation wirkte sie entrückt, gefährlich, unberechenbar – und unzugänglich: Es war, »als sei sie von einem tiefen Graben umgeben«.

In ihrer kurzen Erzählung *A Stick of Green Candy* (*Ein grüner Lutscher*), in den späten 1940ern niedergeschrieben, aber erst 1957 veröffentlicht, hat Jane Details der ihr innewohnenden, so eigentümlichen Distanz verarbeitet, die sie von anderen Kindern, von anderen Mitmenschen abhob. In einem an Samuel Becketts Dramen gemahnenden Szenario sitzt die Hauptfigur, das kleine Mädchen Mary, Tag für Tag allein in einer feuchten Lehmgrube, die dicht neben einer vielbefahrenen Straße liegt. Sie spielt isoliert, ohne Gefährten oder Freundin, in diesem unwirtlichen, schmutzigen Reich vor sich hin; ihr Vater mißbilligt ihre schrullige Gewohnheit, droht ihr, mit dem Auto vor der Grube vorzufahren und sie beim Überschreiten seines Verbots auf frischer Tat zu ertappen. Was niemand weiß, ist, daß Mary eine fiktive, unsichtbare Armee von Soldaten als Oberbefehlshaberin kommandiert, deren Hauptquartier die Lehmgrube darstellt, und wichtige Manöver und strategische Truppenbewegungen mit ihren Männern einstudiert. Geradezu zwanghaft ist sie der Grube verfallen, wo sie ihre Machtphantasien ausleben und sich als autoritärer Mann fühlen darf; den banalen Spielplatz der Gleichaltrigen verabscheut sie: »Dieser Ort, wo sich das

Schreien von Dutzenden von Kindern mit dem hohen, quietschenden Geräusch der hin und her schwingenden Schaukeln vermischte, war ihr seit jeher instinktiv verhaßt. Er war das genaue Gegenstück zu ihrer Lehmgrube mit den genau geordneten Kasernen darin. ... Für jeden von ihren [Soldaten] war sie einer der Ihren – ein Mann ohne Familie.«

Die Sublimation ihrer trivialen Kleinmädchenexistenz schreitet fort, als eines Tages ein kleiner, schweigsamer Junge ihre Grube aufsucht. Wie Mary ist auch er ein verschlossenes, kontaktarmes Kind, das mit seiner inneren, nur ihm allein gehörenden Phantasiewelt Frieden geschlossen hat und ohne Außenstehende auskommt. Wütend über den Eindringling folgt sie ihm in das Nachbarhaus, wo er vorübergehend mit seiner Mutter lebt. Die junge Frau verwickelt Mary in einen langen Monolog, indem sie mit expliziter Erleichterung die Andersartigkeit ihres kleinen Sohnes, sein Alleinsein, sein effeminiertes, zurückhaltendes Verhalten als Vorzüge preist. »›Er ist kein so ruppiger Junge wie die anderen‹, sagte sie. ›Ich weiß nicht, was ich tun würde, wenn er einer von der richtigen Sorte wäre, mit allem, was dazugehört. Er hat was von einem Mädchen an sich, Gott sei Dank. Mit einem richtigen Kerl könnte ich gar nicht umgehen.‹« Mary wird mit einer Süßigkeit, einem Lutscher, beschenkt, in ihr vollzieht sich eine urplötzliche Wandlung, und sie fühlt schon beim Verlassen des Hauses einen unerklärlichen, süßen Triumph über die fremde Mutter, als habe sie einen »Sieg« von »prickelndem Reiz« über die ehemalige »Besitzerin« des kleinen Franklin errungen.

Von nun an wähnt sie sich als Partnerin, als Eigentümerin des kleinen Mannes und wartet im Regen vor seinem Haus auf ein Zeichen des Einverständnisses von ihm. »Es war unglaublich, daß sie nicht jeden Augenblick auf etwas Wundervolles und Neues stoßen sollten, unglaublich auch, daß er nicht von ihrer Liebe zu ihm wissen sollte. Bestimmt wußte [Franklin], daß sie ihn die ganze Zeit, während seine Mutter sprach [und auf sie einredete], insgeheim für sich beanspruchte. Er würde bald herauskommen und zu ihr auf die Treppe kommen, und sie würden zusammen weggehen.«^EFR Franklin zeigt sich vorerst nicht. Im selben Moment jedoch ist der Bann über das Phantasieheer gebrochen, ihre Befehlsmacht über die Streitkräfte in der Grube unwiderruflich gebrochen. Sie hat ihre Soldaten »verraten«. Illusion und Selbstbetrug funktionieren nicht mehr. Verzweifelt muß sie zusehen, wie ihr Vater, in seinem Auto verborgen, hupend am Rande der Grube auf sie wartet. Sie ist wieder zu einem »normalen«, entzauberten kleinen Mädchen geworden.

Geradezu idealtypisch lassen sich Motive und Wunschvorstellungen der kleinen und der erwachsenen Jane an diesem eindringlichen Text ablesen: die isolierte, dennoch willensstarke und phantasiemächtige Protagonistin mit androgynen Zügen, die Generationen überspringen und ihre ursprüngliche Geschlechtszugehörigkeit abwerfen möchte; das statistenhafte, weichliche Benehmen der Erziehungsberechtigten ohne wirklichen Einfluß auf ihre Kinder; der absolute Wille, sich von der Schar »normaler« Spielkameraden abzusetzen und dafür eine frei gewählte, anonyme Masse von Untergebenen von sich abhängig zu machen; und nicht zuletzt die Wahl eines idealen Lebenspartners in der Gestalt eines kleinen, offenbar latent homosexuellen Jungen, der sich ihr willenlos, wie eines ihrer »selbstgewählten Geschwister«, anschließen sollte. Ihn, den Schweigsamen, Zartfühlenden, Passiven würde sie kontrollieren und beherrschen können; er würde in ihre Männer- und Soldatenexistenz nicht hineinfunken, sondern sie so nehmen, wie sie wirklich war, mit einer Identität, die die Außenwelt sich weigerte ihr zuzugestehen. Ein »Mann ohne Familie« (hier: die Frau) und »einer von der ›falschen‹ Sorte« (hier: ein Mann) würden ein ideales Paar bilden. Mit ihm wären ein Neuanfang, ein Aufbruch möglich.

Die Wucht der hier skizzierten Vision vervielfacht sich, wenn man sich vor Augen hält, daß es sich hierbei um den letzten Prosatext handelte, den die erwachsene Jane im Vollbesitz ihrer geistigen und körperlichen Kräfte zustande brachte. Eine Rekapitulation, eine Bilanz ihrer Kinderjahre und auch ihres Lebens mit Paul, eingekleidet in eine fatalistische Parabel? Eine Variante dieses traurigen, resignierenden Schlußgedankens, in der auch Zärtlichkeit aufschimmert, findet sich im letzten Satz ihrer in Tanger angesiedelten Geschichte *Everything Is Nice*, 1951 auf Initiative Pauls in *Mademoiselle* publiziert und später in wesentlichen Passagen von ihm eigenmächtig umgeschrieben: »Und sie erinnerte sich, wie sie einmal die Hand ausgestreckt hatte, um das Gesicht eines Clowns zu berühren, weil es in ihr eine Sehnsucht geweckt hatte. Das war in einem kleinen Zirkus gewesen, aber nicht in ihrer Kindheit.«[EFR] Nostalgische Vergeblichkeit schimmert auf. Für eine groteske, im Scheinwerferlicht zur Schau gestellte und der Lächerlichkeit preisgegebene Männergestalt werden Emotionen freigesetzt, die weibliche Hauptfigur wähnt sich zur Liebe fähig. Doch die entscheidende Berührung, die physische Verschmelzung kommt hier wie dort im letzten Moment doch nicht zustande, bleibt Trugbild und Schimäre. *Alles ist schön* – der deutsche Titel der Novelle verleiht beiden Texten einen fast zynischen Beigeschmack.

Jane wuchs heran – auf ihre ganz besondere Weise. Andere Nachbarn hatten in Woodmere einander vor diesem fürchterlichen, »schrecklichen« Mädchen samt seiner »franzmännisch« wirkenden Mutter gewarnt, das allem Anschein nach vierundzwanzig Stunden am Tag »zu allen Schandtaten bereit« war. Die Väter schmunzelten allenfalls, aber den anderen Müttern graute vor Jane und ihrem verderblichen »Einfluß«. Das Naßforsche und Kecke legte sie auch als Stoneleigh-Schülerin in den Semesterferien nicht ab; inzwischen sechzehn, zog sie dort mit Lupe Levy, einer reichen jungen Jüdin und Maklertochter, die mit ihren Eltern in einem feudalen Penthouse über den Dächern Manhattans residierte, in immer ausgefallenere Lokale, auf der Suche nach kurzweiligen Vergnügungen und attraktiven Mädchen für schnelle sexuelle Abenteuer. »Ich hatte den Eindruck, daß sie [alle] Juden waren, die Juden haßten«, um nur noch mehr über die Stränge zu schlagen, ging es einem jungen Mann durch den Sinn, den sie zur Bemäntelung ihrer Aktivitäten als Alibikavalier auf ihren Streifzügen akzeptierten und der den ahnungslosen, meist betuchten Eltern der Mädchen so manche Show vorspielen mußte.

Mit ihm spielten die jungen Damen Flipper oder durchkreuzten den Hafen, likörbeschwipst und vogelfrei, auf der Staten-Island-Fähre. Er diente ihnen als Kumpel und Blitzableiter. Er stand Schmiere vor Wohn- und Schlafzimmertüren, wenn aus den femininen Techtelmechteln ernsthafte Schäferstündchen wurden, wimmelte störende Geschwister ab, die Verdacht geschöpft hatten, und ab und zu ließ ihn auch eines der »verrückten *girls*« ein wenig gewähren, doch blieb es ohnedies, sobald ein Jüngling mit im Spiel war, bei *petting* und Geknutsche. Mit Jane tauschte dieser George, ein netter irischstämmiger Bursche, Gedichte aus und amüsierte sich königlich; er machte sich keine Illusionen, jemals mit ihr ins Bett gehen zu können. Ihm gefiel es, sich zur Abwechslung einmal vom zarten Geschlecht einladen und nach Genüge aushalten zu lassen. Tage mit Jane und Lupe, Charlotte, Dione, jede Woche tauchten neue Mädchen auf, das waren für ihn Tage in Saus und Braus. Geld, *fun* und ein bißchen Gefummel – etwas verquer war es schon, aber alle Beteiligten genossen *la vie en rose* in vollen Zügen. »Wenn Jane etwas haben wollte, dann mußte es sofort sein. Keiner konnte sie davon abbringen.«

Die Natur ihrer Streiche veränderte sich grundlegend. Wurden Jane und ihre Gespielinnen zur Luftveränderung von Claire auf eine Farm geschickt, um sich sattzuessen, Gymnastik zu treiben und den frischen Landwind um die Nase wehen zu lassen, ergriffen sie die erstbeste Gelegenheit beim Schopfe und machten sich, ohne auch nur eine Anstandsminute verstreichen zu lassen, schnurstracks und inkognito auf den Rückweg, stürzten sich in eine noch verruchtere New Yorker Nacht. Unter Körperertüchtigung verstanden sie etwas anderes. Unter den jungen Mädchen ging damals auch die Angst vor der Syphilis um. Doch Jane zuckte bloß mit den Schultern. Sah sie sich gezwungen, mit gleichaltrigen jungen Damen aus der Provinz auszugehen und auf Geheiß ihrer Mutter diese ins Restaurant auszuführen, wurde sie, um die jungen Dinger zu schockieren, in der Damentoilette unverblümt zudringlich, bis die ahnungslosen Geschöpfe unter hysterischen Schreien fluchtartig *supper club* wie Manhattan hinter sich ließen. Miriam Fligelman, diesmal auf der Durchreise, erkannte ihr einstiges *crippie* kaum wieder, so sehr hatte sie sich in den paar Jahren gewandelt. Dafür um so mehr *the dyke*.»Sie wirkte todschick. Sehr elegant. Fast wie eins dieser Mädchen aus den *roaring twenties*, die nur das taten, was sie wirklich wollten. Sie gab sich sehr herzlich und liebevoll. Es war alles [vordergründig] ganz angenehm, aber [doch] merkwürdig konventionell. Es erschien mir schon damals nicht ganz echt, [irgendwie unaufrichtig,] und im nachhinein [sogar] noch [viel] weniger.«^(ALO*) Nur vor ihrer Gouvernante, die heimlich ihre eigenen Liebhaber ins Haus ließ, kuschte Jane – und versprach der verhaßten Hauslehrerin, die Strafen angedroht hatte, nichts von dem schlüpfrigen Geheimnis preiszugeben. Wohl kaum ein Sonderfall weiblicher Solidarität; aber Jane konnte sich am Beispiel der Gouvernante und ihres Galans abgucken, wie sie selbst beim nächsten Mal ein reizendes Fräulein, an Claires wachsamen Blicken vorbei, in ihr Zimmer und unter ihre Bettdecke schmuggeln würde.

Für den Photographen Karl Bissinger, einen ihrer größten Verehrer, war sie nicht mehr und nicht weniger als die »Kleine aus der Nachbarschaft, die [et]was Tolles gemacht hat und sich das nächste Mal unheimlich anstrengen muß, um noch [et]was Tolleres zu [voll]bringen, denn alle Welt sieht zu und wartet nur darauf, daß sie auf die Nase fällt. In jeder Minute ihres Lebens stand sie in der Gefahr, hysterisch zu werden. Sie war unvergeßlich, hatte eine ungeheure Macht und wußte es [auch]. Obgleich sie voller Ängste steckte, hatte sie eine sehr starke Wirkung auf andere.«^(ALO) Eine junge Frau mit vielen Gesichtern, die ihre disparaten Befindlichkeiten und rätselhaften Wesensmerkmale nicht verschämt hinter einem Paravent des gesitteten *savoir-vivre* versteckt hielt, sondern sie simultan und ungeschminkt zur Interpretation darbot. An Jane ließ sich nichts auf einen gemeinsamen Nenner bringen.

»Als ich ein Kind war, mußte ich mir vorstellen, daß physische Schmerzen ihre Grenzen haben, um den Tag genießen zu können.« Man kann in der Tat nicht umhin, festzustellen, daß über Janes Kindheit eine kleine dunkle Wolke schwebte, als ob mit jedem neuen körperlichen Rückschlag jemand, der es nicht gut mit ihr meinte, von Bosheit getrieben, Hand anlegte und am Teufelskreis ein wenig weiterdrehte. Sie war den Gedanken nie losgeworden, sie habe selbst durch eine ihr unbegreifliche, lange zurückliegende Verfehlung ihre defizitäre Beschaffenheit oder das, was sie dafür hielt, verschuldet und gegen ihren eigenen Willen herbeigeführt. Als laste eine Art Erbsünde auf ihr, die nur durch ihr beschwerliches, strapaziöses Ausharren auf Erden gesühnt werden könnte. Es begann mit dem Gerücht, eine Krankenschwester habe sie als Kleinkind versehentlich fallenlassen, womit ihre frühe Behinderung, das Humpeln und Beinnachziehen eine Erklärung fand. Der Sturz beim Reiten in Stoneleigh samt kompliziertem Bruch des rechten Beines taten ein Übriges. Streckverbände und Stützkorsette machten ihr den Alltag schließlich zur Tortur. Eine Tuberkulose im Knie, die in Amerika nicht ausheilen wollte, steigerte die Beschwerden ins Unermeßliche und ließ den Aufenthalt in der Schweiz unvermeidbar werden. In der Klinik des Dr. Rollier ließ sich das Bein zwar richten, Gips um Gips wurde angelegt, Eingriffe verschlimmerten ihren Zustand zunächst, führten tageweise zu temporärer Linderung, aber alle Bemühungen liefen auf das kleinere Übel hinaus, der endgültigen, unausweichlichen Versteifung des Beines schweren Herzens ihren Lauf zu lassen, um Jane ein für alle Mal von ihren chronischen Schmerzen zu entbinden. Und doch stand sie gerade in dieser schweren Stunde, mitten in den tiefverschneiten europäischen Alpen, in traumhaft-unwirklichem Thomas-Mann-Ambiente, am Scheideweg ihres noch jungen Lebens.

Von hier aus schien sich, hatte sie einmal die lebenslängliche Behinderung und Einschränkung akzeptiert, alles zum Besseren zu wenden. Das qualvolle Vor und Zurück, wie es die hilflosen, notgedrungen halbherzigen Bewegungen im Streckverband geradezu aufdringlich symbolisierten, das Zerren und Zurren an ihrer Person wurde abgelöst von einer integrativen Persönlichkeitsentwicklung, in der alle widerstreitenden Züge für eine gewisse Zeit ihren Platz hatten. Die Mußestunden mit dem Privatlehrer kamen ihren literarischen Ambitionen zugute, und beinahe wiederholte sich hier, was einige Jahre zuvor die junge Russin Gala und der angehende Lyriker Paul Éluard in ihrer alpinen Idylle vorexerziert hatten: eine wahrhaft surrealistische Synthese von gegenseitiger poetischer Befruchtung, aufkeimender Liebe und magischer Weltentrücktheit. Inszeniert vor grandioser Bergkulisse im ewigen Eis. Wenn Jane sich nun auch nicht für den belesenen, inspirierenden Pädagogen erwärmen mochte, das Privileg unzähliger exklusiver Mußestunden inmitten der ewigen, stillen Gletscherwelt, in der alle Geräusche und Störversuche der Außenwelt wie verschluckt und weggeblendet waren, machte sie sich für künftige Stilübungen und für ihre persönliche Selbstvergewisserung zunutze. Die medizinischen Anwendungen ließ sie über sich ergehen; der Privatunterricht war für Jane in höchstem Maße zuträglich.

Über das Janusköpfige, über die manchmal der Schizophrenie zum Verwechseln ähnelnde Doppelbödigkeit ihres Charakters, früh zutage getreten, gewann sie zunehmende Klarheit. Lernte, ihr Naturell anzunehmen. Verständnis dafür aufzubringen, wie ungleich ihr Temperament von dem ihrer Umwelt war. Sie zimmerte Brücken. Zwischen den Ängsten und Phobien auf der einen, ihrer enormen Entschlußkraft und ihrem unbedingten Führungswillen über andere Menschen – Frauen und »schwache« Männer – auf der anderen Seite. Es machte ihr immer weniger aus, im selben Atemzug kindische, abstoßende oder souveräne Verhaltensweisen an den Tag zu legen, mal *ladylike* und unnahbar zu wirken, um sich dann wieder verführerisch und verstörend zu gebärden. Aus den »selbstgewählten Geschwistern«, das hatte sie inzwischen in New York gelernt, ließen sich im Handumdrehen Geliebte formen, junge Frauen, mit denen sich körperliche und seelische Befriedigung, wenn auch nur für gelegentliche Ausnahmezustände, erleben ließ. Ausschließlich zu weiblichen Partnern – erotische Verdoppelung ihrer exklusiv frauenbestimmten Großfamilie – fühlte sie sich hingezogen. So kam sie ohne kompliziertes *coming-out* und langwierige Selbstfindung mit ihrer Sexualität ins Reine.

Aus der seltsam zeit- und raumlosen Sphäre, gleichsam über den Wolken und jenseits der Alltagszumutungen von Woodmere, Stoneleigh oder Manhattan, wie sie ihr die kreative Zwangspause im Sanatorium von Leysin beschert hatte, blickte die Rekonvaleszentin auf die vor ihr liegende Lebenszeit und schmiedete Pläne. Sie waren literarischer Natur und sollten ihr keine klösterliche Existenz bescheren, sondern schlossen Amüsement und Divertissement, das sie nicht mehr entbehren mochte, durchaus ein. Die Begegnung mit Paris hatte Jane wie im Vorübergehen noch auf der Rückreise in die Staaten hinter sich gebracht, anders als für Paul nicht unbedingt das heißersehnte Erweckungserlebnis oder topographisches *must*. Ein Schritt auf dem Wege, eine abgehakte Station, nützlich für eine in ungewisser Zukunft liegende Vertiefung vor Ort. Und sie hatte dort Claire aufgegabelt, die natürlich keine Sekunde in Leysin verschwendet hatte, um dort am Krankenbett ihrer Tochter Händchen zu halten. Anstatt müßige Winterwochen in Sanatoriumszimmern zu verplempern, hatte sie die Hotelzimmer Manhattans unterdessen mit einem überaus angenehmen Daueraufenthalt an der Seine vertauscht.

Céline besiegelte die Wandlung der dem Zauberberg entronnenen *femme de lettres*. Schlußakkord und Ouvertüre zugleich. Ihn durfte sie nicht enttäuschen. Und endlich entstand in den Ostküsten-Hotelzimmern der achtzehn- und neunzehnjährigen Jane in Kleinarbeit und für sie typischem Schneckentempo, hadernd und um das angemessene Vokabular feilschend, ihr erster eigener Text, *Le Phaéton Hypocrite*. Schon für dieses Erstlingswerk schien es ihr unverzichtbar, sich eine Maske anzulegen und sich hinter einer Fremdsprache zu verbergen, als wäre ihr das geläufigere Englisch zu nahe, als rücke ihr ihre Muttersprache – der Begriff besitzt in diesem Kontext, bedenkt man die raumgreifende Präsenz Claires, eine wahrhaft ironische Konnotation – zu sehr auf den Pelz. Wollte sie mit ihren perfekten Französischkenntnissen aufschneiden? Und weshalb flüchtete sie sich in einen antiken Mythos, anstatt sich schreibend den Problemen und Mikrokosmen ihrer unmittelbaren Gegenwart zu stellen? Denn Jane Auer mochte sich sicher nicht mit Oscar Wilde messen, *Le Phaéton* ließ sich schwerlich mit *Salome* auf eine Stufe setzen, zumal sie sich bewußt für einen Roman entschieden hatte. Es ist heute nicht leicht zu entscheiden, ob es ihr um eine bloße Fingerübung, einen Einstieg ins Schriftstellerhandwerk ging, um eine Persiflage oder eine klassizistische Paraphrase, oder tatsächlich um einen ersten großen, eigenständigen Wurf. Obwohl die stolze Dichtermutter Claire viele Exemplare von einem Kopisten hatte anfertigen lassen, hat sich mysteriöserweise keine Abschrift des Textes erhalten. Er ist wie vom Erdboden verschluckt. Und doch weist das Attribut im Titel schon auf etwas Vermessenes hin, auf Anmaßung und Heuchelei, auf schönen Schein und Hybris. Gemünzt war das selbstredend auf den jungen antiken Helden, aber ein Stückchen Selbsttarnung, Scheinheiligkeit und Größenwahn spielte bei Janes Wahl der Überschrift und bei ihrem Schreibakt auch mit hinein.

In der Urform des Mythos steht, wenn man so will, ein Kräftemessen zwischen Eltern und Kind im Zentrum sowie eine Herausforderung der göttlichen Macht, mit der niemand seinen Spaß zu weit treiben darf, ohne daß er den Konsequenzen seiner Versuchung erliegt. Phaéton, Sohn des Sonnengottes Helios (andere Varianten nennen Phöbus oder gar Apollon), bittet seinen Vater inständig darum, ihm für die Dauer eines Tages den Sonnenwagen zu überlassen, um die üble Nachrede von Skeptikern, die Helios' rechtmäßige Vaterschaft anzweifeln, eindrucksvoll zu ersticken. Helios weigert sich anfangs, der Bitte seines Sohnes nachzukommen, macht Bedenken geltend, warnt Phaéton vor den Schwierigkeiten, den Wagen geschickt und sicher zu lenken, ohne daß die Pferde mit ihm durchgehen. Er beschwört die Gefahren des riskanten Gefährtes. Doch ist er durch einen früheren Schwur gebunden und vermag es letztlich nicht,

Phaéton seinen Wunsch abzuschlagen. Kaum hat er ihm stattgegeben, ergreift der unerfahrene Jüngling die Zügel. Wie vorauszusehen, spüren die Pferde die mangelnde Kraft und Ungeschicklichkeit des Lenkers, dem die Zügel entgleiten, und brechen aus. Der Sonnenwagen gerät in bedrohliche Entfernung zur Erde, so daß sie vereist und zufriert, dann kommt er ihr wieder dermaßen nahe, daß weite Teile des Kontinentes Afrika versengt werden und eine riesige Wüste zurückbleibt.

Zeus sieht sich gezwungen, der Irrfahrt Einhalt zu gebieten und sowohl Olymp als auch Globus vor dem miserablen Wagenlenker Phaéton in Schutz zu nehmen. Durch einen ausgesandten Blitzschlag entreißt er ihm endgültig die Zügel und trifft ihn tödlich, er wird vom Sonnenwagen geschleudert. Der gespaltene, brennende Sohn stürzt in den Fluß Eridanos, wo er von seinen Schwestern, den Heliaden, beweint wird. Ihre Tränen werden zu Bernstein umgeschmolzen. Der Beweis der Vaterschaft ist nicht erbracht worden; das tückische Fahrzeug hätte eines virtuoseren, mutigeren Steuermanns bedurft.

Es blieb bei diesem einzigartigen Ausflug ins Französische und in die Welt der Mythen und Sagen. Nie wieder auch sollten in Janes Gesamtwerk männliche Hauptfiguren im Vordergrund stehen; ihre Erzählungen, Novellen, ihr Roman und ihr Theaterstück sind ausnahmslos von Frauen bevölkert. Oft handelt es sich dabei um Schwestern, wie in der Puppengeschichte *A Quarreling Pair* (Harriet und Rhoda) oder um komplizierte Dreieckskonstellationen wie in der unheimlichen Begebenheit vom *Camp Cataract*, wo dem zwischen Liebe und Abhängigkeit schwankenden, unauflöslichen Spannungsverhältnis der Schwestern Harriet und Sadie noch eine dritte Frauengestalt, die Kellnerin Beryl, zugesellt wird. Selbstgewählte Geschwister eben, die ein Leben lang nicht voneinander loskommen. Die Männer in Janes Erzählungen bleiben sämtlich unscharf, es sind konturenlose, schematisch angelegte Randfiguren, wie Komparsen geistern sie durch die Handlung. Stichwortlieferanten bestenfalls. Ganz gleich, ob es sich um den Indianer vom *Camp Cataract*, den unsichtbaren Vergewaltiger von *Plain Pleasures*, den abwesenden

Ehemann von *Everything Is Nice* oder die blassen, farblosen Gatten der übrigen Texte handeln mag. Wann immer Jane sich mit ihren Frauenpersönlichkeiten künstlerisch auseinandersetzte, ging ihr der Schreibprozeß noch vergleichsweise flott von der Hand. Kaum galt es aber, eine Männergestalt glaubwürdig und präzise zu zeichnen, geriet alles ins Stocken. »Diese Woche ist dagegen alles wieder beim Teufel… nicht eigentlich wegen meines Lebens, sondern weil ich es wieder mit einer männlichen Figur zu tun habe«, klagte sie einmal Paul gegenüber.

Le Phaéton war wohl auch der einzige in sich abgeschlossene Schreibversuch bei dem ihr Temposchwankungen oder kreative Störungen und Blockaden nicht ins Handwerk pfuschten. Von nun an würden ihr ihre reale Gefühls- und Erlebniswelt, Alltag, Gedanken und unstete Befindlichkeit mit schöner Regelmäßigkeit dazwischenfunken; es würde Wochen und Monate dauern, bis ein Gedankengang, ein Absatz, ein Kapitel Gestalt annahmen und ihren Weg aufs Papier fanden. Eine Irritation, und Jane würde wieder alles Verfaßte in Frage stellen, Zweifel würden die Oberhand gewinnen. Schreiben war Qual und Notwendigkeit zugleich, ein mühseliges Vorwärtstasten, bei dem sie stets aufs neue rückwärts schritt, sich umdrehte, den Faden verlor, um Orientierung kämpfte. Sie verabscheute ihre Tätigkeit, ihre Berufung und konnte doch nie davon lassen. Selbst wenn sie nicht schrieb, war sie Schriftstellerin. Und wenn sie sich endlich zum Schreiben aufgerafft hatte, kamen ihr Sinn und Ziel des gesamten Unterfangens zwangsläufig abhanden.

Es war ein verhängnisvolles Umeinanderherschleichen von Ausdruckswillen, Selbstbetrug und Persönlichkeitsverlust. Sie hatte oftmals Mühe, von ihrer konkreten Umgebung gedanklich wegzukommen, zu abstrahieren, sich auf die Erzählwelt zu konzentrieren, die naturgemäß meilenweit von ihrer Lebensrealität entfernt war. Der geringste Zwischenfall konnte sie auf Tage hin verstören. »Wenn man sich wegen einer Sache schrecklich aufgewühlt fühlt«, vertraute sie Paul in einem Brief einmal an, »ist es sehr eigenartig, nicht sagen zu können, ob sie einem gefällt. Ich vergesse ohnehin dauernd, was Schreiben eigentlich sein soll.

Wie auch immer, jedenfalls kann ich mich an nichts erinnern, das mir gefallen hat *und* mich traurig oder bedrückt gemacht hätte, ganz gleich, wie traurig oder deprimierend es tatsächlich war. Vielleicht kannst *Du* mir schreiben, was ich meine.«

Der Lebensgefährte als Interpret ihrer eigenen Aussageabsicht, ein Berater, ein Ortskundiger – womöglich sollte hierin die Funktion Pauls als Begleiter und Stütze liegen: mit sicherer Hand, den Blick auf einen verläßlichen künstlerischen Kompaß gerichtet, ihre zaghaften schriftstellerischen Schritte aus dem Labyrinth von Möglichkeiten, Irrwegen und Sackgassen herausleiten und auf eine weite, wohlgeordnete Ebene führen, in der sich Perspektiven auftaten, Sicherheit spürbar würde. Gleichnishaft thematisiert demnach der Mythos des Phaéton, wie auch immer Jane ihn variiert oder umgeformt haben mag, die Fallhöhe jedes im Schreibprozeß begriffenen Individuums: zwischen beständiger Gefahr, sich die Finger oder den Mund zu verbrennen, abzustürzen, an der künstlerischen Anmaßung zu scheitern und sich zu Boden geschmettert wiederzufinden – und dem belebenden, an Euphorie grenzenden Glücksgefühl, den Horizont berühren zu können, eine neue Welt zu erschließen, einen Moment lang die utopische Hoffnung zu nähren, es ließe sich doch nach den Sternen greifen.

Diese künstlerische Unschuld herzustellen, mit der man sich selbst Unvoreingenommenheit und Naivität vorgaukeln mußte, gelang Jane nur ganz selten, und nicht einmal in der Jugendzeit durchgängig. Schon der Freundin Miriam kam das Ausmaß von Janes beständigen Hemmungen und Selbstbefragungen zu Ohren, als die Autorin ihr anvertraute: »Ich sitze auf der Couch und ertappe mich dabei, wie ich auf meine Schreibutensilien starre, als seien es ›Nazis‹. Mir wird schon schlecht bei dem Gedanken, den Stift auf das Papier zu setzen. Egal, aus welchen Motiven, literarischen oder sonstigen. Diese Unfähigkeit zum ›Handeln‹ bei mir breitet sich immer aus. Ich starre jetzt [schon] zwei Stunden auf mein Korsett, bevor ich es anziehe. Ich meine das alles wirklich vollkommen ernst.«[OTW] Sinngemäß kämpften zwei Seelen in ihrer Brust, rangen miteinander um die Oberhand. Und Janes mangelnde körperliche Einsatzbereitschaft schien sich ihrerseits zu einem Gleichnis für zwei im Wettstreit liegende Bewegungsrichtungen, für Intention und mutwillige Verhinderung, für beflügelnden Aufbruchswillen und brutale Rückschläge, auszuwachsen. Dem rastlosen, obsessiven Briefeschreiben – obwohl dem »richtigen«, künstlerischen Schreiben zum Verwechseln ähnlich und immerhin dieselbe, so oft verfluchte Tätigkeit – kam dabei geradezu kathartische Funktion zu. Beim täglichen, »banalisierten« Schreiben an andere half Jane sich selbst, Distanz herzustellen und Klarheit zu gewinnen über das »eigentliche« Schreiben, die künstlerische Tätigkeit, die mit unzähligen Widerhaken behaftet war. Zuweilen rettete sie einfach nur noch die Flucht in die Rekapitulation, ins Gegenteil: das Lesen von Erzeugnissen anderer, eine stimulierende Erfahrung oder das Wiederlesen von Selbstgeschriebenem, ein Vorgang, der dazu angetan war, sie erneut dauerhaft zu deprimieren.

So heißt es an anderer Stelle einmal: »Bald werde ich wieder im Bett sitzen und lesen. Wenn ich auf mein Leben zurückblicke, sehe ich immer nur ein Bild – ›ich im Bett lesend‹ –, der einzige Unterschied ist, daß das Häufchen unter der Bettdecke größer geworden ist.« Eine Anspielung aufs Wachsen, bei dem die künstlerische Entwicklung hinter der physischen herhinkt, Gefahr läuft, auf der Strecke zu bleiben. Und schon die Neunzehnjährige umriß ihr Dilemma, das sich gleichsam als Poetologie auffassen läßt, als Selbstverständnis einer einerseits zum Schreiben gezwungenen, andererseits sich zum Schreiben zwingenden Autorin, einer Antreiberin ihres eigenen Egos: »Wie Du siehst«, gemeint ist einmal mehr Miriam Fligelman, »gibt es heute nicht viel Neues von mir. Die unwichtigen Kleinigkeiten sind mir lieber. Wahrscheinlich werde ich nie etwas Neues schreiben – es sei denn, ich heirate –, und das werde ich wahrscheinlich in einem oder zwei beiläufigen Nebensätzen erwähnen, zwischen der Beschreibung eines Reispuddings und einer kurzen Skizze über [die verehrte Englischlehrerin] Miss Foulke. ... Da hast Du meine schludrigen Sätze, die Wiederholungen, die unzähligen

Präpositionen und meine schreckliche Handschrift. Ich bin eben immer noch nicht mehr als ein altkluges Kind – und bin ich das denn wirklich?«[OTW]

Kindheit, noch unverarbeitet; ein verschwommener, ihr selbst völlig unbegreiflicher Impetus, mit einer willkürlich herbeigeführten Ehe die sich wie ein Graben auftuenden Probleme mit einem Schlag zu ignorieren – ein beliebiger Gatte sollte ihr dabei die rettende Hand entgegenstrecken, um sie aus dem Sumpf zu ziehen, aus dem sie sich selbst nicht befreien mag –; ein Herumrudern zwischen den »Kleinigkeiten« des Daseins und dem ersehnten »Neuen«, den einschneidenden Veränderungen, die sich eben nicht auf Kommando herbeizaubern ließen: Die Autorin Jane Auer, noch heißt sie nicht Bowles, zimmerte sich schon früh ihr kreatives Gefängnis und hinderte sich selbst an potentiellen Ausbruchsversuchen. Daß es nicht einmal ein goldener Käfig war, dem sie glücklich zu entrinnen trachtete, wurmte sie; und all ihr Träumen und Streben war in seltener Zielgerichtetheit darauf ausgerichtet, der Wirklichkeit vorzugreifen. Die Zügel des schlingernden Sonnenwagens endlich fest in den Griff zu bekommen und, die Augen fest auf einen in der Ferne liegenden, verheißungsvollen Punkt gerichtet, sich, ohne auch nur ansatzweise zu stolpern oder vom eingeschlagenen Weg abzukommen, dem Zenit zu nähern. Und somit einer gefürchteten Neurose oder Persönlichkeitsspaltung zuvorzukommen.

Überdenkt man diese Haltung, so leuchtet ein, daß Jane, im Gegensatz zu Paul, keineswegs das Streben nach Schreiben oder Komponieren »auf der Höhe« der Zeit verfolgte. Eine etwaige Zugehörigkeit zu einer gewissen Avantgarde oder der Kontakt mit maßgeblichen Vertretern der Moderne war nicht einmal ihr Fernziel. Ihr ging es bei der Eroberung künstlerischen Terrains nicht um Materialerweiterung, stilistische Originalität oder Sprachzertrümmerung wie vielen ihrer gleichaltrigen Kolleginnen und Kollegen, die ungeduldig an die Pforte zum Dichterhimmel klopften, sondern vielmehr um die Wiederherstellung von persönlichen, individuellen Sinnzusammenhängen – die nur mit Sprache erlangt werden konnten und gerade deshalb so zerbrechlich und lückenhaft gerieten. Mochten ihre Figuren auf dem steinigen schreibtechnischen Weg von Papiertigern zu glaubhaften Akteuren und Anti-Heldinnen, die Schwestern und Liebhaberinnen, Mütter und Ehefrauen in ihren Erzählungen, auch noch so kommunizieren, dialogisieren und fabulieren, im Grunde klingen ihre Aussagen wie ein auf mehrere Personen geschickt verteilter Monolog, ein laut ausgesprochenes Sinnieren. Wie ein Lasso warf Jane ihre Gedankengänge nach einem Sachverhalt, einem Ereignis, einem Gesprächsgegenstand oder einer Person aus, um es gleich darauf einzuholen und das Beobachtete, Besprochene oder Beurteilte wieder zurück in den Kopf der Erzählerin zu ziehen. Was dabei entstand, nannte sie selbstironisch, unter Verweis auf einen alten, jiddischen Ausdruck, »gonza magilla« – eine komplizierte, verwickelte, langatmige Begebenheit. »Gonza magilla«, dieses liebenswerte Unvermögen Janes, als Dichterin und als Mensch über den eigenen Schatten zu springen und sich einmal nicht in Abschweifungen und dem schier endlosen Für und Wider ihrer Erwägungen zu verheddern, wurde alsbald zu ihrem geflügelten Wort für sie. Andere fanden dafür einen Alternativbegriff und priesen einfach ihre »elliptische« Art.

Vor dem Aufbruch auf den schweizerischen Zauberberg und nach ihrer dortigen Läuterung vervollständigt sich das Image dieser Unruhestifterin. Das Psychogramm der juvenilen Partygängerin verliert allmählich von seiner Grobmaschigkeit; Finessen, Facetten und Nuancen werden hinter den Typisierungen, die erst nicht so recht zueinander passen wollen, sichtbar: die Introvertierte, die Eigenbrötlerin, die Dichterin, die Bettlägerige, die Invalidin, die Hexenmeisterin, die Befehlshaberin, der Tunichtgut, die Liebesnovizin. Wichtig ist dabei, trotz aller Widersprüche und Vertracktheiten, trotz Anwandlungen von Selbsthaß und verletzender Bissigkeit, retrospektiv Janes ansteckende Lebenslust, ihre quirlige, bejahende Seite nicht aus den Augen zu verlieren. Ihre Freundin Dione, selbst eine vaterlose, von ihrer Mutter mit eiserner Hand geformte Amazone, angehende Schauspielschülerin und von Janie Auer über alle Maßen entzückt, gab zu Protokoll: »Jane besaß eine unglaubliche Unschuld. Wir mochten uns noch so sehr in der Gosse wälzen, [selbst dann war] es einfach nur lustig mit ihr, niemals schmutzig oder gemein.« Dem treuen George steckte sie ein Poem zu, das für beide die Qualität eines Talismans besaß. Er durfte auch für eine Weile wieder in die Rolle des idealen Heiratskandidaten schlüpfen, wenn auch nur, um mütterliche Bedenken zu zerstreuen und einen Ablenkungsversuch zu inszenieren. Für ein paar Tage ging die Rechnung auf, im Hotel Meurice herrschte eitel Sonnenschein. Jane schrieb George: »Dann gab [Claire] mir einen Kuß, und alle setzten sich und sagten, was für ein wunderbares Mädchen ich sei und was für ein netter Mann Du – und wenn ich Dich in fünfundzwanzig Jahren immer noch heiraten wollte, könnte ich das. Mutter dächte gar nicht daran, sich meinem Glück in den Weg zu stellen.«[ERS]

Jane riß mit und mimte die geborene Entertainerin. Trat etwa die ambivalente Chansonlegende Gypsy Rose Lee im Nightclub des Great Northern Hotels auf, reservierte Jane den besten Tisch für ihre Clique und übernahm bei der anschließende Barrunde die Führung. »Es war wunderbar, mit ihr zusammenzusein«, befand der Maler und Librettist Maurice Grosser, der mit ihr zwei aufeinanderfolgende Sommer in Vermont verbrachte, »sie war charmant, pervers, streitsüchtig, dickköpfig und strahlte trotzdem eine immense Wärme aus – sie war wie eine Schwester.« Sie nahm, wie vielfach beobachtet wurde, Dinge und Menschen diffus wahr, als verrutsche ihr ein Objektiv, als verwackele sie ihre Aufnahmen absichtlich. Eine Taktik oder pure Hilflosigkeit? Anstelle einer Brille, um ihrer beträchtlichen Kurzsichtigkeit Herr zu werden, benutzte sie nämlich eine Lorgnette – das fand sie vornehmer. Ihre »Blindheit«, wenn sie das Hilfsmittel wieder einmal verlegt hatte, zog sie mit wegwerfenden Gesten ins Lächerliche. Sie machte sich nichts daraus, als Snob dazustehen: wenn sie nur nicht als Brillenschlange umherzulaufen brauchte. Und an den autoritären Komponisten und gefürchteten Musikkritiker Virgil Thomson, der zärtliche Zuneigung zu ihr empfand, schrieb sie brillante, vor Esprit nur so überschäumende und mit französischen Einsprengseln dekorierte Briefe wie diesen, den sie mit einundzwanzig in Èze an der Côte d'Azur anfertigte: »Hier ist kein Mensch, Darling, aber alle lieben sich gegenseitig. Es gibt eine paar hochnäsige Lesben aus Cagnes-sur-Mer, an der Ecke Avenidas Delicias und Las Palmas, und ansonsten bloß reihenweise Schwuchteln [Päderasten]. *C'est même pas bon pour passer le temps. Quand même un peu.* Das Klima ist wirklich wunderbar und sehr gut für Verrückte. ... Vielleicht sehen wir uns bald, was ich bezweifle. Ich bin so froh, daß Du Kritiker bist. Alles Liebe, Jane.«[GMG*]

»In ihr«, so resümiert die Jane-Bowles-Forscherin Millicent Dillon, »vereinigten sich die Gesten, das Verhalten eines kleinen Mädchens mit einer offensichtlichen Unschuld und einer enormen geistigen Kultiviertheit. Häufig sagte sie in einem Gespräch Dinge, die die Leute nicht verstanden. Ihre blitzschnellen Assoziationen waren niemals nachvollziehbar. Aber sie verriet auch nicht, welche Zwischenschritte sie gemacht hatte. Was sie sagte, war oftmals verwirrend und gleichzeitig umwerfend komisch. Doch wenn man [nach]fragt[e],«, was denn so komisch daran wäre, konnte niemand »eine richtige Antwort geben. Ihr Witz kam natürlich in den Worten [selbst] zum Ausdruck, aber auch im *timing*, in ihrem Wechselspiel von Stimme und Ausdruck[sweise].«[MD/ALO*] Das alles war Jane, und doch auch wieder nicht – nur verlor sie selbst zuweilen den Überblick. Man glaubte, sie durchschaut zu haben, man fühlte sich von ihr auf den Arm genommen, und sie wurde im Gegenzug, »hinter zehn Schleiern vor ihrem Gegenüber verborgen«, nur selten aus sich klug. Im Spiegel der Einzelbilder, die andere von ihr gewannen, setzte sie ihre Identität aus lauter Fragmenten zusammen; aus den Briefen Pauls, aus den Reaktionen ihrer Freundinnen, aus der vehementen mütterlichen Ablehnung, aus der begeisterten Akklamation, wie sie ihr in ihrem Party-Clan, in Salons und in Gesprächen mit Gleichgesinnten entgegenschlug, bastelte sie unerschütterlich am Puzzle ihrer Persönlichkeit. »Verpaß mir keinen Heiligenschein. Ich sage dir, wie ich wirklich bin«, bekamen Bewunderer dann unvermittelt zu hören. Nicht selten bedurfte es einer nahezu übermenschlichen Anstrengung, um die Fassung zu wahren, um den vorgegebenen Rahmen nicht ungebührlich zu überschreiten. Und genau in diesen seltenen Momenten, wo fremdbestimmte und selbsterworbene Visionen ihrer Person übereinstimmten und deren Bilder einander erfolgreich überlappten, brachte sie die größten Überraschungen fertig. Wie in jenen Wochen nach der Eheschließung, als die Jungvermählten Paul und Jane im Frühjahr 1938 nacheinander Panama, Costa Rica, Guatemala, Venezuela und Barbados bereisten, gemeinsame Erfahrungen austauschten und sich an einer gleich zweifach registrierten, dann zweifach schriftstellerisch angeeigneten und als Stoff für künftige Schreibprojekte verwendeten Tropenwelt berauschten.

Es war spät geworden an jenem Abend in Guatemala City, zu spät für den vernunftbestimmten Paul, der es vorzog, noch vor Mitternacht ins dortige Hotel Astoria zurückzukehren, ausnahmsweise allein und ohne Jane. Er ließ sie mitten im angeregtesten Palaver zurück, umringt von einer fröhlichen Runde aus einheimischen Studenten, mit denen sie beide bereits seit den Nachmittagsstunden über Kunst und Literatur debattierten. Ohne Paul, der sich bis dahin in die bewährte Nebenrolle geschickt hatte, drehte Jane erst recht gehörig auf und kam in Fahrt. Als das Thema abdriftete und der Vorschlag aufkam, gemeinsam aus Neugier und Übermut ein stadtbekanntes Bordell aufzusuchen, war sie nach anfänglichem Zögern Feuer und Flamme. Schon immer hatte es sie gereizt, aus erster Hand zu erfahren, was in Freudenhäusern eigentlich genau vor sich ging. Das hiesige versprach außerdem jede Menge Lokalkolorit. Niemand aus der Gruppe hatte damit gerechnet, daß Jane, ganz offensichtlich eine Touristin und kaum mit einer der anwesenden Prostituierten zu verwechseln, als Professionelle erachtet und zur Dienstleistung aufgefordert werden könnte.

Doch genau das geschah, als ein Leibwächter der Präsidentengarde das Lokal betrat, uniformiert und bewaffnet, und sich nicht davon abbringen ließ, ausgerechnet mit Jane in einem

Séparée zu verschwinden. Auf die jungenhafte, kurzgelockte Fremde war seine Wahl gefallen. Jane wollte er und keine andere. Es kam zu einem heiklen Gerangel, und Janes neue Freunde verstanden es mehr schlecht als recht, sie im letzten Moment durch das Hinterfenster einer Rumpelkammer hinauszubugsieren und verschwinden zu lassen. Es ging auf einen von Unrat und Abfällen verdreckten, gespenstischen Hinterhof. Sie saß in der Falle. Als abstruses Objekt der Begierde verbrachte sie, zitternd vor Angst, die kommenden nächtlichen Stunden verborgen hinter Mülltonnen und in Nischen dunkler Seitengassen irgendwo mitten in der unbekannten, verwirrenden Stadt. Oft keine zehn Meter von dem in Wut geratenen, lauthals ihr Erscheinen einfordernden *bodyguard* entfernt, der, mit Taschenlampe und gezückter Pistole herumfuchtelnd, nach ihr auf der Suche war. Betrunken und zum Narren gehalten, hatte er sich geschworen, dieses exotische Mädchen, das sich beim besten Willen nicht in diesem unheimlichen Rotlicht-Distrikt auskennen konnte, in irgendeinem Rattenloch ausfindig zu machen und sie an ihren *deal* zu erinnern. So schnell würde sie ihm nicht entwischen. Jane verbrachte einige an Sinneseindrücken reiche, schlaflose Stunden des beginnenden Tages, bevor sie sich, erst als die Sonne in jeden verfallenen Winkel hineinschien, vor Angst abwechselnd naßgeschwitzt, todmüde und durchgefroren, den Blick zu Boden gerichtet, auf umständlichen Nebenwegen im Zickzackkurs ins Hotel schlich.

Paul, auf dessen Frühstückstisch schon ein *café con leche* dampfte, stellte, ganz der diskrete Gentleman, keine Fragen. Es kam zu keinem inquisitorischen Kreuzverhör. Aber er sah ihr an, daß sie keine durchschnittliche Touristin mehr war, daß sie etwas Schreckliches durchgemacht haben mußte. Er sah, als sie ausdruckslos auf dem Bett hockend vor sich hinstarrte, daß sie mit einem Unbekannten eine »Reise bis ans Ende der Nacht« angetreten hatte. Und er vermochte nicht mit Gewißheit zu entscheiden, ob das gleißende karibische Tageslicht ausreichen würde, ihr den Weg aus dem langen, dunklen Tunnel zu weisen, in den sie sich aus freien Stücken manövriert hatte.

3

Ein Klavier am Ende der Welt
Freddy in Paris

Ich habe mich noch immer nicht richtig amüsiert in Paris.
Ob ich das im Frühling kann?
Ich würde so gern allein sein, arbeiten, lesen
und trotzdem ein paar aufregende Verabredungen haben,
auf die ich mich freuen kann.
Du sagst, daß ich in Tanger oder New York besser arbeiten kann,
aber es wird Tanger oder Paris sein, oder beides.
Ich habe keine Pläne, außer meiner Nase zu folgen…
Für mich ist, wie Du weißt, immer der Austausch das Interessanteste,
nicht so sehr die Landschaft oder die Atmosphäre.
Jedenfalls kann ich letzteres nie beim Schreiben ausdrücken.
Wenn das Leben hier unerträglich wird und mein Arabischkurs sich
in Luft auflöst,
könnte ich genauso gut nach Tanger zurückkehren.
Ich will aber nicht Hals über Kopf abreisen
und dann das Gefühl haben, daß ich meine Chance,
Paris zu genießen, für immer vertan habe.
Weiß der Himmel, wann ich wieder herkommen kann.

Jane in zwei Pariser Briefen an Paul (Februar 1950)[GMG]

Paris war ein einziges Vergnügen – sogar der morgendliche Gang
zur Arbeit.
Zu dieser Zeit war der Autoverkehr noch nicht so dicht,
daß er die Gerüche des Frühlings ersticken konnte.
In manchen Nächten war ich allein durch die Tatsache, hier zu sein,
so erregt, daß ich nicht ins Bett gehen konnte,
bevor ich nicht einmal durch die ganze Stadt gegangen war,
sagen wir, von der Place Denfert-Rochereau bis zur Place Clichy
und dann geradewegs ins Hotel zurück, in dem ich gerade wohnte.
Am nächsten Tag war ich angenehm müde
und befand mich in cinem vagen Schwebezustand.
Die Folge war, daß der Tag im Käfig schneller verging als sonst.
Und ich hatte die Aussicht auf eine Nacht tiefen Schlafs vor mir.

Paul über seine Ankunft
in der französischen Hauptstadt 1929 (1972)[WSR]

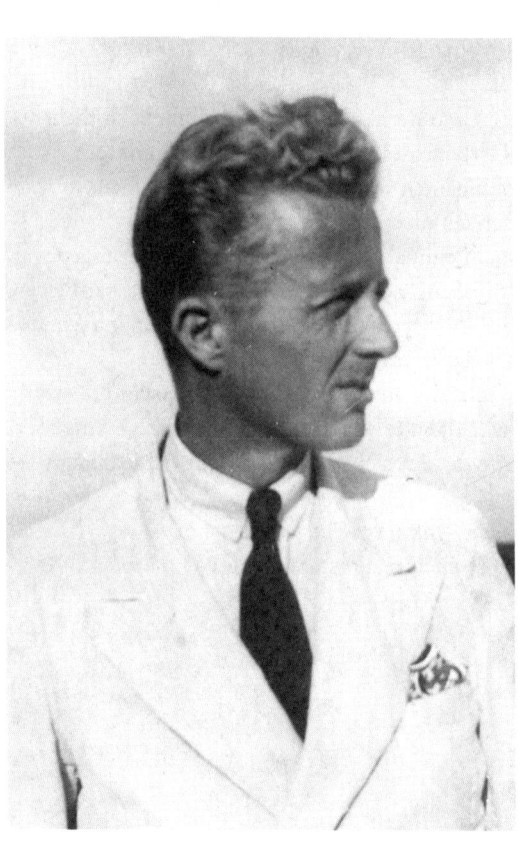

»Wohl zum ersten und einzigen Mal in der Geschichte hatte sich die intellektuelle Elite einer jungen Generation aus freien Stücken ins Exil begeben« – das Diktum des amerikanischen Übersetzers Samuel Putnam trifft den Nagel auf den Kopf. In einer Ära der Massenfluchten, der Pogrome und des Exodus, in der Millionen von Menschen, gepeinigt, vertrieben, gehetzt, nur um das nackte Überleben zu retten, verzweifelt westwärts schreiten, alsbald rasen, fliehen, ihr Leben lassen müssen, das Militär, Agenten, Denunzianten, danach auch die Wehrmacht und die Rote Armee im Nacken, machen sich, nur wenige Jahre zuvor, die besten Köpfe Nordamerikas in die umgekehrte Richtung auf. Aus rein ästhetischen Beweggründen. Gen Osten, nach Paris, wo die freieste Kunstausübung der Welt lockt und Interdisziplinarität das Gebot der Stunde ist, und nach Berlin, wo – noch – der scharfe, beißende Witz der literarischen Kabaretts die Produktivität von Cinéasten, Filmgenies, Diven und Diseusen anheizt. Nebst der Aussicht auf ungestörte Entfaltung aller erdenklichen körperlichen Genüsse und Neigungen. Ein Dorado. Da möchte auch Bowles nicht fehlen.

Ob Ausbruchsversuch, pubertärer Streich, egoistische Blitzaktion oder Pilgerfahrt, Initiationsritus, Bildungserlebnis, Expedition zum Kern des eigenen Selbst – die Motivationsfacetten sind vielfältig und nicht sauber voneinander zu trennen, als Paul in Boulogne von Bord geht. Von allem ein bißchen, und am liebsten alles zugleich. Er hat Glück, denn schon auf dem Dampfer ist er einer jungen, vermögenden Französin begegnet: Christine. Sie nimmt ihn mit in die Kapitale, er ißt sich inmitten ihrer vornehmen Familie satt, schmaucht unbeholfen an einer Zigarre und gerät so gleich in die richtigen Kreise. Auf dem Weg von der Gare Saint-Lazare in Christines feudales Appartement in Sichtweite des Invalidendoms lauscht er dem exotischen Hupen der Taxis, Droschken und Karossen und befindet, Gershwin habe den Sound dieser Großstadt in den Initialtakten seines *American in Paris* unlängst gar nicht so schlecht imitiert. Musik in seinen Ohren. Paul liefert sich dem Tohuwabohu aus. Sicher, die Hotels, in denen er schläft, sind schmutzig, feucht und laut, seine Ersparnisse gehen in dramatischem Tempo zur Neige, aber das wohlige Gefühl grenzenloser Freiheit ergreift Besitz von ihm.

Tagsüber verdient er sich ein paar Sous in der Telephonzentrale des *Herald Tribune*, wo man ihn gar nicht erst lange mit der Erteilung einer Arbeitserlaubnis behelligt: Sofort darf er anfangen, amerikanisch-pragmatisch. Er stöpselt hin und her, schaltet und verbindet mit schwitzigen Händen. Vor lauter Nervosität verwechselt er ziemlich oft Anrufer, Empfänger, Nummernfolgen und die dazugehörigen, aufblinkenden weißen *papillons*. Auch mit dem fremden Zungenschlag will es noch immer nicht so recht hinhauen, wenn er die *communications* herstellt. Doch ein Anfang ist gemacht. Ohne seine Vermittlung käme hier so manche akustische Verbindung überhaupt nicht zustande. Er spielt das Fräulein vom Amt, nennt die kleine Schaltzelle seinen »Käfig« und hat nebenbei noch genügend Zeit, sich umzuschauen. In der anregendsten kreativen Phase, die den Parisern seit Menschengedenken vergönnt war: dem *l'entre-deux-guerres*, der Zwischenkriegszeit.

April in Paris – man muß den Jazzstandard von Vernon Duke oder die Filmschmonzette mit Doris Day aus den frühen Fünfzigern nicht eigens bemühen, um das überbordende Panorama von Empfindungen zu skizzieren, das sich des jungen Ausreißers bemächtigt hat. Die Stadt hält, was sie verspricht, gibt sich pittoresk, provokativ, prickelnd. *A dream come true.* Frühling liegt in der Luft, das freche Parfüm der *années folles* spürt der empfindsame Abenteurer bei jeder Flanerie durch Luxembourg-Garten und Quartier Latin. Pech für Paul zwar, daß er ein paar Jahre zu früh oder zu spät dran ist – wie man's nimmt. Denn zehn oder fünfzehn Jahre jünger ist er als die Mehrzahl der *ex-*

patriates aus der *lost generation*, die das linke Seineufer bevölkern, zehn oder fünfzehn Jahre älter als die *beatniks*, und auch schon den *postwar writers* wie James Baldwin oder Gore Vidal ein paar Jährchen voraus, die ab 1945 in einem weiteren Schub amerikanischer Parisbegeisterung die Stadt heimsuchen werden. Er zählt hier zu einer Generation kulturhungriger Ausländer zwischen den Stühlen.

Das Erste Surrealistische Manifest ist längst formuliert und unterzeichnet worden, das Zweite geht gerade in den Druck. Das aufmüpfige Komponisten-Sextett der »Groupe des Six« hat sich mittlerweile etabliert. Bilderstürmer haben Konzertsäle in Hexenkessel verwandelt. In Galerien lustwandelt man zu hintergründiger *musique d'ameublement*. Die *Ballets Russes* und *Ballets Suédois* haben ihre aufsehenerregendsten Saisons bereits hinter sich, der Dadaismus wirft schon die Schatten einer klassischen Bewegung, Satie ist tot. Es sind keineswegs mehr die Aufbruchsjahre, als Cocteau sich noch einen Namen machen mußte oder die *Nouvelle Revue Française* um ihre ersten Abonnenten kämpfte. Alle sitzen recht fest im Sattel. William Carlos Williams, Ezra Pound und F. Scott Fitzgerald stehen schon in den literarischen Reiseführern, sind aus dem Stadtbild nicht mehr wegzudenkende *monuments parisiens*. Samuel Beckett erscheint auf der Bildfläche. Neue Paukenschläge bringen die Trottoirs zum Vibrieren. George Antheils *Ballet Mécanique* läßt die Bühne des Théâtre des Champs-Élysées in ihren Grundfesten erzittern; seine im Entstehen begriffene Oper *Transatlantic* gibt schon im Titel Motto, Programm und Bewegungsrichtung vor: experimentelle »American Art«, *made in Paris*. Alle Künste sind beteiligt. Die Metropole ist im Aufruhr.

Abgebrüht sind jedoch nur die Propagandisten der ersten Stunde. Aufregend ist es hier dennoch geblieben, in dieser besten aller Welten. Strawinsky zeigt seinen *Renard*, Prokofjew seinen *Pas d'acier*. Das Monumentalwerk *Ulysses* von James Joyce, der dessen Erscheinen der epochalen Verlegerleistung von Sylvia Beach und ihrer mythischen Buchhandlung »Shakespeare & Company« verdankt, ist inzwischen auch auf Französisch greifbar, Valéry Larbaud hat sich soeben auf Französisch durch diesen Prosadschungel geschlagen. Das grandiose Buch, ein tonnenschwerer, unverdaulicher Pflasterstein, liegt in den Vitrinen. Seite an Seite mit André Bretons urbaner Experimental-Romanze *Nadja*, Antoine de Saint-Exupérys Flugpoem *Courrier Sud*, Paul Claudels »totalem Theater« vom *Seidenen Schuh* und Julien Greens schaurig-schönem Roman *Léviathan*. Louis Aragon schickt seinen *Paysan*, Léon-Paul Fargue seinen *Piéton* durch die Straßen und Boulevards von Paris. Djuna Barnes' *Ryder* beschäftigt die kleine, ausgesuchte Gemeinde freiwilliger Exilanten. Um die Gunst der extrovertiertesten Neuankömmlinge, morgen schon *le dernier cri*, buhlen zwei bemerkenswerte, charakterstarke Salondamen, Natalie Barney in der Rue Jacob und Gertrude Stein in der Rue de Fleurus, und bitten Persönlichkeiten zum Tee, deren markante Profile sich möglichst eindrucksvoll von den an die Wände gepflasterten kubistischen Gemälden eines Picasso oder Braque abheben sollen.

Dalí und Buñuel drehen *L'Âge d'or* und schockieren selbst hartgesottene Avantgardisten mit ihrem *Chien andalou*, Hemingway streunt zwischen Pferdewettbüros und der *Coupole* in Montparnasse entlang; an Alexander Calders befremdenden Skulpturen, in *rive-gauche*-Galerien zur Diskussion gestellt, entzündet sich die öffentliche Meinung. Dies ist immer noch die Stadt, in der Strawinskys *Sacre du Printemps* und Saties *Parade* Skandalgeschichte schrieben, der Ort, an dem Raymond Radiguet den *Teufel im Leib* verspürte, der Schauplatz, von dem aus *Carmen* oder *Pelléas* ihren Triumphzug um die Welt antraten. An dem Man Ray die Photographie revolutionierte und einen Harem talentierter Assistentinnen wie Dora Maar, Gisèle Freund und Ré Soupault um sich scharte. An dem Marcel Duchamp die Kunstwelt aus den Angeln hob, indem er brave Louvre-Gänger mit *ready-mades,* verführerisch trivialen, aus ihrem Kontext gelösten Alltagsobjekten das Fürchten lehrte. Ein Paradies irdischer Glückseligkeit – für all diejenigen, die das Privileg haben, ungestört ihren Neigungen nachgehen zu können.

Bowles geht systematisch spazieren. Er reiht sich in die

Schlange der Promeneure ein, die sich in Paris ihre Sporen verdient haben. Er durchstreift das Marais-Viertel, schlendert an Oscar Wildes Sterbehaus in Saint-Germain vorbei, wirft einen eingehenden Blick in Adrienne Monniers Librairie auf der Anhöhe vorm Odéon, läßt die Schlagschatten eines Giorgio de Chirico, wie sie die Schenkel und Verstrebungen des Eiffelturms auf seiner schmächtigen Gestalt abzeichnen, ihr Gittermuster auch auf sein *greenhorn*-Gesicht werfen und verkneift sich am frühen Morgen, wenn er mit brennenden Fußsohlen in sein durchgelegenes Hotelbett fällt, nach Überprüfung seiner prekären Budgetlage das standesgemäße Frühstück mit *café crème* und *croissants*. So schwer es ihm auch fällt. »Paris war eine wunderbare Stadt. Sehr viel schöner als New York. Oft ging ich nachts zu Fuß von der Place Denfert-Rochereau zum Montmartre. Das war einer meiner Lieblingsspaziergänge. Es waren wenige Leute unterwegs, die Stadt war sehr geheimnisvoll. Jede Nacht wurden die Straßen gewaschen, und alles glänzte, war überzogen von Geheimnis. Natürlich, wenn ich [dort] aufgewachsen wäre, hätte ich die Stadt bestimmt nicht so wunderbar empfunden, aber für mich war sie neu. Ich liebte auch die heruntergekommenen Viertel der Vorstadt, wie Pantin, da war es zum Teil wirklich sehr düster. Aber das machte Paris nur geheimnisvoller. 1929, auch noch später, gab es keine Touristen, nur einzelne Reisende. Keine fünfunddreißig auf einmal, keine Busladungen voll. Jetzt ist Reisen nicht mehr möglich.«[PB/TNG] Kein Zweifel, hier spricht nicht länger der auf die Barrikaden gegangene Dentistensohn Paul, der, seinen besorgten Eltern ein Schnippchen schlagend, vor gefälliger Kulisse sein Mütchen kühlen möchte, hier artikuliert sich der achtzehnjährige Großstadtmelancholiker, Beinahe-Komponist und routinierte Poet, ein einsamer, mit allen Wassern der Moderne gewaschener Wolf, bereit zum Sturm auf eine imaginäre Bastille. Und doch sind seine Entdeckungsreisen die Streifzüge eines unverbesserlichen Romantikers. Verzerrt wahrgenommene Momentaufnahmen aus der verklärenden Perspektive eines Verzauberten. Es ist ein Wunsch-Paris, das er sich in einem halben Jahr erschließt, mag er auch allabendlich sein notdürftig durchs Wasser gezogenes Hemd an der Innenseite der Hotelzimmertür mit einer Reißzwecke zum Trocknen anpinnen. Seine Mittellosigkeit ist vorübergehend, selbstgewählt und schick.

»Zwei Bedingungen müssen erfüllt sein, ehe jemand auswandert: Einmal muß ihm das angestammte Land derart unattraktiv vorkommen, daß er es verlassen möchte, außerdem muß er um ein Land wissen, das ihm bessere Lebensbedingungen bietet oder zu bieten scheint. Ein dritter Faktor«, so Michael Schulte, Herausgeber einer gelungenen Paris-Anthologie, »kommt hinzu: Man muß es sich *leisten* können, auszuwandern. Darum ist es kein Zufall, daß viele der Expatriates in Paris der wohlhabenden Mittel- und Oberklasse entstammen. Anders als ihre Väter und Großväter wurden sie nicht von wirtschaftlichen Erwägungen veranlaßt, in ein fremdes Land überzusiedeln.« Immerhin 25 000 US-Bürger sollen in den *roaring twenties* ihre Zelte vorübergehend oder dauerhaft in Paris aufgeschlagen haben. Und ließen es sich, trotz offenkundiger temporärer Entbehrungen, letztlich ganz gut gehen. »Die meisten amerikanischen Schriftsteller«, bekannte ein Zeitzeuge, der Journalist William L. Shirer, freimütig, »*sprachen* lediglich vom Schreiben. Nächste Woche oder nächsten Monat würden sie womöglich ernsthaft anfangen, an ihrem ›Buch‹ zu arbeiten, aber [es] wurde dann nie etwas [daraus]; sie taten nichts anderes, als auf den Terrassen der Cafés und Bars herumzusitzen.« Idealer Nährboden für Abseitiges: Wenn *petit rouge* und Pensionszimmermiete nur ein paar Sous kosteten, ein *menu fixe* zum Selbstkostenpreis zu haben war, blieben die ausschlaggebenden bescheidenen Mittel übrig, wie sie zur Förderung von Kleinstverlagen, Handpressen, unrentablen Graphikeditionen unentbehrlich waren. Esoterisch-abgehobene und vom Weltgeist getragene Revuen und Periodika wuchsen in allen Weltsprachen wie Pilze aus dem fruchtbaren Pariser Boden. Niemand verdiente etwas Nennenswertes damit, alle kannten sich aber in diesem »Souterrain« aus. Jeder hatte mindestens eine Handvoll Projekte in Aussicht, zarte Triebe mit mächtigen Wurzeln. Es ging Schlag auf Schlag. Das artistische

Unterholz verzweigte sich und breitete sich flächendeckend aus. Begabte *newcomer* wurden wie Frischfleisch herumgereicht. Von den drei Empfehlungsschreiben, die Mary Crouch ihrem Protégé mit auf die »Rijndam« gegeben hatte, erwies sich das Kuvert, das ihn mit Madame Daniloff im Vorort Boulogne-sur-Seine in Verbindung brachte, als das bei weitem nützlichste. Bei ihr stieß Paul auf intellektuellen Austausch, wurde mit mütterlicher Fürsorge umhegt und kam stets in den Genuß einer warmen Mahlzeit. Während ein zünftiges *omelette au gruyère* für ihn auf dem Herd brutzelte, versuchte Bowles, ihrem angegrauten Ehemann, einem ehemaligen weißrussischen General, der sich mit politischen Biographien herumschlug, Militärgeheimnisse aus der Zeit vor der Revolution zu entlocken. Doch der Alte zeigte sich wortkarg und brummelte Unverständliches in seinen Bart. Von Mrs. Crouchs Mitbringsel für das Emigrantenpaar, einem prosowjetischen Schmöker mit dem ominösen Titel *Hammer und Sichel,* ein Bändchen, das Paul ursprünglich Tür und Tor bei ihnen öffnen sollte, zeigten sich seine neuen Freunde rundheraus entsetzt: Was die Vorzüge der neuen Moskauer Machthaber und deren fragwürdige Ideologie realpolitisch tagtäglich jenseits des Ural für die Menschen bedeuteten, hatten sie am eigenen Leibe erfahren müssen – schwärmerische kommunistische Gesinnungsbibeln, die in aufgeklärten amerikanischen Kreisen offenbar wie göttliche Verlautbarungen gehandelt wurden, hatten ihnen da gerade noch gefehlt. Das Machwerk flog ungelesen ins Kaminfeuer. Bowles, den sie liebgewannen, durfte trotzdem bleiben und sich in ihrem Salon sattessen. Gemeinsam mit Kay Cowen, einer jungen Amerikanerin, deren Bekanntschaft er in Boulogne gemacht hatte, wurde er zu Tristan Tzara eingeladen und bewunderte in den Privatgemächern des einstigen Dada-Fürsten dessen Sammlung afrikanischer Masken, sein Monokel und einige exotische Katzen. Wie eine streunende Katze, die sich von mitleidigen Zufallsfrauchen und -herrchen durchfüttern läßt, kam er sich selbst bereits vor – mit den Daniloffs als edlen Spendern. Als ihm Kay dagegen mit leuchtenden Augen von einem magischen Ort namens Marrakesch in den Ohren lag, wurde er schnell wieder hellhörig und schob den blankgegessenen Teller beiseite.

Madame Daniloff nahm auch den Ausbau von Bowles' musikalischen Kenntnissen tatkräftig in die Hand, denn schließlich war ihr junger Schützling ja zur Vervollkommnung seiner künstlerischen Ausbildung über den Großen Teich gehüpft und nicht allein zum Plündern ihrer Speisekammer. Zu ihrem größeren Bekanntenkreis gehörte wundersamerweise auch der große Sergej Prokofjew, dem sie das Versprechen abgerungen hatte, Paul zwecks eines eventuellen Unterrichtsverhältnisses zu empfangen, um ihn auf Herz und Nieren zu prüfen. Das entscheidende Rendezvous mit dem Meister, vor dem Bowles angst und bange war, wurde auf fünfzehn Uhr an einem Samstagnachmittag im benachbarten Passy, nicht weit vom Domizil seiner russischen Gönner, festgesetzt. Ohne sich im einzelnen an seine Beweggründe erinnern zu können, saß der vermeintliche Eleve just zu diesem Zeitpunkt in einem Fernzug, der die Pariser Gare de l'Est in Richtung Osten verließ.

Das große Muffensausen hatte Besitz von ihm ergriffen, und während die Bahn genau um drei Uhr munter auf Saverne, einen ihm völlig unbekannten Ort, zuhielt, hatte ihr Fahrgast Paul Bowles die Stirn, eine Koryphäe wie Prokofjew, um dessen Kompositionsstunden sich Hunderte von willigen Studenten in ganz Europa gerissen hätten, zu versetzen. Er kniff einfach. Er erkundete den Osten Frankreichs, überquerte die Grenzen nach Deutschland und in die Schweiz, spazierte durch Schwarzwald und Vogesen und machte die Gebirgsketten um den Genfer See unsicher. Eine Landpartie, eine Wald- und Wiesenaktion, alles andere als dazu angetan, seinen Namen in den Kanon der musikalischen Weltrevolution einzuschreiben.

Der Neutöner gerierte sich als Wandervogel. Und auch, als er im Siebten Arrondissement vor den Büroräumen von *transition* herumlungerte, trug die Feigheit den Sieg davon – er brachte es einfach nicht über sich, die Klinke niederzudrücken, selbstbewußt in die Redaktion zu marschieren und sich als ein bereits mehrfach von den Verantwortlichen zur Veröffentlichung ausgewählter Lyrikautor vorzustellen. Er befand, daß sein äußeres Erscheinungsbild, das eines abgerissenen, wankelmütigen Amerikaflüchtlings, noch nicht ganz trocken hinter den Ohren, einfach nicht mit dem Bild, das er sich so gern von sich gemacht hätte, übereinstimmte.

Das fanden auch Mrs. Crouch und Miss Sue, Paul nach Europa hinterhergereist, um die Fortschritte des flügge gewordenen Paris-Novizen vor Ort zu begutachten. Sie mißbilligten sein unverändertes »Outfit«, für ihren Geschmack immer noch viel zu neuenglisch und zu ungepflegt. Sie waren selbst der Klischeevorstellung erlegen, Bowles würde ihnen mit lustigem Spitzbärtchen, Baskenmütze und dem unvermeidlichen Poncho der Sorbonne-Studenten gegenübertreten, eine schon fast karikaturistische Kostümierung, wie sie bestenfalls noch auf Montmartre-Postkarten wiedergegeben wurde. Den Gefallen tat er ihnen nicht. Sie überschütteten ihn mit Vorwürfen und zeigten sich von seinem bisherigen Werdegang ganz offen enttäuscht, mochte er unterdessen auch ein paar neue, an der Seine verfaßte Gedichte, einige davon auf Französisch, in den tonangebenden amerikanischen, belgischen und Pariser Lyrikrevuen untergebracht haben.

Poetische Elaborate seiner jüngsten Spritztour an die Côte d'Azur wie *Promenade des Anglais* oder *Sonata* hatte Charles-Henri Ford im New Yorker Periodikum *Blues* publiziert – sie trug den frivolen Beinamen »Eine bisexuelle Zweimonatsschrift«; die alle zwei Monate erscheinende *Anthologie du Groupe Moderne d'Art de Liège* hatte unterdessen andere »Versuche« Pauls zur Veröffentlichung angenommen. Aber das reichte auch nicht annähernd, um seine beiden Fluchthelferinnen von einer grundlegenden Wandlung seiner Persönlichkeit überzeugen zu können. Sie hatten mehr von Paul erwartet und warnten ihn, würde er unverrichteter Dinge wieder abreisen oder es auch nur wagen, keinen vollständigen Bruch mit seiner bourgeoisen Vergangenheit zu vollziehen, käme er sein Lebtag nicht über diese Schmach, diesen Rückzieher hinweg. Eingeschüchtert versprach Bowles, sich zu bessern und an seiner Karriere als hundertprozentiger *outcast* zu arbeiten. Seine Beteuerungen gingen in einem erregten Wortgefecht zwischen Crouch und Daniloff unter, die sich beim besten Willen nicht über die Errungenschaften der Bolschewiken einigen konnten und sich wie Streithähne in den Haaren lagen.

Zuerst bemühte er sich um eine neue Anstellung und fand sie – in der Devisenabteilung des »Banker's Trust« an der Place Vendôme. Auch hier begnügte er sich mit einem Gastspiel. Durch seine Unachtsamkeit ging der Institution eine größere Summe verloren, die Paul unverzüglich wieder einzutreiben hatte. Er kam gerade noch ungeschoren davon. Da traf es sich gut, daß Mary Oliver, die Tochter von Mrs. Crouch, soeben in London einen vermögenden Kaufhauserben geehelicht hatte und bereitwillig, bedrängt von verzweifelten Schreiben der unermüdlichen Madame Daniloff, ihr Scheckbuch für Paul zückte. Großzügig stiftete sie ihm eine beträchtliche Summe. Und der Duc de Saint-Simon, Christines schwerreicher Bruder, steuerte ebenfalls etwas bei, um Bowles die Fortsetzung seines Aufenthaltes zu ermöglichen. Mit solchen unvermuteten Gaben für sein chronisches Nichtstun reich beschenkt, nahm er beim »Banker's Trust« auf der Stelle seinen Hut und verpraßte die Einkünfte auf weiteren, unkoordinierten Stippvisiten überall dort in Westeuropa, wo es ihm gerade gut gefiel. Deutschland zählte dabei nicht gerade zu den bevorzugten Stationen seines Müßiggänger-Parcours. Für die beflissene Zurschaustellung des dortigen Bildungsbürgertums hatte er nur Verachtung übrig: »Die Deutschen waren freundlich, aber gänzlich uninteressant. Mir leuchtete ein, warum sie soviel Wert auf das Wort ›Kultur‹ legten: Sie besaßen keine und hofften, sich eine zu verschaffen, indem sie den Begriff dauernd im Munde führten. Bier und Erdbeeren waren hingegen ausgezeichnet.«[WSR*]

Fremden Frauen zerriß es förmlich das Herz, wenn sie den hübschen, mittellosen Paul mit seiner trotzig aufgeworfenen Unterlippe und dem mickrigen Dreitagebart vor sich hatten. Für diesen Jüngling, der es ihnen keineswegs lohnte, opferten sie sich auf, plünderten Bankkonten, telephonierten, bettelten, verfaßten glühende, meist von Erfolg gekrönte Bittstellerbriefe. Nur von seinen eigenen Eltern erhielt er nicht einmal einen Centime. Bowles selbst rechnete mit heroischer Naivität längst damit, ihnen ohnehin nie wieder über den Weg zu laufen. Über ihre etwaige Vergebung machte er sich keine Illusionen. In den USA hatte die Aufdeckung seiner geglückten Flucht in der Zwischenzeit freilich hektische Betriebsamkeit ausgelöst. Rena, von der Zimmerwirtin in Charlottesville über Pauls beständiges Fernbleiben alarmiert, mißinterpretierte ein verbliebenes Telegramm von Bruce Morrissette an ihren Sohn, indem sie die gedruckte, ausgeschriebene Interpunktionsanweisung »colon« (also »Stopp« oder einfach Semikolon) für Colón hielt, eine größere Stadt des mittelamerikanischen Staates Panama, direkt am gleichnamigen Kanal gelegen und benannt nach der spanischen Aussprache des Entdeckers Kolumbus. Fieberhaft, unter Einschalten der dortigen Botschaft, ließ sie dort, in seinem und Janes künftigen Flitterwochenziel, nach ihm suchen, bevor sie sich eingestehen mußte, auf dem Holzweg zu sein. Und fügte dem zentralamerikanischen Mißverständnis ein weiteres hinzu: Von Madame Daniloff endlich über den tatsächlichen Aufenthaltsort ihres ausgerissenen Sohnes per Depesche informiert und entsprechend erleichtert, verwechselte sie den Wortgebrauch von »cure«, Heilung, von der Weißrussin verwendet, um ihrer Besorgnis um Pauls delikaten Gesundheitszustand Ausdruck zu verleihen, mit einer angeblich in Erwägung gezogenen Entziehungskur nach übermäßigem Rauschgiftkonsum. Daher zeigte sie sich hartherzig und entschlossen, diesen Ausschweifungen auch nicht den geringsten Vorschub zu leisten. Paul nahm es mit Humor. »Natürlich schickten sie mir keinen Penny. Das hatte ich von Anfang an gewußt. Die arme Madame Daniloff konnte es kaum fassen, daß Eltern es fertigbrachten, sich der Bitte ihres einzigen Kindes derart zu versagen. Sie kannte [eben] die Mentalität der Neuengländer nicht, nach der jedes [verwerfliche] Handeln auch [entsprechende] Konsequenzen zeitigte.«[WSR*]

Nicht auszudenken, wenn Bowles in der Tat eine bedeutende Finanzspritze benötigt hätte, um mit einem langwierigen Klinikaufenthalt einer Drogenabhängigkeit Herr zu werden! Einstweilen litt er an weit harmloseren Gebrechen und ließ sich von seiner russischen Madame, der seine Abgezehrtheit, Blässe, Nervosität und Magersucht Sorge bereiteten, artig zu einem Spezialisten schleifen. Ein Luxushonorar wurde sogleich fällig, als ihn der senile Arzt nach seinen Selbstbefriedigungspraktiken befragte und zur Kompensation ausgiebiges Jogging im Bois de Boulogne an frischer Luft empfahl. Unter Kopfschütteln und überzeugt, es mit einem Quacksalber zu tun zu haben, verließ Paul die Sprechstunde des Scharlatans, nickte der alten Daniloff aufmunternd zu und widmete sich, entschlossen, auf Dauer ein dünnes Hemd zu bleiben, im Gegenzug hochmotiviert der Erweiterung seines physischen Horizontes, die er selbstironisch unter dem Stichwort »doppelte sexuelle Initiation« dargelegt hat. Es nahm seinen Anfang mit Hermina, einer hübschen, heißblütigen Exil-Ungarin, die ihn auf der Restaurantterrasse des *Dôme* in Montparnasse auflas. Tags darauf fand er sich mit ihr und einem anderen Pärchen in Creil wieder, im Pariser Südosten. Es war ein heißer Sommernachmittag. Zwischen sonntäglicher Kahnpartie, Schilfschwimmen und Wiesenspaziergängen ging Bowles seiner Badehose verlustig und verlor, es wurde auch langsam Zeit, im Sonnenuntergang seine Unschuld. »Ich bin die Blume, du der Stengel!« tönte Hermina nach erfolgter Defloration. Es kam zu keiner Fortsetzung. Aber der Sonnenbrand, den er sich bei dem Ausflug zuzog, und die heftig juckenden Waden, vom Kontakt mit unzähligen Brennesseln gereizt, die ihm bei der Eroberung Herminas im Weg waren und seine Unterschenkel streiften, während sie sich aneinander abmühten, waren sichtbare Spuren seines Zugewinns an Virilität und Vertrautheit mit dem schönen Geschlecht.

Initiation Nummer zwei, die körperliche Zuwendung eines älteren Herrn, schickten ihm Claude und Rena, ohne es zu wollen, direkt nach Paris, vor seine Füße. In Gestalt eines Nennonkels, Huberts, eines distinguierten Herrn mittleren Alters. Daddypapa und Daddymama hatten sich seiner als Kleinkind, Opfer einer Familientragödie in Alabama, erbarmt und ihn an

Sohnes Statt großgezogen. Aus dem armen Wurm und Waisenkind war »Uncle Hubert«, durch und durch ein Selfmademan, geworden, immens erfolgreich und einer der gefragtesten Couturiers und Modeschöpfer Nordamerikas. Der mondäne, vom persönlichen Kapitalzuwachs beherrschte Geschäftsmann besaß sein eigenes Modehaus an prominenter Adresse an der Fifth Avenue Ecke Central Park, leistete sich mehrfach im Jahr Einkaufsreisen in die Alte Welt, wobei er stets auf großem Fuß lebte, und stattete seinen eigenen Körper mit allen erdenklichen Annehmlichkeiten aus, hüllte ihn in feinste Stoffe, trug erlesenen Schmuck und stolzierte als gepflegter Dandy durch die französische Hauptstadt. Nun hatte man ihn also auserkoren, sich seines verschwundenen »Neffen«, Claudes verlorenen Sohns, anzunehmen. Mit Kennerblick identifizierte er den appetitlichen jungen Mann als verbesserte, gutaussehende Ausgabe von dessen verhärmtem Vater. Und drückte diesen Befund auch entsprechend aus. Lob und Huldigungen schmeichelten Paul, und eine ihn im Übermaß verwöhnende, so stil- wie geschmackvolle Umgebung war schon immer nach seinem Gusto gewesen. Im Hôtel Daunou, direkt über »Harry's Bar«, ließ er die obligatorische Verführung über sich ergehen. Als »gefühllos, lächerlich« und »kaltblütig« tat er die Szene später ab, doch er zog sich auch nicht aus der Affäre. Vermutlich ahnte er, daß hinter der Anbändelei ein Deal steckte, und nach der Liebesnacht rückte Onkel Hubert erwartungsgemäß mit der Information heraus, daß er von Claude beauftragt worden sei, Paul, mit einem üppigen Scheck aus Long Island versehen, neu einzukleiden. Treuhänderisch gewissermaßen. Nun erbot er sich selbst, womöglich als Gegenleistung für unverhofft erwiesene Gunst seitens des Jünglings, für Ausstattung und ein paar nette Ausflüge im Sportwagen durch die schönsten Orte Europas aufzukommen. Paul ergriff die Gelegenheit.

Bowles hatte sich schon die ganzen Monate über nach einem Reisegefährten gesehnt, wenn ihn das Pariser Abenteuer zuweilen doch etwas einsam und unpersönlich anmutete. Morrissette, dessen Kommen er in Briefen vergeblich erfleht hatte, hatte sich, schon aus Gründen der Entfernung, nicht blicken lassen. Jetzt machte er das Beste aus der eigentümlichen Situation – man stelle sich vor: Der Retter seiner Eltern hatte als eitler Liebhaber einen sehr besitzergreifenden Arm um ihn gelegt – und durchquerte nach Lust und Laune das exklusive Europa, so, wie es Huberts anspruchsvollem Lebensstil eben entsprach. Man stieg, das sagte dem heranwachsenden Snob durchaus zu, selbstverständlich ausnahmslos in Nobelherbergen ab. Er fand Gefallen an der dekadenten Scharade, ohne übermäßige Turtelei mimte er den launischen, verwöhnten Bosie, während Hubert den nachsichtigen Galan Wilde gab. Nach Venedig, wohin es den gleich zweifach entjungferten Paul zog, ging die Reise dann doch nicht, wohl aber nach Tirol und Sankt Moritz, in feine Badeorte wie Deauville oder an den schönen, schon mediterrane Aura verströmenden Comer See. Er fand sogar noch die Zeit, Christines spendable Verwandtschaft in Dîves und Saint-Malo aufzusuchen. Seine »voyage automatique« war wieder einmal in vollem Gange. In der Nähe des Mont Saint-Michel, auf der Grenze zwischen Normandie und Bretagne, machte er erstmals faszinierende Bekanntschaft mit einem Papagei und verlor dabei einen berühmten Schauplatz Prousts, zudem die Herberge von William the Conqueror und lokale Hauptattraktion, völlig aus den Augen.

Und eines Nachts am Ärmelkanal gelang es Hubert denn auch, den vergnügungssüchtigen Minderjährigen in ein Casino hineinzuschmuggeln. Beim Glücksspiel um die *petite boule* machte Paul im Handumdrehen zweihundertfünfzig Dollar, ein Vielfaches seines Pariser Salärs, und setzte sich geistesgegenwärtig auf der Stelle zur Ruhe. Der Onkel verlor im Laufe derselben *soirée*, ohne mit der Wimper zu zucken, stattliche viertausend Dollar. Das waren in etwa die Größenordnungen, in denen er sich bewegte, und er griff wohlweislich auch nicht ein, als er Paul aus dem Augenwinkel dabei beobachtete, wie der sich am Bartresen mit immer neuen Cocktails vollaufen ließ. Am nächsten Morgen hatte der betuchte *gentleman*, wie erwünscht, beim Champagnerfrühstück ein Häufchen Elend vor sich. Bowles junior war verkatert und weichgekocht, heulte Rotz und Wasser, und es waren seinerseits lediglich noch eine Handvoll beschwichtigender, einfühlsamer Sätze vonnöten, bis der Junge von selbst darauf kam, wie ratsam es sei, schleunigst reumütig nach Long Island zurückzukehren. Mit eingezogenem Schwanz in den Schoß der ungeliebten Kleinfamilie. Vom Casino in Deauville war es nicht mehr weit bis zum nächsten Transatlantikhafen. Hubert hatte seine Aufgabe bravourös gemeistert. Stolz auf seine Talente als sexueller Pädagoge und Wiederhersteller gefährdeten Generationenfriedens hievte er Paul in Le Havre auf die verhaßte Retourkutsche in Dampfergestalt. Daß das Schiff bezeichnenderweise »Paris« hieß, war für den unglücklichen Heimkehrer nichts weniger als blanker Zynismus. Mitten im Sommer trat er den Rückzug an, der Pariser Spuk war vorüber. Ganze fünf Monate hatte er währen dürfen.

Es war eine Niederlage. Schmach und Schande. Da gab es nichts zu deuten oder zu beschönigen. Eine Bankrotterklärung für sein künstlerisches Ego. Wie sollte er jemals zu einer Identität als echter *expatriate* vordringen, wo er doch noch kein richtiger Poet, geschweige denn ein Komponist war? Nichts hatte er vorzuweisen. »Ich brauchte unbedingt einen sozialen Status.« Es hätte ihm schon gereicht, einmal von einem Kollegen als seinesgleichen angesprochen oder erwähnt zu werden. Er wagte es kaum, Mrs. Crouch unter die Augen zu treten. Bruce und Burns allein gestand er seine Zerknirschung ein. Zurück in New York bilanzierte er, daß er in Paris niemanden getroffen hatte, der ihn auch nur ein Stück hätte weiterbringen können. Fürwahr niederschmetternd. Das Menschensammeln war schon zu Ende gewesen, bevor es richtig angefangen hatte. Claude und Rena, die ihn in den Staaten am Pier abholten, ließen es erstaunlicherweise mit stillen Vorwürfen sein Bewenden haben. Auf untergründige Weise hatte seine Brachialaktion ihnen Respekt eingeflößt, ihre finanziellen Auslagen und besonders Renas Kummer wurden stillschweigend übergangen.
Vorerst zumindest – einige Wochen später herrschte sein

Vater ihn dann an, Paul möge wenigstens Rücksicht auf Rena nehmen, der seinetwegen schon graue Haare wüchsen. Nach dem fatalen Messerwurf auf Claude war Bowles jedoch unfähiger denn je, mit den beiden Mitleid zu empfinden, sie als Menschen, losgelöst von ihrer elterlichen Funktion, zu betrachten und sich zu einem ganz normalen Sohnesverhalten durchzuringen. Nach ein paar Wochen zog er endgültig von zu Hause aus. Er war das lange Pendeln aus den *suburbs* satt und hatte außerdem einen Job in *Dutton's* Buchhandlung im Herzen von Manhattan an Land gezogen. Dort kümmerte er sich um die Reisebücher- und Landkartenabteilung, was die obsessive Lektüre von Erlebnisberichten und das nächtliche Schmökern in Stadtplänen und Reiseführern zur Folge hatte. Hervorragendes Rüstzeug, das er in den kommenden Jahren bestens würde gebrauchen können.

Er machte geringfügige Fortschritte. Er hatte endlich sein eigenes, bescheidenes Zimmer im Village, mit zugehörigem Kamin. Die Affäre mit Peggy flackerte wieder auf. Er besorgte ihr einen Zweitschlüssel und war gerührt, wenn er abends nach der Arbeit beim Nachhausekommen auf seine junge Freundin traf, die im Schein des Feuers in seinen Manuskriptseiten zur Erstfassung von *Without Stopping* blätterte. Ein Exzerpt daraus, mit dem Titel *A White Goat's Shadow*, brachte *Argo, An Individual Review* in Princeton heraus. In einem *stream of consciousness* hatte er hierfür die Pariser Monate vor seinem inneren Auge vorbeidefilieren lassen. Seine künstlerische Auto-Therapie. Ein Surrogat bis zum unausweichlichen Wiedersehen mit Paris in naher Zukunft. Er tummelte sich in anderen Universitätsstädten, so auch in Richmond, wo Bruce Morrissette das Avantgarde-Periodikum *The Messenger* edierte. Er schloß neue künstlerische Freundschaften mit jungen Männern wie John Widdicombe und dem extrem umtriebigen, erotisch experimentierfreudigen Harry Dunham, deren Ausläufer seine künftigen Wanderjahre bestimmen sollten. Er pilgerte zu einer Aufführung von Martha Grahams bahnbrechender Choreographie von Strawinskys *Sacre* nach Philadelphia. Und im Winter fand sein erstes *poetry reading* mit eigenen Texten in Charlottesville statt. Der Abschluß nach einjährigem Studium in Virginia, ohne Titel oder Finalexamen, war sein endgültig letztes Zugeständnis an Claude und Rena. Eines Abends waren sie aus dem Nichts vor der Buchhandlung aufgetaucht, um ihn zur Rede zu stellen. Wollten wissen, warum er sich erneut nicht mehr bei ihnen blicken lasse. Ihnen war gerüchteweise zu Ohren gekommen, Paul hätte heimlich geheiratet. Er lachte nur kurz auf und ließ sie vor den Bücherbergen an der Fifth Avenue einfach stehen. Er war flügge geworden. Sie fühlten sich von ihm überfordert, er war ihnen über den Kopf gewachsen. Sie hatten sich auf eine Statistenrolle in seiner späteren Vita einzurichten.

Peggy gefiel ihm eigentlich recht gut. Sie brachte, eine Vorläuferin von Jane, das richtige Maß an Exzentrik mit, um es an der Seite des unsteten, unnahbaren, mit sich selbst ringenden Vagabunden eine Weile auszuhalten. In ihrem nagelneuen, auffälligen Pelzmantel, den ihr reicher Dad ihr für die kalte Jahreszeit verehrt hatte, brachte sie es fertig, Brennholz klauen zu gehen, hinter den finstersten, gefährlichsten Bretterstapeln und Lagerhäusern der Lower East Side. Das war ihre Vorstellung von Romantik. Paul mußte energisch eingreifen, laut Verbote und Befehle erteilen, ihr Vorsichtsmaßnahmen einschärfen. Ein Vorgeschmack auf seine Rolle als autoritärer Ehemann; ein Zug, den er an sich selbst noch gar nicht kannte. Und doch so etwas wie Sorge und Anteilnahme. Wenn die beiden wirklich ein Liebesverhältnis unterhielten, dann hatte Peggy wohl nur wenig zu lachen, denn in denselben Monaten studierte Bowles, seine Lektüre begleitet von empört-entrüsteten Aufschreien, zwei pikante Klassiker von D. H. Lawrence, die ihm Kommilitonen empfohlen hatten – *Lady Chatterley's Lover* und *Sons and Lovers*. Romane, die gewiß freizügige Schilderungen enthielten, obschon, verglichen mit dem Kaliber der großen erotischen Prosatexte des 20. Jahrhunderts, wie sie Henry Miller, Anaïs Nin, Jean Genet oder gar Georges Bataille vorgelegt haben, doch eher hausbackene Kost. Und weiß Gott keine Obszönitäten.

Paul wären solche Vergleiche einerlei gewesen, ihm gingen schon die Darstellungen eines Lawrence viel zu weit, kollidierten sie doch auf das Heftigste mit der Prüderie, die ihm offensichtlich weder Hermina noch Hubert oder Peggy ausgetrieben hatten: »Ich war verwirrt über die perverse Hartnäckigkeit, mit der [er] die Kopulation als heilige Handlung zu präsentieren versuchte. Ich machte einen nicht sehr ernsthaften Versuch und scheiterte. Obwohl ich genug über Freud gelesen hatte, um zu wissen, daß das sexuelle Verlangen ein entscheidender Lebenstrieb ist, hatte ich den Eindruck, daß jede bewußte Darstellung von Sexualität zwangsläufig grotesk [ausgehen muß]. Defäkation und Kopulation waren zwei Phänomene, die einen Menschen völlig lächerlich [erscheinen ließen]. Die eine ließ sich wenigstens im Privaten verrichten, die andere aber verlangte per definitionem nach einem Partner. Dennoch entdeckte ich, daß die Leute es stets für einen Witz hielten, wenn ich diese Meinung vertrat.«[WSR*]

Geschlechtsverkehr in unmittelbarer Nachbarschaft zum Prozeß des Ausscheidens von Nahrung, sprich: Toilettenbesuch, der Sexualpartner eine nicht zu umgehende Größe, die bei der Erledigung von Triebausschüttungen gebraucht wurde – in körperlichen Dingen war Paul der strikten, körperfeindlichen Auffassung seiner Eltern nicht nur erstaunlich nahe, sondern ging mit seiner ungewöhnlich heftigen Erklärung von Ekel und Abscheu vor allem, was im entferntesten mit physischer Liebe oder, medizinisch-klinisch gesprochen, Abreaktion zu tun hatte, noch weit über religiös oder ideologisch motivierte Vorbehalte hinaus. Sex, so definierte er es letztlich und ohne einen Funken Ironie, war nichts anderes als ein notwendiges Übel, die Partnerwahl eine trostlose, peinliche Angelegenheit, aus der Not geboren, keinesfalls auf Zuneigung, Emotionen, Vorlieben zurückzuführen. Das Ganze war zweifellos begründet von einer grundsätzlichen psychologischen Angst, sich mit einem anderen menschlichen Wesen einzulassen, intim zu werden, sich gehen zu lassen und dabei notgedrungen gesehen, beobachtet, berührt – man könnte auch sagen: geliebt – zu werden. Kurzum: eine Definition aus dem Munde eines in seiner sexuellen und emotionalen Entwicklung nachhaltig gestörten, neurotischen Individuums.

Es gibt auch andere Zeugnisse aus jenen Monaten. Mit Bruce Morrissette erörtert er in langen Briefdebatten die Vorzüge und Nachteile einer Entscheidung zwischen homo- und heterosexuellem Lebensstil. »Vielleicht schaffe ich es, doch noch ›normal‹ zu werden. Damit meine ich weder ›straight‹ noch schwul. Aber wenn ich scheitern sollte, dann muß ich mein ganzes Leben lang weiterwandern und verzweifelt nach etwas suchen, in das ich mich nach allen Regeln der Kunst verlieben kann. Höchstwahrscheinlich wird es sich dann um Tiere handeln. In meinem Leben ist die Existenz von Liebe, jeglicher Zuneigung oder auch nur Sättigung ein für alle Mal ausgeschlossen.«[PB/AIS*] Man weiß nicht recht, ob man weinen oder lachen soll, wenn man diese schlimme Selbsteinschätzung zur Kenntnis nimmt, zumal als Alternative wenige Sätze weiter einzig eine intensive »Lust am Laster« bekundet wird, als letzte Möglichkeit sinnlichen Empfindens. »Geschlagen werden, zum Beispiel. Welch ein Genuß. Wie exquisit. Mich mit dem Schmerz zufriedengeben, ein um soviel größerer sinnlicher Gewinn als irgendein peinliches Fehlverhalten, wenn ich mit irgendeinem Mädchen oder Mann zusammen bin.«[PB/AIS*] In einem anderen Schreiben an Bruce vom Oktober 1929 heißt es dann wieder abgemildert und nur in Bezug auf seine derzeitigen künstlerischen Projekte launig: »Mein neuestes literarisches Vergehen ist eine vierstimmige Fuge über das vorgegebene Thema Sex. Die Rollen [bzw. Einzelstimmen] sind: Ich, eine Frau, ein Priester und eine Lesbe.«[INT*]

Der heikle Eindruck verfestigt sich, Bowles habe Sexualität in ihrer »normalen« Spielart kategorisch abgelehnt und von sich gewiesen, um nicht Gefahr zu laufen, während des Aktes oder mitten im Austausch von Zärtlichkeiten lächerlich dazustehen, etwas Geheimes von sich preiszugeben und als Zuschauer seiner selbst einer maßlosen Peinlichkeit beizuwohnen. Vor sich selbst ertrug er weder die Vorstellung noch die Ausführung des *lovemaking*. Wenn er mit jemandem zu schlafen gezwungen war, konnte man wirklich das Bild vom »Bei-Schlaf« verwenden. Dabeisein und danebenstehen, ohne sich involvieren zu lassen. Es war, als ob das Bild seiner eigenen Person mit dem physisch liebenden Ich dabei nicht oder nur unter zwanghafter Selbstüberredung in Übereinstimmung gebracht werden konnte. Vom Gegenüber ist nie die Rede, es scheint zwar beteiligt zu sein, unumgänglich, störend fast, aber seine Reaktionen oder Gefühle sind kaum der Rede wert. Die Korrespondenz des Neunzehnjährigen verrät weiterhin, daß ihn Homosexualität als Phänomen – und als persönliche Option – in dieser Phase des Ringens mit sich selbst ungemein fesselte. Stets war er jedoch um den Eindruck bemüht, als sähe er eine solche Lebenshaltung und -einstellung unter rein ästhetischen Gesichtspunkten. Er verglich das Schicksal von Schwulen mit dem von mißbrauchten Objekten – Vergewaltigten, Opfern monströser Bluttaten, von Drogen zugrunde gerichteten armen Schluckern. Er tat es als faszinierende Fallstudie ab, um sich nicht eingestehen zu müssen, wie dicht er sich mit solchen Erwägungen selbst auf den Pelz rückte.

Er würde in den kommenden Jahrzehnten lernen, mit Obsessionen von Gewalt und Sexualität, die er für sich selbst ausschloß oder verdrängte, in seinen Erzählungen und Romanen fertigzuwerden. Stellvertretend konnte er all die »Laster«, Ausschweifungen und Peinlichkeiten, Morde und Paarungen sauber und unbefleckt auf dem Papier ausleben. Von ferne, ohne daß ihm ein konkreter Mensch bedrohlich näherzukommen vermochte, nach seinem Körper, nach seinem Herzen, nach seinen Gefühlen trachtend. Noch mußte er damit im Alltag zu Rande kommen, ohne die Möglichkeit artistischen Sublimierens. Der Bruch mit Peggy war also folgerichtig: Die Intimität nahm über die Maßen zu, sexuelle Forderungen behelligten ihn zu stark und führten zu kreativer Lähmung; Empfindungen wie Bindung, Zugehörigkeit und stundenlange Zweisamkeit waren ihm zuwider, schränkten ihn ein, ließen keinen Ausweg mehr zu. Keine gebührende Distanz. Und es drängte ihn zunehmend, seiner noch in den Startlöchern steckenden Laufbahn als junger, ehrgeiziger Komponist den entscheidenden Anstoß zukommen zu lassen.

Dafür war ein letztes Mal eine weitere mütterlich-schwesterliche Bekanntschaft aus Glenora für sein Vorankommen ausschlaggebend: Jugendfreundin Dorothy Baldwin. Schon als Kind hatte sie ihm Wespennester im großelterlichen Wald gezeigt, bevor sie im Greenwich Village zur Malergattin wurde. Nun stellte Dorothy ihn Henry Cowell vor. Cowell war damals zwar erst Anfang Dreißig, doch bereits auf dem besten Wege, ein Vorreiter der amerikanischen Musikszene zu werden. Er experimentierte mit Clustern und Klangblöcken. Paul war schwer beeindruckt, als Henry ihm eine Audienz gewährte und am Flügel seine jüngsten Errungenschaften demonstrierte. Und auch Cowell nahm sich Zeit für den jungen Mann. Ließ sich alles vorspielen, was Bowles in Paris und Manhattan an Miniaturen und Einfällen zu Papier gebracht hatte, um anschließend ein wenig schmeichelhaftes Urteil zu fällen: Von Grund auf französisch sei seine Musik, infiziert geradezu von der Klang- und Formenwelt der frechen Pariser, und von einer erschreckenden Frivolität. Substantielles könne er darin nicht entdecken, Studien an seiner Seite seien reine Zeitverschwendung, und reizvoll-oberflächliche Kompositionen könne er anderswo zu Tonkunst ausbauen. Paul faßte solche Attribute als Komplimente auf. Mit genau demselben Wortlaut überwies Cowell den jungen Mann an Aaron Copland, der, noch nicht einmal dreißig, für seinen künftigen Eleven den Inbegriff des modernen, vorwärtsstrebenden amerikanischen Tonsetzers verkörperte. Ein aufgehender Stern am Komponistenhimmel der Neuen Welt. Schmal, schlaksig, dunkelhaarig und bebrillt, wirkte Copland auf den ersten Blick schüchtern, war aber mit einem erstaunlichen Selbstbewußtsein gesegnet und entschlossen, seinen Weg zu machen. Viel zielstrebiger als Paul. Anfeindungen und Ablehnung hatten ihn bisher nicht aus der Bahn geworfen. Er brach in Gelächter aus, als er Bowles empfing und Cowells verkniffen-bösartige Empfehlung las, entschloß sich zur Übernahme des Jungen in seinen Schülerkreis und entwarf einen Schlachtplan für dessen kommende Jahre.

Copland hatte für französische Musik eine Menge übrig, besaß Humor, der Henry augenscheinlich abging, und bekundete Sympathie für Paul und seine ironisch-geistreichen Fingerübungen. Der hatte sich zunächst, Aarons erste Lektion, mit der mühseligen Analyse von Mozarts Klaviersonaten abzumühen, was ihm gar nicht behagte. Strenge Exerzitien. Aber er gehorchte, froh, daß sich endlich einmal jemand ernsthaft seiner annahm. Nebenbei studierte er, um auf der Höhe seiner Zeit zu bleiben, Hindemith und Strawinskys *Histoire du soldat*. Im Herbst 1930 nahm ihn Copland mit in die große Künstlerkolonie von Yaddo in Saratoga Springs, wo Bowles erstmals mit einem Kollektiv aus innovativen Musikern, die Freizeit, Proben und Studien in einer Waldidylle miteinander teilten, konfrontiert wurde. Bis auf den Umstand, daß sich alle als wildgewordene Marxisten gebärdeten, integrierte er sich für seine Verhältnisse recht gut. Und machte natürlich literarisch von sich reden – als ungekrönter Anagramm-König von Yaddo. Bowles, wieder einmal ganz der routinierte Surrealist alter Schule.

Im Gegenzug lud er Aaron ein, eine Auswahl seiner Werke in Pauls Universitätsstadt Charlottesville in einem Récital vorzustellen. Er brüstete sich mächtig, einen so berühmten Mann als seinen älteren Freund und Privatpädagogen erobert zu haben. Doch um so größer war sein Entsetzen, als das spießige Kleinstadtpublikum der Aufführung von Werken Coplands nicht nur skeptisch, sondern offen feindselig gegenüberstand, während des Konzertes in Kichern und Buhrufe ausbrach, allen Ernstes davon überzeugt, es nicht mit großer Musik, sondern mit albernen Kindereien zu tun zu haben. Copland nahm es gelassen zur Kenntnis, er war Mißerfolge gewöhnt und konnte Rückschläge einstecken. Jeder Protest stimulierte ihn, auch der von Bowles' Kommilitonen. Er tröstete seinen idealistischen Zögling, der so gern mit ihm angegeben hätte und nun niedergeschlagener war als er selbst. Aaron stellte Paul in Aussicht, ihn im kommenden Jahr in Paris höchstpersönlich in die Hände der legendären Kompositionslehrerin Nadia Boulanger zu übergeben. Die hatte noch aus jedem Talent der Moderne mit eiserner Hand einen seriösen, hochgeachteten Neutöner geformt; wer durch ihre Schule gegangen war, reüssierte in den Augen noch der progressivsten Musikkritiker. Paul verfügte mit einem Schlag über eine klare Perspektive. Und er nahm Copland beim Wort.

Es blieb nicht mehr viel zu tun in den Staaten, New York und Virginia hatten sich, wie erhofft, für Bowles als reines Intermezzo erwiesen. Diesmal würde er nicht allein und orientierungslos durch die Alte Welt stolpern, Copland und der wohlhabende Harry Dunham, ein zupackender, lebensbejahender Initiator und für alle Projekte augenblicklich Feuer und Flamme, waren mit von der Partie. Die Finanzierung einer neuerlichen Parisfahrt war zum Glück auch gesichert. Mit einer kleineren Erbschaft seiner geliebten Bibliothekstante Adelaide im Rücken und Harrys brüderlich-freundschaftlichem Versprechen in den Ohren, sein enormes Budget mit Paul zu teilen, standen ihm in Frankreich vergleichsweise traumhafte Bedingungen ins Haus. Mit dem unverhohlenen Haß von Harrys Schwester Amelia, die in Bowles – nicht ganz unberechtigt – einen geborenen Schmarotzer und Parasiten erblickte und fest entschlossen war, den Bruder vor Ausbeutern zu schützen sowie beiden Jünglingen ihre neue, von Euphorie und Wesensverwandtschaft gespeiste Freundschaft gründlich zu versalzen, würde er schon noch fertig werden.

Im Auftrage von Morrissette schrieb er noch vor der Abfahrt einige begehrte Autoren an: Nancy Cunard, William Carlos Williams, Édouard Roditi, Gertrude Stein. Eine mit Bedacht vorgetragene Bitte, für *The Messenger* neue, aufregende Texte beizusteuern, und von Paul so geschickt und routiniert formuliert, daß alle Geistesgrößen, im festen Glauben, es mit einem ehrwürdigen Herausgeber und einer neuen Revue von Rang zu tun zu haben, tatsächlich Beiträge schickten. Von Stein kam *Play I* dem ungläubigen Morrissette ins Haus geflattert. Bruce war ihm dankbar, Paul selbst ausnehmend stolz auf sich, witterte Morgenluft, und da er es vor Ungeduld nicht mehr in Manhattan aushalten konnte, reiste er Copland schon einmal voraus nach Europa, mit der Absicht, ihn in Paris in Empfang zu nehmen. Mit einem Frachter, in Zukunft sein bevorzugtes Transportmittel, viel individueller und der Inspiration förderlicher als die Personenschiffahrt mit ihren trivialen, touristischen Ritualen. Fast auf den Tag genau zwei Jahre waren seit der ersten Ozeanüberquerung vergangen, als die »McKeesport« am 25. März 1931 in See stach, nunmehr einen sichtlich gereiften Bowles an Bord. »Und da war Paris [wieder] mit seinen blühenden Bäumen in den Tuilerien und dem süßen Duft der Desinfektionsmittel in der Métro, der aus den Entlüftungsschächten emporstieg, so wie ich es mir in den vergangenen zwanzig Monaten immer wieder vorgestellt hatte.«

Paris, II. Akt, Frühjahr 1931: Beim ersten Mal hatte die Besichtigung, Erforschung und Durchdringung der Stadt selbst noch die Hauptrolle gespielt, jetzt diente sie mehr und mehr als bloßer Ausgangspunkt für alle möglichen Unternehmungen und Ausflüge in Frankreich und Mitteleuropa, war Drehscheibe und Umsteigestation im gleichen Atemzug. Pauls Karussell aus Begegnungen und Exkursionen begann, sich mit atemloser Geschwindigkeit zu drehen, die Statik des Probejahres war wie weggeblasen, sein Freiheitsdurst unstillbar, und Copland, der um die anfangs so verheißungsvolle Disziplin seines von jetzt an wie überdreht agierenden jüngeren Kollegen besorgt war, wurde schon beim Zusehen schwindlig. Noch an der Seine lebte Bowles in kleinen Hotels, fand durch Vermittlung Roditis temporäre Unterkünfte oder fiel Amelia Dunhams unfreiwilliger Gastfreundschaft gehörig zur Last. Mit Virgil Thomson hauste er am Quai Voltaire no. 17 zusammen und war Zeuge, als Joan Miró im dortigen Untergeschoß eine Ausstellung aufbaute. Er begab sich auf Tuchfühlung mit Mitgliedern der seinerzeit hoch im Kurs stehenden *Café Society* oder solchen, die sich gern dafür hielten. Er bahnte sich seinen Weg in die Privatgemächer von Jean Cocteau, der, vom Opium benebelt und seltsam aufgekratzt, vor Paul auf- und abparadierte und ihm in einer veritablen *One-man-show* Dutzende von Persönlichkeiten in einer kaskadenhaften Dauerparodie vorführte. Dem beeindruckten Zuschauer schwirrte der Kopf, und er wurde das Gefühl nicht los, sich damit den Besuch von Unmengen weiterer illustrer Pariser ersparen zu können. Es gelang ihm außerdem, den hochverehrten Meister André Gide auf einer Vernissage beiseite zu nehmen und anzusprechen. Das trug ihm nicht mehr als ein Stirnrunzeln des gelehrten Dichterfürsten ein, aber Paul konnte das Zusammentreffen unter der Rubrik »geglücktes Menschensammeln« verbuchen. Meilensteine auf dem Weg zum eigenen Ruhm. Er kannte keine Ruhe mehr. Das Herausgebertrio der soeben gegründeten *New Review*, Ezra Pound, Samuel Putnam, Richard Thoma – Bowles ließ sich den Herren ohne viel Federlesens vorstellen, schüttelte Hände, machte die klugen Bemerkungen, die man von ihm erwartete, zeigte sich beeindruckt, pflichtschuldig ehrfürchtig, hakte ab. Und saß schon im nächsten Métrozug, unterwegs zu Cocteaus damaligem Günstling und Liebhaber Jean Desbordes. Steins Intimus Bernard Faÿ führte ihn überall ein, wo es not tat, spielte den Agenten und Vermittler. »Ich war so überwältigt von der Vorstellung, den [lebenden Legenden] von Angesicht zu Angesicht gegenüberzustehen, daß mir völlig entfallen ist, worüber wir sprachen. Das war alles, aber wenigstens hatte ich ... weitere Namen, mit [denen] ich bei Aaron angeben konnte.«[WSR]

Immer öfter führte ihn seine Unrast auch nach Deutschland, wo die demokratische, im Übermaß tolerante Interimszeit der Weimarer Republik allmählich im Abebben begriffen war und der rabenschwarze Abgrund des Faschismus angriffsbereit hinter den Straßenecken der Großstädte lauerte. In den Bierkellern, Festzelten und Parteizentralen grummelte es. Paul spürte, daß die dortige Stimmung am Umkippen war. In München hielt er sich nur wenige Stunden auf, um eine Wiedergabe von Strawinskys *Oedipus Rex* gierig aufzusaugen; in Heidelberg kroch er, mit Taschenlampen bewaffnet, durch das halbverfallene Schloß, um der Identität von Novalis nachzuspüren. Fledermäuse waren seine einzigen Begleiter. Er besuchte Salzburg und war Tage später im niedersächsischen Bad Pyrmont zu Gast, um sich bei einem Musikfest zeitgenössischer Komponisten die neuesten Werke von Bartók einzuverleiben. Ins holländische Ommen hatte ihn Carlo Suarès, ein ägyptischer Bankier aus Alexandria, eingeladen, um die Pilgerstätte und Residenz des umjubelten indischen Theosophen, Metaphysikers und Philosophen Krishnamurti aufzusuchen. Bowles vertrat hier sozusagen seine schwärmerische Tante Mary, die seit Anbeginn zu den Anhängerinnen des Gurus, in rotweißes Flanell gewandet und nunmehr in den flachen Niederlanden beifällig alle Huldigungen entgegennehmend, gehört hatte. Für sich persönlich versprach Paul sich keine Seelenrettung durch den Kontakt mit dem Vorkriegs-Bhagwan. Um Haaresbreite entging er jedoch bei einem Feldspaziergang mit einer direkten Nachfahrin des russischen Dichters Puschkin einem direkt neben ihm einschlagenden Blitz.

Weiter ging es nach Hannover. Paul machte dort Kurt Schwitters und Frau seine Aufwartung. Er trank Maibowle mit dem Dichterpaar und seinem halbwüchsigen Sohn, schloß nächtliche Bekanntschaft mit den Meerschweinchen des deutschen Dada-Pioniers und trieb sich ganze Tage lang mit dem Magier auf Müllhalden herum, um verwertbare Abfälle für den gerade im Entstehen befindlichen Merz-Bau aufzusammeln und zu sortieren. Das aus Persönlichem und Zufälligem zusammengesetzte Gesamtkunstwerk, ein Haus im Haus, wuchs sich in jenen Jahren zu ungeahnten Dimensionen aus. Von den übrigen Fahrgästen wurden sie beim Aussteigen begafft, als sie, schwerbepackt, ihre Schätze aus Schrott und Unrat von der Straßenbahnhaltestelle ins Atelier transportierten. Im Schwitterschen Wohnzimmer erklangen alsbald Fragmente aus der *Ursonate*, syllabische Gedichte wurden, frei von Trübungen der schon alkoholbeschwerten Zungen, rezitiert, und Paul rang Kurt die Erlaubnis ab, beim Spontan-Vortrag notierte Rhythmen, Vokalskizzen, Umlaute und Verszeilen später einmal für eine Vertonung verwenden zu dürfen. Im Rondo seines ersten, vor seinen eigenen kritischen Augen bestehenden Kammermusikwerkes, der *Sonate für Oboe und Klarinette*, legte er in den Folgemonaten als metrisches Gerüst ganz im Ernst Schwitters' enigmatische Silbenfolge »Lanke tr gl/pe pe pe pe/ooka ooka ooka ooka« (und so fort) zugrunde. Und Schwitters' zwölfjähriger Sohnemann schwang sich zur Begutachtung von Pauls Kompositionen auf. Der Amerikaner klimperte auf dem verstimmten Klavier, gegenüber knallten die Fensterscheiben, »Aufhören!«-Rufe gellten durch die Hinterhöfe der Mietskasernen. Vater und Besucher waren stolz und fühlten sich in ihren umstürzlerischen Intentionen bestätigt, als der Kleine Bowles' Ergüsse durchweg »schrecklich« fand. Berlin hingegen war ganz und gar nicht das ideale Gefilde seiner Träume und Wunschvorstellungen. Er war desillusioniert. »Niemals zuvor hatte ich einen Ort erlebt, an dem ich mich so entschieden unerwünscht fühlte wie hier.« Er trieb sich zwischen Steinplatz, Coplands Unterkunft, der Kaiserallee und seiner eigenen Schlafstelle in der Güntzelstraße herum und fühlte sich überflüssig. Er war entsetzt von der »gräßlichen« Architektur, den »intoleranten«, »unhöflichen«, xenophoben Bewohnern, die ihn als »Ausländer« beschimpften, und befremdet von der übertriebenen, pedantischen Sauberkeit in den Vorgärten, die nach seinem Dafürhalten ihre verqueren Auswüchse in der Naturbesessenheit und Freikörperkultur der jungen Berliner Intellektuellen gefunden hatte. Es widerte ihn förmlich an, wie die Nackten und Sonnengebräunten ihre schöne, goldene Haut zur Schau stellten. Die vitale Körperbejahung der Jugendbewegung und sexuelle Libertinage, die Euphoriker wie Stephen Spender und Christopher Isherwood in Scharen aus dem prüden England an die Nacktbadeseen der Havelmetropole gelockt hatte, verfehlte ihre Wirkung bei Bowles vollständig. Vergleicht man seine skeptischen Aufzeichnungen etwa mit Spenders homoerotischer Berlinhymne *The Temple*, einer bezaubernden, wenngleich mit dem faschistischen Körperkult latent flirtenden Sympathiekundgebung, so hat man das Gefühl, sie wären in zwei völlig unterschiedlichen Zeitaltern verfaßt worden. Wo Paul nur hinblickte, sah ihm das »nackte« Elend entgegen. Die Aggressivität der Passanten stieß ihm übel auf, fast alle fünf Minuten wurde er unberechtigterweise angeschnauzt, zurechtgewiesen, auf ein Fehlverhalten hingewiesen. Eine soziale Giftküche, und die Nazis nur noch einen oder zwei Urnengänge entfernt. »Der Unterschied zwischen dem Westen und dem Osten der Stadt war so enorm, als hätte die berühmte Mauer schon gestanden. Zwar konnte man problemlos von Unter den Linden zum Alexanderplatz spazieren, aber dort begriff man dann sehr schnell, wenn man die krasse Armut sah, daß bald etwas Katastrophales passieren mußte. Drüben am Kurfürstendamm amüsierte man sich, dort ging es zu wie im Tollhaus, aber wenn man mit der Ringbahn fuhr, entdeckte man, daß es rund um Berlin nur Armut gab. Nichts als Armut. Wie in einem Film von Fritz Lang. Man hatte wirklich das Gefühl, die ganze Stadt wäre von Fritz Lang inszeniert.«[PB/TNG]

Seine mal nüchternen, mal pessimistischen Eindrücke relativierten den Tanz auf dem Vulkan, als der die Goldenen Zwanziger in Berlin so häufig verklärt wurden. Weniger der aufkommende Nationalsozialismus steht im Zentrum seiner Betrachtung als vielmehr die Einsicht, daß nach all den überschäumenden Emotionen und Kunstexperimenten dringend ein Ventil für die soziale Spannung in der Stadt benötigt wurde. Der Aufbruchsgeist des im Musical *Cabaret* gefeierten *esprit berlinois* stellte eine zu große, unerträgliche Provokation für die Heere von Arbeitslosen, Hungerleidern und Weltkriegsverlierern dar. Er sah die heraufziehende europäische Katastrophe als hausgemachte Konsequenz einer nicht mehr hinnehmbaren Kluft zwischen Experimentalkultur, sexueller Befreiung und echten materiellen Nöten, wie sie für neunzig Prozent der Bevölkerung eine tagtägliche, freudlose und jeglichen Glücksmomentes bare Lebensrealität bestimmten. »Eine schwarze Wolke tiefen Hasses hing über den Ostbezirken dieses Molochs.« In Paris, das nicht primär eine Arbeiterstadt war, hatten sich solche Vorboten nicht annähernd so eindeutig am Straßenbild ablesen lassen.

Fahrten mit der Berliner Ringbahn verliehen noch seinen ärgsten Befürchtungen Ausdruck: »Mit Ausnahme der Gegenden, die ich kannte, war die [gesamte] Stadt ein riesiges Elendsquartier, eine monströse Anhäufung unbewohnbarer Gebäude. Allein der Blick ihrer geographischen Ausdehnung und das Ausmaß der unkontrollierten Armut, das sie repräsentierte, erweckten unbehagliche Gefühle in mir. Die Aura der Verzweiflung, die ich so erregend gefunden hatte, erschien mir plötzlich unheimlich.«^(WSR) Oder, in Briefen den Stein'schen Punkt-und-Kommalosen Redefluß als Maske antizipierend: »ich bin zum entschluß gelangt daß berlin der am wenigsten amüsante ort ist den ich je gesehen habe. er ist das synonym für stupidität. ich sollte von glück sagen wenn ich diese stadt nie wieder sähe nach dem heutigen tage.«^(INT*) Berlin, ein Slum, ein Un-Ort – Paris, *heaven on earth*: ohne Zweifel eine überspitzte Wahrnehmungsverschiebung. Indiz für Präferenzen allemal. Auch heute noch hegen nur wenige Großstadttiger und Vielgereiste, wenn sie erst einmal über die bestechenden Meriten der Île de France ins Lobhudeln geraten, eine gleichwertige Verehrung für das rauhe Spree-Athen.

Doch gab es noch einen viel handgreiflicheren Grund, sich unbehaglich und unwillkommen zu fühlen: Bowles wurde in Berlin, dieser »vage bedrohlichen« Stadt, an der ihm einzig das Vorhandensein von Parks, Kanälen und immensen Grünflächen zusagte, schlicht übergangen. Als mittelgroßer, schmaler Blondschopf war er hier einer von vielen, nichts Besonderes, fiel kaum auf. Hätte er sich mit seinen mangelhaften Sprachkenntnissen nicht öfter, als ihm lieb war, als Amerikaner enttarnt und so manchen linguistischen *faux-pas* begangen, er wäre glatt als Deutscher durchgegangen. Von Spender und Isherwood, denen er neidisch auf die hinter offenstehenden Hemden entblößten, braungebrannten Oberkörper starrte, wurde er gerade noch mit »gutmütiger Herablassung behandelt« und eher geduldet. Er stand nicht länger im Mittelpunkt. Während sich der arrivierte Copland ihrer ungebrochenen Bewunderung versicherte, trottete Paul im Schatten dieser drei erfolgreichen, lebensfrohen – und nur unwesentlich älteren – »jungen« Männer im Goldenen Dreieck zwischen Schöneberger Motzstraße, Nollendorfplatz und mondänem »Café des Westens« hinterdrein. Besuche beim konstruktivistischen Bildhauer Naum Gabo, seiner jungen Kollegin Renée Sintenis, durch die er in den Dunstkreis des von ihm verehrten surrealistischen Poeten René Crevel zu gelangen hoffte, und beim angehenden Stararchitekten Walter Gropius besserten seine Laune kaum auf.

Sein Berlingefühl paßte nicht zu der gesteigerten Aufmerksamkeit, die er überall sonst neuerdings erregte. Niemand wollte sich von ihm entzücken lassen, und auch für sein blendendes Aussehen erntete er hier nicht die schon zur lieben Gewohnheit gewordenen Komplimente. Er war es gründlich leid, wie noch 1929 wieder den dummen Jungen spielen zu sollen. Hinzu kam, daß Copland, angeregt vom Berliner Ambiente, von einem wahren Arbeitsrausch ergriffen wurde, Paul mit monotonen Generalbaßstümpereien aber stagnierte. Die deutsche Kapitale ließ ihn auf der Stelle treten. Und daß ihm etwas Germanisches innewohnen mochte, gab ihm den Rest. »Ich merkte, daß ich allmählich genug von dieser seltsamen, häßlichen Stadt hatte und freute mich darauf, nach Frankreich zurückzukehren.«

Ein Nachspiel gab es immerhin: Durch Roditis Beziehungen traf er mit einer jungen, aus Kairo gebürtigen Engländerin namens Jean Ross zusammen. Sie war glutäugig, rauchte Zigarillos, aß, auf einem Diwan lagernd, gelangweilt Pralinen und warf in ihre Unterhaltungen mit deutschen Bewunderern von Zeit zu Zeit ein enthusiastisches »Du Schwein!« ein. Welche Verbindung Isherwood auch immer zwischen dieser exaltierten jungen Dame, einer schlüpfrig-sinnlichen *femme fatale*, und dem Milchgesicht Paul hergestellt haben mochte, in seinem berühmten Zeitroman *Goodbye to Berlin* verpaßte er seiner Protagonistin, 1972 im Musikfilmerfolg *Cabaret* mit unnachahmlicher Intensität von Liza Minnelli verkörpert, dessen Nachnamen und taufte sie »Sally Bowles«. Ausgerechnet Paul, der mit dem progressiven Zeitgeist Berlins, hervorragend gespiegelt in den Romanen Klaus Manns, den fulminanten Soloauftritten Valeska Gerts oder den zeitgleich die Welt erobernden deutschen Sensationserfolgen wie *Dreigroschenoper* oder *Blauer Engel* überhaupt nichts anfangen konnte, ging demnach als unfreiwilliger Namenspatron in die Film-, Musical- und Literaturgeschichte ein. Mochte ihn der *Cabaret*-Urheber auch in persona mit Nichtachtung gestraft haben, dermaßen entlohnt mit kulturgeschichtlichem Nachruhm konnte der eigentlich so ganz und gar nicht verruchte Paul Bowles sein zwischenzeitliches

Berlin-Tief verschmerzen. Dazu paßte, daß anläßlich eines Ausfluges ein dickköpfiger, sich an Vorschriften klammernder Gastwirt in Rheinsberg, außerhalb der Hauptstadt, sich standhaft weigerte, Bowles als »Komponisten« ins Hotelregister einzutragen. Erst als Copland insistierte und dem Mann erklärte, wen er da eigentlich vor sich hatte, bequemte sich der Pedant zur Eintragung »Jazzkomponist«. Damit mochte Paul, bereits unterwegs in die Sommerfrische zu Gertrude Steins Landsitz – in Bilignin unweit Culoz im Rhônetal –, sich schon eher anfreunden.

Auf dem Kalenderblatt steht der 1. April 1931, als Paul in der Pariser Rue de Fleurus an Gertrude Steins Tür klopft und Einlaß begehrt, aber es handelt sich um keinen Aprilscherz, wenn man konstatiert, daß die Komponenten des ungleichen Trios – Bowles, Stein und die omnipräsente, stets als Korrektiv eingreifende Alice B. Toklas – von einer Minute auf die andere voneinander begeistert sind. *They hit it off*, wie die Amerikaner sagen, sie sind füreinander Feuer und Flamme. Paul hat sich nicht von einer bärbeißigen Hausangestellten abwimmeln lassen, und als das neugierig gewordene Damengespann selbst an die Pforte tritt, um nachzusehen, wer da ist, kommt es aus dem Lachen nicht mehr heraus: Sie haben sich den briefeschreibenden Bittsteller von *The Messenger* als ehrfurchtheischenden, mindestens siebzigjährigen gesetzten Herrn vorgestellt. Alice erwartete gar einen fünfundneunzigjährigen Exzentriker, doch als Bowles treuherzig beteuert: »Ja, exzentrisch bin ich schon«, hat er die beiden bereits für sich eingenommen und wird spontan zum Abendessen eingeladen. Vollmundig verkünden sie, ihn »lancieren« zu wollen, die Ankündigung steht zwar lange im Raum, aber soll sich nie wirklich konkretisieren. Lancieren muß sich Bowles schon selbst. Das unzertrennliche Duo stellt zweifellos das *highlight* auf seinem zweiten Paris-Trip dar. Und ein Jüngling wie Paul ist auch den beiden raffinierten Ladies noch nie untergekommen. Alle Vorstellungen von zeitgenössischem Amerikanertum wirft er über Bord. Er ist, wie sie befinden, amoralisch, zynisch, versnobt und dekadent, entsetzlich verwöhnt, wäscht sich nach ihrem Geschmack nicht oft genug, aber schleppt eine Garderobe, die für sechs Geschäftsmänner noch zu üppig ausfällt und von völlig übertriebenem Luxusdenken zeugt, mit sich herum. Als sie bei Copland auf den Busch klopfen, finden sie heraus, daß es um Pauls Arbeitsmoral auch nicht gerade zum Besten bestellt ist. Nichts anderes haben sie erwartet! Er erheitert sie maßlos; sie haben sich für den Sommer einen Wonneproppen auserkoren, der ihnen ungebetenerweise ins Netz gegangen ist. Blasiert, kultiviert, verdorben.

Stein, die unbewußt schon lange den direkten Kontakt zum realen Leben in den USA verloren und sich partiell falsche Vorstellungen von der dortigen Jugend gemacht hat, sieht, daß sie besser umdenken sollte: Die nachwachsende Generation besteht eben nicht nur – wie es ihr hartnäckiges Vorurteil suggeriert – aus spartanisch denkenden, puritanischen, ehrgeizigen, sport- und gesundheitsbewußten Sauberkeitsfanatikern, beherrscht von Sicherheitsstreben, Familiengründung und Karrieredenken. Pauls ungesunde Mischung aus Faulheit, Entdeckerfreude und Spaß an allen irdischen Genüssen kommt ihr zutiefst europäisch vor. So französisch-frivol wie seine Musik. Cowell hatte doch recht gehabt. Stein proklamiert amüsiert, Bowles verfüge über eine »Verbrechernatur«. Sein Vorname passe überhaupt nicht zu ihm, »Paul« lege den hoffnungslosen Fall eines Romantikers nahe, was unangebracht sei. So kommt er zu seinem Spitznamen »Freddy«. Während besagter Freddy also halb Europa unsicher macht, auf der Jagd nach Berühmtheiten und Ablenkungen, geht Gertrude bereits den umgekehrten Weg – sie ist zunehmend selektiv geworden, kennt längst viel zu viele »wichtige« Leute. Sie läßt Karten drucken und verteilen, mit dem Aufdruck, man möge von weiteren Besuchen bei ihr absehen; die Anwesenheit eines früheren Freundes, eines ehemaligen künstlerischen Partners sei von nun an unerwünscht. Starker Tobak. Sie kann es sich erlauben. Ezra Pound beispielsweise ist schon in Ungnade gefallen. Er hat, so heißt es, Stühle und Lampen umgeworfen im noblen Salon von Toklas-Stein, zeichnet für in der Rue de

Fleurus zu Bruch gegangene Teekannen verantwortlich. Nun muß er zusehen, wo er bleibt.

»Ihr Äußeres wirkte sehr bestimmt. Im ersten Moment erinnerte sie mich an meine Großmutter. Sie war massiv, monolithisch. Wie eine große Skulptur. Sehr liebenswürdig, sehr intelligent. Und sie hatte eine wunderbare Stimme. Ich hatte großen Respekt vor ihr. Sie war eine Person, die wußte, was sie sagte. In ihrem Haus lernte ich viele Leute kennen, vor allem Maler. Und sehr wenige Amerikaner: Sie hatte es sich mit all ihren Freunden verdorben. Oder mit fast allen.«[PB/TNG] Paul verspürt ein affektives Hingezogensein zu dieser im Grunde schwierigen, eigensinnigen, maskulinen Gestalt, bewundert ihren Schreibstil, ihren Ruhm und ihre Lebensführung maßlos, und er läßt sich von ihr eine Behandlung bieten, die nicht frei von masochistischen Zügen ist. Ihm ist völlig klar, daß sie in ihm ein Zirkusäffchen, eine vorübergehende Belustigung sieht, Copland dagegen zuvorkommend als Kollege behandelt wird. Bald wird Paul wie eine heiße Kartoffel fallengelassen, ausgesondert werden. Da macht er sich nichts vor. Und doch nimmt er – denn meist schimpft sie mit ihm, tadelt ohne Unterlaß – jede ihrer Empfehlungen und Ratschläge ernst, als spräche eine Heilige direkt zu ihm, eine echte Wahrsagerin. In Bilignin, auf dem Lande, photographieren sie sich gegenseitig. Stein zwingt Bowles zu Waschritualen und überwacht deren kompromißlose Einhaltung mit manischer Beharrlichkeit. Sie herrscht Paul, er möge unverzüglich seine »faunties«, kurze Lederhosen, anlegen und sich von Basket, ihrem weißen Riesenpudel, kreuz und quer über Wiesen und Felder jagen lassen. Er, der notorisch Unsportliche, läßt es mit sich geschehen, mimt den Idioten. Gertrude klatscht jubelnd in die Hände, wenn der Hund schnappend und bellend ihren *German toy boy* durch die Natur hetzt, und delektiert sich an dem menschenunwürdigen, zweifelhaften Spektakel wie ein über die Stränge schlagender römischer Imperator. Das Profil, die Züge dafür bringt sie von jeher mit. Wenn er keuchend und durchgeschwitzt auf die Terrasse zurückkommt, wo Alice schon ein kühles Erfrischungsgetränk bereitgestellt hat und sich anschickt, den Pudel in reinem Mineralwasser zu baden, holt er sich seine merkwürdige Belohnung ab: ein Lächeln der großen alten Dame, die man sonst nie lächeln sieht. Auf keiner Abbildung, keinem Photo. Freddy hat es – durch bereitwillig ausgestandene Züchtigung – auf ihr Antlitz gezaubert.

Ihr Fazit nach ausgiebigem Studium ihres eigenartigen, gefügigen Versuchskaninchens: »Ich war das verwöhnteste, gefühlloseste und eingebildetste Bürschchen, dem sie je begegnet war, und die kolossale Selbstgefälligkeit, mit der ich alle Werte verwarf, stieß sie ab. Doch sie verkündete es freudestrahlend, damit ich es nicht als Kritik auffaßte. ... Da ein derartiges Verhalten das Zeichen für eine sehr persönliche Beziehung zu sein schien, fühlte ich mich vom Ausmaß ihres Interesses geschmeichelt.«[WSR] Bei ihr darf er den ewigen Jungen spielen, braucht nie ein »Mann« zu werden, mit allem, was das impliziert: Ernsthaftigkeit, überlegenes Handeln, sexuelle Initiative, natürliche Autorität, Selbstbeherrschung. Als Ehegatte wird ihm das später schwer genug fallen. Gertrude läßt ihn ein letztes – oder erstes? – Mal jugendliche Ausgelassenheit, Ungestüm, ja Unbeschwertheit spüren. Ihm eine Behandlung angedeihen, die er bei seinen Eltern oder ihm aufgezwungenen Pädagogen nicht eine Sekunde lang ertragen oder hingenommen hätte. Stein beleidigt ihn auch: ein »*manufactured*« *savage* sei er, kein authentischer, aus einer selbstbestimmten Natur heraus agierender »Wilder«, sondern fabriziert, vorgefertigt, hingetrimmt. Das stimmt, das ist eine bittere Erkenntnis, und das muß er erst einmal schlucken. Immerhin, er korrespondiert mit der großen Stein, wer darf das schon von sich behaupten? Ihre zahlreichen Briefe an ihn hortet er wie Schätze. Und wird sie später vertonen. Wort für Wort. *Letter to Freddy* nennt er 1935 eines seiner besten, witzigsten, hurtigsten Lieder. Anrede und Absender sind Teil der Partitur.

Alice B. Toklas, die in späteren Jahren zu den größten Fans und Bewunderern von Janes Prosa zählen wird, schreibt derzeit an ihrer Autobiographie. Oder, wie jeder Literaturkenner weiß, Gertrude schreibt sie an ihrer Statt, denn Alice hätte sie wohl nie aus eigenem Antrieb verfaßt. Wenige Sätze, bevor das offene Geheimnis der Leihautorenschaft von Stein gelüftet wird, auf der allerletzten Buchseite, heißt es in der Schlußpassage der *Autobiography* über ihren neuen Freund Freddy, in ihrer typisch lakonischen, interpunktionslosen Diktion: »Ein junger Mann der zunächst Gertrude Steins Bekanntschaft dadurch machte daß er zuvorkommende Briefe aus Amerika schrieb ist Paul Frederick Bowles. Gertrude Stein sagt von ihm er sei reizend und zartfühlend im Sommer aber weder reizend noch zartfühlend im Winter. Aaron Copland besuchte uns im Sommer mit Bowles und Gertrude Stein mochte ihn außerordentlich. Bowles erzählte Gertrude Stein und es gefiel ihr daß Copland drohend zu ihm gesagt habe als er wie gewöhnlich im Winter weder reizend noch zartfühlend war, wenn Sie jetzt nicht arbeiten wo Sie zwanzig sind, dann wird Sie wenn Sie dreißig sind niemand lieben.«[GS] Keine geringe Ehre, in diesem Hauptwerk an so prominenter Stelle noch Erwähnung zu finden, und das im Zuge kulminierender Spannungssteigerung, wenn die Ungeduld des Lesers kaum noch zu bezähmen ist.

Paul beherzigt den impliziten doppelten Vorwurf, als gelte es, die Heilige Schrift zu erfüllen: Bis an sein Lebensende arbeitete er, bis dahin die vollendete Inkarnation des Schlendrians selbst und für seine Pariser Freunde nur der »faule« Freddy, höchst diszipliniert, ernsthaft und hochmotiviert. In dieser Hinsicht würde er weder Aaron noch Alice oder Gertrude enttäuschen. Die unerbittliche Strenge seines Tagesrhythmus, ob in Tanger, New York oder auf seiner Insel Taprobane, würde sogar Jane als abschreckendes Beispiel dienen, ihr unheimlich werden. Ein rotes Tuch. Sie, seine Frau, erachtete Paul als Musterbeispiel eines geradezu auf Selbstkasteiung und eifrige Planerfüllung versessenen Arbeitstieres. Einer rigiden Lebensführung, die sie nie in den Griff bekommen würde. Oder, anders gesagt, Paul, stimuliert von Steins Rüge, war seinerseits auf Janes so offenkundig mangelnde Disziplin fixiert und bezog womöglich schaffensfördernde Impulse aus diesem Mißverhältnis.

Soweit zu den »zwanzig Jahren«. Und was die »dreißig« anging, irrte Gertrude: Da nämlich liebte ihn mindestens eine Person: Jane. Ihr würde es gleichgültig sein, ob Sommer oder Winter herrschte, ob der reizend-zartfühlende »Freddy« oder der ehrgeizige, ambitionierte Bowles an ihrer Seite überwog.

Von allen apodiktischen Äußerungen Steins, die Paul in Paris und Bilignin in seinem Hirn und Herzen bewegt, lassen ihn besonders zwei nicht mehr zur Ruhe kommen: Zuerst ihre unbestechliche Prüfung und barsche Beurteilung seiner Gedichte. Gertrude arbeitet sich mit zunehmender Ungeduld durch den Stapel seiner sämtlichen Poeme und läßt ihn aufseufzend ihr unverblümtes Urteil wissen: Freddy sei nicht nur ein schlechter, sondern eigentlich überhaupt kein Lyriker. Seine bisherigen Veröffentlichungen seien Zufallstreffer gewesen, von Fortsetzungen rate sie, unwirsch Papiere und Zettel beiseite schiebend, dringend ab. Er solle sich damit zufriedengeben, ausschließlich schöpferischer Musiker zu werden. (Ihre indiskreten Nachfragen bei Copland hatten ergeben, daß auf diesem Terrain eine überzeugendere Begabung vorlag.) Ein Rückschlag. Eine vernichtende, für das keimende künstlerische Selbstverständnis sehr verletzende Äußerung. Bowles sollte sich sein Lebtag an sie erinnern, das Verdikt sich zu einem Trauma für ihn auswachsen. Er tut, als mache er sich nichts aus der Bemerkung, und zuckt die Achseln, doch ein paar Tage später insistiert die gestrenge Kritikerin: Ob Freddy inzwischen seine Elaborate überarbeitet und verbessert habe? Mit Hinweis auf die bereits erfolgte Publikation verneint Paul hochmütig, seiner Sache sicher: »Natürlich nicht.« Gertrude triumphiert – wenn es noch eines schlüssigen Beweises bedurft hätte, daß er keine Poetennatur sei, mit dieser Weigerung hätte er ihn in Reinkultur geliefert. Echte Dichter veränderten und revidierten ihre Erzeugnisse doch ständig. Wie jedermann weiß, eine diskutable Sicht der Dinge, je nach individueller Arbeitsmethode zutreffend oder völlig aussagelos. Ein weiterer Schlag indessen für das Selbstwertgefühl des vom Pudel gehetzten Knaben. Kurze Zeit darauf nimmt Stein die Wucht ihrer Anschuldigungen mit einem indirekten Pardon zurück, wohl ahnend, daß sie zu weit gegangen ist. Einige Poeme Pauls seien, gesteht sie zu, durchaus brauchbar. Das Werturteil ist damit zwar entschärft. Aber der Stachel sitzt doch tief. Der Lyriker Bowles wird fortan vernehmlich schweigen und kaum noch von sich reden machen.

Gebot Nummer zwei geht in eine ganz andere Richtung. Und wird zum Befreiungsschlag für den Nomaden-der-nicht-mehr-Lyriker-sein-darf. Copland und Bowles sind dabei, sich nach einer künstlerischen Enklave umzutun, wo sie ungestört arbeiten können, exotischer Inspiration gewiß. Von Villefranche bei Nizza und Saint-Jean-de-Luz im Baskenland rät die erfahrene alte Dame ab. Das Klima sei nichts für den sonnenhungrigen Paul. Sie empfiehlt Tanger. Selbst habe sie dort drei herrliche Sommer zugebracht, noch zu Jahrhundertbeginn, nachzulesen in ihrem Prosatext *Q.E.D.* (quod erat demonstrandum). Paul muß erst einmal auf der Landkarte nachschlagen, wo sich diese Stadt überhaupt befindet. Für ihn waren Maghreb, Orient, Naher Osten bislang austauschbar, undifferenzierte weiße Flecken. »Die Reise nach Marokko sollte eine Erholung sein, ein Jux, ein kurzes Gastspiel. Die Idee entsprach meiner Sehnsucht, New York so weit wie möglich zu entfliehen. Da ich keine Ahnung hatte, was mich erwartete, war ich vollkommen unbefangen.« Gertrude ist Freddy weitaus zugeneigter, als er es vielleicht ahnt, hat intuitiv seinen Hedonismus in vollem Umfang wahrgenommen, kennt ihn durch und durch. Als Anlaufadresse hat sie einen weiteren Tip parat: das Hôtel Villa de France, ihren Stammplatz. »Du wirst Dich in die Stadt verlieben«, bekommt der Ungläubige zu hören. Es stimmt schon, Hitze und fabelhaftes Wetter liebte er selbstredend über alle Maßen, ohne sich dabei je als Sonnenbader zu betätigen. Und die Aussicht auf eine längere Zweisamkeit in exklusiv männlicher Gesellschaft ist auch nicht zu verachten.

Im August machen sich die beiden Komponisten auf die Reise. »Man hatte mir gesagt, irgendwo würde es ein Haus geben, irgendwie ein Klavier und jeden Tag Sonne. Das schien mir genug.«[WSR]

Stilistisch hatte er sich bei Stein nichts abgeguckt, sieht man von einigen Berlinbriefen ab, wo er der Versuchung erlegen ist, sie nachzuahmen – weder im Blick auf seine Kompositionen noch auf seine zukünftigen narrativen Techniken. Das Lakonisch-Lapidare ihrer Schreibweise stand ihm als Kategorie schon lange zu Gebote; in seinen Kammermusikwerken und Klavierporträts würde er diesen komprimierten, oftmals burlesken Ansatz perfektionieren. Zum virtuosen Wortakrobaten, mit Ausflügen in den Nonsens, sollte er sich nicht aufschwingen. Eine Sandrose ist eine Sandrose ist eine Sandrose? – kein Thema für Bowles. Prestige verschaffte ihm die traute Zweisamkeit mit der für die meisten Sterblichen so unendlich schwer als Vertraute zu gewinnenden Gertrude auf lange Sicht in ungekanntem Maße. Die prophetische Aussendung des ungelehrigen Freddy in Richtung Tanger, Marokko, Wüste hingegen war das folgenschwerste Signal, das je in Pauls Richtung ausgegangen war. Anpfiff und Bestätigung. Ansporn und Überzeugung, im Innersten seines Wesens endlich einmal verstanden worden zu sein.

Überfahrt und Ankunft beginnen mit Hindernissen. Die »Iméréthie II« legt nicht, wie gewünscht, in Tanger an, sondern läuft im algerischen Oran ein, ankert danach im spanischen Vorposten Ceuta, einem Protektorat. Weiter geht es für die mit unzähligen Koffern eingedeckten *gentlemen* mit dem Zug via Tétouan. Und was für ein Zug! Man stelle sich vor: Nordafrika 1931, und kein weiterer Weißer weit und breit. Zeit- und Raumvorstellungen heben sich auf, verlieren ihre Bedeutung. Einmal am Ziel angelangt, müssen Copland und Bowles feststellen, daß in der Villa de France kein Zimmer frei ist, und auf das ähnlich vornehme Hotel Minzah, eine koloniale Oase des Luxus, ausweichen. Kein schlechter Tausch. Erstklassiger Service erwartet sie, eine märchenhafte Kulisse. Ihre paar Dollars erweisen sich hier als Reichtümer.

Die Sinneseindrücke, die auf die beiden jungen Amerikaner einstürmen, sind betäubend. Gestikulierende, schreiende, theatralisch herumfuchtelnde Einheimische, Exil-Spanier zuhauf, Träger, Werber, fliegende Händler. Zikaden surren, die hochsommerliche Sonne fordert, im Zenit stehend, unbarmherzig ihren Tribut. Eine Landschaft wie aus Tausendundeiner Nacht;

Aromen, die ihre Geruchspalette ins Überdimensionale erweitern. Flirrende Hitze, Staubwolken, sandhaltige Böen. Städte ohne Straßen, Tiere ohne Besitzer. Krüppel, Monstren, Freaks an jeder Ecke. Für Aaron ein Vorzimmer der Hölle, für Paul ein Aphrodisiakum. Seine Erregung nimmt stündlich zu. Er blüht auf wie eine welke, im Verdorren begriffene Blume, die man zu guter Letzt in frisches Quellwasser bettet. Unterwegs schleift er seinen Lehrer in einen Vorort von Oran, von dem ihm schon bei der New Yorker Baedeker-Lektüre einzig der absurde Name in Erinnerung geblieben ist: Eckmühl-Noiseux. Copland bringt der sinnfreie Abstecher in ein menschenverlassenes, in der Hitze brütendes Niemandsland schier um den Verstand, Bowles ist selig. Die Gebirgsketten von Rif und Atlas sind ihm vertraute Silhouetten seiner Traumlandschaften. Sehnsüchte, die endlich konkrete Gestalt annehmen. »Es war, als sei durch den Anblick des näherkommenden Landes ein innerer Mechanismus in Gang gesetzt worden. Ohne es je auszusprechen, gründete sich mein Gefühl, [auf] der Welt zu sein, zumindest teilweise auf die unerklärliche Überzeugung, daß bestimmte Gegenden der Erde über mehr Magie verfügten als andere.«

Endstation Tanger? Bowles stößt im Gegenteil mit einem befreienden Ruck eine schwere, verriegelte Tür auf, an die er seit seiner Kindheit vergeblich gepocht und die sich auch in Paris nur einen Spaltbreit geöffnet hatte. Marokko, der Ausweg aus einer Sackgasse, seiner unbestimmten, ziellosen, unbefriedigenden Jugend, der Gegenentwurf zu seinem »Gefängnis Amerika«. Am Ziel ist er und zugleich am Ausgangspunkt eines selbstbestimmten Lebens. Im Maghreb tritt er in einen neuen Abschnitt seiner Vita ein: Er wird erwachsen. »Wie jeder Romantiker hatte ich stets vage vermutet, daß ich eines Tages an einen magischen Ort kommen würde, der mir durch die Offenbarung seiner Geheimnisse Weisheit und Ekstase schenken würde, vielleicht sogar den Tod. Und jetzt, als ich im Wind stand und die [nordafrikanischen] Berge vor mir betrachtete, spürte ich das Summen eines Motors in meinem Inneren, und es war, als näherte ich mich der Lösung eines bisher nicht geahnten Problems. Ich war unbeschreiblich glücklich, während ich zusah, wie die Masse der Berge langsam Gestalt annahm, doch ich ließ dieses Glück über mich hereinbrechen, ohne Fragen zu stellen.«[WSR]

Vielleicht ist die soeben zitierte Passage das zentrale Bekenntnis seiner gesamten Existenz. Weisheit, Ekstase, Tod – diese drei Geschenke würde ihm Tanger tatsächlich machen. Das Leben als gegeben hinnehmen, fatalistisch akzeptieren, keine Fragen stellen – dieser Lektion würde er sich wie kein zweiter willig und gelehrig unterwerfen. Und daß ein Motor in seinem Inneren angesprungen war, belegt eine Chronik seiner kommenden Monate und Jahre, in denen der Wildwuchs seiner »voyage automatique« sich wie eine Windhose um das mysteriöse Wüstendreieck Marokko-Algerien-Tunesien mit ungeheurer Zentrifugalkraft im Kreise drehte. Eine Liebesgeschichte nimmt ihren Lauf. Paul und die schutzlos der Sonne und der Armut dargebotene karge Landschaft, weitgehend pflanzenlos, unter einem steinern-starren, unbeweglich blauen Himmel. Ohne ein weiteres menschliches Wesen, soweit das Auge reicht. Das Nichts. Sein wahres Objekt der Begierde.

Der westlichen Zivilisation und ihren fragwürdigen Erziehungsmethoden hat er sich nie unterordnen oder fügen wollen – in Berlin und Long Island ist ihm aufgegangen, daß es mit der modernen, christlich geprägten »Kultur« nicht weit her ist. Ein hinter anfechtbaren Benimmfassaden mühsam kaschiertes, im Verborgenen wucherndes Elend. Die angreifbare, schlecht gespielte Autorität seines Vaters interpretiert er symbolhaft als hilflosen Versuch, der im Kern sinnentleerten, europäisch-nordamerikanischen Lebensform ein orientierungstiftendes, doch allzu wackeliges Gerüst zu unterlegen. Vergeblich. Eine Gaukelei, Vorspiegelung falscher Tatsachen. Hier in Tanger beobachtet er, wie Menschen mit ihrem überwiegend kläglichen, materiell höchst prekären Schicksal von vornherein ihren Frieden geschlossen haben, durch Unterwerfung unter eine schwer definierbare Himmelsmacht. Weder Religion noch Ideologie – »Allah« ist in Pauls Sichtweise lediglich eine austauschbare Chiffre von Toleranz und Durchlässigkeit gegenüber westlich-unverschämtem, privatem Glücksanspruch. Die klaglose Akzeptanz innerhalb dieser anderen, für Bowles »heitereren« Armut stößt ihm als nachahmenswert auf. An Orten wie diesen darf auch er sein Rebellentum abstreifen, bedürfnislos sein, keinen Fortschritt für sich erwarten, gleichmütig vegetieren. Ein willenloser, fremdbestimmter Idealzustand, wie ihn keine Droge der Welt herbeizuzaubern vermöchte. Eine Offenbarung. Von Kopf bis Fuß weißgewandet läßt er sich durch die Medina treiben, beständig hämmernde Trommeln rhythmisieren seine Flanerie. Er fühlt sich ausgelöscht und frei. Identitätslos. Und findet auf dem Alten Berg, damals noch ein ländliches Viertel vor den Toren der Stadt, ein kleines Haus, in das er sich verliebt. Aaron und Paul mieten es.

Die nächsten Wochen vergehen mit der Möblierung der neuen, primitiven Wohnstatt und dem lethargischen Warten auf einen stets betrunkenen Klavierstimmer. Am Ende ist das geschundene Instrument verstimmter als je zuvor, ein *honkytonk piano* wider Willen. Einem kleinen, geschwächten Esel obliegt es, den schwarzen Kasten aus den verwinkelten Socco-Gassen den langen, staubigen Weg zum Berg hinauf zu transportieren. Unwillig und störrisch wird das Klavier alle hundert Meter abgeworfen und landet mit einem lauten, unnachahmbaren Knall auf der Schotterpiste. Ein futuristischer Cluster, der über den Flachdächern der Altstadt verhallt. Irgendwann landen Tier und Last dann doch auf der Spitze des Hügels. Die Hausherren machen gute Miene zum bösen Spiel. Ihr einziges Arbeitsutensil ist das schrottreife Opfer eines selbstbewußten Esels geworden. Hätten sie mit bis dato unerhörten Vierteltontechniken experimentieren wollen, hier, an dieser Kiste mit wurmstichigen Tasten, aus der die Hämmerchen wie Strohhalme rieselten und jede dritte Saite fehlte, hätte sich die ideale Gelegenheit geboten. Copland kommt mehr schlecht als recht mit seinen Kompositionen vorwärts, verzweifelt an seiner *Short Symphony*. Paul schreibt im Handumdrehen seine ersten beiden Sonaten, eine für Oboe und Klarinette, eine weitere für Flöte und Klavier.

Schwitters' Rhythmen und Silben, deren Geräuschstruktur und eigenwillige perkussive Basis erklingen verfremdet an einem Ort, von dem sich der Hannoveraner Merzbau-Architekt sicher nicht hätte träumen lassen. Bowles ist über die Maßen inspiriert, macht sich Notizen für Songs, Klavierwerke und *Scènes d'Anabase*, einen Melodiezyklus auf Verse des französischen Dichter-Diplomaten Saint-John Perse. Kristians Tonny schaut vorbei, er residiert schon länger in Tanger. Stein hat die Verbindung zwischen den drei Männern hergestellt, zieht die Fäden noch aus weiter Entfernung. Sie reisen nach Fez, noch eine Spur schöner, weißer, irrealer. Doch dann wirft Copland das Handtuch und reist entnervt ab, nach Berlin. Für ihn, den vollendeten, karrierebewußten westlichen Künstler, ist hier keine Arbeits- und Motivationsgrundlage gegeben. Ratten, Fliegen, Dreck, faulende Kreaturen, Lepröse mit blutigen Armstümpfen, schlammige Lehmerde, das ist alles, was er noch wahrzunehmen fähig ist. Paul, bereits im Zustand der Erleuchtung und Entrückung, bleibt. Eine Zäsur wird sichtbar. Harry Dunham ist schon aus Dresden unterwegs zu ihm. Das Haus auf dem Hügel wird wieder aufgegeben; am Holzlack seines Klaviers frißt der salzige Atlantikwind.

Bowles ist in der Wüste und an ihrem nördlichen Rand in seinem Element. Und schreit es in die weite Welt hinaus. Seine amerikanischen Brieffreunde werden als erste an der poetologischen Eroberung dieser mythischen Stätte beteiligt. John Widdicombe erfährt von Paul gleich nach seiner Ankunft: »Hier möchte ich [ewig] leben, solange, bis die Eukalyptusblätter vom Baume fallen und es in der Meerenge [von Gibraltar] zu regnen beginnt. Es ist unbeschreiblich hübsch und reizend hier und das Meer pfauenfedernblau. Alles Übrige ist weißer als die Seele Jesu. ... Kleine Salamander, und drei Zoll [lange] Spinnen.«[INT*] Morrissette liest tags darauf: »The town is too beautiful for words.«[INT] Das hier beklagte mangelnde Vokabular, um die Schönheiten seiner neuen Wahlheimat angemessen zu preisen, läßt also noch auf sich warten; in seinen Memoiren steht es ihm dann in gebührendem Maße zur Verfügung:

Wenn ich sagte, daß mir Tanger wie eine Traumstadt erschien, so meine ich das im striktesten Sinne des Wortes. Die Topographie dieser Stadt war reich an prototypischen Szenen. Überdachte Straßen, von denen wie von Korridoren Türen zu Räumen auf beiden Seiten abgingen, versteckte Terrassen hoch über dem Meer, Straßen, die eine einzige Treppe waren, dunkle Sackgassen, kleine, auf abschüssigem Gelände angelegte Plätze, die wie aus falscher Perspektive gemalte Ballettkulissen wirkten, mit Gäßchen, die nach verschiedenen Richtungen wegführten, aber auch klassisches Traumzubehör: Tunnel, Mauern, Ruinen, Kerker und Klippen. Das Klima war rauh und träge zugleich. Der Augustwind zischelte in den Palmen, zerrte an den Eukalyptusbäumen und fuhr in das Rohrdickicht am Straßenrand. Tanger war damals noch nicht in das stinkende Zeitalter des Automobils eingetreten. ... Trotzdem warteten einige Taxis neben den Kutschen am Grand Socco, und mit einem davon fuhren Aaron und ich jeden Abend nach dem Essen heim. Man konnte, vom Verkehrslärm ungestört, in einem der Cafés an der Place de France sitzen und nur den Zikaden in den Bäumen lauschen, und die Tatsache, daß die Erfindung des Radios Marokko noch nicht erreicht hatte, bedeutete, daß man im Zentrum der Medina sitzen und nur das hundertfache Gewirr der Stimmen hören konnte.
Die Stadt war autark und gepflegt, eine Puppenmetropole, deren soziales und ökonomisches Leben durch die internationale Verwaltung und ihre effiziente Polizei vor langer Zeit [seit 1923] zu einem aufgezwungenen lebenslangen Status quo festgeschrieben worden war. Es gab kein[e] Verbrechen, und niemand dachte daran, die Europäer, deren Präsenz als nutzbringend für die Gemeinschaft angesehen wurde, nicht zu respektieren.[WSR]

Man sieht sofort – das Labyrinth wird hier nicht als unentrinnbares Verhängnis empfunden, sondern als Himmel auf Erden gepriesen, als Anlaß für einen nicht endenwollenden spirituellen Höhenflug. Paul ist sich seiner Sonderstellung, seiner Privilegien und Vorteile bewußt. »Es war nicht zu leugnen, daß ein Fremder wie ich, noch dazu blond, ein Blickfang war. [Dabei] hätte ich am liebsten alles so gesehen, als wäre ich nicht dabei.« Mit Harry geht es weiter nach Süden, Richtung Sahara. Marrakesch, der mythische, gigantische Platz Djema-el-Fnaa, Schauplatz eines ewigen Theaters: Fakire, Gaukler, grimassierende Beschwörer, Schausteller, *fortune tellers*, alle tragen Masken der Verstellung und Täuschung. Das Leben im Miniaturformat, nie beschönigend, sondern ehrlich. Brutalität, Ausgrenzung, Schlägereien. Sie erleben packende, saftige Szenen wie bei Shakespeare oder Calderón, nur ohne Inszenierungsfilter. Ohne wertenden oder distanzierenden Kommentar. Nicht häppchenweise, sondern permanent. Danach die Atlasüberquerung. Ouarzazate, das Drâa-Tal. Immer tiefer, immer fremder, bis sie ungewollt in einer »Verbotenen Zone« landen. Von weitem sehen sie abgeriegeltes Terrain, Lager, Stacheldraht. Anarchie und Aggression ersetzen die bisherige Märchenlandatmosphäre. Verhöre folgen und beinahe eine Festnahme. In einem schmutzigen Hotel sitzen sie tagelang fest. Bis ein Lastwagen eintrifft, der sie bei Wintereinbruch zurück in den europäisierten Norden bringt.

Harry, in der Neuen Welt Chefredakteur von *Argo*, ist – zu dessen Erleichterung – nicht nur sehr großzügig gegenüber Paul, sondern auch ein überschwenglicher, am gleichen Strang ziehender Wegbegleiter, mit dem man Pferde stehlen kann. Goldrichtig für gewagte Trips wie diese, ein Energiebündel, ein Kumpel. In Tanger und Paris gibt er sich darüber hinaus als sexueller Freibeuter, als extrem promisker Männerfreund zu erkennen, der sich in Marokko an willigen Gespielen schadlos halten kann. Seiner überschäumenden erotischen Energie ist kaum Widerstand entgegenzusetzen. Bowles gelingt es dennoch, das Verhältnis zu Dunham neutral und unverfänglich zu gestalten. Sämtliche Zeitzeugen bescheinigen ihm einen schwachen oder inexistenten *sex drive*, aber unterstreichen einen neuen Wesenszug in seinem Verhalten: Er gibt sich nach Kräften den Anschein, selbst ein intensives homosexuelles Liebesleben zu führen. Wie er in der Vergangenheit hat erfahren können, kommt das in künstlerisch-intellektuellen Kreisen gut an, bringt ihn auf jeder gesellschaftlichen Ebene beträchtlich weiter, entbindet ihn jeglicher romantischen Verpflichtung, geschweige denn Bindung oder Familiengründung, und sichert ihm die Gesellschaft interessanter, dynamischer Männer, von denen er sich im letzten, kritischen Moment immer noch zurückziehen kann.

Es ist zwar schwer vorstellbar, daß Bowles nicht ein einziges Mal dem Charme und guten Aussehen Harrys oder der autoritären Verführungskraft von Copland erlegen sein soll. Doch wen man auch befragt hat, Morrissette, Dunham, Roditi, Pariser, New Yorker oder Tangerianer, die Antwort fiel stets identisch aus, wenn man Bowles' Einstellung auf den Punkt zu bringen versuchte: lebhaftes Interesse an Menschen, aber nicht an körperlicher Nähe. Asexuell oder antisexuell, es bleibt rätselhaft. Doch wird er in den dreißiger Jahren fast täglich an der Seite oder in Begleitung offen schwul auftretender Reisegefährten, Komponisten- und Dichterkollegen zu sehen sein. Das genügt, um einen gewissen Status aufrechtzuerhalten; das garantiert ihm eine bestimmte gruppeninterne Solidarität, Karrierekicks, Aufträge, Kontakte. Das stellt gleichfalls sicher, daß sich zu gegebenem Anlaß immer ein anderer junger Mann und allemal anregender Gesprächspartner findet, der kurzentschlossen bereit ist, mit ihm für einige Tage oder auch für ein Vierteljahr durch die Wüste zu ziehen. Mag *tout le monde* sie auch für ein Paar halten – während jener sich in irgendeiner wildromantischen, gottverlassenen Kasbah mit einem unbedarften *garçon* zur Siesta zurückzieht, hat Paul seine Ruhe. Kann ungestört komponieren, photographieren, Aufzeichnungen machen, meditieren. Er selbst sein.

Harry treibt unterwegs einen jungen Marokkaner auf, Abdelkader, auf dessen Dienste und Gunstbeweise er auch in Europa nicht verzichten möchte. Ein »echter« Wilder, ohne jegliche Bildung, triebhaft und kreatürlich, ›handgearbeitet‹, im Gegensatz zu Dunham und Bowles. Als Harrys »Kammerdiener« soll er mit nach Europa reisen. Ein Vorhaben, als müßte man Truffauts *Wolfsjungen* ohne psychologische Vorbereitung im Louvre aussetzen. Gesagt, getan. In den letzten Wochen des Jahres 1931 beginnt so, noch auf dem amerikanischen Kontinent, in mehreren Zungen ein endloses Gerangel um Papiere, Ausreisegenehmigungen, Reiseformalitäten, Scherereien mit der Polizei. Paul ist es schließlich, der es auf sich nimmt, Abdelkader bis nach Paris zu schleusen.

In Sevilla machen sie Halt, im Madrider Prado erregen sie Aufsehen. Der Jüngling, zum ersten Mal mit abendländischer Kunst konfrontiert, hat angesichts der Gemälde von Hieronymus Bosch und Francisco Goya Visionen, die einen Zustand von Wahnsinn und Panik hinter seiner unverdorbenen Stirn auslösen. Sieht Gestalten von den Wänden auf ihn zuspringen. Bowles muß ihn beruhigen und zähmen. Im Pariser Salon von Stein und Toklas ist Abdelkader dann die Sensation einer langweiligen Wintersaison, Paul darf ins zweite Glied zurücktreten. Und Gide interessiert sich merklich für Dunhams scheuen Pagen mit olivbraunem Teint.

Die Kompositionslehrerin Nadia Boulanger schüttelt dagegen freundlich den Kopf, als Bowles bei ihr vorspricht – das Studienjahr ist schon viel zu weit fortgeschritten, um noch neue Studenten aufzunehmen. Mit zwei, drei Privatlektionen in ihrer Gegenwart muß Bowles sich bescheiden. Das imaginierte Unterrichtsverhältnis mit Boulanger kommt nicht zustande. Sein Bedauern hält sich in Grenzen. Böse Zungen wollen in Erfahrung gebracht haben, daß in dieser mißlichen Angelegenheit einmal mehr Bowles' Geiz ausschlaggebend gewesen ist. Soviel, wie Nadia forderte, mag er einfach nicht berappen. Trotz Harrys fortgesetzten Spenden. Er gefällt sich in der Rolle des Beschenkungswürdigen. Zahlen sollen andere für ihn.

Paul, zurück am Quai Voltaire, ist weiterhin von Paris beglückt, doch kaum noch bei der Sache. Seine Gedanken wandern immer öfter in die nordwestafrikanischen Gefilde zurück. Von der Sahara hat er nur einen winzigen Zipfel zu sehen bekommen, er hat Blut geleckt. Tanger würde auf ihn warten. Es bleibt ein Versprechen für die Zukunft.

In den Jahren 1931 bis 1937 wird es immer schwieriger, sich detektivisch an Bowles' Sohlen zu heften. Ständige Adreßwechsel erschweren das Nachvollziehen seines Lebenswandels, in den man kaum noch Licht zu bringen vermag; er läßt sich nicht mehr so leicht in die Karten schauen. Ab und an taucht sein blonder Kopf hinter einer Dünenkette am Horizont auf, verschwindet aber rasch wieder, um sich an anderer Stelle unvermutet blicken zu lassen. Die wenigen Fußspuren, die er auf dem Weg zwischen zwei Stationen im Sand hinterlassen hat, sind vom Wind schnell wieder zugeweht. Lediglich einzelne Facetten können noch nachverfolgt werden. Er macht eine Wandlung zum Chamäleon durch, ändert seine äußeren Farbtöne und Schattierungen je nach der derzeit dominierenden Beschäftigung.

Beispielsweise Paul, der unermüdliche Wüstenreisende: Er erlebt die Prozession von Bruderschaften in Fez, beobachtet Menschenmassen in übersinnlichen Trancezuständen. In Agadir kommt er mit Opium in Berührung. Im Süden der algerischen Wüste bricht er zu entlegenen Orten in der Mzab-Region, nach Laghouat und ins mythische Ghardaïa, eine entrückte Oase, auf. Unkenntnis beim Heizen mit einem *mijmah*, einem landestypischen Kohleglutbecken, führt dort beinahe zu seinem Erstickungstod. D'Armagnac, ein französischer Leutnant, rettet ihn – Bowles wird es ihm viele Jahre später mit der Zuweisung einer Nebenrolle in *The Sheltering Sky* vergelten. Mit seinem Reisebegleiter George Turner, auch er sollte als »Tunner« im *Himmel über der Wüste* verewigt werden, reist er auf Kamelen über den Großen Erg nach Tunesien. Tozeur, Nefta, Kairouan. Grenzbeamte halten ihn erneut für einen Deutschen; die Route, bislang von Trouggourt bis El Oued, muß geändert werden. Er treibt sich in Taroudant, Tafifalet und Erfoud herum, verdingt sich, wieder in Fez, als Sekretär eines amerikanischen Colonel. Als hätte er es darauf angelegt, ein zweiter Rimbaud zu werden. Die nördliche und mittlere Sahara – seine Westentasche. Dazwischen immer wieder Tanger, Tanger, Tanger. Djuna Barnes und Charles-Henri Ford sind dort seine illustren Nachbarn.

Paul, der Weltreisende: In Norditalien fährt er, plötzlich ein passionierter Wintersportler, Ski und vertreibt sich die Abende in den Alpen mit Anne Miracle, einer attraktiven Französin. Deren Mann ist von Techtelmechteln beim *après-ski* in Clavièren alles andere als begeistert. Zeit für einen Ortswechsel – Spanien und Andalusien mit John Troustine, einem neuen Gefährten. Manuel de Falla empfängt ihn in Granada. Mit Rena, überraschend aus den Staaten angereist, logiert er eine Zeitlang in Monte Carlo, in Grenoble und in den Pyrenäen, bevor es ihn nach Barcelona und auf die Balearen zieht. Er erobert Puerto Rico, findet in Curaçao Gefallen an Marihuana und durchstreift ein Frühjahr lang die USA mit Greyhound-Bussen, wobei er seinem Heimatland unvermutete Schönheiten, ja grandiosen Naturreichtum konzedieren muß. Globetrottertum par excellence. Bowles ist einmal mehr der ideale Reisende, stets »outside«, auf Distanz, wenn es brenzlig wird oder eine psychologische Verletzung ansteht. Immer auf dem Sprung, Verbindlichkeiten meidend.

Paul, der Kranke und Genesende: Immer öfter wird er von ansteckenden Krankheiten heimgesucht, muß Pausen einlegen und auskurieren, genießt es aber auch, wenn man sich seiner annimmt und ihn hingebungsvoll pflegt. Grippe und physischer Zusammenbruch in Turin, Typhus in Neuilly, Sonnenbrände am Mittelmeer, Magengeschwüre in Manhattan, Amöbenruhr in Mittelamerika, Rauchvergiftung in Algerien. Wenn es hart auf hart kommt, finden sich willige männliche und weibliche Betreuer und Krankenpfleger. Ob ein Leutnant in der Wüste, ob Anne in Italien, ob seine Mutter in den französischen Alpen und an der Riviera oder Harry, der edle Spender in Paris, man kümmert sich um ihn und zeigt sich überaus großzügig.

Paul, der Störenfried: Mit einem kecken, über die Stränge schlagenden Brief, den er 1931 im Champagnerrausch an der Seite Ezra Pounds an die Redaktion des politisch-kulturellen Periodikums *The Left*, einer marxistisch orientierten Vierteljahrsschrift für »radikale und experimentelle« Kunstausübung, richtet, verdirbt er es sich auf Jahre hinaus mit einflußreichen linken Kreisen auf beiden Seiten des Atlantiks. Pauls mit Verve ausgestellter Snobismus, sein Unwille, eine pseudo-proletarische Position einzunehmen, seine überdeutlichen polemischen öffentlichen Formulierungen, wie stark der Kulturbetrieb einseitig von unredlichen kommunistischen Bannerschwingern unterwandert und kontrolliert sei, tragen ihm die erbitterte Feindschaft von den Nutznießern solcher Karrierekarusselle und Seilschaften ein. Er verscherzt es sich mit maßgeblichen Funktionären und wird noch Jahre darauf, immer wenn es um eine Anstellung, ein Musikprojekt, eine Partiturveröffentlichung, ein Theaterengagement geht, erneut auf diese »Entgleisung« angesprochen. Bowles legt sie unter der Rubrik »unpleasant consequences« ad acta. Und da ist weiterhin die unüberwindliche Hürde in Gestalt von Harry Dunhams Schwester, die entschlossen ist, ihm das Leben in Paris systematisch zur Hölle zu machen. Ihr Haß auf den Profiteur Paul ist ins Maßlose gestiegen. Eisern ist sie von der Mission beseelt, ihren gutherzigen Bruder bis aufs Blut gegen vermeintliche »Feinde« zu verteidigen. Diese Miss Amelia sorgt dafür, daß Abdelkader wieder in Richtung Marokko von der Bildfläche verschwindet und stattet ihn dafür, eine momentane Abwesenheit des verabscheuten Vielreisenden ausnutzend, mit einem riesigen Louis-Vuitton-Koffer aus, in dem sich unter anderem praktischerweise Pauls gesamte, ausgesucht erlesene Garderobe befindet. Bowles muß die Demütigung zähneknirschend schlucken und sich auf die Suche nach anderen Gönnern machen. Stein sollte recht behalten mit ihrer wenig solidarischen, zutiefst antifeministischen Überzeugung, daß junge Frauen in Gesellschaft kreativer Männer nichts als »Verderben« über sie brächten, Schereien herbeiführten und sie in jeder Hinsicht vom Arbeiten abhielten. Für eine Weile ist Paul geneigt, dieser groben Vereinfachung aus vollem Herzen zuzustimmen.

Paul, der Komponist auf dem Weg nach oben: Auch ohne Unterweisung einer Nadia Boulanger und nur halbherzig Coplands Ratschlägen folgend, macht er unbeirrbar seinen Weg. Mit Mozart-Analysen wird keine Zeit mehr verplempert. Seine *Sonate für Flöte und Klavier* entsteht unterwegs wie nebenbei und kündet, wie ihre Vorgängerin, die Oboen-Klarinetten-Sonate, vom frischen Einfluß der Pariser »Six«, ist in ihrer Kürze und Prägnanz den Holzbläser-Kreationen eines Poulenc oder Milhaud verwandt. Er schreibt neue Songs nach Vorlagen von Stein, Ford und Roditi; in Yaddo kommen seine Instrumentalwerke zur Aufführung. An einen Traum über die Meerenge von Gibraltar anknüpfend, bringt er 1933 *Par le détroit*, eine »profane« Kantate für Männerchor und Harmonium, zu Papier. Klavierstücke, Klavier-»Portraits« und eine Sonatine kommen in rascher Folge hinzu. Harry Dunham und Rudolf Burckhardt geben Filmmusiken bei Bowles in Auftrag – Paul darf in den Experimentalstreifen auch gleich persönlich auftreten –, und *Memnon*, eine Suite für Stimmen und Klavier nach Cocteau, sowie ein ausgewachsenes Klaviertrio nehmen allmählich deutliche Konturen an. In Manhattan stehen Theater- und Ballettproduzenten und junge, experimentelle Regisseure mittlerweile Schlange, um Bowles als Mitarbeiter für Stücke, Choreographien und Inszenierungen zu gewinnen. Sein unbedingtes Autodidaktentum beginnt, sich auszuzahlen und Früchte zu tragen.

Und nicht zuletzt Paul, der Vorreiter: Seine individuelle schöpferische Verankerung in der von faszinierenden Metaphern und inspirativen Lokalitäten überbordenden Welt des Maghreb geht einher mit einer aufkommenden Marokko-Mode in den Filmstudios von Hollywood und Paris, greift zugleich auch der Erfindungskraft anderer Romanciers voraus, die Nordafrika als Terrain des Existentialismus für sich reklamieren und vereinnahmen. So tauschen Marlene Dietrich und Gary Cooper schon Anfang der Dreißiger heiße Küsse vor künstlichem Wüstensand in *Morocco*, einer glitzernd-künstlichen Kinoprojektion eines unechten Orients, Jean Gabin irrt in *Pépé le Moko* durch kulissenhafte Medinas; Filme wie *Algiers* und, wenig später dann, natürlich *Casablanca*, beflügeln weltweit die Phantasie von Drehbuchautoren und Cineasten. Albert Camus wird seine Hauptwerke *Der Fremde* und *Die Pest* in Algier und Oran ansiedeln, mit allem dazugehörigen pittoresken Kolorit. Eine regelrechte Welle. Doch sind dies alles modische Okkupationen von außen, Übergriffe von einer gesicherten, westlichen Warte aus. Niemand setzt sich unnötig dem realen Kosmos aus, wie er den Alltag in den nordafrikanischen Ländern bestimmt. Bowles ist der einzige kreativ Schaffende unter ihnen, der ganz bewußt eine Verankerung, ja Verwurzelung vor Ort anstreben wird. Seine literarischen Werke werden von Marokko und Algerien selbst handeln und auch an den Originalschauplätzen selbst ihren Weg aufs Papier oder in die Partitur finden. Ihr Verfasser wird als Person hinter den Geschichten, Legenden und Mythen zurücktreten, um immer unscheinbarer zu werden, im besten Falle vollends zu verblassen.

Als Paul und Jane 1938 in New York den Bund fürs Leben eingehen, ist der Bräutigam, obschon noch keine Ende Zwanzig, bereits eine ausgereifte Persönlichkeit, ein erfahrener, weltgewandter, im Grunde sogar ›alter‹ Mann, geformt von ungezählten Ortsveränderungen, überdeutlich geprägt von seinen Jahren in Paris. Der Nimbus der Lichterstadt beginnt ganz sachte, für ihn zu verblassen. Der Maghreb entwickelt sich an ihrer Stelle zu seinem persönlichen Magneten, entfaltet gewaltige Anziehungskraft.

In der Wüste, am Ende der Welt, ist Bowles über Nacht erwachsen geworden. Er gestaltete seine Lehr- und Wanderjahre unsystematisch, sprunghaft und autodidaktisch, und man darf sagen, er hat sich mit Fug und Recht in alle möglichen Richtungen ausprobiert. Nur noch einen Part gilt es zum allerersten Mal zu übernehmen – den des Liebenden, des Begleiters. Den des Ehemanns.

4

Zeit der Feindschaft, Zeit der Freundschaft
Flitterwochenjahre mit Papagei

Es ist angenehm, einen Ort zu haben,
an den man zurückkommen kann.
Ein *Haus* in Afrika oder irgendeinem anderen Land
ist in meinen Augen einfach Schwachsinn.
Ich finde Hotels oder vorübergehende Unterkünfte viel amüsanter.
Aber wir sollten wirklich eine feste Bleibe haben,
die wir einfach abschließen könnten,
statt sie jedesmal, wenn wir irgendwohin fahren, zu vermieten.
Besonders wenn wir alt und gebrechlich werden. ...
Ich bin immer noch derselbe alte Stubenhocker wie früher.
Hier schlage ich mich mit der Last meines gesamten Lebens herum,
aber in gewissem Sinne habe ich auch viel mehr gelernt,
indem ich geblieben bin. ...
Gibt es Briefträger in der Wüste?

Jane, dreißigjährig, in Briefen an Paul aus Neuengland
(Sept. bis Dez. 1947)[GMG]

Oh la la
oh da ba
oh Honeymoon!
Sag, oh sag mir, wann...
Doch weiter kam sie nicht,
denn da war ihr *ex-husband*
und starrte sie an wie ein halbverhungertes Kätzchen.

Paul, neunjährig, im Libretto zur Sopranarie für den zweiten Akt seiner neunteiligen (Jugend-)Oper *Le Carré* (ca. 1919)

Wer mit dem jungen, extravaganten Ehepaar Bowles in den 1940ern zusammentraf und in ihrer Gesellschaft während einer Soirée oder einer Mahlzeit mehrere Stunden zubrachte – in jenen Jahren waren dies so unterschiedliche Künstlerpersönlichkeiten wie etwa Benjamin Britten und Max Ernst, Elia Kazan und Marcel Duchamp, Salvador Dalí und Golo Mann, John Cage und Merce Cunningham –, der wurde Zeuge eines rituellen Geplänkels zwischen den Eheleuten, das mit schöner Regelmäßigkeit in zweiteiliger Form vor allen Anwesenden inszeniert und veranstaltet wurde. Gewöhnlich begann es damit, daß Jane zu vorgerückter Stunde oder einfach aus einer Laune heraus von ihrem Stuhl herunterrutschte und sich den zahlreich vorhandenen Herren nacheinander auf den Schoß setzte, mit ihnen zu schmusen begann, an ihren Hemdkragen und Ohrläppchen zupfte und sich immer enger an die Oberkörper der Auserwählten schmiegte. Durch die Stirnfransen ihres Ponys warf sie ihnen, je nachdem, schmollende oder kokette Kleinmädchenblicke unter treuherzigem Augenaufschlag zu. Die gezielte Transformation einer Frau in ein verzärteltes, anlehnungsbedürftiges Schoßtier, das ohne Umschweife seine Streicheleinheiten einforderte. Nicht zuletzt auch eine erotische Herausforderung für den ausgeschlossenen, düpierten Gatten. Soweit der erste Akt.

Im zweiten führten Jane und Paul ein genau einstudiertes Theaterstück auf: An irgendeinem Gesprächsgegenstand entzündete sich eine Kontroverse oder Meinungsverschiedenheit zwischen ihnen, einer von beiden ergriff die Partei eines Dritten und verletzte damit den ästhetischen Standpunkt des jeweils anderen; und innerhalb weniger Sekunden schlüpften sie in zwei vorgeschriebene Rollen. Jane in die der Teresa Brawn, Tante,

Mutter und Gouvernante in Personalunion, und Paul in die des Bupple Hergesheimer, eines männlichen Papageis. Dessen Vokabular war auf zwei Lautfolgen beschränkt: »Bupple« oder »Budupple« für Zustimmung und graduelle Bekundung von Zufriedenheit; ein kurzes, heiser gekrächztes »rop« hingegen verhieß Ablehnung, Aufbegehren, Ungehorsam oder Mißvergnügen. Teresa, die zum Sprechen befähigte »Domina«, war dabei eindeutig die Überlegene, sie konnte ihr Federvieh nach Herzenslust loben und rügen, herumkommandieren und ausschimpfen; sie allein besaß die Entscheidungsgewalt über Freiheit oder Eingesperrtsein ihres Bupple. Er, oft mißmutig, launisch, notgedrungen auf monotone und bis zum Überdruß repetitive Kurzsilben beschränkt, hatte sich ihrem Gutdünken zu fügen und wurde für fortgesetzte Aufsässigkeit unweigerlich jedesmal bestraft. Ein männlicher Sklave, zur Abrichtung verdammt. Wenn Maulen, Meckern und Klagen nichts mehr helfen wollten und Teresas Geduldsgrenze deutlich überschritten war, besiegelte sie mit dem stereotypen Befehl »Geh zurück in deinen Käfig!« das unvermeidliche Schicksal des farbenprächtigen Unglücksraben – seine unausweichliche Gefangenschaft, verbunden mit der Aufforderung, der Nachplapperer solle endlich gefälligst »seinen Schnabel halten«. Ein Sprachverbot, von dem beide Ehepartner, gebrandmarkt von entsprechenden Kindheitserfahrungen, wahrlich ein Lied singen konnten: Beide waren sie heranwachsende Künstler, denen man systematisch den Artikulationswillen abgetötet, die originelle Ausdrucksfähigkeit »weggesperrt« hatte.

Das Spiel von »böser Mutti« und »ungezogenem Jungen«, von vernunftbegabtem Menschen und eitler, instinktiv agierender Kreatur, das Außenstehenden intime Einblicke in das Spannungsverhältnis innerhalb ihrer Beziehung gewährte, verselbständigte sich rasch: Paul und Jane unterzeichneten ihre Briefe bald mit Bupple und Teresa, redeten sich im Alltag mit diesen Spitznamen an, wiederkehrende Dialogfetzen erhielten Zitatcharakter, und das bei jeder beliebigen Gelegenheit einsetzbare »Geh zurück in deinen Käfig!«, eine überaus bequeme Wendung, um Einwände und Diskussionen abzuwenden oder im Keim zu ersticken, wurde zum Leitmotiv in den frühen Jahren ihres komplexen Verhältnisses. Paul als nervtötender Neinsager, Spielverderber, Quälgeist und verhindernde, pessimistische Natur mit konservativ-puritanischen Zügen, ein Masochist, wie er im Buche stand; Jane als vor Lebenslust und Tatkraft übersprudelnde Bejaherin, optimistisch und frivol, ausgelassen und spontan, die ihrem Mann mit sadistischem Übermut auf der Nase herumtanzte und das Leben schwermachte. Nur scheinbar ein Spiegel realer Machtverhältnisse bei den Bowleses, die sich jederzeit in ihr Gegenteil verkehren konnten. Denn schon auf der Hochzeitsreise, die unsere Jungvermählten durch mehrere mittelamerikanische Staaten führte, traf ausschließlich Paul den Großteil der Entscheidungen wie Reiseroute, Verweildauer, Art der Unterkunft und Fortbewegungsmittel. Ihre Proteste waren zwecklos oder stachelten ihn zu noch perfideren Plänen an.

So fand sich Jane, obschon durch ihren Reitunfall traumatisiert, gegen ihren Willen auf einem mehrtägigen Ritt durch den Dschungel von Costa Rica auf dem Pferderücken wieder; sie nächtigte in Absteigen, die sie gruselten, und Paul durfte mit grimmiger Genugtuung Gertrude Stein davon in Kenntnis setzen, daß die von ihm ersonnenen psychologischen Folterungen seiner Braut letzten Endes von ihr akzeptiert und durchgestanden wurden: »Ich bin mit einem Mädchen verheiratet, der die Natur verhaßt ist, und da sind wir nun, inmitten von Vulkanen, Erdbeben und Affen.« Tatsächlich zitterte während ihres Aufenthaltes mehrfach die Erde, und Jane sah sich mit der Gesamtheit ihrer Phobien konfrontiert – Hitze, Feuchtigkeit, Feuer, wilde Tiere, Menschenmassen, die Präsenz einer »primitiven« Kultur ohne westliche Merkmale, unwirtliche Landschaften –, gekoppelt mit der vollständigen Abwesenheit von mondäner Geselligkeit oder von eloquenten Trinkkumpanen. Dennoch bestand sie ihre Feuertaufe. Diese Jungfernfahrt war, soweit es ihren amerikanischen Teil betraf, ein voller Erfolg für das junge Glück.

Ganz anders als noch bei der unglückseligen Mexiko-Premiere startete Jane mit Euphorie und Aufbruchswillen in das tropische Abenteuer zu zweit und gab sich erdenkliche Mühe, diese fremden Welten mit Pauls Augen zu sehen; sie war neugierig und lernfähig, sie schüttelte ihre Ängste ab und befreite sich vom ewigen Vergleichszwang lokaler Widrigkeiten mit den Verlockungen von New Yorker Cocktailparties oder kunstsinnigen Empfängen im Hause von Peggy Guggenheim. Schon auf dem Dampfer, der sie nach Panama brachte, wurde sie damit fertig, daß es dem Kapitän beliebte, sein Bad an Bord in derselben Badekajüte mit der frischvermählten Amerikanerin einzunehmen und er unbekümmert nackt in die Holzwanne direkt neben ihr stieg. In einem Geschäft in Panama City stürzte sie auf ein Regal zu und stibitzte frech ein Buch – ein Romanexemplar ihres gemeinsamen Freundes Charles-Henri Ford. Von ihrer folgenreichen Bordell-Episode, die glimpflich ausging, war schon die Rede. Und auf der Ranch in Guanacaste, beim Vorbeireiten an riesenhaften Menschenaffen und ihren Familien, die einer unwirklichen Erscheinung gleichkamen, im Dschungelhotel von Bebedero und beim Durchstreifen schwach besiedelter Landstriche von jungfräulicher, paradiesischer Unberührtheit entdeckte sie, zur Freude Pauls, eine weitere Übereinstimmung mit den Vorlieben ihres weitgereisten Mannes – eine unausrottbare Schwäche für exotische Tiere und Vögel. So war es nur eine Frage der Zeit, bis sie, denen täglich winzige, gerade erst geschlüpfte Papageien zum Kauf angeboten wurden, irgendwann schwach wurden und sich zum Erwerb des ausgewachsenen, liebenswerten Budupple in der Provinz Puntarenas entschlossen.

Bezaubert von seinem Charme, wenn er mit vorgespielter Unschuld das Köpfchen schieflegte und ein scheinheiliges »Budupple mah?« hören ließ, nahmen sie ihn mit auf die Weiterreise. Er wurde ihnen ein unentbehrlicher Begleiter und beeindruckte sie mit starkem Durchsetzungswillen und ungezügeltem Appetit. Kaum hatte er die Ortschaft seines früheren Besitzers hinter sich gelassen, kämpfte er sich erfolgreich durch den Jutesack, in den man ihn gesteckt hatte, und krabbelte zielbewußt in Janes Arme. Von dieser Affektbezeugung überwältigt und gerührt, ließ sie sich im Handumdrehen erobern. Amüsiert und hilflos sah sie dabei zu, wie er sich in den nächsten Wochen ihre Schildpattlorgnette, Zahnpastatuben und ein Exemplar des russischen, *I love* betitelten Romans in ihrem Reisegepäck einverleibte und durch verschiedene Holz- und Metallkäfige, die nacheinander besorgt wurden, munter hindurchfraß. Die ungewohnte Nahrung schien seinen Eingeweiden nichts auszumachen, und seine Exkremente wiesen keinerlei Spuren von Scherben, Holzsplittern oder unverdaulichen Materialien auf. Er war ein Dickkopf und zeichnete sich durch ungewöhnliche Hartnäckigkeit aus. Ob in Puerto Barrios, Limón oder Chichicastenango in Guatemala, er klettete sich an sie.

Das Trio erregte bald Aufsehen; die Einheimischen belehrten sie über die mythische Symbolkraft seines Verhaltens, das offenbar in einigen Aspekten als göttlich-überirdisch gedeutet werden konnte. Anhänglicher, als sie es sich anfangs hätten träumen lassen, entwickelte ihr Papagei eine Vielzahl menschlicher Züge, in denen sie ihre eigenen Schrullen und Schwächen wiedererkannten. Er äffte sie nach, und zwar gekonnt. Im Studium seiner Wesensart lag somit der Ursprung ihres späteres Teresa- und Bupple-Spiels, und so sehr er ihnen auch ans Herz gewachsen war, nach ein paar Wochen wurde er ihnen einfach lästig, seine fast gewalttägigen Zuneigungsbeweise flößten ihnen Angst ein, und sie trachteten danach, ihn loszuwerden. Doch immer aufs neue fand sich ein treuer Indio, der den Trennungsvorgang von weitem beobachtete und mißinterpretierte, das verlorengeglaubte Tier samt halbzerstörtem Käfig seinen erleichterten Besitzern kilometerweit hinterhertrug, bis sie es zähneknirschend wieder mit sich führen mußten. Oder er flatterte ihnen durch ein geöffnetes Zugfenster zu, als sie sich schon in Sicherheit glaubten. Erst in einem Patio in Antigua, wo sich Budupple augenscheinlich auf einem bestimmten Baum, umgeben von überrei-fen Avocados, besonders wohlzufühlen schien, gelang es ihnen endgültig, ihn, bei einer Señora Espinoza in guten Händen, seinem Schicksal zu überlassen und einen reuelosen Abschied für immer zu vollziehen. Kein Zweifel, das Zusammenleben mit dem Papagei hatte sie geprägt. *All Parrots Speak* hieß denn auch konsequenterweise, viele Jahre danach, eine von Pauls Reiseerzählungen.

In den Folgejahren entwickelten Paul und Jane ein geradezu libidinöses Verhältnis zu ausgefallenen Tieren. Bei ihren alljährlichen langen Aufenthalten in Mexiko, die ab 1940 ihre Sommermonate bestimmten, verliebten sie sich nacheinander in einen Nasenbär, der nachts auf ihren schlafenden Körpern auf- und abspazierte, und in einen Ozeloten, dem insbesondere Paul sehr zugetan war und der leider jämmerlich an verschluckten Taubenknochen verenden sollte, nachdem ihn ein ahnungsloser Photograph der Zeitschrift *Life* zuvor mit dem Vogel gefüttert hatte. In Acapulco und Jajalpa, wo ihnen zwischenzeitlich eine Hacienda zur Verfügung stand, wuchs sich ihr beträchtlicher Tierbestand sogar zu einer unüberschaubaren Menagerie aus: Zu Katzen und Kaninchen gesellten sich Gürteltiere, Dachse und Aras, Coatimundis, kleine tropische Säugetiere, und, als bewährter Spiegel ihrer Persönlichkeiten, ein weiteres Papageienpärchen, das, gottlob aufeinander fixiert, weit problemloser zu handhaben war als seinerzeit der kräftige, auf Menschen kaprizierte Junggeselle Budupple. Daß sich die zahllosen Umzüge mit einer solchen Vielzahl von Geschöpfen zu ihren im Monatsrhythmus wechselnden Wohnsitzen innerhalb dieser schwer zugänglichen Länder und ihren vertrackten Transportbedingungen in Alpträume verwandelten, liegt auf der Hand – zumal sich nur wenige echte Haustiere unter diesem Viehbestand befanden. Leonard Bernstein gab in New York seine Besuche bei den Bowleses schnell wieder auf, da sich seine Katzenhaarallergie mit der Allgegenwart der *pets* nicht vertrug; das von Anfang an störanfällige Verhältnis zwischen Dalí und Paul verschlechterte sich merklich, als der Spanier, durch und durch Katzenhasser, und der Katzenliebhaber Bowles, sein musikalischer Partner für das Auftragsballett *Colloque sentimental* (nach Verlaine), aufgrund dieser unterschiedlichen Auffassung, mithin eines lächerlichen Details, wiederholt aneinandergerieten.

Die Überfahrt auf dem Dampfer »Cordillera«, eine weitere Atlantiküberquerung, diesmal zwischen Zentralamerika und Le

Havre, läutete den zweiten Teil des mehrmonatigen *honeymoon* ein, der zugleich das jähe Ende der harmonischen Phase im Alltag des Paares markierte. Zwei Glückselige verließen Puerto Barrios, zwei Streithähne sollten in Paris bald tagtäglich gegeneinander antreten. Die ereignisreichen Wochen in Costa Rica, Panama und Guatemala hatten beide Autoren überdies mit ausreichend Stoff und Detailwissen versorgt, um gleich für drei oder, genau genommen, fünf künftige Prosatexte ausgeschlachtet zu werden. Jane siedelte die Ankunft ihrer Protagonisten Mr. & Mrs. Copperfield in *Two Serious Ladies* in Panama an und entwickelte die Unstimmigkeiten der fiktiven Paarbeziehung aus den unterschiedlichen Reaktionen der beiden Eheleute auf das exotische Ambiente. Auf Anraten Pauls verschlankte sie später den Roman, der ursprünglich *Three Serious Ladies* betitelt war, und koppelte zwei Episoden zu eigenständigen Erzählungen mit eindeutig lateinamerikanischem Kolorit aus, *A Guatemalan Idyll* sowie *A Day in the Open*. Paul porträtierte in einer seiner besten Novellen, *Call [Zwischenhalt] at Corazón*, die aufkeimenden Spannungen zwischen Mann und Frau auf Hochzeitsreise, die als westliche Touristen ein tropisches Land per Passagierboot durchqueren und einander entfremdet werden; für seinen vierten und letzten Roman *Up Above the World* (*Gesang der Insekten*) dienten Vorkommnisse und Details insbesondere von Costa Rica als Kulisse für die allmähliche, fatale Manipulation der beiden Hauptdarsteller, wiederum eines amerikanischen Ehepaares, unfähig, angesichts der verwirrenden Umgebung als geschlossene Einheit zu bestehen. Dabei verwischte sich der autobiographische Einfluß: Waren Paul und Jane in den Tropen noch bestens miteinander ausgekommen, so wurde der zermürbende Kleinkrieg, wie er erst in Paris zu ihrer Lebensrealität geriet, in den genannten Prosatexten willkürlich von Anfang an, aus schreibtechnischen Erwägungen heraus, zu einer Einheit mit der (in Wahrheit) einträchtigen, positiven Übereinstimmung vermengt – vermengt zu den permanenten Kommunikationsschwierigkeiten und zur gegenseitigen Isolation eines amerikanischen Duos, bei dem sowohl Mann als auch Frau als Verlierer aus Zwisten und psychologischen Herausforderungen in fremden Ländern hervorgehen. Wenn man so will, ist selbst die Ankunft von Kit und Port Moresby in Nordafrika in *Sheltering Sky* nur eine zusätzliche Variante der prototypischen Bowles'schen Ausgangssituation: heterosexuelles Gespann – Beziehungskrise – Sprachlosigkeit – Reize und Gefahren des Reiseziels – Auflösung und Zerstörung.

Im Paris des realen Sommers 1938 bekam vor allem Jane wieder festen Boden unter die Füße, nach der zwischenzeitlichen Verunsicherung in südlich-fremdartigen Gefilden. Hier in Paris kannte sie sich aus, das Labyrinth einer westlichen Metropole erforschte sie wie stets mit Tatendrang und Enthusiasmus. Hier waren die Nächte lang und nicht zum Schlafen da. Freunde und Kollegen lebten bloß einen Steinwurf in anderen Hotels des linken Seineufers entfernt, standen zu jeder beliebigen Tageszeit für Debatten und Trinkgelage zur Verfügung. Und wenn es zum kreativen, so konzentrierten wie disziplinierten Schreiben längst zu spät für sie geworden war, zog sie aufatmend weiter ins *Le Monocle*, eine berühmt-berüchtigte Lesbenbar, und ließ sich auf dem Weg dorthin, wie schon beschrieben, von Henry Miller den Hof machen. Sie bedurfte Pauls brüderlich-väterlichen Schutzes nicht mehr und lebte, ohne Rücksicht auf Verluste, ihr eigenes Leben. Die Notwendigkeit einer Ehe war, aus ihrer Perspektive jedenfalls, im Verlauf einer Woche nahezu hinfällig geworden. Sie trug sich mit dem Vorhaben, einen weiteren größeren Text auf Französisch abzufassen, woraus naturgemäß nichts Konkretes entstehen sollte, und machte die Bekanntschaft von zwei lebenslustigen jungen Männern, von Brion Gysin, einem späteren Tanger-Veteranen und surrealistisch ambitionierten Künstler, und von Denham Fouts, einem Abenteurer, der ausgiebig Tibet bereist hatte. Vom Balkon seines Hotels auf den Champs-Élysées machte Fouts die Bowleses mit Einzelheiten des tibetanischen Pfeilschießens vertraut und ließ zum Beweis seines Eingeweihtseins, mit authentischer Versiertheit, einen veritablen Pfeilregen auf die Promeneure zu ihren Füßen niedergehen. Jane konnte sich an der wahrhaft surrealistischen Aktion nicht sattsehen und feuerte Fouts zu weiteren Schüssen an; Paul war mulmig zumute, er wachte darüber, daß möglichst keine Passanten bei dem seltsamen Treiben zu Schaden kamen. Ihm war, als sei er selbst die Zielscheibe. Janes gellendes Gelächter traf sein gerade erst zum Leben erwachtes Selbstbewußtsein als verantwortungsvoller junger Ehemann ins Mark.

Für ihn lief in Frankreich rein gar nichts nach Plan. Sein innig geliebtes Paris wurde ihm durch die schnöde, unerfreuliche Eherealität vermiest und erschien entzaubert; vor Jane gelang es ihm nicht, sich mit seinen Pariser Bekanntschaften ins rechte Licht zu setzen. Brachte er Jane mit namhaften Vertretern des Surrealismus zusammen, wie Max Ernst, blieb sie unbeeindruckt, hielt nichts von deren ästhetischem Programm, spottete und bezeichnete die Gralshüter der Manifeste Bretons schlichtweg als »Verrückte«. Er selbst verbrachte zwar einige inspirierende Tage allein mit Henri Cartier-Bresson und suchte zahlreiche, ihm heilige Stätten der Lichterstadt auf, er delektierte sich an der Premiere von Strawinskys *Dumbarton Oaks Concerto*, aber es war unübersehbar, daß Jane den Aufenthalt dominierte, das tägliche Programm vorgab, ihm eine Statistenrolle zuwies. Eine Umkehrung der Verhältnisse von Guatemala und Panama, ein Vorgriff auf ihr Teresa-und-Bupple-Szenario. Paul fühlte sich überflüssig und um seine französischen Lehrjahre betrogen. »Sie spielte immer den Part des hilflosen Kindes in einer Welt von Erwachsenen, und doch war jedem klar, daß sie das Ruder in der Hand hielt«, erinnerte sich ein mit beiden befreundeter Pianist, der Paul verehrte.

»In Mittelamerika war alles gutgegangen: Jane und ich hatten nicht miteinander gestritten und waren es niemals leid gewesen, zusammenzusein. In Paris jedoch hatte sie Freunde, und sie waren mir nicht geheuer. Es tat mir weh, ins Hotelzimmer zu kommen und zu sehen, daß sie noch nicht zurück war, schließlich allein zu Abend zu essen und ins Zimmer zurückzueilen, nur um festzustellen, daß es immer noch leer war. Und Jane war keineswegs geneigt, ihr Verhalten auf meine Vorwürfe hin zu ändern.«[WSR] Bowles machte einen neuen, ihm bislang gänzlich unbekannten Wesenszug an sich aus: Er war besitzergreifend. Und mußte dabei zusehen, wie man ihn ausbootete.

Der Sommer zog sich in die Länge, und er wurde zunehmend lustlos. Seine eigene sauertöpfische Haltung verdarb ihm die Freude am Wiedersehen mit Paris. Fast gegen seinen Willen stellte er die abtrünnige Gattin allmorgendlich zur Rede, als sei sie ein ungezogenes Schulmädchen und er der Dorflehrer mit dem Rohrstock, er zeterte, fluchte, belegte sie mit Verboten und Bann. Zuweilen rutschte ihm gar die Hand gegen sie aus. Wenn Jane dann gezwungen war, sich blaue Flecke zu überschminken, kam ihr wieder zu Bewußtsein, daß sie wohl doch eher mit ihrem »Feind« unterwegs war. Wegzulaufen kam ihr freilich nicht in den Sinn. Als moralisierender Griesgram kam Paul seinerseits nur schwer mit der Selbstverständlichkeit zurecht, mit der Jane ihre zahlreichen *one-night-stands* in ihr Eheleben integrierte. Er ertrug es nicht, düpiert zu werden, als Liebespartner nicht erste Wahl zu sein. Eine Spur schlimmer war es, vollends verschmäht zu werden. Wenn je sexuelle Intimität zwischen ihnen existiert haben mochte, etwa noch in Äquatornähe, zwischen Ranch, Dschungelpension und Papageienkauf, in Paris war an regelmäßigen, leidenschaftlichen Beischlaf – gemeinhin die Hauptbeschäftigung eines jungen, verliebten Hochzeitspaares – nicht einmal mehr im Traum zu denken. Paul fühlte sich seiner Rolle als toleranter, unkonventioneller Ehemann nicht gewachsen. Ihm wurde bewußt, daß er derjenige war, dem es unmöglich schien, sich an die anfangs getroffenen Vereinbarungen – keine Besitzansprüche, keine Einengung, freie Partnerwahl, keine einseitigen Mann-Frau-Machtverhältnisse – zu halten. Die verabredete Großzügigkeit lag ihm nicht. War er ein Versager hinsichtlich seiner eigenen, vollmundig verkündeten Liberalität in Sachen Partnerschaft und Jane die Modernere, Radikalere von beiden? Eine Rebellin, die sittlichen Standards die Stirn bot?

Ganz zu schweigen davon, daß ihm sein wichtigster Trumpf abhanden gekommen war: Unbedingt hatte er Jane Gertrude Stein und ihrer treuen Alice vorstellen wollen, nach seinem Dafürhalten die ideale Gesellschaft für seine junge Frau. Wenn schon gleichgeschlechtliche Ausschweifungen und exklusiv femininer intellektueller Austausch, dann bitte mit den weltweit berühmtesten Vertreterinnen, die Paris zu bieten hatte, und deren Freundschaft er sich lange Zeit hatte erfreuen dürfen. Doch Gertrude, im Aufbruch zu einer größeren Reise begriffen, tat ihm den naheliegenden Gefallen nicht, sondern machte ihm einen gehörigen Strich durch die Rechnung: Sie ließ Paul ganz unverblümt ausrichten, daß sie weder an einer Wiederbegegnung noch an einem Kennenlernen seiner lesbischen Gattin interessiert sei, mehr noch, daß sie kein Aufwärmen ihrer früheren Bekanntschaft für wünschenswert erachte. Wie immer, so saß auch hier der oder die Unwillige am längeren Hebel. Für Paul war es ein Schlag in die Magengrube. Und Jane hätte sich wahrscheinlich wenig aus dem sensationellen Rendezvous mit der Dichterfürstin samt Gefährtin gemacht: Lebende Legenden ließen sie kalt, erst recht alternde. Junge Frauen bevorzugte sie, und diese ausschließlich als Bettgenossinnen; junge schwule Männer, gewitzter und mondäner als Paul, kamen dagegen als Gesprächspartner in Frage. Dieses eingespielte Schema sagte ihr bestens zu, und sie konnte keinerlei Dringlichkeit ausmachen, an dessen Koordinaten auch nur das Geringste zu verändern.

Um Schaden von dem zerbrechlichen Gleichgewicht des Paares abzuwenden, um dem vorhersehbaren emotionalen Desaster aus dem Wege zu gehen, das er, der heftige Auseinandersetzungen scheute wie der Teufel das Weihwasser, brach der innerlich aufgewühlte Ehemann seinen *séjour parisien* vorzeitig und einseitig ab, reiste an die französische Riviera und schrieb, kaum an der Côte d'Azur eingetroffen und vor ungewöhnlich starker Einsamkeit schier vergehend, reumütig sehnsuchtsvoll-schmachtende Depeschen an die fidele Gattin, die er in Paris zurückgelassen hatte.

Gnädig gab Jane Pauls Bittgesuchen nach und eilte zu ihm, doch schon nach wenigen Tagen eskalierte der Streit abermals, diesmal hitziger als je zuvor. Über ihrem Saint-Tropez- und Cannes-Aufenthalt lag der Fluch einer grundsätzlichen Kontroverse. Als sich dann zu guter Letzt, wie schon eingangs dargestellt, ein Kompromiß am Horizont des tiefblauen Mittelmeeres abzeichnete, waren die Weichen für die kommenden Jahre gestellt. Für Paul galt fortan: Keine fundamentale Kritik und so wenig sporadisches Hineinfunken in die Angelegenheiten des Gegenübers wie möglich, die vollkommene Zurückstellung sexueller Ansprüche, keine Vorhaltungen wegen übermäßigen Alkoholgenusses, wilder Nächte und zahlloser Gespielinnen. Für Jane wurde festgeschrieben, daß sie Paul auf seinem Zickzackweg durch die Weltgeschichte, determiniert durch seine Reiselust oder seine musikalischen Aufträge, mehr oder weniger bedingungslos folgen würde, ohne launische Komplikationen zu entfalten, und dafür vor Ort mit begrenzter Narrenfreiheit belohnt würde. All dies hatte schon in New York erklärtermaßen ihr Wunschdenken bestimmt und längst eingehalten werden sollen; nunmehr, nach der Frankreich-Krise, die der hochgestimmten Budupple-Betreuung auf dem Fuße gefolgt war, wurden die Vorgaben gleichsam zementiert. Sie gaben sich nochmals einen doppelten Ruck – und wußten bereits, daß sie einer Illusion Vorschub leisteten. Dessen ungeachtet schworen sie sich, was die Tiefe und die Ausdauer ihrer Freundschaft anging, maximale Treue, Solidarität und gegenseitige Anfeuerung zu künstlerischen Leistungen.

Individuellen Freiheiten wurde Vorrang eingeräumt, auch wenn es dem anderen weh tun mußte, und ihnen war schnell klar, daß sie mit einer kleinen Weltreise wie der vorliegenden schwerlich die Probe aufs Exempel machen konnten. Ein ganzes Jahrzehnt zog sich die Bewährungsphase der jungen Eheleute am Ende hin, von diesem ernstgemeinten Versöhnungsversuch in den Gassen der Altstadt von Èze im September 1938 – Jane lernte dort artig, *à la française* zu kochen; Paul arbeitete, nicht ohne Ironie, an einer mehrsätzigen Kammermusiksequenz mit dem bezeichnenden, jedoch nur auf die Stilistik gemünzten Titel *Romantic Suite* – bis zu jenem Tag im Frühjahr 1948, als sie sich endgültig in Tanger niederlassen sollten. Ein unruhiges Jahrzehnt lag vor ihnen, aber es schweißte sie auch zusammen. Er würde ihr Halt bieten und sie auffangen, sie zur Produktivität anhalten, sie nie im Stich lassen; sie würde – in ihrer Abhängigkeit von ihm und mit ihrer Fähigkeit zu guter Laune und irrwitziger Spontaneität – ihm kreativ den Rücken stärken. Einander würden sie mit der Zutraulichkeit von menschgewordenen Haustieren um die Beine streichen, sich anbiedern, sich lieb Kind machen, um im nächsten Augenblick wieder auszubüchsen. Zusammen könnten sie aber auch eine gute Figur machen, noch im Streit brillieren, vor Dritten ein virtuoses Pingpongspiel aufführen, im Wechselspiel zwischen inszeniertem Künstlertum, rätselhafter Tierhaftigkeit und geschwisterlicher Fixierung eine skurrile, faszinierende Einheit abgeben. Keine allzu schlechte Basis. Das war ihr ganz persönlicher »New Deal«. Und das Wort »Liebe« wurde vermieden. Bald war es gänzlich verschwunden. Aus Gesprächen, aus Briefen, aus Definitionen für Dritte.

Ein überraschend eintreffendes Telegramm aus New York machte einstweilen kurzen Prozeß mit den »offiziellen« Flitterwochen. Orson Welles wünschte sich Paul als Komponisten der Bühnenmusik für *Too Much Johnson*, und die Zeit bis zur Aufführung drängte. Die Kofferkarawane setzte sich wieder westwärts in Bewegung, zurück nach Manhattan, vervollständigt um zwei in Nizza angeschaffte Matratzen, die Jane noch Jahre später potentiellen Übernachtungsgästen als »himmlisch« anpries.

Bowles arbeitete unter Hochdruck. »Der Tag hatte nicht genug Stunden für die viele Arbeit, die ich mir aufgebürdet hatte.« Im Chelsea-Hotel und abseits davon, in der künstlerischen Enklave eines Penthouse-Studios in der 57. Straße, das der österreichische Avantgarde-Architekt Friedrich [Frederick] Kiesler ihm vorübergehend zur Verfügung gestellt hatte, entstand eine kleinteilige Folge von transparent arrangierten Orchesterstücken, die nach Zirkus-Combo klangen, mit Dissonanzen angereichert und von südamerikanischem Flair, eine seiner witzigsten, vor Einfällen nur so sprühenden Partituren. Zwischen Slapstick, Vaudeville, geistreichem Klamauk und dem ironischen Ernst von Saties *Parade* angesiedelt. Zusätzlich beflügelt von der Aussicht, daß von Harry Dunham gedrehte Stummfilmsequenzen in die Handlung eingeschoben werden und deren Tempo vorantreiben sollten (ein Verfahren, das auf einer anderen Ebene schon Alban Berg erfolgreich in seiner Oper *Lulu* erprobt hatte), legte er bereits Mitte Oktober das glänzende Resultat den Verantwortlichen im Mercury Theater vor. Doch zu seiner großen Enttäuschung hatte sich der Produzent des Hauses inzwischen entschieden, stattdessen *Dantons Tod* auf den Spielplan zu setzen. Welles war machtlos gewesen; lediglich ein mickriger Betrag wechselte in Scheckform den Besitzer. *Too Much Johnson* war geplatzt wie eine Luftblase, einfach so, und Paul stand vor einem Scherbenhaufen. Völlig umsonst war er mit Jane aus Europa zurückgekehrt, hatte sich auf eine fadenscheinige Zusage hin bis zur Erschöpfung abgerackert, erhielt nur eine kümmerliche Abfindung für seinen künstlerischen Beitrag. Seine finanziellen Ressourcen waren aufgebraucht, Janes Vorräte gingen zur Neige, und seinen Ruhm konnte er mit der im Keim erstickten Auftragsarbeit auch kaum mehren. Er machte das Beste daraus und arbeitete sein Material später mit wenigen Handgriffen zu ›absoluter‹ Musik um: Der so entstandene Zyklus *Music for A Farce*, jetzt ein eigenständiges Werk, zählt seither zu seinen originellsten, frechsten und eindringlichsten Kompositionen.

Zunächst einmal mußten sie umziehen. Sie fanden eine pittoreske Absteige im Hause der Trinkerin »Lady« Saunders. Eine bessere Spelunke, heruntergekommen und verfallen. Um ein Haar hätte ein schlecht funktionierender Kaminabzug in diesem schäbigen Kabuff ihrem Leben ein vorzeitiges Ende bereitet. Sie kamen gerade noch mit dem Schrecken davon. Im Salon der Askews wurden sie wieder mit offenen Armen empfangen – Jane bekundete theatralisch, eher würde sie sterben, als bei Constance Askew nicht mehr gelitten zu sein –, auch lernten sie Marc Blitzstein kennen, der Weills *Dreigroschenoper* ins Amerikanische übertrug. Ihren Lunch nahmen sie mit der Kulturchronistin Janet Flanner ein, um dann wieder mit der Modeschöpferin Elsa Schiaparelli zu dinieren. Paul nahm die Weiterarbeit an seiner Oper *Denmark Vesey* auf, und in diese unstabile Phase fiel auch ihrer beider halbherziges Engagement in der Kommunistischen Partei. Ein regelmäßiges Einkommen war aber dringender vonnöten denn je zuvor, und seufzend entschloß sich Bowles, wieder beim Federal Music Project anzuklopfen. Eine Abgeordnete der zuständigen Untersuchungskommission, ausgerückt, die »Bedürftigkeit« der Antragsteller zu prüfen und eventuellen Schmarotzern keinen Cent zu gewähren, zog Paul mit seiner glaubwürdigen Story vom Fiasko mit *Too Much Johnson* geschickt über den Tisch und erhielt einmal mehr den ersehnten Zuschlag. Kein Wort davon, daß er fast ein Jahr lang auf großem Fuße zwei Kontinente bereist hatte.

Mit Champagner feierten die anerkannt Bedürftigen, staatlicher Wohlfahrtsgelder künftig sicher, zünftig die Rückkehr ins amerikanische Sozialsystem. Aber die Freude über fragwürdig errungene finanzielle Zuwendung sollte nicht lange vorhalten. Als in einem der Folgejahre ein weiterer Prüfer unangemeldet bei Paul vorstellig wurde und sich auch im Hause von Claude und Rena in Long Island umsehen wollte, um nachzusehen, ob hier nicht jemand unrechtmäßig Schecks bezog, die wohl eher wirklich armen Schluckern zustanden, erhielt er eine unsanfte Abfuhr: Da es sich bei dem Abgeordneten um einen Schwarzen handelte, wurde er brüsk an den Dienstboteneingang verwiesen. Der rassistische Vorfall und der Anblick des augenscheinlich überaus gepflegten Eigenheims der Eltern Bowles genügten, um Paul von der Empfängerliste zu streichen. »Keine Bedürftigkeit vorhanden«, lautete das Verdikt kurz und bündig. Claude und Rena triumphierten. Ihnen war diese Verschwendung von Steuergeldern, ob sie nun ihrem Sohn oder irgendeinem anderen großmäuligen »Künstler« zugute kam, von Anfang an unbegreiflich gewesen und nachgerade illegal erschienen.

Bowles konnte zum Glück bald auf Almosen verzichten, denn im Laufe der Zeit wurde er, dessen Talent zu extremer szenischer Anpassungsfähigkeit und Bereitschaft zur Lieferung komplexer *incidental music* innerhalb kürzester Zeitspannen unter Theaterleuten großen Eindruck machte, ein gefragter Bühnenkomponist. Fast über Nacht wurde aus dem prekären Tonsetzer, der noch jedem ungewissen Auftrag nachgejagt war, ein Profi für »angewandte« Musik, der es sich allmählich leisten konnte, unter den klangvollsten Namen zu wählen, die ihm ihre Zusammenarbeit antrugen. Dabei blieb er diskret und bescheiden, spielte sich nicht auf. Wie Kurt Weill, Paul Hindemith oder Darius Milhaud bereitete es ihm nicht das geringste Problem, als musikalischer »Handwerker« zu arbeiten, Unterschiede zwischen U- und E-Musik waren für ihn bedeutungslos, und wie die drei prominenteren Kollegen verstand er es, nebenbei noch künstlerisch unabhängige Musik für den Eigenbedarf zu verfassen – »echten« Bowles. Ihm machte es nichts aus, sich unterzuordnen, und immer öfter achtete er darauf, daß seine Beiträge auch angemessen honoriert wurden.

Diese Pfennigfuchserei, im Verbund mit Pünktlichkeit und der Fähigkeit, sich in komplizierte szenische Versuchsanordnungen hineinzudenken, ohne sich gleich als Genie aufzuplustern, trugen dazu bei, daß man ihm im Theaterdistrikt von Manhattan in den 1940er Jahren höchste Professionalität zubilligte. Wenn man sich zusätzlich vor Augen hält, daß der Großteil dieser Kompositionen nicht in unmittelbarer Nachbarschaft des Broadway seinen Weg aufs Papier fand, sondern in abgelegenen Hütten, irgendwo im mexikanischen Hinterland oder in Refugien, die er sich in der nordamerikanischen Provinz schuf, manchmal gar auf Reisen, ohne jeglichen Kontakt mit Produzenten, Autoren, Regisseuren oder Schauspielern, und die Ergebnisse, oft nur wenige Takte währende »cues«, in die zugehörigen Filme, Stücke, Dramolette und Ballette wie angegossen paßten, wird die Hochachtung, die andere Musiker dem inspirierten Fleißarbeiter Bowles mit seinem untrüglichen Bühneninstinkt entgegenbrachten, leichter nachvollziehbar. Er war eben auch ein eminent literarisch mitdenkender Dramaturg. Einzige Bedingung: Ein Klavier, in welch jämmerlichem Zustand auch immer, mußte für Paul in der Nähe sein. Unbedingt. Um harmonische Wirkungen, rhythmische Effekte und Klangkombinationen auszuprobieren, konnte er sich nicht nur auf seine Vorstellungskraft und sein inneres Gehör verlassen. Dazu paßte, daß die Orchestrierung seiner oft in allerletzter Minute fertiggestellten Bühnenpartituren, ein Arbeitsschritt, um den er gern manchmal einen großen Bogen machte, oft von anderen, versierten Arrangeuren vorgenommen wurde – eine am Broadway seit Jahrzehnten gängige Praxis.

Es ging Schlag auf Schlag. Für manche der Dramen waren Songeinlagen erforderlich, für manche rein instrumentale Passagen von unterschiedlicher Länge. Für wieder andere mußten Sätze von fast symphonischer Länge erfunden werden. Grandiose Einfälle standen neben mittelmäßigen Mehrtaktern auf Bestellung; auf einen Sensationserfolg, der monatelang den Spielplan in New York oder den umliegender Städte beherrschte, kam mit Sicherheit auch einmal ein Durchhänger oder eine dramatisch schwache, eintönige Hintergrundmusik. Aber der Name Bowles als Fachmann für zeitgenössische Dramatik und ihren entsprechenden musikalischen Kommentar – intelligent, einprägsam, gefühlvoll und prägnant – bürgerte sich ein. Auf zwei Bühnenmusiken nach Stücken von William Saroyan, zunächst *My Heart's in the Highlands* für das Group Theatre, in dessen Begleitung er eine Hammondorgel integrierte, und *Love's Old Sweet Song*, das am 2. Mai 1940 in einer Inszenierung von Eddie Dowling als Produktion der Theatre Guild erstaufgeführt wurde, folgte ein Auftrag des Landwirtschaftsministeriums für eine Filmmusik zu *Roots in the Soil [Earth]* in der Regie von Richard Broke, für die sich Paul nach Albuquerque in New Mexico begab. Das Komitee der Guggenheim-Stiftung schusterte ihm endlich das vor langer Zeit beantragte Stipendium zu, mit der Bitte, er möge es nicht für die einst intendierte, aufwendige Aufzeichnung nordafrikanischer Folklore verwenden, sondern vielmehr für eine *contemporary opera*. Nachdem erste Pläne, wieder mit Saroyan zusammenzuarbeiten, im Sande verliefen – dieser in Musiktheaterdingen unerfahrene Bühnenautor lieferte ein völlig unbrauchbares Libretto mit dem Arbeitstitel *Opera, Opera!* ab –, entschied sich Bowles für eine eigene Adaptation von Federico García Lorcas surrealistischer Vorlage *Así que pasen cinco años*. Nach zweijähriger Arbeit und Zweifeln an der Operntauglichkeit von *The Wind Remains*, so der endgültige Titel des Projektes, benannte er sein erstes eigenes großformatiges Musikdrama mit einem expliziten Gattungswechsel in eine Zarzuela um. Und für die Premiere im März 1943, immerhin ging sie im Avantgarde-Tempel des Museum of Modern Art über die Bühne, standen ihm motivierte, hochkarätige Künstlerpersönlichkeiten zur Verfügung: Leonard Bernstein dirigierte, Merce Cunningham übernahm die Choreographie und tanzte die Clown-Partie. Pauls begabter junger Cousin Oliver Smith kümmerte sich um die spektakuläre Ausstattung, und die Mäzenin Yvonne de Casa Fuerte, die sich experimenteller Kunst verschrieben hatte, hielt organisatorisch und finanziell die Fäden in der Hand.

Daß die kollektive Kraftanstrengung in einen bloßen Anerkennungserfolg mündete, der Bowles lediglich weiteren Respekt verschaffte, führte er selbst auf den rätselhaften Plot, die mangelnde narrative Stringenz der Zarzuela zurück. Für das große Publikum waren die Löcher und Sprünge im Textbuch, die Abwesenheit zur Identifikation geeigneter Charaktere, die Inkohärenz der assoziativ voranschreitenden Handlung sowie die abrupte, surrealistisch verfremdete Grundidee des Ganzen einem schnellen Verstehen und damit einem überwältigenden Gesamteindruck von *The Wind Remains* abträglich. Gleichwohl wandte sich Bowles nach 1948 mit *Yerma* wieder einem Drama von García Lorca für sein nächstes Opernprojekt zu.

Zwei echte Höhepunkte konnte er im Jahre 1944 verzeichnen – den Skandalerfolg des Verlaine-Balletts *Colloque sentimental*, das ihn mit Salvador und Gala Dalí zusammenbrachte, und die nachhaltig positiven Reaktionen auf seinen Beitrag zu Tennessee Williams' *Glass Menagerie*. Daß die Zusammenarbeit mit dem katalanischen Selbstdarsteller und dem Produzenten des Projektes für die Truppe des »Ballet International«, dem einflußreichen und vermögenden Marqués de Cuevas, spannungsreich geraten würde, war voraussehbar: Ein Tanztheater mit vager Handlungsskizze über eines der berühmtesten französischen Gedichte des ausgehenden 19. Jahrhunderts, gestaltet vom surrealistischen Exzentriker und vertont vom Broadway-Routinier

Bowles, das versprach einen ästhetischen Zusammenstoß allererster Güte. Doch das unter so merkwürdigen Bedingungen und nur ganz geringem Austausch zwischen den Beteiligten entstandene Gesamtkunstwerk empörte und befremdete, bevor es endgültig floppte. Paul, dessen einfallsreiche, kluge und ansprechende Partitur in allen Kritiken gerühmt wurde, hatte, so schien es, seine Begabung an ein Machwerk Dalís mit albernen visuellen Outrancen vergeudet. In seinen Memoiren ereiferte er sich noch über die grotesken Einfälle des ihm zutiefst unsympathischen Schnurrbartzwirblers – Tänzer mit angehefteten Achselhaaren und meterlangen Bärten, die bis auf den Boden reichten, sinnlos im Kreis umherirrende Radfahrergruppen, eine mechanische Riesenschildkröte, aus der bunte Lichter aufblinkten. Doch war von Dalí wohl wenig Konventionelles zu erwarten gewesen. Das bürgerliche Publikum pfiff und buhte, wie es sich für ein surrealistisches Bühnenchaos gebührte, und im nachhinein verblüfft eher Bowles' spießige Reaktion auf das amüsante, zweckfreie, szenisch aufregende Durcheinander, ein blasiertes Statement ausgerechnet durch ihn, der doch sonst stets in vorderster Linie mitgestalten wollte.

Kommerzielle Genugtuung und Tantiemen auf lange Sicht lieferte noch im selben Jahr dann aber die Chicagoer Uraufführung von Williams' sentimentalem Reißer *Glasmenagerie*, im Vergleich zum Nonsensdrama des anarchistisch-verstörenden Dalí leichter verdauliche Kost mit einem stromlinienförmigen, psychologisierenden Plot. So ganz nach dem Geschmack des durchschnittlichen, auf Rührung, Einfühlung und Mitempfinden eingestellten Theatergängers. Bowles blieb nur ein Wochenende für die Fertigstellung seines *score*. Er arbeitete ohne Vertrag, und ein Blizzard über Chicago verhinderte beinahe, daß sein Flugzeug landen konnte. Am Vorabend der Premiere war die Hauptdarstellerin Laurette Taylor physisch und psychisch heillos zerrüttet, ein Nervenwrack. Doch ein Schutzengel nahm sich der Rettung des Unternehmens an: Taylor erstand von den Toten auf, das Stück schlug ein wie eine Bombe, Bowles' Musik schmiegte sich Williams' Dialogen an wie auf Bestellung, und die Kritiker gerieten landesweit aus dem Häuschen. Als das Drama Anfang 1945 den New Yorker Broadway eroberte, befand sich Paul unter der Handvoll der besten Bühnenkomponisten Amerikas, und sein Freund Tennessee wurde quasi aus dem Stand zu einem der beliebtesten und meistgespielten Dramatiker seiner Zeit katapultiert. Viereinhalb Jahre nur war es her, daß Jane und Paul den jungen homosexuellen Autor, der 1940 überraschend bei ihnen in ihrer Sommerfrische von Acapulco hereinschneite und seinen Durst löschen wollte, in ihrer Hängematte hatten schlafen lassen. Die Gastfreundschaft hatte Früchte getragen: Auch für drei weitere Theaterstücke Tennessees, *Summer and Smoke*, *Sweet Bird of Youth* sowie *The Milk Train Doesn't Stop Here Anymore*, sollte Paul 1948, 1959 und 1962 den Musik-Lieferanten abgeben, einige Gedichte Williams' fanden darüber hinaus Eingang in Pauls eigenen Liederzyklus *Blue Mountain Ballads* (1946), und die beiden Männer wurden einander über die Jahre, auch in Tanger, enge Vertraute – was für den reservierten Bowles etwas heißen wollte. Und selbst der Hollywoodkomponist Henri Mancini griff in einem Remake der Filmversion von Tennessees Theaterstück Jahrzehnte später thematisch-motivisch auf Bowles' Originalpartitur zurück.

»Mir fiel auf, daß diese Heirat nicht nur Pauls Lebensweise, sondern auch ihn selbst beträchtlich verändert hatte«, gab Langzeitfreund Roditi zu Protokoll. »In Europa [in Berlin und Paris] hatte ich ihn als unsteten Außenseiter erlebt, der wegen Geldmangels meist auf die Gastfreundschaft von Freunden angewiesen war und sich in deren Wohnungen mehr oder weniger ungefragt niederließ. Ich hatte damals auch den Eindruck, daß er zu Selbstmitleid neigte und aus seiner eigenen Hilflosigkeit Kapital schlug, indem er verschiedene Verpflichtungen immer wieder auf enge Freunde abschob. Als ich ihn dann in New York wiedersah, lebte er in einer guten Gegend, in einer freundlichen Dachwohnung mit elegant eingerichtetem Wohnzimmer.«[ER/ERS]

Gelegenheitsarbeiten machten den ganz überwiegenden Teil seiner Werke aus, die in der Mehrzahl in die Spanne der europäischen Weltkriegsjahre fielen, und Paul erledigte die an ihn gestellten Aufgaben meist mit Bravour. Shakespeares *Twelfth Night* (*Was ihr wollt*) in der Inszenierung von Margret Webster, *Liberty Jones* von Philip Harry, präsentiert von John Houseman, und *Watch on the Rhine* von Lillian Hellman waren unter den Bühnenmusiken; Richard Hepburn, Bruder der berühmten Filmschauspielerin Katherine, fragte wegen einer *incidental music* für *Love Like Wildfire* an – und erhielt sie. Als Franz Werfels *Jacobowsky and the Colonel* von Elia Kazan in Szene gesetzt wurde, erklang dazu Begleitmusik von Bowles; ebenso wurde José Ferrer, der Edmond Rostands *Cyrano de Bergerac* auf die Bühne brachte, zufriedengestellt. Für den Bühnen-Renner *South Pacific* als Sprechstück, lange bevor es zu einem Jahrhundertmusical umgearbeitet werden sollte, fand Paul die passende Klangkulisse, desgleichen für John Fords *Schade, daß sie eine Hure ist*. Die Produktion des von Schuyler Watts bearbeiteten Jean-Giraudoux-Stückes *Ondine* erlitt hingegen dasselbe Schicksal wie schon *Love Like Wildfire* zuvor: Sie kam nie zustande. Diesmal allerdings hatte Paul vorgesorgt, daß die ihm zustehenden Honorare und eventuellen Tantiemen auch wirklich in voller Höhe ausgezahlt wurden. Eingearbeitete Lieder konnten den Partituren problemlos entnommen und gesondert publiziert werden; so war es auch hier der Fall. Und immer, wenn ihm ein wenig freie Zeit blieb, setzte Bowles auch eigene Gedichte in Musik oder bat Jane um einige Mehrzeiler, die sie ihm zur Vertonung überließ.

Ärger gab es eigentlich nur hinsichtlich seines Beitrages für das von Lincoln Kirstein für dessen Caravan-Truppe bestellte mexikanische Ballett *Pastorela*, von Bowles mit zwei Stimmen und Orchestern besetzt. Kirstein kritisierte Pauls Musik heftig und lautstark als »mißlungen«, und es gab eine unerfreuliche Rangelei um die vereinbarte Zahlung. Als das Werk aber schließlich, mehr als fünf Jahre später, in einer Choreographie von Georges Balanchine und Lew Christiansen vor ein Publikum gelangte, bezogen sich die ungünstigen Rezensionen samt und sonders auf das Spektakel als Ganzes, nicht allein auf den Musikpart.

Ob *Twilight Bar, Land's End/Dawn in Lyonesse* oder *The Dancer*, ob *On Whitman Avenue* oder *The Tempest*, Bowles hielt dem Broadway als verläßlicher, grundsolider Theaterkomponist die Treue. Gingen Anfragen von den Cineasten ein, so waren dies ausnahmslos Experimentalfilmer, die bei ihm um fachmännische Unterstützung nachsuchten. Von den großen Studios kamen keine Aufträge. Unter seinen ersten Filmmusiken waren zwei mit den anspielungsreichen, geradezu programmatischen Titeln *The Sex Life of the Common Film* und *Film Made to Music* (1938/39), nebst einer Trilogie für kürzere Streifen von Rudolf Burckhardt (ab 1936), bevor von ihm *Une semaine de bonté* (zu Collagen von Max Ernst), *Congo* (von seinem Freund John LaTouche, im Auftrage der belgischen Exilregierung, mit Einsprengseln von Tonskalen der Pygmäen) und Teile einer Suite von Kunstfilmen des Dadaisten und Filmpioniers Hans Richter unter der schönen Überschrift *Dreams That Money Can Buy* vertont wurden. In der letztgenannten surrealistischen Experimentalproduktion, beim Filmfestival von Venedig ausgezeichnet, an der auch Milhaud und Duchamp mitwirkten, übernahm Bowles die Max-Ernst- und Alexander-Calder-Porträts (*Desire/Ballet*). Und in einer kleinen Einlage von Richters Nachfolge-Film *8 x 8*, einer sogenannten »Schachsonate« in acht Sätzen, ist er 1952/53 dann sogar selbst zu sehen.

Bedauerlicherweise wurde ein weiteres Ballettprojekt mit dem Namen *Interplay*, das Paul mit dem jungen, visionären Choreographen Jerome Robbins, dem genialen Erfinder der Tanzszenen von Bernsteins *West Side Story*, zusammenbringen sollte, durch widrige Umstände vereitelt. Aber im großen und ganzen hatte er es geschafft: Über das seinerzeit anvisierte bloße »Menschensammeln«, das Zusammentreffen, Bestaunen und Kennenlernen, weit hinausreichend, war er mit den Tonangebern, Meinungsführern, Stars und Innovatoren seiner Epoche auf Tuchfühlung gegangen. Weit davon entfernt, in epigonalen Fahrwassern mitzuschwimmen, war er selbst zu einer richtungsweisenden Größe in gleich mehreren Mediensparten geworden. Was immer noch fehlte, war die Literatur. Aber auch ihr war er einen Schritt näher gekommen, als ihm von 1942 an von Virgil Thomson, dem Chefmusikkritiker der *New York Herald Tribune* und Nestor aller spitzen Federn in der Neuen Welt, der Posten eines »Assistant Music Critic« im selben Blatt angetragen wurde.

Thomson, S. L. M. Barlow, Colin McPhee und weitere progressive Kritiker hatten schon in den Monaten zuvor ein äußerst wohlwollendes Auge auf den aufstrebenden, eloquenten Bühnenkomponisten Bowles geworfen. Hier nun durfte er seine Doppelbegabung eindrucksvoll unter Beweis stellen. Vier Jahre lang sollte er, der sich schon zuvor in unregelmäßigen Abständen im Periodikum *Modern Music* (unter der Federführung der famosen Editorin Minna Lederman) in Stellungnahmen und kurzen Essays geäußert hatte, sich in kurzen, konzisen Kolumnen über einzelne Konzerte und über den jeweiligen Stand der zeitgenössischen amerikanischen Musik verbreiten. Bowles kam der neuen Aufgabe mit Freude nach, wenngleich das Abfassen der Texte einen weiteren Streßfaktor innerhalb seines von Abhetzerei bestimmten Theateralltags darstellte.

Die *deadlines* waren von oft teuflischer Kürze; wenige Viertelstunden nach Konzertschluß mußten druckfähige, exzellente Texte in der Redaktion eingegangen sein. Es gelang ihm, auch diese Anforderung zu meistern und seine Aktivitäten als Schreiberling irgendwie in seinen Tagesablauf einzubauen. Bis 1946, als er wieder aus der Redaktion ausschied, machte Paul seine Aufgabe so gut, daß ihm zwischenzeitlich, auf sein persönliches Verlangen hin, sogar die Schaffung einer zusätzlichen Jazz-Rubrik eingeräumt wurde. Ein Beweis mehr, daß er nicht zwischen unterhaltender und erbaulicher Musik unterschied, sondern allein die interpretatorisch-kompositorischen Qualitäten eines Ausführenden oder eines »Events« im Auge hatte.

Im Jahre 1946, nachdem Paul nicht mehr als Rezensent für die *Tribune* tätig war, gab Jane dem Impuls nach, im nachhinein ein Dankesschreiben an den von ihr geliebten Virgil Thomson auf den Weg zu bringen. Sie zog Bilanz und meinte anerkennend: »Es war wunderbar, solange es dauerte, jedenfalls für mich, weil ich mir in jener Zeit keine Sorgen um Pauls Sorgen machen mußte. Ich frage mich, was jetzt passieren wird. Unsicherheit und jede Menge Reisen vermutlich, und ich muß gestehen, daß das mehr Spaß macht – Männern ohnehin.« Eine ›thank-you‹-Geste, für die Bowles nicht so schnell über seinen Schatten gesprungen wäre, die er mit einem Kniefall verwechselt hätte. Ein Brief, den sie für ihn schrieb. Aber auch ein freundlicher Seitenhieb gegen Paul. Und ein Beleg, wie gut sie ihn, der sich so gerne aus dem Staub machte und sie damit unter Zugzwang setzte, inzwischen kannte.

Noch vor 1945 war Bowles mit den anderen jungen Männern der amerikanischen Musik auf du und du und wurde von ihnen, den *shooting stars*, ernstgenommen – Samuel Barber (gleichaltrig mit ihm), Gian-Carlo Menotti, David Diamond, John Cage (und dessen Frau Xenia). Daß Thomson ihn protegierte, machte Eindruck, daß er durch Gertrude Steins Hände gegangen war, hatte sich herumgesprochen wie ein Lauffeuer, daß er sich nicht zu schade dafür war, hervorragende Gebrauchsmusik am laufenden Band für Museen, Galerien, Kino- und Theatersäle bereitzustellen, wurde ihm hoch angerechnet; daß er nicht zuletzt wie die meisten seiner Kollegen homosexuell war, erleichterte manchen Schritt, ohne daß er dazu gezwungen war, sich durch die Betten von Gönnern und Türöffnern auf fragwürdige Weise nach oben zu schlafen. Nein, man wußte voneinander, man war eingeweiht, und im übrigen sprach der unverkennbare Rang seiner musikalischen und essayistischen Elaborate für ihn. Keine Geringere als Peggy Guggenheim, die gerade erst dem *action painter* Jackson Pollock seine erste Einzelausstellung ermöglicht hatte, brachte 1943 Pauls Sonate für Flöte und Klavier von 1932 (neben einigen mexikanischen Klavierstücken) auf ihrer legendären Langspielplattenkollektion zentraler Werke der zeitgenössischen Musik (»Art of This Century«) heraus – vorangegangene Kontakte zu Max Ernst und Frederick Kiesler taten offensichtlich ihre Wirkung. Sein Prestige wuchs. Die Musikwelt horchte auf: Was mochte dieser Bowles in den vergangenen

Jahren noch so alles an »E-Musik« für die Schublade geschrieben haben?

Nach wenigen Takten nur hört man ihr schon an, daß ihr Urheber prägende Jahre in Frankreich verbracht haben mußte. Ganz unverkennbar ist der Einfluß der von Cocteau ab 1918 ins Leben gerufenen »Groupe des Six« in seinem Werk – das Ambiente der »années folles«, die Nähe zu Zirkus und Kabarett, das grelle Combo-Instrumentarium, der Mut zur Verballhornung und zur augenzwinkernden Parodie. Der Hang zu Kürze, Witz, Esprit und Lakonik, zu Alltäglichkeit und Trivialität. Die verführerische Proportionierung, das entschieden diatonisch-neoklassizistische tonale Vokabular, die trügerisch-doppelbödigen Harmoniewechsel, einige Spritzer Barmusik und Music-Hall. Mit Dodekaphonie oder seriellen Techniken führte Bowles nicht das Geringste im Schilde. Satie, Auric, Poulenc und Milhaud hatten, das wird rasch überdeutlich, Pate gestanden. Durch die zackigen Rhythmen mancher Passagen glaubt man zuweilen, charakteristische Wendungen Weills wiederzuerkennen, und der Grundton ist durchweg schalkhaft und optimistisch, positiv und lebensbejahend. Keine Elegien, keine schwerblütigen Adagios, weder Symphonien noch Streichquartette. Auf den ersten Blick fehlt das authentisch Amerikanische. Dennoch haftet seinem Œuvre nichts Epigonales an; der Tonfall ist originell und unverbraucht. Für die Erfordernisse des Broadway war sein Idiom auf alle Fälle auf ideale Weise geeignet.

Pauls Werkkatalog unterteilte sich im Laufe der 1940er vornehmlich in vier Gattungen: erstens Kompositionen für Soloklavier, fast alle unverkennbar lateinamerikanischen Einschlags oder mit althergebrachten Formen kokettierend (neben den *Huapangos* I und II entstanden *Carretera de Estepona*, die *Sonatina Fragmentaria*, *La Cuelga* zu Bernsteins Geburtstag, *Sayula, El Bejuco, Six Preludes, Iquitos/Terra mojada*). Zweitens Liedzyklen und Einzellieder auf Texte von Charles-Henri Ford, Frances Frost, Williams, Gertrude Steins Briefe an ihn, von Jane und ihm selbst, Vertonungen altspanischer und anonymer Lyrik,

Pastoral Songs, Songs of An Old Woman, American Folk Songs – Bearbeitungen von Traditionals. Drittens kurze kammermusikalische, mehrsätzige Gelegenheitswerke, und viertens ein erstaunlich umfassendes Repertoire für eine eigentlich seltene Gattung – Musik für zwei Klaviere. Innerhalb eines Jahrzehnts verfaßte Bowles hintereinander eine *Suite for Two Pianos* (1939), eine *Sonata for Two Pianos* (1945), ein dreisätziges *Concerto* für zwei Klaviere, Bläserensemble und Schlagzeug (1946), von dem er 1949 zusätzlich noch eine Orchester-Version erstellte, und schließlich den traumwandlerisch schönen, harmonisch dichten, rauschhaft verzaubernden *Night Waltz* (1949). Ohne Übertreibung läßt sich sagen, daß die beiden letztgenannten Kompositionen zu Pauls Meisterwerken zählen; in ihnen läßt sich überdies am deutlichsten seine typische kompositorische Handschrift herauslesen. Hinzu kommt, daß drei der vier Werke (abgesehen von der *Suite*) sich nicht nur einer besonderen Vorliebe Bowles' für diese Gattung oder einem Zeittrend verdankten (man denke nur an Rachmaninow, Ravel, Poulenc, Auric oder Milhaud), sondern ganz konkret auf Anfragen und Bestellung des Klavierduos Gold/Fizdale zurückgingen.

Die amerikanischen Pianisten Arthur Gold und Robert Fizdale, beide kurz nach dem Ersten Weltkrieg geboren, gehörten zu den bedeutendsten Interpreten an zwei Klavieren im zwanzigsten Jahrhundert, vergleichbar in heutiger Zeit den Kontarsky-Brüdern und den Labèque- oder Pekinel-Schwestern. Sie spielten fünfzig Jahre lang an ihrem »Zwillingsinstrument« und bildeten auch »im richtigen Leben« ein Paar. Bowles, der seine eigene Homosexualität so manches Mal verhehlte, war von ihrer selbstverständlichen Zweisamkeit, von ihrer so offenen wie charmanten, so unbekümmerten wie fröhlichen Lebensart überwältigt und schloß sie in sein Herz (genauso erging es auch dem ähnlich strukturierten Poulenc). Zärtlich wurden sie »the boys« oder »the kiddies« apostrophiert. Seine neuen »buddies« besaßen viele Talente, denn sie schrieben auch gemeinsam Bücher, von denen es drei zu großer Bekanntheit gebracht haben: eine Biographie der Mäzenin Misia Sert, ein Porträt von Sarah Bernhardt – und nicht zuletzt ein Kochbuch, das den schlichten, aber unverwechselbaren Titel *The Gold and Fizdale Cookbook* trug. Dieses Pianistengespann bekam somit von Bowles drei der schönsten und musikalisch gehaltvollsten Stücke dieser Gattung quasi auf den Leib geschrieben und konnte sich auch in den kommenden Jahren nicht über einen Mangel an Widmungen und eigens für sie verfaßten Klavierkompositionen beklagen, denn außer Bowles und Poulenc zählten Cage, Luciano Berio und Milhaud, Auric, Germaine Tailleferre, Rorem und Virgil Thomson zu den Tonsetzern, die mit Originalwerken zum Ruhm von Gold/Fizdale beitrugen und deren außerordentliche Technik und Meisterschaft zu würdigen wußten. Das gesamte moderne Repertoire für zwei Klaviere in der Mitte des Jahrhunderts, so läßt sich ohne Übertreibung konstatieren, wäre ohne Gold/Fizdale nie zu Papier gebracht worden. Die begabten Jünglinge konnten die Bowleses in deren Jahrzehnt auf Probe aus nächster Nähe beobachten und betrachteten ihre Lebensweise fast mit Ehrfurcht: »Als wir Jane und Paul kennenlernten, erschienen sie uns kultiviert und berühmt. Es war ein Privileg für uns, sie zu kennen. Paul mischte seine eigenen Parfums, sammelte Armbanduhren und Schlangenhäute und erzählte von Gertrude Stein. Wir bewunderten ihr Talent.«[410] Sie kamen aber auch mit Janes Ticks und Spleens in Berührung, mit ihrer Zauderei und Unschlüssigkeit – sie erlebten mit, wenn sie sich stundenlang nicht entscheiden konnte, ob und wann sie in ein chinesisches Restaurant gehen, welches Kleid sie dazu anziehen, welche Suppe sie dort bestellen oder ob und wann sie einen Fehlkauf in einem Warenhaus reklamieren sollte.

Die »boys« nahmen bei ihr eine Zeitlang Französischunterricht und zahlten ihr unter Gelächter das zuvor festgelegte Honorar auf ihr Drängen schon vor der Lektion aus – damit immer eine Flasche mit Hochprozentigem im Haus war, wenn sie das Verlangen danach überkommen sollte. Übernachteten sie in seltenen Fällen bei den Bowleses, saß ihnen beim Aufwachen die Dame des Hauses auf einem anderen Bett gegenüber und starrte sie verliebt und intensiv an. Jane hatte es nun einmal gern, wie Gold/Fizdale sich erinnern, dabeizusein und zuzusehen, wenn (und wie) ihre Gäste in den neuen Tag hineinglitten. Charme oder Übergriff in die Intimsphäre Dritter? Die Pianisten nahmen es mit Humor und hatten auch eine Erklärung parat. »[Janes] Leben bestand nur aus Verzögerungstaktiken. Sie hatte den unwiderstehlichen Drang, durchzuspielen, was als nächstes geschehen würde. Wenn Jane sich so verhielt, sagte Paul gewöhnlich: ›Janie, du bist ja verrückt‹, aber in Wirklichkeit machte es ihm Spaß. Solange das Spiel andauerte, verschwand er höchstens mal in einem anderen Zimmer, wurde jedoch nie ungeduldig mit ihr.« Die »Jungs« besaßen außerdem ein Auge für Grundsätzliches und resümierten: »Jane und Paul waren sehr unterschiedlich. Paul mochte ein amerikanisches Dinner, bei dem nichts getrunken wird. Jane trank am liebsten von sechs bis zwölf und aß erst dann.«[ALO]

Apropos Französisch – ein weiterer Zusatzverdienst eröffnete sich für den umtriebigen, vielbeschäftigten Paul mit dem Auftrag, Jean-Paul Sartres erfolgreiches Bühnenstück *Huis clos* zu übersetzen, ein Kammerspiel, das im Begriff war, die westliche Welt zu erobern. (Wie es der Zufall wollte, ist eine der Hauptpersonen darin eine Lesbierin namens Ines.) Zustandegekommen war der Kontakt zu Sartre einmal mehr durch Bowles' jüngeren Cousin Oliver Smith. Der Jüngling, mit dem Jane und Paul oft in einer Art Wohngemeinschaft zusammenlebten und der Paul bei seinen Streifzügen durch Manhattan gelegentlich begleitete, besaß inzwischen beträchtlichen Einfluß in der New Yorker Theater- und Literaturszene. Bowles ging die Übertragung des Dramas, für die *Vicious Circle* [*Teufelskreis*] auch ein passender Titel gewesen wäre, leicht von der Hand. Um das endgültige Eingesperrtsein der Protagonisten in einem abgeschlossenen Raum, den man auch als Vorstufe zur Hölle interpretieren kann, griffig im Englischen wiederzugeben, schlug er die einprägsame, idiomatisch kongeniale Überschrift *No Exit* vor. Und wie schon bei seiner Übersetzung von Jean Giraudoux' *La Folle de Chaillot* nahm er sich ein paar Freiheiten heraus, änderte hier und da zum besseren Verständnis einen Figurennamen, wurde dem Original aber über weite Strecken gerecht.

Erst die Inszenierung durch den talentierten John Huston, später ein gefeierter Filmregisseur, verlagerte und verfälschte das Sartre'sche Gedankengut auf bedenkliche Weise. Zu Unrecht wurden die Schwächungen und Verkitschungen des Stückes Bowles angelastet. Vom Dramatikerkollegen Thornton Wilder mußte er gar den Rüffel einstecken: »Lassen Sie lieber die Finger von Literatur und bleiben Sie bei Ihrer Musik!« – nicht gerade eine ermunternde Bemerkung für das auch literarisch ehrgeizige Multitalent Bowles. Doch schuf der Übersetzungsauftrag gleich zweifach die Chance, mit Sartre persönlich zusammenzukommen. Paul war beeindruckt, vor allem dann, wenn der französische Existentialist, selbst eine der bemerkenswertesten Geistesgrößen des Jahrhunderts, mit Bewunderung und Hochachtung von seiner Entdeckung des literarischen *outlaw* Jean Genet berichtete. Genet und Bowles, in Zukunft beide passionierte Marokko-Exilanten, sollten in Tanger zwar einen unübersehbaren Bogen umeinander machen. Aber die Wertschätzung, die der große Sartre dem angefeindeten, kühnen Genet und dessen unerhörtem, skandalösem Œuvre entgegenbrachte, das manche mit lyrisch verbrämter Pornographie in einen Topf warfen, ging ihm nicht mehr aus dem Kopf. Jane dagegen hatte wenig für Sartre, den Mann an Simone de Beauvoirs Seite, übrig und machte sich mit Vorliebe über dessen offenkundige Häßlichkeit lustig.

Wenn Paul alles über den Kopf zu wachsen drohte, die Jagd nach Geld und Unterhalt für sich und Jane, die Probleme innerhalb der Ehe, die zahlreichen Umzüge in und um New York, der Terminstreß mit Kopisten, Regisseuren, Produzenten, Musikern, Theateragenten, die Deadlines in der *Herald Tribune* und der ewige Zwang zu komponieren, der gesellschaftliche Druck, die Rolle des exotischen, schillernden Paares, die sie sich selbst zugewiesen hatten, glaubwürdig aufrechtzuerhalten, dann verschaffte er sich einen zweigleisigen Fluchtweg: zum einen die Herausgabe einer in Gänze dem »Tropical America« gewidmeten Sonderausgabe der Zeitschrift *View* 1945. Aufgefordert hatten ihn dazu Herausgeber Charles-Henri Ford und Chefredakteur John Meyers. Wie erhofft, handelte Bowles' mit Sachverstand kompilierte Revue nicht von einer bunten, touristischen Postkarten-Karibik, sondern zeigte das Magische, Übernatürliche, die Fremdheit diese Kontinentes. Er entwarf eine Collage aus heidnischen und christlichen Elementen, übersetzte, klebte, schrieb. Eine einmalige Aktion. Zum anderen, in noch viel stärkerem Maße und danach immer regelmäßiger, das Schreiben von Erzählungen. Auch wenn das noch soviel Mehrarbeit erforderte, er empfand diese Tätigkeit als Entspannung. Er, der schon Gedichte, Übersetzungen und alle möglichen Kompositionsformen überzeugend in den Griff bekommen hatte, wollte auch diese letzte Hürde nehmen, die Jane schon lange vor ihm übersprungen hatte. Ihr nacheifern war die eine Seite, sich hinwegträumen aus dem nüchtern-materiellen, hektischen New York in eine Traumwelt, bei der ein mythisches Nordafrika oder die Wüste seine bevorzugten Schauplätze abgaben, eine andere. Tanger als Projektionsfläche ließ sich jenseits des Schreibblocks auf seinen Knien in den Weiten seiner Vorstellungskraft heraufbeschwören: *Tea on the Mountain* aus dem Jahre 1939 machte den Anfang, die irritierende Skizze einer behutsamen und nichtsdestotrotz tabuverletzenden Begegnung zwischen einer amerikanischen Schriftstellerin und einem jungen Marokkaner, die Konturen zarter Annäherung trägt (der Ursprung von *The Sheltering Sky* und der Vorläufer des unsinnig-unseligen späteren Romantitels in Übersetzungen sind hier anzusiedeln). Auch *The Scorpion* (1944), die Geschichte einer von ihren Söhnen verlassenen Frau irgendwo im Orient, die sich in einer feuchten Höhle verkriechen muß, und *By the Water* (1945), in der der junge Amar in einer fremden Stadt von einem wildgewordenen, monströsen Krüppel aus einem heißen Hamam-Bad hinaus bis zur Erschöpfung durch die unwirtliche Kälte gejagt wird, haben mythische Begebenheiten in maghrebinischem Gefilde zum Gegenstand. Kafkaeske Verwandlungen vollziehen sich dort, Andeutungen geheimnisvoller, grausamer Mächte verdichten sich zu grauenvollen Gewißheiten.

In *A Distant Episode* (1945), einer frühen Meisternovelle, ging er dann schon einen gehörigen Schritt weiter, lotete seine eigenen »dunklen Seiten« mit unbarmherziger Gründlichkeit aus: Erzählt wird vom psychischen und physischen Niedergang eines westlichen Linguistikprofessors, auf Forschungsreise im Süden des Maghrebs unterwegs. Er läßt sich von einem bösen, fremdenfeindlichen *qaouaji* in einen Hinterhalt locken und folgt seinem Henker, mit fast irrwitziger Wollust, zu immer weiteren Stationen seines Verhängnisses. Willentlich liefert er sich einem Nomadenstamm aus, von dem er zugrunde gerichtet wird. Er wird gefoltert und geschlagen, man schneidet ihm die Zunge heraus und beraubt ihn damit seiner größten Macht, Sprache und Artikulationsfähigkeit. Anschließend wird er, an die Lasttiere einer Karawane angebunden, denen er tapsig hinterhertaumelt, mit Schellen und Glocken geschmückt und muß auf Marktflecken zur Belustigung tanzen und herumspringen. Ein Clown, ein Objekt der Schadenfreude, an dem niedere Instinkte ihr Mütchen kühlen können. Einem Individuum wird seine gesamte Menschenwürde genommen. Zu einem grotesken *freak* geworden, erweist sich sein intellektuelles Rüstzeug als überflüssiger Ballast. Seine Existenz ähnelt der eines verwahrlosten und halbtoten Straßenköters.

In *The Echo* (1946) schildert Bowles den vehementen Haßausbruch eines jungen Mädchens, zu Besuch bei ihrer Mutter und deren lesbischer Freundin auf einer abgelegenen tropischen Ranch am Abgrund eines Wasserfalls. Eine Eruption unfaßbarer Gewalt inmitten des feuchtheißen, alle Gesetzmäßigkeiten außer Kraft setzenden Dschungels. In die Schlucht gegellte Schreie brechen sich als Omen einer unheimlichen Naturgewalt Bahn. Und schließlich *Under the Sky* und *Call at Corazón*, die beiden letzten vor der Übersiedlung nach Tanger verfaßten Erzählungen (ebenfalls 1946): Hier schlafen junge, elegante westliche Frauen mit halbstarken Einheimischen, lassen den sexuellen Übergriff mit sich geschehen. In *Under the Sky* »erbeutet« der ungebildet-ungestüme, verwilderte Jacinto eine Fremde, die er sich hinter dem Friedhof einer mittelamerikanischen Kleinstadt gefügig macht, der Geschlechtsakt ist von einer Vergewaltigung kaum mehr zu trennen; in *Call at Corazón* »rächt« sich eine entnervte Weiße an ihrem passiven Ehemann, indem sie die Nacht auf einem Passagierdampfer mit einem virilen Mitglied der Schiffsbesatzung verbringt. Ihr Gatte greift nicht ein, blendet Reaktionen und Gefühle aus, bleibt stummer Zeuge.

So abstoßend und zugleich anziehend kommen Pauls erste Schreibversuche daher – kein einziger unter ihnen eine ungeschickte Fingerübung, sondern bereits mit präziser Meisterschaft ausgearbeitet. Kein Wort ist hier zuviel, der Redefluß ›sitzt‹. Nicht um die Abbildung des Exotischen oder Pittoresken ist es ihm zu tun, die absolute Auslieferung des Einzelnen wird gezeigt, der vor vollendete Tatsachen gestellt wird, der in einem Universum, das sich nicht beherrschen läßt, mit seinem Latein am Ende ist. Die Unzulänglichkeit des Abendländers wird, ohne Rücksicht auf etwaige Empfindlichkeiten zu nehmen, drastisch vor Augen geführt. (Tennessee Williams warnte Paul vor der zu befürchtenden Aufnahme durch die ›normal‹ majority und riet ihm, er solle diese heiklen Texte besser unpubliziert lassen. Glücklicherweise besann sich unser Autor eines Besseren.) Betroffen entläßt der Erzähler Bowles den beklommenen Leser aus einem Kosmos des Grauens, gekoppelt mit unterschwelliger, erotisch-masochistischer Anziehungskraft. Schlagartig wird bei der Lektüre deutlich, daß die dargestellte Welt in dieser mit fast entsetzlicher Nüchternheit und Gefühllosigkeit dahinfließenden Prosa meilenweit vom sarkastisch-heiteren Tonfall seiner Kompositionen entfernt ist.

Etwas Janusköpfiges umgab Bowles. Doktor Jekyll und Mister Hyde schienen hinter seiner hohen Denkerstirn einen unsichtbaren Kampf auszutragen. Nur wenige Salongänger in Manhattan, denen Paul zwischen Apéritif und Dinner mit amüsierter Arroganz lauschte, hätten wohl vermutet, daß dieser hyperaktive Tonsetzer in einer anderen, ihnen völlig verschlossenen kreativen Sphäre solche raffinierten literarischen Inszenierungen des Bedrohlichen ausbrütete. Aufmerksame Zeitgenossen wie Édouard Roditi aber nahmen Veränderungen an ihm wahr und lenkten ihr Augenmerk auch auf das Mißverhältnis zwischen den Eheleuten, das sich trotz schauspielerischer Anstrengungen vor Beobachtern oftmals wie eine Kluft auftat: »Paul hatte sich während der Jahre, die seit unserer letzten Begegnung vergangen waren, äußerlich kaum verändert, doch seine jugendliche Ausgelassenheit oder seine Neigung zu Depressionen schienen nicht mehr so ausgeprägt; er war reifer und selbstbewußter geworden. Jane dagegen schien auf den ersten Blick noch kaum erwachsen zu sein. Bei jener Gelegenheit [1941 im schicken Apartment Kieslers] befanden sich noch einige andere Gäste in der Wohnung, und obwohl Jane offensichtlich eine erfahrene Gastgeberin war und auch mir, den sie zuvor noch nie gesehen hatte, durchaus unbefangen begegnete, benahm sie sich eher wie ein Kind, das das Spiel ›verheiratete Frau‹ spielt – mit einem echten Sinn für Komik.«[ER/ERS]

Komik in den frühen Vierzigern – die Courage für eine solch frivole Geisteshaltung mußte man in jenen Jahren erst einmal aufbringen. Denn die dramatischen Ereignisse des Zweiten Weltkriegs, eine Ära extremer Ungewißheit und Orientierungslosigkeit, die immerhin nicht weniger als den Umsturz der gesamten Weltordnung zur Folge hatte und unermeßliches Leid über Millionen von Menschen brachte, sie prallten am Lebenswandel des Bowles-Paares ab wie an einem wasserfesten Regenschutz. So als seien diese beiden Individualisten immun gegen Zeitläufte und Geschichte, sicher vor Massenmord, Flucht, Elend und historischen Verwerfungen. Wohl fast jede Biographie der dreißiger und vierziger Jahre trägt unübersehbare Spuren oder deutliche Narben dieser chaotischen Übergangsepoche, nicht so diejenige von Paul und Jane. Nahezu unbemerkt fanden Völkermord und Holocaust zeitgleich zu ihrem unbekümmerten Schlendern durch mehrere, vergleichsweise wenig davon tangierte Staaten statt. Nur an winzigen Details drang der Krieg auch durch ihre Wahrnehmungsritzen, verursachte Fältchen und Stirnrunzeln der Irritation. Mehr nicht.
Als sie etwa 1938 von Puerto Barrios aus nach Frankreich in

See stachen, noch einige Monate vor Beginn der Feindseligkeiten, fanden sie sich auf dem Oberdeck der »Cordillera« inmitten engagierter Nazis wieder, die deutlich ihren Unmut darüber ausdrückten, wie die sichtbar kultivierten Bowleses es wagen konnten, auf ihrem tragbaren Plattenspieler Calypso-Musik, mithin »entartetes Getöse«, zum Klingen zu bringen und daran auch noch Gefallen zu finden. Auch Leiserstellen oder eine diskrete Verbannung des praktischen Apparates auf den Boden, zwischen die Liegestühle, ging den finsteren Herrschaften noch nicht weit genug. Sie bestanden darauf, daß Gerät und Platten in der Kabine zu verschwinden hatten, möglichst unhörbar.

Eine Zeitlang interessierte sich dann das FBI mächtig für das Verhältnis zwischen Paul und Antonio Álvarez, ein mexikanischer Kunstmaler und Freund, der mit ihm in die USA gekommen war. Die Agenten, von denunzierwilligen Nachbarn alarmiert, hielten den sensiblen Mexikaner für einen japanischen Spion und Paul, ein weiteres Mal, für einen mit ihm unter einer Decke steckenden Deutschen. Als die Beamten Telegramme von Bowles abfingen, in deren eigentümlichem Textcode sie vermeintlich verschlüsselte Botschaften zu entdecken glaubten, nahmen sie die in Konfusion begriffene Jane – Bowles selbst reiste anderswo durch die Staaten – ziemlich unsanft in die Mangel. Zur Beruhigung aller Beteiligten verliefen die absurden Nachstellungen aber rasch im Sande.

Pauls Pariser Freund Harry Dunham kam 1943 bei Gefechten in Borneo um, eine Hiobsbotschaft, die unser Paar nicht für lange Zeit aus dem Gleichgewicht warf. Brenzlig wurde es eigentlich erst, und auch nur für einen kurzen Moment, als Bowles mitten im Krieg die Musterung ins Haus stand, im Winter 1942/43. Hier kam ihm, als er splitternackt vor dem Armee-Psychiater seine Vorstellungen vom Militärdienst zum Besten geben sollte, echtes Glück zu Hilfe: Der Gutachter hielt Pauls befremdende Äußerungen, er fürchte vor allem heftigen Lärm und die damit verbundene Einschränkung, künstlerisch ungestört vernünftig weiterarbeiten zu können (woran an der Front wohl ohnehin schwerlich zu denken war), für dermaßen überspannt, daß er, stolz auf seine spontane Diagnose, den seltsamen Rekruten kurzerhand zum Psycho-Neurotiker erklärte und als untauglich einstufte. Paul trank einen Whiskey auf den durchstandenen Schrecken und lebte in der Gewißheit, von offizieller Stelle soeben seine absolute Sicherheit bescheinigt bekommen zu haben, sein pazifistisch-neutrales Komponistenleben weiter. Wäre er an einen strengeren Nervenarzt geraten, hätte er sich schnurstracks inmitten der Landung der Alliierten in der Normandie oder irgendwo an einer Front, an Bord eines Bombers oder in der Luftschlacht mit japanischen Feinden wiedergefunden. So durfte er unbehelligt den alten Trott wieder aufnehmen.

Jane nahm allenfalls Notiz davon, daß die Welt in Aufruhr geraten war und bedrohlich schwankte, als das Erscheinen ihres einzigen Romans zeitlich exakt mit dem traumatischen Angriff der Japaner auf Pearl Harbour zusammenfiel. Ihre Romanheldin Miss Goering trug darin (zufällig?) denselben Namen wie ein weltweit berüchtigter Nazischerge. Als Janes Freundin Miriam Levy Fligelman an ihre Sensibilität als Jüdin appellierte und ihr die Notwendigkeit vor Augen führte, sich solidarisch mit anderen Juden für die sofortige Beendigung des entsetzlichen Treibens in Europa (systematische Verfolgung, gezielte Ausrottung einer ganzen Rasse) einzusetzen, erntete sie zu ihrer Bestürzung Achselzucken und milde, schlecht gespielte Aufmerksamkeit ihrer Gesprächspartnerin. Jane, aber auch Paul, waren derart in ihrem Kosmos befangen, einem Kokon aus Künstlertum, Libertinage und Geselligkeit, daß selbst Neuigkeiten dieses Kalibers, Meldungen, die an die psychologische Substanz jedes freiheitlich empfindenden Erdenbürgers und Demokraten gingen, an ihr abperlten. Bei einem erstklassig besetzten *society lunch* angelegentlich von ihrer Sitznachbarin befragt, was sie, die »liebe, kleine Mrs. Bowles« von der »Lage der Welt« halte, wurde Jane in eine so peinliche Lage versetzt, daß sie die Frage im Raum stehen ließ, ihre Serviette niederlegte, die Anwesenden bat, sie zu entschuldigen, aus dem Speisesaal ging, ein Schlafzimmer betrat und sich aufs Bett setzte. Um schließlich einzuschlafen, bis alle Gäste gegangen waren. Stunden später machte sich ein unbestimmtes schlechtes Gewissen in ihr breit, und Miriam selbst oder die vorlaute Fragerin rätselten ihrerseits, weshalb sie nicht imstande waren, Janie ihre frappierende Indifferenz wirklich übelzunehmen.

Es war, als umgäbe sie ein unsichtbarer Schutzschild, und die Ignoranz Janes erschien den Zweiflerinnen urplötzlich ehrlich, aufrichtig und kohärent mit ihrer äußerst partiellen Weltsicht. Wenn man aus ihrem Salon auf die Straße trat, war die Katastrophe tatsächlich wie weggefegt. Miriam gab sich geschlagen. Das Morden auf allen Kontinenten ging seinen, wie es schien, unvermeidlichen Gang, die Intellektuellen kochten ihre eigenen Süppchen, verzettelten sich im Privaten, und Gertrude Steins zynische Feststellung: »Kriege sind Kriege aber sie sind nicht wichtig weil sich nichts ändert«[GS] erfuhr erneut ihre schlimme, traurige Bestätigung. Für Abermillionen galt sie auf grauenvolle Weise; sie mochten ihr eine menschenverachtende Logik entnehmen. Für Jane und Paul handelte es sich um eine glänzende, stilsicher plazierte Formulierung. Um eine rein sprachliche Tautologie.

Der Satz stammt aus Steins Band *Kriege die ich gesehen habe*. Angesichts von außenstehenden Zeitgenossen wie den Bowleses konnten den Leidtragenden des Jahrhunderts begründete Zweifel kommen, ob jene ihn überhaupt »gesehen« oder auch nur irgendetwas davon mitbekommen hatten. Doch wäre es verfehlt, in diesem Punkt allzu hart mit ihnen ins Gericht zu gehen: Weder Jane noch Paul besaßen ein Selbstverständnis als engagierte Autoren und ergriffen selten Partei, wenn es sich um Angelegenheiten außerhalb ihres eigenes Radius handelte. Wenn Paul auf seinen Reisen an Entbehrungen und Strapazen auch einiges einstecken konnte, ließ sich seine wahre Lebensauffassung doch nicht leugnen: Er war durchaus ein Bewohner des Elfenbeinturms. Und für Jane, die sich in ihren Schriften und Briefen vornehmlich mit ihrer Person und den Spannungsverhältnissen unter Frauen im allgemeinen auseinandersetzte, waren mit glühender Feder verfaßte Widerstandspoeme oder heimlich eingefädelte Sabotageakte schwer vorstellbar. Vom Temperament her hatten sie wenig mit Ernest Hemingway oder

Marlene Dietrich gemein, die sich an vorderster Front für eine
»gerechte Sache« blicken und photographieren ließen, mit-
kämpften oder inbrünstig sangen, und auch die teilweise lebensgefährlichen Résistance-Aktivitäten französischer Kollegen in
der besetzten Zone wären nicht nach ihrem Geschmack gewesen.

Der Abwurf der Atombomben über Hiroshima und Naga-
saki mit seinen verheerenden Konsequenzen unter der ahnungslosen Zivilbevölkerung bewirkte dann doch mehr als nur ein
temporäres Aufgerütteltsein – die Wucht und der desaströse
Knall dieser maximalen Untat, die an potenzierter Menschen-
verachtung alles überstieg, was von Menschenhand bisher auf
diesem Globus anderen Unschuldigen angetan worden war,
hallte lange in ihrer inneren Resonanzwand nach. Paul, im Spätsommer 1945 zurück aus Kuba, wo er allein umhergereist war
und sich mit dem Maler Wifredo Lam ausgetauscht hatte, schlugen in New York die stolzen, sensationslüsternen Schlagzeilen
von der fatalen amerikanischen Attacke entgegen. Lust am Massenmord, in Patriotismus gekleidet. Er hielt inne. Nach Vogel-
Strauß-Manier den Kopf im Sande zu vergraben, einfach immer
nur wegzusehen, mit einer solch billigen Verdrängungshaltung
konnte man letztlich nicht bis in alle Ewigkeit durchkommen.

Womöglich war es wirklich höchste Zeit, dieser von Grund
auf pervertierten westlichen Welt mit ihren zunehmend ausge-
höhlten, zu Phrasen verkommenen Wertvorstellungen den
Rücken zu kehren, einer vorgeblich christlich determinierten
Moralordnung, die zu Greueltaten von bestialischen Dimensionen fähig war, ohne mit der Wimper zu zucken, und diese auch
noch beredt zu legitimieren verstand. Spuren dieser Reflexionen, Abscheu vor der Heimat und bewußte Flucht in Ignoranz
und Hedonismus finden sich in Pauls Erzählung *Pages from
Cold Point* wieder, nicht umsonst im Juli 1947 an Bord der »SS
Ferncape« niedergeschrieben, die ihn von New York nach Casablanca bringen sollte.

Allein der Handlungsfaden ist dazu angetan, einem den Atem
zu verschlagen. Wir lesen mit wachsendem Argwohn die kaum

glaubhafte Geschichte des wohlhabenden Witwers Mr. Norton und seines sechzehnjährigen, so frühreifen wie aufgeweckten Sohnes Racky. Die Vereinigten Staaten haben die beiden hinter sich gelassen und es sich auf einer Karibikinsel, einem herrlichen Fleckchen Erde, gemütlich gemacht. Die paradiesische Idylle des seltsamen Männerpaares ist nur von kurzer Dauer. Denn wenn der Vater auch vorgeblich der »Zivilisation« entfliehen wollte, in Wirklichkeit trachtete er danach, der deutlich ausgeprägten »Veranlagung« Rackys und seiner eigenen früheren inzestuösen Bindung an den attraktiven Sohn, von Bowles nur angedeutet, zu entkommen. Bereits nach wenigen Wochen hat sein Junge, ein Geschöpf von außergewöhnlicher Promiskuität, viele der jungen Männer auf der Insel verführt oder zu verführen versucht. Hausangestellte verlassen Nortons Anwesen, die Polizei wird vorstellig und setzt den Erziehungsberechtigten mit Drohungen unter Druck. Der Vater tut, als wisse er rein gar nichts von Rackys homosexueller Umtriebigkeit, und es gelingt ihm nicht einmal ansatzweise, Racky zu tadeln oder in die Schranken zu weisen.

Nachdem er seinen Sohn nackt in seinem Bett vorfindet und sich zu ihm legt (den gleichgeschlechtlichen Akt denkt sich der Leser dazu), entschließt sich Norton dazu, seinen Sohn mir nichts, dir nichts nach Havanna zu verfrachten, ihm eine eigene Wohnung zu vermachen und ihn in ein luxuriöses Exil abzuschieben. Belohnung statt Strafe. Am dortigen Flughafen wartet schon der nächste Liebhaber Rackys. Norton hat seinen Sohn, der nunmehr ein unbeschwertes, sexuell ausgefülltes und von Komplexen freies Dasein führen darf, für immer verloren, aber, ein bewundernswerter Akt der Toleranz und des Verzichts, ihn auch in die Selbständigkeit entlassen. Ein guter Vater? »Wir sorgen uns um die Zukunft unserer Kinder. Es ist zwar lächerlich, aber nur wenig fühlbarer lächerlich als alles andere im Leben. Ein Zeitabschnitt ist zu Ende gegangen; Tage, die mich glücklich machen, auch wenn sie jetzt der Vergangenheit angehören. Ich nehme an, diese Zeit war das, worauf ich mein Leben lang gewartet hatte: der Lohn, den ich unbewußt, doch zuversichtlich erwartete, als Gegenleistung dafür, daß die Existenz mich über all die Jahre hinweg so fest im Griff hatte«[PB/GE1] – so die sibyllinische Antwort des Erzähler-Vaters auf seine eigenen Bedenken, eines Kommentatoren, der nur an wenigen Stellen wie diesen von seinem üblichen Plauderton abweicht.

Aufhorchen läßt, sucht man nach Beweggründen und Motiven für die künftige Amerikaflucht und die Zivilisationsverachtung der beiden Bowleses, jedoch insbesondere der einleitende Passus dieser ungewöhnlich langen Novelle – der Gedankengang des verführbaren Vaters mündet in das Protokoll eines überzeugten Fatalisten; sein Fazit versetzt ihn beinahe in heitere Stimmung:

> Unsere Zivilisation ist zu einem kurzen Dasein verdammt: Ihre einzelnen Elemente sind zu heterogen. Ich persönlich bin zufrieden, daß alles im Untergang begriffen ist. Je größer die Bomben, um so schneller wird alles vorbei sein. Das Leben ist einfach zu schrecklich, als daß der Versuch lohnte, es zu bewahren. Lassen wir es dahingehen. Vielleicht wird eines Tages eine andere Form von Leben entstehen. Wie auch immer, es spielt keine Rolle. Andererseits gehöre ich noch zu diesem Leben und bin daher gezwungen, mich zu schützen, so gut ich kann. ...
> Der Mensch muß darum kämpfen, sich überhaupt bemerkbar zu machen. Es ist wunderbar. ...
> Ich halte es für äußerst unwahrscheinlich, daß eine Bombe an diesen abgelegenen Teil der Insel verschwendet wird.[PB/GE1]

Angesichts der Wohltaten der Tropen, mit dem Füllhorn über anwesende Günstlinge ausgegossen, fällt es eben bedeutend leichter, der schnöden Alltagsrealität überdrüssig zu werden. Und unter geringfügig veränderten Vorzeichen läßt sich der vorstehende Absatz ohne größere Schwierigkeiten auf die Befindlichkeiten unserer beiden Ankömmlinge im südlichen Tanger umdeuten. Vorbei also die Zeiten, in denen es Paul völlig genügte, für ein paar Stunden per Fahrrad im nächtlichen Manhattan herumzugondeln, bis dahin eine willkommene, befreiende Abwechslung für den von Termindruck geplagten Großstadtkomponisten. Stärkere »Drogen« mußten her, um ohne

Gewissensbisse auf Dauer abschalten zu können. Ihre Tage in den USA waren unwiderruflich gezählt.

Auch für Jane sind die 1940er mit Abstand ihr intensivstes, produktivstes Schaffensjahrzehnt. 1941 ist ihr Roman fertig, drei lange Jahre hat sie daran laboriert. Als sie Paul als erstem Leser ihr Manuskript darbietet – ein großer Vertrauensbeweis –, ist er, der mit wenigen Strichen die notwendige Umarbeitung und Kürzung vornimmt, vom Inhalt entwaffnet und entzückt, geradezu sprachlos, aber nachhaltig entsetzt von der Schludrigkeit des Getippten und Gekritzelten. Von den orthographischen und grammatikalischen Schnitzern und Patzern, davon, wie das Ganze einfach so hingeschmiert worden ist. Er geriert sich nicht als Beckmesser, besteht aber auf der unbedingten Ordentlichkeit der Formalien. Jane bleibt cool – Verlag und Korrekturabteilung werden das Ganze, wenn sie überhaupt Feuer fangen, schon richten. Dafür sind sie doch schließlich da. Und tatsächlich beißt ein großes Haus an. Kriegsbedingt ziehen sich Verhandlungen und Drucklegung in die Länge, doch das gegenüber Céline proklamierte Versprechen wird eingelöst: Mit Mitte zwanzig, und lange bevor Paul soweit ist, liegt Janes erstes Opus in den Buchhandlungen. Und bis zur Abreise nach Tanger, 1947/48, bringt sie drei weitere Erzählungen unter. Sowie den ersten Akt ihres einzigen Theaterstückes *In the Summer House*, im April 1947 in *Harper's Bazaar* abgedruckt.

Die *Zwei sehr ernsthaften Damen*, 1943 bei Knopf nach langer Wartezeit verlegt, waren anfänglich also drei, bevor Paul als fürsorglicher Lektor eingriff und die dritte unter ihnen in zwei gesonderte Erzählungen verbannte, die 1944/45 in *Cross Section* publiziert wurden. Mit Fug und Recht kann man im Blick auf Janes skurril-elliptisches Prosaexperiment genausogut von zwei Einzelschicksalen sprechen, die von der Erzählerin nur lose miteinander verknüpft sind, fast wie Blöcke separat beschrieben, und erst ganz am Ende des Romans wieder miteinander konfrontiert werden. Zu Beginn, nach einer kurzen Ouvertüre auf einer Party, lernt der Leser zunächst Mrs. Copperfield kennen, unterwegs mit ihrem Mann nach Panama, auf Hochzeitsreise. Er war es, der das Reiseziel vorgegeben hat, mit ihren Ersparnissen wird der Trip bestritten. Er schwelgt in der neuen Umgebung, ihm kann es gar nicht feucht, heiß, befremdend und abstoßend genug sein. Sie ist verwirrt, unkonzentriert, übervorsichtig, nichts sagt ihr wirklich zu. Ihre Phobien zerren an beider Nerven. Streit und Meinungsverschiedenheiten bilden die einzige Schnittmenge zwischen den ungleichen Akteuren. Man gewinnt den Eindruck, daß körperliche Liebe (schon) keine Rolle (mehr) spielt. Trost findet die Schwierige in den Armen der einheimischen Pacífica, einer Prostituierten, die im selben Hotel logiert – allein die Hotelsuche wuchs sich zu einem mörderischen Entscheidungsfindungsprozeß zwischen den Eheleuten aus. Deren Zusammenleben wird immer mehr in Frage gestellt, Mr. Goering geht in der Landschaft und dem Zauber der Örtlichkeiten völlig auf, andere Menschen sind ihm mehr oder minder gleichgültig. Seine Frau bleibt Pacífica überlassen.

Christina Goering, und hier beginnt die zweite Geschichte, deutschstämmig, wohlhabend und ausgefallen, entschließt sich zum Verkauf ihres Wohnsitzes und übersiedelt in eine miese Unterkunft, ein baufälliges Haus auf einer Insel nahe Manhattan. Ihre einzigen menschlichen Kontakte sind ein charakterschwacher Taugenichts, Arnold, und ihre Gefährtin, Miss Gamelon. Sobald sie von beiden die Nase voll hat, unternimmt sie Ausflüge aufs Festland und verfällt zwei verbrecherischen, vulgären Naturen namens Andy und Ben. Zwielichtige Gestalten, Gangster gar, die sie nacheinander im Stich lassen werden. Physisch ist Miss Goering ihnen beinahe hörig. Zum Romanende hin ergibt sich ein Treffen zwischen den beiden titelstiftenden Damen in einem Lokal. Sie klagen einander ihr Leid, sie beschreiben einander ihre komplizierten Abhängigkeiten von oft wertlosen Partnern, ihre von Mißerfolg gekrönten Abenteuer. Mrs. Copperfield hat Pacífica aus Panama mit nach Hause gebracht und läßt Miss Goering allein zurück, die über ihre »Sünden« bzw. die Option, selbst eine Heilige zu werden, nachsinnt.

Die Parallelen zu Janes eigener Vita sind fast mit Händen zu greifen: Wie Jane war auch Miss Goering ein unbeliebtes Mädchen, dessen Spielgefährtin Mary hieß. Mit dem Haus außerhalb von New York spielt Jane auf ihr isoliert gelegenes Heim in Staten Island vor den Toren der Stadt an, wo sie mit Mary Oliver, Pauls einstiger Gönnerin, ab 1939 durchzechte Wochen und Monate verbrachte. Arnold kann leicht als Doppelgänger von Janes aktuellem Saufkumpanen Boo [Robert] Faulkner durchgehen, einem Luftikus, mit dem sie Paul während der Dreharbeiten in Albuquerque vor seinen Auftraggebern blamierte. Oder es verbirgt sich ihr *buddy* John LaTouche hinter dieser überzeichneten Charaktercharge. Mit Mrs. Copperfield teilt Jane die unbegründeten Ängste und enervierenden Zicken, das Hingezogensein zu jungen wilden Mädchen; und deutlicher als der distanzierte, selbstsüchtige und in fremder Umgebung aufblühende Mr. Copperfield in diesem Buch ist Paul wohl nie wieder porträtiert worden. »Du machst mich darin zu einem kompletten Idioten«, klagte er. Und genoß doch sein fiktives Konterfei. Nichtsdestoweniger sollte man sich vor voreiligen Schlußfolgerungen hüten; wenn Jane hier auch vieles verschlüsselt wiedergegeben hatte, so schrieb sie doch keinen Schlüsselroman.

Bezüglich der sprunghaften, zerstückelten Handlung des Romans ist einmal boshaft bemerkt worden, jeder, der auch nur ansatzweise versuche, sie zusammenzufassen und ihr eine »vernünftige« Aussage anzudichten, verfalle wohl oder übel selbst dem Wahnsinn. Daran ist richtig, daß Jane es nicht auf einen stimmigen Plot abgesehen hatte, auf einleuchtende, plausible Figurenentwicklung, sondern die Ambivalenz und Isolation ihrer Figuren mit besonderer Hingabe unterstreichen wollte. Innen und Außen, Distanz und Nähe bilden Polaritäten, die ineinanderfließen, um dann wieder unversöhnlich nebeneinanderzustehen. Sex wird mit Männern erlebt, oder besser durchgestanden, Männern, die wie nebenbei, als Staffage, durch den Text huschen. Alle authentische erotische Energie ist aber auf andere Frauen ausgerichtet. Ferner registrierte Jane mit feiner Unterscheidungsgabe das hierarchische Gefälle von Frauen untereinander, alten und jungen, dominanten und passiven, gebieterischen und getriebenen, rechthaberischen und verunsicherten – ein Panorama des Geschlechts in seiner Gesamtheit und nicht nur exklusiv auf die verschiedenen Lesbentypen bezogen, wie sie klischeehaft noch heute propagiert werden. Und doch fällt gerade die Beschreibung lesbischer Liebe nur sehr schüchtern aus, wird höchstens hinter einem Schleier vager Andeutungen wahrnehmbar, während das beliebige Herumtändeln mit Männern, Zeitverschwendung und »Sünde«, breiteren Raum einnimmt. Es hat den Anschein, als suchte Jane immer erneut nach Ansatzpunkten, das rein weibliche Begehren sprachlich, darstellerisch und erzähltechnisch zu bewältigen. Keine leichte Aufgabe.

Zu Recht wurde gesagt, Jane sei in jeder Einzelheit von *Two Serious Ladies*, in jeder einzelnen ihrer Figuren gegenwärtig. Zu Recht wurde auch auf die Komik hingewiesen, auf die »Grazie des Beiläufigen«, den hintergründigen Witz, der strukturell die Erzählweise bestimmt, auf das parabelhafte Beharren auf Sünde und Erlösung, Religion und Sinnlichkeit, »Taufe« – gesellschaftliche Brandmarkung mit nachfolgendem Ichverlust – und Glücksempfinden – gesellschaftlich geächteter Hingabe, positiv erlebter Sexualität, mit Wiederherstellung der Identität. Zu Recht gelangte das Bonmot in Umlauf, Jane habe so disparate Erzählrealitäten wie Kafka und Elsie Dinsmore einander ausgeliefert. Denn dem Roman liegt keine chronologische Ordnung zugrunde, er variiert einige wenige Themen kunstvoll, konfus und kaleidoskopartig und vermengt sie in immer anderen Konstellationen zu neuen, kaum entwirrbaren Gedankengebäuden. Eine stupende Attacke gegen eingefahrene Erzählmuster. Um jeden Satz, um jede Formulierung wurde mit Hingabe gerungen – seriöser ließ sich Schriftstellerei in der Tat nicht mehr betreiben.

Überspitzt könnte man in Anlehnung an den Titel die Behauptung aufstellen, Janes Text sei ein großangelegter »ernsthafter« Versuch, der Vielfältigkeit einer Frauenseele und -psyche in all ihren Verästelungen nachzuspüren und auf den Grund zu gehen. Das so entstehende Chaos im Kopf eines jeden Individuums wird »menschengerecht« in seiner Komplexität und zur Verzweiflung treibenden Anarchie gezeigt und in seinem Hin- und Hergerissensein bis zum Verrücktwerden in allen Einzelheiten ausgebreitet. Aber eben nicht künstlerisch gebändigt, geformt und in eine stereotype Logik gezwängt. Handlung fehlt, damit der Leser stutzt; die Umgebung der Figuren wird wichtiger als ihre herkömmliche Dramatisierung; die Mitarbeit des Lesenden wird eingefordert, Identifikation verunmöglicht. Im Vergleich zu Pauls doch recht traditioneller Herangehensweise an den Aufbau einer Novelle oder eines Romans wäre dieser poetologische, radikalere Ansatz Janes zweifelsohne der modernere, zukunftsweisende.

Alice B. Toklas pries die *Ladies* mit den Worten: »Es ist der *wunderbarste* Roman, der mir seit Jahren begegnet ist.« Ein Schrei in der Wüste, der ungehört verhallte. Erst vor dem Hintergrund der Entwicklung der Literatur in der zweiten Jahrhunderthälfte gewinnt man einen Eindruck davon, wie sehr Janes Roman seiner Zeit voraus war. Die Kritiker besaßen diesen Weitblick nicht einmal ansatzweise – um 1943 waren Vertreter des Absurden oder Strategien spezifisch weiblichen oder gar feministischen Schreibens weder bekannt noch erwünscht. Die wenigen Rezensionen, die sämtlich am Kern und Wesen ihres Werkes vorbeizielten, waren niederschmetternd für Jane. Der Durchbruch, an den sie selbst nie geglaubt hatte, blieb aus. Erwartungsgemäß? Jane fühlte sich geradezu in ihrem Pessimismus bestätigt. Paul bewunderte seine Frau maßlos – für die Konsequenz, mit der sie an ihrer Art zu schreiben festhielt, für ihre künstlerische Kompromißlosigkeit, für die Indifferenz, mit der sie die kommerzielle Niederlage wegsteckte – denn auf geistiger Ebene hatte sie ja gesiegt. Für Paul, der die bürgerlicheren Maßstäbe von beiden ans Künstlertum anlegte, war ein Erfolg immer auch ein kommerzieller, materiell sichtbarer Zugewinn, das freundliche Zunicken des Establishments, die publikumswirksame Akklamation.

Jane hielt sich an ihresgleichen. In den Salons der Metropole stieg ihre Gunst binnen Stunden. Nur auf die Leistungen der gleichaltrigen Carson McCullers, die im selben Zeitraum mit Verve zu veröffentlichen begann und geschwind zum Liebling der maßgeblichen nationalen Literaturszene aufstieg, war sie, was selten bei ihr vorkam, eifersüchtig und sogar ein bißchen neidisch. Wenn sie mit der Geschwindigkeit und Produktivität von Kollegen nicht mithalten konnte, fürchtete sie, vor Scham oder Zorn im Boden zu versinken. Doch ihr selbstquälerisches Perfektionsstreben, ihre Sucht danach, jede Wendung müsse einfach ›stimmen‹ und echt klingen, brachten sie noch näher an den Rand von Langsamkeit und Lethargie – an den Rand selbstverschuldeten Scheiterns.

Wie nicht anders zu erwarten, waren Claire und die übrigen Frauen des Auer-Stajer-Clans von Janies Roman rundheraus entsetzt, schlugen die Hände über dem Kopf zusammen und lehnten ihr »Geschreibsel« in Bausch und Bogen ab. Ihre Mutter, die gern mit Janes Erfolg Staat gemacht hätte, war »gar nicht stolz« auf ihre schamlose Tochter. Nur Janes Cousine, Mary Jane Shour, die ihrer Spielgefährtin in den Kinderjahren nähergekommen war, konnte mit den *Ernsthaften Damen* etwas anfangen: »Die Jane, die das abartige Buch verfaßte, über das sich die ganze Familie den Mund zerriß, machte… viel von sich reden. Als das Buch erschien und die Leute riefen: ›Um Himmels willen, worum geht es darin eigentlich?‹, konnte ich nur lachen. Für mich war es vollkommen durchsichtig. Aber ich kannte Jane ja auch.«[ALO] Merklich verletzt war die junge Autorin allerdings über die skeptische Reaktion der dritten Widmungsträgerin auf ihren Roman – auf dessen erster Seite verbeugte sich Jane nämlich vor den drei bis dahin wichtigsten Menschen in ihrem Leben: »Für Paul, Mutter und Helvetia« – in dieser Reihenfolge! Mit Helvetia Perkins verband Jane zwischen 1940 und ungefähr 1947 ihre erste intensive, langjährige lesbische Liebesbeziehung – und dies parallel zur Ehe. Kennengelernt hatten sich die beiden Frauen in der amerikanischen Künstlerkolonie im mexikanischen Taxco, bald darauf wohnten sie gemeinsam in Manhattan, Brooklyn, oft zusammen mit Paul und Oliver Smith, als kuriose *ménage à quatre*, unter demselben Dach – etwa im Chelsea Hotel oder später in der West 10. Straße, gegen Ende der 1940er immer häufiger dann in Helvetias Landhaus in Vermont.

Worin genau bestand Helvetias Attraktivität? In ihrer Bildung, ihrem Aussehen, ihrer Unabhängigkeit oder ihrer Macht über Jane? Helvetias Alter ego Mrs. Copperfield legte Jane an entscheidender Stelle im Roman die folgende Hymne an die Liebe zwischen zwei Menschen weiblichen Geschlechts und unterschiedlicher Generationen in den Mund: »Ich war einmal in eine ältere Frau verliebt. Sie war nicht mehr schön, doch habe ich in ihrem Gesicht Zeichen von Schönheit gefunden, die für mich viel aufregender waren als irgendeine vollerblühte Schönheit. Wer hat denn nicht schon mal jemand Älteren geliebt, weiß Gott!«[ZED] Es herrschte ein spannungsgeladenes Auf und Ab im Verhältnis zwischen der dreiundzwanzigjährigen Jane, kaum älter als Helvetias Tochter Nora, 21, und der fünfundvierzigjährigen, geschiedenen älteren Frau mit starkem Willen und eisernem Durchsetzungsvermögen. Viele hielten sie, die aus Illinois kam und einer wohlhabenden Familie entstammte, rein äußerlich für eine Matrone. Sie wirkte einem fernen, versunkenen 19. Jahrhundert entsprungen, kleidete sich dezent und trug eine artige, fast biedere Frisur zur Schau.

Viele meinten, Jane sei geradezu krankhaft in Helvetia verliebt gewesen, sprachen von einer unseligen Fügung. Doch die Gemeinsamkeiten überwogen: Auch Helvetias Vater war früh gestorben, sie kannte keine Geldsorgen, war hochintelligent und bestand auf ihrer persönlichen geistigen und familiären Unabhängigkeit. Sie trug sich ebenfalls mit Plänen, Schriftstellerin zu werden, sie war weitgereist und arbeitete in Mexiko an einem Romanprojekt. Sie besaß aber auch strenge, ja autoritäre Züge, verstand sich als politische Aktivistin und Rebellin, mißbilligte Janes Bekanntenkreis aus Taugenichtsen, Tagedieben und eitlen Nichtstuern, die sie verächtlich als Schmierenkomödianten verunglimpfte, und ächtete deren beängstigenden, für Janes Entwicklung bedenklichen Alkoholkonsum. Beobachter meinten übereinstimmend, Jane »kusche« zu sehr vor Helvetia, mache sich klein und gefügig, spiele das duckmäuserische, dann wieder das unartige Mädchen; einige zweifelten gar an Helvetias Lesbentum und wiesen auf ihren durchdringenden, stechenden Blick hin, der ihnen Angst einjagte; andere bewunderten ihren guten, stilsicheren Geschmack in Einrichtungsfragen und Haushaltsführung, ihre ruhige, beherrschte Art. Kurz, Helvetia war in gewisser Hinsicht das weibliche Pendant zu Paul und übernahm, von der heftigen Liebesaffäre einmal abgesehen, die immerhin mehrere Jahre lang an verschiedenen Schauplätzen mit großer Intensität anhielt, die ideale Pufferfunktion, schirmte Jane vor ihrem gestrengen Ehemann ab. Nur daß Jane offensichtlich die Bestrafungen und Zurechtweisungen einer herrschsüchtigen älteren Geliebten besser ertrug als die gelegentlichen Korrekturansätze durch »Bupple«, ihren ihr ans Herz gewachsenen »Feind«. Aber sogar Helvetia beurteilte Janes Roman als »zu lesbisch« – was immer das auch heißen mochte.

Paul und Helvetia bewahrten eine höfliche, angemessene Distanz zueinander, begegneten sich mit Respekt. Zumal sie mehr als einmal dieselbe Wohnung, dasselbe Hotel teilten. Von Eifersuchtsbekundungen sahen beide geflissentlich ab, wenngleich Paul erst einmal mit dem Umstand fertigwerden mußte, daß Janes sexuelle Beziehung zu Helvetia deutlich länger und leidenschaftlicher ausfiel als die wenigen Monate, die derjenigen in ihrem Eheleben vergönnt gewesen waren. Viel stärker als kindische Rivalitäten war Bowles' Sorge um die Leichtfertigkeit, mit der Jane sich – über die Jahre – ungehemmten Alkoholorgien auslieferte. Auf diesen wunden Punkt, obschon er ihr selbst zu schaffen machte, war Jane einfach nicht ansprechbar. Darin duldete sie keinerlei Einmischung. In ihrer fürsorglichen Liebe zu ihr zogen Helvetia und Paul demnach am selben Strang, fühlten sich jedoch oft machtlos. Als wären sie beide Janes ältere Geschwister, widmeten sich Helvetia und Paul – Liebespartner, aber keine Rivalen – also dem größten Problem ihres Sorgenkindes: der ewig, sich in die Länge ziehenden Entscheidungsfindung. In kleinen wie in großen Dingen – was tat Jane aus freien Stücken, was bildete sie sich nur ein? Was war ein echter Entschluß, was unterschied ihn von einer von außen herbeigeführten Beeinflussung? Was zog man warum zu welcher Gelegenheit an, welches Buch wurde gelesen, welche Speise gewählt? Welchem Satz, welcher Formulierung, welchem Tempus gab man beim Schreiben den Vorzug? Wen rief man an, wem schrieb man, wen ließ man abblitzen? Dem geringfügigsten Detail wurde durch sie eine überlebensgroße moralische Dimension zugeschrieben. Was Zuschauer burlesk finden mochten, mit einem Späßchen abtaten – LaTouche hatte öfters den fröhlichen Gruß »Here comes Complications-Janie« auf den Lippen –, war in Wahrheit der Auftakt zu einer einzigen Tragödie.

Auf einer Kurzreise nach Montréal, die Paul gemeinsam mit Jane unternahm – nunmehr waren sie nur noch äußerst selten »allein« zu zweit unterwegs – hatte sie wieder einmal Unmengen von Whiskeygläsern geleert; der Kollaps mit anschließendem Gedächtnisverlust auf der Rolltreppe im Zielbahnhof konnte niemanden wirklich überraschen.

Janes fortgesetzte Promiskuität war da schon leichter zu verkraften. Die simultane Partnerschaft von ihr, Paul und Helvetia in ihrem gleichschenkligen, fast ausgewogenen Dreiecksverhältnis reichte nicht aus. Zusätzliche Abenteuer mußten her. Ihre Eroberungen nannte sie keß »drugstore cowboys«. Szenegirls waren darunter, unerfahrene Provinzlerinnen, ältere Ehefrauen, von Jane initiiert, und eine gewisse Cory, die ab und an auf der Bildfläche erschien. Und, *last but not least*, auch eine gewisse Jody aus Massachusetts, die am Ende Helvetia den Rang streitig machen würde. Kaum waren die Bowleses im Chelsea abgestiegen, kaum war Jane dem goldenen Käfig Helvetias in Vermont entronnen, kaum lag eine weitere Mexikoreise hinter ihr, wurde ausgeschwärmt, gebalzt, abgeschleppt. Sicher, da war das neue Romanprojekt, *Out in the World*, das sie wie eine hohe Wand vor sich herschob und nur punktuell angehen mochte. Sicher, da war das von Oliver Smith, der unbeirrt an sie glaubte, geförderte Dramenprojekt, dessen Anfangsteil immerhin partiell zum Abdruck gelangte. Aber der Großteil ihrer Aktivitäten ließ sich ziemlich einseitig unter der Rubrik *social life* subsumieren. Ein Lebensstil, der sie auf Trab hielt.

Einladungen, kurze Trips, Kneipengänge, Wochenendamouren, Kontaktpflege, Kreativitätsanfälle, dumpfe Grübeleien durchkreuzten sich, spannen ein virtuelles Spinnennetz aus Abhängigkeiten und Verhinderungen. »Bei unserer Lebensweise ist es sehr angenehm, lange im voraus zu einer Party eingeladen zu werden«,[GMG] bekam etwa Charles-Henri Ford im Herbst 1939 von ihr zu hören, doch war auch hier weniger die Lust am verbalen Purzelbaum ausschlaggebend, als daß vielmehr ein realer Zustand treffend benannt wurde. »Das Chaos ist das Dekor, in dem wir leben.«

Jane schuf sich weitere Pufferzonen – Menschen, die sie zwischen sich und Paul, zwischen sich und Helvetia stellte. Lückenbüßer. Selbst arme Teufel, die von ihr nach Bedarf eingespannt und dann wieder abgeschoben wurden. Mary Oliver kam nach Staten Island ins Landhaus, bestellte kistenweise flüssige Nahrung. Auf Kredit. Als die Lieferungen ausblieben und die beiden Frauen bei esoterischen Sitzungen ausprobieren wollten, wie sie, von spiritueller Levitation beflügelt, gewichtslos durch die Luft schweben konnten, wurde es Paul, einmal mehr in der Vaterrolle, zu bunt. Er floh zum Arbeiten ins Stadtinnere. Irgendwann nahm Jane wieder Vernunft an, begab sich ihrerseits nach Manhattan, gabelte ein junges Mädchen auf und überließ die dem Alkohol verfallene, tief verschuldete Mary Oliver weit draußen am Atlantik ihrem Schicksal.

Danach trat Boo Faulkner auf den Plan. Für monatelange Exzesse war er, der an der Flasche hängende, gescheiterte Dichter, gut genug. Auch in Albuquerque durfte er den Clown abgeben, als Jane und er kichernd die Farce vom Geschwisterpaar aufzogen und Paul damit beinahe seinen lukrativen Filmmusikauftrag vermasselten. Bestand er aber darauf, zu einer interessanten Gesellschaft mitgenommen zu werden, beschied ihn Jane unvermittelt mit einem brutalen »Du bist nicht wichtig genug«. Er hatte sich zu verziehen – bis sie ihn eben das nächste Mal anrief.

Nur an Oliver Smith, dem attraktiven Cousin und Bühnenbildner, fanden Jane wie Paul gleichermaßen Gefallen. Er zog mit ihnen von Behausung zu Behausung, ließ sich zusammen mit ihnen photographieren, fungierte als Janes Fürsprecher und wurde bald auch Pauls geschätzter Reisekompagnon. Die beiden Männer kauften sogar ihr erstes Domizil in der Kasbah von Tanger zusammen. Auf Olivers gleich dosierte Nähe zu beiden war der oder die jeweils Abwesende manchmal ziemlich eifersüchtig. Er vermittelte und pendelte zwischen den einander aus der Ferne liebenden Satelliten. Er war ausgeglichen, ließ sich nicht ausnutzen, zählte nicht zu den überspannten *escort boys* Janes und empfand echte Zuneigung zu seiner Freundin: »Sie war einer der wichtigsten Menschen in meinem Leben. Trotz ihres Egoismus, jenseits von Spiel und Spaß, war sie wie eine große Schwester, die für mich kochte, mir gute Ratschläge gab und mich immer wieder ansporne, kreativ zu sein. Sie hatte keine Kinder. Ich glaube, sie fürchtete sich vor den Schmerzen bei der Geburt. Doch sie selbst war eine typische Mutterfigur, eine Art Kindmutter. Sie steckte voller Geheimnisse, besaß einen umwerfenden Humor, Witz und eine bewundernswerte Ausgelassenheit, doch hinter alldem verbarg sich eine strenge Moralistin. Ihre Gefühle waren eine unablässige Quälerei. Sie [vermutete], ihr Liebesleben sei ein einziges Chaos. Nichts in ihrem Leben war einfach.«[ALO] Und ein Freund in Tanger merkte bei Gelegenheit an: »Jane schillerte. Sie sandte beständig unterschiedliche Lichtstrahlen, Schimmer, Blinkeffekte aus, als sei sie ein Prisma. Sie konnte unbeschreiblich *glamorous* wirken und im nächsten Moment wie die ärgste, gewöhnlichste Hausfrau aller Zeiten.«[MG*] Eine weniger schmeichelhafte Einschätzung, gegen die sie sich wohl resolut verwahrt hätte.

Irving Penn photographierte 1947 das Dreiergespann Paul-Jane-Oliver, damals in aller Munde, auf dem Höhepunkt kollektiver Aktivitäten, mit einem eindringlichen Gruppenbild in bemerkenswerten Posen. Die drei Freunde sind sitzend um einen mit dunklem Stoff verhängten, kleinen runden Tisch plaziert, Smith links isoliert, perfekt frisiert im Maßanzug, eine Inkarnation von Eleganz mit langen, schönen Händen. Er hat einen Ellenbogen aufgestützt, hält sich gerade. Rechts an der anderen Tischkurve unser Paar, geduckt fast und vorgebeugt, eng aneinander gekauert, ihre Unterarme kompliziert ineinander verschränkt. Nicht Innigkeit geht von ihnen aus, sie scheinen eher aneinandergekettet. Der Gesichtsausdruck der drei, die exakt die Bildmitte einnehmen und von Penn in vollkommener Symmetrie auf das Rechteck verteilt sind, ist ernst, ja bedrückt. Die Bowleses starren in die Kamera, Jane wie leblos, Paul prüfend und angestrengt, Oliver schaut diagonal über den Blickwinkel des Photographen hinaus. Die Aufnahme wirkt, als müßten sich zwei hilflose Eltern vor ihrem schönen, über sie hinausgewachsenen Sohn verkriechen und in acht nehmen. War Smith für sie so etwas wie ein Kindersatz oder, ganz im Gegensatz, ein sie einschüchternder, sie bevormundender Bruder? Schämten sie sich für irgendeine Verfehlung?

Zum Thema Kinderlosigkeit ließ sich auch Paul vernehmen. »Ich bin allerdings gegen das Kinderkriegen, gegen die Reproduktion. Ich vermute, das klingt alles etwas exzentrisch. Ich habe meine Haltung zu diesem Problem analysiert: Ich will einfach nichts damit zu tun haben, das ist alles. Ein Kind in die Welt zu setzen, ist eine Verantwortung, die ich nicht übernehmen wollte, das war mir schon sehr früh klar. Sicherlich hat meine neuenglische Erziehung viel damit zu tun. Aber ich lehne Sexualität deshalb so sehr ab, weil sie Teil der Reproduktion ist. Das ist alles grauenvoll, von Anfang bis Ende. – Gefühle lehne ich nicht ab. Ich mag keine Sentimentalität, aber das ist etwas anderes. Ich hatte sehr gute Freunde, ich bin nicht verrückt. Und außerdem, man kann Gefühle überhaupt nicht vermeiden, selbst wenn man es will. Es gibt jedenfalls nichts Schwierigeres, als Liebe zu definieren.«[PB/TNG] Eine kinderfeindliche Aussage, eine selbstsüchtige Definition? Nein, eher der Beschreibungsversuch eines Status Quo, der erst wieder in New York funktionierte und auch dann täglich neu festgezurrt werden mußte. Nach Eskapaden, nach Isolationsversuchen in Mexiko, Jamaika, Kuba; vor dem Ausweichmanöver, für immer nach Tanger zu gehen. Ehe, Liebe, gegenseitige Beaufsichtigung, neurotische Katz- und-Maus-Spiele – dieses eng verflochtene Netz von Emotionen zog sich immer dichter um beide zusammen, gab keinen Spielraum mehr frei. Darin war kein Platz für Nachkommenschaft, zumal beide nicht an das obsolet gewordene Prinzip »Erziehung« glaubten. Das eheliche Tauziehen wurde also nicht auf dem Rücken von Kleinkindern ausgetragen, sondern vollzog sich auf anderen Ebenen: auf der des perpetuellen Wohnexperimentes (Hotel, Hacienda, Wohngemeinschaft, Kommune; zu zweit, zu dritt, zu viert, zu zehnt) und auf der der Integrationsfähigkeit von Nebenbuhlern (auch Paul wurde dahingehend bald fündig). Hier konnte man einander weit wirkungsvoller »befruchten«.

Dieses Duo, das sich weigerte, Babies in die Welt zu setzen, widersetzte sich zeitlebens dem Standard von trauter Kleinfamilie und beschaulichem Mikrokosmos. Die Zukunft von Jane und Paul, das spürten sie selbst am deutlichsten, lag nicht in der Fortpflanzung, sondern in ihrer eigenen Fortentwicklung: Neue Projekte, neue Werke, neue Persönlichkeiten, neue Länder steckten schon in den Startlöchern, streckten die Hände nach ihnen aus. Und wer es wagen sollte, sie auf Seßhaftigkeit festzulegen, wer davon ausging, sie würden sich bald zur Ruhe setzen, dem zeigten sie die Krallen. Gaben sich kratzbürstig, launisch, als geschlossene Front. Als ein außer Rand und Band geratenes Haustierpärchen. Die Bowleses fraßen sich durch den Käfig mittelständischer Durchschnittlichkeit, erwiesen sich als nicht domestizierbar. Sie hatten auch noch andere Tricks auf Lager. Um die Leute auf den Hotelfluren zu schockieren, produzierten sie sich beispielsweise mit dem Verführungsspiel: »Eine Menge Lärm gehörte dazu, und irgendwann schrie Jane: ›Das wirst du mir büßen! Du hast meine Gebärmutter ruiniert!‹ Plötzlich verstummten beide und starrten sich nur an. Sie hatten die offenen Lüftungsgitter [und damit die beträchtliche Reichweite ihrer vorgegaukelten Balzereien wie simulierten Schimpfkanonaden] vergessen.«[ALO] Solche rein virtuellen Sexszenen stellten eine mögliche Erklärungshilfe bereit, warum Jane, die von ihrem Ehemann seit Jahren nicht mehr angerührt worden war, partout nicht schwanger werden wollte...

Nur vor anderen Individualisten und Paaren, die einem ähnlich unkonventionellen *lifestyle* anhingen, ließ sich die Illusion, daß doch alles im Lot war, noch aufrechterhalten. In deren Gegenwart – die Anwesenden waren »nur auf bewunderndes Publikum« reduziert – avancierten sie zu schrägen, ulkigen Ausstellungsgegenständen. »Paul und ich passen so schlecht zusammen, daß wir eigentlich längst in ein Museum gehören«, prahlte Jane, hier ein Narziß mit stolzgeschwellter Brust. Dasselbe Paar, ein Modell der Widersprüchlichkeit, brachte es fertig, am Ende eines Restaurantbesuchs mit Freunden die Rechnung fein säuberlich bis ins letzte Detail aufzusplitten, Posten für Posten durchzugehen und nur für das aufzukommen, was sie jeweils auch wirklich verzehrt hatten. Jeder Cent wurde umgedreht, die Auflistung jedes einzelnen Mineralwassers überprüft. Pingelig und knauserig bis zur Erbarmungslosigkeit. Zuletzt zahlte dann auch noch jeder Ehepartner für sich – denn Paul hatte schon seit geraumer Zeit auf getrennten Konten bestanden. Kein Extradollar ging an Jane, nicht einmal als Abfallprodukt sporadischer Galanterie. Es war, als hätten sie es förmlich darauf angelegt, ein Musterbeispiel der Uneinheitlichkeit abzugeben. Als betrieben sie soziologische Studien mit sich selbst.

»Beide waren witzig, phantasievoll, extrem – vielleicht übertrieben? – kultiviert. Sie waren geistreich, sie konnten sich ausdrücken; sie hatten die merkwürdigsten Theorien über eine ganze Reihe verrückter Themen. Im Vergleich mit ihnen fühlte sich [ein Außenstehender] zuweilen so unbeholfen wie ein Bernhardiner in Gesellschaft von zwei exquisiten, durch und durch von sich überzeugten Siamkatzen« – so Gordon Sager, des Lobes voll, in *Run Sheep Run*. Auffallend auch hier, daß die Tier-Metaphorik wieder einmal herhalten mußte, um ein gutes Porträt der Bowleses abliefern zu können.

Beanspruchten gleichfalls kinderlose Exzentriker wie die Surrealisten Gala und Salvador hingegen das von ihnen ersonnene Papageienspiel, dann bröckelte die Fassade wie nach einem Erdrutsch. Paul und Jane trauten ihren Ohren nicht, als ihnen die Dalís einen überlebensgroßen Spiegel vorhielten und ihnen – gewiß ohne Hintergedanken – ihre Teresa-and-Bupple-Nummer wegnahmen: »Gala«, so berichtete der indignierte Paul, »war an diesem Abend [ein Diner bei den Askews] besonders aufgedreht. Ganz gleich, worüber wir sprachen, immer brachte sie in genialer Weise das Thema auf ihre *idée fixe* zurück, nämlich, daß ich einen großen Vogelkäfig kaufen, sie darin einsperren, füttern und ihr etwas vorpfeifen sollte. ›Je veux être votre perroquet‹ [‹Ich will Ihr Papagei sein›], sagte sie und richtete ihre erschreckend scharfen Augen auf mich.«[WSR] Gala als Paul, Paul als Jane – verkehrte Welt! Da half es auch nichts, wenn Salvador mit der Anekdote eines kleinen Mädchens aus den Schweizer Alpen konterte, das, im Schneesturm halberfroren, von einem Bernhardiner gefunden, aber nicht gerettet, sondern kurzerhand aufgefressen wurde. »C'est beau«, soll Dalí zu allem Überfluß noch hinzugefügt haben. Die Bowleses konnten ihm da gar nicht beipflichten. Sie hatten genug von der surrealistischen Fauna und sehnten sich danach, ihren Privatzoo jenseits des Ozeans wiederaufzubauen. In Tanger. Wo man mit Bernhardinern, Siamkatzen und Budupples noch mächtig Eindruck schinden konnte.

Ein Jahrzehnt ergiebiger Wohnexperimente liegt hinter ihnen – mit New York als Fixpunkt und Mittelamerika als vorübergehender Ankerstelle. Eine Hacienda in viertausend Meter Höhe im mexikanischen Jajalpa, aus der Paul höhenkrank flieht: Die Luft wird ihm buchstäblich zu dünn. Strandhäuschen in Acapulco mit Palmenterrassen und Hängematten direkt am Ozean, in denen sich Jane zu Tode langweilt. Die Enklave der Woodrow Road auf Staten Island, in der sich Jane mit Gleichgesinnten besinnungslos vollaufen läßt, und in der für Paul nicht mehr ans Arbeiten zu denken ist. Dazwischen immer mal wieder: das Kiesler-Studio; ein Atelier in Brooklyn; das Chelsea-Hotel; Penthäuser. Ein *country home* in Watkins Glen, das zum Besitz des Bowles-Clans gehört. Fiestas in Tehuantepec; idyllische Wochen in Fortín; Meditationen am Kraterrand des Vulkans Paricutín; eine einsame Hütte, abgelegen am Rande einer Schlucht, zu der sich Paul täglich mehrfach mit einem Pferd auf den Weg macht. Weit ab vom Schuß ist er selig. Einstweilen wenigstens.

Streifzüge durch Guadalajara und Manzanillo. Helvetias Sommerfrische in Vermont – die Ehefrau ohne Begleitung. Guatemala, El Salvador, Jamaika und Kuba – der Ehemann ohne Begleitung. Und, mit unausweichlicher Regelmäßigkeit, langwierige Aufenthalte in Taxco.

Taxco, die ehemalige Silberminenstadt südlich von Mexico City, ist mit ihrer Lebenskünstler-Kolonie aus anglophonen *expatriates*, wohlhabenden Kriegsflüchtlingen und von Familienrenten zehrenden Bummlern so ganz nach Janes Geschmack, und wird von Paul, aber auch von Nora, Helvetia Perkins' Tochter, aus ganzem Herzen verabscheut. Taxco verkörpert für die sich so sehr nach Geselligkeit sehnende Jane schon ein wenig die Struktur von Tanger – ein gesellschaftlich anregender Mikrokosmos, angereichert durch ein paar folkloristisch-exotische Tupfer, in angenehmem Klima, mit möglichst wenig Berührungspunkten zur einheimischen Bevölkerung. Eine Kunstwelt. Das maritime Acapulco wird zu Pauls Bastion, Jane regiert in den Bergen von Taxco. Als Faustregel gilt: Je stärker das Ablenkungspotential einer Stadt oder einer Unterkunft, desto schneller wird Paul danach trachten, sich abzuseilen. Nach einer gewissen Unabhängigkeitsphase wird Jane ungeduldig werden, nervös und rastlos, und ihm schließlich nachreisen. Oder Paul, von Arbeit eingedeckt, hält es vor Einsamkeit nicht mehr aus und wird Jane, wider besseres Wissen, an einen dritten Ort nachfolgen, den er anderntags bereits wieder verfluchen muß. Theateragenten setzen ihnen die Pistole auf die Brust, wenn ein Termin drängt; sie hetzen mehr, als daß sie existieren, verstrickt in eine maßlose, ununterbrochene Verfolgungsjagd, bei der sie füreinander Haken schlagen. Lebt man dann tageweise in derselben Stadt, trifft man sich nur für ein Essen oder zwei, verbringt den Rest der Zeit aber mit Oliver, Mary, Boo, Helvetia, John oder durchziehenden Prominenten. Geht man dagegen auf eine karrierefördernde oder gesellschaftlich »wichtige« Party, ist die Einheit des Paares binnen Sekunden wiederhergestellt und gibt, so hermetisch wie glamourös, unbedarfteren Zaungästen Rätsel auf.

Paul rächt sich für Liebesentzug mit Krankheiten – kleineren Wehwehchen, gravierenden Eingriffen und schlimmer Bettlägerigkeit. Vertigo, Schwindelgefühle und Schwächeanfälle, Höhenkrankheit und Ohrensausen, Gelbsucht und Darmentzündungen, erneut einem Tumor am Kiefer, Leberversagen und dem Entfernen der Mandeln. Bevorzugt schlägt ihm seine Gesundheit immer dort ein Schnippchen, wo Mangel an vernünftiger ärztlicher Versorgung herrscht. Jane eilt stets an seine Seite, wenn es gilt, die aufopfernde Krankenschwester zu spielen. Auf ihre Florence-Nightingale-Qualitäten ist Verlaß; Bowles ist gerührt, läßt sich pflegen und lernt die seltene Eintracht zu schätzen. Beide werden auch zu Experten darin, die Anwesenheit von Nebenbuhlern zu ertragen. Denn während des stürmischen Dauerflirts zwischen Jane und Helvetia sind gleich zwei Rivalen in Pauls Leben getreten. An erster Stelle steht Peggy Glanville-Hicks, eine Komponistin, Theoretikerin und musikalisch beschlagene intellektuelle Kollegin, der Jane nicht einmal ansatzweise das Wasser reichen kann. Aus dieser Domäne ist und bleibt sie ausgeschlossen. Mit Peggy verbringt Paul mehr und mehr Zeit, führt eine witzige, detaillierte, fachlich stimulierende Korrespondenz. Sie wird seine »beste Freundin«. Daß sie in ihrer Ehe von Gewaltausbrüchen ihres Mannes nicht verschont bleibt, schweißt sie und Paul noch stärker zusammen, der sich auf anderer Ebene vernachlässigt fühlt. Jane beäugt die für Paul so wichtige Freundschaft zu Glanville-Hicks mit unverhohlenem Mißtrauen.

An zweiter Stelle steht Antonio Álvarez, der Maler, der wieder einmal durch Vermittlung von Oliver Smith in ihrer beider Leben getreten ist. Photos zeigen Antonio und Paul, verschmitzt und einträchtig lächelnd, im gleichen Overall vor einem Haus in Mexiko. Mehr als nur Gefährten? Als Antonio im Mai 1942 von einer akuten Depression heimgesucht wird und mit einer überhöhten Medikamentendosis seinem Leben ein Ende zu setzen versucht, ist Pauls warmherzige Anteilnahme an seinem Schicksal unübersehbar. Der Selbstmordversuch schlägt fehl, aber daß Álvarez' Arm zeitweise Lähmungserscheinungen aufweist, kann Paul kaum ertragen. Er schleppt den Genesenden mit nach New York, damit er sich frischen Wind um die Nase wehen läßt. Daß Jane fast zur selben Zeit am Abgrund steht, obwohl gerade ihr Manuskript von *Two Serious Ladies* von Knopf zur Veröffentlichung angenommen worden ist, daß sie sich die Pulsadern aufritzt und eine Selbsttötung erwägt, entgeht dem abgelenkten Gatten pikanterweise völlig. Erst Monate später wird sie ihn davon in Kenntnis setzen. Auch ihr Attentat auf sich selbst ist aber, Gott sei Dank, gescheitert.

Ein Anfall von Zorn auf Helvetia ist der Anlaß dafür gewesen, Hand an sich zu legen. Denn auch im Verhältnis der beiden Frauen verläuft nicht immer alles reibungslos, Jane leidet unter den Spannungen und Aufregungen, gibt sich verwundbar. Erst in den erhitzten Wechselreden ihres Marionettenspiels *A Quarreling Pair*, wo die Schwester-Puppen Harriet und Rhoda sich Gemeinheiten und Vorwürfe an den Kopf werfen, um alsbald wieder ihrer unverbrüchlichen Liebe zueinander nachzutrauern, sollte Jane die Autoritätskonflikte mit Helvetia künstlerisch bewältigen lernen: »Geschwisterliebe ist eine der wenigen Wohltaten in diesem Leben« (wobei der Begriff »Geschwister« hier eine beliebige, durch andere Beziehungsformen ersetzbare Variante darstellt), verkündet darin die eine der beiden »Nervensägen«, worauf die andere höhnt: »Jetzt reicht's aber mit dem Übertreiben.« Selbstmorddrohungen sind gewiß kein Allheilmittel gegen Krisen und Störungen (Jane), ebensowenig wie chronische Hypochondrie zur innerehelichen Revanche taugt (Paul). Er jedenfalls hat allen Grund, nicht an der Ernsthaftigkeit von Janes Versuch zu zweifeln, sich fernab seiner Aufsicht mal eben umzubringen – und sei es einer Lappalie wegen.

Ein einziges Mal kommt der Bowles'sche Wanderzirkus dann doch zur Ruhe – 1941 in der legendären Wohngemeinschaft der Middagh Street zu Brooklyn. Hier, im Haus Nr. 7, hatte der schwule Romanautor und Zeitschriftenpublizist George Davis, künftiger Ehemann der Exil-Diseuse Lotte Lenya, unter finanzieller Hilfe von Lincoln Kirstein das Experiment der Künstlerkommune ausgerufen. Eine Nische der Avantgarde, ein Nest alternativer Lebensformen. Als die Bowleses – hier das einzige Ehepaar unter lauter Homosexuellen – einziehen, bekommen sie ein Obergeschoß zugeteilt, wobei sich auch Oliver Smith ihnen zugesellt; im Erdgeschoß haust Davis selbst, das englische Musikerpaar Benjamin Britten und Peter Pears samt dem britischen Dichter Wystan Hugh Auden wohnt als Männer-WG *avant la lettre* über ihnen, Thomas Manns Sohn Golo kommt in der Dachetage unter. In den Gemeinschaftsräumen geht es zu wie in einem Taubenschlag, Gäste kommen und gehen, ungebetene wie willkommene, Neugierige schauen zur Tür herein. In allen Winkeln entsteht Kunst, Dichtung, Musik.

Das asynchrone Klavierspiel der Herren Komponisten Britten und Bowles an zwei Instrumenten führt zu einer bis dahin in der Musikgeschichte unbekannten Form willkürlicher Polytonalität, das stereophone Geklimper der beiden Tastenlöwen geht nicht ohne Reibereien ab; in Küche und Eßraum tauscht man sich aus, verbreitet nach Kräften *gossip*. Davis zahlt die Miete, aber der Lyriker Auden, mit natürlicher Autorität gesegnet, treibt sie unter den Nutznießern und Paradiesvögeln, standesgemäß knapp bei Kasse, rigoros ein. Auden sorgt auch dafür, daß in allen Räumen Disziplin waltet, gemeinsame Mahlzeiten eingehalten, konfliktreiche Diskussionen vermieden werden. Wie durch Magie ordnen sich all diese empfindlichen Künstlernaturen Audens Machtworten unter.

Und Jane erlebt unter Wystans Fuchtel die Wonnen der Unterwerfung. Sie, die in Taxco oder Staten Island nicht vor dem frühen Nachmittag wie gerädert aus dem Bett kriecht, steht vor Auden schon in aller Herrgottsfrühe stramm, nur um seine von ihm diktierten neuesten poetischen Ergüsse festzuhalten und abzutippen. Wenn sie auch mit ihren eigenen Werken nur im Schneckentempo vorankommt, als flinke Sekretärin ihres neuen Gebieters kann sie von ihren ungeahnten Fähigkeiten Gebrauch machen und Geschwindigkeit trainieren. Paul, der mit Auden weder politisch noch ästhetisch so richtig warm wird, reibt sich schlaftrunken ungläubig die Augen, wenn er morgens um halb sieben Janes Schreibmaschine klappern hört. Als auch noch Erika Mann, ihre alte Bekannte und Wystans Gattin, sich für ein Intermezzo in der Middagh Street niederläßt, kommen gleich zwei lesbisch-schwule Ehepaare miteinander in Berührung. So etwas kommt bei den vier Beteiligten nicht alle Tage vor. Und Erika und Jane haben, wie Paul säuerlich feststellt, in jenen Wochen »viel zu besprechen«.

Selten geht es jedoch so harmonisch zu wie hier in Brooklyn Heights, einem »Inbegriff der Gemütlichkeit«, die sich nur noch monatsweise in ihrer ›Dauer‹-Unterkunft in der West 10. Straße 28 wiederherstellen ließ, mit Helvetia und Oliver Smith als bewährten Hausgemeinschafts-Genossen. Da, von 1945 an, sind sie schon richtige Routiniers des kollektiven Lebens, unverbesserliche Vagabunden und Veteranen des von ihnen miterfundenen »freien Wohnens«, eine Zeit mit Augenblicken echter Zufriedenheit. Jane und Paul schnappen sich eine Kamera, die gute alte Voigtländer, die ihnen seit Beginn der Flitterwochen als *black box* ihrer Zweisamkeit dient, und steigen im Sommer 1946 hier in der zehnten Straße aufs Häuserdach. Sie knipsen sich gegenseitig im grellen Mittagslicht, halten ihre gegenwärtige Befindlichkeit fest und ziehen einen feinen Schlußstrich unter dieses wildbewegte Jahrzehnt. Gewinnen für einen Moment Distanz zu ihrem labyrinthischen Dasein. Wir heutigen Betrachter sehen beide, jeden für sich allein, in Sommerkluft vor wenig spektakulären Hintergründen, *brownstone buildings*, Geranientöpfen, Schlagschatten, Wohnblöcken, leeren Flachdächern. Paul im smarten Leinenanzug mit weißem Einstecktuch und Schlips, Jane burschikos in gebügelter Bluse und Hosenrock. Er dreht auf allen Aufnahmen unwirsch den Kopf weg, wendet seine jungenhafte Lockenpracht ins Profil; sie läßt sich die Sonne über Manhattan direkt aufs Gesicht scheinen, ist gezwungen zu blinzeln. Ihr aufgedunsenes Gesicht ist vom Trinken deutlich gezeichnet, mit einer Hand stützt sie sich am Boden ab. Noch keine dreißig ist sie und wirkt doch älter und abgekämpfter als er, dem man die Anstrengungen des Musikbetriebes kaum anzusehen vermag.

Dies sind noch nicht die auratischen Doppelporträts der frühen Tanger-Jahre, wo Gleichklang, Gleichwertigkeit und Gleichberechtigung als Intentionen der Starphotographen mit dem Bild übereinstimmen, daß die beiden sich vorsätzlich in Szene gesetzt wissen wollen. Freunde oder Feinde, Verbündete oder Kontrahenten? Abgeklärt erscheinen sie allemal. Voneinander lassen können und wollen sie nicht. Die Probezeit scheint abgelaufen, sie kennen sich mittlerweile in- und auswendig. Ihre Zuneigung zueinander, ihre Innigkeit ist von närrischer, ja unwahrscheinlicher Ausdauer; beide haben sich mit einem Schutzpanzer versehen, sind dickfelliger geworden.

In Pauls später Erzählung *The Time of Friendship* von 1962 ist von der fragilen Kontaktaufnahme zwischen zwei einander nahen und doch auf ewig unverständlich bleibenden Individuen die Rede, dem alleinstehenden, ältlichen schweizer Fräulein Windling und dem halbwüchsigen Eingeborenen Slimane. In der Einsamkeit der nordafrikanischen Wüste entsteht ein tastender, jederzeit gefährdeter Balanceakt; zwei Menschen lassen sich von der Wesensart ihres Gegenübers in Besitz nehmen, verlieben sich ohne Eingeständnis. Eroberungen wechseln mit Enttäuschungen, zärtliche Gesten mit schroffer Abwehr. Es entstehen kleine und große Momentaufnahmen des Glücks, von Bowles mit souveräner Hand nur angedeutet, doch die Gewißheit um die Unmöglichkeit einer länger andauernden »Zeit der Freundschaft« zeichnet sich mahnend am Horizont ab. Am Ende der Geschichte setzt sich ein Zug in Bewegung. Er entführt die alte Dame, von den Autoritäten des Landes zur Abfahrt genötigt, aus ihrer geliebten Fremde, entreißt ihr einen jungen Mann, den sie eben erst zu durchschauen glaubte. Ein schmerzlicher Verlust – doch das Brückenbauen selbst, die verzweifelte Sinnlosigkeit des Unterfangens, zwischen zwei grundverschiedenen Menschen eine Art Übereinkunft herstellen zu wollen, erweist sich schon als illusorischer Wahn. »Wenn Sie wieder in Ihrem Land sind und an mich denken«, appelliert der Junge, der die Abreise seiner autoritären Freundin als Verrat empfindet, an das Fräulein, »[dann] werden Sie nicht froh sein. Das stimmt, nicht wahr?« Und die mit ihren Gefühlen kämpfende Schweizerin, die mit dieser Trennung auch den letzten Halt ihres fast abgeschlossenen Lebens verloren hat und mit ihren Gefühlen kämpft, kann nicht umhin, einzugestehen: »Ich werde sehr traurig sein.«

An irgendeinem Tag im Frühling 1947 ist für Paul dann der Punkt erreicht, an dem er sich müde und ausgebrannt vorkommt. An dem die geistige Obdachlosigkeit, unter der er trotz seines ausgefüllten Tagespensums leidet, überhand nimmt, ihn anwidert und lähmt. Das Versteckspiel vor sich selbst und vor Jane zwischen Taxco und Manhattan hat er ebenso satt wie die Kompositionsaufträge und die Musikkritik-Spalte, die ihm ein Auskommen ermöglichen, ihn aber innerlich unbefriedigt lassen. Er träumt von Tanger, das er wie eine stolze, verläßliche Geliebte zurückgelassen hat, und das, so wollen es seine wiederkehrenden, langen, schönen Träume, auf ihn warten wird, sobald er sich dahin aufmacht. Er möchte seinen ersten Roman schreiben und davon leben können. Nicht länger nur Musik für andere.

Bei einer Busfahrt stadtaufwärts durch New York, zwischen Fifth Avenue und Madison Square, kommt ihm die Grundidee für seinen Erstling. Den Titel dafür liefert ein Song, ein Ohrwurm, der ihn, seit er in den Kinderjahren des Ersten Weltkriegs im Bootshaus von Glenora von ihm befallen wurde, nicht mehr in Frieden gelassen hat und in ihm weiterbohrt. Das Lied von den im Tropenwind schwankenden *Sheltering Palms*, den schutzbietenden Palmen. Die Struktur von Handlung und *message* verfestigt sich in seinem Kopf. Er verschafft sich einen Buchvertrag und einen Vorschuß, um das Projekt unverzüglich in Angriff zu nehmen. Gordon Sager geht mit ihm an Bord. Die Entscheidung, nach Afrika aufzubrechen, fällt er bezeichnenderweise allein, ohne Absprache mit Jane. »Nordafrika hatte für mich schon lange eine märchenhafte Aura angenommen; die Tatsache, daß ich beschlossen hatte, zurückzugehen, machte es wirklicher und erweckte Hunderte von vergessenen kleinen

Szenen zum Leben, die jetzt ganz von selbst in mein Bewußtsein einströmten.«^WSR

Beinahe verpaßt er die Abfahrt des Dampfers – sein bereits herausgesuchter Reisepaß ist plötzlich verschwunden. Nach fieberhafter Suche findet er ihn, als die Schiffssirene schon vernehmlich tutet, zuunterst in einer Schublade mit Unterwäsche. Jane muß ihn versteckt haben. Sie streitet den Sabotageakt gar nicht erst ab, schwankt, als er sie zur Rede stellt, zwischen Lachen und Weinen. Sie weiß, daß er weiß, daß sie nicht möchte, daß er fährt. Sie ahnt auch: Dies wird ein Abschied für immer. Von einer Welt, die sie mehrheitlich vorgegeben und noch in Ansätzen zu kontrollieren vermocht hat. Eine Zäsur. Was jetzt folgen wird, entzieht sich ihrem Zugriff. Paul dreht den Spieß um. »Ich verließ die Wohnung, als verreiste ich nur übers Wochenende«, bekennt er und fügt ehrlich hinzu: »Ein abwegiger Gedanke, wie sich bald herausstellen sollte.«

Paul nimmt Reißaus, taucht ab. Jane verschanzt sich erst einmal bei Freundinnen auf dem Land. Im Zweifelsfall kann sie ja auch noch ihren eigenen Ausweis beseitigen. Obwohl sie felsenfest behauptet, beim flüchtigen Blick in Pauls Dokument in der Tiefe des Wäscheschrankes habe sie ihr eigenes Paßphoto zu erkennen geglaubt – eine »Verwechslung«, die tief blicken läßt.

Pages from Cold Point, der zynische Abschied von der zynischen Moral des Westens, entsteht, während er sein und Janes Leben von Grund auf umkrempelt, wie nebenbei, auf dem Oberdeck des Schiffes. Jede Überfahrt bringt von nun an eine Novelle hervor. Die »Ferncape« fährt den ganzen Juli hindurch gen Osten. Die erste Station der beiden Männer ist Fez. Bald gehen Bowles und Sager getrennte Wege. Auf Schritt und Tritt begegnen Paul Figuren aus seinem Roman. Absonderliche Gestalten, wie das Leben sie schreibt. Er braucht sie nur noch seinem Notizbuch einzuverleiben, ihre Namen zu verändern, und schon finden sie sich auf den Manuskriptseiten wieder. Und als Bowles wieder in Tanger angekommen ist und seinen Blick über den Alten Berg schweifen läßt, wo er sich mit Copland einst an verstimmten Pianos abmühte, läßt er sich in einem Bungalow nieder. Heimatliche Empfindungen wallen in ihm auf. Als erstes kauft er sich – einen Papagei. Ein kicherndes Exemplar vom Amazonas namens Babarhio. Kein Klavier.

Er schreibt Jane einen Brief, den ersten von vielen. Auf Marokko sei eben doch Verlaß. Es sei noch genauso, wie er es in Erinnerung hätte. Sie solle so bald wie möglich nachkommen. Denn wieder einmal, so vertraut er nur seinen Memoiren an, ist ihm der »immense Unterschied« zwischen einem Zimmer *mit* Papagei und *ohne* Papagei klargeworden. Allein, ohne ihn, ohne sie, geht es einfach nicht.

5

Dreams That Money Can Buy
Das Weite suchen – und finden

Sollte ich mehr als ein paar Tage irgendwo anders hinfahren,
würde ich Dir auf alle Fälle eine Adresse geben!
Deine Briefe klingen manchmal so,
als sei *ich* diejenige, die in der Wildnis verschwindet
und unerreichbar ist, und nicht Du.
Aber das ist typisch für Dich…
Ich bin dick und bei bester Gesundheit,
wenn auch überhaupt nicht zufrieden.
Du fehlst mir wirklich sehr;
manchmal frage ich mich,
wie wir uns bei all den Entfernungen jemals wiedersehen sollen.
Ich fühle mich ziemlich heimatlos,
und doch denke ich, daß es trotz allem vielleicht besser wäre,
wenn ich nicht nach Afrika käme.
Ich bin nicht allzu besorgt oder traurig, solange ich von Dir höre,
denn ich weiß, entweder bist Du plötzlich auf dem Weg hierher
oder ich komme einfach zu Dir.

Jane in einem Brief an Paul aus Connecticut
vom August 1947[GMG]

Ich habe herausgefunden,
daß ich immer am glücklichsten an einem Ort bin,
an dem ich nie zuvor gewesen bin – und über den ich nichts weiß.
Sich erneut an denselben Ort zu begeben, daran ist absolut nichts.
Ob er sich verändert hat oder nicht, es ist nicht mehr dasselbe…
Ich kann nicht gerade sagen,
daß Deine Beschreibung von New York
einen Wunsch in mir ausgelöst hat, dort zu sein.
Denn ich habe es nie anders gekannt als unerträglich,
ganz egal, wer auch immer die *dinner parties* gegeben hat.
Vielleicht bin ich auch einfach immer nur zu den falschen eingeladen worden,
aber mein Verdacht geht eher dahin,
daß stattdessen *ich* dort immer die falsche Person gewesen bin.
Wie Du nur allzu gut weißt,
habe ich mich noch nie als Teil irgendeines Ortes gefühlt,
an dem ich mich aufgehalten habe, und ich erwarte es auch nicht.
Aber ganz selbstverständlich, je weniger Leute an einem Ort sind
und je weniger dort passiert, desto weniger wird mir bewußt,
was mir da direkt vor meiner Nase entgeht.
Deswegen schätze ich ja auch die allerschwierigsten Orte…

Paul in einem Brief aus Tanger an Charles-Henri Ford
vom November 1947[INT*]

Dem dritten Großabschnitt seines ersten und erfolgreichsten Romans *The Sheltering Sky* hatte Paul ein philosophisches Motto von Kafka vorangestellt. Jenem Autor, dessen zermürbend-grüblerischer Sprachwelt und sich im Kreise drehender, niederschmetternder Ausweglosigkeit Jane in ihren Schriften und Briefen nacheiferte: »An einem gewissen Punkt angelangt, gibt es kein Zurück mehr. Das ist der Punkt, der erreicht werden muß.« Wie weit aber muß man gehen, wie alt muß man werden, welchen hinderlichen Ballast im Leben abgeworfen haben, um im Brustton der Überzeugung sagen zu können, man sei an jenem kafkaesken Punkt angelangt? Paul war Ende dreißig und ein vielseitig einsetzbares künstlerisches Faktotum, als er mit schlichter Genugtuung konstatieren konnte: »Tanger war windzerzaust und blau.« Er sah die *dream city*, das Land Marokko, den Kontinent Afrika nunmehr mit ganz anderen Augen – als unverrückbaren Mittelpunkt einer dauerhaften, ja lebenslangen Ansiedlung außerhalb der ihm prädestinierten Welt. Ein Widerspruch in sich dabei war, daß er, der geborene Nomade, mit fortschreitendem Alter nun seine Reisetätigkeit etwas drosseln und nicht mehr ganz so sprunghaft und ruhelos über den Globus ziehen würde. Die Kunst der formvollendeten, so ziellosen wie unvoreingenommenen Durchquerung der Kontinente hatte er dabei im Laufe der Jahre bis zur Perfektion vorangetrieben. »Er hielt sich nämlich«, so legte Paul seinem neuen Protagonisten Port Moresby, dem Anti-Helden des *Himmel*-Romans, in den Mund, »nicht für einen Touristen, sondern für einen Reisenden. Der Unterschied liege in der Zeit, pflegte er zu sagen. Während der Tourist gewöhnlich nach einigen Wochen oder Monaten nach Hause dränge, bewege sich der Reisende, der keinem Ort zugehöre, langsam, jahrelang, von einem Erdteil zum anderen.

Tatsächlich wäre es ihm schwergefallen zu sagen, an welchem der vielen Orte, an denen er gelebt hatte, er sich am meisten zu Hause fühlte. ... Und sie [Kit, seine Frau] hatte ihn stets begleitet, ohne ihre Beschwerden zu oft und mit zuviel Bitterkeit aufzuzählen. Jetzt hatten sie den Atlantik zum erstenmal seit 1939 wieder überquert.«[TSS] Ein beinahe deckungsgleiches Selbstporträt, selbst die Fakten stimmten – mit dem entscheidenden Unterschied, daß Jane sich noch ein Dreivierteljahr Zeit lassen würde, bis ihr vollends klar wurde, wie unumstößlich Paul ihre beiden Schicksale dominierte. Bis sie »Beschwerden« und »Bitterkeit« hintanstellte. Bis sie einsah, daß es an ihr war, den genannten Punkt mit Vorsatz zu erreichen, notfalls, indem sie über ihren Schatten sprang.

Ports (und damit auch Pauls) Absicht, so fährt der allwissende Erzähler fort, bestand darin, »den Orten, die vom [Welt-]Krieg berührt worden waren, so fern wie möglich zu bleiben. Denn, so behauptete er, ein weiterer, wichtiger Unterschied zwischen Touristen und Reisenden sei der, daß ersterer seine eigene Zivilisation akzeptierte, ohne an ihr zu zweifeln. Nicht so der Reisende, der sie mit anderen Zivilisationen vergleiche und Elemente ablehne, die nicht nach seinem Geschmack seien. Und der Krieg war einer der Auswüchse des technischen Zeitalters, die er zu vergessen wünschte.«[TSS] Schon ein Jahrzehnt zuvor, als Bowles seine erste Erzählung *Tea on the Mountain* schrieb, hatte er seine Wunschvorstellung, von materiellen Zwängen befreit ungehindert in Marokko seiner Schreibleidenschaft nachgehen und seiner Weltflucht huldigen zu können, vorausgeahnt und damals (1939) seine Protagonistin, einen weiblichen Literaten, mit eben denjenigen Wohltaten ausgestattet, von denen er nun (1947) selbst profitierte: »Die Post hatte ihr am Morgen einen großen Vorschuß von ihrem Verleger gebracht. Zumindest erschien er ihr groß hier in der Internationalen Zone, wo das Leben billig war. Sie hatte den Brief am Tisch des Straßencafés gegenüber vom Spanischen Postamt geöffnet. Durch das Gefühl, das sie beim Anblick der Ziffern auf dem Scheck überkam, wurde sie unversehens großzügig den Bettlern gegenüber, die ständig vorbeigingen. Später legte sich die Erregung. ... Obgleich sie jeden Tag regelmäßig an ihrem Roman arbeitete, mußte sie sich eingestehen, daß sie manchmal einsam war.«[PB/GE1]

Genauso war es eingetroffen – man ersetze lediglich »sie« durch »Paul«: Es hatte geklappt mit Tanger, mit den Zahlungen, dem Vorschuß; auch die Internationale Zone war noch existent, weitaus lebendiger als je zuvor. In New York hatte er seine bisherigen Erzählungen zusammengestellt und war an die Verlagslektoren von der Dial Press herangetreten. Nachdem man ihn dort höflich darauf aufmerksam gemacht hatte, daß an die Veröffentlichung eines Bandes mit Geschichten erst zu denken wäre, wenn ein großer, »richtiger« Roman von ihm vorläge, wandte er sich an Helen Strauss von der William Morris Agency. Nach der Lektüre seiner finster-eindrucksvollen Novellen, die letzte war soeben in der angesehenen *Partisan Review* herausgekommen, vermittelte sie enthusiastisch zwischen dem Verlag Doubleday und Bowles. Ein Vertrag kam zustande. Man vereinbarte einen Roman. Paul stellte seine Thematik vor, man ließ ihm freie Hand, das Abenteuer konnte beginnen. Mehrere Faktoren hatten auf ideale Weise zusammengewirkt. Eine inspirierende Busfahrt Richtung *uptown*, ein stimulierender alter Schlager, die Aussicht auf finanziell unbeschwerte Monate, und schon stimmten die Koordinaten. Realität und Traum flossen wunschgemäß ineinander:

> In einer milden Mainacht lag ich in meinem ruhigen Schlafzimmer und träumte. Das war nichts Ungewöhnliches; ich träumte häufig, und manchmal erwachte ich zwischendurch und schrieb die Träume auf, ohne Licht zu machen. Dieser Traum aber war anders, kurz und ohne anekdotischen Gehalt, bis auf die beständige Folge von Straßen und Gassen. Beim Aufwachen hatte sich mir seine Essenz mit ungeheurer Schärfe eingeprägt, eine unbeschreibliche, süße Ruhe erfüllte mich. Im späten Licht des Nachmittags schlenderte ich langsam durch ein Gewirr von überdachten Gassen. Während ich noch dalag und bedauerte, diesen Ort verlassen zu haben, wurde mir plötzlich klar, daß es die magische Stadt tatsächlich gab. Es war Tanger. Mein Herz schlug schneller, und Erinnerungen an andere Innenhöfe und

Treppen, die ich vor sechzehn Jahren gesehen hatte, schlugen über mir zusammen.
Denn das Tanger, in das ich eingetaucht war, war das von 1931.
Am nächsten Morgen war die Stadt noch immer da, frisch und lebendig, und die Erinnerung daran verließ mich auch am nächsten und übernächsten Tag nicht. Begleitet wurde sie von einem unerklärlichen Gefühl fröhlicher Gelassenheit, offensichtlich Nachwehen des Traums. Nach einiger Zeit wurde mir klar, daß Tanger der Ort war, der mich mehr als alles andere anzog. Ich faßte die Möglichkeit ins Auge, den Sommer dort zu verbringen.^{WSR}

Bowles' Wiedergabe des Traumerlebnisses, die weit über eine Ortsbeschreibung hinausging, kam einer parareligiösen Offenbarung gleich. Eine Läuterung hatte stattgefunden, er war für alle Ewigkeit »geheilt« und »bekehrt«. Aus dem Vokabular allein wird ersichtlich, mit welcher Wollust der Träumende in das Labyrinth der Stadt eindrang, von ihr Besitz nahm und von ihr in Besitz genommen wurde. Er wollte in ihr aufgehen und eins mit ihr werden, unsichtbar, als Individuum und Einheit von ihrer Topographie aufgesogen werden, um mit ihr zu verschmelzen. Die Wendung »Nachwehen« deutete an, daß hier so etwas wie ein Gebärvorgang stattgefunden hatte. Was immer in Zukunft auch an künstlerischen Äußerungen und Verlautbarungen Bowles' auf Partitur- und Buchseiten seinen Niederschlag finden sollte, es wäre gebrandmarkt von Tanger, trüge alle Merkmale eines magischen Rausches, der nur an diesem Ort und an keinem anderen sich entfalten konnte. »Schriftsteller haben zwei Länder, eines, wohin sie gehören, und eines, in dem sie wirklich leben... um darin frei zu sein«, hatte Gertrude Stein in *Paris Frankreich* verkündet. Es klang wie ein Credo Pauls. Er hatte in Marokko seine Bestimmung gefunden. Die deutsche Autorin Annemarie Schwarzenbach, befreundet mit Erika Mann, und in genau demselben Zeitraum unablässig zu den entlegensten Gegenden der Welt unterwegs, an denen sie eindrucksvolle Reportagen erstellte, bezeichnete sich selbst als »unheilbar Reisende«, beschwor ihre »ins Ferne und Abenteuerliche verbannte Existenz« als Obsession, ohne jegliche Wahlmöglichkeit.

Und von Henri Michaux stammt die Definition, die Paul Bowles ohne zu zögern unterschrieben hätte – er sprach vom »Reisen, um heimatlos zu werden«. 1947/48 drang Paul systematisch ins Innere, ins Herz des Maghrebs ein und vor, verlor sich in den Weiten des Dünenmeeres, bestätigte seine Nichtigkeit an den Wonnen der Selbstauslöschung. »Ziemlich groß, blond, mit hellen kobaltblauen Augen und so zart gebaut, daß ein Windstoß ihn hätte umstoßen können«, kam er beobachtenden Tangerianern seinerzeit vor. »Er besaß die Schönheit eines scheuen Rehs.«[DH/SES] Bowles hatte den von Kafka angegebenen Punkt für sich fixiert und erreicht. »And Morocco took over«, heißt es lapidar in seinen Memoiren. Es war weit mehr als nur eine »Übernahme« – Befindlichkeit und Marschroute eines halben Jahrhunderts wurden damit vorgegeben. Pathos wäre hier einmal angebracht gewesen. Er hatte das Weite gesucht und war fündig geworden. Er war, diesmal endgültig, am Ziel. Das Exil wurde zum Dauerzustand.

Aus Liebe zu Land und Leuten, zur unbarmherzigen Hitze und zur schutzlos der Ewigkeit ausgelieferten Landschaft, aus der Schwärmerei des Erstankömmlings im Jahre 1931, wird jetzt Leidenschaft. Die Passion des reifen, abgeklärten Künstlers. Die Emotionen, zu deren Entfaltung er einem anderen Menschen gegenüber womöglich nur mit Schwierigkeiten fähig war, hier konnte er sie ausleben. Kit und Port, die Lehmfiguren in seiner Hand, reisen in die Tiefe, stoßen ins Herz der Sahara vor; er tut es ihnen gleich. Er gibt die Route vor. Er bleibt einstweilen nur so lange in Tanger, bis er eruieren kann, wieviel der Erwerb eines Häuschens hier kosten mag, und findet heraus, daß eine kleine, bescheidene Behausung in der Kasbah, direkt an der Place Amrah, durchaus erschwinglich ist. Er selbst ist knapp bei Kasse, doch Oliver Smith, dem er kurzentschlossen kabelt, streckt den Großteil der erforderlichen 500 Dollar vor. Jane wird vorerst nicht in die Transaktion eingeweiht. Im Bewußtsein, sich ein

Standbein in seiner Wahlheimat geschaffen zu haben – die Renovierung und die verwickelten Verhandlungen mit Behörden und Handwerkern würden sich noch mehrere Jahre hinziehen –, richtet Paul sich in der Pension El Farhar, einem primitiven, spottbilligen Fremdenzimmer auf dem Alten Berg, häuslich ein. Der Kauf wird getätigt. So einfach ist es also, sich einen Lebenstraum zu erfüllen. Zufrieden, zumindest virtuell in Tanger verankert zu sein, zieht er von dort aus seine Kreise. Fez, wo er, dank der Gastfreundschaft eines Einheimischen, im Hause von Abdessalam Ktiri, mit der Elite der dortigen *fassi*-Jugend zusammentrifft. Fez, zugleich das noble, intellektuelle Zentrum, eine stolze Medina von klaustrophobischem Zauber, von »mittelalterlicher Förmlichkeit« und Strenge, zuweilen noch eine Spur begehrenswerter für Paul als das irdischere, stellenweise räudige und schäbige Tanger. Fez, wo er auf der Dachterrasse des Palais Jamai eine erhöhte Position einnimmt, Abstand gewinnt. Danach Andalusien: Ronda, Córdoba, Algeciras. Wieder zurück übers Mittelmeer. Oujda, die Grenze, und Colomb-Béchar, die marokkanische und algerische Wüste. Die atemberaubende Schönheit von Orten wie Taghit, wo er die gigantischen Dünen photographiert, als handle es sich um menschenleere Gletscher von blendendem Weiß. Beni-Abbès, Igli, Timimoun, am Fuße des Großen Erg.

Selbst ein ausgebuffter Routinier wie er ist sprachlos angesichts der sich vor ihm hier auftuenden Grenzenlosigkeit, der unwirklichen Faszination von Weite, Stille und Raum. Seine Reisezeit wird identisch mit der Erzählzeit. Zieht es seine Romanfiguren, die Moresbys und ihren Begleiter Tunner, noch weiter Richtung Süden, so hat Paul zuvor jeden Schritt, jeden Gedankengang, jeden Stimmungsumschwung an sich selbst registriert, ihn an mythischen Orten durchlebt, an die sich selten ein Weißer verirrt. Der Globetrotter Bowles bewegt sich mit unwahrscheinlicher Langmut in halbverrosteten Zügen vorwärts, in Vierte-Klasse-Abteilen, auf Kamelen, zu Fuß. Wenn die Sonne im Zenit steht und ein Mensch keinen Schatten mehr wirft, ist er dem Sterben nahe, und die Geier kreisen über ihm.

Dieser elementaren Empfindung setzt Paul sich mehrfach aus. Um den Fiebertod und die Halluzinationen seines Protagonisten Port Moresby im zweiten Romandrittel glaubwürdig darstellen zu können, greift er auf seine eigenen Erfahrungen mit den Typhus-Delirien zurück.

Und er experimentiert erstmals mit – zunächst noch gemäßigtem – *majoun*-Konsum. *Majoun* ist eine Art Haschischpaste oder -marmelade, für die Kif, Weizen, Honig, Datteln, Feigen und zerstoßene Gewürzkörner in einem bestimmten Verhältnis zueinander gebracht und ganz langsam eingekocht werden. Diese Konfitürendroge wird sodann in luftdicht verschlossenen Gläsern jahrelang aufbewahrt. In Maßen genossen und in dünnen Schichten auf einen Keks gestrichen, so wie Paul als Asket es praktizierte, eine der Inspiration förderliche Köstlichkeit. In großen Mengen verschlungen, ein Vorgeschmack der Hölle.

Paul sollte noch des öfteren von ihrem anregenden Effekt Gebrauch machen. Von nun an zählten auch eine Kif-Zigarette oder ein Kif-Pfeifchen zu seiner täglichen Ration. In Zelten und Lehmhütten, manchmal auch in Hotels, die den bloßen Namen nicht verdient hatten, verbrachte er seine kreativen Stunden zwischen zwei Wegetappen. Wenn es klamm wurde und frostig in sternklaren Nächten, schrieb er angezogen im Bett, mit den aufgestützten Knien als einziger Schreibunterlage. Und im Bewußtsein, tagtäglich in der überdimensionierten Einsamkeit der Wüste jungfräuliches Terrain zu betreten, in das sich bisher noch kaum ein Europäer oder Amerikaner vorgewagt hatte, begann er, auch mit der Kamera festzuhalten, was sich seinem staunenden Auge darbot. Als Kartograph des Unbewußten vermaß er mit solchen bildhaften Eingrenzungen des Erlebten immer auch Seelenlandschaften. Oasen, Karawanen, Marktszenen, Wasserstellen. Esel, Kamele, Palmenhaine und Bauern. Ausschnitte von ländlichen Souks, Wunderwerke eines ursprünglichen, unverfälschten Kubismus. Menschenansammlungen, Schafhirten, kleine spielende Jungen und immer öfter auch Jünglinge. Verschiedene Photos aus jenen Jahren halten lächelnde Knaben mit nacktem Oberkörper fest, am Strand mit Bällen spielend, angeberisch die Muskeln spielen lassend, als Akrobaten posierend, lasziv sich räkelnd und träumerisch gegen einen Palmenstamm gelehnt, feiern in den unterschiedlichsten Facetten die ganze Brandbreite maskuliner Schönheit. Selten, und vor allem gänzlich ohne verbalen Kommentar, hat sich Bowles so unverhohlen zu seinem Hingezogensein zu (ausländischen) Jungen und Männern bekannt. Ein wahrer Lobgesang auf seinesgleichen. Freilich wurden die Abbildungen auch erst über vierzig Jahre später, von selektiver Hand gefiltert, zur Veröffentlichung freigegeben.

Ein sorgfältig komponiertes Porträt seines Reisegefährten Gordon Sager aus dieser Zeit ist ein Musterbeispiel knisternder, freizügiger Erotik: Es zeigt den jungen, gutaussehenden Schriftstellerkollegen nackt, nur mit engsitzenden Shorts und Sportschuhen bekleidet, gegen eine Felsmauer gelehnt, hinter der Wasser sprudelt und Tonkrüge zu sehen sind. Er blickt mit provozierendem, fast auffordernden Gesichtsausdruck dem Objektiv entgegen. Links von ihm schaut ein Knabe, vielleicht ein Wasserträger, scheu und unbeholfen in dieselbe Richtung. Reflexartig hat er seine rechte Hand an sein von einer weiten Hose verdecktes Geschlechtsteil gelegt, die linke richtet den Krug wie einen Phallus oder eine Waffe nach vorn. Der ganze Bildaufbau ist mustergültig gehandhabt: Die beinahe vollkommene Symmetrie von Paaren – nebeneinander abgestellte Füße, nackte und beschuhte, zwei Krüge, die beiden Palmen im Hintergrund, die beiden ungleichen Männer – frappiert, die Gegenüberstellung von Unschuld und wissender Attitüde, von zwei Verführungsgaben und Reifegraden, von zwei unvereinbaren Welten und Kulturen, ist bestechend.

Als Photograph wandte Bowles weder den aggressiv-naiven, vorwärtsstürmenden touristischen Blick an noch eine authentische Perspektive, hinter der ein Bemühen um Integration erkennbar wäre. Er knipste nicht als Ethnologe, nicht als Journalist, biederte sich nicht an und wollte sich auch nicht mit der in ihrem gleichmütigen Tagesablauf verharrenden Bevölkerung, vom kamerazückenden Fremden ertappt, gleichmachen. Stets blieb er außerhalb, der diskrete Unbekannte, der sich, mit zerknittertem Anzug und Krawatte angetan, so eifrig wie unbekümmert in den Kameldung hockte, um einen besseren Aufnahmewinkel zu ergattern. Er agierte weniger als Eindringling, vielmehr als Unbeteiligter, als stummer Chronist, der sich keine ungebührliche Einmischung herausnahm. In einem Brief äußerte Paul einmal seinen heimlichen Wunsch, bei der Zusammenkunft eines japanischen Fan-Clubs, mithin einer euphorisierten, gleichgeschalteten Menge, dabeizusein. Doch mit Dabeisein meinte er etwas ganz anderes: genau genommen, als Außenstehender, direkt in ihrer Mitte als ein »unsichtbarer Zuschauer« teilzunehmen[CS/AIS*]; ein Spion des Geschehens, von dessen Umtrieben jedoch niemand etwas zu befürchten hätte.

Pauls qualitativ hochwertige Studien von Profilen und Torsi, von Jungengesichtern und Männerkörpern vervollständigten sich also wie von selbst zu einer vielstimmigen, lautlosen Hymne auf das eigene Geschlecht. Sie besaßen über ihre dokumentarische Qualität hinaus sicher einen untergründigen, geheimnisvollen Reiz, aber ihnen haftete auch etwas Bekennerhaftes an – und wären sie nur angefertigt worden, damit er sich selbst seinen Hang zu anderen Männern verdeutlichen konnte. Vorbei waren demnach offenbar die Zeiten, in denen Bowles, dabei stets ungläubige Kommentare seiner engeren Freunde einheimsend, sein homosexuelles Understatement aufrechterhielt oder gar die Pose des asexuellen Vikars einnahm. Vorbei die Zeiten, in denen Morrissette, Thomson, Dunham und Roditi übereinstimmend erklären konnten, Bowles bewege sich zwar wie ein Fisch im Wasser im homosexuell-schöngeistigen Milieu von Paris und Manhattan, nehme darin aber nie einen aktiven Part ein, halte sich von verfänglichen Situationen fern. Vorbei sein unglaubwürdiges, primadonnenhaftes Rühr-mich-nicht-an-Gehabe. Vorbei peinliche Szenen in den türkischen Badehäusern der genannten Metropolen, zu denen man sich gemeinsam zwecks erotischer Ablenkung begab, wo etwa Roditi augenzwinkernd mit einschlägigen Masseuren in den Dampfraum entschwand, während Paul ungläubig, keusch und entrüstet zurückblieb und verlegen an seinem Pfefferminztee nippte. Vorbei auch so manche Pariser Nacht, in der er sich aus Platzgründen ein Bett mit Dunham oder Roditi teilen mußte und sich vorher zimperlich und theatralisch jeglichen »Vergewaltigungsversuch«, ja jede auch noch so unschuldige, zufällige Berührung beim Hin- und Herwälzen im Tiefschlaf ausdrücklich verbat. Er raffte sich auf zu einem Schritt, den über ein halbes Jahrhundert vor ihm schon Pioniere wie Oscar Wilde oder sein erklärtes Vorbild André Gide vorexerziert hatten.

Die Fassade des ausschließlich heterosexuellen Mannes oder enthaltsamen Jünglings Paul begann zu bröckeln, und hier, in den Tiefen des Maghreb, fiel eine Aufgabe des Triebverzichtes um so leichter, als kaum einmal Kollegen oder schwule Mitwisser anwesend waren, die sofort ausziehen würden, sensationellen Klatsch in New York zu verbreiten. Sie fiel leichter angesichts einer in Hülle und Fülle die Gassen und Feldwege bevölkernden Schar junger Männer, für die das Phänomen oder der Begriff »Homosexualität« gar nicht existierten, für die entsprechende Praktiken hingegen an der Tagesordnung waren und zum eingespielten, stillschweigenden Selbstverständnis ihrer Kultur zählten, ohne daß das geringste verbale Aufhebens davon gemacht wurde. Die Verfügbarkeit und Bereitwilligkeit von Jungen aller Altersklassen war immens, die Verführungsrituale fielen spielerisch und arglos aus, Natürlichkeit, um nicht zu sagen: Kreatürlichkeit kam ins Spiel. Niemand bezog daher gleich seine Identität aus einem häufig vollzogenen Akt. Und die Preisgabe früherer Einwände und Widerstände fiel westlichen Schwulen nicht zuletzt auch deshalb leichter, weil Sex für wenige Münzen, die den Besitzer wechselten, eingetauscht und konsumiert werden konnte, ohne Reue, ohne moralische Gewissensbisse oder Skrupel. Ohne die Erwartungshaltung auf einer der beiden beteiligten Seiten, daß aus der gemeinsam genossenen physischen Erleichterung gleich so etwas wie eine Freundschaft, eine Bindung, eine Beziehung erwachsen müsse. Kurz, Bowles konnte Sexualität als etwas Positives, Vitales und Konsequenzloses erfahren und ausleben, wann immer ihm danach zumute war. Hier fragte niemand danach, ob er sich als »queer« oder »gay« definierte. Es gab kein Milieu, keine Szene, kein Ghetto. Pauls Zugehörigkeit zu einer Gruppe wurde nirgends eingefordert. Und auch keine Offenlegung persönlicher Emotionen. Seine bloße Anwesenheit in der Kasbah während der Siesta-Stunden oder in der Abenddämmerung im abgelegenen Palmenhain einer Oase reichte aus; man ging davon aus, daß er zu einem Kontakt bereit war und Lust verspürte; es war offenkundig, daß er aufgrund seines privilegierten Status als »wohlhabender Ausländer« notfalls auch dafür zahlen würde.

Ein Papagei, ein Haus in der Kasbah, ein *quickie* unterwegs – die Liste der käuflichen Träume verlängerte sich mit jeder weiteren Woche »im Exil«, Steinchen im orientalischen Mosaik, *dreams that money can buy*, zu denen er den adäquaten avantgardistischen *soundtrack* schon längst erfunden hatte. Daß er auch in physischer Hinsicht nicht länger in der Rolle des distanzierten Ästheten verharren wollte, daß er sich nicht auf einen Partner festlegen mochte, daß er aber im selben Moment der im Entschwinden begriffenen Authentizität seines früheren Aufenthaltes nachtrauerte, zeigten erste Stimmungsumschwünge in Briefen an Daheimgebliebene. Charles-Henri Ford wurde im November 1947 anvertraut: »Du fragst nach dem Sex-Leben in Tanger. Ich werde das Gefühl nicht los, daß es sich inzwischen vollständig verändert hat. ... In den wenigen Monaten, seit ich hier bin, habe ich noch keine neuen Freundschaften geschlossen. ... *Well, goodbye*, ich muß mich rasieren. Das wird für heute meine Hauptbeschäftigung ausmachen.«[INT*] In einem Schreiben an Peggy Glanville-Hicks vom Dezember verlor er sich diesbezüglich dann in philosophischen Betrachtungen: »Ich messe sexuellen Orientierungen keine sonderliche Bedeutung zu. Ganz egal, in welche Richtung man es auch dreht, was wirklich [für einen] zählt, ist doch, eine Art innere Einheit zu konstruieren, die der Existenz eine gewisse Gültigkeit verleiht. Ich weiß, daß wir uns da einig sind, ich brauche das nicht weiter auszuführen. Dagegen bin ich keinesfalls Deiner Meinung, daß Heterosexuelle ihr Leben in dem Moment als viel befriedigender erachten, wenn der Zeitpunkt der Bestandsaufnahme naht. Mit solchen Überlegungen hat [Befriedigung] nichts zu tun.« Er pries Fez, schwärmte von Tanger. Und flocht ein paar stimmungsvolle, witzige Beobachtungen ein: »Ich befinde mich immer noch am Meer, aber hoch darüber an einem Felsabhang, in einer kleinen Zweiraum-Hütte, umgeben von Sonnenschirmen und windgebeugten Zedern. Durch sie hindurch kann ich die ›Säulen des Herkules‹ über dem Mittelmeer aufsteigen sehen, blauer als je zuvor. Der nicht nachlassende Wind hat beträchtlichen Anteil daran, daß es hier immer kühler wird, und der arme Papagei muß unaufhörlich von einem Fleck zum nächsten bewegt werden, von morgens bis abends, sonst zittert er vor Kälte. Ich glaube, das sind schöne Aussichten für seinen künftigen Gesundheitszustand.«[INT*] Paul sollte recht behalten, das viele Reisen machte dem wenig gesprächigen Babarhio gar keine Freude. »Aber er wird sich schon daran gewöhnen.«

Gleich in seinem ersten marokkanischen Sommer 1947, in Fez, trat der damals erst sechzehnjährige Ahmed (ben Driss el-) Yacoubi unvermittelt in sein Leben. Ein Ausnahmewesen. Gebürtig aus einem der ältesten Viertel der edlen Stadt, sowohl väterlicher- als auch mütterlicherseits von *cherifs*, direkten Nachfahren des Propheten Mohammed, abstammend, hatte Yacoubi von seinen Vorgängergenerationen die Gaben eines *f'qih* geerbt. Er beherrschte somit die Kunst des Handauflegens, braute Zaubertränke, beschwor magische Formeln und zähmte die Kräfte des Feuers. Er war sanft, kultiviert, von nobler Statur, besaß ein klassisches Profil und war auch körperlich überaus anziehend. Darüber hinaus verfügte er über Witz und Esprit und konnte Dutzende von Geschichten und Anekdoten mit übernatürlichem Inhalt zum Besten geben. Und er war auch noch, im Verborgenen, ein Maler, ohne jegliches formale Training – autodidaktisch, expressiv, wild. Heimlich zeichnete und pinselte er auf die Wände von Freudenhäusern; seine Familie sollte vorerst nichts davon wissen. Jane würde später im Hause seiner Mutter allerdings zum ersten Mal ein viel zu großes Stück selbstgemachten *majoun* verspeisen und durch ihre Maßlosigkeit in eine ernste Krise geraten. Die lebensgefährliche Näscherei ging gerade noch einmal glimpflich aus.

Die Begegnung zwischen Bowles und Yacoubi, sie sahen sich in der Folgezeit immer öfter und verbrachten viele Monate in den frühen 1950er Jahren gemeinsam, kam für beide Männer einem Paukenschlag gleich. Einem Auftakt zu einer intensiven, von großer Zuneigung und gegenseitiger künstlerischer Befruchtung getragenen Beziehung. Den zwanzigjährigen Altersunterschied überbrückten beide spielend: Ahmed führte den an magisch-mythischen Ritualen hochinteressierten Paul in die traditionelle Kunst des Fabulierens ein, erstaunte ihn mit seiner von westlichen Einflüssen völlig unberührten, frischen malerischen Erfindungsgabe, gab ihm einen Schlüssel für die Entdeckung der Spiritualität in die Hand; Bowles zeigte dem wißbegierigen, unverdorbenen Yacoubi die Welt, nahm ihn mit nach New York, nach Indien und Sri Lanka, nach Venedig, London und Spanien, förderte behutsam seine Karriere. Lauschte andächtig, wenn Ahmed seine improvisierten *stories* vor ihm abspulte, als habe eine virtuelle kreative Macht Besitz von ihm ergriffen. Bald waren die beiden unzertrennlich. Besonders erfreulich: Es war ein beiderseitiges Geben und Nehmen, ohne Unterwürfigkeit auf der einen oder gönnerisch-koloniale Attitüde auf der anderen Seite. Keinerlei Ungleichgewicht. Jane war es zu verdanken, daß in der Betty Parsons Galerie inmitten des *Big Apple* eine aufsehenerregende Ausstellung mit Yacoubis Werken zustande kam, anläßlich derer der französische Starkünstler Jean Dubuffet, der glaubte, als Hauptvertreter der *art brut* diese Stilrichtung für sich gepachtet zu haben, mit einer vehementen Attacke die Bilder des jungen Marokkaners angriff und deren Authentizität anzweifelte – letztlich ohne Erfolg. Und auch in Tanger und Madrid fanden Ausstellungen statt, die auf Initiativen der beiden Bowleses zurückgingen; als der berühmte britische Maler Francis Bacon zeitweise ein Atelier in Tanger sein eigen nannte, hatte er nichts dagegen, wenn Ahmed ihn täglich besuchen kam und sich von ihm – der junge Mann war von traditionellen westlichen Techniken gänzlich unbeleckt – in die Kunst der Ölmalerei einführen ließ.

Ob zwischen Paul und Yacoubi eine langjährige sexuelle Bindung bestand, ist nicht verbürgt. Beide haben eine solche Unterstellung mehrfach heftig abgestritten. Aber fast alle Indizien deuten darauf hin: die Aussagen von Tanger-Exilanten und durchreisenden amerikanischen Freunden, die Bowles in einem bisher ungekannten Zustand der Verzückung vorfanden. Der sonst so Reservierte verstieg sich zu Bekenntnissen inneren emotionalen Aufruhrs. Diesen Kollegen zufolge brauchte nicht einmal spekuliert zu werden – sie wohnten dem Entstehen einer großen Liebe bei. Dann der Umstand monatelangen Zusammenlebens in Marokko und auf Abstechern nach Europa und Asien; Ahmed war Anfang der 50er Jahre Pauls exklusiver Reisepartner, eine Rarität im Leben des Nomaden, der ansonsten, ganze Jahrzehnte hindurch, wöchentlich die Begleiter auf seinen Trips wechselte. Wo sie auch hinfuhren, teilten sie ein Zimmer. Die unüberhörbare Zärtlichkeit und Ehrfurcht, mit der Bowles zeitlebens von Ahmed sprach. Die nicht nachlassende, fürsorgliche Betreuung seiner Talente und seines Œuvres. Die vielen Porträts des jungen Yacoubi, gleich zu Beginn ihrer Bekanntschaft. Es liegen ganze Photoserien von den beiden Freunden vor, von denen eine immense Verbundenheit und Vertrautheit ausgeht. Paul und Ahmed auf ihrer Insel Taprobane, im Gespräch mit dem Filmregisseur Luchino Visconti, lächelnd neben Tennessee Williams. Und, nicht zu vernachlässigen, der Argwohn, mit dem Jane das dauerhafte Attachement ihres Ehemannes zu seinem jüngeren Schützling verfolgte. Zum ersten Mal hatte Paul die Ehe nach seiner Seite hin durchlässig gemacht, einem *lover* oder doch zumindest engen Freund Tür und Tor geöffnet, einen privilegierten Platz in seinem Herzen freigeräumt. Nun war sie an der Reihe, die Ehespielregeln zu befolgen und sich mit Kritik und Eifersucht zurückzuhalten. Nur zu genau wußte sie, daß mit der Freundschaft zu Yacoubi Bowles' unabänderliche Verankerung im Maghreb noch vorangetrieben wurde; Paul war dabei, ganz neue Tiefen auszuloten, er wurde heimisch. Doch begegnete sie Ahmed zuvorkommend. Ihr unnachahmlicher Vorzug, anderen auf ihrem künstlerischen Parcours gewinnbringend unter die Arme zu greifen, obschon sie für ihre eigene Karriere nur wenig Profitables zu leisten imstande war, kam auch Ahmed zugute. Pauls Freund war auch ihr Freund. Wenngleich ein Quentchen Mißtrauen blieb, das an ihr nagte. Die Koordinaten hatten sich verschoben. Unmerklich zwar, aber eindeutig zu ihren Ungunsten.

Als hätte es noch eines deutlicheren Beweises für Yacoubis Neigungen bedurft, kam es 1957, als die rosigen Zeiten in Marokko spürbar zu Ende gingen, zu seiner Verhaftung. Ihm wurde vorgeworfen, sich an einem fünfzehnjährigen Deutschen vergangen zu haben. Die willkürliche Inhaftierung seines Freundes versetzte Bowles in Angst und Schrecken, waren damit doch auch sein Leumund und Ansehen, ja sogar seine Aussicht auf permanente Anwesenheit in Tanger von einem Tag auf den anderen in Frage gestellt. Schon immer hatte er es gehaßt, mit Behörden in Konflikt zu geraten, ganz egal, wo auf der Welt. Und wenn auch diese Affäre irgendwann zu den Akten gelegt wurde, Yacoubi hatte die Gewalt eines sich autoritär gerierenden Staates zu spüren bekommen, der entbehrungsreiche Gefängnisaufenthalt hatte unangenehme Spuren hinterlassen, und sowohl Paul als auch Ahmed wußten nun, wer in diesem Land am längeren Hebel saß. Eine Desillusionierung. Dennoch zählte das fortgesetzte Glück, das er über Jahre hinweg an der Seite Yacoubis erleben durfte, zu den größten Geschenken, die sein neues Domizil ihm gemacht hatte: Er war auf einen idealen Kompagnon gestoßen, er gestattete sich die Preisgabe von Gefühlen, er wurde gelassener, heiterer, und er gewährte seinem Ehrgeiz und Arbeitseifer eine Ruhepause. Ihm kam zu Bewußtsein, daß auch er begehrenswert war, wenn er es nur zuließ – Paul als Objekt sinnlich-männlicher Ausstrahlung war ihm selbst noch ein Novum; er durfte seine Erfahrungen und sein sicheres künstlerisches Urteil anbringen und weitergeben; er war Ahmed der Vater oder ältere Bruder, den er selbst nie gekannt hatte und doch vielleicht gerne gehabt hätte. Ein zartfühlender Pädagoge. Und er hatte sich Jane gegenüber aufgewertet, brauchte sich nicht länger auf den finsteren, sinnenfeindlichen *gloompot* und asexuellen Spielverderber zu reduzieren, auf die freudlose, moralisierende alte Jungfer, als die er sich nur zu oft von Janes engerem Kreis belächelt und klassifiziert wußte. Nicht länger hatte er es nötig, mit einer weiteren Frau zu rivalisieren, dieses eine Mal konnte er seine Gattin mit einem anderen Dreiecksverhältnis konfrontieren, bei dem die männliche Einflußsphäre überwog, bei dessen Wechselwirkungen er die Kräfteverhältnisse bestimmte.

Eine solch komplexe Dreieckskonstellation steht auch am Beginn von *The Sheltering Sky*, das er 1948 am Ende seiner Initiationsreise durch den Maghreb zielstrebig abschließt, während zeitgleich die Orchesterfassung seines *Konzertes für zwei Klaviere* und Janes Erzählung *Camp Cataract* an benachbarten Schreibtischen auf dem Papier Gestalt annehmen. Vorhang auf: Kit und Port Moresby, deren Familienname bezeichnenderweise eine bedeutende Hafenstadt in Papua-Neuguinea benennt, an der im zurückliegenden *world war* entsetzliche Gefechte und Gemetzel stattfanden, sind mit ihrer zwölfjährigen Ehe am Ende. Sie haben jegliche Nähe zueinander verloren oder abgestreift, befinden sich in einer sexuellen Sackgasse und gefallen sich nur noch in zynischen, geschmacklosen Dialogen. Ihr Verhängnis ist, daß ihnen alle Zeit der Welt zur Verfügung steht. Geld spielt keine Rolle. Dritte dienen ihnen als Prellböcke und Blitzableiter, auf jene richtet sich ihre Lust und ihr Begehren, die sie unter- oder aneinander nicht mehr erleben können. Ein unerschütterliches Grundgefühl der Liebe ist gleichwohl vorhanden, doch sind sie nicht weiter ineinander verliebt. Eine gemeinsame Wellenlänge ist ihnen abhanden gekommen, wenn sie sich auch aneinandergeschweißt fühlen. Bitterer Überdruß ist an die Stelle von Leidenschaft getreten. So sind sie auch auf dieser lethargischen Reise ins Unbestimmte, einem Ausflug ins Jenseits, auf die Gesellschaft von Tunner angewiesen, eines jungen, lebenslustigen Amerikaners. Zu zweit hätten sie die Fahrt in ihre »Hölle auf Erden« gar nicht erst anzutreten vermocht.

In der Figur Tunners hat Bowles die Züge vieler Begleiter Janes gebündelt, aber auch ein Wunschporträt seiner selbst skizziert. Denn im Unterschied zu Janes New Yorker Zechgefährten, Tagedieben und schwulen Zeitvertreibern ist dieser Tunner ein idealer Heterosexueller, ungestüm, aktiv, vorwärtsstrebend, ganz unverblümt darauf aus, sich Kit zur Geliebten zu machen. Port tut nichts, um dem Ehebruch Einhalt zu gebieten, sondern unterstützt den »Rivalen«, wo es nur geht. Er war es sogar, der Tunner zur Mitreise ermuntert hat. Machen die drei in einer unwirtlichen algerischen Stadt oder nach einer Wüstenetappe Rast, geht Port seine eigenen Wege, führt das Liebespaar wissentlich zusammen, förmlich erleichtert, daß ihm ein anderer Mann die Bürde des Geschlechtsaktes mit Kit abnimmt. Unterdessen läßt er sich von Lockvögeln einheimische Freudenmädchen zuführen, mit denen er seinerseits außereheliche Abenteuer erlebt, kurzzeitig Erregung und Spannung verspüren kann, auch wenn er von den Huren zwischendurch bestohlen wird. Ohne Mühe kann Ports Gang zu den Prostituierten als Chiffre für homosexuelle Aktivitäten gedeutet werden, die umso reueloser und positiver genossen werden können, wenn der auf Abwege geratene Ehemann seine Frau physisch »versorgt« weiß.

Bevor die Entfremdung zwischen Kit und Port unüberwindlich wird, bevor Port mitten in der Wüste an Typhus erkrankt, um ohne medizinische Betreuung qualvoll in Sbâ sein Leben auszuhauchen, brechen die Eheleute noch ein letztes Mal zu einer gemeinsamen Unternehmung auf – ohne Tunner. Sie leihen sich zwei Fahrräder aus, starten in den Sonnenuntergang und machen Rast auf einer Anhöhe, von der sie die Ebene unter sich überblicken können, als handle es sich bei ihr um ihre eigenen, gestrandeten Lebensläufe: glatt, gleichförmig, ereignislos. Sie halten inne, liefern sich der Ewigkeit aus. Auch hier berühren sie sich nicht, versperren ihrer Begierde den Zutritt. Ein letztes Mal auch sprechen sie hier aus, wie sehr sie in jedem Detail unterschiedlicher Meinung sind, wie konträr ihre Empfindungen ausfallen. Kit erachtet den orientalischen *sunset* als eine traurige, beklemmende Stunde, ihr ist zutiefst unbehaglich zumute; Port ergeht sich in Lobpreisungen des Tagesendes, das er mit dem Jahresende, dem Herbst, gleichsetzt, dem Ende des Lebens. Er liebt die warmen, hellen Länder, wo der Winter unbekannt ist, haßt seine Herkunft aus kalten, feuchten Breiten. Er ist glücklich, hat mit dem Leben abgeschlossen, mit seiner sinnentleerten Existenz seinen Frieden gemacht. Wenn es im Orient Nacht wird, so Port, »›hat man das Gefühl, das Leben öffnet seinen Kelch, statt ihn zu schließen. Fühlst du das nicht auch?‹ ›Ja‹«, antwortet Kit und meint doch ›Nein‹, »›aber ich bin nicht sicher, ob ich den heißen Ländern wirklich den Vorzug gebe. Ich weiß nicht, ob es nicht falsch ist, der Nacht und dem Winter zu entfliehen und ob man nicht, wenn man es tut, irgendwo dafür bezahlen muß.‹«[TSS*]

Was ihr eigenes Schicksal angeht, so soll sich die düstere Prophezeiung bewahrheiten. Denn Kit »sündigt« gleich zweimal und büßt dafür: Sie hat sich Tunner hingegeben und Port im Augenblick seiner größten Not, nachdem sie tagelang tatenlos an seinem Krankenlager die Hände gerungen hat, im Stich gelassen, ihn dem Tod überantwortet. Willentlich zieht sie nun aus, den Verstand zu verlieren, sich lebend auszulöschen, seinem Hinüberdämmern in das Reich des Nichts ihre eigene physische Vernichtung entgegenzusetzen – wenn man so will, ein letzter Liebesakt. Sie rennt planlos ins Herz der Wüste, verdurstet fast, irrt durch einen Sandsturm, wird von einer Karawane von Händlern aufgegriffen, in die Gewänder einer Nomadin gehüllt und gezwungen, sich zu verstellen, eine andere zu werden. Der Anführer Belqassim macht sie zu seiner exklusiven Geliebten, zur Nummer eins seines Harems, hält sie sich als jederzeit verfügbare Sexsklavin. Kit nimmt es nicht nur hin, sie geht in der Ekstase des Fremden auf, entledigt sich ihrer Persönlichkeit. Man hält sie in einem Verschlag, sperrt sie von der Außenwelt aus, sie verharrt im Liebesgemach für ihren allzeit potenten Herren. Nur noch als Beischlafobjekt hat sie zur Verfügung zu stehen.

Eines Tages entdecken ihre Nebenbuhlerinnen, die vernachlässigten Hauptfrauen ihres Gebieters, die wahre Identität der fremden Favoritin, schlagen sie in die Flucht oder verhelfen ihr dazu; es läßt sich gar nicht genau unterscheiden. Zurück in der Zivilisation, umsorgt von hilfreichen Diplomaten, steht ihr die Rückkehr in die Heimat offen, in sichere Gefilde, doch ist es für Kit längst zu spät. Wille, Sprache, Gedächtnis sind für sie auf der Strecke geblieben. Sie ist eine ferne Verwandte des gefolterten Professors aus *A Distant Episode*. Sie torkelt vorwärts, ins Ungewisse, der Erzähler überläßt sie dem Unbekannten, einem riesigen Abgrund. Sollte ihr Tunner über den Weg laufen, sie würde ihn nicht einmal wiedererkennen. Jeglicher Rettungsversuch käme zu spät. Port hat ihr zuletzt folgende Beobachtung mit auf den Weg gegeben: »›Weißt Du‹, sagte [er], und seine Stimme klang unwirklich, wie oft Stimmen nach einer langen Pause des Schweigens an einem vollkommen ruhigen Ort, ›der Himmel hier ist sehr seltsam. Wenn ich ihn so betrachte, habe ich das Gefühl, daß er etwas Kompaktes ist, das uns vor dem beschützt, was dahinter lauert. ... Nichts. Nur Finsternis. Völlige Nacht.‹«[TSS] Kit ist verflucht dazu, den Winter ihrer Seele zu erkunden, ein ewiges Grauen. Nur scheinbar bot dieser maghrebinische Himmel also Schutz, ein trügerisches *sheltering*. Nicht der Himmel »über der Wüste« wurde von Port damit durchschaut, sondern das dahinterliegende, von der stahlblauen, überirdischen Kulisse nur unvollkommen abgeschirmte Lebensgeheimnis. Eine Panorama-Breitleinwand in flimmernder Hitze. Port darf mit dieser Erkenntnis fast friedlich aus seiner sterblichen Hülle hinaustreten, Kit hingegen ist verdammt. Eine Gestrandete. Sie hat eine Reise angetreten, zu der sie von allein nie aufgebrochen wäre. Jetzt muß sie die »gemeinsame« Entscheidung ausbaden. Sie hat das Weite gesucht – und gefunden.

Kit und Port sind dem Kafka-Motto gerecht geworden, haben »den Punkt erreicht«. Für sie gibt es »kein Zurück mehr«. Keine Tragödie, kein großes Finale. Nur ein schwaches Aufflackern eines nie besonders stark ausgeprägten Überlebenswillens, bevor die Flamme verlöscht. Nichtsdestotrotz verströmt der Roman Pathos und Emphase. Als großangelegte Hymne auf Resignation, Negation und Nihilismus überwältigt *The Sheltering*

Sky den Leser auch heute noch, eine Parabel auf die Vergeblichkeit jeglicher Sinnsuche, ein Vorgeschmack auf den (von Bowles herbeigesehnten) Kollaps der westlichen Zivilisation, die er hier einmal mehr als kulturlos entlarvte. Geschwächt bricht sie angesichts einer stärkeren, im Authentischen wurzelnden Lebensgemeinschaft, als Beispiel dienen ihm die Bewohner der Wüste, in sich zusammen. Um 1950 fürwahr eine sensationelle Perspektive. Was aber macht den gnadenlosen *Himmel*-Roman für nachfolgende Generationen so attraktiv? Ist es wirklich bloß die vordergründige, etwas einseitig vorgetragene Zivilisationskritik? Leistet der Text der Schadenfreude Vorschub, daß sich an Komfort und Luxus gewöhnte, zartbesaitete Weiße, mithin mit der Leserschaft weitgehend identische Wesen, grundsätzlich als lebensuntüchtig, kränkelnd und willensschwach erweisen? Ist es Sympathie mit den drei Hauptdarstellern, einem doch ziemlich hoffnungslosen, unschlüssigen, pessimistischen Trio? Denn als Anleitung zu einem Aussteigerdasein, zu einem »alternativen« Dasein eignet sich der Text kaum – es sei denn, man hat nicht genau genug hingeschaut.

Geradezu eine entschiedene Warnung vor dem Reisen ins Ungewisse, einer von Grund auf »vernunftwidrigen Handlung«, wurde hier ausgesprochen, vor den Exzessen von Klima, Langeweile, Krankheiten, Transportproblemen. »Die Personen in Bowles' Literatur«, schrieb der französische Autor Robert Briatte, »sind alles, bloß keine Abenteurer. Sie steuern nichts von dem, was ihnen zustößt. Und was ihnen zustößt, ist niemals ›edel‹: Sie sind krank, zerschunden und werden von Mosquitos aufgefressen. Sie häufen Unannehmlichkeiten auf sich, bevor sie zu ›wirklichen‹ Opfern werden. Der Tod ist nur die *letzte* Unannehmlichkeit. Ihre Sorgen sind über alle Maßen kleinlich im Vergleich zu dem, was ihnen tatsächlich zustößt.«[RB] So sind auch die Schwächen des Romans offenkundig: die lähmende Entwicklungslosigkeit des *plot* und der Figuren, die ihnen von Beginn an wenig Entfaltungsspielraum läßt, die mangelnde Konturierung ihrer Vergangenheit oder psychologischen Gegebenheit, das ewige Schwafeln von Vorhaben und Lebenszielen, die unkonkret und vage bleiben, die im Mittelteil anzutreffenden Längen, das kolportagehafte letzte Romanviertel, das eben auch fragwürdige Männerphantasien sexueller Ausbeutung von wehrlosen Frauen bedient. In kaum einer Passage erzielte Bowles dieselbe Dichte, Kälte und Präzision und äußerste, kunstvolle Simplizität, wie sie die besten unter seinen *short stories* auszeichnet. Die Düsternis des Tons ist Lichtjahre entfernt von der gelassenen Heiterkeit und dem frivolen Charme, wie er sie zur selben Zeit in den meisten der rhythmisch mitreißenden, augenzwinkernd mehrdeutigen Passagen des *Night Waltz* für zwei Klaviere anschlug. Schwer zu glauben, daß so konträre Werke aus der Feder ein- und desselben Künstlers stammen sollen, simultane Kopfgeburten allemal. Bowles selbst befand manchmal, wenn er Abstand in Arbeitspausen zu seinem Romanvorhaben gewann, Stilistik wie Gang der Handlung seien »too depressing« – das belegen Briefausschnitte.

Dennoch: Der Autor des *Sheltering Sky* besaß Instinkt für eine Stimmung und Thematik, wie sie in den USA und Westeuropa in der Luft lag; er war seiner Zeit mit existentialistisch gefärbten Aussteigerfabeln, wie sie ab den späten 1960ern auf dem Höhepunkt der Hippie-Bewegung weltumspannend in Mode kamen, weit voraus. Er überholte damit die *beats*, als wäre es ein Kinderspiel. Die Nähe zu Sartre und Camus läßt sich gleichfalls nicht leugnen, wenn Bowles' Roman auch leichter konsumierbar ist, mehr Entertainment bietet. Daß sein Erstling genügend Material bot, um aufdringliche Parallelisierungen zu seinem Leben mit Jane herzustellen, versteht sich von selbst. Nur auf eine, sehr viel seltener gezogene Analogie sei hier kurz das Augenmerk gelenkt – es ist darin nämlich nicht nur von einer Entzweiung die Rede, von fundamentalen Wesensunterschieden und der Unfähigkeit zur Liebe, sondern auch vom unbedingten Wunsch zu Eintracht und zur Wiederherstellung früherer Vertrautheit. In der Todesstunde Ports ließ Bowles seinen Erzähler folgenden Gedankengang formulieren: »Es war alles tief vertraut und vollkommen grauenhaft – Dasein, das unabänderlich war, von stummer Ausweglosigkeit und das ertragen werden mußte.« Es schloß aber auch die Hoffnung auf Wiedergewinnung von Liebe ein, Versöhnung und Fusion: »Denn für Port bedeutete Liebe, *sie* zu lieben. Jeder andere Mensch stand außer Frage.« Eine erstaunliche, exklusive Zuneigungserklärung. Kit konnte sie allerdings nur unvollkommen erwidern. Sie mißverstand ihn, mißverstand auch den Sinn seines Sterbens. Für sie blieb Port unfähig, »aus dem Käfig auszubrechen, in den er sich selber eingeschlossen hatte, den er vor langer Zeit gebaut hatte, um sich vor der Liebe zu retten«.[TSS] Das spielerische Kommando »Geh zurück in deinen Käfig«, wie Paul und Jane es im ›echten‹ Alltagsleben eingeführt hatten, war hiermit zu einem grausamen Verbannungswunsch umgedeutet geworden.

Ausgangspunkt und Endstation des Romans ist das algerische Oran, die im Nirgendwo endenden Schienen der Straßenbahnendhaltestelle von Eckmühl-Noiseux, an die er als Jüngling seinen Mentor Aaron Copland entführt hatte. Und doch ist diese eindeutige Zuordnung immer wieder mißinterpretiert worden und das Geschehen, um das Schicksal der Moresbys und Bowleses mit platter Effekthascherei einander anzunähern, einfach nach Tanger transponiert worden. Genau diesem Kurzschluß ist die heillos mißlungene Bernardo-Bertolucci-Verfilmung des *Sheltering Sky* von 1989/90 erlegen, ein Mammutprojekt, dem sich der greise Autor zunächst aus guten ästhetischen Gründen widersetzt hatte. Dem oscargekrönten italienischen Starregisseur gelang es in der Folgezeit aber, Bowles' Widerstände aufzubrechen. Die Aussicht auf königliche Tantiemen, späten Ruhm und ein unbeschwertes letztes Lebensjahrzehnt mögen Paul zu diesem Sinneswandel bewogen haben.

Der Film ist in der Tat in jeder Hinsicht unbefriedigend: In der topographischen Verfälschung der Vorlage wird er dem philosophischen Roman ebensowenig gerecht wie in seiner fast buchstäblichen, absurd detailgetreuen Bebilderung von Einzelszenen, die aussehen, als habe das marokkanische Fremdenverkehrsamt sie bestellt und inszeniert; eine PR-Show zum Anwerben von Touristen. Dem Streifen gelingt es nicht einmal ansatzweise, Bowles' Grundideen zu abstrahieren und dafür eine eigenständige visuelle Metaphorik zu erfinden. Der blendend aussehende, zynische John Malkovich als Port und der verführerisch smarte Campbell Scott als Tunner mochten noch vertretbar besetzt sein; die Wahl von Debra Winger als Softie-Variante und Doppelgängerin von Jane (jene bis in Frisur, Kleidung und Auftreten hinein imitierend) war ein peinlicher, nicht mehr auszuwetzender Fehlgriff. Daß Bowles in einigen Szenen als »himself« dem Geschehen aus einer Caféecke zuschaute oder raunend Zitate einfließen ließ, daß man Port einen schönen Tod in perfektem Make-up sterben ließ, daß die Qualen und Entbehrungen des Wüstentrips auch nicht eine Sekunde lang plausibel werden, daß der gesamte Film mit einer entsetzlich dünnblütigen Musiksoße verschandelt wurde, anstatt auf marokkanische *world music*, oder, noch naheliegender, auf Bowles' eigene Kompositionen zurückzugreifen, versetzten Ambition und Anspruch des Unterfangens den Todesstoß. Die Lächerlichkeit der abschließenden Karawanen-Episode und deren breitenwirksam inszenierte Schlüpfrigkeit bewiesen nur noch, wie hier, unter Verschwendung eines Millionenbudgets, ein großartiges Thema leichtfertig verschenkt wurde. Die mit gewaltigem Werbeaufwand annoncierte Filmproduktion flopte, schrieb den Namen Paul Bowles jedoch dem Literaturhorizont von Hunderttausenden von Lesern ein. Sie sorgte für unerwartet zahlreiche und üppige Neuauflagen und bescherte dem Autor einen gewissen Alterswohlstand. Und auch Richard Horowitz, Robert Fripp & King Crimson, Sting & The Police illustrierten *Sheltering Sky* und *Tea in the Sahara* in Songs und Instrumentalstücken auf Pop- und Experimental-Manier, wandelten Exzerpte des Stoffes, oder eben das, was sie für dessen Essenz hielten, der konsumierbaren leichteren Muse an.

Als das bestellte Manuskript des Romans 1948 in New York bei Doubleday ins Haus geflattert kam, sah es anfangs überhaupt nicht danach aus, als würde jemals ein Buch aus dem Projekt, geschweige denn ein Erfolg. Die Verantwortlichen befanden zur Verblüffung von Agentin und Autor, dies sei alles mögliche, nur kein Roman, und wiesen den Text zurück. Sie verlangten sogar die Erstattung des Vorschusses. Mehrere Monate lang schmorten die mit Herzblut geschriebenen Seiten daraufhin in einem Büro, bis der englische Verleger John Lehmann, zu Gast in den Staaten, eher zufällig darauf aufmerksam gemacht wurde. Paul, wider Willen gerade wieder einmal mit einer Bühnenmusik für Tennessee befaßt, fürchtete bereits, der Ausflug ins Literarische wäre ein Trugschluß gewesen, der alte Komponistentrott würde wieder einkehren. Aber das Blatt wendete sich schnell: Lehmann erkannte das Potential des Stoffes, wußte Bowles' originellen, unverwechselbaren Stil zu schätzen und brachte das Buch im Folgejahr in London heraus. Er war im Besitz der Weltrechte, für die sich in New York merkwürdigerweise keine Seele zu interessieren schien; erst im Oktober 1949 dann entschloß sich James Laughlin von New Directions doch zu einer amerikanischen Ausgabe. Deren Verkaufszahlen übertrafen alle Erwartungen. Vor Weihnachten war die erste Auflage vergriffen, es mußte nachgedruckt werden. Von diesem Zeitpunkt an setzte die stetige, allmähliche Erfolgsgeschichte des *Sheltering Sky* ein. Weit davon entfernt, ein echter Bestseller zu sein, verkaufte sich der Roman über die Jahre gut und immer besser. Er wurde zum Longseller, zum Kultbuch. Gleich zwei ›Williams‹ leisteten ihm wohlmeinende und folgenreiche Geburtshilfe: Tennessee W., der Dramatiker, und William Carlos W., der Lyriker, publizierten zwei vortreffliche Rezensionen an prominenter Stelle. Und Alice B. Toklas ließ an anderer Stelle die schmeichelhafte Bemerkung fallen, ganze Partien von Pauls Romanen hielten stilistisch dem Qualitätsvergleich mit Scott Fitzgeralds Meisterwerken stand. Käufer, Buchhändler und Kollegen registrierten die wachsende Wertschätzung. Ansehen und Absatzzahlen schnellten merklich in die Höhe. Jane wurde schwindlig, wenn sie die Kritiken überflog und ungläubig die Abrechnungszahlen studierte. Was sich dort an ihrer Seite vollzog, handgreifliches Resultat einer temporären Schreibwut ihres Mannes, die sich im Nebenzimmer unter ihren Augen mehrere Wüstenmonate lang an unschuldigem Schreibpapier ausgetobt hatte, überstieg ihr Fassungsvermögen. Paul hatte es auch auf diesem Terrain augenscheinlich geschafft.

So sehr, daß er sich, nach Erscheinen und gutem Verkauf von zwei Sammelbänden seiner Kurzgeschichten, 1951 einen weiteren Traum erfüllte: ein eigenes Auto in Marokko. Und nicht etwa irgendeines, ein Jaguar-Cabriolet mußte es schon sein. So weit ging es mit dem Nihilismus und dem Abschwören alles Materiellen denn doch nicht, in pekuniären Angelegenheiten endeten die Gemeinsamkeiten zwischen Paul Bowles und seinen Romanfiguren rasch. Erst zögerte er ein wenig, neuenglische Gewissensbisse nagten an seinem Ego. Brion Gysin klärte ihn kurzerhand auf: »Du kannst es dir doch leisten.« Und eine britische Hotelbesitzerin machte ihm klar, daß es einfach nicht standesgemäß wäre, ein solches Luxusgefährt höchstpersönlich zu manövrieren. Ein Chauffeur müsse her, wenn möglich, in Livree. Gesagt, getan: Wenige Tage später stand der junge Mohammed Temsamany, ein *boy* vom Rif, in schmucker Uniform zu seiner Verfügung. Brion und Paul genossen die Kühlung durch den Fahrtwind, als sie durch die Wüste dahinbrausten und sich in die Polster zurückfallen lassen konnten. Nach Fez ging es für eine Spritztour. Im Juni aber wurde ganz Spanien durchquert, bis fast an die spanische Grenze, nach San Sebastián. Er holte Jane ab, die sich eine Zeitlang nach Paris abgesetzt hatte. Danach machten sie kehrt, fuhren südwärts Richtung Gibraltar, machten überall dort Rast, wo die Laune sie hinführte.

Ein kurioses Quartett, das die nächsten Jahre gut miteinander würde auskommen müssen: Jane, noch dem Pariser Chic verpflichtet, und Paul im Anzug mit obligatorischem Schlips, Yacoubi in weißem Turban und Dschellabah und Temsamany im Militärdreß, angetan mit Schirmmütze, altmodischen Wickelgamaschen und blankgewichsten Stiefeln. Jane fand den Jaguar göttlich. Sie fackelte auf der gesamten Fahrtstrecke ein verbales Feuerwerk ab. Nur eines ertrug sie nicht und griff lauthals ein – wenn Paul sich zuweilen ans Steuer setzte und die Geschicke des Wagens bestimmen wollte. Überzeugt davon, wie stets seine Gedanken lesen zu können, wurde ihr schon bei der Vorstellung übel, sie müßte sich auch nur eine Minute lang den Lenkkünsten ihres Gatten überantworten. Zuviel Nähe und Intimität schadete eben nur. Da traf es sich gut, daß die beiden bei ihrer Ankunft in der Kasbah feststellen mußten, daß ihr Haus an der Place Amrah, nach Jahren der Renovierung, immer noch nicht zur Zufriedenheit wiederhergestellt – und schon gar nicht bezugsfertig – war. Jane trollte sich wieder in die heruntergekommene Pension El Farhar (böse Zungen behaupteten, deren Name reime sich zu Recht auf »horror«, ausgesprochen mit amerikanischem Akzent). Paul floh in die Berge vor die Stadt nach Xauen, seine nächste kreative Enklave: Dort wartete schon sein zweiter Roman, *Let It Come Down*, auf ihn. Yacoubi würde ihn besuchen kommen; Temsamany übte sich in Geduld, bis die nächste Fahrt über Stock und Stein ihren Lauf nähme. Mr. und Mrs. Bowles konnten durchatmen. Das alte, bewährte Gleichgewicht war wiederhergestellt.

Als Paul im Sommer 1947 eigenmächtig nach Tanger aufgebrochen war, hatte Jane, ohnehin von vornherein in seinen Plänen unberücksichtigt, es vorgezogen, allein in den Staaten zurückzubleiben. Ganz gegen ihre Gewohnheit hatte sie sich in der amerikanischen Provinz verkrochen. Obwohl sie nun, ohne Reue und völlig unkontrolliert vom stirnrunzelnden Ehemann, ihr geliebtes »Luderleben« mit durchzechten Nächten in Saus und Braus wieder hätte aufnehmen, sich nach Herzenslust in Manhattan hätte austoben können, verzichtete sie aus freien Stücken darauf. Überraschend war das eigentlich nicht – es fehlte der Stachel zum Widerstand. Ihren monatelangen Rückzug nach Treetops in Connecticut, einem riesigen neogeorgianischen Anwesen, hatte ihr die gastfreundliche Libby Holman ermöglicht, seit 1945 eine enge Freundin von Paul und Jane und in den nächsten Jahren und Jahrzehnten Janes wichtigste Ansprechpartnerin, an die sie Dutzende von ellenlangen Briefen richten würde.

Libby, Mitte vierzig, war keine neue Geliebte Janes, aber in jeder Hinsicht eine Frau nach ihrem Geschmack. Extravagant, sprunghaft, schwerreich, ausschweifend, maßlos, nach Affären mit Partnern beiderlei Geschlechts süchtig – und eine Seele von Mensch. Sie hatte es als Star in Musikrevuen der späten 1920er und frühen 1930er Jahre sowie als *torch singer*, eine Art Kabarett-Diseuse, deren Repertoire zwischen Chanson, sentimentalem Song und Schnulze anzusiedeln ist, zu beträchtlichem Ruhm gebracht. Von ihr, einer reifen Frau mit Sex-Appeal und volltönender, rauchiger Stimme, ging eine autoritäre Anziehungskraft aus, die faszinierte. Libby rauchte und trank wie eine Weltmeisterin, achtete mit Radikaldiäten auf ihre tadellose Figur, intonierte wie eine, so Tennessee Williams, »hitzige, mit Glut aufgeladene Sirene« in der Brunstphase und hatte Janie, der sie jahrelang mit freundschaftlicher Aufmerksamkeit und üppig dotierten Schecks aus der Patsche helfen sollte, sofort ins Herz geschlossen. Als umworbene *femme fatale* mit den dazugehörigen Linien und Kurven blickte Holman auf eine mysteriöse Vergangenheit zurück: Ihr erster Gatte, Sproß des Smith-Reynolds-Tabakimperiums, war in jungen Jahren unter geheimnisvollen Umständen ums Leben gekommen; eine Anklage wegen Mordes gegen sie verlief im Sande. Ihr zweiter Mann starb an einer Überdosis Medikamente, nachdem er sich von Libby getrennt hatte. Unterdessen hielt sich die doppelte Witwe an umschwärmten Liebhabern wie Montgomery Clift schadlos, flirtete gern auch mit jungen Damen, zehrte von ihrem schwindelerregenden Vermögen. Trotz ihrer materiellen Unabhängigkeit und ihres Charismas war sie leicht nervös und schwer zufriedenzustellen, hungerte nachgerade nach immer neuen, meist unglücklich ausgehenden Affären und war eine Meisterin im Anhäufen von Liebeskummer. Zum Lecken ihrer Wunden verzog sich Libby regelmäßig nach Treetops. Ihr opulenter Landsitz war mit einem Rolls-Royce und einer prächtigen Sammlung von Pelzen annehmbar ausgestattet; Jane, die der halbherzig Trauernden platonisch Gesellschaft leistete, konnte es dort schon eine Weile aushalten. Der Gesprächsstoff ging ihnen, bei so vielen Gemeinsamkeiten, selten aus.

Eine von Janes größten Stärken war ein überbordendes Interesse am Wohlergehen anderer Menschen. Die Kunst der

Freundschaft beherrschte sie wie keine zweite, las jenen, denen ihre Gunst galt, jeden Wunsch von Augen und Lippen ab, merkte sich Vorlieben und bevorzugte Gerichte, machte kleine Geschenke, las vor, hörte zu, gab Tips, mixte Drinks, widmete ihre ganze Aufmerksamkeit dem jeweils gerade Bedürftigen. Sie stand hundertprozentig zur Verfügung, stets gutgelaunt, schlagfertig, gewinnend. Wer mit ihr einen Tag, eine Woche, einen Monat verbringen durfte, fühlte sich wichtig, mit positiven Energien angereichert, aufgewertet, kam sich wie der Nabel der Welt vor. Libby half sie so über ihr Ausgestoßensein und den geschmacklos aufgebauschten Medienrummel, veranstaltet von Journalisten-Hyänen, hinweg. Sie hielt zu ihr in schwerer Stunde. Diese Fürsorge besaß für Jane selbst kompensatorischen Charakter, war eine willkommene Ablenkung von Phasen, in denen ihr der Fortgang ihrer eigenen Existenz immer unklarer wurde.

In diesem Herbst stagnierte sie wie selten zuvor. Drei Projekte lagen unerledigt auf ihrem Schreibpult – die Erzählung *Camp Cataract*, die sie erst mit Unterstützung Pauls in der Wüste zu Ende bringen würde, das Romanvorhaben *Out in the World*, das nie über einzelne, lose verstreute Fragmente hinaus gedeihen sollte, und die Vollendung ihres Dramas *In the Summer House*, von dem erst ein Akt vorlag und um dessen Produktion sich Oliver Smith weiterhin selbstlos bemühte. Ihre Schreibenergie war hoffnungslos versackt. Bruchstücke, Halbsätze nur kamen alle paar Tage hinzu, wurden Wochen später wieder mißmutig ausgestrichen. Die Energien hatten sich seltsam verlagert. Je weniger sie zu Papier brachte, desto länger gerieten ihre Briefe, die sie, seitenlang, grüblerisch, Rechtfertigungsstrategien mühsam ausbreitend, entwarf, vernichtete, korrigierte, abschickte, ihrerseits wieder kommentierte. Was andere Menschen per Telephon regeln, diskutieren, entscheiden, fand in Janes Kopf und zwischen den Briefzeilen statt.

Daß nicht sofort Antwort kam, daß ihr niemand augenblicklich sagen konnte, wie es weitergehen sollte, da der Brief ja noch unterwegs war und zwischendurch keine Erwiderung erfolgen konnte, brachte sie buchstäblich um den Verstand. Ihr Nahestehende wurden in jenen Jahren Zeugen eines Phänomens: In ihrer Korrespondenz legte Jane urplötzlich ein ungeahntes Tempo und beeindruckende Virtuosität an den Tag, die ihr im Bereich der Fiktion so gar nicht zu Gebote standen. Viel, schnell, ausufernd auf der einen – wenig, stockend, knapp auf der anderen Seite ihres Schreibverhaltens. Immer wenn etwas auch nur entfernt nach Literatur roch, geriet ihr schriftstellerisches Selbstbewußtsein gehörig ins Wanken. Der Stillstand tat sich ohne Ankündigung wie ein gähnender Abgrund vor ihr auf. Das konsequente Desinteresse der meisten Verleger an ihrem Schaffen tat ein Übriges.

Hinzu kam die Trauer darüber, daß Paul sie auf seine Art verlassen hatte. Irritation schlug schnell in Panik um. Oder in Wut auf ihn. Es fiel ihr schwer, sich auf den einseitig veränderten Status quo einen Reim zu machen. Anstatt aktiv zu reagieren, drehte Jane Däumchen, gab sich dem Seelen-*blues* hin. In ihrem Erzählungstorso *Andrew* beschreibt sie, wie die gleichnamige Figur, ein junger Mann und Soldat, heimlich in einen anziehenden, freundlichen Kameraden verliebt, seine weinende Mutter zurückläßt und ihr damit großen Schmerz zufügt. »Es gab nichts, was er sagen konnte, um sie zu trösten, sie hatte ja recht. Er wollte weggehen, und nur das wünschte er sich.«[ERS] Aussage und Kommentar klingen wie eine aktuelle Selbstbeschreibung. Von Andrew, dessen Züge offenbar in Ansätzen Paul entlehnt sind, heißt es weiter: »Sie nannten ihn ›Zugeknöpft‹; wegen dieses Namens sprach er noch weniger als sonst. Er redete allgemein [schon] äußerst ungern und konnte sich nicht vorstellen, daß das Reden der natürliche Ausdruck von persönlichen Gedanken sein sollte. Es war keine Schüchternheit, sondern Verschwiegenheit.«[ERS] Zur gleichen Zeit rätselte Jane mehr denn je über Pauls Beweggründe, jenseits des Atlantiks die Lage zu sondieren, ob und wie dort eine neu aufgebaute Existenz möglich wäre. Sie wurde einfach nicht schlau aus ihm.

In einem anderen Fragment aus demselben Kontext, *Emmy Moore's Journal* genannt, wird die besorgniserregende Situation für Jane von ihr autobiographisch noch unverhüllter gestaltet: Emmy Moore, eine dickliche Matrone in ihren späten Vierzigern, ist ins Hotel gegangen, um sich dorthin zum Schreiben zurückzuziehen. Sie verfaßt und paraphrasiert zugleich einen langen Brief an ihren Mann namens »Paul«, der als »sehr seriös« bezeichnet wird, »nordirischer Herkunft«, »Einzelgänger« und »Naturfreund«. Mit ihm ist sie seit langem verheiratet. Um sich, wie sie selbst sagt, durch geglückte »Rechtfertigungen« von ihren Lastern und Verfehlungen freizumachen, stellt sie Reflexionen an, die der Öffentlichkeit zugedacht sind – denn sie entwirft ihr Tagebuch »im Hinblick« auf eine Publikation. Zunächst klassifiziert sie drei Frauentypen: asiatische, türkische und westliche. An letzteren bewundert sie deren »außergewöhnliche Männlich[keit]«, sie seien »unabhängig und imstande, ein Regiment anzuführen« – eine maskuline Phantasie, die schon das Mädchen Mary in Janes *Grüner-Lutscher*-Novelle umtrieb. Sich selbst, »fett«, mit »rötlichen Wangen«, rechnet Emma jedoch zum »türkischen, ungewöhnlich weiblichen« Typ. Ihr Alleinsein ist ein »Experiment«, mit dem sie sich von der »Sauferei« befreien möchte. »Du hast mich ermutigt, Dir zu schreiben, wann immer ich es für notwendig hielte, Klarheit in meine Gedanken zu bringen. Du hast mir aber ausdrücklich gesagt, ich solle es *nicht* als notwendig erachten, mein Handeln zu *rechtfertigen*.« Dennoch kann Emma nicht umhin, ihrem Entschuldigungszwang nachzugeben, und kündigt jenem »Paul« an, als sei er ihr Beichtvater oder religiöser Erzieher: »So werde ich statt von der Metamorphose von der erflehten Besserung sprechen. Doch bis dahin muß ich mich jeden Tag rechtfertigen. Vielleicht kriegst Du jeden Tag einen Brief. An manchen Tagen«, so lautet der entscheidende Satz, »steckt das Bedürfnis zu schreien in meiner Kehle drin wie ein Schrei, der ausgestoßen werden muß.«[ERS]

Die schriftstellerische Tätigkeit als Aufschrei gegen eine innere, übermächtige Qual – mit der ihr innewohnenden Qualität als Befreiung, zugleich aber auch als Fluch: Beinahe hat man hier eine veritable Poetologie der Autorin Jane Bowles vor sich, die sich gegen das Schreiben auflehnte, es verdammte, von ihm zugrunde gerichtet wurde und doch nicht anders konnte, als immer wieder von vorn anzufangen, einen kläglichen Neubeginn zu wagen; sie war dieser monotonen Beschäftigung eines modernen Sisyphos schutzlos ausgeliefert. Unfähig, auf weniger sinnvolle, aber auch weniger zermürbende Weise die Zeit totzuschlagen. Einige Seiten weiter im selben Brieftext-Fragment liefert Emma ihrem Ehemann in der Ferne dann eine schonungslose Definition ihrer Perspektive des Zusammenlebens. Jeder einzelne Satz ist ein Verdikt, schreit danach, unterstrichen und mit möglichst vielen Ausrufezeichen versehen zu werden: »Ich möchte, daß Du die volle Wahrheit über mich erfährst. Aber glaube nicht, daß ich nicht fähig wäre, meine Unwissenheit vor Dir zu verbergen, wenn ich wollte. Ich bin so listig und weiblich, daß ich ein Leben lang an Deiner Seite leben und Dich jeden Tag aufs neue täuschen könnte. Doch ich will nichts zu tun haben mit den weiblichen Schlichen. Ich weiß, sie können einen den ganzen Tag lang in Anspruch nehmen. Viele Frauen haben ihre Freude daran, dazusitzen und ihr Netz zu spinnen. Es ist eine Tätigkeit, die einen in Anspruch nimmt, und die Frauen glauben, sie hätten Erfolg damit. Was ja auch stimmt, doch nur solange der Mann da ist, der getäuscht werden soll. Und eine listige Frau allein ist jämmerlich anzusehen. Ganz natürlich.« Genau diese Lage war hier, überträgt man die fiktive Briefsituation Emmas etwas willkürlich auf Janes Aufenthalt in Treetops, eingetreten: Strategien, die wie Kartenhäuser einstürzten, der abwesende Gatte, die Demaskierung des eigenen Egos, das Eingeständnis weiblicher Schwäche. Ein Hilfeschrei, eine ungeschickte, aber ehrliche Liebeserklärung.

Nur sehr selten hatte Jane den Mut aufgebracht, Passagen von solch entwaffnender Offenheit zu formulieren – gleichgültig, ob Prosa oder Briefprosa. Und noch der anschließende Passus kommt einer Hoffnung, einer Selbstmaßregelung nahe, einem Vorhaben, das ihr womöglich den Weg zum (Ehe-)Glück bahnen könnte: »Ich will mich bemühen, ehrlich zu Dir zu sein, so daß ich mit Dir leben kann und doch nicht jämmerlich werde.«ᴱᴿˢ Jane durfte die Einlösung solcher guten Vorsätze in Tanger unter Beweis stellen. In ihrem Text aber ist Emma keine Läuterung vergönnt. Sie scheitert an ihren moralisch hochgesteckten Ambitionen. Am Ende verzagt sie und stellt fest, daß alles umsonst war, die Eskapade, die Gelübde, die Briefe, die angestrebte Entziehungskur: »Ich habe überhaupt nichts gesagt. Ich habe die Gründe für mein Hiersein im Hotel nicht klargemacht. Ich habe mich *nicht* gerechtfertigt.« Worauf sie fatalistisch zur schon bereitstehenden Whiskeyflasche greift und sich in ihren »Lieblingskorbstuhl« fallen läßt.

Symptomatisch ist auch hier wieder, daß Janes Kunstfigur Emma wie sie selbst in Briefen zu hellsichtigen Monologen und freimütigen Bekenntnissen in der Lage ist, während sie bei der konkreten Verwirklichung ihrer Darlegungen – wie Literatur und Eheleben – versagt oder zu versagen meint. Mit dem feinen Unterschied, daß Janes Herbst in Treetops mit verschiedenen, einander durchkreuzenden Taktiken befrachtet war. Anders als Emma befand sie sich in einer weitaus vielschichtigeren Isolation. Zum Schreiben fehlte ihr Paul, der sie motivierte, kontrollierte, ihr Ratschläge gab und Verbesserungen anbrachte. Was ihre Beziehung zu Helvetia anging, so hoffte sie, daß sich das Liebesverhältnis von allein auflösen würde, ohne Trennung, in stillschweigendem Einvernehmen. Insofern stellte ihr Exil in Connecticut ein nützliches Verschwinden von der Bildfläche dar. Zugleich hatte sie damit den Verzicht auf ihre erheiternden schwulen *boys* in Kauf zu nehmen; zugleich umwarb sie immer noch jene Cory, eine biedere Dame mittleren Alters aus derselben Kategorie – niemandem in Janes Umgebung war begreiflich zu machen, was sie an ihrer Neueroberung finden mochte. Cory führte einen *tea room*, reiste ein wenig in Europa umher, »trug eine Nickelbrille und vernünftige Schuhe. Sie hatte eisengraues Haar und eine Vorliebe für nette Blusen mit Anstecknadeln« – als Gipfel blitzsauberer Anständigkeit wurde sie von einer mexikanischen Bekannten Janes kopfschüttelnd gekennzeichnet.

Im selben Atemzug stellte sich für die Verliebte das Problem, was mit der gemeinsamen Wohnung der Trinität Bowles-Smith-

Perkins in der 10. Straße geschehen sollte. Paul hatte sich aus dem Staub gemacht und keinerlei präzise Anweisungen hinterlassen. In den Zimmern häuften sich seine schmutzige Wäsche und halbgeleerte Koffer, Manuskripte, Partituren; das ungenutzte Domizil verursachte unnötige Kosten. Gewohnt daran, alles Pragmatische wie störende Bojen schon von weitem elegant zu umschiffen, sah Jane sich unter erheblichen Druck gesetzt. Mit der Wohnungsauflösung würde der Termin ihrer Abreise nach Marokko, von Paul immer ungeduldiger angemahnt und eingefordert, unweigerlich näher rücken. Wollte sie das überhaupt? Und mit wem sollte sie die Reise antreten? Denn ganz allein konnte sie sich unmöglich Paul und der von ihm bereits vereinnahmten arabischen Welt aussetzen. Würde Cory mit ihr reisen oder Libby? Doch weder die eine noch die andere erfüllten wohl kaum die Funktion eines beschwichtigenden, neutralen Außenseiters. Was war mit ihren Männerfreunden? Was erwartete sie eigentlich in Tanger? Wie sollte sie ihre Mutter abwimmeln, die gerade wieder auf dem Besuch ihrer Tochter bei sich bestand? Hatte Libby sie nicht viel nötiger in diesem Moment? Wie würde sich ihre derzeitige sexuelle Affäre entwickeln? Fragen über Fragen, ein Teufelskreis, und Jane begann immer mehr, ihrer großzügigen Gastgeberin zu ähneln. Sie wußte nicht ein noch aus. Unruhig und verstört irrlichterte sie durch das riesige Haus, schminkte sich, trank einen Whiskey nach dem anderen, musterte den verödeten Schreibtisch mißtrauisch aus den Augenwinkeln, und wenn alles Geseufze und Nachdenken nicht mehr half, griff sie eben wieder zur Feder und setzte einen neuen Brief auf. An Paul.

Sie ahnte, daß er mittlerweile auf dem besten Wege war, in der ihm eigenen Abgeschiedenheit mit riesenhaften Schritten einen ganzen, langen Roman zum Abschluß zu bringen. Damit fiel auch ihre letzte Bastion. Beunruhigend war außerdem, daß sie nicht von ihm, sondern auf Umwegen erfahren hatte, daß Oliver Smith und er in das Haus in der Kasbah investiert hatten. Sie fürchtete sich davor, ein für alle Mal aus seinen Planungen ausgeschlossen zu werden. Mit dem Vorenthalten von Informationen wurde möglicherweise ein Prozeß in Gang gesetzt, der auf eine Abnabelung von ihr hinauslief. Schlimmstenfalls auf eine Trennung. Jane war nicht bereit, auch nur die Vorstellung davon hinzunehmen. Sie schrieb und schrieb. Was Bowles ihr in seinen Antwortbriefen auch an Vorschlägen, Alternativen, Ermahnungen anzubieten hatte, sie wies seine Stellungnahmen, nach denen es sie doch so heftig verlangte, in Gänze zurück – entweder war es ihr nicht konkret genug oder sie fühlte sich belehrt, entweder kam sie sich genötigt vor oder sie ertrug die ironischen Kommentare zum Fortschreiten des *Sheltering Sky* nicht. Jedes eingehende Schreiben durchforstete sie nach Hinweisen, als handle es sich um ein schwer zu entschlüsselndes Stück Pergament voller Hieroglyphen. Was sie dann zu verstehen glaubte, wischte sie brüsk vom Tisch.

Sie gab sich größte Mühe, sich in die ihr vollständig unvertraute Welt des Maghrebs hineinzudenken. Aber mit jeder Replik ihres Mannes, der sich in begeisterten Schilderungen von Wüste, Atmosphäre, verlockenden Städten und Einwohnern erging, spürte sie, daß sie sich nur ganz unvollkommene Vorstellungen zu machen vermochte. Paul hatte ihr nicht nur seine Initiationsreise in Jünglingsjahren dorthin voraus, er hatte sie ein weiteres Mal abgehängt. Ihr war zumute, als ginge ihr die Puste aus, als könne sie ihn nie wieder einholen und Schritt mit ihm halten. Im September 1947 rügte sie ihn: »Ich habe das Gefühl, am liebsten wäre Dir, daß sich alles von selbst so ergibt, daß Du vielleicht gar nicht zurückkommen *kannst*. ... Ich finde Dich manchmal unfair, besonders, wenn Du in einer riesigen Staubwolke verschwindest und mir nie irgendwelche Anweisungen hinterläßt.«[GMG] Um sodann kleinlaut hinzuzufügen: »Ich möchte imstande sein, mich selbst um die Kleinigkeiten des Lebens zu kümmern, weil es ein schreckliches Gefühl ist, mit dreißig Jahren unfähig zu sein, soviel zu verdienen, daß man sich um diese Dinge keine Sorgen machen muß. Ich habe keine Angst, denn es ist nicht so, als stünde ich auf der Straße, ... es ist nur eine solche *Erniedrigung*.«[GMG] Und auch die nächsten Sätze, Eingeständnisse ihrer nachhaltigen Blockade, klingen, als hätte Emmy Moore sie ihr in die Feder diktiert: »Schon nach einem einzigen Brief war ich erschöpft. Ich weiß nicht, ob das alles Rechtfertigung[sversuche] sind oder ob ich wirklich nicht schreiben kann. Es liegt ganz sicher nicht daran, daß ich es nicht *versuche,* da bin ich sicher. Aber ich weiß, Du hättest es lieber, daß ich es auf das Wetter schiebe als auf einen gänzlichen Mangel an Begabung oder Phantasie – Phantasie vor allem, denn wenn ich mir etwas nicht vorstellen kann, dann kann ich es auch nicht beschreiben. Lassen wir es dabei.«[GMG] Allmählich machte sie sich aber doch mit dem Gedanken vertraut, nachzugeben, und begann sogar, so etwas wie schüchterne Vorfreude zu empfinden: »Ich glaube, ich würde lieber in einem Hotel in Fez wohnen als in Tanger, und ich bin immer noch strikt dagegen, den Atlas im Bus zu überqueren. Trotzdem wünsche ich mir nichts mehr als eine Frau dabeizuhaben, damit ich nachts nicht immer allein bin. Ich bin sicher, daß das arabische Nachtleben mich nicht im geringsten interessiert. Wie Du weißt, finde ich diese Rassen überhaupt nicht erotisch oder aufreizend, wie ich schon sagte – und ich bin ja beinahe Teil von ihnen. Die Architektur ist eine andere Sache.«[GMG] In beiden Punkten sollte sie sich gründlich täuschen – Tanger wuchs ihr nämlich augenblicklich ans Herz, und sowohl Erotik und Reize der Marokkanerinnen als auch das dortige Nachtleben hielten sie für den Rest ihres Lebens dauerhaft in Atem.

Rechtfertigungssalven und die Überzeugung, genau wie Emmy dem »türkisch-üppigen« und nicht dem »amerikanisch-harten« Frauentyp anzugehören, durchdrangen ihre Postillen. Und hellsichtig definierte sie ihre besondere Kunst der Korrespondenz wie folgt: »Solange ich in einem Brief nicht irgendein Problem [verhandelt] habe, ist es, als hätte ich nicht wirklich einen geschrieben.« Tautologische Wendungen wie die folgende rhetorische Frage, Oliver Smiths Plan betreffend, ihnen bei der Renovierung des Tanger-Hauses Unterstützung zu gewähren, rückten ihre Denkweise zuweilen an den Rand unfreiwilliger Komik: »Offenbar will er mir einen Gefallen tun, aber wie soll ich wissen, ob mir der Gefallen wirklich gefallen würde?« Sie wußte nur zu gut, wie die Empfänger auf ihre Ergüsse reagierten. Mit ironischer Selbsteinschätzung bezeichnete sie ihre Briefe als *agonizers*, »Nervtöter« – auf der Stelle tretendes, in Bewegungslosigkeit verharrendes Hin- und Herwenden ein- und desselben Sachverhaltes. Und für das von Jane häufig verwendete Einsprengsel »ossir« an Satzenden liegen zwei Deutungsmöglichkeiten vor: Auf ungarisch ist damit die Verneinung des soeben Behaupteten gemeint, im Jiddischen soll die Interjektion unwirsch die Haltung »Hoffnung, aber keine Zuversicht« zum Ausdruck bringen. Zur Relativierung des Gesagten eignete sich der Zweisilber im Rahmen von Janes spezifischem Schreibstil hervorragend.

Es gab also durchaus Stellen, bei denen Verfasserin und Adressat lachen durften. Manchmal freuten sich Jane und Paul regelrecht auf ihr Wiedersehen und planten Details ihrer Ankunft, Wahl der Verkehrsmittel, Zeitpunkt, Klima. Anderntags warfen sie Pauls Briefe wieder »völlig aus der Bahn«, denn er hatte ihr vom Besuch bei einem weiblichen *fortune teller* berichtet. Die Hellseherin hatte orakelt, jemand, der demnächst eine Reise anträte, würde mit einem Unglück konfrontiert. Jane war überzeugt davon, daß nur sie für eine solche Hiobsbotschaft in Frage käme. Genau wie sie später die lethargisch-masochistischen Karawanen- und Harems-Episoden, in deren Zentrum die Passionsgeschichte der Witwe Kit Moresby als Opfer steht, allein auf sich bezog. In Pauls Phantasie erblickte sie ein Omen, eine Schreckensvision, sah ihren abwärtsgerichteten Werdegang in eine irdische Hölle Seite für Seite vorgezeichnet. Sie wäre es, die »bezahlen« müssen würde. Noch ging es ja nur um den Stein, der ihren Aufenthalt zum Anrollen bringen sollte. Entnervt schrieb sie, wenn ihr beim Verhandeln um die Überfahrt die Argumente ausgingen: »Bitte sei so gut und quäle mich nicht mit Afrika.«

Ihr Aufbruch aus den USA verschob sich immer wieder. Mal taugte eine bevorstehende Operation von Julian Fuhs, ihrem Stiefvater, als Ausflucht, mal brach Corys Geschäftspartnerin nach Honolulu auf, eine Nichtigkeit, die abgewartet werden mußte, wenn Jane nicht ganz allein über den Atlantik fahren sollte. Sachliche Einwände und vorgeschobene Scheinbegründungen hielten sich die Waage. Am Ende wurde auch Pauls Ton schärfer. Er plante für sich persönlich längst neue Exkursionen und Streifzüge ins Landesinnere, die er sich nicht von einer Cory durchkreuzen lassen wollte. Ihm diktierte der Fortgang seines Romans den Stundenplan. Doch ging es für beide schon lange nicht mehr um eine bestimmte Schiffslinie oder einen regenfreien Tag, wenn die erste Stadtbesichtigung von Tanger anstehen würde: Das Paar focht an einem entscheidenden Wendepunkt in ihrer beider Leben einen Machtkampf aus. Es ging um alles oder nichts. Jeder versteifte sich auf Prinzipielles.

Im Dezember 1947 wurde Jane endlich richtig böse: »Wie üblich habe ich mich zu sehr aufgeregt über eine Bemerkung, die Du bestimmt längst vergessen hast. Ich glaube, es war der Satz, daß Du ›jetzt endlich Dein eigenes Leben führen‹ willst – als hättest *Du* den ganzen Sommer in Libbys Küche herumgesessen. Im nächsten Atemzug hast Du dann vom *thanksgiving dinner* des Papageis erzählt, also weiß ich, Du hast selbst gemerkt, daß Deine Verdrießlichkeit überflüssig war. Mir ist aufgefallen, immer wenn Du in einem Brief [zornig] bist, machst Du das automatisch wieder wett, indem Du irgendeine Geste des Papageis beschreibst.«[GMG] Die Anspielung auf Bupple und Teresa war zu guter Letzt der einzige sentimentale Trumpf, den sie als Schwergewicht, das bei ihm Emotionen und Nostalgie auslösen würde, noch in die Waagschale werfen konnte. Aber da waren die Würfel längst gefallen. Paul hatte gesiegt.

Ende Januar 1948 verließ sie, aus Gibraltar kommend, in Tanger die Gangway. Nicht allein – sie hatte Cory tatsächlich bezirzen können, sie zu begleiten. Doch als sie sich nach der vertrauten schmalen Männergestalt mit den blonden Locken und einem stummen Papagei auf der Schulter umsah, blickte sie vergeblich in die Runde. Er war nirgends zu sehen.

Bowles steckt in der Sahara fest. Schlechtes Wetter macht ihm auch auf der Durchreise im westlichen Algerien und in Fez einen Strich durch die Rechnung, und so kommt er 48 Stunden zu spät, um Jane abzuholen. Gleich nach ihrer Wiederbegegnung zeigt er Jane ihr beider künftiges Traumhäuschen. Fließend Wasser gibt es dort vorerst nicht, die Räume sind so klein und die Decken so niedrig, daß man gezwungen ist, mit gebeugtem Rücken vorwärtszurobben. Entschädigen für soviel Unbequemlichkeit kann dagegen die Dachterrasse, von der sich ein großartiges Panorama über Altstadt und Meer bietet. Jane hat sich bereits umgesehen zwischen Kasbah und Bucht, bei nächtlichen Promenaden, ist abends durch die Märkte und Souks spaziert und hat in Verschläge und Hütten hineingespäht. Und was sie sieht, gefällt ihr wider Erwarten ausnehmend. Menschen in Kapuzen und hinter Schleiern, Großfamilien beim Kochen. Die im Alltag streng voneinander abgezirkelten Mikrokosmen der Männer und der Frauen, umherhuschende Tiere, das Gassengewirr. Kleine Stände und Lattenkisten, Käfige und ausgestellte Waren in Hülle und Fülle, Garküchen und Gewürzkarren. Die Privatheit und Intimität der Patios, in die sich ein jeder zurückziehen kann. Insbesondere das autarke weibliche Universum, das sie mit Hingabe studiert, sagt ihr zu – es spiegelt für sie Erlebnisse ihrer Kindheit, im lebendigen, quirligen Matriarchat ihrer Mutter und Tanten. Das Geschwätz, die Häme, das Gelächter, die täglichen Verrichtungen, die Lebensfreude, der Haß, die Mißgunst. Und die sichtbare Zufriedenheit, gemeinsam stundenlang ohne einen einzigen Mann auszukommen. In Paris hatte Jane sich bereits mit dem Erlernen des Arabischen beschäftigt, nun macht sie sich sofort an den Erwerb der Landessprache. Rudimentär vorerst, aber mit größerem Elan und schnelleren Fortschritten als Paul. Sie möchte in das echte, authentische Leben hier eintauchen. »Jane und ich haben an Hochzeiten und anderen Festen der Einheimischen teilgenommen«, bekommt Peggy Glanville-Hicks im kommenden April von Paul zu hören, »und sie ist fest entschlossen, für immer hierzubleiben. ›Hier kriegst du mich nie wieder weg, das sage ich dir‹, hat sie bereits erklärt.«[410] Er nimmt diesen unverhofften Meinungsumschwung freudig zur Kenntnis. Offensichtlich hatte er ihr nicht zuviel versprochen.

Das provisorische Leben in Hotels, im El Farhar und auch in der Villa de France, kommt Jane entgegen. So kennt sie es von jeher, so läßt man es sich gutgehen. Paul fällt eine zentnerschwere Last von den Schultern, als er Zeuge ihrer stetigen, als wohltuend empfundenen Eingewöhnung wird. Abgesehen von ihrem halluzinatorischen Anfall nach der überdimensionierten Portion *majoun* sowie dem Befund eines Arztes, der nach einem vorübergehenden Unwohlsein konstatierte, irgend etwas sei mit ihrem Herzen »nicht in Ordnung«, läßt sich alles bestens an. Ein Abstecher nach Fez, bald darauf die Saharareise zu zweit, in der er ihr die Riesendüne von Taghit vorstellt, als sei es eine alte Bekannte. Jane schreibt wieder ein bißchen, kann Arbeit zeitweise als integralen Teil ihrer Partnerschaft empfinden; *Camp Cataract* wird fertig, und *A Stick of Green Candy* schreitet inmitten ihrer Odyssee durch das Wüstenmeer voran. Kits und Ports Reise wird von ihnen beiden behutsam nachvollzogen, doch ohne in Chaos und Einsamkeit zu münden. Daß Mann und Frau ausnahmsweise in angrenzenden Zimmern arbeiten, beflügelt Jane. Alle paar Minuten kommt sie durch die Verbindungstür hereingeschneit und fragt Paul nach technischen Details aus. Kurzzeitig stellt sich Harmonie ein. Im Oktober 1948 äußert Jane ihre positiven Empfindungen, was den »arabischen Teil« ihres Lebens in Marokko betrifft: »Es ist der einzige Grund für mein Hiersein, jedenfalls der wichtigste. Natürlich sind auch der Blick über die Kasbah und die Möglichkeit, das Meer zu sehen, sehr wichtig für mich. Und irgendwie liebe ich Tanger. Wahrscheinlich wäre ich entsetzt, wenn ich aufwachte und sich herausstellte, daß ich [gar] nicht in Afrika bin. Es ist alles sehr komisch. Ich schreibe ein andermal weiter.«[GMG] Paul macht ein Photo von ihr, das nichts als unbeschwerte Freude ausstrahlt: eine enthusiastische Jane auf einem Balkon am Meer, den schmalen Körper in ein kurzärmeliges, gepunktetes Kleid gehüllt, hinter ihr Sandstrand und Brandung, die Lockenpracht vom Wind in die Luft gewirbelt. Sie wirkt gelöst und frei, ihr Kopf hebt sich vor dem Hintergrund einer blassen Linie von Bergen am Horizont deutlich ab, das Lächeln ist echt und ungezwungen.

Die Anwesenheit von Besuchern und Gästen erweist sich als hilfreiche Abwechslung. Weniger die ersten Wochen mit Cory, deren Begleitung einen (für Paul) erwartungsgemäßen Fehlschlag darstellt. Zu einer *amara* in Moulay Braham, einer blutrünstigen religiösen Zeremonie, bei der Trancezustände erzeugt und Tierschlachtungen vorgenommen werden, brechen die beiden verliebten Frauen ahnungslos, in Erwartung eines bunten Volksfestes, mit einem Picknickkorb auf. Als sie am Hang eines Berges, den sie zum Erreichen der Pilgerstätte erklimmen müssen, auf halber Höhe angelangt sind, kommen ihnen blutverschmierte, starr dreinblickende Männer entgegengerannt. Es sind *aissoua*, die sich soeben am Lebenssaft eines verendenden Bullen sattgetrunken haben. Jane erwartet einen brutalen Angriff durch diese durchnäßten, verzückten Gläubigen und verharrt reglos angesichts dieser Erscheinung. Rechnet fest damit, niedergetrampelt zu werden, getötet. Doch stürmt die Horde einfach durch sie hindurch, zentimeterweit an ihnen vorbei, als seien sie gar nicht anwesend. Cory ist schlechterdings entsetzt. Sie reist vorzeitig ab. Jane wird ihre Beziehung zu ihr anläßlich gelegentlicher intensiver Eskapaden in Paris fortsetzen.

Als nächstes erscheint Libby auf der Bildfläche, begleitet von ihrem sechzehnjährigen Sohn Topper. Zu mehreren brechen die Bowleses mit ihr in den Hohen Atlas auf, man tourt zwischen Taroudant, Tiznit und Ouzoud. Enthemmt stürzt sich die Exzentrikerin, die um jeden Preis ihrem Ruf gerecht werden will, nackt in die dortigen legendären Wasserfälle, behängt sich bei Flanerien durch Berberdörfer mit Goldschmuck und Armreifen und trägt ihre entblößte, braungebrannte und schmuckverzierte Bauchpartie zur Schau. Die Reaktionen der Einheimischen schwanken zwischen Befremden, Entsetzen, Entzücken und Neugier. Libby erachtet ihren Aufenthalt als eine einzige überschwengliche Bühnenshow, mit sich selbst als Star im Rampenlicht und der verdorrten, ausgetrockneten Berglandschaft als Kulisse. Die Marokkaner sollen ihr gefälligst zu Füßen liegen. Schockieren möchte sie. Als Bauernjunge verkleidet, mischt sie sich unter das Volk, verbringt die Nächte mit ihr gänzlich unbekannten »Wilden«. Die Expedition führt die ungleiche Gemeinschaft schließlich nach Ksabi, in die Lodge eines Leopardenjägers. In einer sternenklaren Nacht, Paul hat sich, wie so oft, von der Gruppe zurückgezogen und hockt gedankenverloren inmitten einer Gruppe von kaktusübersäten Felsen, gesellt sich Libby zu ihm und macht ihm unverblümt einen Heiratsantrag. Jane wäre mit dem Vorschlag bereits einverstanden, nur er müsse noch zustimmen. Seiner Wiederverehelichung stünde dann nichts mehr im Wege. Paul fühlt sich geschmeichelt und zugleich peinlich berührt. Mit einem schiefen Lachen fegt er das absurde Angebot beiseite. Er sei sich absolut sicher, Jane wolle auch weiterhin »Mrs. Bowles« bleiben. Libby erträgt die Abfuhr mit Fassung. Und sie ködert Paul mit einer ganz anders gearteten Offerte: einem Kompositionsauftrag für eine Oper. Wieder soll es ein Dramenstoff des surrealistischen Spaniers García Lorca sein, der zur Vertonung kommt, nur soll diesmal Libby selbst die Titelrolle übernehmen. *Yerma* heißt das Projekt, es wird gut bezahlt sein. Paul geht auf den Handel ein und macht sich an die Arbeit. Die Musik, vor der er doch wegrennen möchte, ist ihm immer noch dicht auf den Fersen.

Truman Capote kommt 1949 und freundet sich im El Farhar mit Jane an; Paul spielt, ein Jahr zuvor, den Fremdenführer auch für Tennessee Williams und dessen Liebhaber Frank Merlo. Das feuchte Winterklima und die Armseligkeit der Unterkünfte vergraulen den Erfolgsdramatiker binnen kurzem aus Tanger. Aber Tennessees Stück *Summer and Smoke* ist schuld daran, daß Bowles gleich im ersten Winter, den er mit Jane »daheim« am Mittelmeer zu verbringen gedenkt, für längere Zeit ins ungeliebte New York zurückkehren muß, für die Proben. Und zur Premiere seines Doppelklavierkonzertes, das die Pianisten-*boys* Gold und Fizdale für ihn aus der Taufe heben. Kaum ist Jane also ein wenig heimisch geworden zwischen El Farhar, der Place Amrah und dem Petit Socco, befindet sich Paul bereits wieder in den USA. (Er residiert dafür eine Zeitlang in Holmans *midtown*-Appartement.) Verkehrte Welt – die vertrackte, unselige Ausgangssituation hat sich überkreuz ganz von alleine wiederhergestellt. Die Vermeidungsspielchen, das umeinander Herschleichen, das voreinander Weglaufen, die ewigen Katz- und Maus-Jagden. Von Bowles in das Land seiner Träume gelotst, hockt sie nun mutterseelenallein im feuchtkalten Tanger, darf die Bauarbeiten beaufsichtigen, von Behörde zu Behörde ziehen, um Genehmigungen einzuholen, gerät von einer, wie sie selbst sagt, »kafkaesken« Szene in die nächste. Ihre Vorwürfe setzen wieder ein, sie fragt erzürnt nach, was sie eigentlich mit seiner und Olivers Investition zu tun habe. Gefolgt von eigenen Ideen und euphorischen Berichten ihres systematischen Auskundschaftens der Viertel am Meer, denn inzwischen geht sie selbst auf die Suche nach einer geeigneten Unterkunft.

Das bittstellerische Heischen, die Rechtfertigungslitaneien, das sich im Kreise drehende Entscheidungs-Abwägen, die Geldsorgen und Auflistungen ihrer Ausgaben, die Dauer-Präsentation von Optionen und Alternativen, es geht alles wieder von vorne los. Nur diesmal eben in umgekehrter Richtung. Abermals fühlt sich Jane von Paul in ein *dead end* hineinmanövriert. Und sie läßt es ihn wissen. Wenn sie, alleingelassen ohne eine Libby oder Cory in Reichweite, alles nur noch in schwarzen Farben zu sehen vermag, ziehen entsprechend dunkle Wolken auf: »Was [das Bleiben in Tanger] angeht, so kann ich bloß sagen, daß ich mich nach wie vor totstelle. Und je weniger ich dazu sage, um so besser.« Eine Haltung, die aber ebenso geschwind wieder in eine amüsante, sarkastische Selbstparodie umschlagen kann, wenn Paul von ihr erfährt: »Seit ich Dir gestern nacht einen zwanzigseitigen Brief geschrieben habe, den ich natürlich *nicht* abschicken werde, geht es mir [bedeutend] besser.«[GMG] Bowles ist bald zurück, aber sie hat nicht mehr allzuviel von ihm. Capote ist im Lande und sein Erzrivale Gore Vidal ebenfalls; Rorem, Copland und James Baldwin geben sich in der Zwischenzeit die Klinke in die Hand. Paul macht die *honneurs*. Machtlos muß sie zusehen, wie er in den wenigen freien Stunden zwischen der Arbeit an Manuskripten und dem intensiven *socializing* unter den immer zahlreichen *expatriates* seine verbleibende Aufmerksamkeit einem anderen Objekt der Begierde zuwendet: Yacoubi. Ihm und seiner Kunst läßt er nun die größtmögliche Fürsorge angedeihen. Mit Ratschlägen, Hinweisen in Geschmacksfragen, technischen Überlegungen und dem Herstellen eines Kontaktes zwischen Ahmed und dem amerikanischen Maler Robert Rauschenberg schiebt er so geschäftig wie geschäftstüchtig die Karriere des vielversprechenden jungen Mannes an.

Zum Glück ist zeitgleich mit Jane und Paul David Herbert, der zweite Sprößling des Earl of Pembroke, in die *dream city* gekommen. Zusammen mit seinem Freund, dem Starphotographen Cecil Beaton, hat er sich in der Villa Mektoub westlich der Medina niedergelassen, einst das Anwesen der Guinness-Familie. Es ist keine bloße Ankunft, es ist vielmehr ein echter Auftritt, und David geht das Theatralische über alles. Das Leben – für ihn eine ununterbrochene Show. Als eine Art männliches Äquivalent zu Libby Holman, der er die Herkunft aus einer traditionsreichen englischen Adelsfamilie voraus hat, ist er auf dem Landsitz der Familie in Wiltshire, umgeben von echten Rembrandts, groß geworden. Vierzig Jahre alt, amüsant, hochdramatisch und effeminiert. Tiefgläubig, aber nichtsdestoweniger vom Charme der marokkanischen *garçons* überwältigt, avanciert er in Windeseile zum Drahtzieher und Partykönig von Tanger.

Er, dessen Bekanntenkreis von Greta Garbo, Cyril Connolly und Harold Nicolson über das britische Königshaus bis zum gesamten europäischen Hoch- und Geldadel reicht, läßt aufwendige Kostümfeste steigen, inszeniert Galadinners und mondäne Spektakel, wie sie die Stadt an der Meerenge, obschon an die grotesken Auswüchse der internationalen *high society* seit jeher gewöhnt, noch nicht oft gesehen hat. Jane macht er zur Königin. David huldigt ihr, steckt sie in sündhaft teure Gewänder, führt sie vor wie einen kostbaren, seltenen Vogel, läßt sie, angehimmelt von den Schönen und Reichen aus aller Herren Länder, ins Rampenlicht treten und duldet keinen Moment lang, daß die Konzentration auf sie nachläßt. Und Jane genießt es, wieder uneingeschränkt Blickfang zu sein. In einem bisher ungeahnten Ausmaß kostet sie ihren Stellenwert aus. Dieses Tanger, das ihr

David zu Füßen legt, knüpft nahtlos an die Annehmlichkeiten von Taxco an, wenn auch eine Nuance grandioser. Auf einmal hat sich die Übersiedlung nun doch gelohnt.

Paul apostrophiert David anerkennend als »inoffiziellen gesellschaftlichen Schiedsrichter« der sich durch dessen Anwesenheit im Glanz sonnenden Hafenstadt. Er ist mehr als zufrieden, daß Jane den ihr gebührenden Platz im ihr angestammten schwulen Milieu, sogar auf verfeinertem Niveau, auch hier wieder einnehmen kann. David und Jane speisen zu zweit, trösten sich gegenseitig, wenn bei ihnen nach momentaner Verliebtheit ein emotionaler Scherbenhaufen zurückbleibt, sie stecken einander mit unbändigen Lachkrämpfen und aus Launen geborenen Verrücktheiten an, ziehen mit Wonne über andere her, schwelgen in Reichtum und Glamour. Nicht zuletzt genießen die neuen Freunde die Freuden der *connivence* – im Französischen ist damit eine gefühlsmäßig-instinktive innere Verbundenheit, die sich in einem gegenseitigen Rundumverständnis des In- und Auswendigkennens Bahn bricht, gemeint. Wer David und Jane begegnet, könnte sie für unzertrennliche Geschwister halten. Ein Herz und eine Seele. Einstweilen sieht Tanger zu ihnen auf, und Jane setzt sich, Nutzen aus ihrem Nimbus ziehend, zugleich auch mächtig für den Mythos des illustren Bowles-Paares ein, so daß Paul im Hintergrund von der neuen Berühmtheit profitieren darf. Wieder ist ein »käuflicher Traum« unvermutet zur Realität geworden. Libby wäre stolz auf ihre Janie gewesen.

Beide Bowleses lassen sich von David im Herbst 1949 nach Wilton entführen, ins elterliche Schloß der Pembrokes. Schon zuvor, in Tanger, sind sie zu ihm in die Villa Mektoub gezogen. Die Fahrt gen Norden, quer durch Europa, wird von einer *tour gastronomique* im Rhônetal eröffnet, einem Schlaraffenland für den dekadenten Adligen und seine überkandidelte Prinzessin, die sich als wahre *gourmands* den leiblichen Genüssen hingeben; eine Tortur für den sinnenfeindlichen Paul, dem Leber und Galle schwer zu schaffen machen, und der daraufhin das Bett hüten muß. Zu allem Überfluß bleibt dem Elenden die ausführliche Nacherzählung der Menüfolgen und erlesenen Gaumenfreuden nicht erspart – die sadistische Rache seiner Frau, die sich obenauf wähnt. Beim Zwischenstop in Paris ergibt sich endlich eine Gelegenheit, Jane und »*la*« Toklas miteinander bekanntzumachen; in London trifft Paul seinen Verleger John Lehmann und findet Zeit für ein Schwätzchen mit Somerset Maugham.

Auf dem Familienanwesen in Wiltshire dann nimmt das Verhängnis seinen Lauf – David schleppt ein dickes Photoalbum herbei, angefüllt mit Erinnerungen an seine auf Ceylon verbrachten 1930er Jahre. Paul kann sich an den Bildern dieses Paradieses, vom Sohn des Earls eifrig kommentiert, nicht sattsehen. Besonders eine Serie von Aufnahmen hat es ihm angetan, sie zeigt ein winziges Eiland in der Bucht von Weligama, unweit des südlichsten Zipfels von Sri Lanka. Sein Name klingt wie eine magische, viersilbige Formel: Taprobane. Eine Lawine wird losgetreten – je mehr sich seine Begeisterung entzündet, desto stärker fühlt sich David angefeuert, Anekdote nach Anekdote anzubringen, sich in schwelgerischen Beschreibungen zu ergehen von den fast fünfzehn Jahren, die er inmitten des Pembroke-Clans dort auskosten durfte. Vielsagende Seitenblicke von Jane und ihre energischen Fußtritte unter dem Tisch nutzen nicht mehr viel; die beiden Männer haben sich längst in Rage geredet. David läßt sich in seinem Überschwang nicht beirren. *Noblesse oblige.* Nur Jane allein weiß, was die Stunde geschlagen hat. Und sie soll recht behalten. Kaum sind sie zurück aus Wilton in London, hat Paul einen neuen Plan gefaßt. Er bucht schnurstracks eine Schiffspassage. Von Antwerpen wird ihn ein alter polnischer Frachter nach Colombo entführen.

Seit seiner Lektüre von Henri Michaux' inspirierendem Reisebuch *Un barbare en Asie*, 1933 publiziert, brütete Bowles Pläne aus, der Perlenkette seiner verwirklichten Träume noch ein weiteres Glied einzufügen, ein tropisches Schmuckstück. Indien, Sri Lanka, Taprobane – ein Subkontinent mit glitzernden Facetten, dem er sich noch nie ausgesetzt hatte, und gerade richtig, um den kalten, ungemütlichen Wintern in Nordafrika zu entgehen, wo sich in klammen Behausungen nie richtig heizen ließ, Bronchitis auf Bronchitis folgte und ein scharfer Wind, von den Kanaren und Azoren herkommend, durch die Medina blies. »Seine« klitzekleine Insel – denn er würde nicht aufgeben, bis er Taprobane kaufen und sich untertan machen konnte – eroberte er in mehreren Anläufen. Drei geschickt ausgeführte Schachzüge, und das Fleckchen Erde hörte auf seinen Namen.

Die erste Fahrt auf der »General Walter«, 1949/50, gleich nach der Kurzschlußreaktion von Wilton, führte ihn an Gibraltar und Tanger vorbei. Im Dunkeln erahnte er die Zickzack-Silhouette der Berge, sah die Lichter der Viertel auf Hügeln und Anhöhen aus der Ferne herüberschimmern. Eine weitere irreale Vision, ein starkes Sehnsuchtsmoment, und schon entstand *Let It Come Down*, sein in Gänze dem Porträt Tangers in Zeiten des *dolce vita* gewidmeter Roman, dem Tanz auf einem schlummernden, aber ausbruchsbereiten Vulkan. Paul arbeitete daran mit derselben Besessenheit wie an seinem Vorgängertext. Er schrieb, als er in Djibouti auf den Spuren Arthur Rimbauds kurz von Bord ging; er vollendete einen Großteil, als er in Südindien anlangte, von Madurai nach Trivandrum, vom Cap Comorin über Tuticorin und Bandarawela weiterzog. Auf Sri Lanka unterbrach er die Ausformulierung seiner Skizzen, um sich ganz den Eindrücken dieser unbeschreiblich farbigen Kultur zu stellen. Ihm vage vertraut von Mittelamerika, und doch eine entgegengesetzte, bestaunenswürdige fremde Welt. In Colombo fand er heraus, daß in der Nähe eine Teeplantage mit Namen Maldeniya existierte. Bowles ließ sich von deren Besitzer Trimmer einladen und verbrachte vierzehn Tage inmitten der »ruhelosen Landschaft« aus »ungeordneten Hügeln«, Gummibäumen, Felsen, Dschungeldickicht, in die sich selten ein betelkauender Eingeborener verirrte. Als er ein verstimmtes Klavier erblickte, werkelte er einfach an *Yerma* weiter. Solange, bis sich eine meterlange Schlange im Zeitlupentempo aus dem Instrument hinauswand. Sie hatte sich zwischen Hämmerchen und Saiten häuslich eingerichtet und war vor den ruppigen Klängen und unsanften Stößen, zu denen ein Fremder auf spanisch Verse von García Lorca sang, empfindlich gestört worden. Mit einem Satz sprang der Komponist geistesgegenwärtig zur Seite. Er hielt sich noch lange auf der Plantage auf, erforschte die undurchdringlichen feuchten Wälder wie ein Eremit. Über Dhanushkodi auf der Landenge zwischen Sri Lanka und indischem Festland trat er die Rückreise an; erste Skizzen für Reiseberichte, noch eine neue Gattung für Paul, kamen hier bereits zustande. Taprobane hatte er bislang nur im Vorbeifahren aus dem Zugfenster erspähen können.

Das zweite Kapitel der Eroberung fiel in das Jahr 1952. Diesmal ging es Erster Klasse von Gibraltar nach Bombay; diesmal war Yacoubi sein Begleiter, den er, gespannt auf den zu erwartenden Kulturschock, mit Indien vertraut zu machen gedachte. Jane schiffte sich zur selben Zeit nach New York ein, um bei den Vorbereitungen für die Premiere ihres *Summer House* eingreifen zu können. Von der Millionenstadt an der Westküste ging es für das Männerpaar über Aurangabad, Ellora und die südindische Metropole Kochin bis ins burmesische Rangoon. In der Zeitung lasen sie dort vom Ausbruch der Bürgerkriegsunruhen im heimatlichen Tanger und wußten sofort: Die Zeit der unbekümmerten »tollen Tage« gehörte für ihre *dream city* unwiderruflich der Vergangenheit an. Sie würden sich bald auf schwankendem Boden bewegen. Grund genug, nicht mehr länger mit der Besichtigung Taprobanes zu warten. Und Paul verliebte sich tatsächlich im Handumdrehen. Die wenigen hundert Quadratmeter, vom Indischen Ozean umspült, entsprachen aufs Vollkommenste langgehegten Kindheitsträumen; der kleine Wald, ein noch kleinerer Garten, ein achteckiges Anwesen, »mehr Lustschloß als Wohnhaus«, das riesigen Fledermäusen als Unterschlupf diente, die schwarzen Basaltfelsen – alles hielt dem Vergleich mit David Herberts verklärten Vergangenheitsbeschwörungen stand. Ein Alptraum war hingegen ihre vorübergehende Internierung in der Region von Mandapam, in einem südindischen Gefangenenlager von unvorstellbaren Ausmaßen. Fälschlicherweise waren sie der Spionage bezichtigt worden. Die ceylonesische Regierung hielt dort Zehntausende von Häftlingen mit ungewisser Zukunft in einer Art »concentration camp«.

Bowles und Ahmed kamen mit einem blauen Auge davon, nach einigen Choleratests und mehrtägigem Gewahrsam wurden sie wieder auf freien Fuß gesetzt. Aber sie ahnten, daß es ihnen beinahe an den Kragen gegangen wäre. Paul spürte die Notwendigkeit, für einen alternativen Aufenthaltsort zu sorgen, mußte sich jedoch auch der Einsicht beugen, daß dieser – vermeintlich abgeschiedene – Teil des Globus ebenso prekär war wie jeder andere. Gefährlich, lebensbedrohend. Für alle Fälle hinterließ er ein Kaufangebot. Die indisch-tropische Mentalität, so konstatierte er freudig, schien Yacoubi ja zuzusagen. Als er gegen Ende des Jahres in Erfahrung brachte, der Eigentümer denke wirklich daran, Taprobane zu veräußern, schlug er ohne zu zaudern zu.

Der dritte Streich folgte erst im Winter 1954/55, als er immerhin schon zwei Jahre lang stolzer Besitzer seines Eilands war. Gewissermaßen zur Einweihungssaison rückten Paul, Ahmed und erstmals auch Jane von Neapel aus auf der »Orsova« an – ein Flugzeug zu nehmen, stand für den Snob Bowles, für den Zeit nie ein rares Gut war, auch weiterhin nicht zur Debatte. In letzter Minute war es Jane gelungen, auch Temsamany zum Mitfahren zu bewegen, inzwischen fungierte er immer mehr als Vertrauter denn als Chauffeur. Denn sie fürchtete sich, der intimen Zweisamkeit zwischen Paul und Yacoubi schutzlos ausgesetzt zu sein. Ein weiterer Vorwand für die Expedition des Quartetts war eine bevorstehende Ausstellung in einer Galerie in Colombo mit Werken Ahmeds. Vorausgegangen war Janes vorletzter, zweijähriger Aufenthalt in Manhattan mit den beiden, eher frustrierenden Aufführungsserien ihres Stückes in Ann Arbor, Michigan, und am New Yorker Broadway. Vorausgegangen waren auch mehrere Monate, die Bowles als »Amateur-Ethnologe« in Istanbul zugebracht hatte, bevor er nach Neapel und Rom weitergefahren war. In der Ewigen Stadt hatte er sich als Drehbuchautor für Viscontis inzwischen legendären Film *Senso* mit Alida Valli und Farley Granger verdingt, doch der Cineast, nach dessen Dafürhalten Pauls Dialoge und Liebesszenen viel zu »kalt« ausgefallen waren, bat Tennessee Williams, sie zu revidieren.

Nachdem man ihm seine mangelnde Qualifikation vorgeworfen hatte, verlangte es den so kühlen Bowles wieder nach tropischer Hitze. *Yerma*, seine Oper für Holman, war immer noch nicht abgeschlossen, da sie dauernd von allen möglichen Kurzprojekten unterbrochen wurde, aber einen dritten Roman hatte der fleißige Allroundkönner bereits in Arbeit. *The Spider's House*, das er auf Taprobane mit einem streng geregelten Tagesablauf abzuschließen gedacht hatte, spielt auf ein Koran-Zitat an und ist vor der Kulisse der Aufstände und Revolten in Marokko, wie sie Bowles im Vorjahr in Fez miterlebt hatte, angesiedelt. Wenn es seinem Autor also gar nicht heiß genug sein konnte und seine Vorfreude mit jeder Seemeile stetig wuchs, kam Jane, kaum daß sie sich Sri Lanka genähert hatten, vor Hitze fast um. Paul hatte geplant, ihr mit dem Vorführen seines Schmuckstückes eine Riesenfreude zu machen. Janes negative Kommentare und Haßausbrüche machten ihm dieses Ansinnen kaputt. Aggressiv, nervös und wütend hetzte sie gegen seine Neuerwerbung, zog sie als »pure Geldverschwendung« in den Dreck, verdarb ihm an seinem Paradies jegliche Freude. Tief verletzt zog er sich in seine Arbeit zurück, stand schon frühmorgens um sechs auf, berauschte sich an der Stille, wenn der Tag anbrach, eine glutrote Sonne aufging und die infernalischen Geräusche der Nacht, hundertfach verstärkt vom Quieken und Schreien der Fledermäuse, endlich verstummt waren. Ihr kam es auf der Insel vor, als sei sie verbannt worden. Sie hatte das unbestimmte Gefühl, selbst gefangen inmitten des »Spinnenhauses« zu sitzen. Und sie sagte Paul auch, warum es ihm hier so gut gefiel: Auf Taprobane gehe es zu wie in einer von ihm heißgeliebten Geschichte Edgar Allan Poes. Hätte sie gewußt, was auf sie zukam, hätten sie »keine zehn Pferde« nach Taprobane zu schleifen vermocht.

Auf der Überfahrt hatte Richard Rumbold, ein mitreisender Schriftsteller, noch bewundernd in seinem Tagebuch festgehalten, wie künstlerisch und eigenständig die beiden Partner auftraten und miteinander umgingen. Hier auf dem Inselchen nun, wo man sich weder im Haus noch außerhalb wirklich aus dem Weg gehen konnte, platzten die unterschwelligen Spannungen wie schlecht verheilte Wunden auf, wuchsen die Animositäten ins Unermeßliche. Als seien es wuchernde Schlingpflanzen, die nach einem schwächlichen Hieb mit der Machete gleich wieder über einem zusammenschlugen und einen zu ersticken drohten. Als dann auch noch die Mäzenin Peggy Guggenheim, auf der Pirsch nach einem »echten Maharadscha«, zu Besuch kam und sich für längere Zeit einnistete, wurde das vertrackte Beziehungsgeflecht für alle Beteiligten unerträglich. Zwei Jüdinnen, ein puritanischer Atheist und zwei Moslems, die Abwesenheit jeglichen gesellschaftlichen Umfeldes, weder Strom noch Wasser, und was für Jane das Schlimmste war, kein Alkohol weit und breit – das konnte einfach nicht glücken. Yacoubi und Temsemany gingen mit Messern aufeinander los, Jane folterte die Dienstboten mit nächtlichen Befehlen zum Aufdrehen und Löschen der Petroleumlaternen, je nach Verfassung wechselten sie alle fünf Minuten. Sie brachte die devoten Wesen schier zur Verzweiflung. Die Kommunikation riß ab, feindseliges Schweigen machte sich breit. Aus der imaginierten Nische wurde ein echtes »huis clos«, das ihnen die Luft zum Atmen abschnürte. Täglich hieß es darin: *No Exit* für die fünf ungleichen Gefangenen. Wie Hohn wirkten da die grotesk verzerrten Schreie der stundenlang über ihnen kreisenden, hier »fliegende Füchse« genannten *bats*. Mit Taschenlampen mußten regelmäßig Kontrollgänge vorgenommen werden, um sie aufzuspüren und zu verjagen. Jeder war einmal dran. Und ihm – oder ihr – bot sich ein gräßlicher Anblick: Mit über einen Meter breiten Schwingen flatterten die häßlichen Tiere dicht um ihn oder sie herum, bleckten furchterregende Reißzähne. Jane konnte erst wieder phasenweise Schlaf finden, als sie in den umliegenden Dörfern Gin aufgetrieben hatte. Mittlerweile kippte sie ihn gleich flaschenweise hinunter.

Paul kam am besten mit den Problemen klar. Wie einen Panzer trug er seinen Selbstschutz vor sich her, zog sich in innere Freiräume zurück, absolvierte Tag für Tag ein gewaltiges Pensum und blendete die Realität einfach aus. Wenn es ihn nach Authentizität verlangte, fuhr er mit einem kleinen Boot auf die

andere Seite und sah sich mit Yacoubi heimlich die Rituale der
»devil dancers« an, mit deren nächtlichen Tänzen Dämonen vertrieben und Besessenen eine heilsame Schocktherapie verabreicht werden sollte. Die konnten sie unterdessen alle dringend gebrauchen. Unter den beiden Marokkanern brach immer wieder Streit aus. Gegenseitig beschuldigten sie sich, auf Peggys Geld aus zu sein und daher mit ihr anzubandeln. Für Temsemany war das ganze fremdartige Ambiente, besonders aber die permanente physische Anwesenheit von zwei Frauen kaum zu bewältigen. Beiden Landsmännern schmeckten die eintönigen Currygerichte nicht, sie wurden jähzornig und suchten Streit. Der Ex-Chauffeur kam nicht damit zurecht, daß Ahmed und Paul ihr symbiotisches Verhältnis in völliger Offenheit zur Schau stellten, er litt unter dem sozialen Gefälle von verhätscheltem Geliebten und lediglich geduldetem, herumkommandiertem Domestiken. Im Gegensatz zu Yacoubi war er nur zweite Wahl. Auch Peggy entging nicht, daß Bowles seinen jungen Freund »wie ein Vater« behandelte, seine Frau aber vernachlässigte. Sexuelle und emotionale Hierarchien, seit Jahrhunderten eingespielt, wurden an diesem seltsamen Ort einer libertinären Anarchie geopfert, die Temsemany unverständlich war und einen Affront gegen sein männliches Ego darstellte. Und Jane – sie versank nach ihren anfänglichen Wutanfällen in tiefer Depression. Der ständige Alkohol und die unkontrollierte Einnahme blutdrucksenkender Medikamente wirkten auf unheilvolle Weise zusammen. Peggy war sich bei ihrer Ankunft sicher, daß ihre jüngere Freundin einen schweren Nervenzusammenbruch hinter sich hatte. Sie versuchte, meist umsonst, die Gepeinigte zu Spaziergängen zu überreden. So wateten die beiden bei Ebbe zum Festland hinüber, kamen mit den Leuten aus dem nächsten Dorf in Kontakt. Doch Jane versank in Apathie, wollte nichts von Ceylon kennenlernen und wissen. Auch Peggys freundlichen Vorschlag, sie solle bei ihrer Reise durch Indien mitfahren, um Distanz zu gewinnen, wies sie zurück. Lediglich auf die in der Gegend ansässigen Burghers, »gesetzte« Mitglieder der holländisch-reformierten Kirche, war Jane neu-

gierig, lauschte deren verkümmertem Englisch und behandelte sie interessiert wie Studienobjekte einer vom Aussterben bedrohten Spezies.

Blieb Peggy Guggenheim selbst. Sie war entzückt von Taprobane, fand diesen Garten Eden rundherum fabelhaft. Staunend widmete sie sich jedem einzelnen Detail dieses Kleinods, dem Haus ohne Türen, einem echten Oktogon, von einem Grafen de Mauny-Talvande erbaut. Den Lotusmotiven im Schnitzwerk der Säulen und des Daches. Der Dachkuppel, immerhin zehn Meter hoch. Den Säulen und Pfeilern, deren Anzahl jeweils durch vier oder acht teilbar war. Dem raffinierten, ausgeklügelten System von an Ketten herabgelassenen Windschutzbarrieren, mit der die Außenwelt und der Regen ferngehalten und kleine, voneinander unabhängige intime Zonen etabliert werden konnten. Schließlich dem mit Bedacht und Sorgfalt angelegten botanischen Garten. In ihren Memoiren beschrieb sie jene Winterwochen anschaulich und heiter, so als hätte sie alles aus der unvoreingenommenen, aufgeschlossenen Perspektive Pauls erlebt: »Um auf die Insel zu gelangen, mußte man seinen Rock heben und durch den Ozean waten. Es gab weder Brücke noch Boot. Die Wellen benetzten einem meistens den Hosenboden, obgleich die Entfernung in ein bis zwei Minuten zu bewältigen war. Es war ziemlich unerfreulich, den ganzen Tag mit einer nassen Hose umherzulaufen, aber es ging nun einmal nicht anders. Die Schönheit der Umgebung entschädigte für die Entbehrungen, und davon gab es einige. Da die Insel nicht über Süßwasser verfügte, mußten es Dienstboten auf dem Kopf herübertragen. Damit war ein Bad, abgesehen vom Schwimmen im Meer, buchstäblich unmöglich. Doch gleich unterhalb des Hauses war ein Floß angebracht, und dort konnte man herrlich baden. An der gegenüberliegenden Küste wuchsen Kokospalmen, und überall flitzten schmale Fischerboote mit prachtvollen singhalesischen Fischern umher. Es war eine richtige Traumwelt.«

Nachdem Peggy allein zu ihrer Erkundungstour durch Indien abgereist war, nicht ohne Bowles vorher zu warnen – »Du verfügst auf lange Sicht letztlich nicht über genügend finanzielle Mittel, um Deine Insel zu unterhalten« –, trennten sich die Wege für die Akteure des Kammerspiels wieder. Ahmed und Paul würden, wie üblich, weiter um die Welt ziehen – nach Japan, Singapur, Hongkong und Ägypten. Bevor Jane nach etwas über zwei Monaten entnervt und psychisch zerrüttet das Handtuch warf und mit Temsemany die Heimreise antrat, unterzeichnete sie Briefe an Freunde in Tanger und New York spöttisch und mit zugleich trauriger Selbsterkenntnis als »the spider's wife«. Ihren Mann ließ sie um seine Besitzerfreude betrogen zurück; Bowles war verärgert und gründlich enttäuscht.

Mit trotziger Siegesgewißheit gab er sein fertiggestelltes, makelloses Manuskript, das von den Wirrnissen und Seelenstürmen wie unberührt schien, im Postamt von Weligama auf. Adresse des Päckchens: Random House, New York. Paul oblag auch in Zukunft die schwierige Aufgabe, für seine Person verbindlich zu klären, wie er seine nicht zu stillende Passion für die unbekannten, unheimlichen Gefilde auf dem gesamten Erdenrund mit seinem tiefen Wunsch, Jane um sich zu wissen, Jane einmal auch beständig glücklich an seiner Seite erleben zu dürfen, versöhnen sollte. Wäre es nicht das Beste, einfach unterzutauchen, sich in jedem Land unter die Bevölkerung zu mischen, alle Kontakte zu seiner Frau und zu anderen »Weißen«, zu Kollegen und flüchtigen Freunden abzubrechen? Wäre es nicht wünschenswert, wie Kit als »Vergessens-Suchende« willenlos einer ungewissen Zukunft entgegenzuschreiten, den Verstand auszublenden, Kompositionsaufträge und Romanprojekte ad acta zu legen? Wäre es nicht das Ehrlichste, auf Zweisamkeit in all ihren Spielarten zu verzichten, schon um dem Gegenüber größtmöglichen individuellen Freiraum zuzubilligen?

In einem Schreiben an seine Vertraute Glanville-Hicks sprach er schon 1951 seinen Urkonflikt in aller Offenheit an, ein so heikles, kostbares Sujet, daß es in seinen Diskussionen und Auseinandersetzungen mit Jane nie wirklich zur Sprache kommen konnte:

Tief drinnen warte ich nur darauf, zu flüchten. Wohin, ist mir nicht ganz klar. Natürlich will man immer entkommen, wenn man keinen Grund hat, irgendwo zu sein. Und ich habe keinen Grund, irgendwo zu sein, das steht fest. Wenn ich arbeite, denke ich nicht darüber nach und verspüre diesen Drang zu flüchten weniger, so daß die Arbeit zum großen Teil therapeutische Wirkung hat. Doch wenn man spürt, daß der einzige Grund für Arbeit darin liegt, sein Leben zu vergessen, ist man gelegentlich verleitet, die Arbeit als absurd zu empfinden, wie Tabletten, die man nimmt, um seine Verdauung zu fördern. Irgendetwas fehlt, und was es ist, darüber kann man nur spekulieren. ...
Das Problem liegt vermutlich darin, daß man sein Leben denkt, anstatt es zu leben. Gelegentlich kommt es für den Bruchteil einer Sekunde zu einem Kontakt, wenn der Wind einem übers Gesicht streicht oder der Mond sich hinter einer Wolke hervorschiebt oder eine Welle gegen die Felsen rauscht, wie man es noch nie gehört hat, wie es sich gewiß nicht beschreiben läßt. In diesem Moment ertappt man sich vielleicht dabei, den Kontakt bewußt zu erleben, aber im nächsten ist er bereits wieder unwiederbringlich verloren. Doch selbst im Schlaf ändert sich nichts Wesentliches: Irgendeinen Käfig gibt es immer.[INT*]

Auch Bowles kehrte augenscheinlich nur in Briefen sein Inneres nach außen. So ging er in dieser poetisch-philosophischen Passage, von Beschönigungen befreit, mit bewundernswerter Bereitschaft zur Selbstkritik mit seinen persönlichen Verhinderungsstrategien ins Gericht. Doch die Antwort auf sein Lebensdilemma, auf den Widerspruch zwischen *inside* und *outside* wie auf den Knotenpunkt seiner Ehe mit Jane, hatte Paul selbst längst geliefert. Es war sein Roman-Motto, geborgt von Kafka. Es lautete: »An einem gewissen Punkt angelangt, gibt es kein Zurück mehr. Das ist der Punkt, der erreicht werden muß.« Beide hatten ihn, ohne das Umschlagen von einem Zustand in den anderen überdeutlich zu verspüren, bereits vor langer Zeit überschritten.

6
Mozart und Mariachis
Tanger zwischen Fluchtburg und Peepshow

Der Blick aus meinem Fenster auf das arabische Viertel
verliert nie an Reiz für mich.
Ich schaue ständig hinaus, und es ist vielleicht das erste Mal in
meinem Leben,
daß ich Freude an etwas rein Visuellem habe…
Sehr gespannt bin ich allerdings, herauszufinden,
ob ich ernsthaft arbeiten kann oder nicht.
Wenn nicht, ist es wohl besser,
mit dem Schreiben ein für alle Mal aufzuhören.
Die Bedingungen hier müßten ideal sein…
Natürlich leide ich unter Stimmungsschwankungen,
aber ich genieße einzelne Augenblicke viel mehr als früher,
als seit vielen Jahren.
Ich liebe dieses Fleckchen Erde auf der Landkarte
und freue mich immerzu über das viele Blau um mich herum.
Hier gibt es das Meer und den Himmel und die Berge in der Ferne
und all das Blau in der Kasbah,
selbst das Weiß hat eine Menge Blau…
Bitte
bitte
schreib' mir
Alles Liebe
Jane

Jane in einem Brief aus Tanger (Hotel Villa de France)
an Paul (in New York), Juli 1948[OTW/ALO]

Ich hätte ohne Zweifel nicht angefangen zu schreiben,
wenn ich nicht mit Jane verheiratet gewesen wäre.
Ja, wenn ich nicht mit ihr zusammengelebt hätte,
wenn ich nicht bei der Geburt ihres Romans dabeigewesen wäre…
Es ist gut möglich, daß ich Komponist geblieben
und nie Schriftsteller geworden wäre.

Paul (1989)[TNG]

Die 1950er Jahre sind für die zwei Streithähne von Taprobane eine Zeit des Umbruchs. Tanger ist so etwas wie ihr Stützpunkt geworden, aber noch sind sie nicht zur Ruhe gekommen. Herbe Enttäuschungen wechseln mit Phasen der Zuversicht. Kaum ist das Haus an der Place Amrah endlich fertig, müssen sie einsehen, daß sie wieder einmal nicht zum fortgesetzten Zusammenleben taugen. Wie von Taranteln gestochen streben sie voneinander fort. Paul zieht sich in schöpferische Refugien zurück oder in schwere Krankheiten – dann wenigstens, im Hotel Massilia vom Typhus niedergestreckt wie sein Anti-Held Port, erträgt er Janes Gegenwart wieder: als sich aufopfernde Pflegerin. Paul beginnt auch, die ersten von Yacoubis phantastischen Geschichten zu transkribieren. Seine Laufbahn als Literatur-Ethnologe nimmt hier allmählich ihren Anfang, systematisch treibt er sie bis zur Meisterschaft voran, erstellt eine großangelegte Enzyklopädie »mundstellerischen« Erzählens im Maghreb. Bei einem seiner seltenen Gastspiele in den USA kommt er in Pennsylvania erstmals mit Meskalin in Berührung. Ned Rorem ist Zeuge, wie Bowles sich, ausgerechnet unter dem Einfluß einer solch wirkungsmächtigen Droge, im halluzinatorischen Rausch von seiner »humansten« Seite zeigt. Insgesamt halten die Vereinigten Staaten jedoch nur noch wenige Verlockungen für die beiden Daueremigranten bereit.

Janes zweijährige Erfahrungen mit *In the Summer House* haben sie erneut ein Wechselbad der Gefühle und, unterm Strich, ein künstlerisches Fiasko erleben lassen – da hilft es auch nichts, daß Paul ihr als Liebesdienst eine Bühnenmusik für ihr einziges Drama schreibt und schenkt. Und Bowles selbst benötigt seinerseits neun bis zehn quälende Jahre, bis die Lorca-Oper *Yerma*, seine letzte größere Partitur, endlich aufführungsreif ist. Über bescheidene Vorstellungsserien in Denver und am New Yorker Ithaca College im Jahre 1958 kommt sein zweiter Opernversuch nicht hinaus. Bei jeder Wiederbegegnung mit Libby Holman, für Jane stets ein Anlaß unbändiger Freude, verspürt er einen unangenehmen Stich, hat ihm die exaltierte, großzügige Freundin doch zwischenzeitlich Ahmed als Geliebten ausgespannt und dazu bewegen können, 1953 eine Zeitlang bei und mit ihr, westlich des Atlantiks, zu leben. Schlimmer noch: Ahmed ist unverzüglich und ohne auch nur den Anschein von Rücksichtnahme auf die Gefühle seines väterlichen Freundes auf Libbys Angebot eingegangen. Nach allem, was Bowles für Yacoubi getan hat, nach allem, was er sich zwischenmenschlich von dieser Liebe, dieser exemplarischen Freundschaft und Förderung versprechen durfte, ist ihm mit diesem Vertrauensbruch von gleich zwei nahestehenden Personen eine tiefe Verletzung zugefügt worden. Abstand und Mißtrauen zu vermeintlich Wohlgesonnenen verstärken sich von nun an nur noch mehr, und wenn Yacoubi auch bald an seine Seite zurückfindet, so hat der Gehörnte dennoch seine Lektion gelernt. Immer tiefer zieht er sich in sein misanthropisches Schneckenhaus zurück. Seine und Janes Loyalität Ahmed gegenüber bleibt freilich von dem Vorfall unbeschädigt. Ihre Freundschaftsdienste haben Bestand und weisen keine feinen Risse vorübergehender Beschädigungen auf.

Nach Verwundungen mit Dritten stellt Jane urplötzlich wieder Pauls liebste Gesellschaft dar. Durch und durch kennen sie sich, schenken sich nichts, aber können über gemeinsame Schwächen und individuelle Illusionen wenigstens herzhaft lachen. Janes Einstellung ihrem Gatten gegenüber bleibt gespalten – vor nichts fürchtet sie sich mehr, als daß ihm etwas zustoßen könnte, daß er durch Krankheit oder einen Reisezwischenfall vor ihr umkäme und sie schutzlos zurückließe. Zugleich flößt er ihr Entsetzen und Grauen ein. Er schleift sie, wie von Dämonen besessen, in Länder und an Orte, wo jedes Detail darauf abgezielt, sie zu verunsichern. Mit Tanger hat sie sich auf lange Sicht arrangiert, wirklich entschieden hat er für sie. Das mörderische *majoun*-Experiment, die Konfrontation mit der wahnwitzig isolierten Fledermausinsel, seine düstere Lebensauffassung, der über Kits Schicksal liegende Fluch, deren Verdammnis, die sie als Orakel auffaßt: Alle äußeren Angriffe auf ihr seelisches Gleichgewicht werden von Pauls Hand oder Einfällen auf sie ausgeführt. Sie braucht ihn, kann ohne ihn kaum einen Tag überstehen, und wird doch das unbestimmte Gefühl nicht los, daß er sie ins Verderben stürzt, ihr mit einem geheimen Destruktionswillen nach dem Leben trachtet. Seine Unerbittlichkeit, sein Fleiß, seine furchterregende Sprachlosigkeit und der tiefgründige Ernst, den er unablässig ausstrahlt, sind seine Waffen und Gifte. Ihre Hörigkeit trägt den Sieg davon. Es ist, als käme sie ohne ihn, ihren Kompaß, einfach nicht aus. Je nachdem, wie die Nadel ausschlägt, führt er sie mit sicherer Hand oder leitet sie in einen Orkan der Verwüstung.

Andere sehen anderes, nehmen lediglich Komplizenschaft und Spontaneität wahr. David Herbert notiert über das Bowles-Duo: »Sie waren schon eine ganze Weile verheiratet, doch ihre Freude an der Nähe des anderen hielt unvermindert an. Es war rührend und äußerst ungewöhnlich zugleich, sie im Nebenzimmer lachen und sprechen zu hören, als hätten sie sich eben erst kennengelernt und versprühten ihren ganzen Charme, um den anderen zu bezaubern.«[DH/SES] Ein Zustand der Unschuld, eine Komödie, mit der sie sich Zutraulichkeit vorgaukeln. Realzustand und Hochglanzfassade klaffen weit auseinander. Zuschauer wie Herbert ergötzen sich am Starcharakter des Paares. Sehen entzückt dabei zu, wie das Tandem zwischen offenen Koffern, Hotelsuiten und ihrer Endlosbaustelle in der Kasbah einen liebenswert chaotischen, charmant verwahrlosten Haushalt führt. Der beglückenden Anwesenheit Davids verdankt Jane, wenn Paul mit vier Romanen, Reiseerzählungen, Transkriptionen, Williams-Bühnenmusiken und philosophischen Meditationen unerreichbar für sie ist und zerstreut nur nach dem Besteck greift, das sie ihm mitsamt seiner Mittagsmahlzeit vorbeigebracht und vor ihn hingestellt hat, immerhin eine Zeitlang ihr ganzes Lebensglück. Die Wiederherstellung ihrer vollständigen Persönlichkeit, ihrer ausgelassenen, bejahenden, zupackenden Seite. Jane und David Herbert sind und bleiben gemeinsam ein nicht zu schlagendes Team von Lästermäulern, Umschlagplatz für intimen Tanger-*gossip*, Schaltstelle lokaler Umtriebigkeit. Gierig greift sie nach diesem Strohhalm der Unbeschwertheit.

In einem beeindruckenden Erzählfragment Janes, *The Iron Table*, Anfang der fünfziger Jahre festgehalten, aber erst posthum publiziert, liefert sie eine unbarmherzige Bestandsaufnahme ihrer ehelichen Partnerschaft. Das fiktive Element ist hier auf ein Minimum zurückgeschraubt, die Autorin läßt ihrer und Pauls Wesensverschiedenheit freien Lauf. Der Leser begegnet einem amerikanischen Ehepaar, das vor einem Restaurant in einem marokkanischen Küstenort auf der Terrasse sitzt und mit schneidender Starrhalsigkeit aneinander vorbeiredet. Ein alter »eiserner« Tisch, Symbol ihrer festgefahrenen Situation, bildet mit einer Absperrkette, einem halbleeren Blumenbeet und dem Zementboden die trostlose Kulisse. Obwohl eine milde Sonne auf sie hinabscheint, wollen sie um keinen Preis in irgendeinem Punkt Übereinstimmung erzielen. Sie streiten sich, liefern einander einen einstudierten, bereits hundertmal abgespulten, dramaturgisch vorhersehbaren Schlagabtausch.

Der Mann beklagt fortwährend den Verlust von Authentizität vor Ort, die »Infizierung der moslemischen Kultur« durch obsolete westliche Werte, so dekadente wie dem Islam völlig unangemessene »Zivilisations«-Einflüsse. Er schlägt, enttäuscht vom korrumpierten Zustand der von ihm geliebten orientalischen Welt, wiederholt vor, diesen Übeln »des technischen Zeitalters« durch Flucht in die Wüste zu entgehen, sich in einer Oase, fernab der Städte, der Illusion unzerstörbarer, intakter Schönheit hinzugeben. Er schwingt sich zum Anwalt einer »echten« Kultur auf, predigt Purismus und schiebt seine Frau geradezu in die Rolle der für die unselige Vermischung Verantwortlichen, der Repräsentantin dieser soziologischen »Verunreinigung«. Sie verhält sich launenhaft, ist hin- und hergerissen zwischen Gehorchen und Aufbegehren, Widerspruch und Nachgeben. Sie spielt bewußt mit seiner fordernden Erwartungshaltung, doch gelingt es ihr nicht immer, ihn zu täuschen. Mal suggeriert sie Enthusiasmus für seine Pläne, mal beharrt sie auf ihrer Unwilligkeit. Oft beschädigt sie seine tiefsten Empfindungen, seinen verborgenen Wunsch, sie möge die Dinge ein einziges Mal nur so sehen, wie er sie wahrnimmt. »Aus seiner Stimme klang Sehnsucht, und sie mußte sich erinnern, daß sie lieber schlechtgelaunt sein wollte als verzweifelt.« Jane zeichnet ein schonungsloses Porträt von sich. Sie registriert »den gehetzten Ausdruck« im Gesicht der Frau, ihre halbherzige Nachgiebigkeit, sobald sie etwas getrunken hat, ihr Hinhalten des Mannes, dann wieder ihr Pflichtgefühl, ihm innerhalb der Ehe Genüge zu tun: »›Vielleicht sollte ich [mitkommen], ich bin ja deine Frau.‹ – ›Du mußt das tun, was du wirklich *willst*‹, sagte er. Er hatte sich schon seit zwölf Jahren bemüht, ihr das beizubringen.«

Deutlich wird, daß er ihr durchaus eine Wahl läßt, ihr mit einem Rest von Fairneß begegnet, sie nicht um jeden Preis zwingen will. Doch gerade dieses Quentchen Offenheit bereitet ihr so großes Unbehagen, daß sie sich noch stärker gezwungen fühlt und nicht umhin kann, nur um ihn glücklich zu wissen, selbst unglücklich seinen Beschlüssen Folge zu leisten und ihm nachzutrotten. Womit sie ihn natürlich zutiefst verbittert, weil ihm klar ist, daß sie nicht freiwillig mitzieht, sondern nur unter einem moralischen Druck, den sie auf sich selbst ausübt, aber ihm in die Schuhe schiebt. Eine verzwickte, fast unauflösliche Überlagerung von Ansprüchen, Taktiken, Gehorsam und Toleranz.

Eine verfahrene pädagogische Lage außerdem – wäre sie doch nur endlich lernfähig, auf ewig seine fleißige Schülerin, dann bräuchte er keine Erziehungsanstrengungen mehr an die Unbelehrbare zu vergeuden. Zuletzt rettet sie sich in die Meinung ihrer Freunde, wonach Fluchten keinen Sinn mehr ergäben, wonach man sich wohl oder übel in der bestehenden Welt einrichten, fremden Menschen in fremden Ländern ihre Wahl lassen müsse. Korrekturen am Fortgang der Weltgeschichte seien nutzlos und uninteressant. Nicht einmal der Rede wert. Er bestreitet im Gegenzug die Existenz maßgeblicher Bekannter, zweifelt deren Urteilskraft an. »Er hatte es gern, wenn sie sich isoliert fühlte.« Und erreicht damit, daß sie aus der Haut fährt. »Sie wandte sich mit einer Spur von Heftigkeit an ihn. ›Ich glaube, du kommst [vor allem] in diese Länder, damit du jammern kannst. Ich bin es überdrüssig, das Wort *Zivilisation* zu hören. Es hat keine Bedeutung. Oder ich habe jedenfalls vergessen, was es bedeutet hat.‹«

Der Gipfel der Ambivalenz ist erreicht. Beide sind verbittert, fühlen sich unverstanden, ein »ernsthafter Kummer« breitet sich in ihnen aus. Aber auch eine Art ungesunder Zufriedenheit, den anderen ins Mark getroffen, ihm an seiner empfindlichsten Stelle zugesetzt zu haben. Ein wollüstiger Genuß daran, daß der andere nie das Leben führen würde, das er allein um alles in der Welt anstrebte. Nur weil sich beide aneinandergekettet fühlen. Was zuletzt zählt, ist absolute Uneinigkeit. »Sie hatte das Gefühl, es sei anstößig, wenn sich in [ihnen] beiden dieselbe Sorge ausbreitete.« Das Bewußtsein, daß sich beide Teile um ihre Glückserfüllung bringen, läßt das Nebeneinanderherexistieren in der ungeliebten Gemeinschaft beinahe erträglich oder eben begehrenswert erscheinen. Alles muß jedenfalls dafür getan werden, daß sich die Standpunkte einander nie annähern können, daß die unversöhnliche Konfrontation – und sei es um einer seltsamen Form von Liebe willen – aufrechterhalten bleibt, daß keine endgültige Harmonie erzielt wird. Janes Erzählung kulminiert in dem schon fast perfiden Fazit: »Der Augenblick, da sie Zärtlichkeit hätten empfinden können, war vorbei, und insgeheim waren sie froh darüber.«[ERS]

Wie mit der Pinzette, mit feinem, spitzem Instrumentarium seziert die leidgeprüfte Verfasserin dieses Textes das krankende Beziehungsgeflecht, das weit über die geschilderte Begebenheit, weit auch über das Bowles-Paar hinausweist. Sie spürt hier grundsätzliche Mechanismen auf, ein kompliziertes, vielen Lebensgemeinschaften zu zweit zugrundeliegendes Räderwerk; sie zeigt, wie die Scheren und Flügel von Zwickmühlen funktionieren, legt bloß, wie Menschen einander Fallen stellen und sich in ihren eigenen Finten verheddern. Den anderen nicht loslassen können und sich selbst zugleich keinen Freiraum gönnen, dieser Thematik geht sie mit lähmender Genauigkeit nach. Was ihre – immer wieder verworfenen – Kurzgeschichten deshalb an Dramatik einbüßen, gewinnen sie an plausibler Aussagekraft über das einander durchkreuzende Verhalten von Menschen, die lange, vielleicht zu lange in einer Konstellation verharren, hinzu. »Wie man sich gegenseitig das Leben schwermacht«, könnte als Motto über vielen ihrer späten Textentwürfen stehen. So auch über Janes Skizze von *Lila und Frank*, einem zusammenlebenden erwachsenen Geschwisterpaar, in dem die vom Bruder ausgehende Sprachlosigkeit zwischen beiden eine unerträgliche Dauerspannung für ihren alltäglichen Umgang miteinander heraufbeschworen hat. Fortwährend setzt Lila den Verstummenden unter Druck, fragt ihm Löcher in den Bauch, zerrt an den Nerven auch des gutwilligsten Lesers. Denn sie weiß, daß hinter der verbalen Widerwilligkeit Franks mehr steckt als bloße Maulfaulheit: Er schweigt, um sie zu strafen. Er empfindet Befriedigung darin, sie mit seiner Wortkargheit zur Weißglut zu treiben. Sie bezieht Lust aus der autoritären Machtposition, die sie als dominierende Schwester innehat. Sie weidet sich daran, ihm jede Antwort unter Qualen aus der Nase zu ziehen. Beide verstellen sich, keiner gibt sich die Blöße, seine Karten auf den Tisch zu legen. »Da ihrer beider Art, sich anzulügen, unterschiedlich war, war die Erregung, die sie beim [seltenen] Miteinanderreden verspürten, sehr groß«[ERS], resümiert die kluge, unsichtbare Erzählerin.

Jane analysiert nicht, zieht keine Schlüsse, fällt keine Wertungen. Aber sie gewährt Einblicke in die unergründlichen Strategiewechsel partnerschaftlichen Denkens und Agierens. Deren Tiefe kann Angst einjagen, handelt es sich doch allzuoft um Abgründe, manchmal wahre Fallgruben. Verbissener Trotz oder eine alberne Jetzt-erst-recht-Haltung, so legen die meisten von Janes Veröffentlichungen nahe, ist im Grunde die verbreitetste Spielart von Liebe. Deren desillusionierenden Charakter wahrhaben und darstellen zu wollen, den das dauerhafte Zusammenleben, von einem ursprünglichen Glücksmoment beiderseitiger

Euphorie gespeist, früher oder später ans Tageslicht befördert, gehört zu den hervorragendsten Eigenschaften und Verdiensten von Janes schriftstellerischer Tätigkeit. Daß diese Einsicht schmerzlich, ja kaum hinzunehmen ist, daß dieses Resultat immer noch unter der beschönigenden Langzeiteinschätzung »Liebe« firmiert, mag das Zurückschrecken vor dieser Autorin begreiflich machen, die es sich, uns und zukünftigen Lesern nicht leichtgemacht hat.

Als systematische Studie sprachlichen Ausweichverhaltens zum Kaschieren allzu offensichtlicher Charakterschwächen und weicher Züge ist ganz gewiß auch Janes Drama *In the Summer House* zu verstehen. Daß dieses Experiment so gründlich mißlang, lag zum überwiegenden Teil an den äußeren Umständen. Ein hoffnungslos überforderter Regisseur, sich in den Vordergrund spielende, in letzter Minute umbesetzte Hauptdarstellerinnen, der Wunsch Janes, es allen recht zu machen, ihre inkonsequente Bereitwilligkeit, mehrere Aktschlüsse ständig je nach Erfordernis umzuschreiben. Ihr guter Wille, Oliver Smith und andere Geldgeber nicht zu enttäuschen, ihr Bedürfnis, sie fördernde Menschen, die an sie und ihre Begabung glaubten, für ihre Großzügigkeit zu entschädigen. Und nicht zuletzt Transferprobleme, die von den befriedigenden Bedingungen eines Repertoiretheaters in der Provinz an den anspruchsvollen, gnadenlos kommerziell ausgerichteten Broadway entstanden – hier verdarben viele Köche den Brei.

Flickschusterei versetzte dem hoffnungsvoll begonnenen Unternehmen, das die zum festen Kernensemble gehörigen Darsteller sogar liebten wie ein ihnen ans Herz gewachsenes Kind, den Gnadenstoß – sie wenigstens hatten in langer Probenarbeit Bedeutung und Besonderheiten von Janes Zweiakter erkannt, an deren Realisierung sich wenig kompetente Theaterleute vergeblich abmühten. Tennessee Williams sprang in die Bresche und schrieb seine obligate wohlwollende Würdigung. Er sprach von einem »Beispiel für dramatische Kunst, das völlig für sich steht«, bezeichnete das Stück als »seltsam, lustig und bewegend«, rückte dessen »Vorstellungen über das Menschsein«, die »geistreich und feinfühlig« seien, in den Vordergrund, lobte den »lockeren« Stil. Starkritiker Brooks Atkinson pickte einige Rosinen aus dem verdorbenen Kuchen, indem er Janes Elaborat als »originell, exotisch und gewagt« pries und anschließend von der Ankunft einer »neuen, scharfsinnigen Schriftstellerin« raunte, die ein Drama so komponiere, »als sei es Poesie«. Aber auch er ließ keinen Zweifel daran, daß die Produktion als ganze unausgegoren, gestückelt und geklittert wirkte. Daß das an leichte Kost gewöhnte Massenpublikum mit dieser tiefenpsychologischen Etüde, in der man heutzutage einen mutigen Vorreiter zu Edward Bonds Stücken, ein Äquivalent zu manchen Beckett-Szenen und einen modernen Nachfolger der zeitlosen, in extreme Langsamkeit gedehnte Konversationsdramen Tschechows erblicken mag, hoffnungslos überfordert war.

Als Jane die anderen Tageszeitungen und Fachblätter aufschlug, prangten dort in Fettdruck weit weniger günstige Beurteilungen ihres ersten dramatischen Gehversuches: »Überflüssig, Redezwang, hochgestochenes, wortreiches Geschwafel« waren noch die günstigsten Attribute, gefolgt von »vage, sonderbar, jämmerlich, Blödsinn«. Weniger zartbesaitete Rezensenten gaben ihrem Affen Zucker und hielten mit rundheraus beleidigenden Abqualifikationen nicht hinter dem Berg: »Sinnlos, morbide, geistesgestört, neurotisch«, konnte man dort lesen, »Abscheu und Entsetzen« breite sich aus, Charaktere mit »schweren geistigen Behinderungen« tummelten sich vor einer zusehends irritierten Zuschauerschaft. Von einer Rolle heißt es gar, sie stelle »eine Verrückte von der dümmsten, stumpfsten und trotteligsten Art dar«; der Eingangsmonolog Gertrudes sei nichts anderes als eines der »langatmigsten« Selbstgespräche, die »je für die Bühne geschrieben wurden«. Tatsächlich handelt es sich bei Janes *Summer House* um den ehrgeizigen, mehrstimmig angelegten Versuch, den Träumen, Utopien und Vorstellungen ganz unterschiedlich gearteter Frauen aus mehreren Generationen Ausdruck zu verleihen, ein Thema mit Variationen sozusagen oder, wenn man so will, ein ferner Nachfahre von Tschechows *Drei Schwestern*.

An der Südküste Kaliforniens, in einem nicht näher definierten Garten, bringt Jane Bowles diese so ungleichen weiblichen Befindlichkeiten zusammen – die unzufriedene, gegen ihr Alleinsein aufbegehrende Gertrude, eine schöne Frau mittleren Alters, die nur ein mäßiges Auskommen mit dem Beherbergen von Logiergästen findet; deren achtzehnjährige, apathisch in einem Gartenhaus vor sich hinvegetierende Tochter Molly; ihr Gegenstück, die ausgelassene, freche und wilde Vivian, fünfzehn und rothaarig, ein Pensionsgast Gertrudes, wie auch deren Mutter, die stets um ihr Kind besorgte Mrs. Constable. Der Auftritt eines Mr. (»Señor«) Solares und seiner Großfamilie, eine lebendige, farbige Picknickszene, bringt Abwechslung und hispanophone Folklore in den Alltag der vier bindungslosen Frauen. Ein Konflikt bahnt sich an, als Vivian immer unverhohlener um Gertrudes Gunst buhlt. Sie stürzt von einer Klippe in den Tod. Ob es sich um einen von Molly begangenen Mord handelt oder bloß um einen Unfall, bleibt dahingestellt. Gertrude tritt in die Freiheit hinaus und zieht mit Mr. Solares, den sie heiratet, nach Mexiko. Die verzweifelte Molly kämpft vergeblich um ihre Mutter, um sich danach, eher wahllos, an Lionel, einen Jüngling aus der naheliegenden Hummer-Bar, zu binden. Die um ihr Kind betrogene Mrs. Constable schließlich, die am meisten zu bemitleidende Figur des morbiden Quartetts, verliert die Orientierung, verfällt dem Suff, streicht um die Bar herum und lechzt nach kurzen, folgenlosen Begegnungen mit Lionel und Molly – obwohl es sich bei jener möglicherweise um die Mörderin ihrer freudestrahlenden, glücklichen Tochter Vivian handelt, des einzigen Sonnenscheins im Verlauf der beiden Akte.

Einmal mehr gilt auch hier, daß der banale, ja das Triviale streifende Plot nichts über die wahren Beweggründe der Figuren, die zugrundeliegenden Intentionen der Autorin Jane preisgibt. Letztere verhandelte ein weiteres Mal die Urthemen des Theaters – Liebe, Sünde, Sinnsuche, Lebensveränderung, Tod, Mord, Schuld, Verlassensein – in ihrer ganz eigenen, idiosynkratischen Manier, in der Gestalt verzagter, mit sich hadernder Frauengestalten, deren Mono- und Dialoge nicht zielgerichtet nach vorne, sondern gewissermaßen nach innen, in die Tiefe weisen. Die Männer bleiben Staffage, äußern sich in Sprechblasen. Die Protagonistinnen dagegen wollen nach ihren Motiven und Eigenarten forschen, sie mühsam aus ihrer Seele und Persönlichkeit hervorziehen – ein kontemplativer, selbstverliebter Vorgang, umständlich, aber um Exaktheit bemüht, der auf Zuschauer per se undramatisch wirken mußte. Für Jane war es ebenso schwer einzusehen, daß ein noch so philosophisches Stück einen plausiblen Schluß benötigt, und es war bezeichnend für ihre Unzufriedenheit mit der konventionellen Dramenstruktur, daß sie ihn mehrfach veränderte und zuletzt mit keiner einzigen ihrer Lösungen auch nur annähernd zufrieden war.

Für sie gab es kein ›Ende‹, keine kathartische Wirkung, weder im Drama noch im wirklichen Leben. Ihre entwaffnend ehrliche Illusionslosigkeit, was den Fortschritt menschlicher Entscheidungen innerhalb ihrer Befindlichkeit betraf, nämlich daß er, auch durch dramatische Wendungen herausgekitzelt, gegen Null tendierte, schadete ihrem Erfolg als Theaterschriftstellerin beträchtlich. Stünde Janes Stück hingegen in heutiger Zeit auf dem Spielplan einer beliebigen Kammerspielbühne in Mittel- oder Westeuropa oder am Off-Broadway, würden seine Vorzüge, die Konzentration auf wenige Charaktere, die Dominanz der sprachlichen Auseinandersetzung, die Modernität der gesamten Anlage, die Verweigerungshaltung gegenüber einer bündigen Struktur, auf geschulte Augen und Ohren stoßen, würde das *Summer House* sich im Rahmen eines eingespielten Diskurses, innerhalb eines vertrauten Koordinatensystems zeitgenössischer Dramatik bewegen. Es gibt sich nicht fremdartiger oder verstörender als Bühnenwerke inzwischen längst etablierter Autoren wie beispielsweise Friederike Roth, Elfriede Jelinek, Einar Schleef oder auch Marguerite Duras. Und selbst wenn es in der bequemen, reduzierenden Schublade »Frauenliteratur« weggesperrt würde, hätte es immer noch weitaus größere Chancen als zum Zeitpunkt seiner Uraufführung. Zumal in Europa. Jane Bowles – keine Prophetin im eigenen Lande? Gehemmt und mundtot gemacht von der Engstirnigkeit ihrer Epoche?

Im direkten Vergleich zwischen Paul und Jane, was Thematik, Fragestellungen und dichterische Konsequenz ihres Schreibens anbelangt, war sie – wenn man davon absieht, daß er gar keine Dramen verfaßt hat – womöglich bei weitem die Realistischere von beiden. Sie hatte den Mut, zum Phänomen des Scheiterns von Menschen Farbe zu bekennen; sie legte Wert auf die Feststellung, daß die bloße Flucht, das Weglaufen aus dem verhaßten Westen keine wirkliche Lösung individueller, tieferliegender Probleme darstellt; für sie war die von Paul so heftig stigmatisierte, industriell-materialistisch geprägte Zivilisation auch nicht das stereotype Schreckgespenst, das als Abziehbild westlichen kulturellen Versagens wieder und wieder herhalten durfte. Eine innere Emigration, ein Versteckspiel in unzugänglichen Wüsten, hielt sie nicht für das Allheilmittel, das dafür geeignet wäre, dem zerstörerischen *ennui* der Post-Hiroshima-Ära dauerhaft aus dem Weg zu gehen. Janes Texte handelten davon, daß man sein Leben aushalten muß, und von den damit verbundenen immensen Schwierigkeiten. Sie kam eine Generation zu früh; in der Postmoderne hätte man ihr einen Ehrenplatz bereitet. Eine Handvoll von *aficionados* besaß allerdings schon 1953/54 den erforderlichen Weitblick. Angeführt und angefeuert von einem enthusiastischen Truman Capote, sorgte eine treue Schar von Anhängern und Bewunderern dafür, daß an einem Februarabend, als sich der Vorhang zum letztenmal für Janes Stück hob, alle Karten restlos ausverkauft und alle Plätze besetzt waren. Das *Summer House* ging unter einer nicht endenwollenden, grandiosen Applausorgie unter, wie sie der Broadway nicht oft erlebt hatte. Capote, der freimütig bekannte, es normalerweise nicht einmal bis zum Ende eines einzigen Theaterstücks auf seinem Sitz auszuhalten, war allein in New York dreimal unter den Zuschauern, nicht, wie er bekannte, aus Loyalität gegenüber der Autorin, sondern des »dornigen Witzes« wegen, den sie verbreite, einer ganz neuartigen Geschmacksrichtung, sprudelnd wie ein »erfrischend bitteres Getränk«.

Jane selbst war angesichts ihres offenkundigen Mißerfolges weit realistischer und äußerte sich, verbittert, enttäuscht und resigniert, gegenüber einer *Vogue*-Journalistin: »Ein Stück für fünfhundert kauzige Fans und Freunde zu schreiben, ist zwecklos. Das kann nicht der Sinn der Sache gewesen sein.« Unerfreulicherweise griff Walter Kerr, Kritiker der *New York Herald Tribune*, eine Wendung aus diesem ehrlichen *statement* auf und drehte Jane mit ätzendem Sarkasmus einen Strick daraus. Unter der Schlagzeile *Theaterstücke für komische Käuze verfassen* unterschied er mit lustvoller Häme kategorisch Genies, wenig talentierte und völlig untalentierte Autoren, ordnete Jane aufgrund ihrer eigenen Einschätzung selbstredend in die letzte Kategorie ein, um abschließend der so tapferen, einsichtigen Mrs. Bowles ein spöttisches Lob auszusprechen: Er dankte ihr schon einmal im voraus für ihre weise Entscheidung, der Bühne für immer den Rücken zu kehren. »Gepriesen sei sie für ihre gelungene Ankündigung!«[AIS*] Es war fürwahr ein eiserner Vorhang, der dort in New York vor Jane herunterrasselte. Und er würde sich nie mehr für sie heben.

Spätestens seit der Publikation seines zweiten Romans, der Tanger-Ode *Let It Come Down*, in der Paul seinen neuen Anti-Helden Nelson Dyar in ein nordafrikanisches Labyrinth aus Intrigen und Machenschaften, aus dunklen Geschäften, Ranküne und Liebesabenteuer schickte, aus dem es kein Entrinnen gab, gewann die Partnerschaft der beiden Bowleses eine ganz neue Dimension hinzu: Sie wurden zu Konkurrenten und Rivalen. Freunde, Feinde, Geschwister, Antipoden, komplementäre Ergänzung, auf ihre seltsame Art auch Liebende waren sie einander schon gewesen, jetzt ging es an die Substanz – ein ästhetisches Kräftemessen setzte ein. Aus dem Komponisten-Gatten, der ab und zu auch einmal eine gelungene Novelle zu Papier brachte, war der Sowohl-als-auch-Künstler geworden, eine Doppelbegabung, deren Erfolge sich unmittelbar an der Höhe des Kontostandes ablesen lassen konnten. Nunmehr waren sie beide Schriftsteller und durften sich mit vollem Recht auch als solche bezeichnen; Paul besetzte damit die letzte Domäne, die bis zum Schluß Jane ganz allein gehört hatte, er nahm sie ihr gewissermaßen vollends weg, bis ihr gar nichts mehr übrigblieb. Sie fühlte sich in die Enge getrieben; zu schon vorhandenen Lähmungen und Blockaden gesellten sich verständlicherweise Eifersucht und Neid hinzu – auf die Leichtigkeit, mit der er ans Werk ging, auf die Geschwindigkeit des Schreibprozesses, auf den meßbaren Ruhm, auf die hohen Auflagen, darauf, daß Paul nun auch auf diesem Terrain in aller Munde war. Hatte er es etwa darauf angelegt, es ihr »zu zeigen«, ihr auch handwerklich den Garaus zu machen? Jane wohnte dem Wandlungsprozeß ihres Mannes, dessen Auslöser letztlich ja seine fürsorgliche Betreuung ihres Manuskripts von *Two Serious Ladies* gewesen war, für das er den verständigen Lektor gespielt und dessen endgültige Form ihn selbst zum kreativen Schreiben angestachelt hatte, mit Argwohn und Entsetzen bei.

In dieser Lauerstellung, bei der es ihr buchstäblich »die Sprache verschlug«, ihre Kreativität voll und ganz zum Erliegen kam, konstatierte sie einen weiteren masochistischen Zug an sich: Hatte sie nicht schon immer geahnt, daß es so kommen würde, daß Paul der Begabtere, Erfolgreichere, zur Berühmtheit geradezu Prädestiniertere von beiden war, hatte sie nicht schon immer beteuert, daß ihre eigenen Anstrengungen nichts taugten, daß ihr Lob und Anerkennung nicht zustanden? Fatale Vermutungen hätten sich nun endlich bewahrheitet. Dahinter steckte natürlich auch das bequeme Wunschdenken, das Schreiben für immer über Bord werfen zu können, endlich von der Last der Kreativität befreit zu sein. Sie ahnte bereits, daß sie sich damit etwas vormachte: Hätte sie von heute auf morgen ganz auf die Schriftstellerei verzichtet, wäre ihre Identität nicht nur bedroht, sondern auf radikale Weise in Frage gestellt gewesen. Pauls vier Romane, sein schriftstellerisches Vermächtnis, waren dazu angetan, sie als Mensch und Künstlerin auszulöschen und zu vernichten, ihre Persönlichkeit dem Erdboden gleichzumachen.

Besonders ungerecht erschien ihr daran, daß er erstens doch bereits über eine ureigene Domäne, die Musik, verfügte, mit der er sich einfach nicht zufriedengeben wollte und ihr mit der Okkupation des Schreibens alles entzog und ihre Energie zum Stillstand brachte. Zweitens erzürnte sie seine kokette »Kleinmacherei«, seine nach Komplimenten heischende Tendenz, vor ihr – in Briefen und Gesprächen – den Umfang und das Gewicht seiner Romane, über deren Bedeutung er sich völlig im klaren war, herunterzuspielen. Dann protestierte sie: »Im übrigen wäre es nett, wenn Du *Deine* Arbeit [am *Sheltering Sky*] nicht als Deinen ›kleinen Roman‹ bezeichnen würdest, ... denn ich bin überzeugt, er wird sehr stark und doppelt so gut wie meiner.« Um sie zu trösten, gab er vor, gar keinen Ehrgeiz zu besitzen, nur einmal etwas auszuprobieren, doch sie war sich des weitreichenden Ausmaßes seiner Bestrebungen, nämlich die hundertprozentige Verankerung in Tanger zu erzwingen und paradoxerweise zugleich den Gipfel des Bekanntheitsgrades in den fernen USA zu erlangen, in vollem Umfang bewußt. Zwei Fliegen sollten mit einer Klappe geschlagen werden, und Pauls epische Tetralogie, so weltanschaulich und existentialistisch sie auch daherkommen mochte, diente dieser Strategie nur als Vehikel. Doch noch ein weiterer Aspekt sollte nicht unterschlagen werden: Beide waren durchaus in der Lage, sich füreinander zu freuen, die Daumen zu drücken, den Partner zu noch größeren Leistungen und zum Mobilisieren aller Kräfte anzufeuern. So wie Paul sich die Freiheit herausnahm, in Janes Roman korrigierend einzugreifen, Passagen auszusondern, auf deren gesonderte Veröffentlichung hinzuwirken, ihr beratend zur Seite zu stehen, von ihr Verworfenes zu bearbeiten und hinter ihrem Rücken an Redaktionen zu schicken, so war Jane auch die erste, der er seine neuerweckte Schreibleidenschaft anvertraute, von der er den ersten Zuspruch einheimste. Beide waren einander jeweils der erste Leser, beiden kam es auf das Geschmacksurteil des anderen an, beide nahmen die Arbeit des Gegenübers sehr ernst. Wenn sie auch Solidarität praktizierten, richtige Kollegen wurden sie deshalb noch lange nicht. »Mir ist es egal, wieviel besser oder schlechter Du schreibst als ich«, ließ sie ihn wissen. »Hauptsache, Du bestehst nicht darauf, daß *ich* der Schriftsteller bin und nicht Du. Wir können es schließlich *beide* sein, und es ist albern, wenn Du so weitermachst, nur weil Du Angst hast, Du könntest mich entmutigen.«GMG

Die folgenden Ausschnitte stammen aus Briefen Janes an ihren in Sachen Literatur fremdgegangenen Gatten und setzen bereits mit dem zäsurierenden Jahr 1947 ein. Ihre Reaktion auf Pauls ausnahmsweise in Manhattan angesiedelte, aber schon in Tanger erarbeitete Erzählung *How Many Midnights* verriet, daß sie an ihn als Literaten glaubte und auch seinen Lebensplan unterstützte, so diametral er auch ihren eigenen Wünschen und Bedürfnissen entgegengesetzt sein mochte: »Deine Story ist *großartig*. Tatsächlich ist mir jetzt klar, daß Du ein *geborener* Schriftsteller bist. Vielleicht wird das Schreiben tatsächlich eine Möglichkeit für Dich sein, ein Leben als Nomade zu führen, aber ich hoffe auch, daß Du mit der Zeit nicht etwa ganz aufhörst zu komponieren. Ich glaube, Du könntest beides [tun]. Du hast ohnehin immer wieder anfangen wollen zu schreiben, und ich erinnere mich [noch sehr gut], wie Du einmal im Chelsea[-Hotel] sehr ernst [zu mir] darüber gesprochen hast. Du standest da, gegen einen Schreibtisch gelehnt.«ALO* Pauls Entscheidung zum künstlerischen »Umschwenken« hatte sich bei ihr mithin als einschneidendes Erlebnis im Gedächtnis festgesetzt, sogar die genaueren Umstände seiner »Proklamation« standen ihr noch vor Augen. Unzweifelhaft ging ein Wettbewerb vonstatten, nur daß ihr der immergleiche Text Kopfschmerzen bereitete, dem sie monatlich eine knappe Seite hinzufügte, während er munter voranschritt, alle paar Jahre das nächste dickleibige Typoskript zur Post schleppen konnte: Wer würde eher fertigwerden, Jane mit *Out in the World* oder Paul mit gleich allen vier Romanen auf einmal?

Janes Gedankengänge zeugen von Rücksichtnahme auf Bowles' Zielsetzung und von fast altruistischem Einfühlungsvermögen. Es ist ein sehr behutsames Konkurrenzstreben, das sich hier Bahn bricht. »Wenn mein Roman... nicht in Gang kommt, wäre es eher eine Qual als eine Freude, Dein Manuskript fast fertig oder halb fertig zu sehen. Ich glaube, ich könnte es nicht ertragen, das Gefühl des Scheiterns so deutlich vor

Augen zu haben, aber ich könnte es auch nicht ertragen, Dich wegen eines Romans in so gräßlicher Verfassung zu wissen, wie ich es wegen meines eigenen bin. Ich bin wirklich sehr froh, daß Du Fortschritte machst, und glaube kein Wort von dem, was Du über seine Qualitäten sagst, doch abgesehen davon finde ich auch, daß es sehr wichtig ist [für Dich], dieses zweite Standbein zu haben, wenn Du es wirklich entwickeln kannst, denn es verschafft Dir die Möglichkeit, viel mehr im Ausland zu arbeiten als mit Deiner Musik. Und das ist schließlich [genau] das, was Du Dir immer gewünscht hast, und keine schlechte Art, sich über Wasser zu halten. ... Nichts davon würde mein Leben um einen Deut leichter machen. ... Nur möchte ich ganz sicher nicht, daß Du traurig bist und Dich langweilst, wie es in New York der Fall war.«[GMG] Wie wichtig Jane weiterhin das Einhalten ihres spezifischen Ehevertrages war, der vorsah, Paul maximale Entfaltungsmöglichkeiten zuzubilligen, von sich selbst abzusehen, keinen Glücksanspruch mit erpresserischen Mitteln durchzusetzen, mußte Paul beeindrucken und entwaffnen. Ging es hier aber noch rein um die Abwägung von Zukunftsvisionen, das Hintanstellen eigener Vorstellungen von idealer Lebensführung, in die sinnvolle schriftstellerische Arbeit je nach topographischer Gegebenheit vernünftig integriert werden mußte, so war Janes Verblüffung um so größer, als sie zu konstatieren hatte, wie reibungslos Pauls Plan auch aufging, wie sich Anerkennung und Reputation gleichsam über Nacht einstellten: »Du hast mit wenigen *short stories* schneller Karriere gemacht als ich mit meinem ganzen Roman.«

Er überflügelte sie wie ein ausdauernder Langstreckenläufer einen Sprinter, der schon nach kürzester Strecke alles gegeben hat, dessen Leistungsbereitschaft aber im Spurt bis zur bitteren Neige aufgebraucht ist. Je häufiger sie vorgab, vom Stagnieren ihres Werdegangs im Grunde ihres Herzens unberührt zu bleiben, desto niederschmetternder empfand sie, wie sich in ihr nach den ewigen Vergleichen mit ihm vollkommene Ohnmacht ausbreitete: »Ich bin jedoch verzweifelt, weil die Zeit vergeht und ich kaum mehr an meinem Roman gearbeitet habe, als Du an

Deinem, obwohl Du die ganze Zeit unterwegs warst. Und natürlich trägt die Tatsache, daß Du all diese Briefe von Verlegern bekommst, die Dich zu Deinen *stories* beglückwünschen, nicht gerade zur Stärkung meiner Moral bei, jedenfalls hinsichtlich einer *Karriere*. Ich habe noch nie einen Brief zu [irgend einem Text] bekommen, und *Partisan Review* [in der Paul seine ersten großen Erzählungen publizierte] würde über meine Arbeiten nur lachen und tut es wahrscheinlich auch. Das alles beunruhigt mich nicht übermäßig, aber ich merke doch, daß ich eigentlich gar keine [Karriere] habe, ganz gleich ob ich arbeite oder nicht, und daß ich nie eine gehabt habe.«[GMG] Ironisch fügte sie hinzu, nicht ohne eine Versicherung ihrer ungeschränkten Zuneigung zu Paul mit einem aufrüttelnden, in dürre Worte gekleideten Hilfeschrei an ihn zu vermischen: »All die Zeit hat mich das nicht gekümmert, weil ich nicht wußte, daß Verleger ihren Autoren schreiben, aber jetzt geht mir auf, in welchem Ausmaß mein Werk professionell überhaupt nicht zur Kenntnis genommen wird. ... Es deprimiert mich enorm, und ich muß sagen, gäbe es nicht Dich..., wäre ich völlig verloren.« Anderntags ließ sie sich schnippisch vernehmen, verletzter Stolz sei ohnedies nur »dummes Zeug« im Vergleich zu »innerer Entmutigung« und voraussehbarer »Langeweile«, der sie sich auf keinen Fall ausgesetzt wissen wollte.

Ein paar Jahre später war ihr der Galgenhumor gehörig vergangen. Ein dauerhaftes Versagen als Autorin rechnete sie sich inzwischen als grundsätzliche Verfehlung an, als Beleg für ein durch und durch verpfuschtes Leben, und erstmals zog sie die Möglichkeit einer Selbsttötung als Bestrafung in Erwägung. Ihr vorangegangener Versuch, Hand an sich zu legen, hatte einer lächerlichen Kleinigkeit gegolten, einem Zwist mit Helvetia. Hier, im Januar 1950 in Paris, stand nun auf einmal ihre gesamte Existenz auf dem Spiel, ihr ästhetisches Potential: »Wenn ich mein Buch nicht zustande bringe, gebe ich das Schreiben auf, das ist alles. Dann entweder Selbstmord oder ein anderes Leben. Der Gedanke daran jagt mir einen Schrecken ein. Ich glaube nicht, daß ich Selbstmord begehen würde, wenn mir dies auch, intellektuell gesehen, als der einzige Ausweg erscheint. Mir fehlte immer der Mut dazu, und es würde jedermann unnötig aufregen. Doch wo soll ich hin mit mir? Das Mutigste wäre sicher, nichts zu tun, wage ich zu behaupten. Das heißt, weiter zu sein, wie ich eben bin, nur eben nicht als Schriftstellerin. Als Frau eines Schriftstellers? Ich glaube nicht, daß Dir das gefallen würde, und bekäme ich das überhaupt gut hin? Ich glaube, ich würde herumnörgeln und bösartig werden und mich dann dessen schämen. Oh, was für eine düstere Zukunft das bloß wäre!«[OTW*] Das Nichtstun reichte als verführerische Alternative zur Obsession, echte Kunst hervorbringen zu müssen, nicht mehr hin. Und immer öfter vermengte sie ihre Rolle als Autorin mit ihrem Part in der Ehe, mit ihrer Verantwortung, möglichst glaubwürdig Pauls Frau zu sein.

Die Ehefrau als Schriftstellerin, verheiratet mit einem Musiker, war eben etwas ganz anderes als die Immer-noch-Ehefrau eines Ex-Musikers, der zum auflagenstarken Dichterprinzen aufgestiegen war. Finanzielle Sorgen, moralische Skrupel, von Bowles Geld anzunehmen, ob oder gerade wegen ihrer besonderen Übereinkunft, unabhängig bleiben zu wollen, Statusprobleme, Diskussionen über ihren endgültigen Aufenthaltsort – die *agonizers* standen wieder in voller Blüte. Nur daß eine deutliche Akzentverlagerung bezüglich ihres Gegenstandes stattgefunden hatte. Im Juli 1948 jammerte sie in einem besonders nervenaufreibenden Brief aus Tanger und redete sich dabei förmlich um Kopf und Kragen: »Ebenso zutreffend ist, daß ich für unbestimmte Zeit hätte in Amerika bleiben können, ohne daß es Dich einen Penny gekostet hätte. Da ich aber nun mal hier bin, wäre ich blöd, mir den Aufenthalt zu verderben, indem ich mir ... den Kopf zerbreche. Ich bin Dir äußerst dankbar dafür, daß Du mir ermöglichst, hierzubleiben und mir Geld zur Verfügung stellst. Ich glaube nicht, daß ich es annehme, weil ich Deine Frau bin. Der Gedanke ist mir schier unerträglich; dennoch bin ich mir nicht sicher, ob ich nicht ganz atavistisch denke, ich hätte – zum Teil wenigstens – Anrecht auf diesen Aufenthalt, weil ich Deine Frau bin? Mit anderen Worten, ich empfinde beides: Nämlich, daß Du völlig frei bist und jemand, der mir, so er kann, aus Zuneigung hilft, und daß Du auch mein Ehemann bist. Ich denke nicht viel über den Ehemann-Part nach, versuche aber, *sehr* ehrlich zu sein. Ich bin mir auch nicht sicher, ob das Ein-wenig-Eingebundensein in die Gesellschaftsstruktur überhaupt so schlecht für mich oder Dich ist. Wir werden sehen. ... Natürlich werde ich nie so klug sein wie Du.«[ALO] Daß sie sich für Paul mit solchen Reflexionen nicht besonders attraktiv in Szene setzte, kam noch erschwerend hinzu.

Unübersehbar blieb, daß es Jane, ausgelöst durch die faktische Veränderung, als ungelesene, untätige, sich selbst als unnütz einschätzende Autorin im Schatten einer übermächtigen Künstlerpersönlichkeit bestehen zu müssen, nach einer Neudefinition verlangte, was für sie und was für Paul »Ehe« heißen sollte. Die Machtverhältnisse standen zur Debatte; es konnte nicht einfach so weitergehen. In ihren Frauenbeziehungen hätte sie rechtzeitig das Ruder herumgerissen, denn dort bewegte sie sich auf sicherem Gelände; wie man sich aber gegenüber einem so ausgefallenen Gatten, wie Paul es war, positionierte, stand auf einem anderen Blatt. Einstweilen flüchtete sie sich ohne Not in kleinlaute, passive Akzeptanz, trat der Problematik nicht beherzt entgegen. »Bedrückte Unterwürfigkeit – das ist der neue Ton ihrer Briefe«, schrieb die Dramaturgin Gerda Marko, die sich mit Paarbeziehungen unter Schriftstellern in einer Studie auseinandergesetzt hat, zutreffend über diese heikle Phase in Janes Vita. Doch die freiwillig herbeigeführte Selbstdemütigung wurde noch auf die Spitze getrieben, als die beiden Bowleses ein neues Rollenspiel für sich erfanden.

Weit weniger witzig als das Papageien- oder das Verführungsspiel kam es daher und bestand im wesentlichen darin, daß Paul einen berühmten britischen Autor namens Cecil verkörperte, Jane hingegen seine devote Sekretärin. Deren sehnlichster Wunsch war es, ihren angebeteten Meister überall hin begleiten zu dürfen, auf Empfänge, in Salons, ins Herz der mondänen Welt, mitten in die feine Gesellschaft. Wie nicht anders zu erwarten, verbat sich der noble Dichter solch vermessenes Ansinnen; seine Angestellte verlegte sich daraufhin aufs Betteln. Sie durfte weder berühmte Kollegen kennenlernen noch in der Garderobe aushelfen, um einen kurzen Blick auf die Versammlung wichtiger Menschen erhaschen zu können. Mit näselndem Tenor vereitelte Sir Cecil alle Störversuche seines unbeherrschten Eindringlings. Die Domestikin zappelte, widersprach, machte sich zur Idiotin, mimte das kleine traurige Mädchen. Doch alle Versuche schlugen fehl. Seine Gunstbezeugungen machten vor einer hierarchischen Barriere halt – obwohl er sie gern hatte, verstand sich von selbst, daß sie im Kosmos der Schöngeister nichts, aber auch rein gar nichts zu suchen hatte. Vor David Herbert führten sie diese neue Scharade in Wilton, dem Pembroke-Landsitz, mit diebischem Vergnügen auf. Und vollzogen damit nur nach, was längst zur Realität geworden war: Paul zog in London von Verleger zu Verleger, wurde auf Cocktailparties als neue Stimme des modernen Romans herumgereicht; unterdessen suchte Jane alte Freunde auf und wartete darauf, daß er heimkam, als hätte sie mit der abgeschotteten Sphäre kultivierter Autoren unter sich, in Manhattan noch wie selbstverständlich ihr tagtägliches soziales Umfeld, nie das Geringste zu tun gehabt. Jane wirkte aktiv an ihrer Degradierung mit, ließ, wenn es um ihre neue Stellung einer vermeintlich minderwertigen Partnerin ging, keine Gelegenheit aus, sich selbst und anderen ihren Abstieg vorzuführen.

Schenkt man einem Diktum der österreichischen Dichterin Ingeborg Bachmann Glauben, dann ist die Ehe abzulehnen als »eine unmögliche Institution für eine Frau, die arbeitet und die denkt und die selber etwas will«. Jane hatte sehr wohl gearbeitet, dachte und besaß einen starken Willen. Sie lehnte gleichwohl nicht die Ehe als solche ab, sondern ihre eigentümliche Position als dem (aus ihrer Sicht) zweitrangigen Bestandteil innerhalb des in bedeutsamen Nuancen variierten Arrangements, das immerhin zehn bis fünfzehn Jahre lang funktioniert hatte. Sie hinterfragte es ausgiebig, nannte es auch jetzt noch »Ehe«, blieb aber die Antwort schuldig. Mit ihrer Sekretärinnen-Nummer gab sie sich der Lächerlichkeit preis. Wertete sich mutwillig ab, schob Bowles in die vorderste Reihe. Man muß Paul zugute halten, daß er aus der für ihn vorteilhaften Lage keinen unlauteren Nutzen zog. Im Gegenteil, Janes Rückzug und ihre unaufhörlichen Bekundungen, was für eine schlechte Autorin, nichtsnutzige Ehefrau, sterile Künstlerin und unerträgliche Begleiterin sie doch für ihn darstellte, schmerzten ihn zutiefst, versetzten ihn oft in Zustände blinder Wut, die er als zurückhaltender, feinfühliger *gentleman* weder mit aller Wucht äußern noch emotional bewältigen konnte. Sollte er ihr zuliebe aufhören zu schreiben oder bewußt so schlechte Kunsterzeugnisse abliefern, daß sie alle beide schlecht dastünden und ihr aufwendiges Nomadenleben nicht mehr gesichert wäre?

So weit, bis zu Selbstschädigung und Verleugnung seiner gerade erst erwachenden neuen Talente, konnte sein Verständnis für sie dann auch wieder nicht gehen. Er ließ es nicht an Gelegenheiten fehlen, sie zu ermuntern, ihr eine Brücke zu bauen, wenigstens einmal wieder in einen neuen Text einzutauchen: »Manchmal redeten wir stundenlang übers Schreiben. Ich sagte zu ihr: ›Versuch doch nur die erste Seite, sag, [eine Figur] kommt rein, sieht dies, tut das.‹ Und sie antwortete: ›Nein, nein, nein, das ist deine Art, nicht meine. Ich muß es auf meine Art machen, und die ist viel schwerer als deine.‹ ›Aber warum willst du es dir denn unbedingt schwermachen?‹ fragte ich. ›Warum machst du es nicht einfacher, hebst [dir] die Schwierigkeiten für später auf?‹ Doch nein, es mußte kompliziert sein. Und zwar vom ersten Absatz an, wenn sie Respekt davor haben sollte. ... Sie war eine Mischung aus enormem Egoismus und zugleich extremer Bescheidenheit. Es war klar, daß sie der Meinung war, niemand könne ihr das Wasser reichen, andererseits sagte sie: ›Ich bin überhaupt nicht gut.‹ Doch wenn man anfing, von anderen Leuten zu sprechen, wurde sehr schnell deutlich, wo sie sich selbst im Vergleich zu ihnen einordnete.«[410] Spuren von Selbstbewußtsein und Arroganz waren bei Jane also stellenweise noch vorhanden, zumal Paul zumindest hinsichtlich eines Genres noch nicht mit ihr gleichgezogen hatte – bisher war sie die einzige Dramatikerin in der Familie. Aber für gutgemeinte Erziehungsversuche und freundliche Initiativen war sie, je länger ihre letzte abgeschlossene Prosaskizze zurücklag, immer weniger zugänglich.

Paul kam es vor, als hätte er es mit einem ungezogenen Kind zu tun, und er verabscheute die bittere Wahrheit, daß es zwischen ihnen nun regelmäßig zu unschönen Szenen kam, bei denen er auch noch die treibende Kraft zu spielen hatte: »Sie wurde immer störrischer, wenn ich sie bat, mir etwas von ihrer Arbeit zu zeigen, wegen dieser Schreibhemmung oder wie immer man es nennen will. Sie war nicht fähig, irgend etwas zu beenden, und haßte alles, was sie zustande brachte.« Doch ein Kind war sie eben nicht. Oft ist in neuerer Zeit bedauert worden, daß sich um Jane ein »Trauermythos ranke«, daß, geradezu klischeehaft, das »Fehlen ihres Werkes« oder »das Scheitern ihrer Produktivität zu einer posthumen Verklärung« beigetragen habe, wohingegen bei Bowles das »Gelingen« zur Beschreibung gelangt sei. Daß in solche Vereinfachungen immer auch ein Stück selbstgewählter Pose der Betroffenen mit hineinspielt, daß auch dermaßen zur Innovation von Geschlechtermodellen aufgeschlossene Persönlichkeiten wie die Bowleses vorgefertigten Rastern nie ganz entkommen konnten, sie unwillkürlich bedienten, haben die vorstehenden Passagen eindrücklich bewiesen.

Es war bereits im Laufe der vierziger Jahre, daß Paul begann, ihre besten Texte ohne ihr Wissen in Zeitschriften abdrucken zu lassen, junge Verleger neugierig zu machen, eigenmächtig Entscheidungen als Agent Janes zu fällen. Noch Jahrzehnte später sorgte er für Neuauflagen ihrer alten Arbeiten unter verbesserten Konditionen, dafür, daß die *Serious Ladies* und die gelungenen Prosastücke weder ganz aus der literarischen Öffentlichkeit herausfielen noch endgültig vergriffen waren und, *last, but not least*, für einen Band ihrer *Gesammelten Werke* zu Lebzeiten, der 1966 erschien, versehen mit einer fulminanten Huldigung an die Autorin durch Capote. »Ich habe gar nicht erst gefragt, was sie davon hält«, erinnerte sich Paul, »weil ich wußte, daß sie ›nein‹ sagen würde. Ich war es, der sie dazu drängte, ihre Texte zu verschicken. Sonst wäre nie irgend etwas von ihr erschienen.« Dafür, daß er ihr unter die Arme griff, erntete er ihrerseits entweder Teilnahmslosigkeit oder blanken Hohn. Zynisch stellte sie fest, wenn alle diese Anstrengungen von außen nötig wären, dann belegten sie doch in Wahrheit den mangelnden Eigenwert ihrer einst so leidenschaftlich ausgeübten Tätigkeit. Mit einem Almosen – und als solches erachtete sie das Aufwärmen ihrer früheren künstlerischen Sünden – mochte sie sich nicht abspeisen lassen. Da war es ihr fast lieber, sie geriete gänzlich in Vergessenheit. Sie aalte sich in der Gewißheit ihrer erst noch zu beweisenden Minderwertigkeit.

In Paris war sie im Laufe des Winters 1949/50 im Hause von Toklas dem amerikanischen Literaturprofessor Wendell Wilcox begegnet, der an der University of North Carolina lehrte, sich augenblicklich in Jane intellektuell verliebte und der bei mehrfachen Ausflügen mit ihr ins Kneipengewirr der französischen Hauptstadt nie das Gefühl loswurde, sich in einem perpetuierten Theaterstück zu befinden. Man hätte ihre Bemerkungen und Geistesblitze nur aufzuzeichnen brauchen, und eine Erfolgskomödie mit garantierten Lachern und Pointen wäre ganz von allein entstanden. Wilcox zufolge sprachen die beiden Zechgefährten ausführlicher »über Janes eigene Werke. Ich bewunderte *Two Serious Ladies* sehr und sagte ihr, was ich davon hielt, aber das war ihr unangenehm, weil sie ihre Texte nicht so glatt und ordentlich fand wie die Pauls. Ich versuchte, ihr zu erklären, daß Paul zwar ausgezeichnet schreiben konnte und es Stellen in seinem Werk gab, die vollkommen eigenständig waren, daß er aber trotzdem einen eher konventionellen Roman geschrieben hatte und es gewissermaßen seine Vorliebe für das Exotische war, die ihn trug. Der Himmel weiß, wie exotisch Janes *stories* waren, aber das eigentlich Exotische daran war Jane selbst! Sowohl Geschichte als auch Erzählweise sind bei [ihr] vollkommen originär und kommen ganz aus ihr selbst. Kein anderer als [sie] hätte [auch nur] eine Zeile davon schreiben können. [Auf diese] Art redete ich ihr zu und versuchte, ihr ein wenig von der Verzweiflung über ihr Werk zu nehmen.«[ALO]

Bowles probierte es, als er mit seinem Latein am Ende war, mit einer anderen Methode, einer härteren Gangart: Er verwies sie des gemeinsamen Häuschens in Tanger, schickte sie fort und bekundete, sie erst dann wiedersehen zu wollen, wenn sie ihre Arbeit wieder aufgenommen hätte. Ob das nun unbedingt die angebrachteste Therapie war, sei dahingestellt; daß aber auch sein Verantwortungsgefühl und sein Geduldspotential irgendwann einmal an natürliche Grenzen stoßen mußten, leuchtet ein. Eingeschüchtert verzog sich Jane zu Freunden, an denen es ihr in Tanger nie mangelte, traf sich weiterhin mit Paul zu ausgewählten Mahlzeiten und kehrte nach einigen Wochen unverrichteter Dinge wieder zurück, ohne daß sich an der Ausgangslage etwas Nennenswertes verändert hätte. Sie begriff nicht, um was es Paul ging, daß er bedingungslos an sie glaubte, als Künstlerin, als Mensch, auch als seine Frau. Daß er sie am liebsten frei und selbstbestimmt erlebte. Er haßte es, daß sie sich auf die masochistische Position zurückzog, wenn er mit seinen Veröffentlichungen so sehr brillierte, seien weitere Anstrengungen ihrerseits hinfällig geworden. So wurde er gleich zweifach zum Sündenbock, ohne ein Wörtchen mitreden zu können: als gestrenger Erzieher und Tyrann, unter dessen Fuchtel das kleine Mädchen Jane sich unartig benahm und die Kooperation verweigerte, und als schuldig gewordener, da in Maßen erfolgreicher Popularschriftsteller. Das Pendel schlug – objektiv gesehen – immer stärker zu seinen Gunsten aus, aber richtig freuen konnte er sich darüber nicht. Er sah, daß Kreativität, wenn man sie wie Jane nicht in den Griff bekam, als Falle verheerend wirken, sich in eine Hölle auf Erden verwandeln konnte. Als die tragische Neuigkeit, daß Jane mehr oder weniger ihr Schreiben eingestellt hatte, sich wie ein Lauffeuer verbreitete, hatte sie, für die Literatur nun nur noch ein Metier aus zweiter oder dritter Hand darstellte, obendrein gleich auch noch einen zweifelhaften Spitznamen weg – der Lyriker John Ashbery nannte sie fortan, in Stein'scher Manier, bündig und einprägsam »a writer's writer's writer«.

Ein Gutes hatte die einseitige Popularität Pauls für das Paar:

Es war stets genügend Kleingeld für sie beide vorhanden. Für den Unterhalt mehrerer Behausungen, vorübergehend für den Kauf von Taprobane, das 1957/58 von Bowles schweren Herzens wieder abgestoßen wurde, für den Alltag in Tanger und für weitere Schiffspassagen rund um den Globus. Und wenn sie einander schon nicht Musendienste zu leisten vermochten, Paul und Jane hatten Züge ihrer selbst und ihres Gegenübers in zahllose Figuren und Gestalten ihrer Novellen, Romane, Dramen einarbeiten können. Noch in den meisten Statisten ihrer Phantasie-Ausgeburten schwang immer ein Stück Wesensart des Partners oder der Partnerin mit. In deren Porträts verewigten sie diejenigen Merkmale, die sie aneinander schätzten oder kaum noch ertragen konnten. Das Naheliegendste zogen sie aber nicht in Betracht – die gemeinsame, simultane Produktion schriftstellerischer Werke als anregendes, produktives Frage- und Antwort-Spiel, vorexerziert von so disparaten Schriftstellerpaaren wie Claire und Yvan Goll, Elsa Triolet und Louis Aragon oder, in Maßen auch, Simone de Beauvoir und Jean-Paul Sartre. Für ein solches Großunternehmen, für die kollektiven *Gesammelten Werke*, fehlte ihnen einfach jegliche Basis.

Seine Prosa handelte von Amerikanern auf fremden Kontinenten oder spielte gänzlich unter Marokkanern; Janes erzählerische Welt drehte sich fast ausschließlich um das Innenleben von westlichen Weißen. Paul wandte sich strikt gegen Bekenntnisliteratur jeglicher Art und unterdrückte das Aufschimmern persönlicher Stellungnahmen oder allzu intimer Gefühlsbekundungen; Jane thematisierte ganz überwiegend das Ergründen psychologischer Untiefen, weiblicher Verständnis- und Kommunikationsschwierigkeiten und somit immer auch ein Stück stilisierter Nabelschau. Ihre differierende Arbeitsweise, ihre Themen, ihre Tempi, ihr Rhythmus – nichts hätte übereingestimmt, um daraus eine schöpferische Grundlage zu zweit herleiten zu können. Dem Gegenüber konnten sie bestenfalls das schon zu Papier Gebrachte zur Beurteilung vorlegen, auf Kritik gefaßt sein.

Jane stürzte sich ins gesellschaftliche Leben und bezog Inspiration aus den Verwicklungen zwischen Menschen, aus denen sie sich erst mühselig wieder lösen mußte, bevor sie sprachlich verdaut werden konnten; Paul registrierte Vorfälle von einem erhöhten Platz aus, blieb regungslos und unbeteiligt. Jane kritzelte seitenweise in ihre Notizbücher und verwarf das meiste wieder, einzelne Absätze blieben wie auf einer Geröllhalde unstrukturiert liegen; Paul hielt Erzählenswertes und Wesentliches in seinem Kopf fest, glaubte nicht an die Notwendigkeit ununterbrochener Notate. Von seinem Tanger-Roman ausgehend formulierte er, grundsätzlich auf seine schriftstellerische Vorgehensweise bezogen: »Mit Notizen kann ich nie viel anfangen, solange ich nicht eine größere Menge Text fertig habe, in die ich sie dann einarbeiten kann. Ich wußte, daß ich, bevor ich in einer mir noch unbekannten Gegend an Land gehen würde, das Manuskript soweit vorangetrieben haben mußte, daß es als Nabelschnur zwischen mir und dem Roman dienen konnte. Wenn mir das nicht gelang, würde mir alles wieder entgleiten.«[LCD] Einmal mehr stellte er eine Analogie zwischen Gebärvorgang und künstlerischem Reüssieren dar.

Viele Spekulationen sind in der Vergangenheit angestellt worden, um eine eindeutige Erklärungsgrundlage für die Entscheidung Bowles' aufzuspüren, warum er das Komponistendasein im großen und ganzen aufgab, um sich mehr und mehr der Schriftstellerei zuzuwenden. Ebenso rätselhaft erschien die frappierende Diskrepanz zwischen lichten Kompositionen und düsteren sprachlichen Elaboraten. Er selbst gab einige, nie ganz befriedigende Kommentare zu diesem doppelten Umschwung ab. 1987 vertraute er einem Interviewer der französischen Tageszeitung *Libération* an: »Nach und nach nahm ich Stimmungen wahr, die ich nur ausdrücken konnte, indem ich darüber schrieb. Ich wußte nicht, *was* ich sagen wollte, aber ich wollte mit Worten malen, ja malen. Es war mir unmöglich, meine Gefühle umfassend durch Musik auszudrücken. Es gelang mir nicht. Meine Musik war so fröhlich wie ich selbst. Die eher dunkle Seite meiner Persönlichkeit konnte ich besser in Sprache fassen. Denn es stimmt, ich kenne die Angst. Für mich ist sie der wesentliche Grund, die Welt zu erkennen.« Weiterhin behauptete er, das Fehlen von Musik in seinem späteren Leben empfinde er keineswegs als Manko und schob das Phänomen auf die mangelnde Verfügbarkeit von geeigneten Instrumenten in Tanger oder auf den Umstand, in sein kleines Appartement hätte nie ein Flügel hineingepaßt: »Bedauern ist Unsinn. Das ist, als ob man bedauert, 75 statt 35 zu sein. Das lohnt sich nicht, das führt zu nichts. Nein, ich lebe in Tanger, ich habe kein Klavier, ich werde auch nie mehr eins haben, und ich akzeptiere es«,[PB/TNG] ließ sich der Achtzigjährige vernehmen. Zur Klärung des Rätsels trugen solche pragmatischen Erwägungen herzlich wenig bei.

Auch hier zeigte sich wieder der Hang zur Verunklarung, zur übertriebenen Diskretion, wie immer, wenn es darum ging, innere oder ästhetische Beweggründe zu offenbaren. Er hielt es augenscheinlich mit seinem berühmtesten Nachfahren in der Kunst des Reisens und Porträtierens unverständlicher Kulturen, dem virtuosen britischen Autor Bruce Chatwin. Chatwin eröffnete an seinem Lebensende seinen episodischen Memoirenband *What Am I Doing Here* (1989), eine kuriose Anhäufung unwahrscheinlicher Begegnungen mit unwahrscheinlichen Persönlichkeiten, mit der lapidaren Prämisse: »Wie jeder Tagedieb hatte ich den Wunsch zu schreiben, doch meine frühen Versuche scheiterten. Ich möchte niemanden mit einem Bekenntnis Wie-ich-Schriftsteller-wurde langweilen.«

Damit kann man sich schwerlich zufriedengeben – die Gründe müssen bei Bowles tiefer liegen. Daß Jane ihm ein Vorbild war und er ihr nachzueifern gedachte, daß ihm das Lektorieren ihrer *Serious Ladies* seinen untrüglichen Instinkt für Stilistik und gelungene sprachliche Ausdrucksfähigkeit bestätigte, daß er die Nase von der andauernden Lieferung von Gebrauchsmusik voll hatte, daß ihm allein das Schreiben einen permanenten Aufenthalt in Nordafrika ermöglichte, von Probephasen in amerikanischen Theatern unbehelligt, davon war bereits die Rede. Daß Komponieren außerdem, betrachtet man einzig den Zeitaufwand, viel komplizierter und arbeitsintensiver ist als Schreiben, ist eine weitere, mit Händen zu greifende Erkenntnis. Spielten ausschließlich pekuniäre Überlegungen eine Rolle? Man muß nicht so weit gehen wie Virgil Thomson, der süffisant anmerkte, Paul hätte allein des schnöden Mammons wegen seine Produktion von Literatur auf Musik verlagert. Wenn es auch nicht von der Hand zu weisen war – mit seiner Prosa erreichte Bowles weit mehr Menschen als mit dem diffizilen Erstellen in den Hintergrund verbannter Bühnenmusiken, deren Partituren kaum ein Theatergänger kaufen und die bestenfalls bei einer der nächsten Inszenierungen wieder ausgegraben würden.

Vom *Sheltering Sky* an war immer wieder gebetsmühlenartig die These aufgestellt worden, Bowles' Romane und Erzählungen seien als »Aufschrei« aufzufassen, als Protest gegen das amerikanische Establishment; seine Metaphorik und sein existentialistischer Nihilismus waren von der Kritik durchgängig als Verweigerungshaltung interpretiert worden, als Rebellion gegen den Konformismus des Nachkriegs-*mainstream*. Doch traf nicht auch das genaue Gegenteil zu? Boten seine vier Romane und die meisten der Erzählungsbände nicht auch Entspannung, Unterhaltung, Abenteuer und aufregendes *entertainment*, konnte er mit seinen *stories*, grausamen Begebenheiten in tropischen Sphären oder unter glühender Wüstensonne, nicht ein viel größeres Publikum ansprechen als mit einer verfeinerten Kammermusikminiatur, zu der nur sehr wenige, mit neuerer Musik vertraute Konzertgänger Zugang fanden? Die Verkaufszahlen von *Sheltering Sky, Let It Come Down* und auch des Folgeromans *The Spider's House* unterstrichen nachdrücklich, daß Bowles einen gewissen Nerv getroffen, um nicht zu sagen auch eine Spielart des Massengeschmacks erkannt und bedient hatte. Paul – ein Lieferant von Gebrauchsliteratur, ein Hersteller von leichtverdaulichem *reader's digest*?

In den Argumenten von Janes Literaturprofessor Wilcox war schon angeklungen, daß Bowles' Prosa von der Form her konventionellen Ansprüchen genügte, relativ leicht konsumierbar war. Oder, anders gesagt, kühne, ja skandalöse Vorfälle wie die systematische Folterung eines Nomaden bei einem feindlichen

Übergriff in seiner Erzählung *The Delicate Prey*, die mit der genüßlichen Abtrennung des Geschlechtsteils ihren makabren Höhepunkt findet, wurden vom Autor geschickt als verständlich geschilderte, ohne Schwierigkeiten lesbare Einheiten verpackt und mit *suspense* aufbereitet. Kristallklar, messerscharf, eindeutig. Wer an die Lektüre von Dos Passos, Joyce, Beckett oder Pound gewöhnt war, die Meßlatte höchster Ansprüche und hermetischer Unzugänglichkeit anlegte, wäre konsterniert von Bowles' Simplizität gewesen, wer hingegen Hemingway oder Carson McCullers schätzte, käme als Bowles-Leser schon viel eher auf seine Kosten.

So zählte etwa sein früherer Kompositionslehrer Aaron Copland zu den großen Fans von Pauls Büchern, eine Musikerpersönlichkeit, die nicht unbedingt für ihr exklusives Rekurrieren auf die literarische Avantgarde bekannt war. Hinzu kam aber noch ein anderer Aspekt: Paul hatte bei seinen letzten ambitionierten Musikwerken Ungenügen an seiner fragmentarischen Ausbildung als Tonsetzer verspürt. Ihm fehlten zunehmend die technischen und handwerklichen Voraussetzungen dafür, auf der Höhe der Zeit weiterzukomponieren. In einer Ära wie den Mittvierzigern und frühen 1950ern, in der Zwölftonmusik und bald auch serielle Experimente in voller Blüte standen und sich zur Doktrin verfestigten, konnte sein geistreicher, kurzatmiger, rhythmisch raffinierter Neoklassizismus im internationalen Vergleich, so bezwingend und verführerisch dessen einzelne Resultate auch heute noch klingen mögen, einfach nicht mehr mithalten – Bowles wurde nicht länger als Repräsentant zeitgenössisch eigenständiger Musik wahrgenommen.

Als Komponist hatte er angesichts der begrenzten Mittel, die ihm durch sein sporadisches Studium und die unvollständige Aneignung kontrapunktischer Schreibweise zu Gebote standen, den Zenit überschritten. *Night Waltz* und sein Konzert für zwei Klaviere, zwei seiner Hauptwerke, lagen hinter ihm – als Geniestreiche eines im Geiste der französischen »Six« »fröhlichen Dilettanten« erfrischende, höchst befriedigende Divertimenti. Er spürte um 1950 deutlich, daß ihm für größere eigenständige

Kompositionen der Atem ausging, er von der Substanz her nichts Entscheidendes mehr zu sagen hatte. Mit der musikalischen Avantgarde jener Epoche führte er nichts weiter im Schilde. Was nicht im Geringsten den Wert seiner Erzeugnisse für Theaterbühne und Konzertsaal schmälert – doch lag seine Stärke unverkennbar im beiläufigen Aperçu, in der Kürze.

So wie in seinen langen Romanen die etwas unflexible, einseitige Perspektive des *invisible spectator* von einem gewissen Moment an ausgereizt und verbraucht ist, Gefahr läuft, in Sterilität zu verharren, so bestechend wirkt die verknappte, eindringliche und überzeugende Darstellungsweise in seinen Erzählungen. Es handelte sich also weniger um eine Abkehr von der Musik – Paul komponierte ja auch in den Folgejahren und war beispielsweise im Jahre 1953, in bewährter Instrumentalbesetzung, mit der eindrucksvollen *Picnic Cantata* für vier Frauenstimmen, zwei Klaviere und Schlagzeug auf einen Text von James Schuyler befaßt – als um unterschiedliche ästhetische Prinzipien von Länge und Kürze, die in seiner Literatur *und* Musik wirksam waren. Roman *und* Novelle, Oper *und* Kammer-Miniatur, die entweder größtenteils Anerkennung fanden, für die aber ein langer Entstehungsprozeß nötig war (wie seine zweite Oper *Yerma*) oder mit wenigen, effektiven Strichen entworfen wurden und dann auch sofort auf ungeteilte Begeisterung stießen (*short stories* und die aphoristischen Instrumentalzyklen).

Spitzbübisch hatte Bowles einmal die Bemerkung fallengelassen, eigentlich hätten ihn in musikalischer Hinsicht insbesondere »Mozart und die Mariachis« beeinflußt – die launige Alliteration trifft durchaus den Kern seines Schaffens. Der lange Atem war seine Sache nicht, er brachte weder Symphonien noch Streichquartette hervor; die leichte Hand war stets am Werk, wenn Gelungenes und Vollkommenes das Ergebnis seiner Bemühungen zierte; sein Formgefühl und den Instinkt für musikalisch stimmige Proportionen hatte er beim bewunderten Salzburger Meister, bei den aufmüpfigen Franzosen wie Satie, Poulenc oder Milhaud erworben, harmonische und melodische Tricks und Kniffe sich beim Vortrag der schematischen, aber höchst variantenreichen Bläserensembles, Balladen und *canciones* der mittelamerikanischen Combos und Kapellen abgeschaut. Und, wenn man ehrlich ist, fällt es auch reichlich schwer, sich Bowles als Dauergast der Tagungen und Ferienkurse für Neue Musik irgendwo in Venedig, Darmstadt oder Donaueschingen vorzustellen. Ausgerechnet er, der hedonistische Asket, den es eher in die Sahara zöge, inmitten des verschworenen Kreises von akademischen Neutönern und sektiererischen Experimentatoren, grauen Eminenzen, deren Reiseplanungen nie über den Partiturrand hinausgelangt waren. Da brach er lieber im Hochsommer 1959, ausgestattet mit einem Stipendiumsauftrag der Library of Congress und seinen Reisebegleitern Christopher Wanklyn und Mohammed Larbi Jilali, für fast ein halbes Jahr lang in den Hohen Atlas auf, begab sich in die entlegensten Winkel des riesigen Landes, erkundete Wüstenausläufer und versteckte Bergdörfer. Um am Ende des Unternehmens, mit mehreren zehntausend Kilometern auf dem Buckel und mehr als zweihundert Tonaufnahmen auf Band, reich beschenkt zurückzukehren, einen Schatz von unermeßlichem Wert in Händen und Ohren. Die im Aussterben begriffene, traditionelle marokkanische Musik der Nomaden und Berber, Stämme, Hirten und Dorfbewohner hatte das Trio zu einer riesigen Anthologie liebevoll zusammengetragen. Dreizehn Jahre später erst wurde eine bescheidene Selektion daraus auf Schallplatte gebannt. Bowles lernte auf diesem künstlerisch reichen Trip auch, sich über schikanöse Reisebestimmungen und Erlaubnisverweigerungen der einheimischen Behörden hinwegzusetzen und, mehr noch, mit chronischem Elektrizitätsmangel fertigzuwerden.

Welche eigenwilligen Konsequenzen ein Mythos wie Paul Bowles noch im hohen Alter in Kauf zu nehmen hatte, weil er sich der Zugehörigkeit zu Clans und Cliquen im westlichen Musikbetrieb unbeirrt verweigerte, illustriert anschaulich ein grotesker Vorfall, der sich am Lebensabend des Dichter-Komponisten in seiner Alterswohnung im Immeuble Itesa zutrug. Eine französische Journalistin hatte ihn aufgesucht, um mit ihm, was selten genug vorkam, auf sein musikalisches Œuvre zu sprechen zu kommen. Hocherfreut über die rare Gelegenheit richtete sich der Betagte mit schmerzverzerrtem Lächeln – er war aufgrund eines Ischiasanfalles für mehrere Tage ans Bett gefesselt – in seiner Schlafstatt auf, um ihr Rede und Antwort zu stehen. Doch war er unversehens an eine Inquisitorin geraten. Denn bei jedem Stichwort, bei jedem berühmten Namen, den er im Laufe des Interviews fallen ließ, rückte sie mit wutentbrannter Miene immer näher an ihn heran, bis sie sich schließlich ganz auf sein versehrtes Bein setzte und kein physisches Entkommen aus ihrem Kreuzverhör duldete. Copland, Weill, die Mariachis, Antheil, Poulenc, Satie, Ravel, Milhaud – das waren ganz offensichtlich nicht die Vorbilder, von denen sie hören wollte. Als er auch noch zugab, an den Dodekaphonisten gänzlich uninteressiert zu sein, sich im Werk Boulez' und seiner Nachfolger nur ungenügend auszukennen, aber um so mehr in den Kulturen Afrikas, Asiens und Mittelamerikas, platzte dem dreisten Eindringling vollends der Kragen.

Jede falsche Namensnennung, jede musikpolitisch unkorrekte Erwähnung von seiten Pauls quittierte sie mit einem triumphierenden »Sie sind also tatsächlich ein Faschist!« und übte immer noch größeren Druck auf das schmerzende Körperglied aus. Diesem unbekannten Folterknecht wurde es schier zu bunt, wie Bowles es auch nur wagen konnte, die orthodoxen Meister der zweiten Jahrhunderthälfte so unbekümmert zu ignorieren und sich stattdessen auf die Franzosen und südamerikanischen Unterhaltungsmusiker zu berufen. Denn worin sonst sollte sein vorgeblicher »musikalischer Faschismus« bestanden haben? In seiner Offenheit für alle erdenklichen Strömungen, ob Jazz, ob Straßenkunst, ob *world music*? In seiner enzyklopädischen Sympathie für die nordafrikanischen Ritual- und Popularmusiken? In seinem eklektischen Faible für alles Leichtgewichtige und Pariserische, für den Charme und die Intelligenz einer Kunstrichtung, die sich den Esprit auf die Fahnen geschrieben hatte?

Und wer jetzt leichtfertig davon ausgehen mochte, daß Bowles in der Rückschau – schon des Erfolges, der Anerkennung und des Ruhmes wegen – seinem literarischen Gesamtwerk den Vorzug vor seinen Kompositionen gäbe, sah sich erneut getäuscht. Als alter Mann befragt, ob er seine Musik oder seine Schriftstellerei für bedeutender halte, schlug er seinem Gesprächspartner 1989 überraschend ein Schnippchen und entschied: »Meine Musik! Das ist meine ganz persönliche Überzeugung. Ich habe zwar mit Schreiben viel mehr Erfolg. Aber der Beifall des Publikums hängt ja nicht vom Wert der Sache ab. ... Es ist auch schwerer, Musik zu komponieren: Man muß so viele Noten aufschreiben. Ein Grund, warum ich zur Literatur übergewechselt bin. Es viel einfacher, Wörter hinzuschreiben.« Im folgenden bestritt er auch nur die geringste Beziehung oder Wechselwirkung zwischen beiden Disziplinen und leugnete, daß die Musik, die er geschrieben hatte, nachweisbar auch nur »irgendeinen Einfluß auf meine literarische Tätigkeit ausgeübt« gehabt haben könne. »Ich verstehe unter ›Form‹ gewöhnlich etwas Musikalisches. Eigentlich recht schwierig, mir unter der ›Form‹ eines Romans etwas vorzustellen. Aber man kann gewiß musikalische Begriffe für eine [bestimmte] Art musikalisches Denken finden. Mit ziemlicher Wahrscheinlichkeit überlege ich mir etwa: Jetzt ist dieser Satz zuende, jetzt beginnt ein neuer Satz, und bald kommt das Zentrum des Romans. Ganz so wie bei einer Symphonie.«[WFW]

Die entscheidende Initialzündung für seine deutliche Kehrtwende hin zur Prosa ab 1947 mochte aber von einem Ereignis ausgegangen sein, das seinen bisherigen Werdegang ganz direkt und unmittelbar betraf: Ende Juli 1946 war Gertrude Stein in Paris gestorben. Damit war der Weg für Bowles frei zum Schreiben, der Bannfluch, der über seiner Jugendlyrik lastete, aufgehoben, ihr unseliges Verdikt, seine mangelnde dichterische Begabung besser auf sich beruhen zu lassen, ad absurdum geführt. Mehr als anderthalb Jahrzehnte lang hatte er ihre Warnung beherzigt (und hielt sich auch weiterhin insofern daran, als er nur noch selten Poesie zu Papier brachte); jetzt, wo sie auf dem ehrwürdigen Père Lachaise zur letzten Ruhe gebettet worden war, konnte er das Tor zu einem ungehemmt literarischen Dasein weit aufstoßen. Selbst Hemingway, der gemeinhin berechtigterweise als Erneuerer der anglo-amerikanischen *short story* gelten darf, hat unumwunden zugegeben, daß ihm das Schreiben *vor* dem Kennenlernen der Stein bedeutend leichter gefallen wäre. Paul vollzog die erste Hälfte des doppelten Ratschlages der großen alten Dame, die seinerzeit empfohlene Reise nach Tanger, ein zweites Mal nach, aber gründlicher: So wie sie sich, unermüdliche Anwältin der *expatriate*-Bewegung wie der französisch-amerikanischen Literatur, mit Toklas in der Rue de Fleurus für Jahrzehnte in ihrem Kulturtempel als einem Hauptquartier verschanzte, nistete sich Bowles in Begleitung von Jane auf Dauer in der Fluchtburg Tanger ein. In Scharen waren flügggewordene, von den Musen geküßte Jünglinge zu ihr nach Paris gepilgert, um einen bedeutsamen ästhetischen Fingerzeig von berufener Hand zu erhaschen – nunmehr würden sie in Dutzenden zu ihm an die Meerenge strömen, wo er zwischen Cap Spartel, den Herkulesgrotten und dem Cap Malabata in Altstadtvierteln, Cafés und gesichtslosen Neubauten Hof hielt. In den »janusköpfigen, heimtückischen, verseuchten, schillernden« Moloch, in das nach allen Seiten wuchernde, aus Hunderten offener Wunden schwärende »Irrenhaus« auf Erden. In eines der letzten Paradiese unter der Sonne, in die »Stadt am anderen Ende der Welt«.

Nur wenige Großstädte im 20. Jahrhundert haben solche Extrembeurteilungen provoziert wie das mal vielgescholtene, mal in den Himmel gelobte Tanger. »Bevor man sich hierher begibt«, riet Truman Capote unschuldigen Erstankömmlingen, »sollte man dreierlei tun: sich gegen Typhus impfen lassen, seine gesamten Ersparnisse von der Bank abheben, allen seinen Freunden Adieu sagen – weiß der Himmel, ob man sie je wiedersehen wird. Denn Tanger ist wie ein riesiges Becken, in dem man festgehalten wird.« Für Bowles war es, aller nicht mehr zurückzudrehenden Verwestlichung zum Trotz, die Materialisierung einer Utopie. Ein glückverheißendes Mekka, der Gegenpol zum korrumpierten New York. »Jeder Tag, der hier, diesseits des Atlantiks, verbracht wird, ist ein weiterer außerhalb der Gefängnismauern verbrachter Tag.« Die Stadt an der Schnittstelle eines Ozeans und eines riesigen Binnenmeers besitzt eine einmalige Lage, schmiegt sich an einen Berg, der sanft abfällt zu einem leuchtend weißen Sandstrand, ist halbkreisförmig wie ein einladendes Amphitheater um eine riesige Bucht angelegt. Das Eingangstor zu Marokko, die Pforte zu Afrika. Antäus, Sohn Neptuns und der Erdgöttin Gäa soll, so will es die Legende, die Ansiedlung gegründet haben. Gefolgt von Herkules, der an dieser Stelle die Erde spaltete und damit die Meerenge von Gibraltar schuf, an der sich die Fluten vermischen. Hier gaben er und einige »dämonisch-zügellose Priesterinnen« sich ein Stelldichein, hier wuchsen auch die goldenen Hesperidenäpfel. Tinghe, Tingis oder Tinga hat es geheißen, Noah soll, so geht eine weitere schöne Mär, bei seinem Anblick »Tin ja« ausgerufen haben, »Land in Sicht!« Auch die »Stadt an der Lagune« ist es genannt worden. Den Phöniziern diente es als florierender Handelsplatz, wurde von den Karthagern kolonisiert.

Die römischen Imperatoren hielten ihre schützende Hand über das Berber-Königreich Mauretania Tingitana, zu dem der Ort gehörte, bevor er selbst, vierzig Jahre vor Christi Geburt, der römischen Provinz Hispania zugeteilt wurde. Als Spielball der Vandalen, der Legionen Justinians, mehrerer arabischer Feldherren, die mit der Islamisierung der Region begannen, der Idrissiden, Omajjaden, Almoraviden und Almohaden, Fatimiden, Meriniden, Portugiesen und Spanier wechselten die Besatzungsmächte alle paar Jahrzehnte oder Jahrhunderte; die strategisch ideal situierte Agglomeration, inzwischen eine bedeutende Hafenstadt, kam nie wirklich zur Ruhe. Am längsten blieben die Engländer, abgelöst von Moulay Ismail, dessen langjährige Belagerung 1684 von Erfolg gekrönt war. Herrscher, die abziehen mußten, betrieben eine Politik der verbrannten Erde und ließen ihren Nachfolgern jeweils eine verwüstete, bis auf die Befestigungsmauern heruntergebrannte Ansammlung von Ruinen zurück. Tanger blieb begehrenswert. Vergeblich versuchten Spanier und Franzosen in den Jahrzehnten zwischen Revolution und Restauration, es in ihre Gewalt zu bekommen. Piraten und Schmuggler trieben vor seinen Toren ihr Unwesen.

Daß es keine Stadt wie alle anderen war, zeichnete sich gegen Ende des 19. Jahrhunderts ab. Marokko hatte sich isoliert, war für Europäer hermetisch abgeriegelt, und Tanger, der einzige Ort, an dem ausländischen Diplomaten ein Niederlassungsrecht gewährt wurde, verwandelte sich in eine Stadt mit internationalem Status. Handelsleute aus aller Herren Länder wurden von dieser eigentümlichen Ausnahmestellung magnetisch angezogen, verlagerten ihre Aktivitäten dauerhaft hierher, sorgten dafür, daß der Einfluß des Sultans bis zur Bedeutungslosigkeit schwand; und namentlich die Briten machten sich die vorhandene Infrastruktur zunutze, bauten sie aus und verbesserten sie. Um 1900 hatten sie alle Schlüsselstellungen in der Stadtverwaltung inne. De facto war Tanger wieder besetzt.

Der deutsche Kaiser Wilhelm II. stattete Tanger 1905 mit seiner Yacht »Hohenzollern« eine spektakuläre Visite ab und forderte in einer markanten Rede, die in die Weltgeschichte einging, lautstark die Unabhängigkeit Marokkos ein, beschwor damit gar eine größere Krise herauf. Dennoch schloß sich ab 1912 zunächst die Zeit des französischen Protektorates an, bevor man den Ort 1923 zur von gleich neun Staaten verwalteten Internationalen Zone erklärte. Eine absurde Regelung, die stets von neuem nachgebessert wurde, aber sie schien für alle Beteiligten die verträglichste Lösung zu sein. Mit ihr ließ sich leben, mit ihr konnte man sich arrangieren. Seitdem ging es mit Riesenschritten aufwärts.

Als Freihandelsplatz und militärisch neutrales Gebiet wurde Tanger zu einer der attraktivsten Finanzbühnen weltweit, zahllose große Firmen etablierten hier ihre Hauptquartiere, Geld wurde in großen Mengen gewaschen, Alkohol und Rauschgift umgeschlagen. Es boomte. Ein zwielichtiger Ruf ging von allen hier getätigten Aktivitäten aus – was die weißgetünchte Stadt mit ihrer Koexistenz von orientalischem Ambiente und Freibeuter-Atmosphäre nur noch um so begehrenswerter machte: für Glücksritter, Künstler und professionelle Reisende, Globetrotter und Deserteure. Als eine Stätte »im Schatten des Feuilletons« ist sie herablassend belächelt worden – in Wirklichkeit rissen die Besucherwellen nie ab: Camille Saint-Saëns, Eugène Delacroix, Henri Matisse, Roland Barthes, Paul Morand, Winston Churchill, die Rolling Stones, Joan Collins, Alec Guinness, Johnny Weissmuller, Jean Genet, Raffael Ganz, Tahar Ben Jelloun, um nur zwei Handvoll bunt zusammengewürfelter Zeitzeugen aus zwei Jahrhunderten und aus allen möglichen Kunstsparten zu erwähnen, gaben ihr unter Zehntausenden weniger prominenter Gäste die Ehre. Oder, wie Paul Bowles es mit prägnanter Schlichtheit einmal in Worte zu kleiden verstanden hat: »Manchen gefällt es, und sie bleiben.«

Momentaufnahmen eines »exzellenten Heimathafens zwischen zwei Zivilisationen«, eines Schmelztiegels mit bizarrer Vergangenheit: Die Rue de la Liberté, eine der Hauptarterien, die Place de France und Grand Socco verbindet, an dem sich altes und neues Tanger voneinander scheiden. Nicht weit davon das mythische Luxushotel *El Minzah*. 1930 von französischen Architekten für schottische Lords in maurischem Stil errichtet, verkörpert es den kosmopolitischen Glamour der nicht zu bändigenden Metropole. Rita Hayworth und Winston Churchill sind hier abgestiegen, der spanische König Juan Carlos ist ein gern gesehener Gast. Arabische Mosaike schillern in allen erdenklichen Blautönen, im Innenhof sprudelt eine Fontäne. Am Boulevard Pasteur sind alte Kanonen aufs Meer gerichtet. Arme, Bettler, Schuhputzer schlurfen am Petit Socco, dem Herzen der Altstadt, vorbei, steuern auf die Große Moschee zu oder biegen links Richtung Kasbah in die Rue des Chrétiens ab. Dar el Makhzen, der prächtige Sultanspalast, davor die monumentale Eingangspforte, aus der unablässig Passanten und mit Einkaufstaschen bepackte Frauen hervorquellen. Die »Terrasse des Paresseux«, Bummelplatz der Faulen und Müßiggänger, mit ihrem unverwechselbaren Panorama, das sich in Richtung Hafen, Gibraltar, andalusische Bergketten auftut. Und der wuselnde Armenmarkt, der »Marché des Pauvres«, untergebracht in einer alten Karawanserei.

Flammenschlagendes Gebrutzel in winzigen Eßständen; Kinder, die zwischen Gebirgen von Obst und Gemüse auf der Straße für ein paar Minuten eingeschlafen sind. Knatternde Mofas. Leierndes Geheul, das aus minderwertigen Musikkonserven in über den Gassenecken aufgehängte Lautsprecher gepumpt wird und sich mit den Zischlauten der feilschenden Kaufleute vermischt. Marode Konsulatsgebäude in der europäisch dominierten Ville Nouvelle, hastig hochgezogene Neubauten, von deren Fassaden der Putz abblättert. Schwindler, von denen man in Windeseile gefälschte Pässe und nachgemachte Schweizer Armbanduhren erstehen kann. Dekadenz ist allgegenwärtig in diesem ausgeblichenen Garten Eden. Überall zirkulieren anstößige Geschichten aus Tausendundeiner Nacht, in der es faulig nach Sumpfblüten duftet. *Promised land* und gigantische Slums führen auf den ersten Blick eine trügerisch friedliche Koexistenz, deren sozialer Sprengstoff, sobald ein gewandter Pyrotechniker sich ans Werk machen sollte, gezündet werden und zu verheerenden Explosionen führen könnte.

Als die Bowleses um 1950 hier Fuß faßten, ähnelte Tanger noch einem Schlaraffenland, in dem Verbotenes und Erringenswertes in Hülle und Fülle vorhanden war, zum Greifen nahe, mit tödlichen Folgen für jene, die ihre Hand zu lange und zu weit nach den blinkenden Talmi-Schätzen und dem Überangebot einer erotischen Fata Morgana ausstreckten. Vor sich hatten sie 225 Quadratmeilen eines Eldorados, in dem Bankgesetze und Steuererklärungen unbekannt oder nonchalant weitgehend außer Kraft gesetzt waren, Einfuhrzölle künstlich niedrig gehalten wurden, und in dem sich jeder dahergelaufene Hasardeur binnen kurzem in einen gemachten Mann verwandeln konnte. Selbsternannte betuchte Immobilienspekulanten und blaublütige Vertreter der Haute-Volée, von deren dubiosen Adelstiteln sonstwo auf der Welt noch niemand auch nur das Geringste gehört hatte, tummelten sich unter Hundertschaften spanischer und einheimischer Schwarzarbeiter, die Tag und Nacht alle Hände voll zu tun hatten, luxuriöse Villen und überdimensionierte Phantasiebauten gleich dutzendweise aus dem Boden zu stampfen. Spione, ehemalige Nazis, überschuldete Steuerflüchtlinge, vorbestrafte Kriminelle, halbseidene Causeure, schwarze Schafe und sonstige Menschengruppen, die nie nach ihrer jüngsten Vergangenheit befragt werden mochten, bevölkerten die Restaurants, Brasserien und Prachtbauten, die sich wie ein goldener Gürtel um den Stadtkern legten. Marokkanisch sprechende Einwohner schienen, traute man dem vielstimmigen Sprachengewirr in den Cafés, einer Melange, in der Amerikanisch, Englisch, Französisch, Spanisch und Deutsch den Ton angaben, bereits eine Minderheit zu bilden.

Die anglophone, gutunterrichtete *Tangier Gazette* informierte einen Teil der ansässigen ausländischen Leserschaft, Seite an Seite mit spanischen und französischen lokalen Tageszeitungen. An den Straßenecken standen Briefkästen für gleich drei verschiedene Posteinrichtungen bereit: marokkanische, spanische und englische. Poeten und Geistesmenschen waren hier mit intellektuellem Nachschub besser versorgt als in so manch europäischer Kapitale; Zensur, das Kennzeichen der fünfziger Jahre schlechthin, zumal im Ostblock, schrumpfte hier zu einer vernachlässigenswerten Größe. »Tanger ist unterdessen so zivilisiert geworden«, schrieb Bowles im Oktober 1947 erstaunt, aber auch ein wenig wehmütig, an Charles-Henri Ford, »daß die neueste Ausgabe von *Horizon* an jedem Zeitungsstand zu finden ist; Sartre, Beauvoir, Camus und Lorca zieren die Schaufensterauslagen der Buchhandlungen, und in der Amerikanischen Gesandtschaft befindet sich ein Exemplar der Random-House-Edition von Gertrude Steins *Ausgewählten Schriften* in einem Glaskasten draußen vor dem Eingang, so daß es von den daran vorbeiziehenden Mauleseln [jederzeit] gestreift werden kann.«[INT*]

Strichjungen und kleine Mädchen offerierten ihre Dienste auf offener Straße, in einschlägigen Quartieren und mit eindeutigen Gesten. Männer, deren sexuelle Vorlieben in der gesamten westlichen Welt unter Strafe standen, ja geächtet wurden, sahen die allzeit verfügbare Verwirklichung ihrer geheimsten Neigungen gekommen. Im *Minzah* konnten sie nebenbei für wenige Dollar fürstlich übernachten, in den Souks für eine lächerliche Summe einen maßgeschneiderten Anzug erstehen, die Dienste eines Angestellten wurden einem für die Gegenleistung kümmerlicher Cents oder Sous gewährt, und sogar für ein üppiges, mehrgängiges Abendessen in stilvollem Dekor mußten nicht mehr als einige wertlose Francs berappt werden. Und auch Heterosexuelle kamen nicht zu kurz: Champagnergelage waren erschwinglich, Prostitution gang und gäbe; im *Chat Noir* konnte man sich köstlich amüsieren, und Individualisten, denen punktuelle Befriedigung nicht ausreiche, nannten schon mal einen persönlichen Harem ihr eigen, dessen Tanz- und Bezirzungskünste sie auf exklusiven Parties ihren Gästen vorführten.

Jane mußte ein geflügeltes Wort eigentlich zu denken geben, wonach Tanger ein Ort war, an den man eine(n) Liebhaber(in), niemals aber eine(n) Ehepartner(in) mitnehmen sollte. Paul zählte die gesammelten Vorzüge dieses irdischen Xanadu auf:

Es war viel einfacher hier, finanziell wesentlich lukrativer aufgrund der Internationalen Zone. Wenn man sein Bankkonto hier in Tanger hatte, erhielt man für seine Dollars mehr als doppelt so viele Francs und Peseten. Ich erinnere mich, daß man, wenn man seine Dollars in Paris oder Casablanca eintauschte, zu einem bestimmten Zeitpunkt dafür 220 bekam, hier aber 550 – ein Riesenunterschied! Es war sehr billig, hier zu leben.

Man konnte sein Geld hier auf der Bank liegen haben, in Paris leben, und wenn man seiner Bank telegraphierte, bekam man den Umtauschkurs von Tanger. Also konnte man auch in Paris oder Madrid sehr billig leben. Es war wunderbar! Mit ein entscheidender Grund, eher in Tanger als in Fez zu leben. Ebenso, wenn man nach Fez, nach Marrakesch oder wo auch immer hinging, man tauschte sein Geld hier und gab es dort aus.

Es war auch leichter, hier zu leben, viel kosmopolitischer, dank der Internationalen Zone, mit all den Europäern und Amerikanern. In Fez war man mehr auf sich selbst gestellt. Dort gab es nur wenige Europäer. Dafür Kolonialfranzosen, die meisten von ihnen Korsen, was nicht sehr angenehm war. Genaugenommen waren das korsische Bauern, von den Franzosen angeheuert und dazu ermuntert,

hierherzukommen und das marokkanische Land zu kolonialisieren. Sie verhielten sich den Marokkanern gegenüber sehr rücksichtslos, schrecklich, sie waren schlimmer als die Franzosen, die ›echten‹ Franzosen. Das waren allgemein keine angenehmen Leute, die sogenannten Franzosen in Marokko. Sie hatten ihre eigene Zeitung in Fez, alles auf Korsisch, nicht Französisch. ...
Also lebten wir hier. Hinzu kam, daß Jane Tanger viel lieber mochte als Fez. Eigentlich wie die meisten Europäer fand auch sie Fez klaustrophobisch. Wegen der hohen Mauern, der Tunnel, dem Labyrinth der Medina und so. Das hat sie eher gestört. Ich liebte das alles, sie nicht. Die meisten meiner Freunde mochten das nicht. Sie gingen gerne hin, um es sich anzuschauen, und wenn sie wieder herauskamen, [schnappten] sie [nach Luft und sagten]: »Jaja, das hat sich gelohnt, aber ich bin froh, daß wir wieder fort sind.« Ich glaube, sie fanden Fez düster. Nun, so haben *sie* es wahrgenommen. *Ich finde es nicht düster.*[PB/WFW]

Im lichteren, sinnenfreudigen Tanger war David Herbert, *shooting star* unter den *happy few* mit Geld, Geschmack und Größenwahn, beileibe nicht der einzige schräge Vogel, auf dessen ausschweifenden Partywochenenden die Nächte zum Tage wurden. Ernstzunehmende Konkurrenz bereiteten ihm zwei um den Spitzenplatz im Entertainment der Stadt buhlende, männermordende Damen – Countesse Phyllis della Faille und Barbara Hutton. Phyllis, eine der Trunksucht ergebene amerikanisch-belgische Tierliebhaberin, hatte aus ihrer Villa eine gestrandete Arche Noah gemacht; in Salons, Küche, Eß-, Schlaf- und Wohnzimmern waren alle möglichen Tiere, von Pferden über Affen bis hin zu Ratten, unter prekären hygienischen Bedingungen zusammengepfercht. Ihre Besucher begegneten Schlangen, Fröschen, Kakadus und Hunden auf Schritt und Tritt, in Badewannen und Toilettenbecken zogen Goldfische ihre Runden, auf Balkons und Veranden faulte verdorbene Nahrung einträchtig mit Bergen von Pferdekot vor sich hin, und wer zum Dinner blieb, hatte ausgelassene Schimpansen zum Tischnachbarn. An die vierhundert Kreaturen soll sie zu Spitzenzeiten beherbergt haben; für Hochglanzmagazine posierte sie in erlesenem Schmuck in Tierform, trug mit Edelsteinen besetzte edle Pelze, verwandelte sich mit Hilfe zahlloser modischer Accessoires in eine Eule, einen Tiger, eine Schildkröte oder ein Reptil. Ihr Alkohol- und Tranquilizerkonsum war so immens, daß ein Duo von Domestiken stets in ihrer unmittelbaren Nähe blieb, um sie im Falle eines Falles auffangen und galant indiskreten Blicken entziehen zu können. Hätte es den Begriff Extravaganz noch nicht gegeben, für Phyllis wäre er augenblicklich erfunden worden.

Noch einen Hauch mondäner und operettenhafter ging es allmonatlich im steinernen Palast der unermeßlich reichen Woolworth-Erbin Barbara Hutton zu. Nach ihrer dritten Scheidung war sie 1946 dem Zauber Tangers erlegen und hatte sich im tiefsten Innern der Kasbah dieses märchenhafte, hinter mehreren Festungsmauern gelegene Anwesen von labyrinthischen Dimensionen errichten lassen. Um das einzigartige, opulente Traumhaus aus geschmackvoll angelegten Zimmerfluchten, exotisch bepflanzten Patios und atemberaubender Panoramaterrasse ihrer Kollektion einverleiben zu können, hatte sie sogar den mitbietenden spanischen Diktator Generalissimo Franco ausgestochen. Ihre furiosen Feste glichen durchgestylten Theater- oder Opernaufführungen, deren Einfallsreichtum und inszenatorische Hybris so manchen Skandalregisseur hätte blaß werden lassen können. Kameltreiber, Bauchtänzerinnen und »blaue Menschen«, Angehörige eines Nomadenstammes, deren von Indigo imprägnierte Kleidung beständig auf ihre Haut durchgefärbt hatte, paradierten an Hollywoodstars und unreifen Schreiberlingen aus Queens oder New Jersey vorbei, deren erste, bescheidene Gedichtsammlung, herausgegeben im Selbstverlag, ihnen irgendwie das Gefühl vermittelt hatte, sie sollten schleunigst den Duft der großen weiten Welt mitatmen, am besten hier in Nordafrika.

Und von den unerhörten Erlebnissen in Huttons Zauberreich konnten sie noch jahrelang zehren: wie die Gastgeberin, mit einer von Smaragden und Diamanten durchsetzten Tiara gekrönt, die einst Katharina der Großen gehört haben sollte, ihnen mit zierlicher Geste den Unterarm zur Begrüßung entgegenstreckte, um den obligatorischen Handkuß einzufordern; wie Chaplin oder Greta Garbo und später auch Onassis und die Callas sich zum ungezwungenen *tête-à-tête* mit ihnen herabließen. So etwas fand weder in Manhattan noch auf dem Montmartre statt, ließ sich auch nicht mit künftigen Exzessen in Saint-Tropez oder auf Ibiza messen; nur Tanger konnte einen derartigen Zirkus menschlicher Eitelkeiten aufbieten.

Spitzel in Zivilkleidung gaben acht darauf, daß die Hungerleider unter den Geladenen nicht unbemerkt das eine oder andere Souvenir aus Barbaras üppiger Dekoration mitgehen ließen. Und Hutton – Veteranen der lokalen Bohème sprachen von ihrem Gefolge bald nur noch als von den »Huttontots« – genoß das ungewohnt strahlende Rampenlicht, ihre Beliebtheit und die aufmunternden Beschwörungen ihres Vornamens, den die Straßenjungen ihr bei Spaziergängen oder Fahrten durch die Gassen der Medina zujubelten. In den USA war sie verhaßt gewesen, als persona non grata von den spießigen Medien der McCarthy-Ära verschrien; ihr Beiname »poor little rich girl« haftete wie Pech an ihr, und daß ihr letzter Ehemann, Cary Grant, sich von ihr getrennt hatte, trug nicht eben zu ihrer Anziehungskraft bei. Hier zog sie wie eine Kaiserin alle Blicke auf sich, schwelgte im Raunen der Bewunderung, das sich vernehmen ließ, wo immer sie auch auftauchte. Und Hutton war auch eine der wenigen *expatriates* und Emigranten, die Gastfreundschaft und Aufenthaltsrecht nicht nur als Einbahnstraße verstand. Bei Rundgängen durch die unmittelbare Nachbarschaft ihres Palastes hatte sie sich vom unvorstellbaren Elend, das allerorten in der Stadt herrschte, überzeugen können, und war auch vor der Inspektion der lichtlosen, menschenunwürdigen Verschläge, in denen die Allerärmsten auf engstem Raum ihr Leben zu fristen gezwungen waren, nicht zurückgeschreckt. Empört von den Daseinsbedingungen vieler ihrer neuen Angestellten, die ihr ans Herz gewachsen waren, schritt sie zur Tat, setzte zahlreiche karitative Aktionen ins Werk und trug dafür Sorge, daß eine ambulante Suppenküche für die Armen und Benachteiligten zu einer ständigen lokalen Einrichtung wurde.

Ansonsten herrschte allerdings eine strikte Trennung, ja eine unüberwindbare Kluft zwischen den eingeborenen »Tanjawis« und den zugewanderten »Tangerinos«. Profiteure unter den Bewohnern belegten die nach Herzenslust ausnutzbaren Geldesel unter den Europäern und Amerikanern zusätzlich mit dem Ausdruck »Nazarener«, Ungläubige, Christenmenschen eben. Paul überwand die feinen soziologischen Grenzlinien zuweilen; im Verlauf seiner Tonaufzeichnungen, im täglichen Kontakt mit den Mundstellern, die seine Freunde wurden, im Fortgang seiner engen Partnerschaft mit Yacoubi vermochte er vereinzelt, Widerstände und Eigenheiten aufzubrechen. Noch im hohen Alter stand ihm Dienstpersonal nach Belieben zur Verfügung, das er aus den umliegenden Vierteln rekrutierte; eine wirkliche Fusion, Anpassung oder gar Integration kam aber nicht zustande – dafür sorgte, bei allem echten Interesse auf seiten Pauls, schon seine eigene höflich-verschlossene Reserviertheit.

Jane, die sich neugierig ins Innere der Märkte und in die zeltartigen Stände der Getreideverkäuferinnen vorgewagt hatte, parlierte bald ganz passabel drauflos, so wie ihr der Schnabel gewachsen war; ihr gelang es, mit behutsam aufgebauten Frauenfreundschaften und mit nachdrücklichem erotischen Werben des öfteren in die reservierten Gemächer mitgenommen zu werden, sich einen, wenn auch nur oberflächlichen Eindruck von deren separater Lebensweise zu verschaffen. Passagen ihrer Erzählungen *Everything Is Nice*, von Paul zu Publikationszwecken redaktionell überarbeitet, legen Zeugnis ihrer Kenntnis der Frauenwelt von Tanger ab, führen aber auch deutlich vor Augen, wie oberflächlich und unvollständig das gegenseitige Verständnis von- und füreinander blieb. Wesentliches ließ sich vermitteln und ausdrücken; in Details und Nuancen kamen beide Seiten dagegen nicht über unbeholfene Annäherungsversuche hinaus. Eine der westlichen Sprechweise völlig konträre Auffassung von nur partieller Realitätsabbildung bildete das größte Hemmnis; verbale Äußerungen besaßen hier oft nicht den geringsten verläßlichen Wahrheitsgehalt oder Wahrscheinlichkeitsfaktor; dahinter steckte nicht etwa Verschlagenheit, sondern ein komplexes, variierendes Ausdrucksbedürfnis – Gesten, Stimmungen, Unausgesprochenes waren mindestens ebenso wichtig. Mitteilungen boten keine einwandfreie Garantie. Ein »Nazarener« hätte Jahrzehnte benötigt, um diesen Usancen verläßlich auf den Grund zu kommen und sie selbst anzuwenden. Folglich blieben die Rituale der täglichen Kommunikation für ihn ein Buch mit sieben Siegeln.

Inwieweit die gönnerische Attitüde der meisten »Tangerinos« gegenüber der weit schlechtergestellten Stadtbevölkerung stets auch ein bedenkliches koloniales Gebaren barg, die Grenzen zur hemmungslosen Ausbeutung der »Tanjawis« fließend waren, ein krasses Mißverhältnis zwischen perfekter Bequemlichkeit auf der einen und demütigender Abhängigkeit auf der anderen Seite an der Tagesordnung war, ließ sich leider nicht ein jeder unter denjenigen, die zu den Nutznießern des schiefen Verhältnisses gehörten, gebührend durch den Kopf gehen. Während den einen in jeder Hinsicht die gebratenen Tauben in den geöffneten Mund flogen, wußten die anderen, die sich gierig nach achtlos weggeworfenen Zigarettenkippen, ausländischen Geldstücken und Essensresten zu bücken genötigt sahen, kaum, in welcher schmutzigen Straßenecke sie sich für die nächste Nacht verkriechen sollten.

Im Rest Marokkos galt die Hafenstadt als Inbegriff des Horrors, als Sündenpfuhl, und hieß nur »El Kelba«[MG] – ein Schimpfwort, dessen Gehalt das in all seinen Facetten unübersetzbare englische »bitch« als Äquivalent noch am ehesten wiedergibt. Insofern hatte Tanger, eine weitere »Hure Babylons«, weit mehr mit den Auswüchsen einer westlichen Metropole wie New York gemein, als es den zivilisationsmüden, intellektuellen Freidenkern recht sein konnte. Im Irrglauben, eine authentische Enklave aufgespürt zu haben, liefen sie hier selbst Gefahr, Ausbeutung und moderne Sklaverei in gemäßigter Form zu dulden und aktiv zu ermöglichen. Wer von Fest zu Fest eilte, wollte gar nicht immer ganz genau wissen, welche desolaten Zustände die miserablen Hütten und Notunterkünfte am Stadtrand verbargen, so wie sein Pendant, der vielbeschäftigte Partygänger von

Manhattan, eingespannt in sein *high-society*-Pensum zwischen Park Avenue, Radio City Hall und Riverside Drive, sich nicht ohne Not in die entlegeneren Außenbezirke von Harlem oder der Bronx verirrte.

Doch das üble Los der Einheimischen war nur die halbe Wahrheit; und allzu großes Mitgefühl für irgendeine verlorene Seele wäre in diesem infernalischen Jahrmarkt der Bizarrerien, in dem nichts richtig zueinanderpaßte und alle Erscheinungen wie in einem Zerrspiegel fratzenhafte Gestalt annahmen, unangebracht gewesen – viele überempfindsame Europäer, unvorsichtige Päderasten und psychisch labile »Nazarener« gingen hier in Tanger, betäubt von der unheilvollen narkotischen Wirkung, die Kif, Kinderstrich und ins Groteske gesteigerte Ekstase auf sie ausübten, binnen weniger Monate vor die Hunde. Wie Jane hatten sie die Qual der Wahl zwischen zwei illustren *watering holes*, in denen sie sich bis zur Besinnungslosigkeit einen Rausch antrinken konnten, der *Parade Bar* an der Rue de Fèz oder in der *Dean's Bar* in einer kleinen Seitenstraße hinter dem Grand Socco. Mit Erroll Flynn, Ava Gardner, Francis Bacon, Ian Fleming, mit der schönen Barbara oder der wilden Phyllis, die dort alle gern und häufig verkehrten, mochten sie so manches Mal die Gläser heben, bevor sie, vom schnellen Sex und der Aussicht auf drogengeschwängerte lange Nächte besessen, im mangelhaften Schutz der Dunkelheit als leichte Beute Betrügern, Zuhältern und Magiern in die Netze gingen. Als psychische Wracks ließen sie sich von ausgekochten halbwüchsigen *garçons* nach Strich und Faden ausnehmen, irrten dann ohne einen Penny wochenlang verloren und abgemagert zwischen den weißen Kuben der Medina umher, boten einen unschönen, herzzerreißenden Anblick, bis sich irgendwann die Polizei, bereits daran gewöhnt, im Sekundentakt beide Augen zuzudrücken, ihrer erbarmte und sie des Landes verwies. In einer unwirtlichen Verwahrungszelle, wo man sie bis zur Abfahrt ihres Dampfers Richtung Heimat einsperrte, verfluchten sie in Gedanken nachdrücklich jenen wohlmeinenden Freund, der ihnen, daheim in San Francisco oder Brighton, diese Stadt in rosaroten Farben gemalt hatte, als advocatus diaboli, auf den sie besser nicht gehört hätten.

Dabei blendeten sie als geübte Selbstbetrüger aus, wie sehr sie in Wahrheit ihrer eigenen Vergnügungssucht und Maßlosigkeit auf den Leim gegangen waren. Liebe war ihnen nicht zuteil geworden; käufliche Ersatzempfindungen hatten an ihrer Stelle desaströse Nebenwirkungen gezeitigt, irreversible Folgeschäden hervorgebracht.

> Im Schatten frierst du, in der Sonne läuft dir der Schweiß aus allen Knopflöchern. Der Wind fällt von allen Seiten ein, bisweilen heiß und ungestüm mit der sengenden Hitze der Wüste, dann wieder kühl wie Gras. Vom Atlantik, der Straße von Gibraltar und dem Mittelmeer aufgepeitscht, tritt die Luft auf wie Ophelia oder Lucia; singt und klingt und wirft mit Blumen; es ist eine berserkerhafte Koloratur, die schmeckt wie buntes Glas. Dein Temperament spielt verrückt. Nicht einmal Griechenland hat diesen wilden, trunkenen Himmel und dieses Sonnenlicht, das diamantengleich vom Himmel fällt. Nicht einmal Griechenland hat das Blau Marokkos, noch sein Weiß. Hier entfalten diese Farben eine hypnotische Wirkung. Sie betäuben dich, überwältigen dich, fangen dich ein, halten dich fest, lassen dich nicht mehr los. Die Zeit verschwindet in der Luft und dem Licht.[AC/ZTD]

Alfred Chester, ein hoffnungsvoller amerikanischer Experimentalschriftsteller, der mit Mitte zwanzig blind den Sirenenrufen des schönen Scheins gefolgt, aber nicht gegen die erstickende Macht des »Endzeitgefühls« gefeit war, das ihn hier erfaßte und überrumpelte, konnte ein Lied von solchen Erfahrungen singen. Ihm kam es vor, als hätte eine bösartige Macht ihn »hierherbestellt«. Er erfuhr, was es hieß, von den Straßenjungen als »gut im Futter stehende Schwuchtel« reihenweise beklaut, beschwindelt und betrogen zu werden, und, schlimmer noch, einem von ihnen mit Haut und Haaren zu verfallen. Zwei Fähren führten täglich von hier fort, notierte er in seinen auf deutsch unter dem Titel *Peepshow* erschienenen »heimlichen Einblicken ins Privatleben der Ungläubigen«, die im Original *Glory Hole* heißen, und er klammerte sich an die Option, eines Tages auf diese Weise dem Hexenkessel Tanger entkommen zu können. Auf die unerreichbare Seite »des Styx«, ins unschuldige südandalusische Tarifa, ins harmlose spanische Algeciras. »Tanger«, so rekapitulierte Chester, »ist im Grunde ein Haufen kleiner, unschöner Städtchen, in denen 150000 Leute im Exil leben. Keiner scheint hier zu Hause zu sein. Die Stadt selbst erweckt mitunter den Eindruck, als sei sie unverankert. Ohnehin auf einer Reihe von Hügeln erbaut, schwebt sie, aus der Ferne betrachtet, ein Stück über dem Boden, wie... eine verrückte Steppdecke, die weder imstande ist zu landen noch Höhe zu gewinnen.«[AC/ZTD] Auch ihn hatte – im übertragenen Sinne – ein Abgesandter des Totenreiches hierhergelotst, war eigens, um ihn zu ködern, den ganzen weiten Weg nach New York gereist. Mit Erfolg – er ließ sich, wider besseres Wissen, auf den Teufelspakt ein. »Wie die Heiligen und die Schwarzmagier hat er dir in die hohle Hand gespuckt und damit sein Gut oder Böse weitergereicht. Unter Kif wird jeder Teil des Netzwerks. Freunde, Liebhaber, sie alle sind Agenten einer fremden Macht. Nur du tappst im dunkeln. Allesamt sind sie Chirurgen, und Marokko ist der Tisch, auf dem deine hilflose Seele hingebreitet liegt.«[AC/ZTD] Chesters Seele entging ihrer Bestimmung nicht. Zwei Jahre auf der schiefen Bahn von Tanger hatten ausgereicht, ihn nach seiner Ausweisung auf eine selbstzerstörerische Irrfahrt, auf eine ihn spiralförmig abwärts in den Strudel ziehende Umlaufbahn zu schicken. »Die Knaben und die verschleierten Mädchen haben eine dramatische, ihre Körper eine erbarmungslose Schönheit, sie sind gefährlich unerfahren, sündenlos, unschuldig. ... Komm einem ihrer Gesichter zu nahe, und schwupp, verläßt du die bekannte Welt. Ein Kuß, und du bekommst es mit der Angst. Du segelst davon zwischen Hügeln und Wüsten, die auf keiner Karte verzeichnet sind. Es gibt weder Landkarte noch Reiseführer, keinen Ratgeber. ... Du kannst dir nicht einmal sicher sein, ob die Welt letzten Endes nicht doch eine Scheibe ist, an deren äußerstem Rande du dahinsegelst.«[AC/ZTD] Chester hatte unwiderruflich Schaden an Leib und Seele genommen, die Kontrolle über sein

Dasein in fremde Hände gegeben. Von Paranoia gequält, entwickelte er eine Haßliebe zu Bowles, verstrickte sich in absurde Verschwörungstheorien, bekämpfte ihn als Feind. Als er nicht mehr ein noch aus wußte, schrieb er an Prominente wie Jacqueline Kennedy, um sich Geld von ihnen zu erbetteln. Irgendwann fand er sich am Ende einer Sackgasse wieder. »Er mußte Marokko verlassen, weil er jedes Haus, das er gemietet hatte, demolierte. Er zerschlug alles. Er steckte Nägel in Matratzen, verbrannte Sachen, schlug den Kühlschrank entzwei, zertrümmerte Waschbecken mit einem Hammer, schlug die Wände ein. Er konnte nicht anders, als alles kaputtzu[hauen].«[WFW] Kognak, Kif und selbstverschuldete Katastrophen taten ein Übriges: Der »Teufel« forderte seinen Tribut; Chester segelte über den Rand der Scheibe hinweg. Man wies den Durchgedrehten aus, hinderte ihn bei jedem Einreiseversuch daran, das Land zu betreten, seinen Geliebten Driss wiederzusehen. 1971 nahm er sich, orientierungslos, untröstlich und psychisch zerrüttet, in Jerusalem das Leben.

Paul und Jane Bowles besaßen augenscheinlich genügend Charakterstärke für dieses ungemein unsichere Pflaster und wurden heimisch. Paul zeichnete in *Let It Come Down* ein eindringliches Porträt ihrer neuen Heimat, von deren Stimulationskraft und von dem ihr innewohnenden Destruktionspotential, wobei schon die Überschriften der einzelnen Romanteile, *Internationale Zone, Frisches Fleisch und Rosen, Das Zeitalter der Ungeheuer, Eine andere Art von Stille,* Aufschluß über den Niedergang auf Raten geben, den der Erzähler – als unsichtbarer Voyeur – mitleidslos an seinem Protagonisten Dyar wahrnimmt und den er mit kalter Anteilnahme aufzeichnet. Dyar, von einer Dekade lähmenden Leerlaufs in einer New Yorker Bank gezeichnet, stolpert in alle offen ausliegenden Fallstricke der marokkanischen Hafenstadt. Er fällt nacheinander auf den undurchsichtigen Reisebüroagenten Wilcox, die russische Informantin Madame Jouvenon, die lesbische Schriftstellerin Eunice Goode, den marokkanischen Ganoven Thami, einen harmlosen Schmuggler, die raffinierte Prostituierte Hadija und auf die sexuell attraktive Klatsch-Fürstin Daisy de Valverde herein. Letztere ist die Gattin eines spanischen Adligen, in deren zweideutiger Persönlichkeit Bowles Züge von David Herbert, Faille und Hutton kunstvoll vermengt hatte. Dyar läßt sich treiben, ausnutzen, manipulieren, immer weiter ins Labyrinth hineinstoßen. Er schlittert geradewegs in den ihm vorbestimmten Abgrund, rettet aber vorerst seine Haut.

Wie auf einer Drehbühne defilieren die verwirrenden Gestalten und Ereignisse am Leser vorbei; der Erzähler läßt alle Erscheinungen nur kurz aufblitzen, als würden sie durch einen schmalen Schlitz betrachtet, läßt jedoch nicht zu, daß sich die Aufmerksamkeit dauerhaft auf ein Objekt, auf eine Person fixieren kann. Er macht ihn zum Zuschauer einer Peepshow – ohne wirkliche Anteilnahme; nur ein wenig Erregung fällt im Vorüberparadieren ab. Das Karussell zieht ihn unbarmherzig weiter. Wenn das Buch, nicht frei von den kolportagehaften Zügen eines philosophisch ambitionierten Groschenromans, überhaupt eine Aussage oder Moral besitzt, dann die, daß Sicherheit in jeder Spielart – hier in Tanger jedenfalls – ein trügerisches, bedenkliches Konzept, ja eine Fiktion darstellt, mehr noch, daß die Stadt als solche die allegorischen Züge einer perfekt gelungenen Fälschung annimmt. Je besser man sie kennt, um eine Aussage von Bowles zu paraphrasieren, desto schneller verliert sie ihr Gesicht, desto unschärfer werden die Konturen – als ob man sich einen geliebten, vertrauten Menschen vorstellt und versucht, dessen physische Gegenwart heraufzubeschwören, was notgedrungen mißlingen muß, weil man ihn schon zu oft gesehen hat, zu kennen meint.

Zum Ende des Romans hin zeigt sich Paul als würdiger Nachfolger André Gides, wenn er Dyar auf dem Höhepunkt von dessen Indifferenz einen Kif-Rausch durchleben läßt, der auf einen *acte gratuit*, einen zweckfreien Mord, zusteuert. Benebelt von den Wonnen der Alltagsdroge, rammt Dyar seinem mitdösenden Freund Thami mit dem Hammer einen Nagel in die Ohrmuschel. Unter fortwährendem albernen, melodiösen Singsang treibt der Berauschte beharrlich das kurze Metallteil durch den

Schädel seines ahnungslosen Opfers. »Halb wußte er, daß das, was dort lag, Thami war, Thamis Kopf, Rumpf, Arme und Beine. Halb wußte er, daß es ein nicht zu definierendes Objekt war, unwägbar schwer in seiner Sinnlosigkeit, ein enormes, nicht abzuschätzendes Gewicht, das sich durch nichts vermindern ließ.« Der Nagelkopf dringt weiter ins Hirn Thamis ein, wie absichtslos. Dyars Tat kennt weder Vorsatz noch Konsequenzen. Der Amerikaner handelt in vollkommener Freiheit und Unschuld. Es war, »als hätte jemand gesagt: *It's all right*«. Allmählich erfüllt ihn Mattigkeit, die euphorisierende Kif-Energie fällt von ihm ab. Er erhebt »sich, ging ins Zimmer, schleifte Thami an den Beinen durch den Hof in die Küche und schloß die Tür. Überwältigt von Müdigkeit, legte er sich auf die Matte und fiel, immer noch zitternd, in einen abgrundtiefen Schlaf. Mit fortschreitendem Tag nahm der Wind an Stärke zu, der blaue Himmel wurde weiß, dann grau. Die Tür klapperte unaufhörlich, aber [Dyar] hörte nichts.«[LCD] Er empfindet keine Reue – er fühlt sich als Teil eines Ganzen, als integrierter Bewohner Tangers. Er hat sich der Stadt als würdig erwiesen. Er darf hier Wurzeln schlagen.

Während Paul mit Niederschrift, Ausarbeitung und Drucklegung seines zweiten Opus befaßt war, dessen Verkaufserfolg an denjenigen des *Sheltering Sky* anschließen würde, vertrieb Jane sich die Zeit mit gleich zwei Frauenpaaren, mithin vier guten Freundinnen: mit den aus New York zu Besuch gekommenen Journalistinnen Katharine Hamill und Natasha von Hoershelman, die zu Hause als Redakteurin bzw. Chefdokumentarin für das Periodikum *Fortune* tätig waren und von Jane schon vor längerer Zeit ins Herz geschlossen wurden. Sie waren die Adressatinnen von Dutzenden von Briefen Janes. Und mit den Belgierinnen Isabelle und Yvonne Gerofi. Die beiden Schwägerinnen betrieben drei Jahrzehnte lang, von den 1940ern bis in die 1970er, die Buchhandlung »Librairie des Colonnes« in Tanger. Es verging kaum ein Tag, an dem Jane ihnen nicht ihre Aufwartung machte, um sich über urbanen *gossip* und die literarischen Umtriebe vor Ort und in den USA auszutauschen. Zusammengenommen waren die vier ungleichen, »sehr ernsthaften« Damen Wegbegleiterinnen Janes auf ihrem Abstieg in die Untiefen von »El Kelba«. Es wurden die letzten, verhältnismäßig unbeschwerten Sommer für Jane in Tanger. Truman Capote hob sie auf den Sockel seiner Verehrung und bezeichnete sie als der Nachfolge Gloria Swansons würdige Schönheit. David Herbert konnte in ihrem Verhältnis zu Bowles, wie gehabt, nichts als Harmonie und eitel Sonnenschein wahrnehmen und stellte sogar Janes markanteste Züge, ihre legendäre Promiskuität und ihr unersättliches Interesse an neuen Frauenbekanntschaften, in Abrede: »Sie war eigentlich überhaupt keine richtige Lesbierin. Janie liebte Paul mehr als irgend etwas sonst auf dieser Welt, und Paul liebte Janie. Rein körperlich betrachtet, führten sie zwei sehr unterschiedliche Leben, aber Janie war nie eifersüchtig, denn sie wußte, daß Paul sie letzten Endes [von allen] am liebsten hatte.«[DH/MG*]

Der britische Hofphotograph Cecil Beaton, Mitbewohner der Villa Mektoub und Weggefährte Davids, verlieh dem goldenen Zeitalter Tangers, den späten vierziger und frühen fünfziger Jahren, den angemessenen Ausdruck, indem er das brüchige Paradies mit seinen hervorragend proportionierten Aufnahmen noch überhöhte. Da ist die Serie der ›Prozessions‹-Photos am Merkala Beach vor imposanter Felsenkulisse mit Jane als im Zentrum aufrecht stehender, königlich in die Ferne schauender »Queen of Tangier« in hochgekrempelten Hosen und weißer Bluse, die Herren Capote und Herbert lagern seitlich in Badehosen und mit über den Kopf drapierten Tüchern. Einheimische Jünglinge mit Strohhüten hocken ihr malerisch zu Füßen, ein Zicklein und zwei Paare marokkanischer Puschen im Vordergrund runden das pittoreske Ensemble ab. Von links oben nach rechts unten läuft ein Felsblock als Diagonale durchs Bild, dahinter leuchten Meer und ewigblauer Himmel.

Und da ist das vielleicht schönste, berühmteste Doppelporträt des Paares, Minuten später aufgenommen; selbst Paul präsentiert einen entblößten Oberkörper, mag aber auf Anzughose und Armbanduhr, Insignien des Westens, weiterhin nicht verzichten. Beider Blicke sind gelöst und in dieselbe Richtung gewandt, sie hocken hintereinander auf demselben Felsen, heben sich miteinander von demselben Meereshorizont ab.

Sie sind, so lautet die photographisch inszenierte Wahrheit dieser perfekten Zweisamkeit, die Titanen von Tanger geworden. Urgestein dieses lasziven Fleckchens Erde. Garanten seines Mythos; lebende Orakel, die Ratsuchende wieder und wieder aufsuchen würden. Wahrzeichen geglückten Exils. Eine Sehenswürdigkeit.

7

Vergessenssucher
Nichts Köstlicheres,
als ein Fremdling zu sein

Die alte Dame richtete ihren scharfen Blick auf die Besucherin, ihre Augen waren stark mit Schwarz umrandet, wie sie jetzt sah.
»Wo ist dein Mann?« wollte sie wissen.
»Er reist gerade durch die Wüste.«

Jane in *Everything Is Nice* (ca. 1950/51)[EFR]

Eben, das verstehe ich nicht.
Wenn man in jemanden verliebt ist –
ich meine, man sagt ihm, daß man verliebt ist, man zeigt es ihm.
So ist es; das gibt es in Büchern und Theaterstücken.
Aber das hat es in meinem Leben nie gegeben, nie!
Ich war höchstens zu gewissen Zeiten
von ihm [Ahmed Yacoubi] in Bann geschlagen,
besessen vielleicht.
Ich weiß nicht, ob das »verliebt« ist.
Ich glaube nicht, daß es das ist.
Ich würde das bezweifeln.
Ich habe andere Leute getroffen,
die behaupteten, verliebt zu sein,
und sie hatten ganz andere Erfahrungen gemacht.
Sie haben anders empfunden als ich.
Aber, um ehrlich zu sein, ich glaube nicht, daß ich je verliebt war.
Aber ich träume noch oft von ihm.

Paul (1989–91)[WFW]

»In Tanger«, so beschrieb Paul ihr temporäres Idyll, das man eher als funktionstüchtiges Arrangement auffassen könnte, »wohnten Jane und ich zum erstenmal zusammen in [unserem] Haus in der Medina. Sie gewöhnte sich an, jeden Morgen in aller Frühe aufzustehen und zum Markt zu gehen, eine Routine, von der sie niemals abwich. Während ich noch schlief, kam Temsamany und begleitete sie zu Fuß durch die Medina zum Grand Socco, um das Essen für den Tag zu kaufen. Ich stand auf, kochte Kaffee und nahm ihn mit ans Bett, wo ich bis mittags arbeitete. Es war noch viel Arbeit, den Roman zu beenden.«[WSR] Eine exemplarische Schilderung, bei der das Besondere zum Alltäglichen umgedeutet wurde. Zwar mag es solche Tage und Wochen gegeben haben – man beachte allerdings, daß selbst hier noch der Akzent ihrer Zweisamkeit auf der größtmöglichen Vermeidung persönlicher Begegnungen miteinander lag –, aber ein ruhiges Gleichmaß blieb in den wildbewegten *mid-fifties* auch für sie die Ausnahme. Die Regel waren Dauerbesuche, die wie Heuschreckenschwärme über sie einfielen. Ihre Gäste, vorzugsweise aus Amerika, kamen, um sich abzugucken, wie ein westliches Vorzeigepaar im krisengeschüttelten Marokko so souverän wie stilsicher überlebte, einem Land, das inzwischen mit allen Mitteln nach der ihm so lange vorenthaltenen Unabhängigkeit strebte. Ihre Besucher durchforsteten Pauls spärliche, kryptische Äußerungen nach einem verborgenen poetologischen Bedeutungsgehalt, geheimnisten Anleitungen und Rezepte zum Schreiben in seine kauzigen Bemerkungen hinein. Pauls eiserne morgendliche Disziplin verschaffte ihm den nötigen Freiraum für den nachmittäglich-abendlichen Müßiggang »zu zweit«, für den publicityträchtigen *small talk* mit neugierigen und ungebetenen Parvenüs, der ihn im Grunde über die Maßen anödete.

Jane machte die Honneurs. Kaum jemand sprach sie noch auf den Stillstand ihrer kreativen Tätigkeit an. Interessierte sich ein Journalist für eine Novelle oder ein Verlagsvertreter dafür, ihre früheren Ergüsse in gesammelter Form herauszugeben, stimmte sie lustlos und achselzuckend zu. Wenn Paul ihre liegengebliebenen Skizzen zu geschlossenen Erzählungen umformte und verschönerte, ließ sie ihn gewähren, um die Texte dann, für sie unkenntlich und ohne Belang, in US-Hochglanzmagazinen wiederzufinden. Immer noch entstanden gleichwohl Fragmente, Durchgestrichenes, Szenen. Ideen für ein neues Drama belebten zuweilen ihre Gedankenwelt. Aber der Gang über den Gemüsebasar mit ihrem Chauffeur, einige Gläschen in der *Parade Bar*, das sich unablässig weiterdrehende Gesellschaftskarussell, mit ihr höchstpersönlich als Motor des mondänen Geplänkels, durchkreuzten rasch wieder manch halbherzig angedachtes Vorhaben. Schlechte Erfahrungen und ihr deutlich vor Augen stehende Enttäuschungen mit ihrem früheren Werk obsiegten. Realistisch bekannte sie, während sie ihre obere Gesichtshälfte mit der Hand vor der gleißenden Mittagshitze in der Kasbah abschirmte, daß sie sich ausgebrannt fühlte, orientierungslos, irgendwo in einem Irrgarten ausgesetzt, ohne sich an die sie umgebende Dunkelheit gewöhnt zu haben: »Es ist unmöglich, ein Stück im Finstern zu schreiben, ohne eine Vorstellung, wohin es gehen soll.«

Man muß die Analogie zwischen den Bowleses und plapperndem Federvieh nicht überstrapazieren, um Janes Theorie von den Unwägbarkeiten aufgezwungener Intimität bedenkenlos zustimmen zu können: »Ich glaube, [ihr Papagei Seth] sollte nicht mit dem [anderen,] grünen Papagei im gleichen Raum bleiben, bis er lernt, mehr zu sprechen. Denn es ist klar, daß Vögel überhaupt nichts [dazu-]lernen, wenn sie zusammen sind. Zumindest sollten sie nicht auf engstem Raum zusammensein, wo sie sich in ihrer eigenen Sprache unterhalten können.«[GMG] Sie und Paul beherzigten diesen Grundsatz nach bestem Wissen und Gewissen. Wenn ihr partnerschaftliches Gleichgewicht auch gehörig ins Wanken geraten sein mochte und sie sich nicht länger als eine

Viertelstunde gemeinsam in einem Zimmer aufhielten, das Image wenigstens stimmte. Beide verstanden sich darauf, das äußere Make-up mit einigen eingeübten Strichen wiederherzustellen, markierten Aufgabenteilung und komplementäre Koexistenz, wo Nebeneinanderherleben und langwierige Trennungen ihre Realität ausmachten.

In Briefen hingegen bewegte man sich aufeinander zu, bekundete ernstgemeinte Fürsorge, erörterte Erledigungen, Abzuwickelndes, finanzielle Transaktionen. Große und kleine Fluchten verschafften Ablenkung. Jane zog es ein letztes Mal nach Kalifornien, ein letztes Mal nach Chicago, um Claire und ihrem an Thrombose erkrankten Stiefvater Julian Fuhs Beistand zu leisten, ein letztes Mal auch in die Salons von Paris, wo sie sich, unter den mißtrauisch-besorgten Blicken von Alice B. Toklas, glücklos in die schnellebigen, von Intrigantinnen beherrschten Damenkränzchen einzureihen bemühte. Paul nutzte die mehrmonatigen Abstecher nach Taprobane zu Entdeckungsreisen nach Fernost; bis nach Japan und Hongkong streckte er seine Fühler aus. In Südafrika, Kenia und auf den Kanarischen Inseln trieb er sich mit schriftstellerischen Projekten und als »Länder-Sammler« herum. Das Horn von Afrika umschiffte er auch deshalb südwärts Richtung Kapstadt, weil die Briten seinerzeit den Suez-Kanal blockiert hatten, was eine Schiffspassage ohne diesen beträchtlichen Umweg ausschloß. In Tanger, Lissabon, Mombasa und Nairobi verfaßte er Reportagen für *The Nation* über die jeweiligen politischen Umbruchsituationen. Er schrieb Essays und Aperçus für einen in der Schweiz erscheinenden Photoband; er faßte seine Reiseerzählungen zu geschlossenen Textkonvoluten zusammen und publizierte sie; er besorgte sich ein Tonband, um mithalten zu können, wenn Ahmed drauflos fabulierte und er als bisheriger Stenograph mit dem Bleistift tempomäßig überfordert war.

Zurück in Marokko, beobachtete und studierte er auf dem Lande, im Atlas oder in verborgenen Küstendörfern, religiöse Feste, Riten und Zeremonien. Wie gehabt der weltoffene Chronist, der persönliche Bedürfnisse einem unstillbaren Erlebnishunger nach Authentizität unterordnete. Dann wieder überfielen ihn mönchisch-ereignislose Arbeitsphasen, in denen Abgeschiedenheit und Einsamkeit dominierten. Monatsweise mietete er sich einen ganzen Sommer lang in ein Haus bei Sidi Bouknadel ein, das hoch auf einem Felsen über dem Meer thronte und von ihm erst notdürftig renoviert werden mußte. »Jede Nacht stellte ich den Wecker auf Tagesanbruch. Wenn die Glocke schrillte, griff ich nach der Thermoskanne mit Kaffee, den ich am Abend zuvor gekocht hatte.« So leben Eremiten, *workaholics* oder eingefleischte Junggesellen. »Das Krachen des Ozeans, der gegen die Klippen brandete, drang durch das Fenster bis an mein Bett. Ich lag friedlich da und schrieb. Gegen Mittag war das Tagespensum vollbracht.« Selbstgenügsam und von freiwillig auferlegten Entbehrungen abgeschirmt war er mit sich selbst im Reinen. Die Koordinaten seines inneren, geistigen Kosmos harmonierten. Alles war dazu angetan, seine eigene Identität in den Hintergrund treten zu lassen. Auszulöschen. Im Herbst suchte er sich eine andere Absteige innerhalb der Kasbah; selbstredend allein.

Schon war das gemeinsame Altstadtdomizil längst wieder verwaist; Jane bevorzugte den schlichten Komfort von Hotels wie dem Rembrandt oder dem Massilia. Sie sahen sich erst wieder, wenn alte Bekannte Tanger ihre Aufwartung machten. Peggy Guggenheim beispielsweise, von zwei gitarrespielenden Italienern begleitet. Yacoubi mied sie, wo es nur ging, denn die Erinnerung an hüllenlose Sonnenbäder der umtriebigen Mäzenin in ihrem Palazzo zu Venedig hatten ihm einst nachhaltig mißfallen. Und aus heiterem Himmel, nichts schien weniger wahrscheinlich, nichts paßte weniger in das fragile Netz aus Ritualen, das sich die beiden Solitäre gesponnen hatten, kündigten Claude und Rena Bowles für den Sommer 1956 ihre bereits seit langem in Aussicht gestellte Marokko-Visite an. Zumal für Paul war das ein unerhörtes Ereignis. Stirnrunzelnd und irritiert machte man sich an die Inszenierung des Unvermeidlichen. Temsamany polierte das Automobil, Paul holte den Photoapparat hervor, und Jane zog für ein paar Wochen zu ihm, um Eintracht zu demonstrieren. Die Privataufnahmen aus diesen Monaten zeigen ein ein bißchen in die Jahre gekommenes Paar mit gütigen Schwiegereltern in nordafrikanischem Ambiente. Es stimmt ja auch – weder Dispute noch Kontroversen trübten das einvernehmliche Eheleben. Nur fühlten sie sich inmitten dieses burlesken Quintetts, als spielten sie unfreiwillig Hauptrollen in einem Film, dessen Drehbuch von Tag zu Tag umgeschrieben wurde. Die frischbeschriebenen Blätter bekamen sie erst im Morgengrauen zu Gesicht. Zeit für Probespiel blieb nicht.

Loyalität war demnach das Gebot der Stunde. Daß man füreinander in die Bresche sprang, darauf war Verlaß. Verabredungsgemäß gab man die vorbildlichen Fremdenführer, ließ für eine Weile die Soiréen bei David Herbert aus, legte Askese und Zuvorkommenheit an den Tag. Loyal verhielten sich wider Erwarten aber auch Claude und Rena, »the Old Bowleses«. Mit ihrem einzigen Sprößling schienen sie mittlerweile ihren Frieden gemacht zu haben. Offene Kritik an seinem Lebensstil, an seinem Aufenthaltsort, an seinen Veröffentlichungen wurde nicht (mehr) geübt. Temsamany kutschierte sie umher, Paul wies auf die Schönheiten seiner Wahlheimat hin. Die zwei ungleichen Paare ertrugen und vertrugen sich. Der achtundsiebzigjährige Claude erwarb mit Rena sogar eine zeitlich begrenzte Mitgliedschaft im »American Club« von Tanger, das ihnen weit besser gefiel, als Jane und Paul befürchtet hatten. Daß ihnen die Reise körperlich zusetzte, ließ sich das ältere Tandem nicht anmerken, und bekundete bei jeder Gelegenheit, wie wohl es sich in Marokko fühlte. Der lauernde Argwohn ihres Filius verflüchtigte sich mit jeder Woche; von der früheren Feindseligkeit war kaum noch etwas zu spüren.

Ohne eigens darauf hinzuweisen, ließen die Besucher aus Long Island hinter ihrer höflichen Fassade durchschimmern, wie stolz sie insgeheim auf Paul waren, seine mit Händen zu greifenden Erfolge, seinen internationalen Rang als Buchautor und arrivierter Theatermusiker – wenn auch der schnittige Wagen samt liviriertem Angestellten das einzige Insignium errungenen Wohlstands darstellte; die derzeitige Behausung, eine

Neubauwohnung im Immeuble San Francisco in der Rue des Amoureux, war kaum dazu angetan, bei ihnen Eindruck zu schinden. Claude ließ sich auf alles Mögliche ein, probierte sogar Kif, was ihm daheim nicht im Traum eingefallen wäre, hielt sich aber bald wieder an den bewährten Whiskey. Nach anstrengenden Exkursionen zogen sich die beiden Senioren an den Swimmingpool des Clubs zurück. Über Janes momentane Befindlichkeit wurden nicht viele Worte verloren. Die für alle Zeiten enkel- und stammhalterlosen Bowleses wußten schließlich seit fast zwanzig Jahren, daß sie es nicht mit einer konventionellen Schwiegertochter zu tun hatten. Vorübergehend hatte letztere ein Nachbarappartement im selben »San Francisco«-Gebäude bezogen. Und daß auch Paul nicht nach normalen Standards zu beurteilen war, seit jeher nie nach herkömmlicher Prosperität, nach Sicherheit strebte, hatten sie unausgesprochen zur Kenntnis gekommen. Beiderseits hatte sich so etwas wie Reife eingestellt; man mußte einander nicht mehr um jeden Preis von der alleinseligmachenden Interpretation einer geglückten Vita überzeugen. Grabenkämpfe blieben aus.

Nicht Konfrontation oder Entfremdung bestimmte nun schon seit vielen Jahren das Verhältnis dieses ungewöhnlichen Sohnes zu seinen Eltern, er hatte vielmehr auf Distanz und Indifferenz gesetzt und einen ganzen Ozean zwischen sich und die Verantwortlichen für seine so unerquickliche, nervenaufreibende Kindheit gelegt. Was sein einstmals so gutes Verhältnis zu Rena betraf, so hatte Paul sie nach dem Prinzip gemäßigter Sippenhaft ebenso ausgegrenzt wie Claude, ja völlig aus seinem Leben ausgeschlossen. Gewiß, da waren die ausführlichen Briefe, die die Mutter in regelmäßigen Abständen von ihm erhielt. Und 1962 und 1965 würde Bowles seine greisen Eltern noch zweimal in ihrem Altersdomizil in Florida, das ihn beim Aufwachen mit seinem unaufhörlichen Vogelgezwitscher an Ceylon erinnerte, besuchen kommen. »Meine Eltern wirkten kleiner, als ich sie in Erinnerung hatte. ... Ich hatte mich daran gewöhnt, [sie] als unerschöpfliches und mehr oder weniger zuverlässiges Archiv von Informationen und Anekdoten zu betrachten. Jetzt stellte ich fest, daß sie [über] viele dieser Ereignisse nicht[s] mehr [wußten]. Es war traurig und beklemmend zu erkennen, daß ich zur einzigen Quelle unserer ehemals gemeinsamen Erinnerungen geworden war.«[WSR] Auf den Photos ihres Tangerbesuches frappiert vor allem jedoch, wie ähnlich sich Mutter und Sohn sehen, wie sehr sie dieselben Posen einnehmen, dieselben Gesten ausführen. Der skeptisch-konzentrierte, halb abwesende, halb abweisende Blick, das hagere Profil, die Art, eine Zigarette zu halten. Artig und galant kümmerte sich Paul um ihr Wohlergehen.

Eine andere Aufnahme von einem Picknick auf der »Montagne«, von ihm geschossen, trägt dagegen beinahe verräterische Züge: Eine isolierte Jane, die Hände in den Taschen eines weiten Rockes vergraben, schlendert nachdenklich und einsam einem hellen Waldweg entgegen, bewegt sich auf die Kamera zu. Während sie die Bildmitte einnimmt, beansprucht vorne rechts im Dunkeln ein Trio den Vordergrund, das dem Betrachter den Rücken zuwendet: Rena, Claude und Temsamany scheinen der solistischen Flanerie Janes gespannt zuzusehen oder ihre Ankunft ungeduldig herbeizusehen. Sich selbst hat Bowles wohlweislich ausgespart. Mit diesen drei Gesichtslosen wollte er nicht näher auf Tuchfühlung gehen, scheint die Bildkomposition des seltsamen Gruppenporträts uns mitzuteilen. Und Jane blieb eine Kategorie für sich, trotz aller Widrigkeiten seine Lichtgestalt. Jemand, die zu ihm gehörte. Auf die er stolz sein durfte.

Die kokette Komödie im Vaudeville-Stil der Jahrhundertwende war glatt über die Bühne gegangen, »the Old Bowleses« nahmen die Dauerpräsenz von Marokkanern in beiden Haushalten in ihrer Eigenschaft als Dienstpersonal – und nicht, wie es der Realität entsprach, auch in jener als Liebhaber(innen) – für bare Münze. Der klapprige Claude überstand den Marokko-Aufenthalt ohne eine Schramme, doch ausgerechnet Rena brach sich in einer schlecht beleuchteten Altstadtgasse noch im letzten Moment den Knöchel. In perfektem Einverständnis schieden die vier Protagonisten voneinander, zehrten noch lange vom illusorischen Charakter dieser Begegnung. Wer nun aber glauben mochte, Paul hätte Kindheitsbewältigung und Exorzismus seines Vater-Phantoms bravourös hinter sich gelassen, der hatte sich gründlich getäuscht: *The Frozen Fields*, seine nur wenig verschleierte Attacke auf patriarchalische Gewalt und das denkbar gnadenloseste Porträt eines sinnlos grausamen, haßerfüllten Vaters, schrieb er exakt im Folgejahr 1957 auf der Überfahrt nach Colombo an Bord der »MS Chakdara« und lieh sich selbst dafür die Maske des kleinen, wehrlosen, unverstandenen Donald. Und noch im Jahre 1984, Claude und Rena waren bereits seit mehr als fünfzehn Jahren tot, rechnete er in seiner Kurzerzählung *Julian Vreden*, die er in den 1940ern ansiedelte und 1988 in seinen Band *Unwelcome Words* aufnahm, ein weiteres Mal mit dem Gespenst verdammenswerter Eltern ab: Keine drei Seiten lang, kunstlos gestaltet und im faktenaneinanderreihenden Stil einer Zeitungsnotiz unter »Vermischtes« gehalten, gibt Bowles wieder, wie der kaum zwanzigjährige Julian, der mehrere College-Ausbildungen abgebrochen und eine unglückliche Kindheit hinter sich hat, mit Unterstützung seines Freundes Mark seine New Yorker Eltern am Silvesterabend mit einer Flasche Champagner vergiftet, in deren Inhalt er Zyanid eingerührt hat.

Aus Miami sind die beiden jungen Männer angereist, die Alten glauben an eine Versöhnungsgeste, tappen in die Falle und trinken das fatale Gebräu. Die Polizei findet das tote Paar, das keinen Abschiedsbrief hinterlassen hat, am Neujahrsmorgen und tippt auf einen Doppelselbstmord. Doch die beiden Komplizen verraten sich: Allzu schnell verwandeln sie das angetretene Erbe Julians in einen Sportwagen, leben in Saus und Braus und ziehen ausgerechnet in die Wohnung ihrer Opfer in der Park Avenue in Manhattan ein. Julian und Mark sind überraschend geständig, halten sie ihre Tat doch für »durchaus gerechtfertigt«. Nachbarn und Eingeweihte können bezeugen, daß in der Tat »jahrelange, ununterbrochene elterliche Schikanen« stattgefunden haben, unter denen der sensible Julian zu leiden hatte. Seine frühreife Vorliebe für Poesie und Schöngeistiges war der Auslöser; fortan setzten seine Erzeuger, die mit Kunstsinn nichts im Schilde führten, Julian auf immer niederträchtigere Weise zu.»Sissified«, verweiblicht und unmännlich sei er, ein Waschlappen, ein Muttersöhnchen, ein Gedichte-Schreiberling, ein Taugenichts. Ihre Vergiftung durch ihn, einen Wahlverwandten der von den französischen Surrealisten verehrten Elternmörderin Violette Nozière, war folgerichtig notwendig. Ein verständlicher, begründeter Racheakt. Dem eine jahrelange Entfremdung vorausgegangen war, der Abbruch jeglicher Kontakte. Daß Mark und Anstifter Julian letztlich zu lebenslanger Haft in einer »Anstalt für kriminelle Geistesgestörte« verdammt wurden, ruft beim Erzähler nur ungläubiges Kopfschütteln hervor: »Kriminell? Ja. Geistesgestört? Unwahrscheinlich. Der Wunsch, sich für Ungerechtigkeiten zu rächen, die man erleiden mußte, kann wohl kaum als Zeichen von Irrsinn angesehen werden. Julian Vredens Geschichte ist [stattdessen] ein klassischer und typisch amerikanischer Fall von Vergeltung.«[PB/GE2]

Aufmerksamkeit ruft noch ein weiterer Erzählerkommentar in der Mitte des Textes hervor, der, angewandt auf Paul selbst, Schlüsselcharakter besitzt: »Der Wechsel von der Columbia [University durch Julian] auf das College in Florida war für alle Beteiligten die beste Lösung«, heißt es dort. Dann folgt die zentrale Passage: »Die physische Distanz zwischen den Parteien muß dazu beigetragen haben, das chronisch schlechte Verhältnis ein wenig zu verbessern. ... Vielleicht glaubten [die Eltern, am Silvesterabend vom Anruf ihres Sohnes freudig überrascht,] er habe sich verändert, und ließen sich von der Aussicht auf einen möglichen Waffenstillstand erweichen.«[PB/GE2] Es fällt nicht schwer, hier in den geographischen Konstellationen (Florida/New York, wenn auch in umgekehrter Bewegungsrichtung) Parallelen zu den Bowleses auszumachen, die »physische Distanz« als »Beitrag« zur »Verbesserung« eines »chronisch schlechten Verhältnis[ses]« auf das Trio von Long Island zu übertragen, wobei Paul mutwillig seine Verankerung in einem anderen Kulturkreis betrieb, in Marokko. Lediglich die ödipale Mordtat versagte sich der alternde Schriftsteller selbst dann doch, ließ es bei einem auf dem Papier ausgeführten, zudem noch posthumen Tötungsakt bewenden. Blieb unterm Strich also nur Haß und Verachtung für Claude übrig, warf er Rena in denselben Topf wie seinen Vater, fühlte er sich immer noch gedemütigt, als »sissified poet« herabgewürdigt, dessen literarische Aktivitäten als reine Zeitverschwendung angesehen wurden? War Bowles – auf der Ebene seiner Veröffentlichungen – wirklich zu keiner Geste der Vergebung, der Toleranz, der Dankbarkeit fähig?

Die Antwort lautet: Doch. Mit der expliziten Widmung seines dritten und womöglich besten Romans, *The Spider's House*, ebenjenem Buch, dessen Manuskript auf Taprobane fertiggestellt und sodann auf abenteuerliche Weise von ihm aus Weligama nach New York versandt wurde, ließ er dem zwischenzeitlich arg ramponierten Ansehen Claudes nämlich Gerechtigkeit widerfahren. Außerdem zog sein Vater mit dieser Zueignung – »to my father« – hinsichtlich seiner Wertschätzung durch den so andersgearteten Sohn sozusagen mit Rena gleich, die Paul schon mit der Widmung des Erzählbandes *The Delicate Prey* bedacht hatte.

Das Haus der Spinne, von der Kritik gerühmt und spannend bis zur letzten Seite, ist Bowles' vielleicht dichtestes und komplexestes, ganz sicher aber sein gelungenstes und persönlichstes Buch. Hatte er mit *The Sheltering Sky* zunächst die Ausgangssituation seiner Entscheidung, für immer in Marokko zu leben, in eindringlicher Verfremdung evoziert sowie das schwierige, gänzlich asexuelle Verhältnis zu Jane zumindest angesprochen, hatte er in *Let It Come Down* ein ambivalentes Porträt des so gefährlichen wie attraktiven Schauplatzes Tanger vorgelegt, dessen tödliche Perspektiven ins Fiktive verlängert und seiner Figur Daisy de Valverde als Fazit den vielsagenden Ausspruch »Ich habe nie solch ein Pflaster für Tratsch gekannt. Gott! Eine unglaubliche Stadt...«[LCD] in den Mund gelegt, so schrieb er mit diesem *Spinnenhaus* erstmals einen Roman am Puls der Zeit, blieb der schnelllebigen, anarchischen Entwicklung im Fez des Sommers und Herbstes 1954 gewissermaßen zeitgleich auf den Fersen. Gemessen an Pauls Nichteinmischungsästhetik des »invisible spectator« handelt es sich hierbei gar um einen dezidiert politischen, in Maßen engagierten Text, bei dem sich Erzähler, Figuren und Leser aus der verwickelten historischen Situation des Landes weder heraushalten können noch wollen.

Dem Buch vorangestellt ist ein titelstiftendes Koran-Zitat, das mahnend auf die Vergänglichkeit, Zerbrechlichkeit und den mangelnden Schutz einer von Spinnen gewobenen Behausung hinweist – dieser potentiellen Bedrohung setzten sich alldiejenigen aus, die sich andere Beschützer als Allah suchten. Eine Warnung. Wieder steht ein inkompatibles Trio im Mittelpunkt: der fünfzehnjährige Einheimische Amar, der amerikanische Schriftsteller John Stenham, der sich Fez zur Wahlheimat erkoren hat, und die von einem (zufällig?) Burroughs genannten Ehemann geschiedene amerikanische Touristin Lee Veyron, die sich Polly nennt. »Die Handlung ist weder autobiographisch noch basiert sie auf Tatsachen, noch ist das Buch ein Schlüsselroman. Nur Ort und Milieu sind wirklichkeitsgetreu; der Rest ist frei erfunden«[TSH], kommt Bowles im Nachwort detektivisch inspirierten Analogien zuvor. Dennoch liegen die Gemeinsamkeiten auf der Hand: Stenham ist überzeugter Ästhet, neuenglischer Herkunft und lustloses Mitglied der Kommunistischen Partei, faßt sich als von Grund auf apolitisch auf und ist hoffnungslos in die authentische Kultur Marokkos verliebt. Die längst in Gang gekommene Europäisierung des Maghrebs fügt ihm fast physische Schmerzen zu, als unverbesserlicher Romantiker neigt er zu rückwärtsgewandter Verklärung einer Geisteswelt und -haltung, zu der er als ausländischer Außenseiter letztendlich gar keinen Zugang hat. Eine Gewißheit schroffer Ablehnung, der er mit masochistischer Hingabe verfallen ist. Kurz, unverkennbar ein fast hundertprozentiges Abziehbild des Autors.

Zusammen mit Moss, einem englischen Maler, residiert Stenham im Merinides Palace Hotel, das Bowles' präferiertem Aufenthaltsort in Fez, dem Palais Jamai, bis aufs Haar gleicht. Hinter der als dumm, unverantwortlich, oberflächlich und verrückt gezeichneten Figur Pollys Charakteristika von Jane auszumachen, verbietet sich allerdings. Denn diese Polly schätzt die Unschuld Amars als »mittelalterlich« ein, hält, als *mainstream-*

Amerikanerin, ohne Bildung und voller Vorurteile, den Jüngling gar für einen »Barbaren«, besitzt keinerlei Einfühlungsvermögen und ist idiotisch genug, ihm schließlich Geld für den Kauf eines Revolvers auszuhändigen, damit er sich, fortan bewaffnet, den Weg in eine von westlichen Wohltaten gesegnete, vermeintlich freiere marokkanische Welt freischießen könne.

Amar selbst ist ein Ebenbild Yacoubis: im gleichen Alter wie Ahmed, als er Paul kennenlernte, bekennender Moslem, Nachfahre des Propheten, Wunderheiler, Handaufleger und im Besitz von *baraka*, der weißen Magie. Die einzige Romangestalt, die über so etwas wie ein geschlossenes, stabiles Werte- und Moralsystem verfügt, das jedoch durch die Begegnung mit den Weißen, aber auch durch die chaotischen Fehden der miteinander streitenden Parteien im Land (der *istiqlal*, der marokkanischen Partisanenbewegung und ihren Sabotageakten; dem listigen, pervers agierenden französischen Geheimdienst; den religiösen Gruppierungen; der verunsicherten, in Elend und Gewalt versinkenden Bevölkerung) erheblich erschüttert wird. Auch er, der Strenggläubige, der anfangs noch auf dem Einhalten von Ritualen und Traditionen beharrt, muß sich der schmerzlichen Einsicht beugen, die dem Buch als Devise dient: »Es gibt keine Sünden mehr.« Sämtliche Maßstäbe von Anständigkeit, Hochachtung oder gottgefälligem Leben sind außer Kraft gesetzt, als Land und Stadt innerhalb weniger Tage in einen Strudel sich überstürzender Ereignisse hineingerissen werden. Es zählt zu Bowles' beeindruckendsten artistischen Glanzleistungen, daß er imstande ist, das gesamte erste Romandrittel glaubwürdig aus der Perspektive des jungen, faszinierenden Amar zu erzählen, eines *fassi* und Analphabeten, und dies, ohne sich Klischees zu beugen oder in eine deplazierte, von gönnerischem Überverständnis gespeiste Betulichkeit zu geraten, sondern mit anrührender Naivität und Anmut.

Ein außergewöhnlicher Kunstgriff entfaltet in der Buchmitte seine Wirkung: Bowles läßt eine besonders lyrische Szene, die Rettung einer vom Ertrinken bedrohten Libelle aus einem Teich durch den sensiblen, besorgten Amar, der in einer Welt für sich zu existieren scheint, aus zwei gegensätzlichen Perspektiven schildern – zunächst aus der des Knaben selbst, wie beiläufig, dann, hundertzwanzig Seiten später, mit dem Unterton von Unverständnis und Bewunderung, aus der des zynischen, einander mit koketten Wortspielen umgarnenden Paares Stenham/Polly. Blutige Unruhen bringen jahrhundertealte Konventionen zum Einsturz, das Geknatter menschenverachtender Maschinengewehrsalven gellt durch die Kasbah, der gewaltsame Aufstand gegen die Kolonialherrschaft der Ungläubigen steuert auf seinen Höhepunkt zu, der Haß auf die Franzosen und in ihrem Strudel schwimmende ausländische Profiteure, die sich an Marokkos Abhängigkeit schon viel zu lange eine goldene Nase verdienen, bricht sich in grauenhaften Schandtaten, isolierten Morden, gezielten Verstümmelungen Bahn. Amar hat die Stirn, inmitten von Umsturz und Umwälzung seelenruhig seine Beinkleider hochzukrempeln, bis zur Teichmitte behutsam auf das zarte Insekt zuzuschreiten, es auf seinem Handteller zu bergen und mit sachtem Pusten in die Freiheit zu entlassen. Über der mittelalterlichen Stadt liegt derweil die unheimliche Stimmung gärenden Unheils, als sich die Wege der drei Hauptfiguren in einem Café kreuzen. Vor einer Attacke blinder Zerstörungswut suchen sie Schutz; von nun an sind ihre Schicksale unweigerlich aneinandergekettet.

Im Zentrum des *Spinnenhauses* – aus Amars Sicht, der Sicht eines Kindes, so etwas wie ein desillusionierender Bildungsroman – steht die Geschichte eines Verrates, einer großen menschlichen Enttäuschung, eines Vertrauensbruches. »Ich weiß, daß die Welt eine große Leere ist, ins Leere gebaut«, singt die Eule, deren Beiname »Meister der Weisheit« lautet, in einer Episode aus *1001 Nacht*. Amar, der spürt, daß die großangelegte Revolte in Marokko nicht aufzuhalten ist, und dem es davor graut, daß das Ende einer traditionellen Koranherrschaft, eines unangetastet werteprägenden islamischen Glaubens auch ihm bevorsteht, glaubt in seiner tiefen Verunsicherung an eine trügerische, letztlich unmögliche Freundschaft mit dem Fremden Stenham. Jener ist imstande, mit ihm in seiner Muttersprache zu kommunizieren, und willens, ihm für eine Weile in der für Einheimische lebensgefährlichen Ville Nouvelle Unterschlupf und Schutz anzubieten. Eine Welt des Luxus, der butter- und marmeladebestrichenen Croissants und riesigen, verschwenderischen Hotelsuiten, in der seinesgleichen nur als Kofferträger widerwillig geduldet wird.

Wohlweislich hat Paul jegliche erotische Komponente zwischen dem ambivalent angelegten, väterlich-dominanten Stenham und dem ihm ergebenen, schönen Jüngling – den er mit der Eule gleichsetzt, als »Meister der Weisheit« auffaßt – vermieden. Die untergründige Spannung zwischen den beiden Männern ist bei der Lektüre nichtsdestoweniger auf allen Buchseiten präsent. Auf Drängen seiner US-Verleger fügte Bowles im Gegenzug Passagen ein, die den Leser in seiner Annahme bestärken sollen, Polly und Stenham verbände eine ungestüme sexuelle Affäre. Nichts erscheint aufgrund des launischen, unaufrichtigen Katz- und Maus-Spiels, das die beiden Erwachsenen und Landsleute im Laufe der vierhundert Seiten füreinander aufführen, unwahrscheinlicher als diese Hypothese, aber, die Erfahrung mit dem Visconti-Drehbuch hatte es gezeigt: Paul mußte sich davor hüten, in Zukunft allzu »kalt« zu verfahren in der Präsentation heterosexueller Anbandelei. Amar erkennt in der launischen, grell geschminkten und schamlos ihre nackten Oberarme und ihr üppiges Dekolleté der Sonne und lüsternen Blicken darbietenden Polly, fortschrittsgläubig und bis in den Kern prowestlich, ohnehin den Inbegriff der tugendlos-dekadenten Hure. Die menschlich ergreifende Komponente von Amars künftigem Werdegang bleibt für sie, selbstgerecht und für die Eigenheiten ihres grandiosen, wilden und berückenden Gastlandes unempfänglich, auf ewig unsichtbar. Polly und er buhlen allerdings eifersüchtig um die Gunst des mysteriösen, seltsam gefühllosen Stenham.

Auf diese Weise kommt die erhoffte Liebe in keiner einzigen Konstellation zustande. Die Vernichtung der morgenländischen Kultur schreitet von Kapitel zu Kapitel erbarmungslos voran (ganz wie im Kalender der Jahre 1954–56 auf der echten Welt-

bühne); Marokko wird seinen fragwürdigen Anschluß an die
»Moderne« finden, die Verwestlichung und der Untergang der
alten Werteordnung scheinen unaufhaltsam. Als Amar zwischenzeitlich aufständischen Rebellen in die Hände fällt, sich
aber wieder aus deren Machtsphäre befreien kann, muß er lernen, daß gerade die im Untergrund für die Unabhängigkeit des
Landes kämpfenden Gruppen, auf den ersten Blick eigentlich
ideale Sachwalter der islamischen Bräuche und Sitten, dem zersetzenden Auflösungsprozeß, von Europäern und Kolonialherren vor langer Zeit in Gang gesetzt, ebenso in die Hände spielen
wie alle anderen am Konflikt beteiligten Parteien. Auch sie sind
nicht an einer gottesfürchtigen, autark muslimischen Lebensführung interessiert. Garanten für eine Wiederherstellung eines
ausschließlich an Allah orientierten Kulturbildes sind nirgends
aufzutreiben. Weder für Amar noch für Stenham noch für Polly
wird, so sie denn je aus ihrem mehrere Wochen währenden Alptraum erwachen sollten, das Koordinatensystem ihres früheren,
in sich geschlossenen Weltbildes weiterhin Bestand haben – ihre
jeweiligen Welten liegen in Trümmern. Archaisch, altmodisch,
verkommen und hoffnungslos überlebt.

Am Schluß sucht Amar in seiner Verzweiflung Stenham und
Polly wieder auf, von dem Wunsch beseelt, mit ihnen nach
Meknès weiterreisen zu können, wohin sich ein Teil seiner von
den Wirren des Bürgerkrieges versprengten Familie geflüchtet
haben soll. Das Fremdenpaar – wie Liebkosungen bekunden, inzwischen eine auch sexuell unzertrennliche, ihm ablehnend gegenübertretende Einheit – ist tatsächlich zur Abreise bereit.
Aber nur, um seine eigene Haut zu retten. Widerwillig erklärt
man sich bereit, Amar ein Stück mitzunehmen. Gönnerhaft läßt
man sich von ihm auch noch ein letztes Mal das Gepäck in den
bereitstehenden Wagen tragen. Kaum liegen jedoch Krisenherd
und Ville Nouvelle hinter ihnen, läßt man den jungen Freund
wie eine heiße Kartoffel fallen, gibt ihm am Straßenrand einer
Überlandtrasse den Laufpaß. Stenham herrscht den Chauffeur
an, er möge die Tür öffnen, und meidet den Blick des in bodenloser Scham und Demütigung versinkenden Amar.

Hatte der Amerikaner sich zuvor noch von Idealen und toleranter Unvoreingenommenheit leiten lassen, so ist er jetzt – als Liebhaber Pollys, als Zeuge antiwestlicher Umtriebe, als Leidtragender einer Revolution, deren erfolgreicher Ausgang ihn um seine Privilegien bringen wird – eines Besseren belehrt worden. Mitleid oder gar Gefühle für einen eingeborenen Knaben kann er sich nun nicht mehr leisten. Amar sind Sinneswandel und menschliche Schlechtigkeit dieses brüsken Verhaltens unbegreiflich. Noch mag er nicht fassen, für immer abserviert worden zu sein, wie ein Hund mitten im Niemandsland zum Abschuß bereit in anarchistischem, feindlichem Territorium. Er rennt dem Wagen der Weißen kilometerlang nach, davon überzeugt, es handle sich hierbei um einen raffinierten Treuetest, hinter der nächsten Kurve würden Stenham und Polly schon auf ihn warten. Als er aber an der Kuppe anlangt, liegt eine menschen- und autoleere, öde Landstraße vor ihm. Sein Überlebenskampf hat erst begonnen.

Die Libelle wurde gerettet, Amar dagegen kämpfte vergeblich um Aufmerksamkeit, Anteilnahme oder Emotionen. Kommunikation, Verständnis, gar Hilfestellung können und wollen Christen und Muslime, ganz augenscheinlich auf verschiedenen Planeten existierend, füreinander nicht leisten, lautet die brandaktuelle Moral im *Spider's House*. »Die Stadt [Fez]«, so beschließt Bowles in einem knappen Nachwort sein visionäres Buch, »gibt es immer noch. Sie ist nicht länger das intellektuelle und kulturelle Zentrum Nordafrikas; sie ist eher eine Stadt mehr, die von den unlösbaren Problemen der Dritten Welt bedrängt wird. Nicht alle Verwüstungen, die unser erbarmungsloses Zeitalter angerichtet hat, sind greifbar. Die subtileren Formen der Zerstörung, jene, die nur den menschlichen Geist erfassen, müssen wir am meisten fürchten.«[TSH] Zieht man – und sei es nur als Gedankenspiel – eine direkte Linie von diesen schonungslosen Aussagen als Quintessenz des marokkanischen Befreiungskampfes der 1950er Jahre von unerträglicher westlicher Hegemonie zu den aktuellen, traumatischen Ereignissen, deren Nachbeben seit den Attentaten vom 11. September 2001 den *culture clash* zwischen zeitgenössischem Orient und Okzident kennzeichnet, so wird die prophetische Gabe Bowles', die Brisanz seiner »message« in ihrem vollen Umfang deutlich. Francine Prose, Herausgeberin einer Neuausgabe des *Spider's House* aus dem Jahre 2003, wunderte sich im Laufe ihrer Einleitung denn auch lautstark über den merkwürdigen Umstand, daß unter den vielzitierten Autorennamen, wann immer es um die literarische Antizipation der Dauerfehde zwischen aggressiv-kriegerischem Westen und terroristisch-anarchistischen Islamisten geht, der Name »Paul Bowles« so selten fällt. Allein vor dem Hintergrund von Irakkrieg, Madrid-Attentaten, Tschetschenien-Aufstand und Mediendarstellung des Nahostkonfliktes lohnt eine Neulektüre des *Spinnenhauses* allemal.

Mit diesem markanten Buch, weit über den Sprachrohrcharakter bestimmter politischer oder religiöser Überzeugungen hinaus, hatte Paul in einmaliger Form die Quintessenz seiner dichterischen und gesellschaftlichen Anliegen anschaulich komprimiert; alles, was darauf folgen sollte, waren nur mehr Varianten, Abwandlungen oder Paraphrasen. Amar und Stenham, die unmöglichen Freunde, nehmen schon das anrührende Gespann des Fräulein Windling und ihres »unzivilisierten« Schülers Slimane vorweg, die 1962 in *The Time of Friendship* gleichfalls nicht zueinander finden können, bis sie von einem abfahrenden Zug getrennt werden. Das in Mittelamerika von Drogenhändlern, niederträchtigen Drahtziehern und geschickten Manipulatoren verführte, in den Hinterhalt gelockte und schließlich ins Verderben gestürzte Ehepaar Dr. [Taylor] Slade und dessen Frau Day, Protagonisten seines vierten und letzten Romans *Up Above the World* (*Gesang der Insekten*) von 1966, setzt in verschärfter Form die Kommunikationslosigkeit, sexuelle Frustration und westlich-dekadente Lethargie fort, in der sich bereits Kit und Port Moresby im *Sheltering Sky*, die unfrohen Eheleute von *Call at Corazón* oder eben Stenham und Polly, denen eine flüchtige Affäre vorübergehenden Halt im aus den Fugen geratenden, bedrückenden Fez geboten hatte, befanden.

Das Aufdecken der ausbeuterischen Komponente, wie sie

jeglicher Beziehung zwischen nordafrikanischen Teenagern und ihnen intellektuell wie materiell haushoch überlegenen westlichen Eindringlingen stets unvermeidlich innewohnt, das Aufzeigen eines eminenten kulturellen Ungleichgewichtes, wie es fast immer zu Ungunsten der Einheimischen ausfällt und eine erotische Inbesitznahme des exotischen Körpers darstellt, zeigt, in welchem Maße Bowles die problematischen Aspekte seines doppelbödigen Verhältnisses zu Yacoubi und später auch zu Mohammed Mrabet, eines weiteren attraktiven ›Mundstellers‹, bewußt waren. Pygmalion, sexueller Nutznießer, Pädagoge, Vaterfigur, Geliebter, Lehrmeister, Freund – das war der weiße Mann alles zugleich und begab sich dennoch in einen Zustand extremer Verantwortungslosigkeit, wenn er seinen maghrebinischen Gefährten willentlich aus dessen Kokon kultureller Geborgenheit und Unversehrtheit herausriß. Das *Spinnenhaus* verdankt seine ungewöhnlich aufschlußreichen Einsichten in die komplexe muslimische Denk- und Vorstellungswelt ja nicht zuletzt den Einblicken, die Ahmed in jahrelangen Konversationen seinem älteren Freund gewährt hatte. Man muß nun freilich dem Autor dieser ernüchternd-fatalistischen Roman-Tetralogie zugute halten, daß er sich nicht mit ausgeliehenem Gedankengut aus zweiter Hand begnügte, daß er nicht vorgab, die eine oder andere kulturell-religiös-politische Sichtweise sei die einzig seligmachende, sondern daß er den Finger auf die empfindliche Wunde aller Überzeugungen, Ideologien und Heilslehren legte: die ihnen innewohnende Kohärenz und die Gefahr unseligen, eine Schneise der Zerstörung schlagenden Fanatismusses, sobald auch nur der geringste Angriffsversuch von außen oder die leiseste Infragestellung an diese rigiden, orthodoxen Kartenhäuser herangetragen wurde.

Die Widmung für Claude erwies sich somit als zweischneidiger Akt – als sollte es seinem alten Vater eine Lehre oder, je nachdem, eine Bestätigung sein, daß positive Vaterfiguren wie auch positiv besetzte Regime und Herrschaftsstrukturen auf Dauer nicht verfangen konnten. Weder der »Himmel über der Wüste« noch ein väterlicher, älterer Freund boten, so Bowles' Lesart der modernen Welt, ausreichenden Schutz. Fluchtmöglichkeit stellte allein das rechtzeitige Zulegen eines starken Panzers bereit, der für Gefühle und Vertrauensseligkeiten undurchlässig war. Verlaß gewährte nur der Glauben an sich selbst. Die Öffnung gegenüber irgendeinem anderen Menschen, selbst einem Liebespartner, zeitigte üble, ja für das individuelle Ego vernichtende Konsequenzen. Das Motto des Dritten Buches im *Spider's House*, wiederum *1001 Nacht*, nur diesmal dem »Lied der Schwalbe« entlehnt, könnte daher als Credo von Pauls gesamtem Leben und Wirken interpretiert werden: »Für mein Gefühl gibt es nichts Köstlicheres, als ein Fremdling zu sein. Darum mische ich mich unter die Menschen, um ein Fremder unter ihnen zu sein, denn sie sind nicht von meinem Schlage.«[TSH] Mit anderen Worten: unbehaust. Und mit dem Abschluß dieses gleichnishaften Textes war er selbst zur vollkommenen »Schwalbe« geworden: nach eigenem Bekunden unparteiisch, unfähig, irgendeinen unverrückbaren Standpunkt einzunehmen.

Die Gegenstände lösten sich »vor meinen Augen stündlich weiter auf, und so blieb mir keine andere Möglichkeit, als den Prozeß gewaltsamer Umformung einfach aufzuzeichnen«[TSH]. Inmitten eines weltanschaulichen Labyrinths, das bei jedem anderen Außenstehenden klaustrophobische Angstzustände hervorgerufen hätte, schrieb er registrierend weiter, entzog sich Festlegungen, versagte sich Emotionen. Ungerührt und wach, teilnahmslos und hellsichtig, ein Wanderer zwischen wankenden Gedankengebäuden, hinter dessen Stirn sich einzig die Überzeugungslosigkeit zur Gewißheit zu verfestigen vermochte.

Die Literaturexperten jubelten, Janes Ehrfurcht vor Bowles' stupenden Denk- und Schreibleistungen wuchs, die Verkaufszahlen des Romans waren gut bis sehr gut, wenn auch kein Anlaß zu echter Euphorie – doch es stand nicht mehr allzu gut um die Finanzen der voneinander abgeschotteten Etagenbewohner im Immeuble San Francisco. Das Voranschreiten seiner Arbeit an *Yerma* vollzog sich, im Unterschied zu den Romanen, die Paul nun immer leichter von der Hand gingen, nur in ganz winzigen Schritten und verschlang Unmengen an Energie; die dürftigen Tantiemen aus Janes wenigen Publikationen schlugen nur noch unwesentlich zu Buche; und an den kommerziellen Erfolg, der seinen beiden Vorgängerwerken vergönnt war, konnte sein dritter Streich, bei allem Zuspruch, eben nicht anknüpfen. Der Verkauf des Oktogons von Taprobane war ebenfalls fehlgeschlagen: Paul und Jane waren zu weit ab vom Schuß, um sich um alle diesbezüglichen Angelegenheiten ernsthaft kümmern zu können. Hinzu kam mangelnde Erfahrung mit der ceylonesischen Immobilien-Gesetzgebung, die sich noch komplizierte, wenn Eigentum von Ausländern abgestoßen werden sollte. Zuerst hieß es, die dortige Verkaufssteuer würde einen Großteil des Erlöses schlucken, dann stellte man in Sri Lanka mir nichts, dir nichts die Behauptung auf, Bowles habe das Eiland gar nicht rechtmäßig erworben, sondern sich mittels dubioser Finten unter den Nagel gerissen. Am Ende sah unser Paar nicht den geringsten Cent, hatte sich kampflos dem tropischen Rechtswirrwarr gebeugt und ein paradiesisches Fleckchen Erde ohne die geringste Not einfach an Unbekannte abgetreten. Es gab sich fast willenlos geschlagen angesichts eines undurchschaubaren Mangels an Fairneß, wie er so viele ihrer Transaktionen von Liegenschaften in Marokko geprägt hatte. Defätismus zählte von jeher zu ihrer gemeinsamen Überlebensstrategie. Niederlagen materieller Natur wurden nicht unnötig zu Ehe- oder Identitätskrisen aufgebläht; sie hielten es mit einem ebenso weisen wie philosophischen *insh'allah* – als lebten sie schon seit Menschengedenken in Marokko, als wären sie von authentischen »Tanjawis« nicht mehr zu unterscheiden.

Eine solch stoische Attitüde war auch die bei weitem angebrachteste Reaktion auf die sich unter ihren Augen abspielende reale Geschichte, im Begriff, ihnen den Boden und die Lebensgrundlage unter den Füßen wegzuziehen. Schon 1952 hatten die ersten Aufstände eingesetzt, mit denen sich das unwiderrufliche Ende ihres Eldorados ankündigte. Denn die Tage der Internationalen Zone waren von nun an gezählt. Zeit für Trauer um eine versunkene Ära oder nostalgische Huldigungen an die *dream city* blieb kaum. Ihnen und Tausenden anderer Seßhafter schlug von einer Stunde auf die andere ein kalter, unversöhnlicher Wind entgegen. »Mit dem 30. März 1952«, hatte Paul bereits in den Finalseiten von *Let It Come Down* rekapituliert, »war Tanger eine andere Stadt geworden«, und mit ihr die Vergangenheit unwirklicher und unvorstellbarer denn je. »Wie eine Photographie« waren seine Romane künftig als Dokumente aufzufassen, »die einen bestimmten Ort zu einer bestimmten Zeit abbildet[en] und vom Licht dieses besonderen Augenblicks durchflutet w[urden].«[LCD] Wenige Monate später nur setzten die französischen Besatzer den Sultan von Marokko ausgerechnet am Tag des Aïd el Kébir ab, der eines der wichtigsten islamischen Feste darstellt. Jede mohammedanische Familie ist an diesem heiligen Datum seit Urzeiten gehalten, unabhängig von Wohlstand oder sozialem Status zu Ehren Abrahams mittels gezieltem Kehledurchschneiden ein Schaf zu schlachten, das das Menschenopfer (in Gestalt des Sohnes Isaak) symbolisiert. Der Sultan höchstpersönlich opfert stellvertretend für in Aussicht gestellte Prosperität des Landes stets das erste der Schafe.

Ob aus Unkenntnis der Bräuche oder mit voller Absicht, die Kolonialherren hielten nichts von Respekt vor dem Feiertag bzw. vor dem virtuellen Oberhaupt der Marokkaner. Der Sultan wurde ohne viel Federlesens von seinem eigenen, im Volk äußerst unbeliebten Onkel ersetzt, einer inkompetenten Marionette ohne wirkliche Befugnisse. Die Festnahme seines Neffen erfolgte also genau an diesem 20. August 1953, sein Schaf blieb ungeschlachtet, und das Verhängnis nahm seinen Lauf. Hinter der als »Abdankung« getarnten Farce steckte ein von langer Hand eingefädeltes Komplott des *glaoui*, Pascha von Marrakesch, mit den Oberbefehlshabern im Protektorat. Auf die ungeheuerliche Provokation folgte eine gewalttätige Welle der Entrüstung und Empörung, ein Sturm brach los; die im Lande widerstreitenden Parteien versuchten, mit einander widerstreitenden Konzepten Kapital aus der chaotischen Situation zu schlagen. Die Leute aus den einfachen Schichten waren zwischen hitzigem Aufbegehren und mürrischer Akzeptanz hin- und hergerissen, um so mehr, als sich Fehlinformationen wie

Lauffeuer verbreiteten. Das Säen von Zwietracht, die Spaltung eingespielter, gewachsener, solidarischer Netzwerke war allseits das Gebot der Stunde. Sollte man den Forderungen der Rebellen nachkommen, sollte man auf das heilige Ritual verzichten, sollte man den Franzosen den Garaus machen, sollte man in den Untergrund gehen, sich an Sabotageakten beteiligen? Sollte man gar Onkel Sidi Mohammed ben Arafa, dem greisen Interimsherrscher und politischen Clown, sein Vertrauen schenken?

Ein ganzes Volk geriet in Aufruhr; die Feindseligkeit gegenüber sämtlichen Westlern im Lande nahm tagtäglich zu; in Fez brachen anläßlich des Aïd-el-Kébir-Festes die heftigsten Unruhen aus. Teile der Innenstädte verwandelten sich in Schlachtfelder; Morde und Überfälle waren an der Tagesordnung; unüberprüfbare Gerüchte machten die Runde. In einigen Monaten der Jahre 1954 und 1955 gingen an manchen Tage Zehntausende auf die Straße, um die Rückkehr des verbannten Sultans, des späteren Mohammed V., auf den Thron zu erzwingen. In Windeseile ausgesandte Armeeeinheiten funkten dazwischen. Der Geruch von Tränengas hing in Altstadtgassen und über europäischen Wohnvierteln, Granatsplitter flogen durch die Medinas. In den Souks verrammelte man Läden und Geschäfte mit Eisengittern. Antieuropäische Ressentiments verunmöglichten jegliches ernstgemeinte Weiterleben in der Kasbah. »Ich halte es für vernünftiger, Abstand zu Hornissen zu halten, wenn sie gereizt sind«, kommentierte Bowles so sarkastisch wie lapidar seine und Janes Ortsveränderung, hinaus in die Vororte. Der Rest dieser drei bewegten Jahre ist Geschichte oder eben in Pauls *Spinnenhaus*, fiktiv verbrämtes Tagebuch seiner Augenzeugenschaft, Detail für Detail nachzulesen und zu studieren.

Gewissen einflußreichen religiösen und politischen Kreisen waren die fortgesetzten Forderungen nach Beendigung der Kolonialherrschaft und Unabhängigkeit, wie sie der Sultan seit dem Ende des Zweiten Weltkriegs immer vernehmlicher in die Öffentlichkeit getragen hatte, ebenso ein Dorn im Auge gewesen wie den französischen Besatzern. Aber mit der erzwungenen Abdankung und der anschließenden Verbannung dieser inzwischen als Freiheitskämpfer vergötterten Leitfigur (zunächst nach Korsika, anschließend nach Madagaskar) hatten Machthaber wie Mitläufer sich selbst einen Bärendienst erwiesen. Die Popularität des »Märtyrers« stieg ins Unermeßliche, und am Ende schlug sich auch noch der *glaoui* auf die Seite des Sultans. Die Franzosen standen dem Lauf der Zeit im Weg; Marokko hatte sein Schicksal selbst in die Hand genommen; der Fortgang der Geschichte ließ sich bald nicht mehr aufhalten. Die Sprechchöre auf den Straßen und Plätzen von Meknès, Agadir und Casablanca ließen den Pariser Élysée-Palast in seinen Grundfesten erzittern. Der Name des Sultans erscholl tausendfach wie der Name eines gottgleichen Heilsbringers. Dessen endgültige, glückliche Rückkehr nach Marokko im November 1955, seine Inthronisierung als König und die Proklamation eines unabhängigen Staates am 2. März 1956 kamen, von wochenlangen Jubelfeiern begleitet und von euphorischer Feststimmung getragen, einer Offenbarung gleich. Und schlossen zu guter Letzt eines der dunkelsten Kapitel europäischer Kolonialisierung ab, auch wenn damit den hellen, heiteren Stunden in der anziehenden, unbeschwert-zügellosen Nordwestspitze des Landes für so manchen lasterhaft-unbekümmerten »Tangerino« nunmehr urplötzlich der Garaus gemacht wurde.

Panik war, wenigstens im Lauf der ersten, nach grenzenloser Freiheit duftenden Monate, unangemessen: Ungeachtet der landesweiten Erleichterung über die errungene Selbstbestimmung und einer unterschwelligen Goldgräberstimmung bei Spekulanten und Investoren vollzog sich der Übergang vom Mekka der westlichen Vergessenssucher zu einer ganz normalen, »unansehnlichen« marokkanischen Großstadt hier, an der Meerenge von Gibraltar, eher unmerklich. Die Immobilienpreise sanken von Woche zu Woche; anstelle von Luxusboutiquen, die reihenweise schlossen, machten sich allmählich schäbigere Souvenirläden breit, viele Straßenschilder und Plakate trugen nunmehr konsequent in arabischer Schrift abgefaßte Benennungen, Hinweise und Informationen. In späteren Jahren verlor Tanger zusätzlich noch seinen begehrten Status als Freihafen. Glimpflich kamen die meisten Ausländer davon, die zuvor ununterbrochen über die Stränge geschlagen hatten. Der Zugang zu übermäßigem Drogen- und Alkoholkonsum ließ sich nun nur noch hinter vorgehaltener Hand bewerkstelligen; der Handel mit Minderjährigen wandelte sich indessen zu einem heiklen, geächteten Unterfangen. Die guten alten Zeiten, von denen der Schriftsteller Robert Ruark das schwärmerische Bonmot in Umlauf gebracht hatte, verglichen mit Tanger sei Sodom ein Gemeindepicknick und Gomorrha ein Versammlungsort von Pfadfinderinnen gewesen, gehörten unterdessen der Vergangenheit an – punktum.

Was den Bowleses und ihren Künstlerfreunden wie Bohémiens ab 1957 dagegen größte Sorgen bereitete, war die ruckartig einsetzende Unberechenbarkeit der neuen, landeseigenen Regierung. Von einem Tag auf den anderen schossen obskure Gesetze und Reglementierungen wie Giftpilze aus dem Boden, von denen niemand so richtig wußte, ob man sich sklavisch an sie zu halten hatte. Festnahmen und Repressionen in den Ausländervierteln nahmen zu; jeder Nachbar wußte von Verhaftungswellen in seinem Häuserblock zu berichten, sogar von Deportationen war die Rede. Als Paul, in London an der Asiatischen Grippe mit anschließender Rippenfellentzündung erkrankt, Mitte November 1957 stark geschwächt in Yacoubis Begleitung nach Tanger zurückkehrte, ließen die Behörden keine überflüssige Zeit verstreichen und steckten Ahmed wegen vorgeblicher »Kindesentführung« ins Gefängnis – die schon erwähnte Geschichte mit dem deutschen Jüngling war der Anlaß; im Visier jedoch hatte die lokale Sittenpolizei das stadtbekannte Paar selbst, Bowles und Yacoubi. Das Angebot einer üppigen Kaution verfing nicht wirklich. Neuverhaftungen Ahmeds folgten in immer kürzeren Abständen auf nicht ernstgemeinte Freilassungen. Auf einmal lautete die absurde Anklage auf Mordversuch; binnen Stunden lag ein entsprechender, getürkter Haftbefehl vor. In Kreuzverhören zeigten sich die zuständigen Untersuchungsbehörden in erster Linie an gewissen Beziehungen, die gewisse Ausländer zu gewissen Einheimischen unterhielten, interessiert. Es ging um mehr als nur eine Farce – der Status quo ihres Hierseins wurde angetastet, und dies nicht gerade mit Samthandschuhen. Schnelles Handeln war gefragt.

Jane und Paul beschlossen, nicht tatenlos zuzusehen, wie sie von staatlicher Seite wie Unerwünschte systematisch umzingelt wurden. Paul wurde bereits zu mehreren unangenehmen Unterredungen, inquisitorischen Ausfragungen, die ausnahmslos auf seine und Janes Privatsphäre zielten, vorgeladen. Weitere Arrestationen im Bekanntenkreis bestätigten nur ihrer beider Vermutung, daß die neue Regierung noch lange nicht »ihr Gleichgewicht gefunden« hatte. Offenbar handelte es sich um gezielte Einschüchterungsversuche, deren Ende schwer vorauszusagen war. Mißliebigen Exilanten sollte ihr so anstößiges *dolce vita* im Maghreb gründlich verleidet werden. Daß in Zeiten innenpolitischer Instabilität der Willkür Tür und Tor geöffnet waren, wußten sie aus Schilderungen der Nazizeit in Mitteleuropa nur zu genau. Und dies nicht nur in totalitären Staaten – denn von der flächendeckenden Hatz auf mißliebige Intellektuelle in ihrem eigenen Heimatland, ausgelöst von den finster-mißtrauischen Umtrieben der im Namen der Demokratie agierenden Administration des unseligen Senators McCarthy, hatten sie durch Kollegen aus erster Hand, in Briefen und Gesprächen, mehr als genug erfahren, um sich keinen Illusionen hinzugeben, daß dergleichen nicht auch anderswo auf dem Globus angeordnet werden könnte.

Inzwischen hatten sie am eigenen Leibe erfahren, daß es ihnen oder (im Falle Ahmeds) ihren besten Freunden über Nacht an den Kragen gehen konnte. »Die Schlüssel zu verbotenen Gedankengängen«, die Paul im Zusammenhang mit Tanger in *Let It Come Down* beschworen hatte, auf staatliches Verlangen hin herauszugeben, dazu waren sie nicht bereit. In einer Blitzaktion setzten sie sich im Frühjahr 1958 nach Portugal ab. »Lissabon war regnerisch, düster und voll kalter Winde«, blickten sie deprimiert auf die erzwungene Durststrecke zurück. »Wir verbrachten unsere Zeit damit, fröstelnd in den seltsamen kleinen Konditoreien herumzusitzen, von denen es so viele gab.«[WSR]

Weiter ging es schweren Herzens nach Madeira. Keine erfreuliche Phase – Janes Arbeit an ihrem Projekt *Going to Massachusetts* kam in Funchal nur im Schneckentempo voran, und, um das Maß ihrer Schwierigkeiten vollzumachen, leistete das amerikanische FBI unerwartet heftigen Widerstand, als eines Tages Janes Paß verlängert werden mußte. Einmal mehr rächte sich die nun schon so lange zurückliegende, so lächerliche wie unbedeutende Mitgliedschaft der beiden Grünschnäbel Ende der 1930er in der CPUSA. Diplomatische Akrobatik und Geduldsspielchen halfen nichts – zur Klärung der Affäre mußte Jane sich in die verhaßten Staaten begeben. Allein. Paul trödelte derweil wochenlang im südportugiesischen Albufeira an der Algarve herum.

Als Yacoubi im Mai 1958 schließlich vor einen weiteren marokkanischen Richter trat, wurde er nach einer knapp fünfminütigen, grotesken Befragung aus der Haft entlassen; seine Anklage löste sich in Luft auf. Die sechs Monate hinter Gittern vergaß er dennoch nicht so schnell wieder. Jane, Paul und Ahmed waren eindeutig Opfer einer taktischen Machtprobe geworden und offenbar mit dem Schrecken davongekommen. Francis Bacon warnte Bowles dessen ungeachtet eindringlich, es mit seiner raschen Rückkehr nicht zu übertreiben: Der als Segnung präsentierte Freigang Yacoubis konnte sehr wohl auch eine kaum kaschierte Finte sein, um die behördliche Falle bei Pauls Wiedereinreise nur mit um so lauterem Klicken zuschnappen zu lassen. Zum Glück platzte gerade jetzt die Nachricht von der bevorstehenden *Yerma*-Inszenierung in Denver und New York in die allgemeine Ungewißheit. Bowles' schon gepackte Koffer wurden einfach in eine andere Himmelsrichtung verschifft, gen Westen. Die Eheleute sahen sich unverhofft im Chelsea Hotel wieder.

Um die Zeit totzuschlagen, nahm Paul auch noch einen Kompositionsauftrag für eine Bühnenmusik an. Die Arbeit an *Edwin Booth* brachte ihn nach Hollywood. Doch beim Anblick der smoggetränkten Dunstglocke über Los Angeles wurde die Sehnsucht nach Tanger, ihrer wirklichen Heimat, die es derzeit gar nicht gut mit ihnen meinte, nur noch größer. »Die Nacht hatte ihre mit Ruhe gefüllten Abteilungen, und es gab Räume in der Zeit, die man aufsuchen, Gesichter, die man vergessen, Worte, die man verstehen, Stille, die man studieren mußte.«[LCD] Mit diesen metaphorischen Formulierungen hatte er diese unbequeme Stadt, einen unnachahmlichen Schmelztiegel, der ihm längst ans Herz gewachsen war, einst eingekreist, und alles, was ihn in den USA abschreckte, bestätigte ihn nur um so mehr darin, die Dringlichkeit der genannten Vorhaben vor Ort in Tanger nicht aus den Augen zu verlieren. Dem Weiterleben an diesem neuralgischen Punkt, selbst wenn es mit immensen freiheitlichen Einbußen verbunden war, hatte er sich für alle Zeiten verpflichtet. Und daß auch Jane weiterhin mit von der Partie sein würde, war, ohne daß es noch groß diskutiert werden mußte, eigentlich beschlossene Sache.

Für Jane fiel um 1956 eine Serie von Hiobsbotschaften mit einem unliebsamen Jubiläum zusammen, dessen unabwendbares Näherrücken sie fürchtete wie der Teufel das Weihwasser. Ob sie wollte oder nicht, ihr vierzigster Geburtstag im Februar 1957 stand kurz bevor, und damit die Aussicht, eine womöglich niederschmetternde Bilanz des bisher im Leben Erreichten ziehen zu müssen. Ihr neues Stück, in dem kurzlebige Amouren und die Problematik einer Ehe im Wechselspiel zwischen zwei Paaren (Rita und Claude, Beryl Jane und Gabriel hatte sie ihre Figuren getauft, die erst noch ihren Schablonencharakter aufgeben mußten) gegeneinander ausgespielt werden, trat auf der Stelle, wollte sich zu keinem organischen Ganzen fügen. Die Nachricht, daß sich ihre Cousine Mary Jane Shour das Leben genommen hatte, bedrückte sie; von Oliver Smith mußte sie nun erfahren, daß auch John LaTouche sich von dieser Welt verabschiedet hatte. Dieser unheimliche Totentanz sollte nicht ihre einzige Sorge bleiben. Ein ihnen unbekannter Amerikaner namens Dr. Weiss rückte ihnen in Tanger auf die Pelle und verschonte Jane nicht eine Minute lang mit seinen minutiösen Auflistungen von Einzelheiten, die er an ihrem Roman *Two Serious Ladies* auszusetzen hatte. Da gerade eine Neuauflage dieses Buches im Planungsstadium war, kamen oberlehrerhafte Nörgeleien, noch dazu vorgetragen von einem ungebetenen Besucher, wahrlich zur Unzeit. Der ignorierte Fremdling rächte sich mit zwei makabren Geschenken, die er nach seiner Abreise den Bowleses nach Marokko ins Haus sandte: einen edlen schwarzen Umhang aus Madrid, den Jane wohl als Hommage an ihn auf Parties tragen sollte, nebst einem Buch der südindischen Schriftstellerin Kamala Markandaya, *Nektar in einem Sieb*. Weiss konnte sich auf einem beigefügten Merkblatt den hämischen Hinweis nicht ersparen, Jane solle sich diesen gelungenen Roman der (dem Autorenphoto nach zu urteilenden) attraktiven Vorkämpferin aus Madras, die sich insbesondere einer frauenspezifischen Thematik verschrieben hatte, gefälligst zum Vorbild nehmen. Jane war verständlicherweise empört. Der elegante, négligéartige Stoffetzen verschwand, ohne eines weiteren Blickes gewürdigt zu werden, im Mülleimer; Paul schmökerte, wie er zugab, später heimlich im Buch der Rivalin und fand es überaus »spannend«.

Der Zufall wollte es, daß er wenige Monate darauf die Autorin persönlich auf einem Dampfer kennenlernte, als er mit Ahmed die Spitze Südafrikas gen Osten umrundete. Daß er Markandaya sofort erkannte, schmeichelte ihr, mehr noch, daß er das Gelesene für gut befunden hatte. Sieben Jahre jünger als Jane war die aus Madras gebürtige Schönheit. Mrs. Bowles mußte sich derweil damit zufriedengeben, daß ihre schon acht Jahre in der Schublade schmorende Geschichte vom *Green Candy* nun endlich, im Februar 1957, in der amerikanischen *Vogue* zum Abdruck gelangte. Tennessee Williams' Lebensgefährte Frank Merlo hatte sich freundlicherweise für das Zustandekommen dieser Publikation starkgemacht. So unbedeutend das verspätete Erscheinen auch war, damit machte er ihr das einzige erwähnenswerte Geburtstagsgeschenk. Eine Woche später, als der große Tag in Abwesenheit Pauls ohne die geringsten Feierlichkeiten oder dem Anlaß angemessene Gratulationen über die Bühne gegangen war, schrieb sie ihrem Ehemann die folgende düstere Depesche nach Colombo:

Lieber Paul:
ich habe vorgestern meinen vierzigsten Geburtstag gehabt, und das ist immer ein Schock, gleichgültig, wie man sich seelisch darauf eingestellt hat. Der Tag selbst war nicht mal so schlimm wie der Tag danach oder der darauffolgende, der noch übler war. Etwas, das noch kommt, läßt sich überhaupt nicht mit dem vergleichen, was gekommen ist. Es erschwert den Versuch zu arbeiten beträchtlich (konnte es denn wirklich noch schwieriger werden?), denn das reine Entsetzen darüber, daß ich in diesem Alter auf kein nennenswertes Werk zurückblicken kann (oder ein in irgendeiner Hinsicht erfolgreiches), ist jetzt eine offenkundige Tatsache und existiert nicht bloß in meiner Vorstellung, ist nicht bloß etwas zum Fürchten, das aber noch nicht eingetroffen ist. Das kannst Du vermutlich nicht nachvollziehen, da Du, als Du vierzig wurdest, bereits einiges hinter Dich gebracht hattest.
Mir ist eingefallen, daß Du ebenfalls Geburtstag hattest, ich glaube aber nicht, daß ich ihn in meinen Briefen erwähnt habe oder daran dachte, als ich Dir schrieb. Egal, er ist vorbei. ... Ich habe – bisher – die entsetzliche Depression, in die ich zu verfallen drohte, als ich Dir das letzte Mal schrieb, abgewehrt. Abgewehrt vielleicht einfach deshalb, weil ich mich nie wieder in diesem Zustand wie auf [Taprobane] befinden darf. Das heißt, ich werde alles tun, was in meinen Kräften steht, um so zu tun, als wäre ich es nicht, auch wenn ich es bin. Es war zu schrecklich. ... Mein Kopf ist nicht ganz leer, was schon ein Fortschritt gegenüber früher ist. Ob es darüber hinausgeht, weiß ich nicht. Ich bin sicher, daß Du dagegen [richtig] gut [mit deinen Veröffentlichungen] rauskommst, wie es Dir ja immer gelingt. ... Wenn Du Weligama so magst, warum behältst Du dann das Haus nicht – oder bist Du [etwa] nicht darauf gefaßt, dort allein leben zu [müssen]? ... Seth [der männerhassende Papagei] treibt mich zum Wahnsinn.[OTW/ALO*]

Das einschneidende Datum bot somit genügend Raum für eine ausgiebige Selbstbefragung, stellte aber in keiner Hinsicht einen Wendepunkt dar. Wenn sich ihre Gedanken auch noch momentan ums Schreiben und dessen Widrigkeiten drehen mochten, dann stets im Hinblick auf Pauls ungleich größere Anstrengungen und Meriten; wenn eheliche Berührungspunkte in den Vordergrund rückten, dann eigentlich nur noch im direkten Vergleich zwischen beiden, der immer zu ihren eigenen Ungunsten ausfiel. Selbst das geliebte Studium sprechender Vögel bot keine Aufheiterung mehr, wo das wiederholte Erörtern potentieller Lebensformen und -schauplätze nur noch ins Leere lief. Das von ihr verwendete Vokabular – Entsetzen, Fürchten, Depression, Schock, Wahnsinn, schlimm, übel, schrecklich – entlarvt, mit welcher Luzidität sie ihren besorgniserregenden Zustand einschätzen und interpretieren konnte. Nichts an ihrem persönlichen Verfall entging ihr. Nahezu alles machte ihr Angst. Das Bild vom fast entleerten Schädel symbolisiert eine Frau am Abgrund. Keine bloße *midlife crisis*, sondern die Furcht, den berüchtigten *point of no return* bereits überschritten zu haben, nicht mehr hinter den eigenen, übermächtigen und bedrohlichen Schattenwurf zurücktreten zu können. »Mein Vater hat alles schon prophezeit, als er sagte, ich bliebe bis an mein Lebensende eine Zauderin«, Sentenzen solch beklemmender Natur gelangten jetzt in ihre Notizbücher. Sollte gar etwas Unausweichliches bis zum bitteren Ende von ihr gelebt werden? »Ich wußte bereits damals, daß es zutraf. Dies zu wissen, war für ein Kind in Amerika furchtbar quälend. Jetzt, da ich fast vierzig und in Nordafrika bin, ist es immer noch quälend.«[ERS]

Als Zeitvertreib in Tanger diente ihr *en passant* ausnahmsweise eine lokalpolitische Aktivität – mit einer großangelegten Unterschriftenaktion stemmte sie sich gegen das behördlich angeordnete Fällen der großen Bäume, die die französischen Kolonialherren früher in und um den Grand Socco gepflanzt hatten. Als sie ihre Bürgerinitiative startete, war der von der marokkanischen Stadtregierung erbarmungslos durchgeführte Vernichtungsakt jedoch kaum noch aufzuhalten; ihr Engagement verlief im Sande. Immerhin war es ein Indiz dafür, daß sich so etwas wie der alte Kampfgeist in Jane wieder regte. Auch Miriam Fligelman Levy, mittlerweile eine flammende Streiterin wider die Benachteiligung von Schwarzen in Nordamerika und erklärte Feindin des Schnüffelstaates und der Schauprozesse, wie sie der rastlose »Roten-Hasser« Senator Joseph McCarthy in den USA der Mittfünfziger erfolgreich etabliert hatte, durfte bei einer Wiederbegegnung erstaunt konstatieren, daß Jane äußerst sensibel auf die systematische Verfolgung zu Unrecht angeklagter Kollegen und Leidtragender durch die Ausschüsse für »unamerikanische Aktivitäten« reagierte. Verglichen mit ihrem früheren erschreckenden Desinteresse angesichts von Holocaust, Judenvernichtung und »Endlösung« war sie jetzt durchaus zu lebhaften Regungen in der Lage; vermutlich konnte sie sich, vom FBI zur Paßverlängerung um den halben Globus geschickt, einfach viel leichter in die Rolle leidgeprüfter Pseudokommunisten hineinversetzen, deren liberales Denken und Wirken die in einen sinnlosen Koreakrieg verstrickte US-Regierung am liebsten mit einem Schlag mundtot gemacht und ausgemerzt hätte.

Und auch die in jenen Jahren mit lautstarkem Getöse nach Tanger einfallende Gruppierung zorniger junger Männer, eine Invasion von Dichtern und Aussteigern, die sich vehement ein zünftiges Anti-Establishment und das gründliche Ausprobieren alternativer Lebensformen auf die Fahnen geschrieben hatten, begründete ihren politischen Exodus konkret in einer Massenflucht vor McCarthys Schergen, Einberufungsbefehlen an die Massengräber-Fronten von Korea und dem Boom mit martialischen, kriegsverherrlichenden Bestsellerromanen, wie sie in den Staaten *en vogue* waren und zu Abertausenden die Regale bevölkerten. Jane wußte nur zu genau, daß diese neue Generation von Glücksrittern, beseelt von der Aussicht auf einen immerwährenden, die Kreativität stimulierenden Drogenrausch am Mittelmeer, verstrickt in einen Partisanenkrieg gegen das Schöne, Edle, Heilige und Konventionelle, ganz bestimmt nicht ihretwegen in die Kasbahs am Nordwestzipfel Afrikas strömte. Diese *beatniks*, ein Haufen wilder, aber gebildeter Männer ohne Frauen, suchten offensichtlich die Präsenz zweier anderer Männer mit Vorbildstatus, die sich schon seit Jahren in Tanger verschanzt hatten: Paul natürlich und der legendenumwobene *Junkie*-Autor William »Bill« S. Burroughs.

Jane blieb schmückendes Beiwerk, entbehrliche Dekoration.

Man suchte sie bestenfalls als Mittlerin auf, gab Bestellungen an sie durch; sie durfte ab und an Neuigkeiten ausrichten, als Sekretärin und Telephonistin fungieren. Als Kollegin nahm sie keiner von ihnen ernst. Wieder war sie zu Außenseitertum und Zuschauen verdammt; wieder fühlte sie sich ausgegrenzt. Das ungezügelte Auftreten der Beat-Poeten betrachtete sie mit Argwohn; ambivalente, zynische Figuren wie Burroughs jagten ihr Angst ein. Das war nicht die Art von Exzentrik, die sie schätzte und an die sie gewöhnt war. Der offenkundige Hang zum Zertrümmern eingespielten zwischenmenschlichen Umgangs, das mutwillige Zerschlagen von Sprache und Syntax waren ihre Sache nicht. Jane fand diese selbsternannten *outcasts* ungehobelt, roh, schmutzig. Hielt sie für großspurige Maulhelden. Eine Bande von Angebern.

Jahre noch sollten ins Land gehen, bis andere Schriftsteller und Prominente sich dazugesellten, denen an ihrer Gegenwart gelegen war, die auch Jane als Person schätzten: der britische Autor Alan Sillitoe etwa und seine Frau Ruth Fainlight, die brillante Essayistin Susan Sontag, George Orwells Frau Sonia oder Ira Gershwins Witwe Leonore. Bis dahin, Anfang der 60er Jahre, hatte sie sich in Geduld zu üben und abzuwarten, bis sich die heftigsten Böen dieses anarchisch-entrückten kulturellen Ansturms und kollektiven Nirwanas gelegt hatten. Zur durch und durch auf sich selbst fixierten Männerbastion der *beat generation* verwehrten ihr deren Mitglieder, in einer verqueren Mischung aus *machismo*, Chauvinismus, experimentellem ästhetischen Purismus und strategisch geplanten, rigoros leidenschaftslosen homosexuellen Akten mit Versuchscharakter, den doch eigentlich selbstverständlichen Zutritt. Es handelte sich eben um einen exklusiven Club. Jane verzog sich und nahm ihren fruchtlosen Zeitvertreib, das meist zu keiner wirklichen Kontaktaufnahme führende Herumschleichen auf den Getreidebasaren, deren mürrische, dem Klatsch ergebene Händlerinnen sie unermüdlich zu verführen trachtete, mit verbissener Energie wieder auf.

Von der ehrfürchtig angehimmelten »lost generation« über

die duckmäuserische Verdrängerfront der »silent generation« hin zur »beat generation« – die Vertreter dieser Gegenkultur nannten sich *beats* oder *beatniks* mit gutem Grund. Da schwangen niedersausende Schläge und Impulse mit, gewalttätige Hiebe und unkontrollierte Motorik, da durchfuhr einen ein zuckender, aufrüttelnder Rhythmus, das klang nach Percussion, Drums und Einpeitschen, nach Brutalität und auch ein bißchen nach Glückseligkeit. »Ausgelaugt«, »todmüde«, »ganz auf sich konzentriert« sind weitere Bedeutungsschattierungen der Vokabel »beat«. Ein trotziges Lebensgefühl des Nonkonformismus, Antipuritanismus und die ekstatische Begeisterung fürs »Unterwegssein« verbanden sie. Antibürgerlicher Protest und die positive Identifikation mit marginalen Bevölkerungssegmenten, in ihren Rechten und Entfaltungsmöglichkeiten beschnittenen Randgruppen wie Schwarzen, Schwulen, Juden oder Muslimen (der einen oder anderen religiösen oder sexuellen Sparte gehörten sie selbst an) waren ihr Markenzeichen. Jazz und Betäubungsmittel, Buddhismus, freie Liebe, Überwinden von Tabus und fieberhaft-rastloses Reisen über den Erdball à la Bowles vermengten sie zu einem spezifisch kalifornischen, intellektuell aufgeladenen, sinnlich angereicherten Sprach- und Lebens-*majoun*, das es in sich hatte. Sexualität, experimentelles Schreiben, planloses Umherirren, Müßiggang und Einnahme von Genußmitteln aller Art bildeten eine unauflösliche Einheit; als auserwählte Minorität mit Selbstbewußtsein und Chuzpe zogen sie aus, alte, so eingefahrene wie überlebte Sinnzusammenhänge zu zerstören. Sie begehrten auf gegen ein einlullendes Narkotikum aus fragwürdiger Siegermentalität, protzigem Wohlstand und an Ekel grenzender Hybris, mit dem die offiziellen amerikanischen Propagandamaschinen und Medien Konsumenten und Steuerzahler bis zur Bewußtlosigkeit einnebeln wollten, um die TV-Süchtigen am liebsten gleich zu gleichgeschaltetem Stimmvieh und dumpfem Konsumententum reduziert zu wissen. Dagegen setzten die *beats* verstörende Disziplinlosigkeit und die Glorifizierung einer selbstgeschaffenen Unterwelt.

Mit Wut im Bauch und Rage im Hirn machten sich Allen

Ginsberg, Gregory Corso, Peter Orlovsky und ihre Galionsfigur Jack Kerouac auf, spontane Schreibakte und *stream-of-consciousness*-Erlebnisse zu einer Daseinsform zu erheben, in der niemand »nur« Dichter, sondern immer auch ein »neuer Mensch« werden sollte, das Überwinden von Überkommenem und das Schreiben, das Leben, das miteinander Schlafen und das den gesamten Körper bewußtseinsverändernden Substanzen Aussetzen gleichberechtigte Einzelteile einer ›künstlerischen Einheit‹ waren. *To be beat* hieß, von ganz unten, vom Asphalt der Großstädte aus, in deren Benzinpfützen sich billige Neonreklamen spiegelten, auf die existentiellen Bedingungen des Einzelnen und der Gesellschaft zu schauen – was die Adepten von den allzu vornehmen französischen Existentialisten abhob. *To be beat* hieß, schwarzzufahren und Autos zu klauen, als Gelegenheitsarbeiter im Zickzackkurs durch die Staaten zu jobben, den eigenen Leib allen erdenklichen Spritzen, Flüssigkeiten und Rauschgiften auszuliefern, seine ehemals frommen, tugendhaften Körperöffnungen im grellen Scheinwerferlicht den Geschlechtsteilen Fremder nach Lust und Laune zur Verfügung zu stellen. *To be beat* hieß, Mülldhalden nach Poesie zu durchforsten, spielerisch schwerelos jeden einzelnen Moment auszukosten, seine Bedürfnisse auszuleben, sich der Zen-Meditation hinzugeben. *To be beat* hieß, permanent und professionell unterwegs zu sein – *On the Road* war nicht umsonst der Titel von Kerouacs fünfteiliger Kultbibel, improvisierten Aufzeichnungen mehrerer hitziger, vagabundierender Protesttrips an den Pazifik und nach Mexiko. Wer *beat* war, erweiterte sein Vokabular um – heute landläufige – Begriffe wie »hipsters«, »bums«, »kicks«.

Das freizügige San Francisco und die Buchhandlung »City Lights«, in der ihr nimmermüder Förderer und Co-Autor Lawrence Ferlinghetti Lyrik, Chroniken und wildwuchernde Romane verlegte, schaltete und waltete, war eine ihrer Hochburgen. Collage- und Montagetechniken, komplizierten *cut-ups*, von Bowles als kindische Fortführung altbekannter surrealistischer *cadavre-exquis*-Techniken verlacht – und mithin alter Wein in neuen Schläuchen –, galt ihre dichterische Libido. Alle

Mühe gaben sie sich, ihre glanzvollen Universitätskarrieren zu verleugnen, gerierten sich als ungebändigte Proletarier, Biersäufer und Flachleger. In Amerika war es immer enger geworden für sie und ihren Drang zur Weltveränderung; die *beats* drohten, im Lande der adrett-artigen Rock-Hudson-Filme und niedlichen *petticoats* zu ersticken, wollten zur Vervollkommnung ihrer Höllenfahrten und *drop-outs* auf Pilgerreise gehen. Da kam ihnen Tanger, ein heimtückischer, verseuchter Sumpf, von Paul als »madhouse« tituliert, gerade recht. Die Heimat von Brion Gysin, Burroughs und Bowles, ein *promised land* von faulig-vergifteter Attraktivität am Ende des Regenbogens, lockte sie in Scharen über den Atlantik.

Als verwegene »Propheten der Apokalypse« und »ältere Brüder« der Blumenkinder unterschätzten sie das nackte Elend einer Legion von Drogenabhängigen und -toten, die ihnen, den anregenden Westküstlern, aufgrund eines fatalen Mißverständnisses auf den Leim gehen und noch in den späten 60er, 70er und 80er Jahren zu Zehntausenden auf dem Fuß folgen sollten. Für sie selbst als Urheber einer ›Bewegung‹ des frenetischen Sich-Zudröhnens waberten von 1955 an, in Übereinstimmung mit ihren Heilslehren, postpubertäre Sinnestäuschungen und postdadaistischer Slang, gedankenloser Umgang mit Epiphanien und transzendentale Erleuchtung in leicht kakophonem Einklang, aber in vollkommener Eintracht auf rosaroten Wolken der Glückseligkeit, zu derem sanften, lautlosen Vorübergleiten Chet Baker ein cooles Trompetensolo anstimmen mochte. Die Nagelprobe für soviel unausgegorene Begeisterungsfähigkeit und kreatives Ungestüm wollten die Leitfiguren der *beats*, nach monatelangen Probe-*sessions* zwischen Golden Gate Bridge, Sausalito und Big Sur, nun im Morgenland, im frankophonen Kubendickicht vor der Kulisse der Medina bestehen. Die als Unkraut in den dunklen Hinterhöfen der Mietskasernen von Oakland und Brooklyn gezüchteten zarten Pflänzchen ihrer grenzenlosen Phantasie sollten als üppige, parfümierte »Blumen des Bösen« mehrere tausend Meilen ostwärts, geadelt vom Rauch der Weihrauchstäbchen und animiert von den kehligen Rufen der Muezzins, sich nach oben recken und im unerbittlich hellen Licht der Atlantikküste zu voller Blüte gelangen.

»Mir war [gar] nicht klar«, verteidigte sich Paul, nur unvollkommen den Unschuldigen mimend, dreißig Jahre später, nach der Inbesitznahme des Petit Socco durch die *beatniks*, »daß durch uns, also Jane und mich, Tanger attraktiv wurde. Ich glaube auch nicht, daß das wirklich der Fall war. Eher [schon], daß das Teil der Legende ist, die man um uns gewoben hat. Denn, wissen Sie, man schafft Mythen, Legenden, doch das hat alles wenig mit der Realität zu tun. Und dann fängt das Ganze an zu wuchern, wird immer dichter, üppiger, wie eine Pflanze. Es wird sehr schnell schwierig, solche Dinge zu leugnen. Möglicherweise sind bestimmte Leute wegen uns nach Tanger gekommen, aber ich wüßte nicht, wer. Wir waren uns des Phänomens jedenfalls überhaupt nicht bewußt. Wir hatten Freunde. ... Aber niemand kam bloß, um uns kennenzulernen. Während der Hippiezeit [ab Mitte der 1960er Jahre dann] schon. Die wußten ganz genau, daß die Legende falsch war. Sie kamen, um eine Kuriosität zu bestaunen. Das war unangenehm und nicht besonders witzig. Ich fand sie auch uninteressant.«[PB/TNG] Historisch zweifelhaftes *understatement* und kapriziöse *fishing-for-compliments*-Attitüde des alten Bowles einmal beiseite gelassen, die Kunde über die diversen Aktivitäten dieser *angry young men*, wie sie Feuilletons und Kulturperiodika beherrschte, war seinerzeit auch zu ihm und Jane gelangt. Von Ginsbergs rhapsodisch-unkoordiniertem Jaulen und Aufheulen in seinem Langgedicht *Howl* (1956), einem Meilenstein der *beat*-Bewegung, in dem Buddhismus, Bibel, Anlehnungen an Walt Whitman und William Carlos Williams in lockerer Folge im Reigen mit hingeschluderten Obszönitäten über die Seiten tanzen, hatten sie vernehmlich raunen hören. Daß Kerouacs Kultbuch *On the Road* (1957) den programmatischen Impetus modernen Nomadentums aus Pauls eigener *Without-Stopping*-Existenz – von ihm selbst modellhaft gelebt, nur noch nicht aufgeschrieben – aufgriff und angeheizt fortführte, lag auf der Hand. Und ein Exemplar seines Fortsetzungsromans *The Subterraneans* (1958), einem wahrlich »unterirdischen« Erlebnisbericht eines bilderbuchhaft verruchten *beatnik*-Sommers in San Francisco, in dem sich die *spontaneous prose* des Verfassers wie ein in Fetzen gehauenes, quirliges Jazz-Solo aus Interjektionen, Pausen, Aufschreien und schrillen Tonfolgen vor den Augen des Lesers durch Einzelteile und Kapitel windet, um die vertrackte Liebesgeschichte des Alkoholikers Leo und der pyschisch gestörten Schwarzen Mardou Fox in einem Rauschgift- und Sex-Inferno nachzuzeichnen, drückte Bilderstürmer Keronac dem verehrten Bowles anläßlich eines ersten Zusammentreffens in New York mit der eigentümlichen Widmung »Für Paul, ein[en] Mann, der jeglicher Scheiße abhold ist« in die Hand.

Paul war von der wunderlichen Sympathiebezeugung geschmeichelt – mochte Jane auch die Prosa Kerouacs samt Fäkal-Zueignung lediglich mit dem galligen Hinweis bespötteln, ein jeglicher Newcomer müsse offenbar wohl seine individuelle Céline-Phase durchmachen. Vielleicht gingen ihr die Schilderungen aber auch einfach zu nahe und direkt unter die Haut: denn die Befindlichkeit von Kerouacs kaputten Protagonisten, psychischen Wracks, die Bier und harten Schnäpsen ergeben waren, mußte ihr schließlich merkwürdig bekannt vorkommen.

Die wechselseitige Annäherung vollzog sich in kleinen Schritten. Auf das *meeting* mit Kerouac in Manhattan folgten 1959, als Bowles sich erneut im *big apple* zu Probeaufführungen aufhielt, um Tennessee Williams' Stück *Sweet Bird of Youth* – in der Inszenierung von Elia Kazan und mit Paul Newman in der Hauptrolle – als Bühnenkomponist mit versierter Routine musikalisch zu vervollständigen, Begegnungen mit Corso, Orlovsky und Ginsberg. Und 1960 nahm Paul endlich Lawrence Ferlinghettis Offerte an, einige soeben entstandene Erzählungen, die sämtlich um das Phänomen des Kif-Rauchens kreisten, unter dem Titel *A Hundred Camels in the Courtyard* bei City Lights verlegen zu lassen. Ferlinghetti sollte später auch in die Bresche springen, als Paul für die Transkriptionen der Fabeln von Mohammed Mrabet, dem neuen Mundsteller-Schützling und jugendlich-übersprudelnden Freund, auf der Suche nach einem geeigneten Verlag war: *M'hashish* und manch andere »Übersetzer«-Leistung des väterlichen Dokumentaristen Bowles erblickten sodann in San Francisco das publizistische Licht der Welt. Mit Allen Ginsberg reiste Bowles außerdem für eine Woche im Sommer 1961 nach Marrakesch, nur um dort Zeuge eines verheerenden Großbrandes zu werden, dem weite Teile der Souks zum Opfer fielen. Der beißende Geruch verbrannter Wolle und angekohlten, toten Geflügels hing über dem überdimensionierten Marktplatz Djemael-Fnaa; Ginsberg erlebte Tumulte und Panikszenen anstelle der erträumten Märchenstadt.

Neugier war also durchaus vorhanden, auf beiden Seiten, und Paul brauchte nicht eigens belehrt zu werden, um deutlich zu erkennen, was die ihm nacheifernden *beatniks* an seiner Gestalt und seiner Prosa schätzten und gerne kongenial imitiert hätten: Emanzipation des *automatic writing*, Kreativität unter Kif-Einfluß, Betreuung und Förderung von einheimischen »Parias«, die vollständige Ablehnung eines westlich-amerikanischen Lebenswandels, der hartnäckige Entschluß, sich von den USA fernzuhalten und die unbedingte Weigerung zu kommerzieller Anbiederung, die genüßliche Zelebrierung von Grausamkeit, Folter und Brutalität in seinen früheren Erzählungen, die Entlarvung des sakrosankten, zivilisierten *way of life* als verderblich, sinnentleert und kolonialistisch, die pessimistische Zukunftseinschätzung, die Integration sexueller Absonderlichkeiten. Und, wenn auch unter ferner liefen: das Zusammenleben als Schwuler mit der lesbischen Jane bei gleichzeitiger Eroberung junger Marokkaner, mit denen er fast den gesamten Tageslauf teilte.

Bei soviel ungebrochener Anerkennung wirkt es beinahe unredlich, wenn der alternde Paul, umworbenes Objekt intellektueller Begierde zahlreicher Anhänger der *beat*-Generation, später mit falscher Bescheidenheit und wenig glaubwürdig behauptete: »Die[se] Dichter kamen wegen William Burroughs nach Tanger, nicht meinetwegen. Ich habe sie persönlich gekannt, das ist alles. Wenn sie nicht hierher gekommen wären, hätte ich sie vermutlich nie kennengelernt« – wie soeben gezeigt, faktenverdrehende

Ausflüchte, die nicht der Wahrheit entsprachen. »Wir haben uns nicht einmal oft getroffen.«[PB/TNG] Kein Geringerer als Norman Mailer, für großmäulige Kraftmeierei berüchtigt und ansonsten nicht gerade im Verdacht stehend, mit Pauls Ästhetik oder derjenigen der *beatniks* allzuviel im Schilde zu führen, wußte es besser. Von ihm stammte das berühmte Diktum: »Paul Bowles öffnete die Pforten des *Hip*. Er ließ Mord, Drogen, Inzest, den Tod des Spießbürgers ein, die Verlockung der sexuellen Raserei, das Ende der Zivilisation.« Mailer hatte mit Prophetie kennerhaft eine unumstößliche Maxime verkündet, und alle folgten dem Lockruf des Rattenfängers. Alle kamen sie nach Marokko. Und sei es nur, um ihren Durst nach dem ultimativen *kick* zu stillen. Um ihre schlaflosen, 24 Stunden währenden *typing sessions* mit der Intensität antibourgeoiser Hexentänze zu koppeln, um, notorische *unredeemed drug addicts*, mit willfährigen Moslems einer exotisch potenzierten Gleichgeschlechtlichkeit zwischen Minaretten und *hamams* zu frönen. »Wegen der *boys* und des *hashish*.«

1957 photographiert Ginsberg am Sandstrand von Tanger die Weggefährten Orlovsky und Kerouac, der soeben in Amerika mit *On the Road* debütiert hat, nach einem morgendlichen Bad im Meer. Zwei unschuldig grinsende, halbnackte *all-american boys* in nassen Boxershorts, rechts von ihnen bäuchlings, die Arme verschränkt und flach auf den Boden gestreckt, der hagere Burroughs, im taubengrau-blassen *outfit* eines verklemmten Buchhalters. Surrealistischer Schnappschuß oder bloß entmystifizierendes Touristengeknipse? Im Hintergrund scheel herüberlinsende marokkanische Jünglinge sowie die Hafendocks und Zollgebäude an der Linie des Horizontes verraten, daß doch eine Inszenierung stattgefunden hat. Hier wird eine (Tugend- und Tabu-)Grenze überschritten, hier präsentieren sich verkaterte Eroberer, die sich um etwaige Schamverletzung einen Dreck scheren. Oder die 1955 auf einer Restaurantterrasse aufgenommene Szene mit einem noch jungen, zartgesichtigen Burroughs, der sich hier in aller Öffentlichkeit mit seinem achtzehnjährigen spanischen Liebhaber Kiki unter einer Coca-Cola-

Plakette ablichten läßt. Wären da nicht die arabischen Schriftzeichen, das geleerte Minzteeglas, ein paar andere einheimische und amerikanische Gäste an den Nebentischen, unter dem Bild könnte umstandslos »Paris 1975« oder »Rom 1985« notiert werden. In seinem historischen Kontext signalisiert das Dokument jedoch eine stolze, fast arrogante »Seht her! Ich habe es geschafft!«-Haltung. Ein Konterfei eitlen Selbstbewußtseins. Und dann selbstverständlich die legendäre Serie von Gruppenphotos (ohne Dame!) aus dem Jahre 1961 auf der Hotelterrasse des Muniriya, ein regelrechter Knipswettbewerb, bei dem die *beatniks* – ein einmaliger Vorgang – vollzählig in Tanger anwesend waren, vervollständigt um Michael Portman und Ian Sommerville.

Immer mittendrin und stilsicher krawattengeschmückt: Paul Bowles. Alle halten Kameras, rauchen Zigaretten, hocken zwischen Pflanzen, Burroughs trägt seinen unvermeidlichen Filzhut. Schüchtern und sanftmütig blicken uns in einander abwechselnden Konstellationen Ginsberg, Orlovsky und Konsorten, in deren Schriften Exzesse toben, orgiastische Schlachten ausgefochten werden und kein Satzgefüge mehr einer schlichten Feststellung oder Aussage entsprechen darf, entgegen. Die *youngsters*, diesem Eindruck kann sich ein Betrachter heutzutage kaum erwehren, sind schlichtweg eine Schar wohlerzogener junger Poeten, auch wenn sie es selbst gerne ganz anders hätten, abdriftender, obskurer, vollgepumpt mit echter Exzentrik. Nichtsdestotrotz besitzt diese Bilderserie – trotz aller zur Schau gestellten, anrührend linkischen Unbeholfenheit – unübersehbaren Manifestcharakter: Die *beats* haben im Königreich Pauls Einzug gehalten.

Bill S. Burroughs, nur vier Jahre jünger als Bowles, ist ihr Pionier und Guru. Sein haarsträubender Lebenslauf, starker Tobak in der Tat, gleicht einer Fallstudie. Ein Extremfall, verglichen mit den artigen *beats*-Lehrlingen. Anfang der 1950er kreuzt er, Enkel eines Erfinders, vierzigjährig und noch immer von seinen unglücklichen Eltern mit einem monatlichen Scheck ausgehalten, in Tanger auf. Ein Mann mit Visionen, opiumabhängig, Harvard-Absolvent, pervers. Noch nicht anerkanntes Mitglied einer dichtenden Weltelite: »Schon als Kind wollte ich Schriftsteller werden«, läßt er sich vernehmen, »weil Schriftsteller reich und berühmt sind. Sie lungern in Singapur und Rangun herum und rauchen Opium in gelben Rohseidenanzügen. Sie schnupfen Kokain in Mayfair und dringen mit einem treuergebenen Eingeborenen-Boy in verbotene Sümpfe vor, wohnen im Eingeborenenviertel von Tanger, rauchen Haschisch und streicheln träge eine zahme Gazelle.« Viele dieser Wunschvorstellungen gehen problemlos für ihn in Erfüllung; an Geliebten herrscht kein Mangel für ihn, einen Egozentriker mit genialischen Zügen.

Auf ein frühes *coming-out*-Gewitter folgen bei William, einem hochbegabten, neurotischen Teenager, schauspielerische Aktivitäten, Mexiko-Aufenthalte, Schießübungen und die heroische Heirat mit einer von der Nazi-Verfolgung bedrohten jugoslawischen Jüdin. Mit fünfundzwanzig verliebt er sich in einen attraktiven Büroboten und schneidet sich als Beweis für die Heftigkeit seiner Gefühle mit einer Hühnerschere aus rostfreiem Stahl eine Fingerspitze ab. Eine erste psychiatrische Behandlung, finanziert von seinem besorgten *daddy*, läßt nicht lange auf sich warten. Mit dreißig ist er als Kammerjäger, Barkeeper und Glücksspieler in Chicago und New York unterwegs. Kerouac und Ginsberg lernt er 1944 im Greenwich Village kennen. Er verdingt sich als Hobbypsychoanalytiker und wird Zeuge einer Bluttat aus homosexueller Eifersucht. Auf seine Diskretion ist dabei Verlaß. Entziehungskuren bringen ihn regelmäßig an den Rand des Wahnsinns; und wenn Not am Mann ist, schläft Burroughs auch schon mal mit Frauen. Als stets potenter »Hengst« versorgt der Sexbesessene Vertreter beiderlei Geschlechts, die ihm reihenweise verfallen. Seine Scheinehe wird geschieden, er heiratet erneut, geht nach Schwierigkeiten mit der Polizei ins mexikanische Exil. Illegaler Waffenbesitz und das Experimentieren mit halluzinogenen Drogen wie Yage, der Anbau von Marihuana und eine auf sein Konto gehende, gruselige, auch als Schuß unter Drogeneinfluß bemäntelte Untat jagen ihn um den Globus: Florida, Panama, Bolivien, Tanger.

Dieser unaufgeklärt gebliebene Mord durch Erschießen – aus

Versehen und »ohne Tötungsabsicht« durchbohrt die von ihm im Partygetümmel abgefeuerte Kugel schnurgerade Stirn und Hirn der Unglücklichen – an seiner zweiten, amphetaminsüchtigen Ehefrau Joan Vollmers klebt wie Pech an seiner Existenz. Sein Sohn, William S. junior, ist schon als Säugling drogenabhängig, völlig vernachlässigt von seinem Erzeuger, der sich auf einer lebenslangen Odyssee befindet, perspektivlos und geschlagen mit seiner spekulativen Herkunft. Die Romane von Bowles, insbesondere *Let It Come Down*, lotsen in der Zwischenzeit Burroughs geradewegs in den schlimmsten Morast auf Erden – in die Altstadt eines apokalyptischen Tangers, in dem er Züge von Mexico City auszumachen glaubt.

Hier wie dort – ein »gnadenlos« blauer Himmel, dessen Tönung so gut paßt »zu kreischenden Geiern, Blut und Sand«, schmuddelige Bars, fast geschlechtslose Jungen, »exotische Tiere« von »blendender Schönheit«, eine Polizei, die im entscheidenden Moment wegsieht oder stets dem Fremden ein Vorrecht einräumt – in der Millionenmetropole in Mittelamerika wie in Pauls nordafrikanischem Hauptquartier fühlt William sich wie ein Fisch im Wasser. »Bei einer Auseinandersetzung mit einem Araber ist man als Amerikaner automatisch im Recht. Das gefällt mir, und ich nutze es aus«, gesteht er unumwunden.

Tanger geht in seine Texte mit dem Codenamen »Interzone« ein. Liebevoll hetzt er über sein neues Refugium: »Die abscheulichsten Typen, die das Land der Freien hervorbringt, sind [hier] in der amerikanischen Kolonie vertreten«, er registriert ein »schauerliches Panorama von krakeelenden, rotgesichtigen Säufern, die von Barhockern kippen und in die Ecke kotzen« und bilanziert zufrieden, sich selbst einschließend: »Noch nie habe ich auf einem Haufen so viele Leute ohne Geld und ohne Aussicht auf Geld gesehen.«[WB] Ohne Schreibmaschine, aber mit täglich sechs Ampullen Eukodol, das er sich ohne Unterlaß in den Blutkreislauf spritzt, verfällt er in Wechselbäder von Apathie und der fieberhaften Niederschrift seines mit Obszönitäten und sprachlichen Dauerdelirien gespickten Hauptwerkes, das

Kerouac später *Naked Lunch* tauft. Halluzinationen und schwere körperlich-seelische Verwahrlosung bis zur kompletten »Vertierung« führen in buchstäblich letzter Minute zu einem Londoner Klinikaufenthalt. Diesmal zeitigt die Therapie eine gewisse Wirkung, die paranoiden Anfälle und Visionen werden zeitweise unter Kontrolle gebracht. Burroughs, mit dem Pseudonym William Lee ausgestattet, pendelt nun zwischen der Villa Muniriya, wo dann der Phototermin mit Bowles und den *beats* anberaumt werden sollte, der billigeren Armor-Pension, von deren Mansarde aus er den Hafen von Tanger im Blick hat, und dem sogenannten *beat*-Hotel in Paris, in der Rue Gît-le-Cœur am linken Seineufer, bald eine zentrale Anlaufstätte für die gesamte Bewegung.

Mit der vereinten Hilfe von Ginsberg, Kerouac und Orlovsky, herbeigeeilt aus den Staaten, wird aus dem chaotischen, von Unrat, toten Kakerlaken, Ungeziefer, Essensresten und Blutflecken verschmierten Zettelhaufen, wie er in mehreren Schichten die Zimmer in den Absteigen bedeckt, in denen Burroughs in Tanger die Nacht zum Tag macht oder zwanzig Stunden am Stück mit Kiki in den Federn zubringt, dann doch noch der große Wurf. Aus den nahezu unentzifferbaren Notaten, in deren Beschreibungen es gleichfalls von Exkrementen, Sperma und Auswurf nur so wimmelt, in deren Verlauf Orgasmen, Mordphantasien und Agonien einander im Halbseitenabstand in lockerer Folge ablösen oder ejakulierenden Jünglingen nach vollzogenem Analverkehr gleich dutzendfach das Genick gebrochen wird, basteln die treuen Freunde und Kollegen tage- und nächtelang in bewundernswert einträchtiger Patchwork-Technik das monströse, alle moralischen Kategorien und eingefahrenen Sinnzusammenhänge außer Kraft setzende Gesamtkunstwerk. Es gehorcht einer ganz eigenen Logik und Syntax.

Bis Bill für seine Kollektivanstrengung *Naked Lunch* einen mutigen Verleger findet, vergeht hingegen eine Ewigkeit, bis Olympia Press es endlich in Paris in großer Auflage unter dem Ladentisch herausbringt, eine zweite, bis es in den amerikanischen Buchhandlungen noch vor Erscheinen zum unerhörten

Geheimtip avanciert, eine dritte. Doch dann, fast ein Jahrzehnt später, ist Burroughs auch mit einem Schlag in aller Munde. Er sorgt für gehörigen Wirbel in der Literaturwelt und in der anständigen amerikanischen Prä-Hippie-Ära. Sein Skandalroman wird schnurstracks verboten, um gleich wieder freigegeben zu werden; ein spektakuläres Verfahren wegen Obszönität wird eröffnet. Buchhändler, die sich zum Verkauf entschließen und sich über das prüde Verbot hinwegsetzen, finden sich hinter Gittern wieder. Hinzu kommt, daß sich der kriminelle Lebenslauf seines Autors zunächst denkbar ungünstig auf das Schicksal von *Naked Lunch* auszuwirken scheint. Dubiose Zeugen aus Burroughs' Umfeld machen sich mit Feuereifer an die Verteidigung ihres Helden, wobei das Gestammel und die unangebrachten Vertraulichkeiten ihrer Aussagen nicht selten in ungewollte Diskreditierung des Angeklagten umschlagen.

Wenngleich die US-Justiz an Burroughs' – angeblich die niederen Lustempfindungen der breiten Öffentlichkeit anstachelndem – Machwerk zunächst auch ein Exempel statuieren will, dessen gesellschaftliche Sprengkraft es bald mit der Wucht und dem Aufsehen der Oscar-Wilde-Prozesse aufnehmen kann, so zieht sie am Ende doch den kürzeren: Im März 1965 verkünden bei der Proklamation des Urteils nämlich fünf der sieben Richter überraschend, in *Naked Lunch*, einer jeglichen Moral baren Publikation, seien die Kriterien einer offenkundig zur »Geilheit« anregenden Obszönität auch nicht im entferntesten erfüllt. Subtilität statt Schematismus wird dem verunglimpften, mit Bekenntnissen zum »Sündenpfuhl« gesättigten »Zettelkasten« attestiert. Ein Zugewinn an juristischem wie ästhetischem Toleranzterrain, ein recht später Triumph, eine Genugtuung gar für den Vielgescholtenen, der längst auf anderen, noch abgelegeneren Pfaden wandelt.

Eine mysteriöse Blutspur zieht weiter mit Burroughs um das Erdenrund. Sein geliebter Kiki ist 1956 in Madrid ermordet worden, so wie schon 1944 sein Jugendfreund David Kammerer bei einer Messerstecherei im New Yorker Riverside Park brutal beseitigt wurde. Sein neuer Liebhaber heißt Ian Sommerville, ist ein junger amerikanischer Mathematiker und sieht ihm überdies zum Verwechseln ähnlich. Er wird den *beats* kurzerhand einverleibt. Mit Brion Gysin, einem Langzeit-Tangerianer, den Bowles ihm vorstellt, entwickelt und verfeinert Bill alsbald in Marokko und Paris die *cut-up*-Technik, bei der beliebig aus einem Stapel von Zeitungsausschnitten entnommene Textteile collagenhaft neu zusammengesetzt werden. Entstehende Sätze werden neu gemischt, diagonal oder verkehrt herum gelesen, Verben an anderer Stelle angekettet, Konnotationen per Scherenschnitt und Anleimen ins Rutschen gebracht oder aufs neue zerstückelt. Für Skeptiker wie Paul eine nichtige Spielerei, für unkritische Jünger ein genialisches, stets »funktionierendes« Herumexperimentieren.

Bowles rümpft abfällig die Nase. Dabei ist er, der den Kontakt zwischen den beiden ungewöhnlichen Männern ja überhaupt erst hergestellt hat, genau genommen mitverantwortlich für die ungeahnte Blüte dieser neuartigen Prozedur: *Cut-ups* haben ihm zufolge »Burroughs' Stil völlig verändert. [Gysin und er] verstanden sich hervorragend. [Mir] sagte[n sie] nichts. Ich habe so etwas gespielt, als ich sechs Jahre alt war, im Hause meiner Großeltern. Genau dasselbe. Der Unterschied war nur, daß jetzt Brion das Material zerschnitt und zu Assemblagen zusammenklebte. ... Es kann oft erstaunlich poetische Effekte haben, aber ein ganzer Roman dieser Art [er]scheint mir ein bißchen viel. Jetzt hat Burroughs diese Methode abgelegt. Um so besser.«[PB/TNG] Bill hält es lange in Tanger, sehr lange sogar – wenn auch nicht für alle Ewigkeit. 1961 befaßt er sich in Harvard und Boston mit aus synthetischen Pilzen hergestellten psychedelischen Drogen, mit Stroboskopen, Gehirnmanipulationen, gesellschaftsverändernden Heilmitteln. Zuletzt gar mit Maschinen, mit deren Hilfe Kontrolle über die Massen erlangt werden kann. Erst als sein Ratgeber, ein umstrittener Professor namens Timothy Leary, zu Versuchsreihen mit ahnungslosen Sträflingen schreiten will, kommt es zur vehementen Auflehnung gegen dessen Intention, die Erleuchtung der Menschheit mit der furchteinflößenden Verabreichung nicht mehr beherrschbarer Substanzen in großem Stil herbeizuführen. Im Streit scheidet Burroughs von Leary, dem »Drogenpapst«. Dabei hat niemand anderer als er selbst diesen »unwissenschaftlichsten Menschen«, dessen Weg er je gekreuzt haben will, bis nach Marokko, ins Atelier von Ahmed Yacoubi, geschleust.

Unbeirrt und jetzt befreit von Scharlatanen und Seligsprechern schreibt Burroughs an seiner exzessiven Saga fort. Weitere schriftstellerische Hauptwerke entstehen in den Sechzigern und danach – die *Nova*-Trilogie (*The Soft Machine, The Ticket That Exploded, Nova Express*), gefolgt von *Die wilden Boys, Auf der Suche nach Yoga, Die Städte der roten Nacht*. Als postmoderne Science-Fiction-Visionen apostrophiert, variieren diese von gewaltbesessener Homoerotik durchtränkten, kaleidoskopartigen Texte in immer neuen, sprachmächtig-verstörenden Anläufen das Motiv eines aus dem Weltraum einfallenden, die Erde beherrschenden (Nova-)Mobs, imstande, bei den Menschen unstillbare Süchte hervorzurufen, in der Lage, sie durch Viren und virtuelle Gewaltausübung zu beherrschen. Endzeitprosa halluzinatorischer Färbung, die ihresgleichen sucht.

Nachdem Bill Tanger und Paris den Rücken gekehrt hat, nimmt seine menschenscheue Abkapselung und selbstgewählte Isolationshaft noch beängstigendere Züge an: Ende 1975 stößt er in der New Yorker Bowery, mitten in der Lower East Side, auf ein riesiges, völlig fensterloses Mehrzimmer-Appartement, das zuvor einer Sporthalle als Umkleideraum diente. Fortan macht er es sich als nur von Kunstlicht erhelltes, jegliche Natur aussperrendes Refugium untertan. Er renoviert es, nennt es »Bunker«, verkriecht sich auf Jahre dahin und verhängt eine nur schwer zu überwindende Besuchersperre. Das Gegenstück zu seiner sonnendurchfluteten, verglasten Dachetage in Tanger, eine Art Penthouse im Gebäude der ehemaligen Börse und Lotteriezentrale der Stadt, wo er seine Regale mit *scrapbooks*, Photos und Manuskriptblättern aufstellte und, ohne direktes *vis-à-vis*, dem Himmel über Marokko mit kalkulierten Gewehrschüssen in die Luft trotzte. Der große alte Mann der *beatniks*, Idol einer Generation von Ausgeflippten und Vorbild für Kultfiguren wie

David Bowie, Lou Reed oder Patti Smith, hat seine Abschottung bis zur Leblosigkeit am Rand des menschlich Erträglichen kultiviert und perfektioniert. Nur noch Vorlesungsreisen, Kontakte mit Frank Zappa und Andy Warhol, Videos mit U2, kleinere Rollen in Autorenfilmen, die Beschäftigung mit Multimediaprojekten und Avantgardemusicals und schließlich der überraschende Leberkrebstod seines Geistesgefährten Ginsberg vermögen den in seiner Zelle dahinvegetierenden Eigenbrötler, ehemaligen Kleinkriminellen und Möchtegern-Wilhelm-Tell für kurze Momente aufzurütteln, bevor er 1997, zwei Jahre vor Bowles, in Kansas stirbt. Tanger ist er zuletzt untreu geworden. Und von der Burroughs-Renaissance der Neunziger, die in David Cronenbergs *Naked-Lunch*-Verfilmung kulminiert, schwappen nur klägliche Ausläufer an die unbewegten, türkisgrün in der mediterranen Sonne glitzernden Wasserflächen am Cap Malabata, nordöstlich der Medina. »Er war so unauffällig, daß seine Gegenwart im Raum etwas Tastendes an sich hatte. Ich erinnerte mich, daß ich ihm gelegentlich auf der Straße begegnet war«, wunderte sich Paul, »wo er weder nach rechts noch nach links blickte. Wenn wir uns jetzt begegneten, nickten wir einander zu.«[WSR]

Eine abenteuerliche, förmlich einem unter Hochdruck arbeitenden Durchlauferhitzer entwichene Vita. Ihr voranstehender Abriß verdeutlicht hinreichend, wie sich Burroughs, Musterbeispiel und Übervater einer ganzen Abordnung erzürnter Ikonoklasten, die »nicht wußten, was sie taten«, oder es ganz einfach nicht wissen wollten, in allen Einzelpunkten als ein Radikalfall von Bowles' vergleichsweise unauffälligem Werdegang auffassen läßt. Wo ersterer in einer Form von kreativer Dauerhysterie über die Kontinente jagte und raste, war letzterer mit Bedacht unterwegs, reiste behutsam, mit Stil und Geschmack. Wo ersterer andere Menschen ohne Erbarmen aus seinem Leben in ein lichtloses Niemandsland verbannte, knipste letzterer eine Stehlampe neben seinem Lesesessel aus, blieb aber im Halbdunkeln weiter inmitten einer fröhlichen Runde sitzen, ganz der stumme, unauffällige Zeuge. Wo sich bei ersterem Emotionen in Vulkanausbrüchen mit Brachialgewalt einen Ausweg verschafften, hielt letzterer die seinigen in Schach und unter Kontrolle. Wo dieser polterte, flüsterte jener.

Wo dieser verwahrloste, verlotterte, sich gehen ließ, die Grenzen der Belastbarkeit auskostete, war jener distinguiert, gepflegt, führte ein aufs Notwendigste reduziertes, spartanisches Dasein. Wo dieser sexuelle, fäkale, utopische und makabre Ausschweifungen wieder und wieder beschwor und dabei mit sprachlichen Glutbrocken nur so um sich schmiß – verworren und unübersichtlich –, verhielt sich jener diskret, dezent, kam mit ein paar sparsamen Andeutungen aus – kristallklar, feinsäuberlich und geradlinig entfaltet. Wo dieser Sprache und Stil in ihre Einzelteile zerlegte und als unverdauliche Materialausbreitung vorführte, schliff jener an einem kargen, ziselierten und nach Kräften herkömmlichen Schreibgestus und formte daraus ein Juwel in Novellengestalt. Wo dieser sich mit großspurigen Gesten als passionierter *gay lover* outete, Homosexualität auf jeder Seite ausweidete, strangulierte Epheben und überdimensionale Phalli wie Götzen anbetete, war jenem kaum je eine schlüpfrige Bemerkung zu entlocken, wurde Liebe zwischen Männern in seinen Schriften latent thematisiert. Wo dieser sich eine Welt ohne Frauen geschaffen hatte, in der das isolierte Individuum verbindungslos in einer zwischenmenschlichen Sackgasse steckenbleibt – Mord, Tod und Verlassen des Geliebten sind darin feste Bestandteile –, hielt jener, zumindest ansatzweise, zu einer auch feminin getönten Sphäre die Tür offen, pflegte, wenn auch nur vorsichtig und eher gelegentlich, gegengeschlechtlichen Meinungs- und Gefühlsaustausch, verhielt sich loyal und solidarisch. Baute Freundschaften aus.

Eine Radikalisierung also – kein Gegensatz. Zwei Spielarten von Nihilismus. Plakatives Graffiti und feiner Federstrich. Denn trotz alledem war es Bowles gewesen, der mit bahnbrechenden Texten wie *Sheltering Sky, Delicate Prey* und *Distant Episode* den Grundstein für die ungleich experimentellen wie destruktiven Verwüstungen der *beats* gelegt hatte. Der Ehrentitel »Pornograph des Grauens« war Paul nicht zufällig verliehen worden. Und, so hoffnungslos altmodisch er sich als Dandy mit seiner Sammlung erlesener Schlipse, scharfkantigen Bügelfalten und geistreich-unterhaltsamer Ehefrau in ihren Augen auch gebärden mochte, mit seinem Mut zur unumkehrbaren Auswanderung zur Unzeit in ein archaisches Land, das sich in den Dreißigern und Vierzigern noch jenseits der Vorstellungskraft dieser kraftmeiernden *greenhorns* befand, wie sie vor allem die von Burroughs getauften »lesser beats« an den Tag legten, hatte er Wagemut bewiesen, ihnen Respekt eingeflößt. In seiner Bereitschaft, weit an den Abgrund der Zivilisation zu treten und sich noch weiter hinunterzubeugen, war ihm nur Bill ebenbürtig. Darüber hinaus blieb er der einzige amerikanische Autor vor Ort, für den die Förderung und Erkundung der marokkanischen Geistes- und Musikkultur ein wirkliches Anliegen darstellte. Die anderen *writers* »in residence« waren längst mit selbstverliebter, zerstreuter Ich-Erforschung beschäftigt, nahmen keine Talente oder Impulse neben sich wahr. Als der ungehemmten Nabelschau anheimgefallene Vergessenssucher und Selbstverwirklicher, die schon der unseligen Egozentrik der 1970er Jahre den Boden bereiteten, kehrten sie ihr Innerstes nach außen und trugen es zu Markte.

Zu Beginn hatten sich Paul und Bill also nur von weitem beäugt, waren voll verlegener Ehrfurcht umeinander herumgeschlichen. Als Bowles, von Paratyphus geschwächt, das Bett hüten mußte, hatte Burroughs ihm einen ganz und gar indiskutablen Taschenbuchvertrag für sein frühes Opus *Junkie* unter die Nase gehalten und ihn um Rat gefragt – der erste Schritt zu einem höflichen Umgang miteinander. Sie wahrten auch künftig einen beträchtlichen Sicherheitsabstand, und als Paul die Freundschaft zwischen Burroughs und Gysin ins Rollen brachte, zwei Männer, die bald »unzertrennlich« wurden, bewies er nur einmal mehr sein Gespür für Affinitäten, seine Begabung zum Drahtzieher, sein Fingerspitzengefühl, wenn es galt, schlummernde Kreativitätsströme bei anderen zu entfesseln, indem er im Hintergrund, die Maske des Gleichmütigen aufgesetzt, aktiv wurde. Sicher ging er mit Jane dann und wann auch einmal in Gysins Restaurant »1001 Nights« essen, um beim Dinner die von arabischer Kalligraphie inspirierten Tuschbilder zu bewundern, die der *patron* des Lokals inzwischen regelmäßig anfertigte. Sicher ließ er sich von Leary Psilocybinkapseln verehren, obwohl er sich nie dazu entschließen konnte, sie auch zu probieren; und ganz gewiß war er unter den Augenzeugen der Rettungsaktion des vergilbten *Naked-Lunch*-Manuskripts in Bills verkommener Lustgrotte, einer Vorstufe zur Hölle auf Erden.

Ebenfalls registrierte er amüsiert, wie die *beats*, kecke böse Jungs und stets zum Schabernack aufgelegt, hochrangige sowjetische Konsulatsbeamte mit ideologisch gemünzten Beleidigungen und unverhohlenem Marihuanakonsum bis aufs Blut provozierten. Er ließ sich sogar darauf ein, einmal im Freien in Burroughs' »Orgone Box« zu kriechen, die sein experimentierfreudiger Kollege anhand einer minutiösen Lektüre der Schriften Wilhelm Reichs nachgebaut hatte. Durch Wechselwirkungen zwischen einem Drinnen (aus Metall) und einem (organischen) Draußen sollten die Wechselwirkungen kosmischer Energie auf das isolierte Individuum untersucht werden. Es war eine sternklare Nacht, Bowles begann zu frieren, fühlte sich in der stockdunklen Kammer unwohl. Er jammerte und klagte, blieb aber folgsam im Innern. Nach fünfundzwanzig Minuten Aufenthalt fühlte er noch immer nichts; abgesehen davon, daß ihm klaustrophobische Panikzustände zusetzten, hatte er nichts erlebt, keine bewußtseinsverändernden Vibrationen empfangen. Er gab auf. Bills Frustration kann man sich ausmalen.

Die beiden blieben dennoch Brieffreunde: Noch nach Burroughs' Weggang schrieb ihm der alternde Bowles im November 1978 von der betrüblichen Neuerung, daß die von den Minaretten zum Gebet rufenden Muezzine sich in Tanger inzwischen westlichen Teufelszeugs wie Mikrophonen und Lautsprecher bedienten. Im Umkreis von zwei Meilen werde jedermann aus dem Schlaf geschreckt, anstelle von zwei kurzen werde man nun fünfundzwanzig penetrante Minuten lang mit Gejaule und Geheul verfolgt. (Ein orientalisches *Howl* mithin, an dem Ginsberg womöglich seine Freude gehabt hätte.) Im Kulturpessimismus waren sich Bill und Paul, jedenfalls was Aspekte unnötiger Verwestlichung in Tanger anging, zuweilen einig. »Wir konnten über alles sprechen, nur nicht über das Schreiben.«

Aber es ließ sich nicht leugnen, sie gehörten nun einmal zwei grundverschiedenen Welten an. Den biertrinkenden *beatniks*, allen voran Kerouac, mit ihrem Hang zum Grobschlächtigen beliebte es, Indiskretionen herauszuposaunen, mit ihren Strichjungen auf öffentlichen Plätzen herumzulungern, ohne Rücksicht auf das Schamgefühl der Einheimischen an Innenstadtstränden paarweise baden zu gehen. Paul und Jane dagegen waren unverrückbarer Teil der alten europäischen Elite, zu deren vornehmen, selektiven Parties die *youngsters* keinen Zutritt fanden. Die Bowleses, selbst nicht eigentlich wohlhabend, doch von den Reichen umworben und von der Stadtbevölkerung geachtet, wurden beinahe schon als reinrassige »Tanjawis« wahrgenommen. Ein nicht zu lüftender Schleier umgab sie. Wo Burroughs und seinesgleichen einen schlechten Ruf genossen und ihn mit jeder weiteren plumpen Aktion – aus Mangel an Einfühlungsvermögen – noch vermehrten, zählten sie unumstritten zur Aristokratie ihrer Wahlheimat.

Und irgendwann, so schnell, wie sie sie hatten kommen sehen, waren die *beats* – außer Gysin und Burroughs, die sich dauerhaft mit der Stadt anfreundeten – auch wieder von der Bildfläche verschwunden, ließen eine Stätte zurück, in der sich keine Spur ihres Aufenthaltes eingegraben hatte. Sie hatten sich nie wirklich ganz von den USA gelöst, ihre Stippvisiten blieben ein funktionalisiertes Zwischenspiel. Marokko war nur Mittel zum Zweck gewesen, ein zusätzlicher *kick »on the road«*. Von der »Köstlichkeit, ein Fremdling zu sein«, hatten sie sich nicht überzeugen wollen; als Schwalben flogen sie nur, metaphorisch gesprochen, einige wenige Sommer lang. Jane und Paul aber saßen mit jedem anbrechenden Monat in Tanger noch eine Spur fester im Sattel. Paul, dessen Romane und Erzählungen bisher stets davon handelten, wie westliche Menschen im Ausland auf Streß reagierten, verlagerte den Schwerpunkt seiner Novellen neuerdings ganz auf die Perspektive der Marokkaner. In Fabeln und anekdotischen Parabeln, denen er sich jetzt verstärkt zuwandte, waren Westler ausgeklammert. Er verstand sich, mit Tonband und Diktiergerät auf Dorffesten und in Teeküchen unters Volk gemischt, fast nur noch als Filter der orientalischen Sphäre, wie sie ihn im Alltag umgab.

Und Jane fastete inzwischen aus Solidarität mit, wenn der *ramadan* anbrach, als hätte sie solche Sitten und Rituale mit der Muttermilch aufgesogen. Mit ihren zahllosen Freundinnen vom Markt schmiedete sie sogar konkrete Pläne, die *beatniks* zu verhexen und mit Flüchen zu belegen, denn ihr war ebenso klar wie Bowles, daß die Verrohung der Moral im öffentlichen Leben wie auch der unbedachte, ja sträfliche Leichtsinn, mit dem Affären mit männlichen Jugendlichen von den amerikanischen Eindringlingen gockelhaft zur Schau gestellt wurden, systematisch am letzten liberalen Ast dieses Ortes sägten, auf dem sie selber saßen. Sollte die Obrigkeit eines Tages ein für alle Mal genug davon haben, daß es die *beats* mit ihrer sexuellen Befreiung, die immer nur sie selbst betraf, zu weit trieben, konnte für alle Europäer und Ausländer unterschiedslos die *raison d'être* per Verordnung in Frage gestellt werden. Um jeden Preis wollten die Bowleses jedoch dableiben, es sich in verfügbaren Nischen gemütlich machen, im engmaschigen Toleranznetz so unbemerkt wie möglich weiterleben, in Gesetzeslücken schlüpfen. Sollten sie etwa eine Rückkehr in die USA erwägen, in den »Käfig«, ins Niemandsland der *suburbs*, in Intellektuellenzirkel, wo Gastgeber und Gäste kaum noch ihre Namen buchstabieren konnten? Für sie mittlerweile eine groteske, durch nichts zu rechtfertigende Vorstellung.

Von ihren Privilegien, so zusammengeschrumpft sie im Vergleich zu 1950 auch wirkten, mochten sie nichts preisgeben. »Ich hatte nie den Eindruck«, schrieb Paul, »daß mir jemals wirklich etwas gehört. Das ist auch der Grund, warum ich Tanger nicht verließ, als so viele andere weggingen. Die Leute begriffen sehr schnell, daß sie riskierten, ihr Hab und Gut zu verlieren, wenn sie blieben. Aber davor hatte ich keine Angst. Es war keine Nachlässigkeit, eher Gleichgültigkeit. Ich hatte keine Wahl, keine Alternative. Für mich, der nichts hatte, war die Entscheidung dazubleiben einfach. Es ist immer am einfachsten, nichts zu machen.«[PB/TNG] Sie hegten aber eindeutig auch ästhetische Vorbehalte gegenüber den *beats* und deren Nachahmern, den *hippies*. In einem Schreiben an Claude und Rena, in dem Bowles von der erfolgten Etablierung von Corso, Ginsberg und Burroughs in Tanger berichtet, prangerte er in einer Aufzählung an, was er und Jane an den Neuankömmlingen am meisten mißbilligten: ungepflegte, verlauste Bärte, filzige Jeans bei den Männern; die clownartigen Auftritte von abgemagerten Mädchen mit schwarzumrandeten Augen, weißem Lippenstift und bleichgeschminkten Gesichtern, mit, um Hohlwangigkeit und Ausgezehrtheit noch zu unterstreichen, fransenhaften Ponyfrisuren, die das Antlitz wie einen Vorhang verdeckten, lethargischen, schlafwandlerischen Bewegungen, die unnötige Entblößung ganzer Körperpartien. Ein Vorgeschmack auf die noch in den Startlöchern befindliche *flower-power*-Generation, die ab den Mittsechzigern als »Kinder von Torremolinos«, Vietnamkriegsgegner und indisch angehauchte LSD-Konsumenten in Tanger eine Zwischenstation auf ihrem *drifting* von Woodstock und Ibiza nach Katmandu und den *Ashrams* sah. Die Frechsten unter diesen Vorläufern der 68er-Epoche, ihrerseits Nachzügler der unwichtigsten unter den *lesser beats*, lohnten Bowles seine Arroganz, indem sie ihn despektierlich als »altjüngferlich«, »zugeknöpft« und »verklemmt« wahrnahmen und sich untereinander über diesen »Gentleman aus einem anderen Jahrhundert« mokierten – Attribute, die von ihrer subjektiven Warte aus schwerlich von der Hand zu weisen waren.

»Hippies bedeuteten mir gar nichts«, rekapitulierte Bowles als Achtzigjähriger ziemlich hochnäsig in einem aufgezeichneten Gespräch. »Ich habe das immer als eine bürgerliche Bewegung angesehen, junge Menschen, die ihrer bourgeoisen Umgebung entfliehen wollten. Es waren keine Proletarier, keine Aussteiger, viele von ihnen, und sie kamen mit ihrer Erziehung nicht zurecht. ... Sie hatten keine Ideologie. Sie waren wie alle anderen auch. [Sie] oder die *beatniks* kamen nur hierher nach Marokko, weil sie gehört hatten, man kriege hier Kif, und zwar einfach und billig. Drogen waren ihnen wichtig. Sie taten nichts, außer sich mit Drogen vollzupumpen. Wenn man aber fleißig arbeitet, hat man nicht viel Zeit, um rumzuliegen und darüber nachzudenken, wie schlimm es [angeblich] um sein Land steht oder seine Familie. Sie haben nichts ernstgenommen. Wenn man wirklich arbeitet«, so wie Bowles selbst, versteht sich, »nimmt man nur seine Arbeit ernst. Alles andere ist dann zweitrangig.«[WFW] Doch auch hier gilt: Wer spricht, verschweigt. Denn auch die Schriftsteller unter den *beats* nahmen ihre Arbeit ernst, kämpften hart um den Durchbruch in der Literaturszene. Und der Zugewinn an *publicity* war für Bowles, dem hundertfach Wellen der Huldigung und Ehrerbietung von diesen jugendlichen, aufgeschlossenen Landsleuten entgegenschlugen, eben nicht zu verachten.

Wenn es ihm auch schwerfiel, ein dahingehendes Eingeständnis vorzunehmen, der Austausch mit den *upper beats* half ihm, auf internationaler Ebene im Gespräch zu bleiben. Dafür konnte man schon einmal ab und zu für Phototermine anrücken und gönnerhaft die Bildmitte der Aufnahmen beanspruchen. Und daß fortgesetzte Beweihräucherung durch aufgeweckte Intellektuelle Balsam für Seele, Ego und Selbstwertgefühl darstellen, von einer solch menschlichen Empfindung konnte sich auch der fleißige, sich gern zum asketisch-puristischen *workaholic* stilisierende Paul Bowles nicht völlig freimachen.

Blenden wir aber noch einmal zurück in jenes Frühjahr 1957, als die Wortführer der *beatniks* unüberhörbar Einlaß begehrten ins Allerheiligste der Bowleses, und als Jane allein in Tanger und mit gemischten Empfindungen vierzig wurde. Wenige Wochen nach dem oben zitierten Brief schrieb sie erneut – es war Mitte April – an Paul in Ostafrika. Es ging um kontinuierlichen Telephonterror, dem sie seit neuestem in Tanger ausgesetzt war. »Ein Typ aus New York ist hier, er heißt Allen Ginsberg. ... Vermutlich muß ich mich mit ihm treffen, aber er ist bestimmt mehr Dein Fall als meiner. Außerdem werde ich wohl kaum mit meinem Theaterstück vorankommen, wenn ich mich mit ihm verabrede.« Es gelang ihr nicht, den insistierenden Störenfried abzuwimmeln. Er stellte sich als Vertreter der »Zen-Buddhismus-Bebop-Jesus-Christus-Peyote-Bewegung« vor, fragte sie, ob sie an Gott glaube, worauf sie erwiderte, daß sie so etwas bestimmt nicht mit dem Hörer in der Hand zu diskutieren beabsichtige, und zählte ihr »fünfundzwanzig Männer auf, von denen ich noch nie gehört hatte, und ich erklärte ihm, daß ich lange weggewesen und ohnehin zu alt sei und mich [nicht für] Visionen interessierte.« Bestätigen kann sie im Kreuzverhör mit dem Unbekannten, daß sie Charles Henri Ford kennt (»denn der ist alt«); daß sie aber gerüchteweise »Tag und Nacht *majoun*« nehmen soll, muß sie hingegen energisch verneinen. »Er ist noch hier, wenn Du ihn sehen willst«, läßt sie Paul wissen, »er wohnt bei Bill Burroughs.«[WSR/GMG/ZTD] Was hier klang wie eine lustige Begebenheit, einer von Janes üblichen, charmanten Streichen und Verwirrungsspielchen, entlarvten Ärzte und Spezialisten im nachhinein als den Beginn einer seltsamen Ausprägung von Aphasie, bei der sie immer das Gegenteil dessen im Munde führte, was sie eigentlich zu sagen beabsichtigte. Bereits an diesem Apriltag waren ihre geistigen Fähigkeiten nicht mehr in Gänze intakt; der unverdrossene Ginsberg, gewöhnt an cleveren rhetorischen Widerstand, wird das Katz- und Maus-Spiel der Launenhaftigkeit und Widerstandsfähigkeit einer geplagten Autorengattin, die nichts als ihre Ruhe haben will, zugeschrieben haben.

Am Ende desselben Monats, sie hatte ihre Depesche an Paul per Luftpost soeben auf den Weg gebracht, herrschte Sturm in Tanger. Orkanartige Winde fegten über die Klippen. Jane war schon früh auf und befolgte das komplizierte *ramadan*-Reglement so orthodox, wie es nur ging. Am späten Nachmittag stritt sie sich heftig mit den Dienstboten; ein Teller mit Essen landete außerhalb des Küchenfensters in der Gasse. Um ihrer Verärgerung Luft zu machen, suchte sie ihren Freund und Kollegen Gordon Sager auf, stürmte die drei Treppen zu seinem Appartement hinauf und ließ sich von ihm mit einem Gläschen Cognac trösten. Vielleicht waren es auch drei oder vier; jedenfalls kehrte sie beschwingt in ihr Immeuble San Francisco zurück. Wie immer erklomm sie den achten Stock zu Fuß, eingedenk ihrer Fahrstuhlphobie. Zur Ruhe kam sie nicht. Die ganze Nacht über mußte sie sich erbrechen. Am folgenden Morgen hatte sie ihre Sprech- und Sehfähigkeit vorübergehend ganz eingebüßt; nur partiell kehrten Instinkte und Beherrschung zurück. Freunde fanden sie mit um den Kopf gewickelten Tüchern und Zitronenscheiben auf der Stirn, gelagert auf ein Kanapee.

Jane lallte unablässig unverständliches Zeug. Eis und Schlaftabletten richteten nichts aus. Die Ärzte tippten auf übertriebenes Fasten, die Einnahme von zuviel Alkohol, zuviel Kif, zuviel *majoun* oder eine höchst ungesunde Mischung aus allen drei Substanzen. Zeugen machten widersprüchliche Angaben über ihr Verhalten in den zurückliegenden achtundvierzig Stunden. Schließlich diagnostizierten die Mediziner einen Schlaganfall, verbunden mit einem leichten Gehirnschlag. Der französische Doktor sprach gar von »zerebralen Krämpfen«. Libby Holman, als eine der ersten alarmiert und so selbstlos wie eh und je, wies Jane umgehend aus der Ferne Geld an und entschloß sich, ihr auch monatlich einen Scheck zukommen zu lassen. Katharine Hamill, Natasha von Hoershelman und Oliver Smith sandten fortan ebenfalls regelmäßig kleinere Summen zur Aufrechterhaltung des Allernötigsten. Virgil Thomson spendete 1000 Dollar für Jane. Paul wurde verständigt, aber erst beim Landgang auf den Kanarischen Inseln erreichte ihn Gordons Telegramm. »Ich wußte es nicht, aber die guten Jahre waren vorüber«, erinnerte er sich an den Anfang ihres Passionsweges zu zweit. Andere Freunde kamen und assistierten; Christopher Wanklyn, Pauls kanadischer Begleiter im Rahmen der Volksmusik-Feldforschung, wich nicht von ihrer Seite.

Mehrere Tage lang wurde sie von Bewußtseinsstörungen geplagt, brabbelte Unsinn, verfügte nur über ein stark eingeschränktes Gesichtsfeld. Alles verschwamm ihr vor den Augen.

Als Paul in Tanger anlangte, stand fest, daß Janie von bleibenden Schäden nicht verschont werden würde. Weder Lähmungen noch Thrombose hatten stattgefunden, aber sie hatte sich auf epileptische Anfälle einzustellen, deren Häufigkeit im Laufe des Sommers tatsächlich in besorgniserregendem Maße zunahm. Man konstatierte, daß die Funktionsfähigkeit ihrer rechten Hand stark beeinträchtigt war – was nichts Gutes für künftige Schreibversuche oder manuelle Verrichtungen im Haushalt ahnen ließ. Man bescheinigte ihr Dysphasie und eine rechtsseite Hemiplegie, was nichts anderes bedeutete, als daß ein Teil ihres Gesichtes für sie auf Dauer nicht mehr wahrnehmbar war, eine Gehirnhälfte von partiellen Ausfällen bedroht. Jane hatte damit fertigzuwerden, daß lebenswichtige Phänomene wie Konzentration, Lektüre, virtuose Sprachbeherrschung auf ewig der Vergangenheit angehörten.

Silben und Füllsel verrutschten, doch handelte es sich hierbei nicht um ein originelles orales *cut-up*, sondern um schwere Krankheit. Bowles verbrachte Sommer und Herbst mit ihr in Spezialkliniken in England. In London und Northampton, in Oxford und den *midlands* setzte man sie neurologischen Untersuchungen aus, behandelte sie in der offenen Psychiatrie und schreckte selbst vor Elektroschock-Serien nicht zurück. Im November 1957, sie hatten wieder afrikanischen Boden unter den Füßen, war der Traum eines fortgesetzt freien, ungebundenen Lebens in Marokko für Jane und Paul endgültig vorbei. Jane stand erst in ihrem einundvierzigsten Lebensjahr, Bowles würde sich ihr Tag und Nacht als Pfleger, Betreuer und Hilfesteller mit Hingabe widmen müssen. Ihre Ehegemeinschaft erwies sich als notwendiger denn je zuvor. Freilich als immer einseitigeres Abhängigkeitsverhältnis. Und der Faden, an dem Paul sie bisher umsichtig durch das Labyrinth ihrer gemeinsamen Abenteuer geführt hatte, war zum Zerreißen gespannt. Würde er mit lautem Knall in zwei Teile getrennt werden, wäre es schwierig, für die Zurückbleibende eine Orientierung bereitzustellen. Zwei, drei Ecken nur hinter und vor ihr lauerten Einsamkeit und tiefste Finsternis, Depressionen und die Dauerflucht in den alten Freund Alkohol.

Bereits vom Balkonfenster ihres Apartementblockes blickte ihnen – Jane hatte sich mit dem Arm auf Paul gestützt und tappte bedächtig vorwärts wie eine Schlafwandlerin – eine noch junge Frau entgegen. Die Einheimische in langen Hosen war seit über einem Jahrzehnt als Janes Köchin, Hausangestellte, Faktotum und auch Geliebte aus dem Leben der Bowleses nicht mehr wegzudenken. Das Altstadthäuschen an der Place Amrah hatte ihr die kranke Mrs. Bowles schon im Vorjahr überschrieben, mit Pauls zögerlicher Zustimmung.

Jetzt freute sich diese Marktfrau mit indianischen, harten Zügen, jungenhafter, sehniger Figur und zurückgebundenem Pferdeschwanz auf neue, großzügigere Geschenke von ihrer amerikanischen Freundin. Als sie dem sich vom Hafen seinem Zuhause nähernden Ehepaar die Wohnungstür öffnete und sah, wie es wirklich um Jane stand, durchzuckte sie binnen Sekunden die Gewißheit, daß sie ihr bald mit Haut und Haaren gehören würde.

Sie nahm Mr. Bowles seinen Koffer ab und hieß ihn willkommen. Und Paul erwiderte wie abwesend, stellvertretend auch für Jane, die irgendetwas Unverständliches vor sich hin murmelte, Cherifas herzlichen Gruß.

8

Sommerhäuser, später
Wie man Sünde auf Sünde häuft

Ich habe sowieso das Gefühl, daß Sie sich verändert haben.
Ihr Charme ist passé.
Sie kommen mir schwerfällig und fad vor.
Sie waren mal so liebenswürdig und verständnisvoll;
alle meinten, Sie seien etwas wirr im Kopf,
aber für mich hatten Sie einen ungewöhnlichen Instinkt
und waren mit Zauberkräften begabt.

Jane in *Two Serious Ladies* –
Mrs. Copperfield an Miss Goering (1943)[ZED]

Am Anfang erschien ihr alles amüsant, selbst die Tragödie.
Sie lachte über alles.
Sie war wie die alten Filme von Charles Chaplin:
pathetisch, aber sehr komisch.
Darin lag ihre Stärke...
Jane fand, man müßte sich über alles im Leben lustig machen.
Sie machte sich sogar über das Leben selbst lustig.
Und wenn eine Sache auch todtraurig war,
war sie doch auch in jedem Fall zum Lachen.
Wenn etwas von vornherein komisch war,
war es [hingegen] schon weniger amüsant.
Sie liebte es einfach, aus etwas Traurigem eine Komödie zu machen.

Paul über *Jane* (1989)[TNG]

Traut man der Mehrzahl unter den widersprüchlichen Aussagen der »Tangerinos«, wann und durch wen die schmerzvolle Liebesgeschichte zwischen Cherifa und Jane ihren Ursprung genommen hatte, so wird als Mittelsmann niemand anderer als Paul genannt. Schon im April 1948 soll ausgerechnet er seiner gerade erst aus den USA angereisten Frau den Getreidemarkt Zouk ez Zra gezeigt und sodann auf die *hanoute* (oder *hanootz*) gewiesen haben, einen winzigen Verschlag, der eine Art Schachtel für Menschen darstellte. Nur durch akrobatisches Hineinkriechen, durch Verdrehen der Körperglieder, konnte man sich in dieser Zementbaracke zusammenkauern. Ein Algerier namens Boussif, angeblich in Cherifa verliebt und immer mal wieder als Heiratskandidat für sie im Gespräch, stellte die beiden Frauen einander vor. Cherifa war damals ungefähr zwanzig, ein Dutzend Jahre jünger als Jane, offen lesbisch, dem Alkohol zugetan und eine Kornhändlerin. Eine Attraktion. Und ein Pendant. »Sie saß in einer Bude, nicht einmal groß genug, um gebückt darin zu stehen; sie konnte gerade aufrecht darin sitzen, ohne sich den Kopf zu stoßen. ... Sie war gekleidet wie eine Frau vom Land, mit einem riesigen Strohhut und einem rotweißgestreiften Tuch um die Schultern. Zu dieser Zeit sah sie sehr außergewöhnlich aus, mit all dem wunderbar glänzenden Haar, das um ihren Kopf fiel. Ihr Lachen klang wie das einer Verrückten. Sie war wie ein öffentliches Monument, eines jener Wesen, zu denen man Besucher führte – wie die Frau, die unter einem bestimmten Baum am Grand Socco saß und Holzkohle verkaufte, oder der Mann im Kirchhof, bei dem man Zaubersprüche und Liebestränke bekam.«[ALO]

Jane war ehrlich verblüfft. Sie wußte in diesem Moment noch nicht, daß mit diesem »wundervollen, wilden Mädchen«, diesem

»rauhen Menschen« von »feuriger Ausstrahlung«, einem sich mal androgyn, dann entschieden maskulin präsentierenden Wesen, verborgen hinter aufgetürmten Bergen von Hafer, Gerste und Weizen, der zweite entscheidende Mensch ihres Lebens vor ihr stand. Ihre »große Liebe« oder ihre »Feindin«? Das weibliche Äquivalent zu ihrem »Feind«-Mann Paul, der geradewegs mit ihr im Gefolge auf diese »rätselhafte und furchteinflößende« Frau zusteuerte? Ein Spiegelbild ihrer eigenen Persönlichkeit oder dessen ländlich-bodenständige Variante? Das personifizierte Verhängnis gar? Jane ahnte, daß Tag und Begegnung etwas Schicksalhaftes innewohnte. Augenblicklich war sie von Cherifas Stämmigkeit und Urwüchsigkeit, von dieser autoritären Analphabetin mit den flinken schwarzen Augen, unter den Frauen der *grain market group* die Markanteste und Tonangebende, in den Bann geschlagen. Ohne auch nur ein Wort ihrer Sprache sprechen oder verstehen zu können, verliebte sich Jane in sie. Cherifa und ihre Welt der Waren, Gewürze, vorzubereitenden Mahlzeiten, Feilschereien und Alltagszwiste setzte sie mit ›ihrem‹ Marokko gleich. Sie zu erobern, sich ihre Kraft, Leidenschaft und Energie gefügig zu machen, käme einer Heldentat gleich. Einer bewältigten Herausforderung bisher ungekannten Ausmaßes. Einer Landnahme.

Cherifa reichte Jane als Willkommensgruß eine Tasse Suppe; das Eis war sofort gebrochen. Das ungebildete Bauernmädchen, aus M'sallah stammend (andere Quellen nennen Mraier, Fahs, ein Dorf bei Tanger) und ausschließlich im Maghrebi-Dialekt kommunizierend, rühmte sich, direkte Nachfahrin des Schutzheiligen von Tanger zu sein. »Cherifa« war ihr Ehrentitel, ihre Funktion. Lamina Bakalia hatte sie ursprünglich geheißen. Schon ihr Vater, der wie Janes Vater Sidney Auer sehr früh gestorben war, konnte als *cherif* seine Ahnenreihe bis zum Propheten Mohammed zurückverfolgen. Sie hatte Goldzähne und rauchte, irgendwo lebten noch vier Geschwister. Und sie dominierte einen Zirkel anderer Frauen – Zodelia, Quinza, Betsoul, Aïcha und Tetum. Einige aus diesem »Gefolge« tauchen mit identischen Namen in Janes Erzählung *Everything Is Nice* wieder auf. Jane registrierte, wie sie sich alle ihrer Angebeteten, einem »primitiven Geschöpf«, widerspruchslos unterordneten. Als gehorchten sie einer höheren Macht und Befehlsgewalt, von der eine augenblickliche, hypnotische Wirkung ausging. Ihre neue amerikanische Freundin setzte wie ein aufgekratzter Teenager alles daran, ihrer habhaft zu werden. Nach eigenen Worten lungerte sie, die dreißigjährige Schriftstellerin, tagtäglich auf dem Markt herum, und sei es nur, um einen Blick zu erhaschen, eine verbale Demütigung zu kassieren. Sie wurde zusehends nervös und sprach von einer »Gratwanderung«. Sie schminkte sich ihre Augen mit Khol und erwog sogar, sich tätowieren zu lassen. Für auch nur die geringsten Gunstbezeugungen Cherifas war ihr kein Aufwand zu groß. Jede neuerliche Abfuhr empfand sie wie eine Demütigung, wie einen Peitschenhieb. »Zweifellos gibt es hier zwei deutlich getrennte Welten, die der Männer und die der Frauen. Ich sehe überhaupt keine Möglichkeit, da irgendwie weiterzukommen, denn das, was ich will, ist so ungewöhnlich – wie gehabt –; und [die Frauen] allesamt zu vergessen, dazu ist es zu spät. ... Ich kann es nicht ertragen, dauernd aus der arabischen Welt *hinaus*gestoßen zu werden.«[JB/TNG] Anderntags redete Jane sich ein, Cherifa sei schüchtern, leide unter Minderwertigkeitskomplexen; sie selbst schlage sie mit ihren Nachstellungen in die Flucht: »Ganz schön verwirrend, diese Menschen«, schrieb sie an Paul. »Ich glaube, Cherifa hat Angst vor mir. Gestern habe ich sie dabei ertappt, wie sie bei meinem Kommen hinter einen fremden Stand huschte, damit ich sie nicht sehe. Trotzdem bin ich fest entschlossen, Arabisch zu lernen. Es ist auf jeden Fall eine gute Übung für den Geist, und aller Wahrscheinlichkeit nach werde ich auch Spaß daran haben. Selbst dann, wenn sich meine Abende mit Cherifa und Quinza als Hirngespinste herausstellen sollten.«[ALO]

Einige Wochen später schon war sie gegenüber Paul, der nur den Dialekt von Fez beherrschte, im Vorteil und machte gewisse Fortschritte. Sie hatte in Erfahrung gebracht, daß Boussif mit anderen Frauen schlief und niemals die Ehe mit »einer, die bloß auf dem Getreidemarkt als Händlerin arbeitet« ernsthaft erwägen würde; eine Information, bei der sie Morgenluft witterte. Cherifa hatte Jane außerdem mehrmals als »Schwester« bezeichnet – eine in Nordafrika oftmals nichtssagende, gängige Bezeichnung, sogar gegenüber Kunden und Touristen gebraucht – und gnädig das Essen und »schwere Literflaschen dickflüssigen süßen Wein[s] entgegengenommen«, die Jane ihr mitbrachte. Bisweilen »durfte« Jane an den (von ihr selbst finanzierten) Mahlzeiten der Frauen teilnehmen, ließ sich Geld für obskure Arztbesuche abschwatzen, zudem für bedürftige Kolleginnen Cherifas bestimmt, mit denen sie gar nichts im Sinn hatte. »Aber ich liebe es, bei ihr zu sein – egal wo.« Ihr war durchaus bewußt, daß sie sich zum Narren halten ließ, eine Witzfigur abgab. Als Cherifa sich einmal mit dem Gedanken trug, ihren alten Marktstand aufzugeben und zum neuen Souk umzuziehen, wurde Jane dramatisch und brach in Tränen aus: »Damit ist wohl das Ende besiegelt«, teilte sie Paul mit. »Ich kann den Gedanken an ihren leeren Stand einfach nicht ertragen. Ich bin schrecklich durcheinander. Ich [lasse ihr ausrichten], daß ich geträumt hätte, ein schreckliches Unglück würde passieren, wenn sie ihren Stand aufgäbe. Glaubst du, es wäre eine Sünde, auf diese Weise ›Deus ex machina‹ spielen zu wollen?«[ALO]

Ihre wahren Freundinnen, zurückgelassen in den Staaten, wurden in das Wechselspiel aus Intrigen, Rückschlägen, Albernheiten und Brüskierungen eingeweiht, als handle es sich um Getuschel unter Halbwüchsigen, die sich schmachtend nach einem Schwarm den Hals verdrehen, oder puren *girl talk*. So erfuhr etwa Natasha von Hoershelman im August 1948: »Es gibt hier einen Harem, in den ich reinzukommen versuche, [und dies] nach all unseren Witzen darüber! Es gibt ihn wirklich und wahrhaftig. Zwei verschleierte kohlschwarze Frauen (nur eine davon habe ich gesehen) und eine gelbgesichtige Wilde aus den Bergen, die ihr ›Ehemann‹ ist, glaube ich. Es ist aber schwierig einzuschätzen, wenn man die Sprache nicht versteht – noch nicht. Außerdem ist es nachteilig, CHRIST zu sein (oy!) und obendrein eine Frau, und allen Marktfrauen ist es peinlich, sich mit mir auf der Straße zu zeigen. Eigentlich kenne ich ja nur zwei. Die gelbe und meine kleine Cherifa, die etwa zwölf Jahre jünger ist als ich. Keine von beiden kann mich leiden. Aber ich höre ihnen beim Reden zu, obgleich ich kein Wort verstehe.«[GMG] Soweit zum kindisch-masochistischen, aber starrköpfig erduldeten Vergnügen Janes, Woche für Woche hingehalten zu werden. Offenbar hatte sie echte Schwierigkeiten, sich ihren »Bräuten« glaubhaft als Jüdin zu legitimieren. Man hielt sie durchweg für eine »Nazarenerin«.

Bei ihrem Gegenbesuch in Tanger hatten Natasha und Katharine Hamill kurz darauf Gelegenheit, sich von der Aussichtslosigkeit der Bemühungen Janes zu überzeugen. Sie zogen Parallelen zwischen beiden »Anwärterinnen« und wurden Zeuginnen eines hemmungslosen, einseitigen Ausnehmens: »Wir wurden Cherifa vorgestellt. ... Wie Janie war sie unberechenbar – außer in einem. Sie versuchte, jeden Nickel aus Janie herauszupressen, den sie kriegen konnte. ... Zwischen Cherifa und Tetum herrschte große Eifersucht. Sie waren nicht in Jane verliebt. Es war klar, daß es ihnen nur ums Geld ging. Obwohl sie mit Jane nie reich werden konnten, weil sie gar kein Geld hatte. Jane machte sich keine Illusionen über ihre Gefühle. Es war ihr egal, ob sie sie mochten oder nicht. Sie wollte nur an ihrem Leben teilhaben. Aber ja – doch, sie liebte Cherifa.«[ALO] Keine Illusionen? So schnell gab Jane sich nicht geschlagen. Bangend war sie von der Vorahnung beherrscht, eines Tages könnte ein Fünkchen der Hoffnung überspringen, aus dem sich das Feuer der Leidenschaft entfachen ließe. Wenigstens gelang es ihr, sich immer genauere und konkretere Vorstellungen von den marokkanischen Intérieurs und Privatgemächern zu machen, von den ästhetischen und rituellen Vorlieben dieser von ihr heißbegehrten einheimischen Frauen: »Bald werde ich versuchen, Tetum und Cherifa [in das obere Zimmer] zum Tee einzuladen«, erläuterte sie Paul im Oktober 1948 mit pubertärer Begeisterung ihren neuen Vorstoß. »Ich glaube nicht, daß Cherifa mit Tetum kommen würde, aber vielleicht kommt Tetum mit ihrer Freundin Zodelia (noch eine Schwarze, viel *dunkler* als Quinza). Jedenfalls würde ich mein Gesicht verlieren, wenn ich irgendwen in unser Haus [an der Place Amrah] einlade – in dem Zustand, in dem es [jetzt immer noch] ist. Ich fühle mich diesen Frauen gegenüber ständig unterlegen. Natürlich leben sie in wunderbaren großen, hohen Räumen – wie ich sie früher haßte und jetzt liebe. Ihre Betten sind riesig und mit bedruckten Überwürfen bedeckt, sehr Matisse-ähnlich; weiße Sofas säumen die blauen Wände. Außerdem haben sie Hunderte von weißen, mit Rüschen besetzte Kissen herumliegen und schmücken die Wasserkrüge mit herrlichen Muscheln. Das Zimmer, in dem wir sitzen, wenn ich Tetum besuche, hat immer die Farbe des frühen Abends, weil die Wände so blau sind.«[GMG] Poetische Verzückungen, wie sie einer intensiv Flirtenden leicht zu Kopfe steigen.

Und stets aufs neue steckte sie Niederlagen ein, ließ sich als wandelndes Portemonnaie behandeln und nach Strich und Faden ausquetschen – als Belohnung winkte immerhin ein Ausflug. Im November 1948, wiederum an Paul: »Ich habe versprochen, Cherifa und Quinza nach Fez mitzunehmen. Irgendwann muß ich Cherifa eine Dschellabah und Schuhe kaufen. Außerdem schleppe ich sie gerade zu einem Arzt, was mich ruiniert. Sie hat eine Hautkrankheit, [die] vom Getreide [herrührt]. Ich muß Sachen für Geld ausgeben, die ›Spaß‹ machen. Es ist mehr als absurd.«[GMG] Im Dezember 1948 erwog sie sogar eine grundlegende Veränderung ihrer Wohnsituation, als ginge alles dies Paul gar nichts an. Als wäre es selbstverständlich, daß sie sich von ihm davonmachte, ihre Zelte im Reich ihrer Geschlechtsgenossinnen aufschlug, zu denen sie mehr denn je in hündischer Ergebenheit aufblickte: »Ich hätte in eine Art Souterrain gleich neben Cherifas Haus ziehen können, aber ich habe zu lange gezögert«, mußte er lesen. »Es war in der Zeit, als es mir so dreckig ging, weil ich die *Hochzeit* auf dem Land mit Tetum verpaßt hatte. Alles war mir egal, so jämmerlich war mir zumute, also hat es mir jemand weggeschnappt, während ich trübsinnig in meinem Zimmer hockte. Ich fürchte, jeder Schritt, den ich mache, ist falsch, zumindest in letzter Zeit habe ich nur Pech gehabt. Ich hoffe, es bleibt nicht so. Wäre ich in dieses Haus gezogen, hätte ich jetzt ein schönes Leben und würde jeden Abend mit Cherifa und Quinza essen. Ich werde allmählich ein Teil ihres Haushaltes, aber ich *muß* meine Arabischstunden wieder aufnehmen. In den letzten Wochen hat sich alles so gut wie verflüchtigt.«^GMG

Während also die 1950er Jahre anbrachen, sich in New York das Fiasko um die Erstaufführungen von *In the Summer House* vollzog, während sie David Herbert bezirzte, Paul nach Taprobane nachreiste, dem gesellschaftlichen Leben der Europäer in Tanger den nötigen Glanz verlieh, glamouröse Amerikanerinnen im Handumdrehen um den Finger wickelte, Phyllis und Barbara als *party queen* der Ville Nouvelle ausstach, als wäre es ein Kinderspiel, bewegte sie sich zeitgleich nur unmerklich, in Millimeterschritten, an Cherifa heran. Wie jemand, der mit bloßen Fingern einen unterirdischen Tunnel zu graben gezwungen ist, wenn er an einen unzugänglichen Tresor gelangen will. Besessen von ihrer Idee, daß Frauen wie diese ihrem Wesen nach »tiefgründig, mysteriös und obszön« seien, Männer allenfalls »ohne Geheimnis«; besessen von der Wunschvorstellung, Cherifa sei eine »vollkommene Schönheit« in Reinkultur, mittelgroß, kompakt, »mit starken Schultern, starken, üppig behaarten Beinen« und ebenso üppigem Kopfhaar, »makellos, mit weicher, ganz weicher Haut«, war sie, die vergleichsweise reiche »Nazarenerin«, die keiner für eine echte Jüdin halten mochte, eine leichte Beute für die verschlagenen, geldgierigen Marktfrauen – die sich diebisch freuten, was für ein dicker Fisch ihnen da ins Netz gegangen war. Naiv und leichtgläubig obendrein.

So krude und emotionslos sah jedenfalls Paul, dem Cherifa »gnadenlos häßlich« und geradezu abstoßend vorkam – ein Urteil, das andere Bekannte der Bowleses lebhaft bestätigten –, das ungleiche, eindeutig auf pekuniärem Machtgefälle basierende Verhältnis unter den Frauen an, als er in einem Interview befragt wurde, warum Jane sich überhaupt in Cherifa verliebt haben könne. »Ich habe keine Ahnung!«, gab er aufgebracht zur Antwort. »Ich weiß es nicht. Kann man das je wissen? Da gibt es keine Erklärung. Irgendwer verliebt sich in irgendeinen anderen. Man kann erklären, warum sich Marokkaner in Europäer verlieben: Weil sie Geld kriegen! Sie verstehen unter Liebe ohnehin etwas anderes als Europäer. Ihre Vorstellung von Liebe entspricht einem Bedürfnis nach Sicherheit. Wenn jemand ihnen Sicherheit gibt, ›lieben‹ sie ihn. Aber sie fürchten immer, daß ihnen diese Sicherheit wieder entzogen wird. In diesem Moment greifen sie vielleicht zu Drogen, mischen ihm heimlich ein ›Zaubermittel‹ ins Essen. Oder sie versuchen gar, ihn umzubringen.«[WFW] Und, als sein Gesprächspartner insistierend nachhakte, ob Cherifa, Janes Objekt der Begierde, seine Frau »zurückgeliebt« habe, wurde er regelrecht schroff und zynisch: »Nein!! Nein! Ich glaube nicht, daß das überhaupt eine Rolle spielte. ... Jane gab ihr Sicherheit. Das ist es, was Liebe für Marokkaner bedeutet – zu wissen, daß man genug zu essen hat.« Er lachte bitter auf. »Natürlich trifft das nur zu im Fall von völlig ungebildeten Marokkanern, die nichts besitzen. Das wäre ihre Definition von ›Liebe‹. Andere, die lesen und schreiben können, haben vermutlich andere Vorstellungen. Heutzutage haben wahrscheinlich viele junge Leute [in Tanger] eine andere Einstellung, eine, die dem europäischen Gedanken von romantischer Liebe näherliegt. Aber das hat es damals nicht gegeben. Heute [1989] ja, aber damals, das liegt ziemlich weit zurück, das liegt [30 bis 40] Jahre zurück.«[WFW] Kaum nimmt es wunder, wenn besagte Cherifa vor Pauls Augen keine Gnade und in seiner Autobiographie so gut wie keine Erwähnung finden sollte – erinnerten ihn Teilaspekte ihrer Beziehung doch allzu schmerzlich an die schnöden Umstände, unter denen ihm Yacoubi, wenn auch nur zwischenzeitlich, den Laufpaß gegeben hatte.

Cherifa, der Neid mußte es ihr lassen, verstand es, beim Entfalten ihrer Langzeitstrategie äußerst geschickt vorzugehen. Häppchenweise warf sie Zuneigungsbeweise wie kleine Köder aus, nach denen Jane gierig schnappte, um sie ihr im letzten Moment wieder schnippisch zu entwenden. Sie sorgte für eine Nebenbuhlerin, die dickleibige, unattraktive Fat Zohra, der sie ab und an die Arme um den Leib schlang, um Jane, wenn sie sich allzu sicher wähnte, gehörig zu verunsichern und zu verstören. Janes zaghaft geäußertem Ansinnen, sie in ihrem Haushalt einstellen zu dürfen, begegnete sie zuerst mit gespieltem Desinteresse und Herablassung, um, als sie erst einmal als Herrscherin über Mobiliar, Küche und alle Siebensachen der Bowleses befinden und verfügen durfte, binnen Stunden das Ruder an sich zu reißen.

Drohungen, Erpressungsversuche, emotionale Einschüchterung, unverhohlene Geldforderungen, Geschenkwünsche wechselten in loser Folge mit selten verabreichten Streicheleinheiten, Kommandoton und gezieltem Ignorieren mit einer Dosis guter Laune, Koketterie mit einer sprunghaften Anwandlung zu mauliger Verdrossenheit. Mit Geiz in erotischen Belangen verschaffte sie sich Entscheidungsspielraum; in den vier Wänden ihrer Arbeitgeberin vermied sie auch nur den Anschein, als wäre etwa sie für grobe Verrichtungen zuständig oder nähme den Status einer Bediensteten ein. Stattdessen trachtete sie erfolgreich danach, daß Jane weitere Frauen aus ihrem Umfeld für die »niederen« Arbeiten engagierte und bezahlte. So war sie nur selten mit Jane völlig allein und konnte sich sicher sein, daß sie ihr nicht allzu forsch auf den Pelz rückte. Alkohol stand ihr in rauhen Mengen zur Verfügung; der Herr im Hause hielt sich wunschgemäß mit Eingriffen und Anordnungen zurück. Das Verhältnis von Untergebener und Chefin kehrte sich so manches Mal völlig um. Nach Lust und Laune tanzte Cherifa Jane auf der Nase herum. Sie pokerte hoch, verschenkte nichts. Und sie verachtete die Europäerin dafür, daß sie als Weiße sich dazu erniedrigen mochte, mit ihr ganz offen ein Liebesverhältnis einzugehen. Eine Ungläubige ohne Würde und Selbstachtung, deren Mann sie nicht unter Kontrolle hatte – und damit sollte sie sich allen Ernstes abgeben?

Ein Sinneswandel erfolgte erst im Sommer 1954, nachdem Jane ihrem Vertrauten Temsamany, Pauls Chauffeur, unter inständigem Flehen ihr letztes Hemd versprochen hatte, wenn er nur mit Engelszungen auf Cherifa einredete, um sie zum Einzug bei ihr zu bewegen. Nach einer denkwürdigen gemeinsamen Fahrt zu einer Pilgerstätte auf dem Land nistete sich die Belagerte urplötzlich für mehrere Nächte pro Woche in Janes Häuschen ein. »Dieser Tag hatte zur Folge, daß Cherifa und ich uns viel nähergekommen sind«, gab sie stolz an Natasha und Katharine weiter. Schnöde Bedingung war allerdings die Vorauszahlung von 1500 Peseten für die Aufstockung ihres Getreidedepots gewesen. Ein Hoffnungsschimmer für die leidgeplagt sich nach ihr Verzehrende? Wohl kaum: »Sie schläft in Drillichhose und noch reichlich Unterzeug.« Jane mußte sich auch noch weiterhin in Geduld üben, bevor sie an eine Liebesnacht auch nur denken durfte. »Ich Dummkopf hatte nämlich gehofft, ich könnte Euch schreiben: ›Ich habe Cherifa (oder habe sie nicht) ge–.‹ Das Furchtbare ist, ich weiß nicht, was diese Frauen tun. Ich weiß nicht, was sie überhaupt empfinden. Manchmal meine ich, ich hab's einfach mit dem Widerstand einer Jungfräulichen zu tun, der schrecklich schwer zu brechen ist... Kaum herauszukriegen, was kluges Taktieren auf ihrer Seite ist, was fehlende Leidenschaft und was Angst. Einfach pure Angst, ihren Marktwert zu verlieren und mir gleichgültig zu werden, wenn ich sie erst einmal gehabt habe. Zuweilen ist sie schrecklich zärtlich, und ihre Küsse sind himmlisch. Ich weiß aber nicht, wie schnell oder ob ich überhaupt hart zupacken soll.«

Um Rat nach dem rechten Befolgen von »Spielregeln« wandte sie sich da lieber an zwei männliche Wesen: Paul und Temsamany. Letzterer gab zum Besten, »wenn man sie nicht beim ersten Mal rumkriegt, dann klappt es nie. Ein erschreckender Gedanke. Aber schließlich ist er ein Mann.« Von Paul erfuhr sie, echte Begierde käme »von selbst«, durch Gewohnheit und Routine. Jane war so schlau wie zuvor. »Wenn wir dann endlich im Bett sind, sagt sie ›Schlaf' jetzt.‹ Dann folgt entweder ›Goodbye‹ oder ein kurzer Segensspruch auf Arabisch, den ich wiederhole. Da liegen wir nun wie zwei Holzklötze – einer davon mit offenen Augen. Ich nehme eine Schlaftablette nach der anderen. Doch ich scheue mich, zur Sache zu kommen und den Handel mit ihr abzuschließen... Es ist sehr schwierig für mich. Besonders, weil mir ihre Zuneigung und Zärtlichkeit so schrecklich echt erscheinen. Ich bin mir nicht mal sicher, ob das nicht in gewissem Sinne das romantischste Erlebnis ist, das ich je gehabt habe.«[ERS/ALO]

Über Nacht wurde aus unfreiwilliger Enthaltsamkeit rare Willfährigkeit. Zuweilen lenkte Cherifa ein und ließ sich »verführen«. Jane kam zu dem Schluß, daß ein Spatz in der Hand einer Taube auf dem Dach entschieden vorzuziehen sei. Denn so unbefriedigend der kurze sexuelle Austausch mit Cherifa sich auch im Einzelfall gestalten mochte – ein rasches Okay, überhaupt kein »Danach«, ein jähes Davonstürzen nach erfolgtem Höhepunkt, »um sich mit sechs Schalen Wasser die Sünde abzuwaschen«, nicht eine Spur von »Sichzurücklegen, Sichentspannen, falls man verliebt ist« –, Jane interpretierte ihn leichtsinnig als beredtes Einverständnis, als »höchstes der Gefühle«, das eine Marokkanerin ihr je zugestehen würde.

Wofür sie im Laufe von Jahren gekämpft hatte, war ihr nunmehr, wenigstens sporadisch und vollzogen mit klinischer Hast, zuteil geworden. Sie nahm den kleinen Finger, den Cherifa ihr reichte, und deutete ihn als ganze Hand. Was aber trieb sie derart um an ihrer neuen Traumfrau, das sie mit Helvetia, Cory, Jody und allen amerikanischen Vorgängerinnen nicht hatte finden können? Faszinierte sie der kaum aufzubrechende Widerstand, den Cherifa ihr so lange entgegengesetzt hatte, deren vollendete Unnachgiebigkeit? Blendete sie deren unbezähmbares Temperament? Hungerte sie nach der Willkür ihrer Entscheidungen und Kapricen, wie sie nur eine unangreifbare Autorität glaubwürdig fällen und ausleben kann? Sehnte sie sich nach der totalen Unterordnung, wie sie keine »zivilisierte« Frau, kein Mann ihr je ermöglichen würden? Oder boten Momente keuscher Zärtlichkeit mit Cherifa, die wie Sternstunden aus dem grauen, unerfreulichen Alltag von deren Rauhbeinigkeit aufblitzten, gar eine Fluchtmöglichkeit aus dem emotionalen Labyrinth, das sie in der Kasbah einschloß wie eine Gefangene? »Gestern abend sind wir auf die oberste Dachterrasse gestiegen und haben auf ganz Tanger geschaut. Die Schiffe und die Sterne und die lange gewundene Lichterkette die Bucht entlang. Es wehte ein kühler Wind, und Cherifa zitterte. Ich küßte sie ganz leicht. Später, wieder unten, sagte sie, das Dach sei wunderschön, und sie frage sich, ob Gott uns gesehen habe oder nicht. Na, ich weiß nicht.«^ERS Kein Zweifel, trotz des schnoddrigen Schlenkers am Schluß dieses Briefzitates, hier spricht eine hoffnungslos Verliebte. Jane schwebte eine Zeitlang auf Wolken.

Ihr wuchsen Flügel. Sie richtete ihr Domizil an der Place Amrah ein, als wäre alle Naselang ein Schäferstündchen mit ihrer Geliebten zu gewärtigen: »Ich werde das Haus mit Betten füllen – Fallen für eine Jungfrau.« Reines Wunschdenken brach sich gleichfalls Bahn, wenn sie glaubte, Cherifa und ihre Gefährtinnen listig gegeneinander ausspielen zu können. Immer, wenn sie meinte, dieser Magierin einen Schritt voraus zu sein, sah sie sich in ihren Absichten getäuscht und handelte sich nur eine weitere schäbige Ausnutzaktion ein: »[Sie] bekam es mit der Angst, daß sie mich an Tetum verlieren könnte – eine solche Angst«, seufzte Jane resigniert, »daß sie mich auf der Stelle um einen Kaftan anging.« Begnügen wir uns mit dem Fazit, daß die ambivalente Cherifa, je nach Sichtweise entweder von Grund auf hundsgemein oder doch letztlich arglos, von engelhafter Unschuld, eben schlechthin eine komplexe Persönlichkeit verkörperte: lebhaft und humorvoll, jähzornig und aufbrausend, brutal und mädchenhaft rein. So wie andere Jane nicht durchschauten, wurden weder Marktfrauen noch andere Vertraute schlau aus ihr. Es war nur noch eine Frage der Zeit, bis Jane, willensschwach und weichgekocht, bereit wäre, sich ihr, ohne mit der Wimper zu zucken, auszuliefern. Bis Cherifa das Heft ganz an sich reißen würde.

Doch auch für sie, die zuvor kaum die Grenzen des Einheimischenviertels Emsallah, in dem sie zu Hause war, überschritten hatte, deren Radius sich auf einen bestimmten Sektor des Marktes und einige Bergdörfer in den Vororten Tangers erstreckte, bedeutete die seltsame Beziehung zu Jane etwas Unerhörtes. Beobachtet von ihren Kolleginnen, Freundinnen und einflußreichen männlichen Machthabern, die den Souk, die Altstadt, die Ville Nouvelle kontrollierten, lief Cherifa unablässig Gefahr, geschmäht, verachtet oder ausgestoßen zu werden, wenn sie zu weit gehen sollte. Im undurchschaubaren Katz-und-Maus-Spiel, das sie Jane wieder und wieder zumutete, ver-

bargen sich oftmals nur aus der Not geborene Finten, um die Moralhüter und Neidhammel aus dem eigenen Lager in die Irre zu führen. Das hohe Ansehen, das sie sich in langen Jahren unter ihresgleichen erworben hatte, stand auf dem Spiel.
Cherifa ging mit jedem »Zugeständnis« an die Weiße ein gewaltiges Risiko ein. Ihr Status als Quasi-Heilige schützte sie nur unvollkommen. »Sie besaß eine elementare Intelligenz, die vor allem auf Überleben und Profit ausgerichtet war«, gab die Jane-Bowles-Autorität Millicent Dillon, nach mehreren Begegnungen mit der gealterten Cherifa in den 70er und 80er Jahren, zu Protokoll. Die unangefochtene Liebe zu ihrer Familie, besonders zu Schwestern, Neffen und Nichten, versetzte sie in die Lage, immer neue, ingeniöse »Manöver« auszuhecken. »Manöver, die mehr darauf abzielten«, etwas für jene »zu ergattern als für sich selbst. Sie war eine unterhaltsame, begabte Imitatorin«[MD/ALO] und praktizierende Zauberin. Es hieß, daß man sie in ihrer Kindheit eine Zeitlang in einer Höhle gefangengehalten hatte; Gerüchte, sie sei von ihrer Entführerin seinerzeit sogar vergewaltigt worden, hielten sich in Tanger jahrelang. Cherifa spürte, daß Jane sie als Mann auffaßte. Sie anhimmelte, weil sie wie ein Mann gekleidet war, wie ein Mann Getreide verkaufte, wie ein Mann unaufhörlich von Geld sprach und Geld einforderte, keine mädchenhaften Gefühle verbreitete. Und sie wohl auch auf Händen trug, weil Bowles ihr womöglich nicht »Manns genug« war.
Cherifa war für Jane etwas noch nie Dagewesenes. Mochte ihre Affäre auch wie ein Spiel begonnen haben, eine Machtprobe, eine kuriose Kontaktaufnahme zwischen zwei grundverschiedenen Welten und Wertesystemen, in Nuancen ihrer Zweisamkeit kündigte sich bereits das Aufziehen einer großen, dunklen Tragödie an. Aus Spielereien wurde Ernst, aus Tändeleien offene Erpressung, aus leichtfertiger Hingabe suizidaler Masochismus. Das vollkommene Aufgehen der eigenen Persönlichkeit in einer Sphäre authentischen Marokkanertums, wie Paul es so oft beschworen und für sich, als indifferenten, durchlässigen ›Filter‹, erträumt hatte, Jane verwirklichte es

auf eine Weise, mit der sie ihr persönliches Unheil heraufbeschwor.

Tauschhandel zwischen westlichen und einheimischen Männern war seit jeher an der Tagesordnung gewesen – Bildung und künstlerische Unterweisung, finanzielle Entlohnung und üppige Ausstattung mit Annehmlichkeiten wie Verpflegung, Reisen und Kleidung als Gegenleistung für gespielte Emotionen, das zeitweise Zurverfügungstellen des »exotischen« Körpers. Junge Männer in Marokko wurden dafür von ihren Verwandten nicht etwa verachtet oder verdammt, sondern eher respektiert. Daß Homosexualität mit im Spiel sein mochte, wurde unter den Teppich gekehrt, daß eine lebenslange Bindung daraus erwachsen würde, erschien undenkbar. Stets handelte es sich um eine vorübergehende Phase, währenddderer der Jüngling heranwuchs, es war klar, daß er weder echte Gefühle noch Liebe investierte, man bewunderte ihn für seine List und Geschicklichkeit. Bestenfalls, wie das Beispiel Yacoubi/Bowles verdeutlichte, machte er sich eine schöne Zeit, lernte die Welt kennen, durfte auf eine »Karriere« hoffen, die ihm sonst verschlossen geblieben wäre, erwarb durch den »väterlichen« Schutz des älteren Ausländers Fertigkeiten, die ihm Ruhm und finanzielle Sicherheit eintrugen. Und würde eines Tages in den Schoß der Gemeinschaft zurückkehren, eine Familie gründen, heiraten, Nachkommen zeugen. Er bliebe bereichert und gewissermaßen unberührt; Körper und Seele würden keine Spuren von den Übergriffen des westlichen Mannes zurückbehalten.

Der Ausländer würde in sein Land zurückkehren oder einsehen müssen, daß sein Anrecht auf die geschlechtliche Identität seines jungen Freundes unwiderruflich verwirkt war. Weitere Begegnungen auf rein platonischer Ebene wären eventuell möglich. Dieses komplizierte Gefüge unterschiedslos auf zwei Frauen zu übertragen, erforderte hingegen eine Abstraktionsleistung, die jenseits der Imaginationskraft der »Tanjawis« anzusiedeln war. Cherifa und Jane, die zusammen tranken, einkaufen gingen, in der Öffentlichkeit aßen, sehr selten und, unter dem Mantel äußerster Diskretion, miteinander schliefen, schufen einen Präzedenzfall. Ihr Spiel blieb für Außenstehende ein Rätsel – mal war Jane Cherifas unartiges Kind, das man ermahnen mußte, weniger Alkohol zu konsumieren, Mahlzeiten einzuhalten, sich nicht über Gebühr auf den Parties der reichen Europäer herumzutreiben; mal war Cherifa Janes Kind, das sie bemuttern, verwöhnen, füttern, ins Bett bringen konnte. In mondänen Zirkeln wie unter Einheimischen nahm man lediglich ein Quartett wahr: Bowles und Jane, Yacoubi und Cherifa. (Selbstverständlich waren letztere zwei binnen weniger Tage in offenem Haß aufeinander entflammt.) Ein amerikanisches wunderliches Paar also nebst einem marokkanischen Paar, das bei ihnen ein- und ausging. Mehr nicht.

Von außen besehen eine ausgewogene, harmonische Konstellation – nicht etwa ein Männer- und ein Frauenpärchen. Aber schon im Spätsommer 1954 zeigte sich, daß Cherifas Einzug bei Jane wenig mit erotischen Konzessionen und nächtlicher Schmuserei unter mediterranem Sternenhimmel zu tun hatte. Auf Aufnahmen, die Paul und andere Photographen von der Magierin damals machten, blickt dem Betrachter zwar eine fast modern und städtisch gekleidete junge Frau in langen, engen Hosen, mit indianischen Gesichtszügen, einem länglichen Kopf und einem nach hinten gebundenen, dunklen Zopf schalkhaft entgegen. Im Schilde führte sie zur selben Zeit indessen etwas, das seit Urzeiten in ihr schlummern mochte: Sie legte es darauf an, das Bowles-Haus, in dem sie nun als Dauergast weilte, samt Einwohnern zu verhexen. Unbewußte, uralte spirituelle Kräfte, als deren Ausführende sie sich begriff, erweckte sie tatkräftig zum Leben. Dabei traf es sich gut, daß Paul und Yacoubi sich zur selben Zeit in der Schreibenklave von Sidi Bouknadel aufhielten.

Wochen später erst informierte Jane ihren Ehemann nebenbei, daß sie wiederholt, beim Aufräumen oder eher zufällig, in ihren Räumen auf kleine, verschnürte Päckchen gestoßen war. In ihnen befanden sich zerstoßene und zerquetschte Mineralien, Steine, winzige Schamhaare, Fingernägel, Antimon, Spuren von Menstruationsblut und weiteren menschlichen Ausscheidungen. Die eigenwilligen Objekte lagen plötzlich unter der Matratze, lugten hinter ihrem Kopfkissen hervor, waren in Zimmerecken versteckt. Jane maß dem Vorkommnis keine außerordentliche Bedeutung zu; Paul war im Gegenzug empört und entsetzt, als er herausfand, daß es sich um *tseu[r]heur* handelte, in Marokko seit ewigen Zeiten verabreichte magische Gaben. (Wer jemals in Marrakesch war, kennt Amulette und geometrische Formen aus getrocknetem, verfilztem Haar, zusammengepreßten Gecko-Kadavern, farbigen Erdbrocken, als Allheilmedizin auf Märkten und an Ständen zum Verkauf feilgeboten.) Spannungen, die seit Monaten unter der Oberfläche brodelten, verschafften sich nun mit heftigen Ausbrüchen Geltung. Yacoubi, dem die Gegenwart Cherifas schon immer Angst eingejagt hatte, bezichtigte Cherifa nun offen der Hexerei, verglich sie mit Giftschlangen und Zaubertränken, beschimpfte sie als »haya«, als bösartige, todbringende Giftmischerin. Er weigerte sich standhaft, das Altstadthäuschen zu betreten, und wahrte einen immer größeren Sicherheitsabstand um das gesamte Viertel. Cherifa war ihm von Anfang an ein Dorn im Auge gewesen, er hatte ihren Kochkünsten mißtraut und von ihr zubereitete Mahlzeiten standhaft verschmäht, er hatte sie verachtet, weil sie dem Alkohol und den Frauen verfallen war, und er fühlte sich von ihr umzingelt. Auch er begann nun, Bedingungen zu stellen: Bowles mußte sich entscheiden, ob er Jane sehen oder mit ihm zusammenleben wollte. Und er appellierte, ein weiser Schachzug, an Pauls Ehre als düpierter Ehemann, der es nicht nur zuließ, daß Jane mit dieser Hexe ins Bett ging – wovon seine eigenenen Gunstbezeugungen an Bowles selbstverständlich nicht tangiert wurden –, sondern es auch noch duldete, daß die Wohnstatt mutwillig in einen Hort des Unglücks und der Flüche verwandelt wurde.

Jane verteidigte selbstredend ihre Freundin und behauptete, niemand könne zweifelsfrei den Beweis antreten, daß Cherifa allein für die Verbreitung von *tseuheur* verantwortlich sei. Jede x-beliebige Marokkanerin käme für das Versteckspiel in Frage, es handele sich um eine harmlose Tradition. Ahmed warf sie seinerseits vor, er wolle Bowles ganz für sich gewinnen und sie ausbooten; Paul sei es vielmehr, der ihre und seine in nunmehr fast zwei Jahrzehnten gewachsene Freundschaftsliebe unbekümmert aufs Spiel setze, sich von Yacoubis Präsenz abhängig gemacht habe. Sie verleumdete den jungen Maler auch gegenüber Dritten, fand es unverständlich, daß Paul dermaßen viel Zeit mit ihm verbrachte, entwickelte eine krankhafte Eifersucht auf die intensive künstlerische Patenschaft, die Bowles ihm nun schon monatelang angedeihen ließ, und gewöhnte sich an, fluchend auszuspucken, sobald Ahmeds Name auch nur erwähnt wurde.

Begab sie sich selbst nach Sidi Bouknadel, behandelte Yacoubi sie herablassend oder tat, als wäre sie Luft. Eine unbehagliche Pattsituation war entstanden; beide Parteien stellten Gegenbesuche vorübergehend ein. Mahlzeiten zu viert blieben bei den Bowleses aus; Ahmed, der sich schon immer als »besserer Koch« geriert hatte, war es zufrieden. Die Intrigenwirtschaft in beiden Haushalten florierte. Männer und Frauen blieben unter sich. Was allerdings Cherifas unselige Einflußnahme betraf, war Mißtrauen gesät worden: Janes Beobachtungen und Ahmeds Unterstellungen gingen allen vier Beteiligten nicht mehr aus dem Kopf. Und doch: Trotz Yacoubis berechtigten Einwänden gab Cherifa sich siegessicher. Sie setzte auf Zeit und wußte, daß das umstrittene, verwünschte Hexenhaus in nicht allzu weiter Ferne ganz ihrem Herrschaftsbereich einverleibt werden könnte. Ihre besitzergreifende Natur blieb selbst Jane nicht verborgen. Amerikanischen Freundinnen gegenüber gestand sie: »Ich werde Cherifa eines Tages alles geben, was ich habe. Ich vermache es ihr, wenn ich sterbe.« So lange wollte ihre Haus- und Bettgenossin um keinen Preis mehr warten müssen. Kaum war Marokko in die Unabhängigkeit entlassen worden, stellte sie Jane ihr fatales Ultimatum.

Mrs. Bowles fand sich vor eine schier ausweglose Wegscheide gestellt. Cherifa verlangte Geld von ihr. Viel Geld, Unsummen gar, ansonsten würde sie Jane ein für alle Mal verlassen. Bisherige Geschenke und Mitbringsel, die Dschellabahs, Kaftans, Arztbesuche, Kopftücher, Schmuckstücke, das aus Pauls Kasse entwendete Kleingeld waren allesamt lediglich Almosen gewesen, ein Vorgeschmack auf die Maximalforderung, der sie jetzt Nachdruck verlieh. Nichts als Anzahlungen auf das Anrecht, mit ihr zusammenzusein; fortan genügten sie nicht mehr. Sie fügte das letzte Steinchen ins Mosaik ihrer Unverfrorenheit ein.

Instinktiv spürte sie, daß Jane auf den Geschmack gekommen war, ihre Gesellschaft nicht mehr missen mochte und daher alle Hebel in Bewegung setzen würde, sie nicht ziehen sehen zu müssen. Und da sie, Cherifas Pistole auf der Brust, über die finanziellen Mittel im Moment auch nicht im entferntesten verfügte, versprach Jane in ihrer Not, ihr das Amrah-Haus zu überschreiben. Haus statt Geld – sie hatte eigentlich gar keine Wahl mehr. Nun hieß es, bittstellerhaft den Gang zu Paul anzutreten, sich zum Sprachrohr von Cherifas Ansinnen zu machen, um ihm das auf seinen Namen erworbene Gebäude abzuluchsen. Der Zeitpunkt war von Cherifa gut gewählt worden: Schon aus Sicherheitsgründen verbot es sich inzwischen für Weiße vorerst einmal, inmitten der Unruhen im Zentrum des Einheimischenviertels wohnen zu bleiben. Für eine ganze Weile auf alle Fälle. Die prekäre politische Lage korrespondierte aufs Trefflichste mit Janes Ohnmacht und Willenlosigkeit. Schien es nicht vernünftig, jammerte sie Paul vor, gerade jetzt das Häuschen abzustoßen, schweren Herzens zu verschenken, wo doch das Aufenthaltsrecht nahe Kasbah und Medina auf lange Sicht in Frage gestellt war? Während um sie herum Granatsplitter flogen und Tränengasschwaden sich über Tanger festsetzten, fühlte sie sich in ihrer Hörigkeit gegenüber Cherifa und in ihrer Abhängigkeit von Paul wie gelähmt.

Bewegungsunfähig versuchte sie, ihrer immensen Schuldgefühle Herr zu werden. Nur allzu deutlich stand ihr vor Augen, daß Yacoubi niemals gewagt hätte, derartige Forderungen an Bowles zu stellen – er war eben weitaus zuverlässiger, bescheidener, »stabiler«; und er entsprach damit exakt den Charakterstrukturen seines amerikanischen Freundes. Paul hatte demnach einmal mehr die richtige, die bessere Wahl getroffen, Geschmack und Urteilsstärke unter Beweis gestellt. Andererseits konnte Bowles es sich herausnehmen, Ahmed nach Belieben mit auf Reisen zu nehmen, ihm Asien und Afrika zu zeigen, ihn stolz unter Galeristen und Sammlern herumzureichen, Flitterwochen auf Taprobane zu zelebrieren. Das hatte er ihr voraus. Jane und Cherifa blieben solche Zurschaustellungen von Zugehörigkeit und Harmonie verwehrt; es war nicht einmal davon zu träumen, jemals gemeinsam die Landesgrenzen zu überqueren. Der Aufruhr auf den Straßen und Boulevards fungierte als Lautsprecher von Janes innerem Aufruhr, der in ihr tobte und nach einer Genugtuung, nach einem Ventil verlangte.

Paul willigte ein. Der Papierkram zog sich aufgrund der innenpolitischen Instabilität noch monatelang hin, aber im Laufe des Jahres 1956 war die Transaktion ganz im Sinne Cherifas über die Bühne gegangen. Momentane Ausländerfeindlichkeit hin oder her, Jane und er mußten sich wie Trottel vorkommen, wider besseres Wissen eine Immobilie an eine aufsässige Getreideverkäuferin einfach so weggegeben zu haben. Und es versteht sich, daß die stolze Eigentümerin sich nicht lange mit dem Erreichten zufriedengab. Die »Verbesserung der Position« war und ist in Marokko ein fester Topos zwischenmenschlicher Beziehungen, und Cherifa entwickelte erstaunliche Energien, wenn es darum ging, ihre immer maßloseren Wünsche umzusetzen. Eine zusätzliche Köchin, eine Erleichterung ihrer Verpflichtungen im Haushalt, Verbesserungen und Renovierungsarbeiten überall in ihrer Behausung – sie setzte sich in allen Punkten durch. Sie meckerte über den Zustand des Gebäudes und verlangte Entschädigungen und Zugeständnisse. Sie war die Hausherrin an der Place Amrah, rückte aber Jane natürlich weiterhin in deren kleinem Appartement im Immeuble San Francisco auf die Pelle, agierte auf zwei Terrains gleichzeitig. Und immer, wenn das Verlangte und Eingeklagte beschlossene Sache war, belohnte sie ihre »Freundin« – mit Liebesentzug. Eine Liebesnacht weniger, eine Durststrecke mehr. Irgendwann verweigerte sie sich Jane völlig. David Herbert wurde schließlich als erstem die entsetzliche Neuigkeit anvertraut, daß Cherifa, endgültig auf dem hohen Roß sitzend und uneingeschränkte Herrscherin über das Wohlergehen ihrer »Arbeitgeberin«, das Ende ihrer sexuellen Bereitwilligkeit ad libitum in Aussicht gestellt hatte.

Jane schluckte auch diese Niederlage, so unverdaulich sie ihr anfangs erscheinen mochte. Kaufte Farbstifte und Zeichenmaterial für die neuerdings so prüde Geliebte, denn was Pauls Yacoubi nun schon seit einer Ewigkeit durfte, konnte Janes Cherifa schon lange. Unbeholfen begann jetzt auch sie mit künstlerischen Anstrengungen. Mitten in solche Lappalien und sexuellen Nöte platzte die Nachricht, daß Temsamany, dem wie Cherifa die Privilegien Ahmeds über die Hutschnur gingen, fristlos seine Stellung als Chauffeur und Faktotum bei den Bowleses gekündigt hatte. Für Jane brach eine weitere Teilwelt zusammen – Temsamany war ihr ans Herz gewachsen, hatte sie mehr als einmal als Prellbock und Blitzableiter, und dies nicht erst auf Taprobane, seine übermenschliche Treue inmitten des bikulturellen Beziehungssalates spüren lassen.

Schließlich erwog sie, zumindest für die Länge eines Briefes und um sich aller Probleme und Problemchen mit einem Paukenschlag zu entledigen, Tanger einfach den Rücken zu kehren. Daß Libby Holman ihr etwas Geld vorstrecken würde, galt als ausgemacht. Schwierigkeiten würde sie dagegen haben, die ihr unentbehrliche Cherifa vor vollendete Tatsachen zu stellen und sich selbst damit reinen Wein einzuschenken, daß die ›Liebe‹ zu ihr nichts als eine unerfreuliche, quälende Fata Morgana gewesen war. Schlechten Gewissens würde sie sich verpflichtet fühlen, ihr als Ersatz für die entflohene Herrin erneut Unsummen von Dollars zurückzulassen. Und wer würde ihr schon diese letzte Torheit finanzieren? Paul, Claire und Libby ganz gewiß nicht, und als sie sich beim Schreiben solcher inneren Monologe bewußt wurde, wie verfahren ihre Gedankengänge wieder einmal waren, sank ihr Mut beträchtlich. Genau in diesem Moment platzte Cherifa ins Zimmer und verkündete freudestrahlend, sie hätte soeben den Papageienkäfig mit Draht umwickelt, um der Verschwendung des Vogelfutters, das regelmäßig von Seth auf den Fußboden befördert wurde, Einhalt zu gebieten. Für einen Augenblick war Jane selig, wie konstruktiv ihre Freundin mitdachte. Natürlich reiste sie nicht ab. Und merkte kaum, wie sie sich selbst immer häufiger die Flügel stutzen ließ. Aus freien Stücken.

Paul griff nicht ein. Kein Machtwort kam ihm über die Lippen. Es entsprach seinem Verständnis von Einhaltung des bislang nie fixierten, aber unausgesprochen respektierten Ehevertrages, sich nicht als Macho aufzuführen, seiner Frau keine Vorschriften zu machen oder Verbote zu erteilen. Es stand ihm nicht an, Jane einen Strich durch die Rechnung zu machen, ihr außereheliche Liebesaffären zu untersagen, die er für sich selbst schon seit langem – und sei es im Gewand vergötternder Freundschaft – beanspruchte. Aus seiner Sicht zog sie mit ihm gleich, vollzog mit Cherifa, wenn auch auf ungesunde Weise, nur einen Schritt nach, den er mit Yacoubi bereits gegangen war. Er sah das kriselnde, nervenzerrüttende Verhältnis der beiden Frauen viel zu lange als Janes spezifische Art und Weise an, sich in die marokkanische Kultur zu vertiefen. Wie schnell sie die Fähigkeit erworben hatte, Dialekte zu erlernen, Rituale abzuspeichern, imponierte ihm. Alles Unangenehme, Verstörende und Maßlose an dieser femininen Mimikry ignorierte er anfangs. Und an die masochistischen Charakteristika von Janes Rollenspielen im Kontext ihrer Frauenliebschaften hatte er sich schon geraume Zeit gewöhnt. Hätte er sich die ganze Tragweite der komplexen Anbändelei von den Tagen der vorsichtigen Kontaktaufnahme auf dem Getreidemarkt bis zum Schlußakkord des Gehirnschlages des öfteren durch den Kopf gehen lassen, wäre rasches Eingreifen vonnöten gewesen. Schlimmstenfalls hätte er Cherifa schleunigst des Hauses verweisen müssen. So aber ersparte er sich Gewissensbisse.

Den nicht zu leugnenden Umstand etwa, daß er Jane seit Jahren zugunsten von Yacoubi, seinen musikethnologischen Aktivitäten und einsiedlerischen Schreibrückzügen in abgelegenen Unterkünften vernachlässigte. Die Tatsache, daß er sie nach Marokko geholt hatte und ihre Schreibmotivation dadurch immer erneut zum Stillstand gekommen war. Ihre nur selten geäußerten Vorwürfe, er ließe sie auf seinen langen Weltreisen und Ceylon-Trips viel zu oft alleine. Die nicht zu übersehende Realität, daß sie beide nur noch alle zwei Tage zu einer Mahlzeit zusammentrafen. Seine Laxheit, sie nicht ständig zu strengerer kreativer Disziplin anzuhalten. Im übrigen wähnte er sie auf den exzessiven Parties der *happy few*, wie sie ja zeitgleich die andere Hälfte von Janes Alltag in Tanger ausmachten, durchaus geborgen, ihren intellektuellen Bedürfnissen entsprechend agierend und von wohlwollenden Gleichgesinnten überwacht. Was nun die groteske Verschenkungsaktion anging – auch hier überwogen bei Bowles eher Empfindungen der Reue und Versöhnungsbereitschaft: Schließlich hatte er den Kubus an der Place Amrah einst mit Oliver Smith über ihren Kopf hinweg erworben; nun konnte er es ihr nicht verdenken, wenn sie alles daran setzte, ihn wegzugeben. Erst recht nicht, wenn sie ihn explizit darum bat. Ohnehin hatten sie kaum je längere Zeit Seite an Seite darin gelebt, bestenfalls mehrmals einige Wochen am Stück dort zugebracht.

Hinzu kam, und das war vielleicht der wichtigste Punkt, daß Bowles sich vor Cherifa nachgerade fürchtete. Nicht etwa, daß er ihr lediglich von Zeit zu Zeit aus dem Weg ging – er mied sie, wo er nur konnte. Mit zwei ausgefahrenen Fingern hatte sie des öfteren symbolisch auf seine Augen und sein Herz gezielt, wenn er im Raum war, und ihm damit unmißverständlich, unter gemurmelten Beschwörungen, mit einem Attentat gedroht. Und er war in Tanger nicht das einzige männliche Wesen, das die Flucht ergriff, wenn die zischende und geifernde »haya« ihm zu nahe trat. Noch 1965 erinnerte er den Buchhändler Andreas Brown in einem Schreiben an die destruktive Energie, die von der aggressiven Liebhaberin seiner Frau ausging: »Wie Du weißt, trägt Cherifa stets ein ausklappbares Messer bei sich, um jegliche männliche Person, der es einfallen sollte, ihr einen ›Guten Abend‹ zu wünschen, auf der Stelle zu kastrieren. Ich habe außerdem in Erfahrung gebracht, daß sie sich darauf spezialisiert hat, Bräute am Vorabend ihrer Hochzeit mir nichts, dir nichts zu ›stehlen‹. ... Ich bin zunehmend entgeistert und angewidert von ihr.«^(PB/AIS*) Dessen ungeachtet photographierte Bowles Cherifa ausgiebig, wie so oft auf einer Dachterrasse. Die strahlend lächelnde, schlanke junge Frau in weitem Oberhemd und halblangen, schmalgeschnittenen Sommerhosen scheint, einen Strohhut auf dem Kopf, auf dieser Serie der vorangegangenen Beschreibung zu spotten. Kein Horror – eher der Inbegriff einer modernen Marokkanerin.

Pauls für Beobachter irritierende Zurückhaltung, wenn es darum ging, seine Frau in Schutz zu nehmen oder gelegentlich auch einmal in ihre Schranken zu weisen, war jedoch noch von einer anderen, radikal positiven Vorstellung einer idealen Mann-Frau-Gemeinschaft gespeist, wie er sie in seiner Kindheit und Jugend so gut wie nie kennengelernt hatte. Denn im Elternhaus hatte er par excellence erleben müssen, wie ein »Leben zu zweit als ein einziges langes Konzept ewiger Vorwürfe« mißverstanden wurde, in dessen Verlauf »der andere [nie] dem Bild entspr[ach], das man«^(RB) sich von ihm wünschte. Ein enervierendes, jahrzehntelanges Herummeißeln an und Bearbeiten der verhaßten Persönlichkeit des Gegenübers – als arbeite sich ein stümpernder, permanent unzufriedener Bildhauer an einem porösen Steinblock ab. Ihm war es unerträglich gewesen, mitansehen zu müssen, wie der eine Ehepartner sich in einem »Käfig der Verantwortung« verschanzte, dazu verurteilt war, den Erzieher zu spielen, zu tadeln, zu korrigieren. Der oder die bessere Hälfte beanspruchte, so lehrte es ihn die Erfahrung, ein gewisses Maß an Narrenfreiheit; man ließ ihn oder sie an der langen Leine ins Unglück laufen, bis der Autoritätsspielraum ausgeschöpft war. Dann wurde ein kurzes Kommando gebellt, und der Abweichler hatte wieder bei Fuß nebenherzulaufen, sich einzureihen.

Momente relativer Ungebundenheit wechselten somit für den unzuverlässigen Part mit dem Anlegen schmerzender Fesseln. Das gesamte Schema wurde in Langzeitbeziehungen unter dem Oberbegriff »unverbrüchliche Liebe« rubriziert und mit silbernen, goldenen, diamantenen oder – nicht zu Unrecht so betitelten – eisernen Hochzeiten zementiert. Paul hatte nicht die geringste Lust, diese überlebten, menschenfeindlichen Machtstrukturen ein weiteres Mal im Rahmen seiner experimentellen Ehe nachzuahmen. Und er sah dafür auch keinen Anlaß: Er erlebte Jane ständig als kompromißlos agierendes, selbstbestimmtes Individuum, das die Zielsetzung seiner Wünsche klar formulieren und widerstandslos durchsetzen konnte. Daß sie im selben Atemzug eine partiell handlungsunfähige, entscheidungsunwillige Frau darstellte, die sich von ihrer närrischen Zuneigung zu Cherifa systematisch in die Enge treiben ließ und im Begriff war, in moralischer Orientierungslosigkeit und irrationaler Verwahrlosung allmählich vor die Hunde zu gehen, nahm er nur ungern wahr, weil das für ihn bedeutet hätte, tätig werden zu müssen, im Kontext gesellschaftlicher Evolution die Uhr zurückzudrehen und im verhaßten altbekannten Schema den Besserwisser und lustfeindlichen Gefängniswärter abzugeben. Da er selbst in der Lage war, das Leben in Marokko und dessen komplizierte Mikrostrukturen zu abstrahieren – sei es, daß er sich erneut einen Panzer der Indifferenz zulegte, sei es, daß er Unverständliches oder Befremdendes in seinen Schriften und Veröffentlichungen verarbeitete und nicht an sich heranließ –, ging er von der gutgemeinten, aber falschverstandenen emanzipatorischen Voraussetzung aus, daß dies auch für Jane möglich sein müsse. Und da er sich von seiner unmittelbaren Umgebung nicht im entferntesten terrorisieren ließ, entging ihm, in welchem Maße der alltägliche Terror von ihr bereits Besitz ergriffen hatte.

Dann brach das verhängnisvolle Jahr 1957 an mit Janes vermaledeitem vierzigsten Geburtstag, der sie ins Grübeln brachte und den sie isoliert, ohne Partygäste, verbrachte, mit den penetranten Selbsteinladungen der *beats*, die ihr Telephon blockierten, und mit Pauls langer Abwesenheit in Schwarzafrika und Sri Lanka. Vorboten der Katastrophe und des physischen Zusammenbruchs waren gräßliche Konflikte mit Cherifa, die unterdessen im Tagesabstand auszutragen waren, und Panik, die sich breitmachte, sobald sie sich an ihre Schreibmaschine setzte und stundenlang auf ein weißes Blatt Papier starren mußte. Formulieren und Schreiben, so erlebte es Jane in jenem Winter und Frühjahr mit unumstößlicher Gewißheit, kam für sie einem aussichtslosen Kampf gegen ungestüm wirbelnde Windmühlenflügel gleich. Sie wußte genau, daß es da so unendlich viel zu sagen gab, das in ihr steckte und danach drängte, sich einen Weg aufs Papier zu bahnen. Allein, es mangelte ihr an Entschlußkraft, an positiver kreativer Energie, an Selbstdisziplin. Sie rieb sich auf zwischen mondänen Kostümfesten und vertrödelten Nachmittagen bei Quacksalbern, denen sie Honorare in schwindelerregender Höhe zusteckte, um Cherifa von ihrer – gewiß eingebildeten – Getreideallergie zu erlösen.

Wie sie bei einem solch unregelmäßigen, unbefriedigenden Tagesrhythmus imstande sein sollte, einen Bestseller zu verfassen, stand in den Sternen. Dabei waren gerade in jenen Jahren Werke, die die Sinnentleertheit moderner Existenz thematisierten, wahre Erfolgstitel, »schwierige« Autoren vom Schlage eines Samuel Beckett eroberten auf einmal weltweit die Bühnen. Ereignislosigkeit und Selbstbefragung kamen ästhetisch in Mode. Fast schien es, als hätte nunmehr auch Janes Stunde geschlagen, als wäre endlich eine Generation von Literaturrezipienten an der Reihe, die ihre Anliegen und ihren Stil zu schätzen und in vollem Umfang zu begreifen wußte. In einem Brief an Libby Holman vom 16. Januar verwarf sie nichtsdestotrotz solche Hirngespinste so drastisch wie realistisch: »Weder wüßte ich, wie ich je eine einzige kommerzielle Zeile schreiben sollte, noch könnte ich mit einer Million Dollar in der Tasche *Warten auf Godot* schreiben.«[GMG]

Ihren Notizbüchern vertraute sie indessen geradezu moralische Skrupel wegen ihrer fortgesetzten Kreativitätsblockade an: »Das einzige Mal, wo ich gut schreiben konnte, als ich durch die innere Tür schritt, hatte ich ein Schuldgefühl. Das muß ich wieder erreichen. Wenn das nicht gelingt, finde ich vielleicht einen Weg, damit aufzuhören. So kann ich nicht weitermachen.«[ERS] Sie blieb sich selbst die Antwort auf die Gretchenfrage »schuldig«, was schlimmer wäre: das Schreiben ganz einzustellen, um »sündenlos« weiterzuleben, aber in schriftstellerischer Frustration zu verharren – oder das Schreiben wiederzuerlangen, um in verquerer Logik sich an der »Sünde« des geglückten künstlerischen Akts zu weiden? Was für eine »Schuld« war gemeint? Wer oder was versperrte ihr die »innere Tür«, an die sie vergeblich zu pochen meinte? Und was hinderte sie daran, sie mit Gewalt einfach aufzustoßen, um zu schauen, was dahinterlag, um möglicherweise in Erfahrung zu bringen, was ihr den Weg zu Befriedigung und Identitätsfindung versperrte und sie stattdessen zu Apathie verdammte?

Vor dem Gedanken, sich mit einem entschiedenen Ruck aus der Zwickmühle zu befreien, schreckte sie aber zurück, bezog lieber Lustgewinn aus dem Dilemma, das sie längst liebgewonnen hatte. Und sie war auch in Gedanken längst wieder bei ihrem Lieblingsspielzeug, ihrem »tagtäglichen Sündenfall«, an dem sie offensichtlich noch immer nicht das Interesse verloren hatte, wie sie, wiederum an Libby, am 10. April detailreich demonstrierte: »Ich habe Cherifa eine Woche allein gelassen, und als ich wiederkam, hatte sie angefangen, mit zwei Frauen Karten zu spielen, die beide, so sagt sie, aussahen wie Pekinesen. Ich kann nicht glauben, daß das stimmt – nicht alle beide – und glaube, daß sie es nur sagt, um mir zu gefallen. Sie sind schwarz, und ihre Männer sind totenbleich und arbeiten im Kino. In Wirklichkeit glaube ich, daß es nur *eine* Frau ist. Wie könnten sie sich sonst so ähnlich sein? Entweder sie lügt einfach oder ihre Phantasie geht mit ihr durch. Das arme Ding hat eine Bauchsenkung, und deshalb hat sie kaum noch gegessen und wird immer dünner. ... Es beunruhigt mich. Jetzt trägt sie ein komisches Schnürkorsett mit einer Gummipumpe und fühlt sich viel besser. Gestern abend hat sie ein ganzes Pfund Bananen verputzt, wie ein kleiner Affe. ... Erst gab es einen Riesenkrach, und dann haben wir uns wieder versöhnt. Jedenfalls sind die Kräche nie ernst. ... Ich werde hysterisch, wenn es um Cherifa geht, genau wie mit einem Kind.«[GMG] Nie zuvor war die Analogiebildung zwischen Nachkommenschaft und Partnerschaft für sie so weit gegangen wie in dieser Briefpassage; wie eine Mutter machte sich Jane in schnellem Wechsel Sorgen um das Wohlergehen ihres

Zöglings, empfand Zärtlichkeit und Rührung für das zu beschützende Wesen, belästigte Dritte mit der Aufzählung von unwesentlichen Fortschritten ihres Kindes, beschrieb gesundheitliche Wechselbäder, bekannte sich zu Eifersucht.

Die in Erwägung gezogene vorübergehende Trennung hatte augenscheinlich nicht verfangen. Und nur achtundvierzig Stunden später gerieten sich im Immeuble San Francisco zwei aufgebrachte Hetären in die Haare, wie sie Mitte April an Paul schrieb: »Neulich abend wäre ich Cherifa beinahe an die Kehle gegangen. Ich bestehe darauf, daß sie fröhlich ist, wenn wir schon um drei Uhr morgens [während des *ramadan*] aufstehen müssen, was wir auch tun, sie aber findet die Mahlzeit ganz und gar nicht komisch. Ich habe ihr gedroht, sie für einen Monat nach Hause zu schicken, und sie wiederum hat mir gedroht, ganz dort zu bleiben. Ich weiß nicht, was schlimmer ist, allein zu sein oder es durchzustehen.«[GMG]

Da die zuletzt genannte Entscheidung nie fiel oder von ihr nie gefällt werden würde, entschied kurzerhand das Schicksal – der nächste Streit mit Cherifa führte geradewegs in den schon beschriebenen Schlaganfall. Mit diesem Einschnitt hatte für das Paar eine neue Zeitrechnung begonnen. Gegliedert in Licht- und Schattentage, Verschlimmerungen und Hoffnungsphasen, strukturiert von Visiten bei Dr. Yvonne Roux, die sie fortan in Tanger betreuen würde, Klinikaufenthalte, Reisen nach England, Spanien und die USA, um medizinische Hilfe einzuholen. Nie war Paul der Wahrheit näher gekommen, als an jenem Tag, an dem er im nachhinein freimütig einräumte: »In meiner Naivität erkannte ich nicht, daß diese Nachricht [das Telegramm Sagers, durch das er von Janes Kollaps erfuhr] die Exposition eines Themas war, das zum wichtigsten Leitmotiv unseres Lebens werden würde. Ich wußte es nicht, aber die guten Jahre waren vorbei.«[WSR] Vorbei war aber noch lange nicht die einschüchternde Allgegenwart und Regentschaft Cherifas, die es sich nicht nehmen ließ, auch über das Jahr 1957 hinaus eine Hauptrolle in ihrer beider Leben zu spielen.

Unterstützt von einer zusätzlich eingestellten spanischen

Haushaltshilfe, auf die sie die lästigen Erledigungen abwälzte, nutzte sie die Schwächeperiode in Pauls Geistesgegenwart blitzschnell und unbarmherzig zum raumgreifenden Ausbau ihrer Machtposition aus. Und, um im Bild musikalischer Terminologie zu bleiben, wenn die vielgestaltige Krankheit Janes tatsächlich das Leitmotiv der kommenden Jahrzehnte sein würde, so waren Pauls unterschiedlich glückende Bewältigungsversuche mit diesem beklagenswerten Dauerzustand die Variationen. Cherifas Einfluß aber wurde, mangels eines kompetenteren Dirigenten, die Orchesterleitung anvertraut. Für das Wohlergehen ihrer so lange nie wirklich in Frage gestellten Zweisamkeit war, was Jane und Paul betraf, die wahre Bewährungsprobe jetzt erst gekommen, nach dem fatalen Einschnitt und seinen irreparablen psychischen wie physischen Konsequenzen.

Sie wurde zu einem Niedergang auf Raten. Einer Abwärtstendenz, deren Skala nach unten offen war. Dem Gefälle schienen keine Grenzen gesetzt. Den Beginn machten abenteuerliche Theorien, die ganz Tanger in Atem hielten, wie es überhaupt zu dem Zwischenfall im April 1957 hatte kommen können. Am beliebtesten unter ihnen war das Gerücht, Cherifa hätte Jane über Wochen und Monate Gift verabreicht und dabei stetig die Dosis erhöht, um sie zugrunde zu richten und zu ihrer Marionette zu machen. Einen Beweis für diese Unterstellung hatten denn auch mehrere Zeugen des Unglückstages parat: Den unverständlichen Worten, die sich Jane damals, als sie aufgefunden und in eine Ruhestellung gebracht wurde, ihrer Kehle entrangen, sich auf ihren Lippen formten, meinten Umstehende nämlich den Ausdruck *baisar* zu entnehmen – *baisar*, immer wieder *baisar*. Damit war eine Suppe gemeint. »Was kann schlimmer sein?«, sollte die Bewegungsunfähige ein ums andere Mal gefragt – oder besser, unter unmerklichem Kopfschütteln gemurmelt – haben. Nicht nur Yacoubi wurde stutzig. Denn wer Jane kannte, wußte, daß sie diesen dickflüssigen Erbsenbrei, eine traditionelle Speise, zutiefst verabscheute. Die Vermutung lag also nahe, daß man ihr, womöglich gegen ihren Willen, löffelweise vergifteten Brei eingeflößt hatte. Oder daß der Genuß einer Überdosis gefährlichen *majouns*, wie er Jane schon einmal beinahe Kopf und Kragen gekostet hätte, den Gehirnschlag ausgelöst hatte und der ständigen Nachfrage nach *baisar* nur eine versteckte rhetorische Floskel zugrunde lag. Andere meinten, Janie hätte sich einen ihrer typischen makabren Witze erlaubt und, anstatt zu jammern, das Häufchen Elend, das sie in jenem Moment verkörperte, als Steigerung der verhaßten Mahlzeit etikettieren wollen.

Madame Dr. Roux praktizierte schon seit vielen Jahren in Stadt und Umland und leistete mit ihrer durch zahllose Einzelfälle belegten Aussage, solche giftmörderischen Anschläge auf nahestehende Personen seien gängige Praxis in Tanger und Umgebung, den ins Kraut schießenden Spekulationen Vorschub. Schwarze Magie demnach, deren tödlicher Zauber in Marokko unter dem Oberbegriff *tsoukal* firmiert? Lamina Bakalia hätte wahrscheinlich gar nicht erst handgreiflich oder zur Giftmischerin werden müssen. Mit ihrer psychologischen Waffenkammer verfügte sie über ein viel subtileres, effektiveres Arsenal, mit ihren brüsken Strategiewechseln und der erotischen Aura, die auf Jane noch selten ihre volle Wirkung verfehlt hatte, über genügend Nachschub an Munition.

Jane selbst zog solche kriminalistischen Anschuldigungen ins Lächerliche, ohne sie freilich ganz von der Hand zu weisen. Kaum war sie wieder einigermaßen auf dem Damm, tat sie ihre erstaunlich realistische Version der »Mordtheorie« kund, an die sich ihr Verehrer Truman Capote erinnern sollte: »›Aber‹, protestierte Jane mit ihrem Engelslachen, ›ich liebe Cherifa. Cherifa liebt mich nicht. Wie könnte sie auch? Eine Schriftstellerin? Ein verkrüppeltes jüdisches Mädchen? Das einzige, was sie interessiert, ist Geld. Mein Geld. Obwohl ich kaum welches habe. Und das Haus. Wie sie drankommen könnte. Sie versucht mindestens alle sechs Monate ernsthaft, mich zu vergiften. Und glaub bloß nicht, ich sei paranoid. Es ist wirklich wahr.‹«[TC] Eine schonungslose Selbsteinschätzung. Zumal Jane, auf ihre Intelligenz bauend, keine Wahrsagerin benötigte, um ihrer niederschmetternden Zukunft als Schriftstellerin ins Auge zu sehen. Lähmungen, Neigung zur Epilepsie, Aphasie, Hemianopsie, verminderte Kontrolle über Gegenstände und Umwelt, Erblindungsanfälle, die abhanden gekommene Beherrschung von Orthographie und Wortstellung, das tastende Suchen nach passenden Ausdrücken, das Verwechseln von Farben, das Vertauschen von Bezeichnungen für Gegenstände, gravierende Gedächtnislücken – den beeindruckenden Katalog ihrer Einschränkungen beteten ihr auf Wunsch Paul oder die Ärzte herunter.

Luzide Passagen änderten nichts an der Feststellung, daß ihr so ziemlich alle elementaren Grundvoraussetzungen fürs Schreiben für immer fehlten. Sie wußte sehr wohl, daß sie darunter einen Schlußstrich zu ziehen hatte. Er markierte die Linie zwischen Leben und Tod für sie, die Grenze zwischen einer Jane mit und ohne Identität. Zwischen einem Menschen, für den es sich lohnte weiterzuleben, und einer zu sinnlosem Vegetieren abgestempelten Überlebenden. Seine Ausdrucksfähigkeit einzubüßen, kommt für jeden Schriftsteller und jede Schriftstellerin einem Todesstoß gleich. Etwas Vernichtenderes ließ sich kaum ausmalen. Die Frage war nur: Hatte sie Zusammenbruch und Schreibunfähigkeit womöglich absichtlich herbeigeführt? Hatte Jane vorsätzlich Medikamentenmißbrauch betrieben, die Spirale ihres maßlosen Alkoholkonsums noch eine weitere Drehung höhergeschraubt? Paul bejahte die verwegene Annahme, daß Jane Hand an sich gelegt hatte, entschieden und konstatierte mit Eiseskälte: »Die ›Krankheit‹ gab ihr einen physischen Grund, warum sie nicht schreiben konnte, endgültig nicht mehr [schreiben]. Es ist ein bißchen grausam, das zu sagen, aber ich glaube, es ist etwas Wahres dran.«

Die Phantasie der Befürworter von Gift- und Alkoholtheorie blühte weiter. Die üble alte Geschichte von einem in Tanger ansässigen Engländer, dem man Nacht für Nacht mit Federmessern feine Kabbala-Muster und Schnitte in die Fußsohlen geritzt hatte, ohne daß er jemals davon aufwachte, machte wieder die Runde. Immer neue Wunden wurden ihm zugefügt, die nicht mehr abheilten. Unfähig zu laufen, starb er bald, von Drogen dahingerafft und die Füße voller kunstvoller Ornamente, aus denen der Eiter sickerte. Temsamany wiederum glaubte an die

Verabreichung eines Extraktes, die auf Cherifas Konto ginge. Eines Extraktes, das wie eine Pflanze »die Liebe wachsen« ließe. Andere Amerikaner wollten von Vergiftungen mit Stechäpfeln gehört haben, schleppten Untersuchungen herbei, nach denen die Einnahme von *majoun* schlimmstenfalls gar die Aorta zum Platzen bringe. So entbrannte ein grundsätzlicher Streit über die Vorzüge von Kif-, Rauschgift- oder Alkoholkonsum. Für Paul war die Lage eindeutig und unstrittig: Er gab Kif, schon in seiner Eigenschaft als kreatives Stimulans, den Vorzug. Es verhalf ihm zu immer »größerer Konzentration und Ausdauer« und gab ihm stets das »volle Bewußtsein, den konkreten Moment zu genießen«. Er hielt Kif für eine in Maßen harmlose Substanz, die in seinem »Gehirn Energien freisetzt[e]«.[PB/SPA] Erzählungen, die im Rausch entstanden waren und sich sogar explizit um Kif selbst drehten, hatte er unlängst zur Publikation vereinigt und dabei peinlichst Sorge getragen, daß, um nicht wieder in Schwierigkeiten zu geraten, das Wörtchen »Marokko« auf allen Seiten fehlte und nicht mit seinen literarischen Phantastereien in direkten Zusammenhang gebracht werden konnte.

Und er war es auch, der Cherifa, trotz seiner immensen Wut auf sie, für unschuldig erklärte, von vorschnellen Verdächtigungen freisprach: »[Jane] umbringen – aber warum sollte sie das tun? Sie bekam Geld von ihr. Wenn jemand dir Geld gibt, dann hast du normalerweise Interesse daran, daß derjenige am Leben bleibt. Sie könnte ihr etwas gegeben haben, um ihr Gehirn zu schwächen, was man hier durchaus tut. Manchmal schätzen sie die Dosis falsch ein und verabreichen zuviel, manchmal verursacht das Lähmungen oder eine Geistesstörung. Janes Ärztin war der Ansicht, daß Cherifa ihr etwas gegeben haben *muß*, das sagte sie immer [wieder]. Sie hat achtzehn Jahre lang in verschiedenen Städten Marokkos gearbeitet. Aber es gibt keinen Beweis dafür. Und ich habe [Cherifa] niemals beschuldigt. Sie selbst muß wissen, was sie getan hat. ... Ich hoffe, ich werde sie niemals wiedersehen!«[WFW] Bowles war als de-facto-»Tanjawi« nicht entgangen, daß ständig üble Nachreden über »unreine Frauen« und »praktizierende Hexen« im Umlauf waren – als spezifische Ausprägung der Misogynie gegenüber älteren Frauen, aber auch als Volksgut unverrückbarer Bestandteil marokkanischen Aberglaubens und von Allerwelts-Phantasmagorien. Wenn derartige Gerüchte nun in Bezug auf Cherifa kursierten, war daran nichts Ungewöhnliches.

Was er hingegen im Visier hatte, wann immer er auf Janes Befinden zu sprechen kam, war der Alkohol. Ihr jahrzehntelanger unkontrollierter Griff nach gehaltvollen Drinks, die sie oftmals im halben Dutzend pro Nacht durch ihren Körper gejagt hatte, war eben nicht spurlos an ihrem Gesundheitszustand vorbeigegangen. Die Hemmschwelle war schon seit langem gesunken; harte Drinks bereits vor dem Mittagessen stellten ihr Lebenselixier dar. In solchen Momenten widerte sie ihn an, und er hatte sich weiß Gott den Mund fusselig geredet, um sie vom obligatorischen Leeren der Flasche abzubringen – ob alleine oder in Gesellschaft. Auch die *beats* waren nach seinem Dafürhalten im Grunde Biertrinker und erst in Tanger auf den Drogengeschmack gekommen. Er verachtete sie dafür, daß sie sich aus nichts heraushalten konnten, Stunk machten. Daß ihnen Gelassenheit und Distanz so völlig abgingen. Und er besaß auch eine physiologisch-soziologische Erklärung dafür. »Alkohol«, so definierte Paul es kategorisch, »entstellt die Persönlichkeit, indem er Hemmungen abbaut. Der Trinker hat, zumindest zeitweise, das Gefühl von Gemeinsamkeit. Kif beseitigt keine Hemmungen; im Gegenteil, es verstärkt sie, drängt den einzelnen noch tiefer in die Isolation seiner Psyche, verpflichtet ihn zu Beobachtung und Passivität.«[PB/SPA] Unfreiwillig erstellte er mit dieser Unterscheidung kein besonders schönes, aber eindringliches Porträt von Jane und sich selbst – der Kiffer und die Trinkerin sozusagen. Sollte es mit dieser schlimmen Reduzierung etwa sein Bewenden haben?

Alkohol als weitverbreitetes Kavaliersdelikt und cliquenspezifische Schriftstellerkrankheit: Die Grenzen sind fließend; noch »ein Gläschen mehr« kann fast niemand seinen Gastgebern abschlagen. Feiern wird oftmals mit unkontrolliertem Trinken gleichgesetzt, verniedlicht spricht man vom »Über-den-Durst-

Trinken«, lacht über vermeintlich witzige Artikulationsschwierigkeiten der schon lallenden Mitzecher; und noch der Beschwipsteste, dessen Promillewerte besorgniserregend angestiegen sind, würde den Verdacht, es handle sich bei ihm um einen echten Alkoholiker, energisch und empört von sich weisen. Jane hatte bereits ihren Vater durch eine unheilvolle Mischung von Bluthochdruck, Alkohol, Tabak und psychischer Überforderung verloren, als er gerade erst ein Mittvierziger war, und die wenigen Drinks, die Sidney Auer zu sich genommen hatte, machten aus ihm im Vergleich zu seiner Tochter noch einen braven Chorknaben. Sie dagegen trank einerseits, um zu verdrängen; andererseits stachelten und feuerten sie die hochprozentigen Scharfmacher an, sie wurde erst sie selbst und wuchs über sich hinaus, wenn sie eine gewisse Grundlage intus hatte. Was ihre New Yorker Freunde, was David Herbert und Libby Holman so sehr an ihr liebten, die Kapriolen, Bonmots und die Ausgelassenheit an der Schwelle zur Hysterie, war somit eigentlich ein Artefakt. Fragile Schlagfertigkeit, die euphorische Seite des Zustandes. Paul, der sie nach Hause begleitete, den Morgen danach miterlebte und die damit verbundenen tiefen Depressionen, sah den Katzenjammer in seiner unerfreulichen Totalität.

Die französische Schriftstellerin Marguerite Duras, die erst im hohen Alter den verdienten literarischen Ruhm einfuhr und Zeit ihres Lebens an Alkoholismus litt, konnte ein Lied von den verheerenden Auswüchsen dieser Krankheit singen. Im Laufe schwerer, zermürbender Entziehungskuren, vor der Öffentlichkeit nur mit Mühe verborgen, war sie Tod und Delirium mehr als einmal von der Schippe gesprungen. Kaum eine Zeile ihres Gesamtwerkes war ohne die Komplizenschaft eines Gläschens, einer Karaffe, einer Flasche, eines Fasses Rotwein entstanden. Duras wußte, wovon sie sprach, wenn sie in einem Essay dem vertrackten Zusammenhang zwischen Trinken, Schreiben, Denken und weiblicher Identität nachsann: »Alkoholiker sind, selbst ›auf dem Niveau der Gosse‹, Intellektuelle. ... Der Alkohol macht reden. Das ist Geistigkeit bis zum Irrsinn der Logik, das ist Vernunft, die bis zum Überschnappen zu verstehen versucht, wie es zu dieser Gesellschaft, zu diesem Reich der Ungerechtigkeit gekommen ist, und die dabei immer in die gleiche Verzweiflung gerät. Ein Säufer ist manchmal grob, doch selten obszön. Gelegentlich wird er zornig oder tötet. ... Es fehlt einem ein Gott. Diese Leere, die man eines Tages als Heranwachsender entdeckt, läßt sich durch nichts verdrängen. Der Alkohol ist erschaffen worden, damit man die Leere des Universums ertragen kann, die Bewegung der Planeten, ... ihre stille Gleichgültigkeit am Ort unseres Schmerzes. ... Der Alkohol tröstet über nichts hinweg, er füllt die psychischen Räume des Individuums nicht aus, er ersetzt nur das Fehlen Gottes. Er tröstet den Menschen nicht. Im Gegenteil, der Alkohol bestärkt den Menschen in seinem Wahnsinn, versetzt ihn in erhabene Regionen, wo er Herr seines Schicksals ist. Er ist da, um zu ersetzen. ... Eine trinkende Frau, das ist, wie wenn ein Tier, ein Kind tränke. [Das] wird zum Skandalon: Das ist selten, das ist schlimm. Da wird die göttliche Natur verletzt.«

Bezeichnenderweise verbrachte die Duras ihre letzten fünfzehn Lebensjahre an der Seite eines um Jahrzehnte jüngeren Homosexuellen, der – für die Dauer ihrer beglückenden Partnerschaft – das Schreiben ganz eingestellt hatte, um erst nach ihrem Tod wieder aus einer Art künstlerischem Koma zu erwachen. Und so wie Paul bis zum bitteren Ende fürsorglich über das Wohlergehen Janes wachen und verzweifelt die Hände ringen sollte, bewältigte dieser junge Bretone Yann Andréa mit natürlicher *Harold-and-Maude*-Zärtlichkeit die Krisen, das Dahindämmern, die Wutanfälle, die Literaturpreise, den Mythos, das Ende seiner alkoholkranken, die Grenzen zur Genialität streifenden Geliebten. Schreibhemmung und Schreibfluß, erotische Konstellationen und emotionale Hindernisse im Verständnis füreinander, eigentümliche Mann-Frau-Spannungen und die dauerhafte Ergebenheit in eine gesellschaftsfähige Droge gingen hier wie dort also geradezu zwangsläufig eine unheilige, kaum entwirrbare Zwangsgemeinschaft ein, sobald eine Schriftstellerin und ein homosexueller Pfleger-Schriftsteller im Spiel waren, präsentierten sich als nicht zueinanderpassende und dennoch aufeinander angewiesene Einzelteile eines übergeordneten Puzzles.

Man konnte es sich auf der Suche nach Erklärungen natürlich auch leichter machen – so wie Édouard Roditi, der als Freund Janes kurz und bündig (und mit fast unübersetzbarer Kaltschnäuzigkeit) erklärte: »She drank herself into a stroke.« So wie ein besonders unsensibler Arzt im Saint Mary's Hospital zu London, der ihr folgende Empfehlung entgegenschleuderte: »Sie kämpfen einfach nicht genug, meine liebe Mrs. Bowles. Kehren Sie doch bloß zu Ihren Töpfen und Pfannen zurück und nehmen Sie sich gefälligst ein bißchen zusammen.« Oder so wie Allen Ginsberg, der die zweifelhafte Feinfühligkeit besaß, Jane auf das tragische Ende ihres berühmten Kollegen William Carlos Williams hinzuweisen – der kürzlich erlittene Gehirnschlag des bahnbrechenden Lyrikers hatte die schlimmsten Auswirkungen auf dessen Fähigkeit, zu schreiben und zu formulieren, gezeitigt. Zur selben Zeit, im Herbst 1957, haderte Paul als Hauptverantwortlicher noch mit sich, ob er in Northampton wirklich seine Zustimmung zur Elektroschock-Therapie erteilen sollte: »Sie sieht mit ihren eigenen Augen«, schrieb er an Virgil Thomson von seinen Eindrücken aus der psychiatrischen Klinik, »welch einen desaströsen Effekt dies Verfahren auf die anderen Patienten hat, und weist es zurück, ohne in vollem Umfang zu verstehen, daß diese anderen Patienten um sie herum eben manisch-depressiv sind, Schizophrene, Alkoholiker, auf die eine solche Therapie ohne viel Hoffnung auf Erfolg versuchsweise angewandt wird.«[PB/AIS*] Die Zukunft würde ihn lehren, daß Janes Befinden, so unwahrscheinlich es damals auch noch anmuten mochte, Züge aller drei genannten Krankheiten aufwies, wenn auch in nur gemäßigter, latenter Ausprägung.

Unübersehbar war für Betroffene und Zeitzeugen jedenfalls, daß der Einschnitt im Frühjahr 1957, ob man ihn nun Kollaps, Schlag, Giftattacke, wahrgewordener Alptraum oder geistigkörperliche Krise nennen mochte, für Jane einem Wink des Schicksals gleichkam, einer verdienten Abstrafung, einer Aufforderung zur Sühne. Das Nicht-genug-Schreiben – das Nicht-*gut*-genug-Schreiben – wurde vom Überhaupt-nicht-mehr-Schreiben abgelöst, die Abhängigkeit von Cherifa wich der vollständigen Hörigkeit ihr gegenüber, das Unbehagen, von Paul zurechtgewiesen und ermahnt zu werden, schwand in einem narkotischen Glücksgefühl, sich nunmehr ganz willenlos in seiner von Zuneigung getragenen Obhut zu befinden. Und der kreative Wettbewerb mit Paul, der zur Tragikomödie verkommen war, mündete in das Eingeständnis des Scheiterns, in das Bewußtsein, auf Messers Schneide zu leben, überließ seinen Platz einer »achselzuckenden Schwermütigkeit«, einer Alles-egal-Haltung, von der Jane das Gefühl hatte, sie hätte sie verdient. Es geschähe ihr nur »recht« so.

Fast schien es, als hätte sie die Katastrophe herbeigesehnt. Als würde sich nun endlich eine gottgesandte Prophezeiung erfüllen, die in irgendeiner heiligen Schrift geschrieben stand und von Menschenhand aufs Papier gelangt war. Etwa die von Paul verfaßte über Kit Moresbys bedrückenden Verfall im *Sheltering Sky*. Oder die von ihr selbst am Schluß von *Two Serious Ladies* niedergelegte Endzeitversion der Miss Goering, die ganz nahe daran war, eine Heilige zu werden. »Vielleicht ist es möglich, daß irgendein meinem Blick verborgener Teil von mir dabei ist, Sünde auf Sünde zu häufen.«[ZED]

Jane hatte sich über Jahre hinweg verloren im Spiegelkabinett ihres eigenen Images, das ihr immer neue, verzerrte Teilaspekte ihrer Persönlichkeit vorführte, sie reflektierte und blendete. Sie hatte Frauen geliebt, getrunken, geschrieben, versucht, Paul, so gut es ging, eine »anständige« Gefährtin zu sein. Sie hatte sich bemüht, eine »ernsthafte Dame« zu werden. Aber auf dem Weg dahin hatte sie, ohne es zu wollen, ohne es kontrollieren zu können, eben doch mit der »Anhäufung« von Vergehen begonnen, sich nicht näher definierbarer »Sünden« schuldig gemacht. Die »innere Tür«, von der sie gesprochen hatte, sie hätte sie um jeden Preis aufstoßen müssen. Jetzt, da sie unverrichteter Dinge von ihren Behandlungsversuchen aus England und den USA nach Tanger zurückkreiste und Paul, bei der gemeinsamen Bootsüberfahrt über die Straße von Gibraltar, mit Entsetzen an ihr ein ins Manische gesteigertes, trommelndes Herzklopfen wahrnahm, würde sie nie erfahren, was dahinterlag. Nie dem »verborgenen Teil von mir« auf den Grund gehen können. Aber es machte Jane auch nichts mehr aus. Beinahe war sie selig, sich knapp vor dem Lüften dieses letzten Geheimnisses ihrer Identität davonstehlen zu dürfen.

Als es wieder ein wenig aufwärts ging mit Geisteszustand und Alltagsbewältigung, als zaghafte Zuversicht unter den Bowleses aufkeimte, legte sich Paul seine endgültige Version der gesammelten Vorfälle zurecht, in die alle möglichen Erklärungselemente eingeflossen waren, und verkündete: »[Jane] fastete, aber sie hielt sich nicht streng an die Regeln des *ramadan*. Denn sie trank. Wenn man fastet, sollte man keinen [Tropfen] Alkohol trinken. Sie trank Brandy. Ich glaube, daß das allein schon ausreicht. ... Als sie wieder bei klarem Verstand war, leugnete sie, etwas zu sich genommen zu haben, um die Frau [Cherifa] zu schützen. Aber mir gegenüber gestand sie, daß sie [wohl doch] ein wenig *majoun* gegessen hatte.«[ZTD] Und er faßte einen weitreichenden Entschluß: Er würde Janes Schicksal fortan tabuisieren, sich eine Diskretionsschranke auferlegen, sich nicht an ihrer Behinderung weiden. Der Darstellung von Zufriedenheit, die noch nie zu seiner oder Janes schriftstellerischen Stärken gezählt hatte, erteilte er aber ebenfalls eine Absage. »Man schreibt nicht über das alltägliche, glückliche Leben. Es ist uninteressant. Das, was das Leben schwierig macht, ist auch als Stoff, über den man schreiben kann, interessant. Aber über Janes Krankheit werde ich nie schreiben, weder als Erinnerung noch als *fiction*. Nein, niemals.«[PB/TNG] Er sollte sich im großen und ganzen daran halten. Wichtigeres rückte ins Blickfeld. Es galt nun vielmehr, die unmittelbare Zukunft in die Hand zu nehmen, Zentimeter um Zentimeter das Recht auf Weiterleben zu erkämpfen, jeden weiteren Tag mit Würde zu überstehen.

Als erstes verkaufte er, auch unter dem Eindruck des innenpolitischen *vabanque*-Spiels in Tanger, nicht ohne Reue den geliebten Jaguar an Temsamany. Als nächstes stand wieder einmal eine lokale Ortsveränderung für die auf einmal aneinandergeschweißten Eheleute ins Haus – ein weiterer Umzug. Im »San Francisco« waren die fortgesetzten Mieterhöhungen nicht länger zu verkraften, also zog man in einen einige hundert Meter weiter außerhalb der Innenstadtgrenze gelegenen Neubau, das Immeuble (oder spanisch »I[n]mueble«) Itesa. Unauffällig, zweckmäßig und nicht besonders attraktiv, aber direkt vor den Toren der Hafenstadt, deren Panorama sich ihnen vom dritten Stock (Paul) bzw. vom zweiten (Jane samt Hofstaat plus Cherifa) weiträumig darbot. Auch das amerikanische Konsulat befand sich gleich um die Ecke. Und Christopher Wanklyn war mal wieder, eine Etage höher, ihr unmittelbarer Nachbar. Zwischen 1957 und 1961 hockte das Trio einträchtig übereinander, bis es Wanklyn endgültig nach Marrakesch zog. Dann setzte sich die bewährte Umzugsmaschinerie nach dem Rotationsprinzip nochmals in Gang, Paul (in den vierten) und Jane (in den dritten Stock) rückten nach, jeder ein paar Meter weiter aufwärts. Es bestanden also auch weiterhin Grenzen zwischen ihnen; ein jeder wahrte sein Reich. Aber die Möglichkeit ständiger Nähe war immerhin gegeben.

Marokkanisch wirkte ihr Domizil eigentlich kaum, doch in den Folgejahren entwickelten sich diese Sommerresidenzen zu beliebten Wohnquartieren für die Einheimischen, bald auch das ganze Jahr über. In den 1970ern war das »Itesa« längst Teil einer immer weiter ausufernden Urbanisierungswelle, lag rasch eher am Rande als außerhalb. Irgendwann war es Teil der Neustadt, beinahe zentral situiert. »Optisch neutral«, kommentierte Paul. Nachts hörte er Frösche, Eulen, bellende Hunde, ab und zu auch Hochzeitstrommeln aus der Ferne. Das gefiel ihm. Und er konnte noch nicht wissen, daß er über vierzig Jahre in dessen Wänden zubringen sollte, achtunddreißig davon in seiner bescheidenen Dreizimmerwohnung »au quatrième étage«. Der professionelle Nomade wurde allmählich seßhaft. Eine befremdliche Vorstellung für ihn. Ein neues Rollenbild noch dazu – Jane einhüten, väterlich-schützend die Hand über sie legen, zum Frühstück eine Treppe abwärts schreiten.

Seine Frau bedurfte nun Tag und Nacht einer permanenten Überwachung. Aïcha kochte, Cherifa, ihre unvermeidliche Wollmütze auf dem Kopf, übernahm den Hauptanteil der Beaufsichtigung mit königlicher Grandezza, und eine spanische »Gesellschafterin«, die von allen nur Angèle gerufen wurde, vervollständigte das Damenquartett zu Pauls Füßen. Eine Zeitlang waren sie sogar fünf: Roberta Bobba, eine Durchreisende auf dem Weg nach Algerien, der man in Tanger das entsprechende Visum verweigerte, saß monatelang dort fest. Sie verschlug es ins Itesa, nachdem sie Jane im Café Flores entdeckt hatte, eine Frau »wie ein verwahrlostes Kind, schlampig, farblos«, in einen Stoffmantel gehüllt. Bunt an Jane war nur noch ihr neuerdings hennagefärbtes Haar, das in den Folgejahren einer Perücke wich. Zur Gewohnheit – um nicht zu sagen Manie – wurde es ihr, den künstlichen Haarschopf abzunehmen und unablässig zu kämmen. Zuschauer dieser Übersprungshandlung hatten Mühe, die Fassung zu wahren, wenn sie sich mit Jane stundenlang unterhielten, ohne daß Mrs. Bowles die Perücke auch nur für eine Sekunde unbearbeitet ließ.

Selbst seit langem mit ihrer Freundin Betty liiert, gewann Roberta erstaunlich schnell Einblick in das seltsame Mäderlhaus im dritten Stock, in dem Jane und Cherifa um die Vorherrschaft rangen. Sie registrierte »Tragödien«, die sich um die Verwendung bestimmter Gemüse für das Mittagessen drehten und die Ausgewogenheit von Zutaten für eine schmackhafte *tajine*; sie beobachtete, wie Jane die Ausgelassenheit der marokkanischen Frauen genoß und unablässig im Zentrum von deren Aufmerksamkeit stand. Für Momente frei und unbeschwert wirkte. Aus Cherifa, die ihr entweder verschleiert oder in »Männerhemd, Männerhose und Krawatte«, mit »straff nach hinten gekämmten« Haaren gegenübertrat, in Jeans und »unentwegt lächelnd« das Essen auftrug, wurde sie nicht recht schlau. »Sie wirkte irgendwie männlich. Ich glaube, Jane machte eine Art Puppe aus ihr.« Jene beiläufig geäußerten Morddrohungen gehörten allem Anschein nach »zu ihrem Charme«. Es überraschte Roberta allerdings, daß es ihr selbst »peinlich« war, der Zurschaustellung der lesbischen Beziehung zwischen Jane und Cherifa beiwohnen zu müssen. Sie war davon konsterniert, daß Jane, schenkte man ihren Ausführungen Glauben, förmlich davon besessen schien, Cherifa »die körperliche Liebe beibringen zu müssen«, und sie gewann im Gegenzug die Überzeugung, daß für Jane in Wahrheit nur eine Konstante von Bedeutung war – nämlich die, auch weiterhin primär als Pauls Frau zu gelten. »Ich kannte ein paar Lesben«, notierte sie verwundert, »die entweder auf Druck der Familie oder um den Schein zu wahren die Ehe eingegangen waren. Aber Jane schlüpfte wirklich [glaubhaft] in die Rolle der Ehefrau. Nicht der Form halber tat sie es. Sie machte viel Aufhebens, was das gemeinsame Zuhause anging, aber mir kam es vor, als wäre das Paul vollkommen egal.«[ALO]

Würde das neue »Sommerhaus« am Stadtrand Jane einen Hauch von Glück bringen, relative Stabilität oder wenigstens ein bescheidenes Maß an Ausgeglichenheit? In ihrem eigenen *Summer House* hatte sie dereinst Projektionen trügerischer Idylle mit Nachdruck verneint, als sie ihre Protagonistin Gertrude in einem flammenden Monolog in Rage geraten und deren Tochter Molly anherrschen ließ: »Daß ich hier Frieden finden könnte, dachte ich – hier – wo die Palmen sich wiegen und das Meer zum Horizont sich dehnt. Aber du magst das Meer nicht – du gehst nicht einmal ins Wasser. Du hast Angst vorm Schwimmen. Und ich hab gedacht, endlich haben wir das Paradies gefunden – den richtigen, den vollkommenen Ort – aber du willst gar kein Paradies – du willst die Hölle. Dann geh doch in dein Hexenhäuschen, geh rein und verschimmele von mir aus da drin – Hauptsache, es macht dir Spaß – mir ist das egal. Geh hinein, solang' du überhaupt noch kannst. Es wird nämlich nicht mehr lange hier stehen.«[ERS] Übertragen auf ihre Wohnsituation mit Paul und Cherifa an der Peripherie, ein überaus düsteres Orakel. Wollte sie wirklich die »Hölle«? Hatte Tanger jemals »paradiesische« Züge für sie getragen? Und hatte sie nicht selbst die »Hexe« ins »Häuschen« gerufen und es sich bequem machen lassen? Schwimmen und Müßiggang unter südlicher Sonne waren für sie schon früher selten in Frage gekommen, die Märkte der Altstadt lagen nun in weiter Ferne, die Bars der Europäer dafür in um so gefährlicherer Nähe. Gesellschaft von wohlmeinenden Amerikanern, die zum Abendessen blieben, wurde plötzlich zu einer Notwendigkeit, brachte sie doch frischen Wind in den dritten Stock, wo sich alles immer nur um Speisenzubereitung, Eifersüchteleien der Dienstboten und Liebesgeplänkel drehte. Auch Paul atmete auf, wenn jemand wie Roberta willkommene Abwechslung verhieß. War diesem neuarrangierten Ehepaar der Ansturm von auswärtigen Gästen also noch bis vor kurzem eher lästig gefallen, hatten sie den Überfall der *beats* als eine Art Heuschreckenplage über sich ergehen lassen, so freuten sie sich jetzt rundheraus, wenn alte Freunde wie Ned Rorem, der überdies den Vorzug hatte, sie nicht zu irgendeiner neuen Literatur- oder Musikrichtung bekehren zu wollen, gelegentlich im »Itesa« vorbeischauten. Jane prägte in jener Zeit das offenherzige Diktum: »Wir leben von Menschen, die hier durchreisen« – und meinte im Grunde genommen damit: Wir *zehren* von ihnen.

Überhaupt, auf ihre alten Freunde war Verlaß. Jane bekam viel Zuneigung zu spüren, als sie im April 1958, ziemlich genau ein Jahr nach ihrem verheerenden Zusammenbruch, nach New York reiste, um sich im dortigen Lenox Hill Hospital behandeln zu lassen. Tennessee Williams kam eigens aus Florida an den East River, nur um sie auf dem kurzen Weg zwischen Airport und Innenstadt zu begleiten und ihr den Schlüssel seines *city apartment* zu überlassen; Natasha und Katharine nahmen die Rekonvaleszentin unter ihre Fittiche und boten ihr einen Ausflug nach Pennsylvania. Truman Capote bewies Großmut und Solidarität, als er sich bereiterklärte, für die Erstausgabe von Janes *Gesammelten Schriften*, die Mitte der 60er Jahre in einem einzigen Band Platz fand, ein parteiisches Vorwort zu schreiben, das einer Huldigung ähnlicher war als einer erläuternden Einführung. Ohne zu zögern plazierte er Jane so in die erste Reihe tonangebender, experimenteller amerikanischer Schriftstellerinnen der Neuzeit. Ein gewichtiges Urteil, mit dem sie in den Staaten – ohne eigenes Zutun – eine Zeitlang wieder in den offiziellen kulturellen Diskurs zurückkehrte. Und von Helvetia Perkins erhielt sie aus heiterem Himmel ein gutgemeintes Schreiben voller Mitgefühl und Anteilnahme, das einem Strauß blühender Komplimente und Sentenzen glich: »Du mußt eine entsetzliche Zeit durchmachen. Ich hätte Dir früher schreiben sollen. ... Für mich hat sich nicht viel verändert, obgleich unter der Oberfläche, drinnen und draußen, hin und wieder kleine Verschiebungen und Bewegungen stattfinden, die für winzige Veränderungen sorgen. ... Wenn ich hier irgendetwas tun kann, für Dich oder für Paul: Jederzeit. ... Du wirst nie vergessen sein, Jane, ganz sicher nicht von mir, und auch, da bin ich ganz sicher, von niemandem, der Dich kennt.« Ein bißchen klang das schon nach einem Nachruf oder nach Worten, die man jemandem am Sterbebett zurufen möchte, sie aber nicht über die Lippen bringt, weil man viel zu sehr mit den Tränen kämpft.

Weniger glimpflich verlief Janes Wiedersehen mit ihren Eltern. Claire und Julian Fuhs hatten in letzter Zeit ausnahmslos fingierte, von Paul geschriebene und mit »Jane« unterzeichnete Briefe erhalten; es war nur noch eine Frage von wenigen Wochen, bis man ihnen nichts mehr vormachen konnte und sie das Ausmaß von Janes Niedergang vor Augen haben würden. Mutter und Stiefvater waren außerdem aufgrund eigener schwerer Krankheiten auf sich selbst fixiert. Claire kämpfte mit den Spätfolgen einer Krebsoperation; bei Fuhs rächten sich die fortgesetzten Entbehrungen, denen er während des Krieges in europäischen Konzentrationslagern ausgesetzt gewesen war. Janes Mutter verfiel übergangslos in ihre bewährte Dauerhysterie, als sie die Wahrheit über ihre Tochter erfuhr. Sie rang die Hände, wenn sie darüber nachdachte, wie Paul jemals Janes aufwendige Krankenhausaufenthalte in den USA und in Übersee finanzieren, wie er die Kosten für Langzeitbehandlung und teure Medikamente aufbringen sollte. Da sie für sich selbst kaum über eine ausreichende materielle Basis verfügte, setzte sie die Hoffnung auf (und das Gottvertrauen in) Janes verläßlichen rettenden Engel, die vermögende Libby Holman.

Immerhin ermöglichten es aber persönliche Beziehungen von Fuhs, daß Jane im Oktober 1958 zu einem Spezialtarif in einer New Yorker psychiatrischen Klinik behandelt werden konnte – Jane bezeichnete sich daraufhin selbstironisch als »Stipendiatin«. Parallel zu dieser Unterstützung entwickelte Claire hingegen eine gewisse Eifersucht auf die Krankheit Janes. Wenigstens einmal wollte sie selbst mit ihren Schmerzen und Beschwerden im Mittelpunkt stehen, tat den Schlaganfall ihrer Tochter als läppisches Vorkommnis ab, als Einbildung, warf ihr unausgesprochen vor zu simulieren und zu dramatisieren. Eine Abwehrhaltung. Denn Janes Befinden flößte ihr womöglich Angst ein, gar Entsetzen. Und es ließ sich nicht leugnen: Von ihrem einst so begabten Mädchen, in das sie all ihre Hoffnungen gesetzt hatte, ging in der Tat etwas ungesund Bedrohliches aus, verdoppelt noch von einer unterschwelligen, ja fiebrigen Nervosität.

Auch andere Freundinnen und ehemalige intellektuelle Weggefährtinnen in Manhattan mieden lieber die minutenlang vor sich hindämmernde, dann wieder mit peinigender Genauigkeit ihre »Sünden« und »Sühne« schildernde Einzelgängerin, an der sie nur noch wenig von der wie aufgezogen plappernden, amüsanten »früheren« Jane wiedererkennen konnten. Die »neue« Jane konzentrierte sich mit aller Kraft auf ihre mißliche Situation, als handle es sich um ein Magnetfeld, auf das sich alle beliebigen Phänomene in ihrer Umgebung unweigerlich beziehen ließen. Sie brütete etwas Finsteres, Selbstzerstörerisches aus, das an die Oberfläche strebte, ans Tageslicht. Kaum jemandem gelang es, sie halbstundenweise abzulenken. Großspurige Phrasen wie »Gott straft mich dafür, daß ich nicht schreibe«, von Jane litaneihaft heruntergeleiert und nicht frei von Selbstmitleid und Pathos, hingen wie Blei im Raum. »Von allen Krankheiten, die ich mir hätte aussuchen können, ist das die schlimmste – nichts zu sehen, nicht imstande sein zu schreiben.« Aber es handelte sich bei ihrem bisherigen Leben nicht um einen Selbstbedienungsladen, in dem sie unbekümmert herumspaziert war. Was diese »Narzißtin des Negativen« dringend brauchte, war professionelle Hilfe – und zwar schleunigst.

Den Anfang machte im Sommer eine Sprachtherapie am New Yorker Lenox Hill Hospital unter der Oberaufsicht eines Dr. James Dewson. Vor ihm stand eine changierende Persönlichkeit: mal »mädchenhaft-kokett«, eine lebenslustige Frau, die ihm geradezu sexy vorkam, mal »farblos, abgrundtief verzweifelt«, schlurfend, mit »eingefallener« Brust, »wie von tausend Lasten gebeugt«. Der Audiologe und Therapeut nahm Jane, ohne Rücksicht auf etwaige Fluchtversuche ins Innere, hart an die Kandare. Er sorgte dafür, daß sie täglich schrieb. Seitenweise. Und sie ließ sich von ihm breitschlagen, stellte ihre Ausdauer unter Beweis. Entwürfe gelangten so aufs Papier, Eingebungen, Phantasien, Träume. Oft behandelten die Fragmente Dreieckskonstellationen – dreigeteilte Toilettentische mit dreifachen Spiegeln, drei Leute in einem Raum (»meine Mutter, ich und ein Ungeheuer. Mit dem Ungeheuer hat niemand gerechnet«). Dewson kam ihr zuvor, wenn sie wieder Theater spielte, sich ins Schneckenhaus zurückziehen wollte, mit Evasionen flirtete. Er zwang sie, sich einer eigentümlichen Persönlichkeitsspaltung zu stellen, die ihr die Luft zum Atmen abzuschnüren schien. Es gelang ihm, daß sich Jane – in einem Brief an Paul voller orthographischer Patzer – bald zu ihr bekannte und auch ihren Mann als Dualität wahrnahm: »Lieber Paul, ich persönnlich – Janes Bowles, meine ich – kann Dir heute nicht schreiben. Es ist unmöglich. Es hat keinen Sinn biß Du hierher kommst und wenn du es tust und wieder mit deinen Kleidern vereint bist. Für mich ist es eine Zeit in der Schweigen für beide Seiten das beste ist.«[ALO/OTW]

Was in Tanger keinem der Menschen geglückt war, die an sie glaubten, auch Paul nicht, bewältigte sie hier, weil ihr die Ärzte keine Wahl ließen: Sie schrieb und schrieb. So faßte sie wieder etwas Selbstvertrauen. Und während Paul ebenfalls in den Staaten weilte und mit der schwierigen Geburt von *Yerma* befaßt war, stimmte Jane Anfang Oktober ihrer Einweisung in die psychiatrische Abteilung des Cornell Medical Center in White Plains zu. Es handelte sich nicht nur um reine Nächstenliebe, daß Claire sie dorthin brachte. Mutter und Freundinnen litten unter chronischem Geldmangel, privat war nirgends Platz für die schwierige Patientin aufzutreiben, und Paul war anderweitig beschäftigt. Aber Jane zählte nicht zu jenen Menschen, die aufgebracht reagierten, wenn man sie, ob zu Recht oder Unrecht, für verrückt hielt. So wie Dewson nicht lockergelassen hatte, um ihren »Störungen« auf den Grund zu gehen, war sie nun selbst stark an einer Besserung interessiert.

In White Plains vollzog sich dann innerhalb weniger Wochen im Herbst 1958 so etwas wie ein kleines Wunder. Trotz einiger epileptischer Anfälle und dem fatalen Befund – vielmehr der Bestätigung – einer irreversiblen Gehirnschädigung kam sie endlich etwas zur Ruhe. Ihre Phantasie kehrte zurück; die Mediziner staunten über ihre Fähigkeit zur scharfen Analyse ihrer Probleme und über ihre unerhörte Formulierungsgabe; sie verliebte sich sogar in eine andere Patientin, Matilda. Besuche von Helvetia und den treuen Vertrauten Natasha und Katharine heiterten sie auf, Claires Briefe erregten sie wie gehabt. Sie schien wieder ganz die Alte. Die Spezialisten von Cornell bedauerten es fast, dieses eigenartige Studienobjekt schon gegen Weihnachten wieder ziehen zu sehen – selten noch hatten sie solch dichte, rätselhafte Texte zu lesen bekommen wie in diesem Fall oder eine Patientin erlebt, die sich mit Händen und Füßen gegen Tests und Untersuchungen sträubte, dagegen eine brillante Dialogpartnerin abgab und eine verblüffend ungetrübte Libido an den Tag legte. Zurück in Tanger nach einer wahrhaft höllischen Schiffsfahrt, waren es zwar nicht gerade die sprichwörtlichen *swinging sixties*, die Jane erwarteten. Aber ihr Schicksal gönnte ihr zu Beginn dieses Jahrzehntes, das die reaktionäre Weltordnung des Kalten Krieges aus den Angeln hob und mit allen gängigen Sexualtabus brach, eine Verschnaufpause. Was da in heißen Schlachten an historischen Errungenschaften gesellschaftlich erkämpft werden sollte, hatte Jane bereits in die Tat umgesetzt und gelebt, als noch nicht einmal Begriffe oder Schlagwörter dafür existierten.

Verehren ließ sie sich in Marokko zunächst von der jungen Pamela Stevenson, einer Psychiaterstochter und dreifach geschiedenen Fremdenlegionärsfrau, die als erklärte Amateurkommunistin Fidel Castro Geldspenden zukommen ließ, sich von Schnecken ernährte und von ihrem alten kastrierten Kater fortgesetzt beißen ließ. Selbst Jane, die hier eine Figur aus ihren eigenen Publikationen leibhaftig vor sich zu haben schien, ging soviel Schrulligkeit auf einmal ziemlich rasch auf die Nerven. Sie ging stattdessen neue Freundschaften mit drei bizarren Frauen ein, bei denen sie selbst wieder einmal die Unterwürfige markieren durfte – untrügliches Zeichen, daß sie sich gefangen hatte.

Mit der georgischen Prinzessin Sonia Kamalakar in der Villa Darna zum Beispiel. Diese ulkige Frau eines heiligen Inders, der in späteren Jahren die Konversion zu einem spanischen Franziskanermönch vollziehen sollte, brachte Jane mit ihrem markanten Humor über alle Maßen zum Lachen. Sonia war von herzerfrischender Munterkeit, klein und pummelig. Sie gab, obschon notorisch verschuldet, mit unnachahmlicher Stilsicherheit und großer Raffinesse erlesene, verschwenderische Parties, bei denen ihr Gatte Narayan in feiner Livree lukullische Brötchen zu servieren hatte. Sie kommandierte auch Jane herum, ließ beim Feixen und Witzereißen einen zahnlosen Oberkiefer frei, und wenig deutete darauf hin, daß sie eigentlich als Sponsorin eines wissenschaftlichen Unternehmens nach Tanger gekommen war, dessen Organisatoren sie gründlich betrogen und ausgenommen hatten. Sonias Mikrokosmos stellte eine befreiende Gegenwelt dar zu Cherifas Küchenterror und dem Sarkasmus Pauls, der angesichts der Überfülle an »ausgefallenen Gestalten«, mit denen sich Jane zwanghaft umgab, nur spöttisch, aber doch kränkend die Augenbrauen hob. Daß sich die beiden Frauen bald wegen einer Nichtigkeit in die Haare gerieten, konnte nicht ausbleiben. Daß auch Sonia eine Schwerkranke und Todgeweihte war, sahen ihr jedoch nur die Wenigsten an. Daß sie darüber hinaus ein Talent zur Verkupplung ungetrösteter Seelen besaß, wurde erst sichtbar, als sie Jane auf einer ihrer Soireen die Prinzessin Martha Ruspoli de Chambrun vorstellte.

Um das Maß vollzumachen, steckte Jane, als sie Martha Ende 1963 zum ersten Mal begegnete, zusätzlich gerade mitten in einer anderen, hochkomplizierten Frauenbeziehung. Es ging um eine Engländerin und recht erfolgreiche Literatin, deren Pseudonym, »Lady Frances«, aus Diskretionsgründen gewahrt bleiben soll(te). Freundin Nummer zwei. Im Winter 1961/62 machte diese elegante, arrogante Gestalt Janes Bekanntschaft und zog ihr neues Opfer in einen (für Jane leider) altbekannten Strudel aus emotionaler Abhängigkeit, intellektueller Attraktivität und verheerenden Trinkorgien. Wie schon so oft hielt das Entfachen sexueller Glut auch mit Frances nur wenige Monate vor, wohingegen sich der gleichzeitig ausbrechende, unselige Psychokrieg zum Dauerzustand verfestigte. Als wären Krankheit und Cherifas Anwesenheit noch nicht genug, holte sich Jane mit dieser hochnäsigen Dame, die den Anlaß eines Abendessens in kleinem Kreis mit Vorliebe zum Abhalten ungefragter Vorlesungen über ihren Buchgeschmack nutzte, ein weiteres, drittes Problem ins Haus. Debatten über Literatur mündeten in Alkoholexzesse, und die grauenvollen Geräusche, die Frances im Schlaf während ihrer darauffolgenden Alpträume regelmäßig ausstieß, brachten nahezu ganz Tanger um die verdiente Nachtruhe und den Verstand. Cherifa taufte ihre Konkurrentin Frances, nicht ohne galligen Humor, ihrer somnambulen Schreierei wegen einen »krähenden Hahn«. Paul war außer sich und mehr als zornig, mit welch törichtem Leichtsinn Jane erneut Liebe mit Zeitverschwendung, Tändelei und freiwilliger Demütigung verwechselte und noch dazu auf sträfliche Weise Schindluder mit der erst kürzlich so mühsam erworbenen Festigung ihrer Gesundheit trieb.

Frances hatte Jane bereits fest im Griff, was sich daran zeigte, daß sie sie in einem fort mit einschmeichelnden Briefen bombardierte. Jane zeigte sich ungemein von ihren Aufmerksamkeiten entzückt und geriet in Ekstase, wenn sie in makabre Geheimnisse wie den Selbstmord von Frances' Mutter in Gibraltar, der ein lebenslang schlechtes Verhältnis zwischen ihr und ihrer Tochter auf grausame Weise besiegelte, eingeweiht wurde. Und bei jeder sich bietenden Gelegenheit, wenn Jane in Zukunft zu Behandlungszwecken in den USA weilte und weder Paul noch Cherifa oder Claire das traute Glück überwachen konnten, war Frances blitzschnell zur Stelle, um auch dort wieder ein Rendezvous zu vereinbaren, sie nicht aus ihren Fängen zu lassen. »Sie macht Jane jedesmal, wenn sie auftaucht, buchstäblich verrückt«, erregte sich Paul in einem Schreiben an Libby, »ich wünschte, sie würde bleiben, wo der Pfeffer wächst!« Diesen Gefallen tat Frances ihm nicht von alleine. Es bedurfte erst der Ablösung durch Martha Ruspoli, der neuen Freundin Nummer drei, bis Jane sie in die Schranken weisen und ihr abschlägig mitteilen konnte, wenn erstere ihren neuerlichen Besuch bei ihr in Tanger ankündigte: »Mein Leben ist jetzt nur noch eine Qual und ein unüberwindlicher Schmerz aber ich sehe keinen Ausweg aus dieser Falle.«[ALO] Da ihr Dasein einem Schlachtfeld gliche, so Jane weiter, wäre es besser und ratsamer für Frances, sie würde einstweilen mit einer improvisierten Paris-Reise vorliebnehmen. Sie schloß Frances entschieden aus ihrem neuen Glück aus. Und öffnete ihr freigebiges Herz für die Nachfolgerin.

Die Prinzessin Ruspoli, eine schillernde Persönlichkeit, kultiviert, schön und klug, Kunstsammlerin, Hobbyarchäologin und Tierfreundin in Personalunion, hatte Tanger schon 1949 als ihren festen Wohnsitz auserkoren. Zehn Jahre älter als Mrs. Bowles und Mutter dreier erwachsener Kinder, lebte sie in angenehmer Abwesenheit ihres italienischen Gatten, von überwältigendem Wohlstand umgeben und unter Entfaltung ihrer immensen Talente als Gastgeberin. Wie Jane oder Sonia war sie eine Institution in der Stadt, schwer zu umschiffen und mit einem sicheren Händchen zur Menschenfängerei gesegnet. Dem Heraufbeschwören von Dramen und der Hege wuchernden Intrigengestrüpps galt ihre Leidenschaft; noch lieber säte sie ausgiebig Zwietracht. Große Emotionen und aufgebauschte Gefühlsausbrüche gehörten zu ihrem Repertoire, und es grenzte eher an ein Wunder, daß Jane und die gutaussehende, souveräne Martha auf dem Hügel der Exzentrikerinnen (wie Hutton oder della Faille) noch nicht zuvor füreinander entflammt waren. Wie David Herbert gab »la« Ruspoli auf dem Höhepunkt ihrer rauschenden Feste Jane als Ehrengast das Gefühl, eine Auserwählte zu sein, wie Cherifa liebte sie Züchtigungen, Zurechtweisungen und Gängelungen, mit denen sie Jane noch stärker an sich zu binden vermochte.

Man beschrieb sie als autoritär, charakterstark und erzkatholisch. Bei Gelegenheit verwickelte sie Jane in langwierige Unterredungen über religiöse Fragen und bearbeitete sie im Hinblick auf eine mögliche Konversion. Bald schon war von einer möglichen Taufe Janes die Rede – Martha hatte sich in den Kopf gesetzt, sie, koste es, was es wollte, für den Katholizismus zu gewinnen. Selbstredend setzte sie alles in ihrer Macht Stehende daran, damit ihre gefügige Freundin sich von ihrer herrschsüchtigen Hausangestellten trennte, blieb damit aber – und nur damit – erfolglos. Nicht selten setzte sich Jane zu einer Gala-Soiree im Hause Ruspoli in Marsch und erhielt zum Abschied von Cherifa, Warnung und Aufmunterung zugleich, einen neckischen Klaps aufs Hinterteil.

Die beiden Widersacherinnen wußten oder ahnten wohl, daß Jane mit der jeweils anderen intim war. Wobei die so heftig umworbene Mrs. Bowles genoß, sie zuweilen gegeneinander ausspielen zu können, und stets beteuerte, in sexueller Hinsicht habe sich Martha auf sie zubewegt, während man Cherifa physische Zuneigung stets durch Bettelei erst abringen mußte. Es war nicht daran zu rütteln: Nicht einmal mit einer Metallsäge hätte man die stahlharten Bindungen, wie sie zwischen Jane und Ruspoli einerseits und Cherifa und Jane andererseits bestanden, durchtrennen können. Und so ungern man das Wort in den Mund nehmen mochte: Ihre ins Überdimensionale angewachsene Hörigkeit trug mittlerweile Züge des Perversen. Bei diesem alt-neuen Lebenswandel blieb für sie selbstverständlich nicht eine Sekunde Zeit zum Schreiben übrig. Trinken, ausgehen, Tabletten schlucken, Einkäufe tätigen, die Angestellten überwachen, vertrackten weiblichen Schachzügen nachsinnen und ihnen zuvorkommen, sich selbst mit alldem Gewalt antun, um schließlich »Sünde auf Sünde zu häufen« – das abgenutzte Mühlrad setzte sich von neuem in Bewegung. Nur die Namen der Akteure hatten gewechselt. Für Literatur war kein Platz übrig, und kompetente Ärzte, die kreative Energieströme sinnvoll hätten lenken können, waren Mangelware in Tanger. »Wir können nicht zwei Schriftsteller in der Familie haben«, entschied Jane lapidar. Sie hatte insgeheim längst aufgehört, eine Künstlerin zu sein.

Was blieb, waren Karikaturen. Die Ränder aller Seiten ihrer halbleeren Notizbücher, in denen sich Durchgestrichenes und Verworfenes zuhauf befand, waren über und über mit kleinen, drolligen Zeichnungen von Gesichtern bedeckt. Befragt, was die Mini-Porträts darstellen sollten, von denen ihre Kladden nur so wimmelten, gab Jane stets die kryptische Antwort: »Studenten aus dem Mittelalter«. An den Außenkanten ihres übervölkerten Daseins herrschte demnach Platzmangel, man drängelte und schubste sich, um nicht vom Rand ins Bodenlose zu stürzen; in der Mitte, im Zentrum selbst tat sich Ödnis auf, gähnende Leere. Weiße Flecken auf einer unbeschriebenen literarischen Landkarte. Dabei war erst gegen Ende des Jahres 1961, als ihr ein gutdotiertes Stipendium der Ingram Merrill Foundation für Konzeption und Niederschrift eines neuen Theaterstücks zuteil wurde, ein stimulierender Motivationsschub in diese Richtung erfolgt. Die unverhoffte Anfeuerung verpuffte kläglich; das wenige, was entstand, war ein Sammelsurium von Skizzen, die sich immer deutlicher auf ihre aktuelle persönliche Situation bezogen.

Selbst ihre Figuren trugen nun, ohne den Umweg ins Fiktive, schlicht und ergreifend vertraute Namen wie »Jane« und »Paul«. Mehrere tausend Dollar für ein ungeschriebenes Drama waren gleichwohl ein hübsches Sümmchen, das sich in Windeseile für Nichtigkeiten, Tabletten und Alkohol in Luft auflöste, gefolgt von einer stattlichen, zehnmal so hohen Erbschaft, die ihr ihre Tante »Aunt Birdie« hinterließ. Genug, um eine Menge Geld auf die hohe Kante zu legen, um für aufwendige medizinische Therapien und potentielle Härtefälle gerüstet zu sein. Doch Jane verstieg sich dennoch in die Wahnvorstellung, arm wie eine Kirchenmaus zu sein. An den in Bangkok weilenden Paul schrieb sie etwa im Herbst 1966: »Es jagt mir Angst ein, immer von Monat zu Monat leben zu müssen. Wir haben nie über Geld gesprochen, bevor Du gefahren bist, und jetzt gibt es nichts, worin Du mich beraten könntest.« Sie faselte von dem Wunsch nach einem »guten Polster als Rücklage«, das ihr in Wirklichkeit zu Gebote stand, beteuerte, auf »glühenden Kohlen« zu sitzen, keinen »sou« mehr ausgeben zu können, und präsentierte sich Dritten als mittellos, ihrer Habe beraubt. »Was soll ich machen, wenn ich plötzlich kein Geld mehr habe? Du warst immer hier und hast Dich um diese Dinge gekümmert.«[GMG] Und von Claire verlangte sie ungeduldig immer neue Aufstellungen über den Kontostand ihrer Sparbücher, dem ihre Mutter bereitwillig nachkam, verhießen die hohen Summen doch beruhigende Gewißheit. Nicht so für Jane, die mit den nackten Zahlen offenbar nichts anzufangen wußte. Schon in ihrem nächsten Schreiben benötigte sie neuerlich detaillierte Auskunft.

Ließ sich die eine Hälfte der 1960er aus Janes Sicht noch als eine optimistisch stimmende Kette aus glitzernden Lichtblicken auffassen – der Dauerflirt mit Frances und Martha, heitere Stunden mit Sonia und Pamela, das Stipendium, der Geldsegen, eine verhältnismäßig friedliche Koexistenz im spannungsgeladenen Dreieck, das sie mit Paul und Cherifa bildete, eine fröhliche Photosession vor der Milk Bar am Merkala Beach, bei der sie Bowles schelmisch und kettenrauchend Modell stand, eine entspannende Kutschfahrt zu zweit durch Marrakesch –, als eine Schonfrist, bei der ihr angegriffener mentaler Zustand und die körperliche Schwächung ein wenig in den Hintergrund traten, so kam es in der anderen Hälfte knüppeldick für die Gebeutelte: Gleich zweimal, im September 1960 und im Juli 1962, mußte sie sich komplizierten Leistenbruchoperationen unterziehen. Zu Beginn des letztgenannten Jahres machte ihr zusätzlich eine Gürtelrose zu schaffen. Chronische Schlaflosigkeit, Depressionen, Angstzustände, Zwangsvorstellungen – schon gegen Mitte der Dekade ging es Schlag auf Schlag wieder abwärts. Literweise, Jane kannte angesichts ihrer wachsenden Verzweiflung kein Halten mehr, flößte sie inzwischen ihrem ruinierten Körper Whiskey ein, hielt sich bei der Einnahme ihrer Medikamente kaum mehr an die Rezepte.

Eine chaotische Autotherapie fand statt, der niemand einen Riegel vorzuschieben vermochte. Dutzende von seitenlangen Briefen, fürwahr monströse *agonizers*, schickte sie, Monat für Monat, an ihre ferne Wohltäterin »Darling Libby« ab, deren Kapazitäten als großartige Freundin bewundernswerte, ja übermenschliche Züge annahmen; im Gegenzug erhielt sie Dutzende von unruhigen, weitaus kürzeren Briefen ihrer Mutter. Diesbezüglich war das Prozedere immer dasselbe: Sobald ein Schreiben von Claire eintraf, geriet sie außer sich vor Wut, schrie und schimpfte, warf den Umschlag zu Boden und trampelte wie von Sinnen darauf herum. Nachdem sie von Paul beruhigt worden war, besann sie sich eines Besseren, glättete das Konvolut, las die von enervierender Zuneigung und Hilflosigkeit geprägten Depeschen, nach Distanzüberbrückung gierende Lebenszeichen voller besorgter Nachfragen und Liebesbekundungen, die immer mit der Anrede »mein Engel« ansetzten, und beantwortete pflichtschuldig eine nach der anderen.

Im Juni 1964 stand Jane das Wasser bis zum Hals, als sie ihre Lage mit Fatalismus auf den Punkt brachte: »Die Dinge, die mich wirklich deprimieren passen nicht in einen Brief Libby – manche haben mit meinem persönlichen Leben zu tun – andere mit Pauls. Darüber kann ich natürlich nicht schreiben oder auch nur reden, vermute ich.« Und im Mai 1966, nicht mehr lange vor ihrem 50. Geburtstag, kam sie zu dem Schluß, daß sich die Schlinge, die sich vor einem Jahrzehnt um ihren Hals gelegt hatte, immer fester zusammenzog: »Libby, meine Orthographie macht mir solche Sorgen, daß ich Angst habe, nach Hause zu kommen und festzustellen, was mit mir alles nicht stimmt. Obwohl es früher gestimmt hat. Vielleicht ist es so etwas wie ein vorzeitiger Verfall, als Folge des früheren Schlaganfalls. Keine Ahnung. Ich weiß nicht mehr, was physische Ursachen hat und was geistig ist. Ich habe immer gehofft, daß es eines Tages besser wird, aber es sieht nicht so aus. Ich bin fürchterlich deprimiert und weiß nicht, wie ich allein zurechtkommen soll. ... Mein Gedächtnis ist seit dem Schlaganfall und der daraus resultierenden vorzeitigen Senilität so schlecht, daß ich alles vergesse. Aber wenn Du mich sehen könntest, würdest Du feststellen, daß ich immer noch charmant und sehr lustig und sogar jung bin. Ich mache mir gräßliche Sorgen um mich selbst, aber an manchen Tagen weniger.«[GMG] Schon die nächsten Briefe desselben Jahres konnte sie nicht mehr allein bewältigen; sie war fortan auf Hilfe angewiesen. Carla Grissman, eine an der American School of Tanger angestellte Lehrerin, erbot sich, sie zu tippen. Zum ersten Mal nannte Jane eine Sekretärin ihr eigen, der sie ihre Einfälle – darunter auch das eine oder andere Dramen- oder Prosa-Fragment – diktieren durfte. Eine Verbesserung zur Unzeit? »[Jane] machte einen sehr verstörten Eindruck«, entsann sich Carla. »Sie saß auf ihrem Bett und zupfte an der Perücke herum. Sie bewahrte ihr Geld in einem Koffer mit Kombinationsschloß auf und versuchte dauernd, sich an [den Code] zu erinnern, aber es war nicht leicht für sie. Schließlich sah ich ein, daß die Sache mit dem Schreiben nicht mehr klappen würde.«[ALO] Jane ließ sich, wenn Aïcha und Cherifa sie für einen Moment in Ruhe ließen, in den »ewigen Kreislauf von Einladungen zu Mittag- und Abendessen« der *upper class* hineinziehen; und auch ein von Paul als fruchtbringendes Ablenkungsmanöver geplanter Aufenthalt Janes bei Claire in Florida brachte keine nennenswerte Besserung.

Als sie im Postamt von Tanger einen Briefumschlag öffnete, der einen Zeitungsausschnitt über eine New Yorker *low-budget*-Aufführungsserie von *In the Summer House* enthielt, von der sie erst in letzter Minute in Kenntnis gesetzt worden war, reagierte sie trotz enormer Verärgerung eher mutlos. Ihre amerikanische Agentin Audrey Wood hatte augenscheinlich versagt oder es schlichtweg unterlassen, ihr als Autorin ein Mitspracherecht bei Gestaltung und Inszenierung einzuräumen. Die Off-Produktion am Little Fox Theater im Broadway-Distrikt lief ohnehin nur ein paar Wochen und schloß nach wenigen Vorstellungen. Jane hatte nichts mehr mit solchen Projekten zu schaffen. Interessierte sich aber jemand für die Filmrechte an Pauls *Sheltering Sky*, so ließ sie nicht locker, bis ihr Mann die Verhandlungen mit der nötigen Sachkenntnis bestreiten konnte, um sich bei Fragen wie Tantiemen und Copyright nicht übers Ohr hauen zu lassen.

Daß Alice Toklas ihr die löbliche Anspornungsgeste übermitteln ließ, Jane solle gefälligst wieder etwas Vernünftiges zu Papier bringen, brachte sie auf die Palme; und als Lawrence Stewart, der Sekretär Leonore Gershwins, befand, sie hätte sich positiv verändert und sähe »gut« aus, von ihrem »faltenlosen« Gesicht und »klaren Augen« sprach oder meinte, »sie wirkte selbstsicherer und schien mit ihrem Leben besser zurechtzukommen«, stand er mit seiner Einschätzung allein auf weiter Flur. Hiobsbotschaften gingen in der Zwischenzeit wie ein Platzregen auf Jane nieder: Nacheinander hatte sie den Tod von Sonia Kamalakar, mit der es zu keiner Aussöhnung gekommen war, die Nachricht vom Tode Helvetias, das Ableben von Pauls Eltern unmittelbar hintereinander, im Sommer 1966, und den Tod von Jay Haselwood, Wirt der von ihr heißgeliebten *Parade Bar*, wie Tiefschläge einzustecken. Und auch Tennessee Williams, für kurze Zeit zu Gast in Tanger, war seit dem Lungenkrebstod seines Gefährten Frank Merlo ein gebrochener Mann, nur mehr ein Schatten seiner selbst.

Jane und er blickten sich wie zwei tödlich Verwundete aus reglosen Augen an, stumm, mit dem Defätismus von Katastrophenopfern, denen alles genommen worden ist. Als die Köchin Aïcha die Buchhändlerinnen Gerofi alarmierte, daß seit Wochen nichts Eßbares mehr im Hause wäre, Paul auf Reisen und Jane im Itesa bis auf die Knochen abgemagert, versuchten alle Freunde vergeblich, ihr verständlich zu machen, daß sie doch irgendetwas zu sich nehmen müßte, daß sie über alles Geld der Welt verfügte. Jane schüttelte störrisch den Kopf, ließ ihre Konten unangetastet und hielt sich lieber an einem Cocktail aus Valium, Epanutin und Seconal schadlos. Sie vermengte Dragees, die sie auf ihre in Florida ausgestellten Rezepte bezogen hatte, mit jenen aus Tanger, ignorierte die Warnungen von Dr. Roux und schien willens, ihrem Dasein mit einer Überdosis ein Ende zu bereiten. Keinen einzigen Schritt bewegte sie sich mehr vorwärts, litt an Verstopfung, riskierte, buchstäblich von innen zu verfaulen. »Intestinale Adhäsion« wurde diagnostiziert.

Die überschwenglichen Kritiken zu Neuausgaben ihrer *Serious Ladies* und zur Erstpublikation ihrer *Collected Works* tangierten sie nicht. Das von David Herbert für sie veranstaltete Geburtstagsdinner in Anwesenheit der Gerofis, von Carla und Gordon Sager, zog wie ein lustiger, aber gefilterter Rausch an der Fünfzigjährigen vorüber. Man schenkte ihr einen Pekinesen als Spielgefährten, den sie apathisch streichelte, als handelte es sich um ihre Perücke; Libby Holmans seit Jahren ersehnter Besuch endete damit, daß die Freundin selbst einen Zusammenbruch erlitt angesichts der nackten Wahrheit. Libby hatte sich trotz der Lektüre von Hunderten von Briefseiten nicht annähernd ausmalen können, wie schlimm es wirklich um die Jubilarin stand. Beschämt floh sie vor einem Gespenst, das ihrer Freundin nicht einmal mehr von weitem glich. Und Jane – ihr lebenslang gehegter Wunsch, sich selbst zu demütigen, ein abstoßender Schemen zu werden, um den ihre beste Freundin einen großen Bogen schlug, sich systematisch zu erniedrigen, »um durch Sünde ihr geistiges Heil zu erlangen«, er war nun zum Greifen nahe.

Endlich kehrte Paul aus Bangkok zurück; es war der 2. März 1967. Nach einer knappen Konsultation mit Dr. Roux folgte er deren dringender Empfehlung und reiste mit Jane Hals über Kopf über die spanisch-marokkanische Meerenge nach Málaga. Dort ließ er sie in ein für Frauen reserviertes psychiatrisches Sanatorium einliefern. Und Mitte April begannen die dortigen Ärzte, Jane mit einer neuen Serie von Elektroschocks zu behandeln. Bowles' Hand zitterte, als er das Formular zur Einwilligung dafür unterschrieb. Er stimmte im vollen Bewußtsein zu, sein Bestes zu tun. Er wollte ihr nur das Weiterleben erleichtern. Es war unübersehbar, daß sie nie mehr ohne permanente ärztliche Betreuung zurechtkommen konnte, daß strengste Überwachung vonnöten war. Der fragliche Ausgang dieses ultimativen

Experimentes hing wie ein Damoklesschwert über ihm. Ihr Fesseln anzulegen, ließ sich für ihn nicht länger hinauszögern. Aber er wußte auch, wie immer er sich entschieden hätte, alle ausgestreckten Finger zeigten in jedem Fall auf ihn. Auf ihn allein.

Wenn Paul sich in diesen ungemein schwierigen Jahren des öfteren eine längere Auszeit genehmigt, dann geschieht das aus Selbstschutz. Um seinen regen, quirligen Erfindungsgeist nicht über Gebühr zu blockieren, um Sorge zu tragen, nicht ebenfalls einer Selbstzerstörung anheimzufallen durch fortwährende kreative Untätigkeit an einem einzigen Ort, die ihn lähmen und ersticken würde. Und wenn es zutrifft, daß Jane nicht mehr schreiben kann, weil er – so lautet der gängige Vorwurf – sie zur Entwurzelten gemacht hat, so gilt für ihn selbst, daß Wurzelnschlagen, und sei es in Tanger und auch nur vorübergehend, die ärgste Quelle künstlerischer Unfruchtbarkeit ausmacht. Folgerichtig ist er 1959 mit Wanklyn und Larbi Jilali monatelang im Hohen Atlas und in den Sahara-Ausläufern unterwegs, um sein musikethnographisches Projekt zu komplettieren. Zwischen Juli und Dezember dringt er bis in den Norden und Südwesten des Landes vor, kämpft um Zugeständnisse der Behörden. Ein Jahr später, 1960, flüchtet er sich in die Villa Cohen im noblen Marshan-Viertel. Dort, in der Rue Rebbi Mordejai Bengio, vertont er fünf Texte von Tennessee Williams und schließt sie zur *Gothic Suite* zusammen. Die Sängerin Alice Esty hat ihn darum gebeten, und, abgesehen von einer kleinen Anzahl von Bühnenmusiken, ist dies sein einziger kompositorischer Beitrag in einer Zeit, wo jeder Tag mit Jane einer Herausforderung, einem Überlebenstraining gleicht.

»Unsere gemeinsame Welt kreiste um das Thema ihrer angegriffenen Gesundheit«, zieht er die Bilanz seiner Version der *sixties*. »Jede Woche schien sie ein neues Symptom zu entwickeln, das zu den alten hinzukam; der Horizont ihrer Krankheit weitete sich immer weiter aus. Ich brauchte lange, bis ich begriff, daß mein Leben eine riesige Veränderung durchgemacht hatte. Das Leben an sich war schön gewesen; irgendwann, als ich nicht aufpaßte, hatte es sich in eine andere Art von Erfahrung verwandelt, an deren Härte ich mich so gewöhnte, daß ich sie inzwischen für selbstverständlich hielt.«[WSR] Um daran nicht vollends zu versteinern, flieht er 1961, wiederum mit Wanklyn, nach Marrakesch, mietet sich dort ein, und gemeinsam ziehen sie nach Tafraout weiter, wo wieder im Verborgenen, unter prekären technischen Bedingungen, am Rande der Illegalität Tonaufnahmen faszinierender traditioneller Musik entstehen.

Im Juni 1964 verschlägt es ihn in eine Einsiedelei auf dem Alten Berg, er bezieht dort ein Haus mit riesigem Waldgrundstück, das er einer Familie Bonnet abluchst. Zweifel daran, wie es mit Janie weitergehen soll, plagen ihn; zugleich schießen Dutzende von Einfällen für einen Thriller durch seinen Kopf, während er mit einem Notizbuch stundenlang zwischen einem Pfad am Meer und dem dichten Baumbestand des Geländes hin- und hertigert und sich von Brion Gysins exzellentem Koch kulinarisch verwöhnen läßt. Doch *Up Above the World,* das er hier beginnt und im darauffolgenden Winter abschließt, wird nicht der erhoffte Erfolg. Sein vierter Roman erntet durchwachsene, ja teilweise schlechte Kritiken. Man wirft Bowles Amoralität vor, ein ungesundes Vergnügen am Morbiden. Spricht davon, er habe sein ewiggleiches Thema endgültig überreizt. Der ursprüngliche Verleger, Random House, hat die Annahme des Manuskripts sogar rundheraus verweigert. Bowles wechselt zu Simon & Schuster und kann von Glück sagen, daß seine verläßliche Agentin Helen Strauss wenigstens ein überaus lukratives Angebot für die Filmrechte an Land zieht. Universal Studios bieten sage und schreibe 25 000 Dollar für den Stoff, und Paul überlegt nicht lange, als er zuschlägt.

Für ihn ist nicht etwa Zeit Geld, sondern Geld bietet ihm und Jane im Gegenteil temporären Aufschub. Zeit für die Premiere von *Yerma,* seinem zehn Jahre alten musiktheatralischen Sorgenkind. Zeit, einzelne seiner Erzählungen (*Delicate Prey* und *Distant Episode*), die er selber mit distanzierter Konzentration liest, für »Spoken Arts« auf Schallplatte aufzunehmen – heute würde man von einem »Hörbuch« sprechen, von der denkwürdigen Tonkonserve einer Dichterlesung. Zeit, einen Band mit kürzeren Texten und Reiseberichten unter dem Titel *Their Heads Are Green and Their Hands Are Blue* zusammenzustellen und herauszubringen, in dem auch – mit *The Rif, to Music* – seine Erfahrungen als Ethnomusikwissenschaftler und Feldforscher ihren Niederschlag finden. Zeit, seine senilen Eltern in Florida zu besuchen; Zeit, in Virgil Thomsons Zimmer im New Yorker Chelsea Hotel nochmals für Tennessee tätig zu werden und für *The Milk Train* die musikalische Kulisse zu zaubern. Zeit, der kubanischen Regierung einen Korb zu geben, wo er, mitten im karibischen Kommunistenmekka, 1963 eigentlich einer Literaturpreisjury präsidieren soll. Zeit für eine kurze Sommerfrische mit Jane in Asilah, südlich von Tanger. Zeit, Städteporträts und Reportagen zu verfassen; Zeit, Janes Fragmente zu sortieren und zu ordnen und sie, zu »richtigen« Texten aufgeblasen, im Blätterwald der USA an den Mann zu bringen.

Diese gewonnene Zeit schafft mit ihrer atemlosen Hetzerei Abstand zur bedrückenden Lethargie Janes. Hindert ihn daran, dem Beispiel der Slades aus seinem letzten Roman zu folgen und sich unter Beeinflussung durch andere als Paar in eine reale Hölle hineinziehen zu lassen. Und doch begreift er das Leben, das er zwischen 1957 und 1967 an der Seite einer Verlorenen führt, als einen einzigen Kompromiß. Wenn man ihm vorhält, er kümmere sich nicht genug um seine Frau, lasse ihr allzu viele Torheiten durchgehen, dann wird verkannt, wieviel an Freiheit er schon für sie aufgegeben hat. An unbegrenztes Reisen aus freien Stücken, an die Konzeption von Großprojekten etwa ist gar nicht mehr zu denken. Hart ist er also auch gegen sich selbst. Und es mangelt wahrlich nicht an Beispielen, daß Männer »in den besten Jahren« ihre schwerkranken Frauen, aus einem kurzentschlossenen, feigen Impuls heraus, im Stich lassen und sich mit jüngeren Partnern oder Partnerinnen einen zweiten Frühling verschaffen – während die »bessere Hälfte« ausgedient hat und allein ihrem Siechtum entgegengehen muß.

Die Härte rettet ihn. Vor übertriebenem Mitleid oder Trauer, als er den Tod von Claude und Rena zur Kenntnis nehmen muß. »Aus irgendeinem Grund verringerte sich mit dem Tod meiner Eltern das Unbehagen darüber, Tanger zu verlassen. Wahrscheinlich zeigte sich der Schock darin, daß er mich vollkommen teilnahmslos machte. Ich kann daraus nur schließen, daß ich mich extrem schuldig fühlte, sie aus meinem Leben ausgeschlossen zu haben.«[WSR] Wie seine Briefe an Virgil Thomson und den Schriftsteller James Purdy zeigen, bedeutet das traurige Doppelereignis für Bowles zuvörderst eine unnötige, ärgerliche Abänderung seiner zuvor gefaßten Reisepläne für das Jahr 1966 – mehr nicht. Die sich selbst zugefügte Härte rettet ihn auch vor Kurzschlußreaktionen und Eseleien wie dem angedrohten Selbstmord, mit dem er, als er nicht mehr aus noch ein weiß, Jane einmal in die Knie zwingen will, als sie sich wie üblich weigert, die Weisungen ihrer Ärzte zu befolgen. Ein Schwächemoment, ein Symptom größter Überforderung für den ansonsten so Beherrschten. Härte bietet ihm auch den nötigen Schutz vor der großen Sinnkrise, die ihn um 1960 erfaßt und Phasen eines *ennui* von tödlicher Verführungskraft durchstehen läßt, ein meditatives Kreisen um die Frage, wie er sein Dasein, über das Beistandleisten für Jane, über die Veröffentlichung des einen Musikstückes oder des anderen Textes hinaus, noch als lebenswert begreifen soll.

Bowles ist von Überdruß ergriffen, als handle es sich um ein Tropenfieber, das zu letaler Mattigkeit führt: »Eines der größten Probleme, womit ein Mann in meinen speziellen Lebensumständen fertigwerden muß, ist das Problem der Langeweile. Hat man erst einmal diesen stechenden Schmerz in all seiner Heftigkeit verspürt, gibt es kaum noch Hoffnung, ihn dauerhaft abschütteln zu können – jedenfalls nicht hier, an einem solchen Ort. Und obwohl man sich tausend verschiedene Möglichkeiten ausdenken mag, ihn zu vergessen oder seine Allgegenwart weniger unangenehm werden zu lassen: Das beste wäre wohl, ihn zu akzeptieren und zu studieren..., um gegen die Konfrontation mit dem Spiegel anzugehen.«[PB/AIS*] Zum Glück kreuzen, bevor die Spiegelfechterei samt Selbstbeweinung überhand nimmt, noch einmal drei junge Männer seinen Weg. Sie werden Spuren in seinem Dasein hinterlassen. Er darf also durchatmen.

Für den smarten jungen Amerikaner Bill Belli setzt er sich 1963 am geliebten Merkala Beach in Szene, in Kamelhaarmantel, schickem Anzug und gepunktetem Schal. Der vollendete Gentleman Bowles sinkt, eine Reminiszenz an frühere, unbeschwertere Zeiten, mit abgespreizter Zigarette und mondänem Lächeln, vor seinem Photographen in den Sand, ohne daß auch nur ein Körnchen davon sein perfektes Outfit beschmutzt. Auf einem anderen Konterfei am selben Tag linst er dann wieder wie ein ertappter Schuljunge scheel und bedeppert in die Kamera. Mit einem Holzstock ritzt er das jener Ära geschuldete Kultwort »STONED« in das feuchte Braun, bevor die Letternfolge, begleitet von einem grinsenden Strichmännchenkopf, von der Brandung wieder weggespült wird. Und Belli geht auf Pauls Spiel ein, imitiert dessen Posen, spielt den unangreifbaren Bowles auf isolierten Felsbrocken nach.

An ebendiesem Merkala Beach, vom Itesa aus bequem zu erreichen, führt ihm das Schicksal auch Larbi Layachi in die Arme, den Wächter des dortigen Strandcafés. Einen authentischen Wilden ganz im Sinne Steins hat er hier vor sich, einen ehemaligen Gefängnisinsassen ohne Bildung, aber ein großartiges Erzähltalent, einen Fabulierer. Ein marokkanisches Äquivalent zu Jean Genet. Layachi, der Analphabet mit seiner nachgerade unwahrscheinlichen Autobiographie – dem abenteuerlichen Auf und Ab eines Waisenkindes aus der Gosse – kommt auf Bowles zu, um mit dessen Hilfe »ein Buch zu machen«. Kaum stößt der Jüngling die ersten Sätze hervor, druckfertig, gekonnt, wie auswendig gelernt, mit Sinn für Rhythmus, Spannung und Proportionen, spürt Paul instinktiv, daß er hier ein Genie vor sich hat; er erkennt die künstlerische Chance für sie beide. Aus langen Sitzungen mit Tonband, Stift und am Ende einer langen Zusammenarbeit, bei der Bowles die Zeit wie im Flug vergeht und sein *ennui*-Intermezzo wie weggeblasen scheint, steht ein Text von beeindruckender Sprödigkeit und Humanität, die Aufzeichnung der Lehr- und Wanderjahre eines Ausgestoßenen, die

Chronik eines verkannten Häftlings, eines Diebes und Kif-Händlers, der fortgesetzt auf Kriegsfuß mit der staatlichen Autorität steht.

Paul sorgt für die Publikation in Amerika und beansprucht fast vierzig Prozent der *royalties* für seine Übersetzungs- und Transkriptionsleistung. Das trägt ihm herbe Kritik unter manchen der Mundsteller ein, die ihm unterstellen, er bereichere sich unrechtmäßig an ihren Einfällen. Dabei wissen sie nur zu genau, daß sie ohne seine Assistenz mundtot sind, im Ausland nie Verleger finden, im Inland beschäftigungslose Tagediebe ohne Ansehen und Ruhm bleiben werden. Als im Mai 1964 *A Life Full of Holes* in Buchform in den USA erscheint, wird es, um am Wettbewerb für das Beste Internationale Prosawerk des Jahres teilzunehmen, gar als »Roman« in die Buchhandlungen gebracht. Beim Ringen um den Formentor Prize geht Layachi zwar leer aus, aber aus dem von der marokkanischen Polizei gejagten *outcast* ist ein literarisches Idol geworden. Das Buch des Jungen, der weder lesen noch schreiben kann, reißen sich die amerikanischen Intellektuellen aus den Händen. Im Inland bleibt Larbi, der seine Pappenheimer kennt, lieber auf der Hut und verläßt seine Heimat rechtzeitig, in Begleitung von Bill Burroughs, an Bord der »Independence« in Richtung New York, bevor die Übersetzung seiner Lebensgeschichte auf Französisch erscheint.

Ein weiser Beschluß des Querulanten – kaum ist die Publikation erfolgt, verhängen die Behörden über Nacht die Beschlagnahmung des lästermäuligen, brisanten Bestsellers. Seinen marokkanischen Landsleuten wird er vorenthalten. Als *Schuldlos schuldig* kommt er vor deutschsprachige Leser. »Selbst ein Leben voller Fallgruben, ein Leben, das nur aus Warten besteht, ist besser als gar kein Leben«, heißt es darin. Aus diesem Warten sind Worte geworden. Worte, die Paul als erster hört und aufschreibt. Worte, die wie ein Schrei nach Freiheit klingen, Worte wie glühende Kohlen für die politischen Zensoren und Tugendwächter, die sie nicht einmal mit spitzen Fingern anfassen mögen. »Ein Leben voller Löcher« oder »Fallgruben«, das wäre auch ein treffender Titel für die Vita Janes. Nur daß Jane der Sentenz widersprochen hätte. Für sie war das Warten das Schlimmste. »Gar kein Leben« wäre ihm vorzuziehen.

Kaum ist Larbi von der Bildfläche verschwunden – Paul wird ihm auch in Zukunft den Weg für weitere Publikationen freimachen und seine Texte in Anthologien aufnehmen –, da wird auch schon der nächste Mundsteller, Mohammed Mrabet, bei ihm vorstellig. Bowles ist Mrabet schon als Koch und Dienstbote eines anderen Amerikaners begegnet; nun befindet der schöne Jüngling, vom Anblick eines Exemplars von Layachis Autobiographie angestachelt, auch seine Stunde als Autor habe geschlagen. Bowles soll als Experte und Mittelsmann gefälligst den Bleistift zücken und sich diktieren lassen. Und der Bursche hat seine Geschichte gleich mitgebracht, *Love With A Few Hairs* (*Haarige Liebe*) wird sie später heißen. Eine Verwechslungskomödie mit Tücken, schwarzer Magie und wechselseitiger Abhängigkeit zwischen *expatriates* und »Tanjawis«. Frei erfunden. Nur daß der in beide Richtungen liebende Protagonist ebenfalls Mohammed genannt wird, sich nicht zwischen seinem Meister und Arbeitgeber »Mr. David« und der schönen Mina entscheiden kann – und daß man kein Vergrößerungsglas benötigt, um hinter der pikaresken Fabel, in der Bestechung, Abhängigkeit, Verzauberung, religiöse, ethnische, soziale und materielle Unterschiede die Hauptrolle spielen, das Modell – die Konstellation Jane-Cherifa-Paul-Mrabet – hervorschimmern zu sehen.

Die »haarige« Story bildet den Auftakt zu einer ganzen Reihe von kürzeren und längeren Publikationen, die Bowles, als Diener des phantasiebegabten Mohammed, über die Jahre sammelt, ediert und amerikanischen Verlegern mit Erfolg anbietet. Mit Mrabet leistet er Geburtshilfe bei einem weiteren literarischen Star. Er nennt eben einen bemerkenswerten Riecher sein eigen. Bald bekommt Paul sein neues Etikett als Mittler von »Ethno-Texten« aufgeklebt, man begreift ihn nun auch als geschickten Botschafter zwischen oralen Traditionen des Maghreb und westlicher Formulierungskunst. Denn wieviel er selber interpretierend hinzufügt und ausschmückt, wie streng und wortwörtlich seine »Übersetzungen« wirklich sind, wie es um den

Authentizitätsgrad bestellt ist, bleibt dahingestellt. Er äußert sich auf detektivische Nachfragen eher vage. Ob Transkriptionen oder Bearbeitungen – da läßt er sich wie stets nicht gern in die Karten blicken.

Nachdem Yacoubi langsam, aber sicher aus Pauls Leben verschwunden ist – dessen unerfreulicher Gefängnisaufenthalt sowie spätere Heirat und Vaterschaft haben einen Keil zwischen ihn und Bowles getrieben –, nimmt Mohammed gewissermaßen dessen Stelle ein. Behutsam erwirbt er Pauls Vertrauen, wird schnell ein enger Freund, geht die kommenden Jahrzehnte in dessen Wohnung ein und aus. Er macht sich unentbehrlich und gewinnt ein Ausmaß an Nähe und Intimität, das Bowles so schnell niemand anderem gewährt hat – nicht einmal Jane. Ob Sex dabei anfangs der Auslöser gewesen ist, darüber kann man nur spekulieren. Literarisch und menschlich ist die wechselseitige Anziehungskraft von Anfang an aber von allererster Güte. Ein atemberaubend ästhetisierendes Photoporträt des nackten Mrabet beim Fischen an den Felsen am Meer, hinter ihm die Wellenkämme im Gegenlicht, vor denen sich die kräftigen Konturen des jungen Mannes abzeichnen, hat Bowles 1965 von ihm angefertigt, das belegt, wie sehr er auch noch als Mittfünfziger von vollendeter männlicher Physis in den Bann geschlagen wird.

Und es existieren weitere Aufnahmen von unmißverständlicher Qualität, in denen er die Virilität und Verführungskraft Mohammeds einfängt – Mrabet mit entblößtem Oberkörper, nur ein Handtuch um die Hüften geschlungen, versonnen im narzißtischen Muskelspiel, selbstverliebt vor den Tasten einer Schreibmaschine posierend. Mrabet als Charmeur an der Seite des offenkundig selbstbewußt-tuntigen Gysin. Und, *last but not least*, eine ganze Serie von Bildern, die 1969 am Cap Spartel, an der Atlantikspitze Tangers außerhalb der Stadt, von Paul und Mohammed als Paar entstanden sind: ein muskulöser, braungebrannter Mrabet als Herkules beim Handstand und in eindeutig homoerotischen Posen, gespreizten Schenkeln und mit dem herausfordernden Lächeln physischer Dominanz. Neben ihm, ganz untypisch einmal in neckischen kurzen Shorts, im Strandunterhemd und mit einem Halstuch angetan, ein Paul Bowles in Einstellungen von rarer Effeminität, das obligate Kif-Pfeifchen immer in der Nähe. Ein starker Kontrast: hier der gutaussehende Mohammed, ganz der eingeborene Adonis, dort der schmächtige, zartgliedrige Bowles, der es darauf angelegt zu haben scheint, äußerlich und im Gehabe Truman Capote nachzueifern. Und der ikonographisch nicht einmal ansatzweise irgendein »männliches« Attribut herauskehrt.

Es versteht sich von selbst, daß Mrabet und der abtrünnige Yacoubi nicht gerade voneinander begeistert sind. Mohammed vergrault Ahmed schließlich für immer, als er den jungen Ehemann beim Prellen einer Hotelzeche auf frischer Tat ertappt und zur Rede stellt. Dafür entwickeln Mrabet und Jane um so größere Zärtlichkeit füreinander, es kommt zu einer aufrichtig freundschaftlichen Bindung. Mohammed nimmt immer öfter ihre Position ein, versetzt sich in die Lage der Kranken. Und attackiert Paul bald genauso heftig wie die Prinzessin Ruspoli, wenn jener nicht genug gegen die frechen Vorstöße Cherifas unternimmt. Wenn Jane ihrer »Hausangestellten« am Morgen 50 000 Francs »spendet« und die Beschenkte abends bereits neue finanzielle Forderungen zu stellen beginnt, ist für Mrabet das Maß voll – er wirft Paul Passivität und Tatenlosigkeit vor, schimpft mit ihm und setzt ihn unter Druck, er müsse die Magierin noch am selben Tag hinauswerfen. Doch Paul hat, was die komplexe Angelegenheit mit Cherifa betrifft, längst resigniert. Solange er sich selbst das Recht auf enge, intime Männerfreundschaften, von denen Jane ausgeschlossen bleibt, herausnimmt, hat er ihr, so lautet seine unbestechlich objektive Auffassung, nicht vorzuschreiben, wie sie ihren Umgang gestalten soll.

Wenn Jane das Geld auch zum Fenster hinauswirft – es handelt sich primär um ihr eigenes Geld. Im Bowles'schen Haushalt getrennter Kassen ist materielle Unabhängigkeit und Entscheidungsfreiheit von jeher eine unantastbare Basis gewesen. Und Paul ist auch weiterhin von der fixen Idee besessen, daß Jane mit der Gestaltung ihres Lebenswandels in Tanger ihr persönliches Glück in Marokko gefunden hat: die Integration in die Frauenzirkel der Einheimischen hier, mit denen sie in der Landessprache parliert; das Gesellschaftskarussell der vermögenden Europäer und Amerikaner dort, wo sie als *very important person* verkehrt und als Attraktion herumgereicht wird. Er weiß, daß sie aus beiden Milieus auf ihre Weise große Bestätigung erfährt. Hätte sie in New York wirklich ein so grundsätzlich anderes Dasein geführt? fragt er sich und verschließt somit partiell die Augen vor der Brutalität und Gnadenlosigkeit von Janes Kreuzweg und dessen absehbarem, unausweichlichem Ende.

Er ahnt, daß der von ihm erzwungene Ausschluß einer lebenswichtigen Figur wie Cherifa aus Janes Leben das Dilemma nur willkürlich verschärfen würde. Jemanden, den sie dermaßen liebt, per Handstreich auszuradieren, das bringt er nicht über sich. Den Folterknecht kann und darf er nicht spielen. Und außerdem verfolgt ihn folgende triviale Erkenntnis: Wie er es auch anfängt, welche Reaktion er im Hinblick auf seine Frau auch die Oberhand gewinnen läßt, er würde es so oder so falsch machen, sich Vorhaltungen einhandeln, von Freunden und Freundinnen vor Ort zur Rede gestellt, von Claire und Libby zur Rechenschaft gezogen werden. Jane in die Obhut amerikanischer Spezialisten übergeben, sie ins USA-Exil verfrachten, wo hervorragende Kliniken für sie bereitstehen? Damit wäre ihre Ehe zum Teufel, alle Verbindungen zum Kosmos der marokkanischen Frauen gekappt, Jane würde augenblicklich vor die Hunde gehen. Er stünde als feiger Schlappschwanz da, der die für sich selbst bequemste Lösung vorzieht. Es würde heißen, er wolle sie loswerden. Aber Paul möchte Jane gar nicht aus seinem Leben, aus seinem Alltag ziehen sehen.

So wie sie auf ihn, ist er längst auch auf sie angewiesen. Auf ihre Präsenz, ihre Spinnereien, ihre Mini-Dramen. Weiter dabei zuzuschauen, wie sie sich zu Tode trinkt, ärztliche Anweisungen ignoriert, sich zum Spielzeug herrschsüchtiger, gewalttätiger Frauen macht, wird für ihn dagegen zum unerträglichen Schauspiel. Vor allem wird es ihm, Mohammed und Martha liegen ihm damit in den Ohren, als unverantwortliche Zustimmung zur fremdbestimmten Zerstörung Janes ausgelegt. Er fühlt, ihm sind die Hände gebunden. Ihm ist bewußt, daß seine Vogel-Strauß-Politik nicht mehr lange verfangen kann: Irgend jemand wird ihm mit Gewalt den Kopf aus dem Sand herausreißen. Auf einmal ist auch er ein Gefangener inmitten des Labyrinths, der im Dunkeln tappt. Hinter jeder Wegbiegung von undurchdringlicher Schwärze liegt eine noch tiefere, noch abgründigere Sackgasse. Mit verbundenen Augen irrt er von Falle zu Falle und hat die Hoffnung auf das Finden eines Auswegs im Grunde seines Herzens aufgegeben.

Als Deus ex machina in höchster Not trifft 1966 ein Angebot des amerikanischen Verlagshauses Little, Brown bei Paul ein. Man fordert ihn auf, ein Städteporträt von Kairo zu verfassen. Eine Monographie. Unbegreiflicherweise verzichtet Bowles auf die faszinierende Aussicht, eine Zeitlang in der ägyptischen Metropole, die gerade für ihn, den Liebhaber Nordafrikas, enorme Attraktivität besitzt, zuzubringen. Kairo findet er »nicht sehr verlockend«. Aber er greift nach dem Strohhalm. Schlägt Alternativen vor, Lissabon, Marrakesch oder Hongkong. Man einigt sich schließlich auf Bangkok. Paul ist fest entschlossen, die Reise nach Südostasien anzutreten. Die Bestattungsformalitäten für Claude und Rena, der Verkauf von deren Domizil in Florida, beides nervtötende Abwicklungen, mit denen er sich in den USA kurzzeitig herumschlagen muß, vereiteln den sofortigen Aufbruch, doch im Sommer fährt er auf der »Tarantel« von New York aus sieben Wochen lang westwärts nach Thailand. Der Name des Schiffes – ein böses Omen? Es ist die erste lange Trennung von Jane seit dem Fiasko von 1957. Mehr als neun Jahre – für einen Unruhegeist wie Paul eine halbe Ewigkeit. Sein Gewissen hält er deshalb im Zaum, als er sich über Kalifornien, Hongkong und die Philippinen seinem Tropenziel nähert, versucht, die Dauervorstellung einer ohne seine Hilfe verendenden Jane für Momente auszublenden, wenn er zwischen Pagoden und Märkten, Kultstätten und Klongs auf der Suche nach Inspiration entlangflaniert.

Es kommt anders als erhofft. Der Aufenthalt wird für den desillusionierten Nomaden zur Enttäuschung. Er erlebt einen

Moloch, den westliche Einflüsse bereits bis zur Unkenntlichkeit verstümmelt haben.»Bangkok war nicht die grüne und stille Stadt voller Kanäle und Tempel, von der ich geträumt hatte. Der Ort hatte so viel von seinem ursprünglichen Flair eingebüßt, daß das wenige, was übriggeblieben war, inmitten einer derart entschiedenen Verwestlichung pervers und absurd erschien. ... Der überwiegende Teil sah aus, als habe man die schäbigsten Viertel der Bronx in den Sumpf von Florida verfrachtet. ... Überall waren die Kanäle zugeschüttet; die offenen waren faulig und ungesund geworden.«[WSR] Im Winter zieht er weiter nach Chiengmai, diskutiert mit buddhistischen Mönchen. Wieder führt er Tonaufnahmen durch, stattet der Insel Penang einen Besuch ab. Er erkundet Mangrovenwälder und die Pilgerstätte Ayudhaya; er erlebt mit, wie amerikanische GIs, für eine Gnadenfrist der benachbarten Hölle Vietnam entronnen, sich mit Opium und von Prostituierten verabreichten Massagen ein schönes Wochenende machen. So verständlich deren von existentiellen Ängsten gespeiste Überlebensgesten ihm auch erscheinen mögen, ein solches Grauen als Reaktion auf ein anderes Grauen ekelt ihn an.

Sein Herz ist ohnehin nicht bei der Sache. Beunruhigende Briefe aus Tanger gehen bei ihm ein, bleiben dann ganz aus. Panik steigt auf. Und gezaudert wird nicht – er bricht Ortserkundung und Projekt einfach ab. Zwei Monate dauert die Rückfahrt, eine Schiffspassage, bei der die Ungewißheit an ihm nagt (anstatt, der Dringlichkeit halber, über seinen Schatten zu springen und sich in ein Flugzeug zu zwängen).»Im März erreichte ich Tanger in der Hoffnung, Jane sei nur böse, weil ich mich geweigert hatte, sie mitzunehmen. Es war viel schlimmer. Sie hatte eine schwere Depression, an Essen und Schlafen war kaum zu denken. ... Sie war nicht der Meinung, daß sie [nach Málaga] ins Krankenhaus gehen sollte, doch sie kam mit. Aus Verzweiflung, nehme ich an.« Der verhaßte Schritt wird überfällig, um den vollständigen Taumel in mentale Obdachlosigkeit zumindest abzubremsen. Andalusien ist noch der vernünftigste Kompromiß, mag Paul beschlossen haben – westlicher medizinischer

Standard wird gewährleistet, und Visiten bei Jane sind aufgrund der geographischen Nähe leicht durchführbar. »Jedesmal, wenn ich sie besuchte, flehte sie mich an, sie nach Tanger zurückzubringen.«[WSR] Nur die Meerenge liegt zwischen ihnen beiden. Aber das Paar trennt ein ganzer Kontinent.

Wenn ihr mit Tanger ein Exil auferlegt worden ist, an das sie sich erst nach und nach gewöhnt hat, um letztlich dort heimisch zu werden, so ist dieses Südspanien der Hospitäler und Einsamkeit im Vergleich dazu ein ferner Planet, auf den sich so gut wie nie ein Außerirdischer verirrt. Im Frühsommer 1967 tritt ihre Buchhändlerfreundin Isabelle Gerofi als erste den Gang nach Canossa an, bangend und dennoch voll gedämpfter Vorfreude. Ihr begegnet eine »traurige, alte Rentnerin«, schmucklos gekleidet in eine »saubere, weiße Bluse und einen Faltenrock«. Von Elektroschocks gezeichnet, bestürzender Melancholie anheimgefallen. Und keine fünfzig Kilo schwer. Der kleine Ausflug zu zweit auf eine sonnenbeschienene Terrasse endet mit einer Katastrophe – im Bloody-Mary-Cocktail, den Jane für sich bestellt, befindet sich, so hat die Pflegebedürftige es vom *camarero* verlangt, mehr Wodka als Tomatensaft. Torkelnd, einander stützend und von fremden Leuten als Betrunkene ausgelacht, stolpern die beiden Frauen wieder ins Sanatorium zurück, wo Jane, ohne zu bemerken, daß ihre Freundin noch zugegen ist, vom Nebel »tiefer Traurigkeit« umgeben, sich fast erleichtert der Wirklichkeit entzieht.

Ihre Arteriosklerose schreitet mit Siebenmeilenstiefeln voran. Und in ihrem Kopf, auf dem man während der Schocktherapie »Blöcke« befestigt hat, spuken unausgegorene Ideen für einen Roman herum, wie sie Paul mit Eifer darlegt. *Dr. Cotrina* soll er heißen – das ist aber nur der Name ihres behandelnden Arztes in Málaga. Bowles wiegt lediglich nachdenklich und bekümmert den Kopf. Bemüht sich, aufmunternd zu lächeln. Er gibt den Stab an David Herbert ab, der soeben von Gibraltar hinaufgekommen ist. Eine Mappe hat der alte Freund dabei, in der sich die von ihm gesammelten Besprechungen ihrer *Gesammelten*

Schriften befinden. Eine positive Rezension jagt die andere, von »Meisterwerken« ist sogar die Rede. Jane kann nichts mehr auf den bedruckten Seiten entziffern, darum liest er ihr aus dem Pressedossier vor. Je begeisterter er daraus rezitiert, bis sich seine Stimme überschlägt, desto stiller wird die Gepriesene. Sie weiß, daß David ihr eine große Freude bereiten will. Doch sie sagt ihm, daß er ihr mit jedem weiteren Wort eine Verletzung zufügt. Bezeichnet ihn gar als Barbaren. Seine Lesung reißt eine klaffende Wunde, die nie wieder zuheilen wird, noch weiter auf.

Denn Jane spürt am Ton der Lobpreisungen die vertanen Chancen, das verwirkte Leben. Die Kluft zwischen der Möglichkeit, eine fabelhafte Schriftstellerin zu sein, materialisiert in einem Band, der ihr mit Grausamkeit ihr Scheitern vor Augen führt, und ihrer zukünftigen Unfähigkeit, ihm auch nur einen halben Satz hinzuzufügen, der Bestand haben könnte. Zwischen geglückter Kunst und dem nahenden Ende. Jede Zeile der euphorisierten Kritiker, die diese Autorin wie einen Geheimtip zu entdecken glauben, fährt ihr als Messerstich in die Eingeweide. David erkennt, daß etwas schiefgelaufen ist. Liest die Fassungslosigkeit von ihrem versteinerten Gesicht ab. Hält mit der Lektüre inne, als sie mit schwacher Kraft abwehrend die Hand hebt. »Ich war vollkommen niedergeschmettert«, bekennt der verwirrte Wohltäter, der sich keiner Schuld bewußt ist.

Schließlich kann Jane es nicht mehr mitansehen, wie David, hin- und hergerissen zwischen guter Absicht und ihrem unausgesprochenen Vorwurf, am Schaufeln ihres Grabes aktiv mitzuwirken, sichtbar leidet. Sie nimmt ihm den Papierstoß aus den Händen, legt ihn beiseite. Und greift stattdessen nach Stift und Buch. Ihrem Buch. »Ich möchte eine Widmung für Dich hineinschreiben«, erklärt sie dem Verdutzten. Fast versagen ihr die Finger den Dienst, als sie zur Überschrift *Collected Works* einen Untertitel hinzufügt. Dann klappt sie den Band zu.

David Herbert schlägt die entsprechende Seite erst auf, als sein Taxi an der Ausfahrt von der Klinik um die Kurve biegt. Er dreht sich noch einmal nach ihr um. Im Rückspiegel wird die winzige Gestalt hinter dem vergitterten Tor, die er einst zur Königin von Tanger erklärt hat, immer kleiner, bis sie ganz verschwindet, in der Sommerhitze aufwirbelnder Staub die Sicht verdeckt und nur noch eine diffuse Wolke auszumachen ist. Während der Wagen weiterruckelt, beugt er sich über das Gedruckte, um das ihm zugedachte Bleistiftgekrakel darunter zu entziffern. Und er liest die Worte: »of DEAD Jane Bowles.«

9

STILLE TAGE IN MÁLAGA
SCHACHTELN, DIE AN
KOPFWÄNDE STOSSEN

[Sie] ließ die Faust auf den Tisch fallen.
Sie sah ganz erbärmlich aus.
»Ich bin vor die Hunde gegangen –
und das ist etwas,
das ich mir seit Jahren gewünscht habe.
Ich weiß, meine Schuld könnte nicht größer sein,
aber ich habe mein Glück,
und das verteidige ich wie eine Wölfin,
und Autorität habe ich jetzt
und etwas mehr Kühnheit;
Eigenschaften, die ich,
wie Sie sich erinnern werden,
vorher nie besessen habe.«

Jane in *Two Serious Ladies* (1943),
Monolog der Mrs. Copperfield[ZED]

Es gab niemand anderen, mit dem ich lieber zusammen war.
Sie verstand jeden Doppelsinn,
und wir konnten über absolut alles reden.
Wir waren wie zwei Verschworene,
außergewöhnlich stark miteinander verbunden.
Ihr Tod war ein furchtbarer Schlag für mich.
Ich verlor die Hälfte meiner selbst.
Ich hatte auf nichts mehr Lust; ich hörte auf zu reisen.

Paul über *Jane* (1989)[TNG/SPA]

Noch keine vier Wochen ist Paul zurück in Tanger, als er sich gezwungen sieht, kurzen Prozeß mit Cherifa zu machen. Eine harmlose Umtopfungsaktion im jetzt zur Hälfte verwaisten Immeuble Itesa ist der Auslöser. Mit Mrabet steigt er vom vierten in den dritten Stock hinab, um eine dickblättrige, zu groß gewordene Pflanze in Janes leerstehendem Appartement aus dem prallen Sonnenlicht in den Halbschatten zu rücken. Sie machen sich an dem Übertopf zu schaffen und heben das Schwergewicht an. Der wuchernde Philodendron, es ist beschlossene Sache, soll eine Etage höher, bei ihm zu Hause, sein Dasein fristen. Ihre Rechnung haben sie ohne Cherifa gemacht. Zischend und aufgebracht, ihr geöffnetes Messer in der rechten Faust, blockiert sie die Wohnungstür und will den Abtransport mit allen Mitteln verhindern. »Sie war ein Horror.« Sie schwört, ohne ausreichendes Licht müsse die Pflanze augenblicklich eingehen. Eine Ortsveränderung sei für sie unzumutbar. Es kommt zu einer Rangelei, und unter dem lautstarken Gekeife und Gezerre der verhaßten Magierin schieben sich die beiden Männer über die Zimmerschwelle, zum Glück unverletzt, an ihr vorbei. Oben, beim Aufbrechen des zu klein gewordenen Topfes, gellen ihnen ihre Protestrufe und Verwünschungen noch in den Ohren. Und dieser Lärm wird abgelöst vom schrillen Entsetzensschrei von Bowles' Dienstmädchen: »Nicht anfassen! Bloß nicht anfassen!« Eine unheilvolle Ahnung hat von der jungen Marokkanerin Besitz ergriffen.

Und sie soll recht behalten: Zwischen Tonscherben und Brocken trockener Erde entdecken Paul und Mohammed, völlig perplex und angewidert, abermals ein zwischen die Wurzeln geklemmtes *tseuheur*-Päckchen. Die bewährte Mischung aus verkohlten Fußnägeln, Blut, verbrannten Stoffetzen, Schamhaaren. Nie würde ein Einheimischer ein solch makabres Konglomerat berühren. Paul aber hat keine Wahl. Er befördert es mit spitzen Fingern ins Toilettenbecken, betätigt die Spülung. Und nutzt die in ihm aufsteigende Erregung, um im gleichen Atemzug Cherifa auf der Stelle aus dem Haus zu werfen, vollzieht den bedeutsamen Schritt, zu dem ihm so lange der Mumm gefehlt hat. Der Philodendron, so klärt man ihn auf, ist Cherifas Stellvertreter gewesen. Ihr verlängerter Arm, mit dem sie uneingeschränkte Macht über Janes Wohnung erlangt hat. Ein Terrain kontrollieren, regieren, verwünschen konnte. An ihrer Statt und in ihrer Abwesenheit würde er Befehle für sie ausführen. Es genügte, auf die Pflanze verschwörerisch einzureden und beispielsweise eine bestimmte Summe Geldes einzufordern. Ihr die Vollmacht zu erteilen. Stunden später hatte Cherifa dann den erwünschten Betrag von Jane eingetrieben.

Über Jahre hinweg hat sie, so will es der Aberglaube in Tanger, alle Geschehnisse innerhalb dieser vier Wände überwacht und unter ihren Entscheidungswillen gezwungen. Mit dem Verschwinden des verzauberten Topfes und ihrer fristlosen Entlassung ist hingegen ein Bann gebrochen. Jane wird nicht länger fremdbestimmt weiterleben müssen. Womöglich, so legen es die Vermutungen seiner »Tanjawi«-Freunde nahe, ist ihr kritischer Zustand überhaupt erst durch die Ausstrahlung des vergifteten Philodendron zustande gekommen. Und trotz seiner grenzenlosen Erleichterung nagen Zweifel an Bowles, ob er sich mit der heroischen Geste, Cherifa zu feuern, nicht ohne Absprache über eine stillschweigende Übereinkunft mit Jane hinweggesetzt hat. Doch genug ist genug. Die jahrelangen fortgesetzten Betteleien, die Überschreibung des Hauses, Geld, das immer häufiger unter rätselhaften Umständen verschwunden ist und sicher von ihr gestohlen wurde, der plötzliche Tod seines Papageis, der im Vorjahr über Nacht eingegangen ist. Von ihr etwa böswillig um die Ecke gebracht? Spekulationen sind Paul einerlei; in seinen Augen hat sich die *tseuheur*-Wiederholungstäterin eindeutig diskreditiert. Mag Mrabet auch witzeln, Cherifa habe erneut einen eigenwilligen »Salade niçoise« zusammengemixt; der verängstigte Blick seiner Köchin besitzt größere Aussagekraft für ihn, den »Mann im Haus« wider Willen. Die unerhörte Dreistigkeit der allseits gefürchteten »haya« war der Tropfen, der das Faß zum Überlaufen gebracht hat.

Im Juli 1967 holt Bowles Jane aus der Klinik zurück nach Tanger; die direkte Fährverbindung zwischen Málaga und ihrer Heimatstadt ermöglicht schnelle Kontaktaufnahme. Matt und schwach ist sie, ein Federgewicht. Mag sie auch zuweilen ausgeruht wirken, fast gelassen, so läßt ihr eine schubweise auftretende nervöse Unruhe keinen Frieden; eine neue Etappe ihres Leidensweges hat erst begonnen. Mal ist sie zappelig, mal apathisch. Gleich zweifach hintereinander muß sie Operationen zur Entfernung ihrer Hämorrhoiden über sich ergehen lassen. Vor Schmerzen wimmernd liegt sie nächtelang wach; keine Anästhesie scheint etwas ausrichten zu können gegen die unvorstellbare Pein, die in ihr wütet. Kaum ist das Gröbste überstanden, folgt den Eingriffen die gespenstische Photoserie auf dem Fuß, die Terence Spencer im Auftrage von *Life Magazine* über sie und Paul in Tanger anfertigt. Legendäre Berühmtheit hat sie erlangt – dabei gelangen mit ihr Bilder von fast obszöner Schamlosigkeit vor den Betrachter. Eine hilflose, schmächtige Jane im weißen, ärmellosen Sommerkleidchen und Badelatschen, kettenbehängt und auch kettenrauchend, eine schlechtsitzende Perücke über das verstörte, ausgemergelte Gesicht gestülpt. Spencer bleibt ihr dicht auf den Fersen und weidet sich an der Live-Tragödie dieses famosen, paradoxen Bowles-Gespanns, während die Textjournalistin Jane Howard ihre indiskreten Fragen abspult.

Wir sehen Jane, von der Schocktherapie gezeichnet, hilflos untergehakt bei einem ratlosen Paul, beide tun so, als schritten sie arglos eine typische Gasse aus weißgekalkten Häuserkuben hinab. Wir sehen Jane, der man erbarmungslos aus der Froschperspektive das Objektiv ins verschreckte Antlitz bohrt, hilflos untergehakt bei einer gänzlich unter schwarzem Stoff verschwundenen Cherifa, wobei der Gesichtsschlitz nur ein Paar bedrohlich funkelnder Sonnenbrillengläser freigibt. Cherifa? Ja, sie hat sich längst im Handumdrehen wieder Zugang zu Janes Leben verschafft. Trifft die Kranke heimlich in Kinos, läßt sich auch weiterhin ein »Gehalt« auszahlen. Sieben Jahre später gesteht ein düpierter, frustrierter Paul in einem Interview mit Michael Rogers für die Popzeitschrift *Rolling Stone* seine andauernde Machtlosigkeit ein: »Mrs. Bowles ließ es nicht zu, daß ich [Cherifa] feuerte. Sie sagte: ›Ich habe sie eingestellt, und wenn ich es für angebracht halte, werde ich sie entlassen; aber du darfst das nicht.‹ Dummerweise wußte das diese Frau. Sie war sehr feindselig. Wenn sie mir allein begegnete, holte sie [ihr Messer] heraus und – schwupp – sauste [ihre] Messerhand auf mich zu. (Er machte eine in Richtung Hals stoßende Geste.) ›So wird es dir eines Tages ergehen‹, sagte sie dann immer. Eines Nachts hat sie versucht, mich zu blenden. Ein Monster, ein echtes Monster. Ich könnte Ihnen Photos von ihr zeigen, da würde Ihnen ein Schauer über den Rücken laufen.«[ZTD] Photos, die diesen Schauer erzeugen, hat Spencer zuhauf aufgenommen. Sie gehen um die Welt. Jane, von einer diabolisch grinsenden Cherifa und anderen marokkanischen Frauen umringt, vor einer teppichbehangenen Wand. Jane auf einer Gala bei den Ruspolis, eingerahmt von einer wieder unter *haik* und *litham* verborgenen Cherifa und einer verführerisch lächelnden Gastgeberin Martha. Beide weichen ihr nicht von der Seite, haben sie fest im Griff. Mühlsteine um ihren Hals, die ihr gebeuteltes Haupt in den Abgrund ziehen.

Wenn man Paul darauf anspricht, daß diese Frauen schon rein optisch im Grunde Terroristinnen gleichen, besteht er auf der Korrektur der Formulierung und betont: »Sie sahen nicht nur so aus, es waren tatsächlich welche.« Jane und er als Geiseln ihrer Traumstadt, die weder dem sensationslüsternen Treiben der Illustriertenleute noch der magischen Suggestivkraft leibhaftiger Gespenster Einhalt gebieten können? Das Vorhaben der westlichen Reporter, dieses mythische Paar im Glanz seines bewältigten Exils in visueller Hinsicht mondän aufzuzäumen, mißlingt. Wer genau hinsieht, erkennt eine Ausgelieferte, umringt von Besitzergreifenden. Und irgendwo am Bildrand den ohnmächtigen Ehemann, mit den losen Enden des Ariadnefadens in den Händen. Der keine Antwort mehr auf die Frage weiß, wie man schnellstmöglich den Irrgarten aus vergifteten Riesenpflanzen und überlebensgroßen Verfolgerinnen hinter sich lassen könnte.

Auf ihrem Zickzackkurs durch ein gestelltes Tanger, das ihnen nicht mehr gehört, in dem sie ohne Kompaß umherirren, haben sich Jane und Paul auch auf einem denkwürdigen Fest bei John Hopkins knipsen lassen, bei dem außer ihnen und Dutzenden anderer Gäste Mrabet eingeladen ist und eine Gruppe von Jilali-Musikern alle Anwesenden allmählich in Trance und hypnotische Verzückung trommelt. Ihre Verfolger von *Life* lichten sie auf peinliche Weise als ahnungslose Touristen ab, wie auf einem organisierten Folkoreabend unbeholfen zu den mysteriös-insistierenden Tonreihen der tieftönigen Jilali-Flöten in die Hände klatschend. In Wahrheit werden sie Zeugen eines streng geregelten choreographischen Ablaufes, der Mitglieder dieser Sekte, zu denen auch Mohammed zählt, nahezu automatisch in einen Zustand der Besessenheit überführt. Eine Ladung glühender Kohlen entlädt sich über ihn und die anderen Tänzer. Der von Ekstase Beherrschte richtet unter rhythmischen Zuckungen auf einmal einen gekrümmten Dolch gegen sich selbst. Nur mit Mühe und unter Inkaufnahme von Verletzungen gelingt es den umstehenden Männern, den Zauber zu brechen und Mrabet vor einer selbstzerstörerischen Bluttat zu retten. Um so größer ist dessen psychische Verwirrung – er braucht Stunden, ja letztlich Tage, um seinen Normalzustand wiederzuerlangen. Das angestrebte Ritual der Selbstverstümmelung, der Klimax, auf den die gesamte, den Verstand betäubende Musikdarbietung gezielt zugeschnitten war, ist nicht vollzogen worden. Eine unbefriedigende Erfahrung.

Paroli bietet ihr Jane mit einem anderen Tanz, direkt vor Pauls Kamin: Ohne Vorbereitung brechen ungebärdige Konvulsionen aus ihrem Kindskörper, um den Rock und Bluse wie die Fetzen einer Fahne herumschlottern, hervor. Das Solo gleicht einem wilden Striptease. Als seien Blitze in sie gefahren. Enthemmt und selig kreist sie um sich selbst; ungeahnte Energien brechen sich Bahn. Bowles und die übrigen amerikanischen Freunde sind schockiert; kaum ist die Entfesselte zu bremsen. Und als sich das Jahr seinem Ende nähert, wohnt Cherifa wieder bei ihr im dritten Stock. Es handelt sich dabei nur um die Ruhe vor dem Sturm. Denn von einem Tag auf den anderen zieht Jane aus, nimmt Quartier im Hotel Atlas. Nicht daß sie Luftveränderung benötigt. Doch hier, in der Rue Moussa ben Nousair, trennt sie nur noch ein Steinwurf von den Verlockungen der *Parade Bar*. Sie hält sich für die Reinkarnation von Barbara Hutton, fiebert im Dauerdelirium ihrer Debilität entgegen. Für Wochen setzt sie sämtliche Medikamente ab. Um ihr Schreiben ist es denkbar schlecht bestellt.»Ich fand schon immer, daß es die schrecklichste aller Aktivitäten ist, und daran hat sich bis heute nichts geändert. Gleichzeitig hatte ich trotzdem schon damals, [als ich etwa fünfzehn war,] das Gefühl, daß ich es tun müßte.«[ALO] Nunmehr, mit Anfang fünfzig, verlegt sie sich auf andere Zwangshandlungen. Sie spielt die Samariterin. Verschenkt ihren Schmuck, ihre Garderobe, ihr Geld. Stellt Schecks aus. An Cherifa, an Barkunden, an durch die Stadt geisternde Blumenkinder, die Tanger mittlerweile zu Tausenden bevölkerten.

»Die Hippies, die ich Ende der sechziger Jahre kennengelernt habe, waren traurige Gestalten«, konstatiert Paul. »Sie hatten alle immer dieses vorfabrizierte, obligatorische Lächeln im Gesicht. Grauenhaft. ... Sie lachten niemals, aber sie hatten alle dasselbe erstarrte Lächeln – wie die glücklichen Arbeiter auf den Propagandaplakaten. Meistens hatten sie ihr Geld oder ihren Paß verloren. Es zog sie auch immer in die Küche. Nie brachten sie etwas mit, außer Neuigkeiten aus den Staaten, denen ich entnehmen konnte, daß alles noch viel schlimmer war, als ich es mir sowieso schon dachte. Jane haßte sie.«[PB/TNG] Oder liebt sie vielmehr, weil sie ihr einen Moment lang zuhören und, insbesondere die jungen Mädchen, auf so unheimliche Weise ähnlich sehen. Spindeldürr, von Drogen entstellt, wirres Zeug redend, zwischen Lethargie und Euphorie pendelnd. Meister im Herumhängen und Zeitvertrödeln, und Englisch sprechen sie auch noch. Haß oder Liebe – Janes Zuneigung ist jedenfalls groß genug, um Konten zu plündern, Drinks zu spendieren, Dollars und Peseten bündelweise unter den johlenden Aussteigertypen zu verteilen. Ein Goldregen für die Schnorrer. Wenn sie nach ihrem Spendenrausch sturzbetrunken kein Halten mehr kennt, bis sie von der neuen Barbesitzerin Lily Wickman schließlich unsanft auf die Straße befördert wird, gleitet sie in die Arme der draußen bereitstehenden Cherifa.

Jane nimmt sie vor den Schmähungen ihrer fassungslosen Freunde auch noch in Schutz: »Ohne uns wäre [Cherifa doch] nie mit der europäischen Lebensart in Berührung gekommen.« Jane selbst ist demnach die Schuldige, hat ihren Sünden eine weitere Verfehlung hinzugefügt. Giftmischerinnen sind nichts weiter als ihre beklagenswerten Opfer. Aber auch ihr persönlicher finanzieller Schuldenberg wächst unaufhaltsam an. Bei Lily steht sie schon seit Wochen in der Kreide. Immer öfter ruft die in Rage geratene Wirtin, der Jane inzwischen mit ihrem Gelalle und Perückenkämmen die Gäste vergrault, Paul an und setzt ihm zu, er möge seine Frau unverzüglich abholen. Was Jane derweil über Cherifa äußert – »Sie ist eine Verrückte, und ich fürchte, daß es immer schlimmer mit ihr wird, wenn sie erkennt, daß keiner sie mag« –, gleicht einem hellsichtigen Selbstporträt aufs Haar.

Als es dem Winter zugeht, belaufen sich die zurückzuzahlenden Summen auf dreitausend Dollar. Sie verbreitet Gerüchte, ihr Mann wolle ihr kein Geld geben und halte sie kurz. In Lokalen bestellt sie Snacks, die sie nicht anrührt, sie klaut Bücher im Geschäft der Gerofis, sie läßt sich von wildfremden Männern oder vom Botschaftspersonal in die *Guitta's Bar* kutschieren, sie leert in einem fort ihre Handtasche auf dem Bartresen aus. Wenn Paul, verständigt von mitfühlenden Bekannten, auftaucht und sie sanft bittet, mit ihm nach Hause zu kommen, gibt es häßliche Szenen. Einer kleinen Göre gleich veranstaltet sie Tobsuchtsanfälle, zetert und greint. Ein Wrack ihrer selbst. Waren die Bowleses einst das Aushängeschild ihrer *dream city*, ein Pfund, mit dem die literarische Szene wuchern konnte, so sind sie in der

Zwischenzeit zu einem peinlichen Phänomen geworden. Bieten als Clochards im Intellektuellengewand ein mehr jämmerliches als bemitleidenswertes, bald stadtbekanntes Schauspiel. Man geht ihnen aus dem Weg oder wechselt die Straßenseite, dreht sich angewidert zur Seite, als würde man mit dem Anblick einer Pfütze aus Erbrochenem konfrontiert.

Paul läßt, ein einmaliger Fall in seiner Schriftstellerkarriere, sogar das Projekt des Bangkok-Buches unbearbeitet fallen und übergibt seinem Kollegen Alex Waugh das Vorhaben, zahlt geleistete Vorschüsse an den Verlag zurück. Aïcha fällt ihrerseits beinahe einer Attacke zum Opfer, als Jane ansetzt, sie in einem Anfall von Umnachtung zu erwürgen. Im Januar 1968 terrorisiert die in Raserei Verfallene Personal und Kundschaft der *Viking Bar*. Die Gerofis und Paul sind sich einig, daß es höchste Zeit ist für Jane, sich wieder zur Behandlung nach Málaga zu begeben. Deren Zustimmung steht nicht mehr zur Debatte. Diesmal, am 20. Januar, nehmen die Eheleute die Fähre nach Algeciras und reisen mit dem Auto weiter; einen marokkanischen Arzt mit Notspritze wissen sie stets in ihrer Nähe.

Jane quasselt wie von Sinnen. Sie hält die Überfahrt für die geglückte Flucht aus einem kriegsgebeutelten Land, in dem sie sich von Feinden umzingelt wähnte. »Wir können von Glück sagen, daß wir gerade noch mit heiler Haut davongekommen sind.« Ehemann und Mediziner gehen auf die Farce ein. Und lassen sich von ihr besänftigen, alles würde gut ausgehen, sie sollten sich ja keine Sorgen machen. Ihre leibliche Sicherheit gehe vor.

Viel zu spät an diesem Winterabend erreichen sie das Hospital, das von Finsternis umgeben ist und wie verlassen wirkt. Eine Nonne herrscht sie an, für niemanden würde jetzt mehr das Tor geöffnet, sie müßten die Nacht in einer Pension zubringen. Doch keiner der drei Reisenden schafft es, ein Auge zuzutun – Jane kann und will nicht schlafen, und sowohl Paul als auch der begleitende Arzt wechseln sich bei ihrer Überwachung ab: Sie ist drauf und dran, wegzurennen, sich vom Fensterbrett zu stürzen oder wenigstens einen Drink zu erhaschen. Nach der erfolgten

Einlieferung schreibt sie bettelnd an Paul: »Bitte verzeih mir mein Verhalten. Ich sehne mich danach, noch mal von vorn anzufangen.« Als sei sie nicht unheilbar krank, sondern vorsätzlich schuldig, durchtrieben und gemein. Sie träumt sehnsüchtig von Tanger, aber vor allem wegen einer nur dort durchzuführenden Zahnbehandlung, zu der sie sich entschlossen haben will. Im April 1968 erhält sie die letzten beiden Briefe, die Claire jemals an sie gerichtet hat; im Mai verlangt sie von der durchreisenden Isabelle Gerofi, sie möge ihr als ultimativen Freundschaftsdienst auf der Stelle aktive Sterbehilfe leisten. Im Juni schließlich, als sie auf Wunsch Pauls erneut entlassen wird, diagnostiziert der behandelnde Dr. Cotrina bei ihr »manisch-depressive Psychose« als Krankheitsbild. Eine Rückkehr nach Marokko – das Land, in dem sie anfangs solche Eingewöhnungsschwierigkeiten hatte, erscheint ihr jetzt als veritabler Garten Eden – kommt vorerst überhaupt nicht in Frage.

Bowles hat dagegen von einem schönen, abgelegenen Hotelrefugium in Granada gehört, wo er Janie versuchsweise unterbringen will. Das Experiment scheitert jedoch. Vom 28. Juni bis 10. Juli nur dauern ihre »Ferien«, dann sind die Hotelbesitzer samt Gästen mit ihren Nerven am Ende. Unausgesetzt schminkt sich die Rekonvaleszentin mit Lippenstift, öffnet sämtliche Türen der Pension, weil sie an einer übersteigerten Klaustrophobie zu leiden glaubt, präsentiert sich im Négligé, wenn sie den Essensraum betritt, und treibt alle übrigen Bewohner mit ihren schrägen Performances, stets beseelt von der Suche nach einem Glas Wein oder Whiskey, und einem unerschöpflichen Repertoire an Schauergeschichten systematisch in den Wahnsinn. Mit einem Telefonanruf bei Paul verlangt die Wirtin den sofortigen Abbruch ihres Aufenthalts. Kleinlaut kommt Bowles der Forderung nach.

Wenn Jane überall als persona non grata empfunden und binnen Stunden abgeschoben wird, muß, es hilft alles nichts, eine dauerhafte Lösung gefunden werden – ein Ort, an dem man sich ihrer für Monate, vielleicht für Jahre annimmt. Noch am selben Tag bringt er die Tobende, wiederum auf Anraten von Madame

Dr. Roux, in einer gleichfalls von Nonnen geführten »casa de reposo« unter, die eher einem Pflegeheim denn einem Hospital ähnelt. Eine Äbtissin assistiert dort dem leitenden Arzt Dr. Ortiz, und man verspricht dem besorgten Gatten, daß Mrs. Bowles hier mit Sicherheit so human und liebevoll wie nur irgend möglich behandelt werde. In den Bergen nahe Málaga liegt diese Engelsfestung, »Clínica de los Angeles« genannt, das Mittelmeer bildet den Horizont, und Tanger ist keine hundertfünfzig Kilometer Luftlinie entfernt. Fürs erste ein probater Rückzugsort, redet Paul sich ein, und überläßt, wie es seine Art ist, kampflos das Feld seiner Schwiegermutter. Claire, oder besser gesagt Mrs. Fuhs, eigens aus Miami herbeigereist, macht aus der vorübergehenden Einweisung erwartungsgemäß einen gehörigen Skandal. Empört, ihre Tochter, die sie angeblich bei Verstand, ruhig und entspannt erlebt, in Andalusien in einem katholisch geführten Langzeitspital anzutreffen, bestürmt sie den herzlosen Paul mit Vorwürfen. Aber Jane bekundet auch nicht die geringste Neigung, mit ihr, wie vorgeschlagen, nach Florida zu ziehen. Nach Tanger steht ihr der Sinn, nur nach Tanger. »Aber du warst doch gar nicht richtig glücklich dort, Jane«, wendet man ein. »Glücklich, was soll das eigentlich heißen?« gibt sie vielsagend zurück.

Einstweilen weiß sich Paul gegen mütterliche Tiraden und moralische Vorhaltungen immun. Denn er ist selbst auf dem Weg nach Los Angeles, nicht zu Jane und ihrer Mutter in die spanischen Sierras, sondern in das amerikanische Gegenstück, in die Megalopolis L. A. Dem Angebot, einen Lehrauftrag an der dortigen San Fernando State University wahrzunehmen, kommt er jetzt, vom Dozenten Oliver Evans seit dem Frühjahr 1967 hartnäckig umgarnt, in diesem Herbst 1968 endlich nach. Während in Paris und Berlin die Studenten auf die Barrikaden gehen und die Pflastersteine fliegen, während Maiunruhen und Ho-Chi-Minh-Rufe das westliche Establishment erschüttern und Rudi Dutschke, Benno Ohnesorg und Che Guevara zu Kultgestalten erklärt, Sorbonne-Hörsäle besetzt und Straßenschlachten ausgefochten werden, eine linke Weltrevolution sondergleichen ausgerufen und »die Phantasie an die Macht« beordert wird, macht sich Bowles, angereist selbstredend per Transatlantikdampfer und in der angenehmen Begleitung Mrabets, im sonnigen Kalifornien, einer der Hochburgen des kreativen Widerstandes, daran, Seminare über Erzähltechnik und den zeitgenössischen Roman in Europa abzuhalten. Lange hat er gezögert und auch schon Jahre zuvor vergleichbare Angebote von US-Colleges abgelehnt, Gastprofessuren ausgeschlagen. Er fürchtete, seine Vergangenheit als Pseudomitglied der Kommunistischen Partei würde ihn von vornherein brandmarken. Zum Pädagogen sieht er sich ohnedies nicht berufen und gesteht, daß er viele Hauptwerke der europäischen Literatur, vor allem jene des 19. Jahrhunderts, nur vom Hörensagen kennt.

Er hegt berechtigte Zweifel an seiner Kompetenz. Doch als Evans ihn beruhigt, es handle sich eher um freundlich-inspirierende *round tables*, zivilisiert-demokratische Gesprächsveranstaltungen, die in keiner Hinsicht etwas mit herkömmlichen Vorlesungen in Massenhörsälen zu tun hätten, nimmt er an – für die Dauer eines Semesters. Ausgerechnet Camus, Sartre und Beauvoir stehen auf der Lektüreliste seiner Lehrveranstaltung – was auf seine frühere Weigerung, selbst als Existentialist eingeordnet zu werden, ein relativierendes Licht wirft! Die Studenten scheren sich nicht um filigrane Widersprüche, sind von der milden Altersweisheit des emigrierten Gentleman überaus angetan und beeindruckt, und die Monate gehen störungsfrei ins Land. Paul macht seinen Job, so gut er kann, bezieht sogar eine gewisse Befriedigung, etwas mitteilen zu sollen und zu können, wenngleich er sich ebenso deutlich bestätigt fühlt, daß Didaktik und akademischer Betrieb nie wirklich zu seinen Leidenschaften zählen werden. »Er sagte seinen Schülern, daß er kein Lehrer sei und nicht unterrichten könne«, hält er über sich in der dritten Person fest. »Sie lachten und fanden ihn exzentrisch.« Aber einen Versuch ist es wert gewesen.

Er bleibt nur ein knappes halbes Jahr. Versüßt wird ihm die Stippvisite am Pazifik in dieser smoggetränkten Millionenstadt, die ihm nach der Stille Südspaniens und den beschaulichen Jahren im Itesa wie ein apokalyptisches Endzeitinferno erscheint, durch das sich Blechlawinen wälzen, durch Wiederbegegnungen mit alten Bekannten in Santa Monica wie Isherwood und Tennessee. Und dieses »andere« Los Angeles hält auch sonst mancherlei Überraschungen bereit. Zum Beispiel jede Menge Kulturschocks für den verblüfften Mrabet, zum erstenmal mit einer potenzierten westlichen Lebensweise, hier ins Groteske gesteigert, konfrontiert. Nach einem ausschweifenden Trinkgelage im Hause des alten Freundes Williams gerät das Freundesduo Paul und Mohammed in eine heikle Lage, als der bis zur Besinnungslosigkeit betrunkene, nicht mehr zurechnungsfähige Evans sie mit aller Gewalt mitten in der Nacht persönlich nach Hause kutschieren will. Die Höllenpartie mit quietschenden Bremsen durch die friedlichen, verlassenen kalifornischen Hügel nimmt ein jähes Ende, als Mrabet unter Protesten verlangt, auf der Stelle aussteigen zu dürfen. Evans weigert sich, als man ihm ins Steuer greifen will. Erst eine Polizeikontrolle macht dem unvernünftigen Spuk ein Ende, Evans wird festgenommen. Und so finden sich Paul und der in eine Dschellabah gehüllte Mohammed im Morgengrauen mutterseelenallein am Rand eines gottverlassenen Highways wieder, Malibu zu ihren Füßen, als wollten sie wandernd die Traumkulissen Hollywoods erobern.

An Trampen ist für das wunderliche Männerpaar in ihrem Aufzug nicht zu denken, und bis zur nächsten Telephonzelle müssen sie noch ein paar Meilen laufen. Beim Warten auf das bestellte Taxi, es ist inzwischen fünf Uhr morgens, hält eine weitere Polizeistreife direkt vor ihnen. Zwei Männer, einer davon sichtbar ein Nordafrikaner, ohne Auto in nächster Nähe von Beverly Hills, das kann nicht mit rechten Dingen zugehen. Aggressive Befragungen, mißtrauische Wortwechsel, Paßkontrollen, gravierende Verständigungsschwierigkeiten zwischen den verunsicherten Beamten und dem aufgebrachten, in seiner Ehre verletzten Mrabet, der sich fortgesetzt beleidigt und angegriffen fühlt, begleiten den Sonnenaufgang in absurdem Ambiente. Wortgefechte auf Spanisch, Englisch, Arabisch knattern wie Gewehrsalven durch die jungfräuliche Morgenluft. Am

Schluß läßt man sie laufen. Paul atmet auf, doch Mohammed knurrt, als er auf dem *queensize*-Bett ihres Motelzimmers niedersinkt, diese Engelsstadt mit ihren ungehobelten *cops* sei alles, nur keine zivilisierte Ansiedlung. Ein Alptraum, eine Zumutung. Bowles fühlt sich bestätigt und ist mit seiner Analyse vollauf zufrieden. Er frohlockt mit der fast diebischen Freude eines religiösen Fanatikers, dessen Endzeitvisionen in voller Blüte stehen.

Daheim, am Südwestzipfel der Alten Welt, hat es im Februar 1969 den Anschein, als habe sich das Blatt für Jane noch einmal zum Guten gewendet. Seit Wochen schon wartet sie ungeduldig auf Bowles' Ankunft, sie hat sich gefestigt, ist ausgeglichen und zuversichtlich. Warnungen der ewigen Schwarzseherin Dr. Roux, die Paul beschwört, er möge Vernunft walten lassen und die chronisch Kranke auch in Zukunft der Obhut der »Engels«-Schwestern anvertrauen, werden in den Wind geschlagen, als er Jane, angesteckt von ihrem Optimismus und ihrer rührenden Zutraulichkeit, unter seine Fittiche nimmt. Instinktiv spürt er, er darf ihr keine potentielle Freude vorenthalten. Auf seinen guten Willen ist sie mehr denn je angewiesen.

Jane bleibt im Taxi vorm Itesa zurück, während Paul die Bewährungsprobe eines abermaligen Rauswurfs besteht – Cherifa und Aïcha haben sich zeitgleich zu seinem kalifornischen Gastspiel wieder im dritten Stock eingenistet. Mit einem Machtwort setzt er sich durch, als Protagonist in einem wahren Gruselfilm. »›Die Braut ist gekommen‹«, verkündet nämlich unter Drohgebärden die zum x-ten Male Geschaßte, als sie mit der Köchin das Weite suchen muß, »und ihre Augen waren schmal und wild. Ich sagte: ›Du mußt jetzt gehen, damit Jane kommen kann.‹ ›Du wirst schon sehen, was du davon hast‹«, antwortete Cherifa, als orakelte sie, »und dann ging sie.«[PB/ALO] Jane ist den Tränen nahe, als sie noch einmal den Fuß in ihr eigenes, von Störenfrieden gereinigtes Appartement setzen, die Freiheit ihrer Wohnung gegen die Gefangenschaft, gegen das schmucklose Krankenzimmer, wo sie unter einem Holzkreuz schlafen mußte, eintauschen darf.

Es geht auch diesmal nicht lange gut. Anziehen, Gehen und Waschen werden zu viertelstundenlangen Qualen. Für die geringsten Verrichtungen benötigt sie Hilfe. Die meiste Zeit verbringt sie auf dem Boden liegend, Besucher und Bewohner aus stummen, vorwurfsvollen Augen verfolgend, wenn sie ihre Bahnen durchs Zimmer ziehen. Sie bittet jeden, der sich über sie beugt, um Gift, um Erlösung. Pauls kompositorische Tätigkeit kommt zum Erliegen, nachdem er zuvor noch die Bühnenmusik für Euripides' *The Bacchae* fertigstellen konnte. In Tangers Amerikanischer Schule gelangt das Stück, in Kostümen des Modepapstes Yves Saint-Laurent, einer weiteren Marokko verfallenen Persönlichkeit, im Frühjahr 1969 zur Aufführung. Jane wohnt dem Spektakel in einem erlesenen Kaftan bei, ist sich aber nicht sicher, ob »die Leute« sie überhaupt noch um sich haben wollen. Zuspruch und Komplimente tun ihr gut, und sie nimmt David Herberts Einladung zu einem Privatabendessen an.

»Manchmal ist mir danach zu gehen«, hatte die namenlose Ehefrau in ihrer Erzählung vom *Eisentisch* geäußert, »aber immer nur dann, wenn ich etwas getrunken habe. Wenn ich nichts zu trinken habe, bekomme ich Angst.«[ERS] Diese Angst läßt sie nun nie mehr los.

Anderntags ißt sie nichts mehr, spricht kaum, starrt Paul eindringlich an. Er fühlt sich wie gelähmt, von Schuldgefühlen übermannt. »Jane war krank, und ich hatte nicht die Kraft, mich einer kreativen Arbeit zu widmen. Alle zwanzig Minuten rief sie nach mir, und ich mußte nach ihr schauen. Aus diesem Grund habe ich das Schreiben von Romanen eingestellt.«[PB/TNG*] Andere Freunde beobachten ein lebloses kleines Bündel, »zusammengerollt, die Füße verdreht, die Zehen aneinandergepreßt«. Wenn jemand sie auf den Markt begleitet, drehen ihr die Verkäuferinnen unter hämischem Lachen verfaultes Obst an; mit männlichen Neuankömmlingen flirtet sie ungeschickt und bestürmt sie mit der monotonen Nachfrage: »Magst du mich?« Klarsichtige Momente wechseln mit Wochen, in denen jedes soziale Leben utopisch erscheint. Ihr Freund Édouard Roditi blickt selbstkritisch zurück: »Ich muß gestehen, daß ich erst in den Jahren zwischen 1962 und 1969, im Verlaufe meiner Begegnungen mit Jane in Tanger, die wirklichen Vorgänge, die ihre schöpferische Arbeit bestimmten, zu erkennen begann. Aufgrund verschiedener Symptome wurde mir bewußt, daß sich die exzentrischen Züge in ihrem Wesen über viele Jahre hinweg als reine Komik äußerten, die sie entwickelte – ob bewußt oder unbewußt –, um sich gegen die wahrhaft furchtbaren Ängste vor ihrem eigenen Wahnsinn zu schützen.«[ER/ERS]

Paul ist jetzt rund um die Uhr dazu verdammt, den Krankenpfleger abzugeben – eine Rolle, in der sich weltweit nur wenige Ehemänner wohlfühlen; weit häufiger ist es an den Frauen dieser Erde, kranke, bettlägerige Männer eine unabsehbare Wegstrecke entlang in den Tod zu begleiten. Sich auf schier unerträgliche Weise aufzuopfern. Er nimmt diese Rolle ein, wie man einen schlechtsitzenden Anzug trägt. Und würde es ihr, wäre es nicht so fürchterlich ungerecht gegenüber einer vom Siechtum Gezeichneten, am liebsten heimzahlen, daß sie ihn fortgesetzt am Weiterarbeiten hindert. Ihn stoppen, sein Schreiben einfrieren – ist das ihr letzter Trumpf, die Rache einer Wehrlosen? Der Beweis, daß auch sie Macht über ihn besitzt, und sei es eine rein negierende, destruktive Energie? Ohne daß Jane explizit auffordernde Sätze formt, ahnt er, daß sie von ihm ihre Tötung verlangt. Er soll Hand an sie legen, den Schlußstrich unter ihr Dasein ziehen. Ihm ist es vorbestimmt, will sie ihm mitteilen. Und er bringt es nicht fertig, diesen irrwitzigen »Liebes«-Beweis, die unsägliche Tat auszuführen, mit der ihr Leiden doch augenblicklich ein Ende nehmen könnte. Hätte sie wirklich von ihm das todbringende Gift, die erlösende Überdosis entgegengenommen? spekuliert Paul. »Aber mit dieser Möglichkeit durfte man natürlich nicht spielen«, beruhigt er sich selbst im nachhinein. »Und ich wurde ihr Feind, mehr als je zuvor, denn obwohl ich ihren Wunsch zu sterben verstand und sie wußte, daß ich es tat, konnte ich das nicht zugeben und mußte« wider besseres Wissen die Realität schönlügen. »Und dennoch – wären wir allein auf einer [einsamen] Insel gewesen, hätte ich es wahrscheinlich [doch] getan.«[ALO]

Auf dem teppichbedeckten Fliesenboden des Itesa vom Frühsommer 1969 vollzieht sich somit der Ringschluß: Via Retransformation ist aus dem Mann an ihrer Seite, den sie schon 1937 als ihren »Feind« deklariert und mit dem sie mehr als die Hälfte ihres Lebens zugebracht hat, wieder der unbekannte Fremde geworden, Bowles per *flashback* in seinen Ausgangszustand zurückversetzt worden. Die Ursprungs-»Feindschaft« ist wiederhergestellt. Das anfängliche Mißtrauen, die dunkle Ahnung, sie haben sich bestätigt. Paul ist machtlos gegen diesen emotionalen Kurzschluß, die Tautologie ihrer Partnerschaft, der aber den Kern der Wahrheit ihrer Begegnung in sich birgt, die ihrem von Toleranz getragenen Verhältnis zugrundeliegende, unverfälschte Wesensart ihres Zusammenschlusses. »Janie lag fast den ganzen Tag auf der Erde und starrte Paul an«, so hat sie David Herbert miterlebt, diese langen, unerbittlichen Blicke ohne Wimpernschlag, die töten können. »Gelegentlich blitzte noch einmal der alte Humor auf, aber es war klar, daß sie ins Heim zurückmußte.«[DH/SES]

Ein letztes Dinner, zu dem David sie immerhin überreden kann, wird auf ihren Wunsch als intimes *tête-à-tête* in der *Guitta's Bar* anberaumt. Jane läßt sich einen Krabbencocktail bestellen, Lammkoteletts kommen, stimmt einsilbig Davids Auswahl der Weine zu. Ihr Gastgeber und bester Freund gibt sich die größte Mühe, für Konversation zu sorgen, und ist beinahe glücklich über dieses finale Zuammensein, und mag es auch unter noch so verqueren Umständen stattfinden. Aber seine Freundin, adrett zurechtgemacht im schwarzen Chiffonkleid und mumienhaft vor sich hinstierend, rührt nichts an, bleibt während der ganzen Mahlzeit stumm. Verzweifelt versucht Herbert, ihr wenigstens irgendeinen optimistischen Kommentar, ein schiefes Lächeln zu entlocken, damit dieser Abend als gelungene Soirée in seine Erinnerung eingehen möge. Erst auf Nachfrage, auf Stichworte hin, platzen böse, bittere Sätze aus ihr heraus: Ob es heute nicht wieder so schön wie früher sei? »Ja, nicht wahr? Nur daß ich kein einziges Mal den Mund aufgemacht habe.‹« Daß er eine Party für sie zu geben gedenke.

»›Wenn du das wirklich vorhast, dann veranstalte sie besser auf dem Friedhof, denn ich bin schon lange tot.‹« Und beim Abschied, als er verspricht, seinen »Janie *darling*« am nächsten Morgen, wie seit Urzeiten zwischen ihnen üblich, anzurufen: »›Das kannst Du [ruhig] machen‹, erwiderte sie, ›aber ich werde nicht [mehr] hier sein.‹«$^{DH/SES}$ Und damit drückt sie sachte die Tür hinter sich ins Schloß.

Wenn ihr das nahende Ende auch klar vor Augen steht, sentimental wird sie deswegen noch lange nicht. Erträgt weder als Freundschaftsgesten verkappte Almosen noch verbale Schönfärberei. Den Schein zu wahren und sich vorzugaukeln, alles sei in Ordnung oder halb so schlimm, empfindet sie angesichts der Tatsache, daß ihr nun schon seit Jahren hundeelend zumute ist, als blanken Zynismus. Daß jemand wie Herbert es gut mit ihr meint, davon geht sie aus. Nur sie beide zu Clowns machen, das Rad der Zeit als Nostalgiker einfach zurückdrehen, das darf er nicht. Wenn er sich auch nicht mit ihrem Dahinscheiden auf Raten abfinden kann und einer versunkenen goldenen Ära nachtrauert, so gibt sie sich bereits gefaßt und gewappnet, auf das Ärgste vorbereitet. Sie ist demnach die Realistischere von beiden. Geweint wird nicht.

Unter der Oberfläche einer vom Schicksal Geschlagenen schlummern also noch die alte Auffassungsgabe, die Neugier, der Sarkasmus. Die Fähigkeit, das Leben auf die Schippe zu nehmen. Und mag sie auch bewegungslos vor sich hindämmern, tatenlos abwarten, wie ihre Uhr abläuft, vom ewigen Ränkespiel ihrer Mitmenschen entgeht ihr kein Detail, und niemand der ihr Nahestehenden vermag ihr etwas vorzumachen. Der »Tangerino« Rex Henry, ein graumelierter Gentleman, mit dem und dessen eleganter Frau Renée Jane noch zu Anfang der 1960er ein von gegenseitiger Anziehungskraft geprägtes Trio bildete, gibt eine treffende Charakterisierung Janes ab, wenn er analysiert: »Manchmal schien sie das Leben durch ein Mikroskop zu betrachten und daher nur einen kleinen Ausschnitt [wahrzunehmen], der so stark vergrößert war, daß er fast alles übrige ausschloß. Da sie niemals aufhörte, ihre Umgebung zu beobachten, besaß Jane ein außergewöhnliches Talent zur Beurteilung von Menschen. Sie konnte jemanden auf den ersten Blick durchschauen, besonders, wenn er irgendetwas zu verbergen suchte. ... Sie wäre niemals imstande gewesen, schamlos oder obszön zu sein.«[ALO] Die Henrys erwiderten seinerzeit Janes Anhimmelung lebhaft und konstatierten noch Jahre danach, sie sei in einem geradezu unglaublichen Maße sensibel, sinnlich und erotisch gewesen.»Das Tanger jener Zeit bildete, ganz anders als heute, einen ausgezeichneten, sehr reizvollen Hintergrund für ihr Leben.« Janes Geisteshaltung – ein vollendet geglückter Balanceakt zwischen Erotik, Vulgarität und Pornographie; die Gespräche mit ihr – außergewöhnliche Ereignisse, die das Ehepaar Henry nie vergessen wird.»Toleranz und Einfühlungsgabe zeigte sie auch für das Verhalten von anderen, egal wie ausgefallen es schien, ... ganz gleich, wie verletzt sie sein mochte und häufig tatsächlich [auch] war. ... Ihre ganze Einstellung war darauf ausgerichtet, zu verstehen und nicht zu richten.«

Doch dann, an irgendeinem Tag im Juni 1969, entweicht auch dieser letzte Zauber und Charme, den Jane über ein halbes Jahrhundert lang auf ihre Umwelt ausgeübt hat, aus ihrem Geist; die Widerstandskraft des Körpers erleidet einen Kollaps. Die vier kümmerlichen Monate im Itesa, der letzte zermürbende Aufschub, sie sind unwiderruflich vorbei. Es heißt Abschied nehmen von Janie; die Stunde der Trennung naht. Roditi rekapituliert:»Damals sah ich sie zum letzten Mal. Ich besuchte sie in ihrer Wohnung, doch sie erkannte mich nicht und drängte sich am Kopfende ihres Bettes in jäher Angst an die Wand; nur noch ihre Augen schauten unter der Decke hervor. Sie war schrecklich mager geworden.«[ER/ERS] Sie selbst hat in einem autobiographisch gefärbten Fragment aus ihren Notizbüchern, *Locken und ein stilles, bäurisches Gesicht* betitelt, hellseherisch antizipiert, was ihr in jenem Sommer als unumstößliche Wahrheit wieder und wieder durch den Kopf gehen mag:»Es darf nicht noch mehr Schmerz wie diesen geben. Der Tod ist besser als ein langsames Gemordetwerden.« Paul packt den Koffer, sie besteigen die Fähre.»Tanger bekommt Risse – Ich liebe es – Aber es kann mich nicht mehr in sich fassen.« Das Boot legt an der Südküste Spaniens an, Jane blickt noch einmal über die Meerenge auf den Nordrand Afrikas zurück. »Ich habe mein Auge geschult, vom Ufer wegzuschauen. ... Ich kann nicht auf diesen Teil des Ufers schauen, ohne an mein eigenes Ende zu denken, mein eigenes Zeitgefühl einzuschränken.« Ihr Fazit lautet, als sie sich von Paul bereitwillig ans Tor der nun bereits vertrauten »Clínica de los Angeles« führen läßt: »Ich liebe Tanger, doch wie eine Sterbende.« Ein Satz, wie um ihn zu trösten. Wie um ihm zu sagen: Du hast es richtig gemacht, daß wir hierher gekommen sind. »Ich habe noch nie einen Tag genossen«, fährt sie in ihren Notizen fort, »aber ich höre nie auf in meinem Mühen, Vorkehrungen für das Glück zu treffen.«[ERS] Vorkehrungen für das Glück treffen – prägnanter und zugleich bescheidener lassen sich die unvollkommenen Versuche wohl aller Menschen, ihrem Dasein einen Sinn zu verleihen und dessen offensichtlicher Sinnlosigkeit durch unbeirrtes Weiterleben zu trotzen, kaum mehr in Sprache fassen.

Daß Bowles' Autobiographie vom Moment dieser allerletzten Einlieferung nur noch zwei Druckseiten lang ist, daß dem hyperproduktiven Vielschreiber Paul, der nunmehr dem kommenden, vier Jahre währenden Debakel von Málaga als stummer Zuschauer ausgeliefert ist, buchstäblich die Worte ausgehen, spricht Bände.

Zwischen 1969 und Mai 1973 vergehen die Monate wie im Zeitraffer – drei verschiedene Rhythmen konkurrieren miteinander. Auf der einen Seite Pauls Besuche in der Klinik, die er Jane regelmäßig alle sechs Wochen abstattet. Auf der anderen Seite das gleichförmige Einerlei der Gefangenen, für die Stunden, Tage, Jahreszeiten zu einem ereignislosen, grauen Brei verschwimmen. Und parallel dazu, außerhalb der Mauern des Krankenhauses, irgendwo auf einem anderen Stern, vollzieht sich Weltgeschichte. Daß Menschen zum erstenmal den Mond betreten, daß man in Woodstock im Drogentaumel für den Frieden singt, daß die Beatles ihre Trennung bekanntgeben, daß sich die USA endgültig in das Fiasko ihres unüberlegten Vietnam-Engagements verstricken, daß Bangladesch sich mit einem blutigen Unabhängigkeitskrieg vom Elend der Fremdherrschaft befreit, daß Nixon über seine hausgemachte Watergate-Affäre strauchelt – die Patientin von Málaga, die auf den Geburtstagsfeiern von Mitpatienten ihre gewohnt burlesken Solotänze aufführt, sie ahnt nichts davon. Wird nicht mehr vom »richtigen Leben« tangiert.

Ab und zu schreibt sie Briefe, besser gesagt ein punkt- und kommaloses, kaum noch entzifferbares Gekritzel voller Ausstreichungen und Neuanfänge. Natürlich an Bowles. Der Tenor ist immer derselbe: »Lieber Paul ich vermisse Dich sehr und es fehlt mir wenn ich so lange nichts von Dir höre. Bitte komm und besuche mich und wenn möglich hol mich hier raus. Könntest Du kommen jetzt gleich? hierher so schnell wie möglich auf alle fälle und dann sehen wir weiter bitte komm schnell alles Liebe Jane.« Verzweifeltes, holpriges Morsen im Telegrammstil, irgendwann im Jahre 1969. Der Aufwand ist immens, die Reaktion darauf – denn ihren Bitten leistet niemand mehr Folge – niederschmetternd. Nicht die mangelnde Orthographie einer einst so Sprachgewandten bestürzt, es ist die totale Aussichtslosigkeit solcher Anstrengungen. »Ich weiß nicht was ich dich fragen wollte aber ich weiß ganz sicher daß ich dich vermisse sehr und bitte komm... Ich möchte so schreklich gern nach hause.« Und, in einem Fragment von 1970: »Liebster Paul schreip mir doch noch ein paar Zeilen–. Alles alles Liebe– Ich beende das– Wenn ich mehr Zeit verbringen wollte– Zeit– würde ich es Dir mitteilen– über alle– «[GMG] Dann, nach dem Mai 1970, kommen keine Briefe mehr. Ein weiterer Schlaganfall, auf den sie es »angelegt« haben soll, fesselt sie ans Bett. Sie fällt in ein tiefes Koma, aus dem sie nur selten erwacht, muß gefüttert werden. Allmählich erblindet sie, gibt lediglich ein paar vage Geräusche von sich. »Es naht der Augenblick, wo es keine Fluchtmöglichkeit gibt«, heißt es an anderer Stelle in ihrem *Locken*-Fragment. »Als wäre der Geist eine Schachtel, die an die Kopfwände stößt. Auf das Meer zu blicken ist die einzige Wohltat.«[ERS] Doch auch dieses friedliche Panorama mit der Aussicht auf ewigen Seelenfrieden ist ihr nun nicht mehr vergönnt. Niemand schiebt ihre Krankenliege bis auf die Terrasse, wo sie sich nach Tanger hinüberträumen könnte. »Die schlimmste Zeit ist *jetzt*«, bilanziert die Ich-Erzählerin ihres Textes. »Wenn ich aus meinem Gefängnis ausgebrochen bin«, und dieses Aufbegehren kann nur noch der erlösende Tod ihr abnehmen, »dann habe ich zwangsläufig verloren, was auch immer mein Ruheplatz war.«

Im Sommer 1970 kommt der Inder Narayan Kamalakar, Sonias überlebender Mann, auf seinem paniberischen Pilgermarsch durch Andalusien. Für den Witwer ist es schmerzlich, nur wenige Jahre nach dem Dahinscheiden der krebskranken Sonia auch deren Freundin auf so tragische Weise eingehen zu sehen. Was er Paul in seinem ausführlichen, mitfühlenden Schreiben mitzuteilen hat, bietet zwar nichts wesentlich Neues für den in enervierender Untätigkeit versteinernden »Tanjawi« Bowles, aber Narayan besitzt den Mut, heikle, delikate Punkte anzusprechen, die der Klärung harren und mit bloßer Ignoranz nur vor sich hergeschoben werden können. Soll man Jane irgendwo »in Freiheit« von einer fest angestellten Krankenschwester rund um die Uhr betreuen lassen? Dagegen spricht, so beantwortet Narayan diese Erwägung gleich selbst, »daß du nicht arm, aber auch kein Millionär bist«. Soll Bowles, während Jane immer tiefer sinkt, nicht besser ebenfalls nach Andalusien übersiedeln? »Unter den gegebenen Umständen wäre es vielleicht praktischer, wenn *du* für die kurze Zeit, die Jane noch bleibt, nach Málaga ziehst. Auf diese Weise bist du in der Nähe und nicht so unerreichbar.« Aber diesen Gefallen tut Paul weder ihm noch ihr. Sein Festhalten an Tanger ist eine unverrückbare Größe, Bastion und Basis seiner gesamten Existenz, an der auch ein Ansturm uneigennütziger Menschlichkeit nicht rütteln darf. Soll Jane beerdigt werden, wenn es soweit ist, und – wenn ja – wie genau? Auf einem christlichen Totenacker etwa? »Sie selbst hat in einem wachen Moment den Wunsch geäußert, auf einem protestantischen Friedhof beerdigt zu werden, da du [ja] Protestant bist.« Narayan berichtet ferner, daß sich sogar schon ein Rabbi und ein katholischer Priester an Janes Bett mit Eifer darum bemüht haben, sie möge ihrem jeweiligen Gott für die Bestattung den Zuschlag erteilen. »Ich weiß nicht, ob dir klar ist, wie wenig Zeit bleibt, Paul.« Doch es sollte noch viel Zeit bleiben. Viel zuviel. Drei lange, entsetzliche Jahre.

Jahre, in denen Jane, wenn sie für eine Zehnminutenspanne bei vollem Bewußtsein ist, ausgerechnet nach Pauls Gedichten greift. Deren Lektüre, von Außenstehenden für sie übernommen, sei hilfreich,»mich nicht zu sehr aufzuregen«. Jahre, in denen sie sich von einer anderen Patientin, der es besser geht und die Englisch spricht, ebendiese Lyrik ihres Mannes und an sie gerichtete Briefe von Libby vorlesen läßt. Jahre, in denen sie am Ende doch dem sanften, aber stetigen Druck des Klinikpersonals nachgibt und zum katholischen Glauben übertritt. Zweihundert Dollar kostet sie die Konversion. Claire wie Paul nehmen den absurden Vorgang ungläubig und unter großer Wut auf die eben doch nicht unvoreingenommene, sondern berechnende Spitalleitung zur Kenntnis. Niemals kann es sich bei diesem Akt um eine freiwillige Entscheidung gehandelt haben, davon sind sie überzeugt. Und doch – wenn Paul das Medaillon betrachten will, das man Jane inzwischen um den Hals gelegt hat, schiebt sie mit Bestimmtheit seine Hand weg. Schließt ihn aus. Kommt seinen Protesten zuvor. Rutscht ihr das Kreuz aus den auf der Bettdecke ruhenden Fingern, mit denen sie es fest umklammert hielt, reichen es ihr die Nonnen immer aufs neue. Sie nimmt es entgegen, als handle es sich um ihre letzte Sicherheit, eine verbindliche Selbstvergewisserung.

Hat sie den Rest ihres Lebens tatsächlich dem Heiland vermacht? Vermag die Jüdin Jane jetzt durch die »innere Tür« zu treten, dem »Aufeinanderhäufen« von »Sünden« einen Riegel vorzuschieben? Bekommt dieser letztgenannte, für ihr Schaffen und ihre Existenz so befremdliche, vielbeschworene Begriff endlich einen Sinn? Oder gehört auch er zu jenen »Schachteln«, die ihren Kopf von innen her zum Platzen bringen, an die Wände drängen, bis der Schmerz übermenschlich wird? »Bedauernswerte Jane – als die Magie ihrer Werke sie nicht mehr schützte gegen ihre Obsessionen, die sie« schreibend nur unvollkommen »beherrschen und bannen konnte, war sie schließlich zu einer Figur aus einer ihrer eigenen Erzählungen geworden.«^ER/ERS So quittiert Roditi den höchstwahrscheinlich aufgezwungenen Schritt in das Reich Jesu – auch er hat Mühe, Jane als Doppelgängerin von Elsie Dinsmore wahrzunehmen, als Sklavin einer ihr wesensfremden Religion. Bowles hingegen, von Kindesbeinen an jeglicher religiösen Indoktrination abhold, muß, als sei sein Los nicht schon schwer genug, ertragen, daß seine eigene Frau hinter seinem Rücken getauft worden ist. Als willenlose, um ihren Verstand gebrachte Puppe, seit neuestem das exklusive Eigentum milde lächelnder Engel in Weiß. Ein geradezu diabolisches Sakrament in seinen kritischen Augen. Wenn die Redewendung vom Zu-Kreuze-Kriechen je angebracht gewesen ist, dann hier, beim Überantworten der Seele Jane Auers an eine – für ihn – mehr als fragwürdige Himmelsmacht, die sich im Laufe der Jahrhunderte für jedwede Segnung disqualifiziert hat.

In diesen vier Jahren verfaßt und komponiert Paul so wenig wie nie zuvor. Die ungeliebte, uninspirierende Arbeit an *Without Stopping* geht so langsam und schleppend voran, als habe Janes kreatives Tempo ihn völlig in Beschlag genommen, als schriebe er wie ferngesteuert durch ihre Hand. Die keusche Lebensbeichte gerät ihm zur Qual. Er begnügt sich nebenbei mit der Produktion von »Vermittlungs«-Literatur und übersetzt brisante autobiographische Texte des zunächst autodidaktisch in Erscheinung tretenden Mohamed Choukri, der im Unterschied zu seinen »Mundsteller«-Kollegen aber selbst zur Feder greift und klassisches Arabisch verwendet – für Bowles bei der Übertragung eine doppelte und dreifache Hürde, denn die Originalsprache, gefolgt von Maghreb-Dialekten, Spanisch und Französisch, drängt sich vor die Transferleistung, lange bevor er selbst mit seinem Englisch einsetzen kann.

Und auch seine Präsentation von Aufzeichnungen der Schweizer Abenteurerin Isabelle Eberhardt, 1904 mit nur siebenundzwanzig Jahren in der Sahara umgekommen, die Bowles als erster überhaupt vor ein anglophones Publikum bringt, ist eine Arbeitsleistung gleichsam aus zweiter Hand. Doch sich mit Texten Dritter abzugeben, schafft Distanz, verhindert Emotionalisierung. Paul läßt wieder Selbstschutz walten. Legt den gewohnten Fleiß an den Tag, ohne mit dem Herzen bei der Sache sein zu müssen. Mrabet, Choukri und Eberhardt sind Garanten seiner psychischen Überlebensfähigkeit, spenden Trost, verschaffen Ablenkung. Für Claire jedoch, die mit Julian Fuhs im Juni 1971 in Málaga eintrifft und einige Wochen in einer benachbarten Pension zubringt, wird die schockierende Wiederbegegnung mit der komatösen, ihres Esprits beraubten einzigen Tochter zum Gnadenstoß. Wochen nur, nachdem sie die Schwerkranke immer wieder vergebens angefleht hat, sie möge ihr doch nur einen einzigen Blick schenken – eine Aufforderung, die ungehört im kargen Klinikzimmer verhallt –, stirbt sie selbst, gerade erst in die USA zurückgekehrt. Und auch Libby weilt ab diesem Sommer 1971 nicht mehr unter den Lebenden. Vorsorge hat sie noch ganz zuletzt für ihre Freundin Janie getroffen, ein üppiges Treuhandvermögen für sie zurücklegen lassen, das weitere, von finanzieller Not unbeschwerte Jahre im »Engels«-Sanatorium ermöglicht. Eine von vielen großherzigen Gesten.

Von Jane ist später oft gesagt worden, sie wäre am Ende »in der Haut einer anderen« gestorben. Die Feststellung besitzt eine gewisse Berechtigung. Heimgesucht von immer schlimmeren Schüben einer lauernden Schizophrenie, werden ihr geschundener Körper und Geist zusätzlich noch von auditiven Halluzinationen befallen. Stimmen reden von allen Seiten auf sie ein. Ist das überhaupt noch Jane, diese wehrlose, frömmelnde Gestalt, die von allen Nonnen übereinstimmend »Juanita« genannt wird? Von der die Schwestern bezeugen können, sie habe ihrem früheren »Existentialismus« abgeschworen, ihr Bedauern darüber ausgedrückt, »zu jenen gehört zu haben, die nicht an Gott glaubten«. Von der es heißt, sie habe darauf bestanden, »die Araber hätten ihr [steifes] Bein so gemacht«, den Niedergang ihrer

Gesundheit verschuldet. Die auf Spanisch deliriert. Die befindet, »daß sie ein gutes Leben gehabt hätte, obwohl sie jetzt nicht mehr sehr glücklich sei«. Die sich der grenzenlosen Liebe des Erlösers hingibt. Blind, gelähmt, gefügig gemacht. Von allen, wirklich allen erdenklichen Schmerzen gemartert. Bowles kann es nicht mehr mit Bestimmtheit entscheiden. »Er liebte sie sehr«, bewundern ihn die Nonnen mit unverhohlenem Respekt.

Virgil Thomson hat er dann all dasjenige, was noch zu berichten übrigblieb, drei Wochen nach den Ereignissen in einem Brief geschildert. Den dritten, fast befreienden Schlaganfall, den Jane am 30. April 1973 erleidet, und der zusätzliche zerebrale Läsionen zeitigt. Das Telegramm der Klinikleitung, das ihn am 3. Mai aus Tanger an Janes Seite, in das Krankenzimmer der »Angeles« ruft und das ihn erst abends, fast zu spät, erreicht. Die Überfahrt mit der ersten Fähre an diesem 4. Mai. Und danach seine Ankunft: »Ich habe den ganzen Nachmittag mit ihr verbracht. Sie tauchte nicht mehr aus ihrem Koma auf und hatte anscheinend Schwierigkeiten, normal zu atmen. Ich verließ die Klinik, um mein Abendessen einzunehmen. Um [einundzwanzig] Uhr erhielt ich einen Anruf und erfuhr, daß sie soeben gestorben war.«[INT*] Einen Ausweg aus dem Lebenslabyrinth hat die Sechsundfünfzigjährige auch zuletzt nicht mehr erspähen können, sie bleibt in dessen Innerstem befangen. Verschwindet in einer »Schachtel« aus Holz. Ihre lebenslange »Reise ans Ende der Nacht«, zu der sie damals auf einem Ozeandampfer aufgebrochen ist, beschließt sie in der ausgedörrten andalusischen Erde. Ihr fliegender Teppich hat sie dort abgesetzt. Wie mit Blei beschwert, bedeckt er den Boden, und keine Macht der Welt wird ihn wieder in die Lüfte befördern.

Zu weiteren Inspirationsschüben unfähig und nur noch bedingt von Pauls bedingungsloser Zuneigung aufgefangen, hat sie ihr Leben beenden müssen, todkrank und komatös, geistig verwirrt, psychisch verwahrlost und isoliert. Jane Bowles, eines der größten Talente der amerikanischen Literatur, ist buchstäblich vor den Toren ihres selbstgewählten Exils verkümmert.

Das ferne Geräusch des Windes, der durch die Pinien fuhr, war ein wenig wie das Rauschen des Meeres; es erhob sich unten und drang gelegentlich durch die Tür ins Zimmer. In der dunklen Höhle ihres Bewußtseins spielte sich derweil ein endloser Einzug in die Hölle ab: Städte gerieten ins Wanken und begruben sie unter ihren Trümmern. Und jedesmal starb sie langsam, gefangen am Grund des Untergangs. Und am feurigen Horizont türmten sich immer neue Städte auf, die ihren unmittelbar bevorstehenden Zusammenbruch hinauszögerten, bis sie in Reichweite war.[UAW]

Zeitgleich legt Paul letzte Hand an die Schlußzeilen seiner Memoiren und schreibt dort über das Wesen des Sterbens: »Unglücklicherweise kann ich mir meinen eigenen Tod nicht vorstellen, ohne daß mir die weitaus schrecklichere Szenerie des Alters einfiele: zahnlos, unfähig, mich zu bewegen, angewiesen auf jemanden, den ich bezahle, damit er sich um mich kümmert, und der jederzeit aus dem Raum gehen kann, um nie wiederzukommen.«[WSR] Er selbst ist aus ihrem Raum getreten, aber er ist auch immer wiedergekommen, selbst in den letzten, entscheidenden Stunden. Noch am nächsten Tag wird Jane auf dem katholischen Friedhof San Miguel zu Málaga beigesetzt und begraben. Bowles besteht darauf, daß ihr Grab nicht bezeichnet, daß kein Kreuz errichtet wird. Alles Konventionelle ist ihm zuwider. »Wenn es nach mir geht, hat sie kein Grab. Ich glaube nicht an Friedhöfe oder Gräber. Wozu? Zum Trauern? Um darüber hinwegzukommen? Man kommt nie darüber hinweg. Es verläßt einen niemals.«[ALO] Es bleibt dabei – ihr wird ein schmuckloser, nichtssagender, anonymer Ort zugewiesen.

Janes Leben läßt sich nicht – auch nicht mit Gewalt – in normale Bahnen führen, rangieren oder rubrizieren. Insofern entspricht Bowles' Entscheidung aufs Exakteste dieser exemplarischen, unsteten Vita. Eine religiöse Überdachung oder Behausung, die sie auf einen frommen Wesenszug verengen würde, mit dem sie wenig gemein hat, hat Jane gar nicht nötig. Wahrscheinlicher ist, daß sie endlich dort ankommen wird, wo sie schon immer hin wollte, im metaphysischen Niemandsland der bewußt herbeigeführten Selbstauflösung und Willenlosigkeit, so wie er es einst für Kit Moresby im *Sheltering Sky* prophezeit hat. Zum Kern ihrer »inneren Wüste« vorgedrungen – ein Schritt, den sie, als Frau, ihm, dem Mann, für immer voraushaben wird.

»Denn Wüste – das ist der reine Raum«, so definiert es der französische Schriftsteller Michel Tournier in seinem Nordafrika-Roman *Der Goldtropfen*, »der reine Raum, befreit von allen Wechselfällen der Zeit. Sie ist Gott – ohne den Menschen. Der Kalligraph, der in der Einsamkeit seiner Zelle von der Wüste Besitz ergreift, indem er sie mit Zeichen bevölkert – der entgeht dem Elend des Vergangenen, der Angst vor der Zukunft und der Tyrannei der anderen Menschen.«

Jane ist als Schriftstellerin eine solche Kalligraphin gewesen, hat die Leere, die sich so oft in und über ihr auftat, unzulänglich, aber mit ihren ganz besonderen Zeichen bevölkert. Manchmal rätselhaft. Der »Tyrannei anderer Menschen« hat sie nicht entkommen können. Aber sie ist dieser Vision Tourniers mit einem positiven, optimistischen Ausblick begegnet, der den Fatalismus ihres *Locken*-Fragments überstrahlt und dennoch nicht die Brüche verschweigt, wie sie allen Heilsversprechungen notgedrungen innewohnen. Mit Zuversicht und Abgeklärtheit hat sie dort über die Utopie, aber auch über die Unmöglichkeit eines jenseitigen Daseins dargelegt: »Es kann eine neue Freude aufkommen, eine Freude, die so unwahr ist, daß man vor Fröhlichkeit vielleicht erzittert, wie das nie der Fall ist, nie sein kann, wenn die Freude echt ist und das Innere nicht stirbt.«[ERS] Aufgerieben zwischen übertriebenen Ansprüchen an sich selbst und überlebensgroßen Selbstzweifeln, hat sie der unwahren Freude nicht standhalten können. Doch das Gewicht ihrer Veröffentlichungen, kostbare philosophische Sätze wie die voranstehenden, werden dafür sorgen, daß das Innere dieser Jane Bowles sich nie wirklich in ein bloßes Buchstabengewitter auflöst, sondern lebendig bleibt.

»Im Grunde hat nichts im Leben Sinn, außer dem Leben selbst«[PB/TNG], so lautet eine der eindringlichsten Sentenzen Pauls. Ihm ist es bisher gelungen, sämtliche Energien auf ein alleiniges Ziel zu richten – dasjenige, den Zustand perfekter Gleichgültigkeit zu erlangen. In diesem wesentlichen Aspekt unterscheidet er sich erheblich von Jane. Sie hat sich dem Ideal maximaler Intensität verschrieben. So gern hätte er ihr gewünscht, sie möge, wie man es in den Todesanzeigen weltweit zuhauf lesen kann, »friedlich entschlafen«, doch ihr Sterben ist, langen Passagen ihres Daseins auf Erden ähnelnd, ein einziges Martyrium gewesen. Was aus ihr noch lange keine Märtyrerin im emphatischen Sinne, ausbeutbar zu religiösen Propagandazwecken, macht. Nein, Jane ist für sich allein gestorben. Wenn er sich auch nicht ihrer Bestattung auf San Miguel widersetzt oder wenigstens auf ihrer Totenruhe im Rahmen des protestantischen oder jüdischen Glaubens besteht, wenn er einmal mehr passiv bleibt, als es Partei zu ergreifen gilt, so weiß er doch schon jetzt, daß nur durch die weiterlebende Erinnerung an sie ein glaubwürdiges Fortexistieren für ihn möglich ist.

Trauern heißt für ihn, mit Diskretion das Gedächtnis an ihr Wirken und Agieren fortzuschreiben. Pure Gleichgültigkeit aufrechtzuerhalten, fällt selbst ihm schwer. Doch das tiefe Loch, in das er nach ihrem Ableben fällt, ist noch viel abgründiger, als er je geglaubt hätte, scheint sich sogar als bodenlos zu erweisen. So grotesk es anmuten mag, Janes Tod trifft ihn, trotz allem, unvorbereitet. »Du kannst Dir sicher sein, daß ich für geraume Zeit, die ganzen langen letzten Jahre über, die Eventualität, von Jane alleingelassen zu werden, erwogen habe«, vertraut er Virgil Thomson am 26. Juni 1973, mit siebenwöchigem Abstand zu dem traurigen Ereignis, an. »Ich habe viel darüber nachgedacht, und jetzt, da der Verlust eingetreten ist, denke ich noch sehr viel mehr daran. Der wichtigste Unterschied zwischen ›vorher‹ und ›jetzt‹ ist der, daß das Ausmaß meines Interesses, ganz egal, auf welches Objekt es sich auch beziehen mag, total in sich zusammengeschrumpft ist, beinahe soweit, daß es gar nicht mehr existiert. Darin liegt eine bedeutsame Differenz: daß es überhaupt keinen zwingenden oder unwiderstehlichen Grund mehr gibt, noch irgendetwas zu tun [oder zu erledigen].«[INT*] Es fühlt sich für ihn an, als sei ein Stromkreis unterbrochen. Als habe jemand den stetigen Energiefluß, der ihn mit Jane und dem Alltag verband, gekappt. Die Malerin Buffie Johnson, der in ihrer Karriere der Umstand, »wie ein Mann zu arbeiten«, oft eher geschadet als genutzt hat, zieht für den Sommer über in Janes leerstehende Wohnung. »Paul hat mir einmal gesagt«, ruft sie sich ins Gedächtnis, »daß er nicht mehr als drei Menschen in seinem Leben wirklich geliebt hat. Jane war einer von ihnen. Auf seine ganz persönliche Weise hing er sehr an ihr, war er ihr absolut ergeben, und das beruhte auf Gegenseitigkeit. Keinesfalls hat er Jane dem Vergessen preisgegeben. Über sein Gesicht huscht jedesmal, sobald ihr Name fällt, eine Erleuchtung.«[AIS*] Die Narben werden so schnell nicht verheilen, aber sein Antlitz hellt sich auf.

Das ansonsten immer so umtriebige Leben in Tanger steht auf einmal still. Bowles verbringt seine Tage wie unter Glas. Er schreibt fast gar nichts mehr, und wenn, dann ganz knappe Anekdoten und Begebenheiten, ausschließlich über Marokkaner. Tennessee Williams, der dafür gesorgt hat, daß Ende Mai 1973 endlich ein aufsehenerregender Nachruf auf Jane in der *New York Times* erscheint, schaut ab und zu vorbei, Christopher Wanklyn kommt gelegentlich aus Marrakesch herübergefahren, und um David Herbert schart sich auch weiterhin das einflußreiche Häuflein der reichen Exzentriker vom Alten Berg. Cherifa und Bowles gehen sich, so gut es in den engen, abgezirkelten Bahnen, die sie beide tagtäglich ziehen, möglich ist, hakenschlagend aus dem Weg. »Sie schreibt mir allerdings hin und wieder Drohbriefe, die ich sammle«,[ZTD] merkt Bowles ironisch an. Ob auch sie um die Verschwundene trauert?

Der Zufall will es hingegen, daß Janes Jugendfreundin Miriam Levy Fligelman in jenen Maitagen 1973 in Málaga und Tanger auf der Suche nach ihr ist. Besessen von der Vorstellung, sie müsse sie noch einmal wiedersehen, noch einmal ihre Stimme hören. Doch weder im Telephonbuch der Hafenstadt noch auf den Patientenlisten der andalusischen Krankenhäuser wird die

Urlaubsreisende fündig. Es ist, als sei Jane in der Tat vom Erdboden verschluckt. Ausgerechnet von Boo Faulkner, den seine Trinkkumpanin damals so unsanft wie unsensibel aus ihrem Leben hinauskatapultiert hat und der dennoch zuletzt wieder ihre Nähe gesucht hat, muß Miriam auf dem Markt von Tanger erfahren, daß Bowles als Witwer soeben wieder in die Stadt gekommen sei und Jane der Welt abhanden gekommen. Zu spät für ein virtuelles Abschiedsgespräch. Um wenige Stunden nur haben sie sich verpaßt.

Aber noch früh genug für offizielle Würdigungen. »Es steht zu hoffen«, rühmt John Ashbery im erwähnten Nachruf am 31. Mai, der erst durch das empörte Aufbegehren Tennessees zustande gekommen ist, »daß sie als das erkannt wird, was sie ist: als eine der besten Prosaschriftstellerinnen der Moderne, egal in welcher Sprache. Sie [ist] nicht ganz die Art von [Autorin], die die imposante Liste ihrer Bewunderer unter arrivierten Schriftstellern nahezulegen scheint«, relativiert er dann. Denn »ihre Arbeit hat nichts mit deren Werken zu tun; im Gegenteil. Völlig allein steht sie in der gegenwärtigen Literatur«. Und wo soviel posthumer Enthusiasmus für ein fragmentarisches, unvollendetes Gesamtwerk aufflammt – nach Jahren des öffentlichen Desinteresses bedarf es auch hier, wie so oft, eines makabren »Events«, um die verkaufs- und publicitymächtigen Medien aufhorchen zu lassen –, stellt sich ebenso rasch die Frage nach den Ursachen, wie es zum vorgeblich »unerklärlichen« Verstummen dieses großen Talents hatte kommen können, wo die Wurzeln für den vorzeitigen Abbruch der Autorenkarriere liegen mögen. Und ein Schuldiger ist schnell ausgemacht: Paul sei ganz allein dafür verantwortlich. Urheber ihrer Entwurzelung, grausamer Förderer ihrer Schreibblockade, der sie Jahr um Jahr gezwungen habe, in einer fremden, unverständlichen Kultur zu verkümmern, über die sie nichts zu formulieren gewußt, die sie nicht zu inspirieren vermocht habe. Aus reinem Egoismus seinerseits – um keinen Preis habe er auf Nomadentum und Dauerexil verzichten wollen – sei sie zum Führen einer Schattenexistenz verurteilt gewesen, überstrahlt von seinen Erfolgen auf einem Terrain, wo er sich wie ein Fisch im Wasser fühlte. Nahrung erhalten solche Gerüchte und Unterstellungen durch eine vielzitierte öffentliche Stellungnahme Janes, in der sie sich wie folgt kritisch über ihren jüngsten Werdegang ausließ: »Vom ersten Tag an erschien mir Marokko eher wie eine Traumkulisse denn als Realität. Ich fühlte mich von allem, was ich kannte, abgeschnitten. Im Laufe der zwanzig Jahre, die ich hier gelebt habe, habe ich nur zwei Kurzgeschichten zustande gebracht, und sonst gar nichts. Es ist gut [hier] für Paul, aber nicht für mich.«[ALO*]

Édouard Roditi stößt in dasselbe Horn, wenn er in seinem Jane-Bowles-Porträt nachdenklich ähnliche Fragen aufwirft und Janes Gedankengang weiterspinnt: »Jane hatte recht. Am Ende bezahlte sie [für die Entscheidung, sich in Tanger niederzulassen], nicht aber Paul.«[ER/ERS] Paul kontert nichtsdestotrotz, Jahre später, in einem Interview: »Am Anfang liebte sie Marokko [sogar] sehr. Erst sehr viel später sagte sie, daß ihr das Land nichts gebracht hätte. Aber während der ersten zehn Jahre, die sie hier lebte, hat sie es leidenschaftlich geliebt. Sie fand alles hier wunderbar komisch. Wir hatten immer sehr viel Spaß.«[PB/TNG] Doch Roditi läßt sich nicht beirren: »Ist Jane von Paul [nicht doch] aus ihrer vertrauten Welt herausgerissen worden? War es ein fruchtloses Unterfangen, sie während all der Jahre mitzunehmen nach Zentralamerika, Ceylon und Marokko, mit auf diese allzu romantische Suche nach dem verlorenen exotischen Paradies? [Er hielt sie fern] von der Welt der mit Außenseitern und Bohémiens bevölkerten New Yorker Bars, wo sie sich einst kennengelernt hatten.«[ER/ERS] Bowles besteht, im Widerspruch zu Édouard, auf der Auffassung, Gefühle, Entschlüsse, Handlungen seien nichts Monolithisches, Unwandelbares – das gilt auch für Jane. Sicher, sie hat anfangs gezaudert und hart mit sich gerungen, ihm nach Tanger nachzureisen; gewiß gab es Stunden tiefen Bedauerns für diese unwiderrufliche Verankerung während der langen Jahre ihres Leidens. Aber er weiß sich im Recht, wenn er sich genau daran zu erinnern meint, sie sei ihm aus freien Stücken gefolgt. Wohin er auch ging, dort wollte auch sie sein – mit der Ausnahme von Taprobane vielleicht.

Waren sie nicht über Jahrzehnte förmlich aneinandergeschweißt, nannten sie sich nicht »Verschworene«? Daß sie oft nicht von allein auf eine Idee kam, daß sie Antrieb und ein wenig nachdrückliches Anschubsen benötigte, diesem Eindruck konnten alle, die sie gut kannten, nur uneingeschränkt beipflichten. Sie ruhte sich gewissermaßen gern auf den – von ihm für sie getroffenen – Status-quo-Veränderungen auf, dachte sich mit Vorliebe in eine von außen geschaffene Situation hinein. Die Bohémiens und Außenseiter, die Bars und Parties mußte sie in dieser konzentriert-ambivalenten Stadt ebenso wenig missen – Tanger war, bezogen auf die Zirkel, in denen sie sich bewegten, Manhattan durchaus vergleichbar, nur in kleinerem, überschaubareren Maßstab. Exoten hatte Jane hier wie dort ausfindig gemacht, im Handumdrehen sogar. Und, es gleicht einer Binsenwahrheit, auch in New York scheitern begabte Leute an ihren mißlungenen Karrieren, an komplizierten Charakterkonstellationen, an schwierigen Beziehungen, an Schreibhemmungen. Wenn jemand über einen Mangel an sozialen Kontakten in ihrer Ehe klagen konnte, dann eher Paul – er begegnete über Wochen oft nur ihr, einigen Angestellten und seinem jeweiligen Günstling. Begegnungen mit durchreisenden Kollegen und Berühmtheiten kam er seufzend und achselzuckend nach, eine vorübergehende Belästigung, die man höflich durchstand, über sich ergehen ließ und wie ein lästiges Insekt aus dem geöffneten Fenster davonfliegen ließ.

Bleibt Roditis zusätzliches Argument, Bowles habe in Marokko und Lateinamerika aus dem Vollen schöpfen können, die Anregungen von Landschaft, Bräuchen, Folklore kongenial zu eigenständiger Literatur verarbeitet. Er sei ihnen nicht nur gerecht geworden, sondern habe sie als Kulisse geradezu benötigt. Nicht so Jane – wenn sie Mexikaner oder Frauen aus dem Rif-Gebirge beschreibt, würden sie, so ihr kritischer Kollege, »fast kindlich, bestenfalls wie moderne Nachfahren der legendären edlen Wilden« wirken. Man werde den Eindruck nicht los, Jane sei nicht vollständig hinter das Geheimnis Nordafrikas gedrungen, begnüge sich mit der Schilderung von »Mätzchen einer anderen Spezies« und versäume es, die spezifischen »Denkgewohnheiten einer anderen Menschenrasse« angemessen darzustellen, in all ihrer Vielschichtigkeit und Tiefe. Genauso oberflächlich sei sie mit den »echten« Marokkanern verfahren. »Sie glaubte«, führt Roditi sein Räsonnement fort, »ihnen jeden Unsinn erzählen zu können, während sie gleichzeitig immer deutlicher spürte, daß Pauls marokkanische Freunde und auch ihre eigenen allmählich in ihr Privatleben eindrangen. Sie wurde introvertierter.«[ER/ERS]

Hieran stimmt lediglich, daß die Kunstfiguren Janes schon immer als »verdinglichte Selbstporträts« einzelner ihrer eigenen Wesenszüge interpretiert werden konnten – die Manische, die Depressive, die Pyschopathin, die Ratlose, die Kindische, die Nymphomanin, die leidenschaftlich sich Verzehrende. Typisch amerikanisch war an diesen Copperfields, Goerings, Gertrudes und Mollys nichts; warum sollten deshalb auch die wenigen maghrebinischen Frauengestalten in ihren späteren Erzählfragmenten die Komplexität einer ganzen Kulturform repräsentieren? Janes Prosa ist in einer Kunstwelt angesiedelt und meilenweit entfernt von den naturalistisch-realistischen Darlegungen Pauls, die dann urplötzlich ins latent Phantastische, ins doppelbödig Grauenhafte umschlagen, so genau studiert sie auch anhand von Fallbeispielen des marokkanischen Alltagslebens sein mögen. Nicht von der Hand zu weisen ist dagegen, und es muß hier noch einmal nachdrücklich unterstrichen werden, daß Jane diejenige von beiden war, die sich weit besser in die orientalische Vorstellungswelt hineindachte, besser die Landessprache beherrschte, im *darija*-Idiom zu Hause war, detailliertesten Einblick in die Aktivitäten von Märkten, Küchen, Haushalten gewann. Bereiche, die Paul weder interessierten noch jemals vertraut wurden. »Wollen Sie die Wahrheit wissen?«, kursierte ein beliebter Witz über ihn, nicht sehr schmeichelhaft und gerade deshalb von verletzender Aussagekraft, »Paul kennt Marokko überhaupt nicht [richtig]. Er hat sich doch immer nur verkrochen und hat geschrieben.«[SPA]

Janes Selbstgefährdung ging ja eher von der viel zu großen Nähe aus, mit der sie sich ihrer Umwelt aussetzte. Mit jeder Faser ihres Verstandes und ihres Gefühlsreichtums. Mit der sie stündlich in Kauf nahm, »draufzugehen«. Ihre Art der Selbstzerstörung bestand in einem nicht zu stillenden Erfahrungshunger. Sie war eine Unentschlossene und gierte doch nach Leben. Probierte aus und überzog maßlos. Sie riskierte das Scheitern, spazierte beim Schreiben und Lieben an einem Abgrund entlang. Schwindelfrei war sie nicht. Und sie stürzte mit quälender Langsamkeit. Seine Art der Selbstzerstörung war es, nichts wirklich an sich heranzulassen, Gefühle auszuklammern. Sein Leben akribisch zu ordnen, so wie ein Bibliothekar oder Verwaltungsangestellter Konvolute und Schriftverkehr in Dossiers, Regalen oder Schubladen ablegt. Rigide abzuwägen. Selbst ihr, die ihn liebte, spröde und verschlossen zu begegnen – seine Form, Zuneigung zu bekunden. Nicht im geringsten hatte er ihr etwas Böses zufügen wollen, doch ihre Entwurzelung, wenn schon nicht einkalkuliert, dann doch billigend vorangetrieben. Er unterstützte Jane in allen Belangen und war ihr ein aufmunternder Erzieher. Sie aber benötigte Widerstand, nicht Ratio. Seine kalte Indifferenz wurde ihr unerträglich; sie setzte ihr Leidenschaft und Sprunghaftigkeit entgegen. Und bei der Geschwindigkeit und Verve, mit der diese beiden Lebensauffassungen aufeinanderprallten, zerbrach ihr um so viel fragileres Nervenkostüm. Seines wies nur feine Risse auf. Unamerikanisch »entartet« waren sie beide geworden: sie ihrer Natur entsprechend, über die Stränge schlagend, er per vernünftigem Entschluß, den Gravitationspunkt von Manhattan nach Tanger verlagernd.

Und um noch einmal die Legende vorgeblicher literarischer Osmose aufzugreifen (die kuriose Präsenz derselben Themen, derselben Paare, derselben Dispute, desselben Marokko in ihrer beider Schriften): Überspitzt gesagt, hat Paul nur darüber *geschrieben*. Sie hat sie wirklich *gelebt*, diese Dauerkonfrontation von zwei Wertesystemen und Zivilisationsordnungen. Sie ist bis an die Grenze gegangen, hat ins Innerste geschaut, um sich darin zu verlieren. Die Authentizität, die er mit aller Gewalt anstrebte und herbeisehnte, sie ist ihr nahe gekommen. Zu nahe. Wie ihrem Wagenlenker Phaéton sind ihr die Zügel entglitten, hat sie es mit der Herausforderung der Göttergeduld zu weit getrieben, die Himmelsmächte – repräsentiert von Verstand und Gesundheit – versucht und deren Vernichtungswut unterschätzt.

Wahr ist nichtsdestoweniger, daß, in immer neuen Schichten, Jane und Paul die Geschichte ihres Kennenlernens und ihres Zusammenlebens variiert und als Palimpsest überschrieben haben, womit ein immer undurchdringlicherer, schwer entzifferbarer oder auf Eindeutigkeit festlegbarer Dschungel angelegt wurde. Ein kreatives Labyrinth, in dem sich Paul gern, mit Wollust und Befriedigung verlor – angestrebter Ichverlust –, aus dem Jane zuletzt kein Entkommen mehr vergönnt war – erduldeter Ichverlust.

Woran also ist Jane, über die genannten Aspekte noch hinaus, am Ende gescheitert? Daran, daß sie eine – im westlichen Sinne – traditionelle Frauenrolle zu sehr in Frage gestellt hat oder daran, daß sie Paul, mit einer Kehrtwende, mit ihrem Rückzug in Krankheit und künstlerische Untätigkeit, zum Schluß doch wieder gänzlich die patriarchalische Führerschaft, das autoritäre Entscheiden überlassen hat? An ihrer Maßlosigkeit, an den Fallstricken ihrer Libido? Daran, daß zu ihrem erotischen Nimbus, wie Jugendfreunde, Kollegen und Neider süffisant argwöhnten, einst auch flüchtige Affären mit Männern gehört haben sollen, die sie Paul zuliebe aufgegeben haben soll? »Sie sagte, sie wüßte, daß Paul nichts gegen [eine Liaison] mit Frauen hätte, aber sehr verletzt wäre, wenn sie eine Beziehung mit einem Mann hätte«[MD/ALO], resümiert ihre Biographin Millicent Dillon diese merkwürdige Rücksichtnahme einer zuweilen bisexuellen Lesbe auf die Eifersuchtsanwandlungen eines schwulen, dann wieder asketischen Ehemannes. Die schon zuvor zitierte Marguerite Duras, Altersgeliebte eines gleichgeschlechtlich orientierten jungen Mannes, offeriert diesbezüglich mit einer provokanten Polemik folgende Definition, die sie Männern schlechthin zuschreibt: »Die Männer sind Homosexuelle. Alle Männer sind potentielle Homosexuelle, sie wissen es nur nicht, es fehlt ihnen jede Situation oder Evidenz, die es ihnen offenbart. Die Homosexuellen wissen es und sagen es auch. Und die Frauen, die Homosexuelle gekannt und physisch geliebt haben, wissen es ebenfalls und sagen es auch. ... In der Heterosexualität gibt es keine Lösung. Der Mann und die Frau sind unversöhnlich, und dieser unmögliche und mit jeder Liebe neu unternommene Versuch ist es, der ihre Größe ausmacht. ... Was die Männer und uns [Frauen] verbindet, ist der Charme, und der Charme besteht darin, gleich zu sein. Als Mann oder Frau zu entdecken, daß man gleich ist.«

Überzogene Pauschalisierungen dieser bestürzenden, ja verstörenden Äußerung einmal beiseite gelassen – Paul und Jane haben zweifelsohne Charme besessen, das »Gleiche« aneinander entdecken und betonen können. Ihr »Lösungsversuch«, sich über das »unversöhnlich« heterosexuelle Element ihrer doppelt homosexuellen Befindlichkeit hinwegzusetzen, hat darin bestanden, nach einer extrem kurzen Phase körperlicher Zweisamkeit einander zur jeweiligen physischen Selbstverwirklichung Tür und Tor zu öffnen. Und doch ist jeder von ihnen bis zu einem gewissen Grad im Schneckenhaus seiner (A-)Sexualität eingesperrt geblieben. In dieser Hinsicht war Jane sicher die Ungebundene, Freiere, Lebendigere – und Paul hielt sich im Gegenzug alles, was auch nur entfernt mit Nähe zu tun haben konnte, im Wortsinne »vom Leib«. Mit teilweise drastischen Formulierungen, deren Verächtlichmachung alles Sinnlichen schon ziemlich starken Tobak abgibt: »Alle Beziehungen, die ich jemals hatte, hatten etwas mit Bezahlen zu tun. Ich habe nie eine sexuelle Beziehung gehabt, ohne dafür zu bezahlen, selbst als ich sehr viel jünger war. Ich hielt das für etwas Selbstverständliches«, platzte es bei Gelegenheit aus ihm heraus. Über Sex oder Liebe reden sei so, ließ er sich vernehmen, »als erzähle man jemandem, welche Zahnpasta man benutzt, wie oft am Tag man seine Zähne putzt, über seine Darmtätigkeit und so weiter. Nein! Wieso denn?«[WFW] Es klingt beinahe, als wolle er jemanden mit dieser abfälligen Tonlage in die Schranken weisen oder abstrafen, und ein wenig Neid auf Janes so naive wie bewundernswerte Unbekümmertheit in Angelegenheiten physischer Befriedigung spielt sicher auch in böse Kommentare wie diesen mit hinein. Aber was war schon anderes von einem Mann zu erwarten, der als Jüngling, nachdem er hinter das Geheimnis von Beschneidungen gekommen war, in seinem Zimmer mit Nadeln an seiner Vorhaut herumexperimentierte und als Neunzehnjähriger seinen Freund Bruce Morissette an der kürzlich entdeckten Neigung teilhaben ließ, sexuelle Erregung noch am ehesten verspüren zu können, wenn er sich Zeitungsberichte von Hinrichtungen auf dem elektrischen Stuhl ein ums andere Mal plastisch ausmalte?

Wenn Sexualität ausscheidet, bleibt im Idealfall übermenschlich großes Verständnis füreinander übrig – doch auch hier sind die Standpunkte letztendlich festgefahren gewesen, hat einiges im argen gelegen. Im Verlaufe von verworfenen Notizen für einen nie verwirklichten Roman, die Paul festgehalten hat, als Janes Niedergang noch nicht in seinem vollen Umfang abzusehen war, betreibt der Erzähler – mithin Bowles – ein doppeltes Spiel. Er leiht sich die Stimme einer Frau, die Mrs. Copperfield ähnelt, die somit auch Jane gehören könnte, um sich das Urteil über deren Mann zu erlauben. Um ein Selbstbildnis zu entwerfen, ohne sich zu »verraten«. Die Beschreibung dieses fiktiven »Paul« lohnt die Wiedergabe: »Er war ein wilder Fanatiker, ein sentimentaler Zyniker, ein Genußmensch in seiner Askese. Er hoffte immer auf das Schlimmste. Aber wenn es dann tatsächlich passierte, zerbrach er daran.« Ein Mann, der die Sorgen und Ängste, die seine Frau beständig plagen, nicht ernst nimmt – oder nicht ernst nehmen will. Nach Jahren des Zusammenlebens wird »ihr«, die seine Widersprüchlichkeit zu durchschauen beginnt, klar, daß die Wurzel für »sein« heuchlerisches Verhalten in einer ebenso großen Furcht vor der Auflösung seiner eigenen Persönlichkeit bestanden hat: »Sie konnte ihn vor ihren Augen zerfallen sehen, er löste sich in einen Niemand auf, und sie schämte sich für ihn und war entsetzt zugleich.« Ein kompliziertes Arrangement – so zu tun, als falle »er« auf ihre vorgegaukelte Selbständigkeit herein, um sich aufs Bequemste seiner Verantwortung für »sie« entziehen zu können. Und sich damit immun zu machen für ihre Vorwürfe. »Mit sanfter Objektivität« erörtert er unbeirrt ihre Problemchen, übergeht sie fast, »als ob [solche Vorfälle] nicht ihm, sondern jemandem in einem Buch zugestoßen wäre[n], und er verstand niemals, weshalb sie in solchen Augenblicken über ihn so wütend war.«[SPA] So bleibt die Fassade seiner Angreifbarkeit unversehrt, um den Preis ewigen Aneinandervorbeiredens und tautologischer Diskussionen, wo »Feindschaft« und »Freundschaft« füreinander zumindest die Waage halten. Ein Porträt seiner eigenen Ehe?

Paul Bowles ist Fragen nach dem Dreh- und Angelpunkt seines Verhältnisses zu Jane, nach dem Vorhandensein von Liebe zu ihr im landläufigen Sinne, stets ausgewichen. Nicht immer sind solche Ausweichmanöver elegant ausgefallen, oft hat er sie, peinlich berührt, mit einem Anflug von Selbstverleugnung ausführen zu müssen geglaubt. »Nun, Liebe ist ein starkes Wort«, wendet er einmal beckmesserisch ein. »Was für eine Art von Liebe? Es war nicht etwas – Das war nicht das Wichtigste für mich – Für mich war immer wichtiger, etwas zu erreichen, anders gesagt, mit meiner Arbeit Erfolg zu haben. ... Ich hatte an sich kein richtiges Privatleben. Die meiste Zeit über wenigstens. Klar, als ich nach Marokko kam, ein klein wenig – aber nicht wirklich, nein! ... Es gibt keinen Grund, darüber zu schreiben.« Und wenn sein Gesprächspartner sich damit nicht zufriedengibt und nachhakt, bestreitet er nachgerade die Existenz irgendeines Liebesverhältnisses in seinem Leben, worüber es sich zu berichten lohne. »Wenn es da jemanden gab! Aber wenn man niemanden geliebt hat, müßte man es ja erfinden. Und das wäre eine Lüge.«[WFW] Um diesem emotionalen Versteckspiel ein Ende zu bereiten und sich einer anderen, freilich ebenso voreingenommenen Wahrheit zu nähern, bietet sich der Blick auf eine peinigend offenherzige Monographie an, die Bowles' Zögling Mohamed Choukri in den 1990ern von seinem Lehrmeister und literarischen Initiator und dessen Frau, lange nach deren Tod, angefertigt hat. Der aufmüpfige Choukri, im Laufe der Jahre flügge geworden, vom Erfolg seiner von Bowles transkribierten harten Kindheit unter dem Titel *For Bread Alone* (*Das nackte Brot*) zusätzlich beflügelt und überaus kritischer Begleiter der drei Titanen Tangers (Genet, Tennessee, Paul), denen er je eine mit Anekdoten versetzte Studie widmete, ist Bowles unter dem Titel *Der Abgeschottete* – oder auch: *Der Klausner* – *von Tanger* dicht auf die Pelle gerückt. Er hat vieles, was er im Zusammenleben dieses Paares mitangesehen hat, mit ätzender Pedanterie Punkt für Punkt analysiert. Über weite Strecken liest sich sein Elaborat als schonungslose Abrechnung mit dem Mann, dem er soviel zu verdanken hat.

Und Choukri ist in gleichem Maße von Zärtlichkeit für Jane übermannt. In seiner Abhandlung figuriert sie als eine tapfere Gestalt, von der er sich nicht scheut, das Bildnis einer kämpferischen Natur zu zeichnen. Als Opfer ihres Mannes und der Unvereinbarkeit ihrer beiden Charaktere könne sie zwar durchgehen. Aber nicht ihre allzu großen Schwächen, sondern eine als nach innen zielende Destruktivität kamouflierte Stärke hätte ihr zuletzt den Garaus bereitet. »Jane hat ihr Leben damit zugebracht, all das zu zerstören, was sie interessierte, und zugleich dasjenige zurückzuweisen, von dem sich die anderen verführen ließen. Sie richtete ihre Grausamkeit gegen sich selbst, während Paul, der Sadomasochist, seine Grausamkeit an den Personen in seinen Büchern abreagierte. Im richtigen Leben hat Paul natürlich niemanden getötet oder gefoltert, aber in seinen Büchern hat er sich nicht daran hindern lassen. Glücklicherweise blieb seine Vorstellungskraft noch weit von derjenigen des Marquis de Sade entfernt – nicht etwa aus einem Mangel an Versuchung heraus, jenem nachzueifern, sondern wahrscheinlich eher aus Unfähigkeit. ... Für ihn ist Sexualität immer mit Verbrechen, Unzucht und Ausschweifung verknüpft. Und wenn er Sexualität als solche schon nicht hat anklagen oder beschuldigen können, so hat er sie doch unbarmherzig aus seinem Leben verbannt. Paul Bowles ist somit ein mächtiger, omnipotenter sexueller Krimineller.«[MC/PRT*] Verletzende Hiebe, eindeutige Worte. Bowles als Möchtegern-de-Sade, als Schreibtischtäter, der großen Vorbildern im Dichterolymp zwar nicht das Wasser reichen kann, aber jederzeit imstande ist, mit seiner lustfeindlich-gefühlskalten Aura Gewalt zu verbreiten, Vernichtungskraft zu entfalten, das lebensbejahende Element des Sexuellen zu unterdrücken und seinen Mitmenschen als Verfehlung zur Last zu legen.

Choukri nährt die Vorstellung, Paul habe aktiv dabei mitgeholfen, einige der Schachteln zu basteln, die später auf so verhängnisvolle Weise an Janes innere Kopfwände stoßen sollten. Er spricht ihm sogar rundheraus die Fähigkeit ab, zu einem friedlichen, ergänzenden Zusammenleben mit einer anderen Person in der Lage zu sein. Umgibt den verwitweten Rückzügler mit einer Begabung zum teuflischen Spielverderber. »Erst viel später habe ich herausgefunden, daß Bowles diese Gattung zwiespältiger, ambivalenter Abenteuer über die Maßen schätzt, er hat sein gesamtes Leben über den Grundfesten des Schlüpfrigen und Zweideutigen errichtet bis hin zu jenem Nihilismus, den er den Figuren seiner Romane und Novellen aufdrängt. ... Er begnügt sich mit einem mokanten, herablassenden Lächeln. ... Und nie strebt Bowles einen Harmoniezustand mit anderen Menschen an.«[MC/PRT*] Eine neuerliche Befürwortung der »Feind«-These, die indirekt einer Schuldzuweisung gleichkommt und als vorverurteilende Anti-Haltung kaum etwas zu wünschen übrigläßt. Nur daß diese Interpretation von Pauls Charakter diesmal nicht irgendeiner halluzinatorischen Vision Janes entspringt, sondern der Feder eines talentierten Eleven entstammt, dessen Mitteilungsbedarf weit über das anfangs vereinbarte Maß hinausgeht, sich nicht auf folkloristische Begebenheiten und Volksgut beschränkt.

Choukri setzt sich, ganz wider Erwarten, mit den ersten Westlern auseinander, denen er begegnet ist, und fördert unangenehme Eigenschaften vorgeblich toleranter Berühmtheiten zutage. So ist er davon überzeugt, bei Bowles' gerühmter »Einfühlung« in die marokkanische Nationalseele handle es sich um ein Trugbild. Ihn als begnadeten Vermittler zwischen den Kulturen zu begreifen, heiße, einer Schimäre aufzusitzen. Mißtrauen vor und Abkapselung von allem Authentischen hätten im Gegenteil dessen Verhältnis zur Maghreb-Kultur geprägt, an deren Geheimnisse er nur unvollkommen habe rühren können. Und auch im Falle Janes spart dieser Nörgler nicht mit deutlichen Aussagesätzen, drückt ihrem chaotischen außerehelichen Liebesleben den Stempel »Desaster« auf, weist auf ihre fatale Affäre mit der berüchtigten Prostituierten Zohra hin, ihrer Rivalin, die sie Cherifa kurzzeitig ausspannte, ohne darauf achtzugeben, daß sie sich mit einer Favoritin des Bencherqui-Freudenhauses einließ. So bringt er Janes grundsätzliche Probleme mit einer Handvoll Feststellungen auf den Punkt: »Sie wollte aus ihrem Leben ein literarisches Abenteuer machen, aber eine von Grund auf feindliche Umgebung hat sie eingekesselt. Niemand hat sie verabscheut, ihr aber ist es gelungen, sich selbst zu hassen. ... Wenn Jane auch viel, ja ausgiebig geliebt hat, so ist sie doch nie zurückgeliebt worden. Ganz am Ende ist sie von allem und jedem enttäuscht worden, sowohl von ihrer Literatur als auch von ihren Liebesverhältnissen. Darin liegt ihre Tragödie begründet.«[MC/PRT*]

Großzügig sei sie gewesen bis zur Unvernunft, Bowles dagegen habe sich systematisch aus allem herausgehalten, dafür Sorge getragen, daß die Dinge scheinbar ohne ihn in Bewegung gehalten wurden, aber im Hintergrund Schritte, Schachzüge und Intrigen eingefädelt.

Unbequem und einseitig ist Choukris Resümee allemal, doch fällt es nicht schwer, hinter seiner Schwarzweißzeichnung ein nicht unberechtigtes Ressentiment herauszuspüren. Ganz offensichtlich kühlt hier ein noch bis vor kurzem benachteiligter Nordafrikaner mit all seiner intellektuellen Emphase und im Tonfall eines selbstgerechten Pamphletisten sein Mütchen, stellvertretend für Generationen zu kurz gekommener Poeten und Künstler aus Ländern der sogenannten »Dritten Welt«, denen das Zusammentreffen mit dem doch so verständnisvollen »weißen Mann« mehr als einmal nur die Bestätigung einer alten rassistischen Hierarchie vor Augen geführt hat – hier der gebildete, überlegene Zivilisationsbringer und sein edles Ansinnen, dort der begabte, hierarchisch für alle Zeiten unterlegene »edle Wilde«, dem man mit postkolonialer Attitüde väterlich unter die

Arme greift, um selbst Profit aus dem *culture clash* zu schlagen. Um das künstlerische Resultat wie eine rare exotische Pflanze auf dem Seziertisch der westlichen Öffentlichkeit auszubreiten. Doch Choukri wird den Bowleses mit dieser Verengung auf ein oder zwei Teilaspekte nicht hundertprozentig gerecht; Pauls Wirken in Marokko läßt sich eben nicht auf ein angeblich raffiniertes Puppenspiel mit zutraulichen, ahnungslosen Einheimischen oder eine mysteriöse patriarchalische Bevormundungstaktik, angewendet auf seine geschundene Ehefrau, reduzieren.

Mohamed verkennt, daß Bowles einst aus ganz anderen und durchweg lauteren Beweggründen nach Marokko gekommen ist; eine halbe Ewigkeit ist es bereits her. Und allein der Umstand, daß ihm frühere, weitaus erfreulichere Jahrzehnte im Zusammenleben von Jane und Paul naturgemäß entgangen sind, macht seine beeindruckenden, aber etwas voreilig abgegebenen Schnellschüsse, in denen nicht zuletzt auch Neid auf Bowles mitschwingt, für eine dauerhafte Qualifizierung von deren Verhältnis, aufs Ganze gesehen, untauglich. In seinem scharfzüngigen Essay regiert unmißverständlich die parteiische Perspektive des einstigen Wunderknaben, der sich zum mißliebigen Straßenköter stilisiert – eingedenk der prompt einsetzenden Aufmerksamkeit westlicher Medien, derer er sich sicher sein darf. Es spricht für Paul, daß trotz dieser faszinierenden Publikation Choukris, in der nur sehr wenig davon die Rede ist, worin Bowles' eigentliche Leistung als literarischer Geburtshelfer bestand, dafür aber um so mehr von seinem übermäßigen Geiz, seiner erschreckenden Kälte, seiner Hartnäckigkeit, lieber Spanisch sprechen zu wollen, von der kalten Schulter, die er seinem Gastgeberland stets gezeigt habe, daß – aus der Sicht des Geschmähten – hinter Mohamed keineswegs die Tür zugeschlagen wurde. Sie blieb stattdessen immer einen Spalt weit offen, angelehnt. Erst als Choukri nicht mehr an sie klopfen mochte, fiel sie irgendwann, mit einem resignierten Knarren, sanft ins Schloß.

Viel Feind', viel Ehr' – daß eine dermaßen im Rampenlicht stehende Persönlichkeit wie Bowles Rüffel einstecken muß und in

Tanger, insbesondere nach Janes Tod, unweigerlich heftig angegriffen wird, steht außer Frage. Viele von denjenigen, die sich lautstark über sein Versagen und die Mitschuld am angeblich voraussehbaren Abstieg seiner kranken Frau beschweren, haben allerdings leicht reden, ist ihnen ein vergleichbares Schicksal doch (noch) nie aufgebürdet worden, das einem Partner über Jahre hinweg das Aushalten zentnerschwerer psychischer Lasten aufbürdet, bei dem Entscheidungen von großer Tragweite in Kopf und Gewissen hin- und hergewälzt werden müssen. Jane selbst hat es vorausgeahnt, daß sie, die als Trinkerin immer Gesellschaft benötigte und Geselligkeit verbreitete, es im Ansehen von Zeitgenossen und Zeitzeugen leichter haben oder als liebenswerter wahrgenommen werden würde als der spröde, einsilbige Eigenbrötler Paul, der es keinem Zaungast je besonders leichtgemacht hat. Mit ihr war es stets gemütlich, man machte sich eine launige Zeit; in seiner Gegenwart fröstelte man oder verstummte respektvoll. Nun entladen sich der geballte Zorn, die Häme, die Schadenfreude gewittergleich über seinem gebeugten Haupt, nur unzulänglich hinter der Maske noblen Mittrauerns kaschiert. Seine Unzugänglichkeit kann man Bowles endlich mit erhobenem Zeigefinger und mit anklagender Miene heimzahlen. Diese Aasgeier am einen Ende der Skala – mit ihrer üblen Nachrede würde er auch noch fertigwerden. Am anderen Ende warten schon die Hagiographen, keinen Deut besser. Sie spitzen die Federn, um Widersprüchliches zu glätten und einzuebnen, um zur Heldenverehrung anzusetzen und ihrem Beweihräucherungstrieb freien Lauf zu lassen. Die Fan-Literatur zu den Bowleses füllt in der Tat seit 1973 ganze Regale, wobei tiefsitzende Stachel in ihrer Lebensgeschichte mit antiseptischer Zuvorkommenheit gezogen, Störendes und Unerquickliches rasch, bevor ein Querulant genauer hinschauen könnte, unter den Teppich gekehrt worden ist. Aber Jane und Paul haben nichts zu vertuschen.

Ob nun »Feindesfreundschaft« oder »Freundschaftsliebe« im ewigen Balanceakt ihres Verhältnisses den Ausschlag gegeben haben – die Fairneß gebietet es abschließend, den Ehemann noch einmal zu Worte kommen zu lassen, wenn die hervorstechendste Eigenschaft seiner verstorbenen Partnerin benannt werden soll: »Ich glaube, daß es Janes *Humor* war, der sie am besten charakterisierte. Sie hatte die wunderbare Gabe, alle Dinge des Lebens absolut komisch zu sehen.«[PB/TNG] Die überzeugende Darstellung dieses letztgenannten Wesenszuges bleibt noch dem eifrigsten und unbestechlichsten Biographen, so sehr er es auch bedauern mag, im Grunde genommen verwehrt: Was einen anderen Menschen zum Lachen bringt, ihn zu amüsieren vermag – mithin die Quintessenz seiner Liebens-Würdigkeit –, entzieht sich einem erläuternden Nachvollzug.

Kann man den oft aus dem Rhythmus geratenen *Night Waltz* von Jane und Paul, dessen Wirbel sie um den halben Erdball trudeln ließ und sie bis an den Rand atemloser Erschöpfung führte, dennoch, ohne schönfärberische Floskeln zu bemühen, eine Liebesgeschichte nennen? Die Antwort ist ein zaghaftes Ja. Denn auch für Bowles schwindet die *raison d'être*, der eigentliche Beweggrund, Großes zu vollbringen wie Romane oder Opern, Unerhörtes zu entdecken am Horizont seines unstillbaren Fernwehs, gleich im Anschluß an das Jahr 1973 dahin, als sei in ihm ein Lebenslicht erloschen, das nicht wieder zum Leuchten gebracht werden kann. Es fehlt von nun an die andere Hälfte, genau jener Mensch, der seiner spezifischen Art des Existierens eine ganz eigentümliche Bedeutung beimißt. *Für* den oder *gegen* dessen Widerstand er weiterhin Kunst produzieren kann. Der allem, was er tut oder unterläßt, größtes Interesse entgegenbringt – genau das, was man von einem oder einer Liebenden erwarten darf. Dem man sich offenbaren mag. Was eine weitaus beständigere Gewißheit als physische Leidenschaft beinhaltet, die sich mit der Zeit verflüchtigen kann.»Mit Jane verliert Paul auch die Person, die seinem Schaffen am nächsten stand; als verlöre ein Maler denjenigen, dem er zuerst seine Staffelei enthüllt, mit dem er seine Geheimnisse von Pigmenten, Mischverhältnissen und Lasuren teilt.«[RB] Den Vorhang zu seinem Atelier, der jetzt für immer zugezogen bleibt, hat er, und das selten genug, lediglich für Jane gelüftet. Oder wenigstens ein Stück weit angehoben.

Paul sollte sie um ein Vierteljahrhundert überleben. Nach und nach schränkt er seine künstlerische Bandbreite mutwillig ein. Macht sich zum Exklusiv-Sprachrohr einer ganzen Generation einheimischer Geschichtenerzähler und neuer, jüngerer Mundsteller, deren Legenden und Phantastereien er in bewährter Manier aufzeichnet, transkribiert und übersetzt. (Manche seiner Kritiker wie Tahar Ben Jelloun beharren auch künftig darauf: verfälscht bzw. manipulierend umarrangiert.) Uneigennützig verwendet er sich für sie, kompiliert Anthologien (z. B. das Fünffach-Porträt *Five Eyes*) oder ermutigt den jungen guatemaltekischen Schriftsteller Rodrigo Rey Rosa, seinen späteren literarischen Nachlaßverwalter, zu Publikationen, leistet Hilfestellung für so manche internationale Laufbahn. All dies erledigt er vor Ort. Er, der ein Leben lang »ohne anzuhalten« auf dem Erdball unterwegs gewesen war, reist nun überhaupt nicht mehr, schlägt mehr und mehr Wurzeln in Tanger, wird seßhaft, lebt spartanisch. Der gesamte Globus steht ihm offen, die weißen Flecken seiner Lebenslandkarte sind bereit, von ihm ausradiert oder eingefärbt zu werden. Doch ohne Jane fällt der Impuls zu reisen mit einem Schlag weg, ein Lebenskonzept bricht in sich zusammen. Niemand versucht, ihn am Wegfahren zu hindern – so bleibt er lieber gleich zu Hause. Als eine stadtbekannte Eminenz, eine charismatische Erscheinung, ein umschmeichelter Einsiedler, als ein Guru zur Verfügung zu stehen, reicht ihm mittlerweile – er gefällt sich als eine Bereicherung des ohnehin pittoresken Stadtbildes. Den einen gilt er als Heiliger, den anderen als zynischer Sadist.

Dutzende von Erzählungen entstehen gleichwohl nebst der einen oder anderen Gelegenheitskomposition; keine reicht auch nur entfernt an den Rang seiner früheren Kreationen heran. In den Siebzigern und frühen Achtzigern verblaßt der Mythos Bowles zusehends. Tantiemen bleiben aus, Noten und Romane werden vorübergehend nicht mehr nachgedruckt. Alternative Kleinverlage nur kümmern sich um sein Schaffen, das unter Insidern, als Geheimtip, hoch gehandelt wird. Der amerikanische Durchschnittsleser kennt nicht einmal seinen Namen; die marokkanische Öffentlichkeit ignoriert ihn weitgehend. Einher mit materiellen Einbußen gehen immer weiterreichende Einschränkungen, was im inzwischen monarchisch-diktatorischen Marokko delikate Alltagsaspekte wie Bewegungsfreiheit, Aufenthaltsgenehmigung, innenpolitische Betätigung und sexuelle Selbstverwirklichung angeht. Mitte der 1980er geht es hier unfreier zu als noch um 1960. Erst mit der aufwendigen Bertolucci-Verfilmung von *The Sheltering Sky*, einer internationalen Großproduktion im Gewand eines grob vereinfachenden Abenteuerschinkens, wendet sich ab 1990 das Blatt wieder. Bowles, der sie erst verhindern wollte, ihr dann schweren Herzens zustimmte, sie zuletzt gar doppelzüngig über den grünen Klee loben sollte, erlebt quasi von Stund an unverhoffte Neuauflagen, Übersetzungen, Taschenbuchausgaben, läßt sich von Joyce Carol Oates lobpreisen, wird zum Faszinosum einer neuen, jungen Generation.

Unzählige Neugierige, Verehrer, Sinnsuchende pilgern in sein bescheidenes, aus allen Nähten platzendes Appartement im Itesa. Gnädig gewährt er Audienzen, genießt den einsetzenden Starrummel. Interviewer, Journalisten und Wissenschaftler machen ihm ihre Aufwartung, geben sich die Klinke in die Hand. Die Begegnung mit ihm befriedigt Sehnsüchte nach einer Ethnokultur voller (vermeintlicher) Authentizität, kompetent durchdrungen sowie mundgerecht gefiltert durch eine große weise Persönlichkeit des amerikanischen Anti-Establishments. Man überredet ihn, für zwei Sommer, im Rahmen von *creative-writing*-Programmen der New Yorker School of Visual Arts in deren Außenstelle Tanger, nochmals vor schreibwillige Studenten zu treten. Solange er – wie hier – nur über die Straße zu gehen braucht, fällt ihm die Einwilligung leichter. Seine fünfzig Jahre alten Kompositionen werden wiederentdeckt und erstmals auf Tonträgern eingespielt. In Nizza widmet die angesehene zeitgenössische Konzertreihe MANCA 1988 erstmals seinem Schaffen eine bilanzierende Retrospektive. Blicken läßt er sich dort noch lange nicht. Pariser Literaturjournalisten tragen im Wettbewerb um die Trophäe, die erste Ortsveränderung des dickköpfigen Ex-Nomaden heraufbeschworen zu haben, schließlich den Sieg davon: Sie bezirzen ihn erfolgreich, im November desselben Jahres in der vielbeachteten Büchersendung *Apostrophes* als Ehrengast im Fernsehen aufzutreten. Er schwört nach 48-stündigem Aufenthalt in der französischen Hauptstadt und nach übereilter Rückkehr, keine zehn Pferde könnten ihn in Zukunft mehr aus Tanger fortlocken. Doch der Stolz auf das unverhoffte Comeback macht ihn weich und nachgiebig. Er füllt noch mehrere Bände mit Erzählungen und Reiseberichten und kehrt – nach fünfundzwanzigjähriger Abwesenheit und seinem Schwur in Windeseile untreu werdend – ein allerletztes Mal in die USA zurück, wo er sich 1994/95 Operationen unterzieht, mit Ehrungen überhäuft wird und Festivals seiner Musik miterleben kann. Ein Revival.

Und auch eine andere, vergessene unter seinen Passionen wird wieder zum Leben erweckt, flackert erneut auf: das Schreiben von Gedichten. In der Gesamtausgabe seiner Lyrik findet sich kein einziges Poem, das zwischen 1940 und 1969 entstanden wäre. Erst danach, mit dem Beginn von Janes Klinikaufenthalt in Málaga, legt er wieder Hand an diese intimen Miniaturformen, von der Gertrude ihm bedeutet hatte, er solle dringend die Finger davon lassen. Als ob die dreieinhalb Jahrzehnte Ehe eine Blockade für das Formulieren inniger, allzu persönlicher Bekenntnisse dargestellt hätten, als ob die Niederschrift von Romanen für das ersatzlose Verschwinden lyrischer Experimente verantwortlich gewesen wäre. Nun, da die Zeit für dicke Schmöker unwiderruflich abgelaufen zu sein scheint, wendet er sich, vor allem ab 1972, wieder dem konzentrierten, ökonomischen Abfassen ausgewählter Gedankengänge zu. Ein Blick auf diesen Neuanfang genügt indessen, um zu erkennen, daß Bowles auf diesem Terrain auch weiterhin keine Glanzleistungen vollbracht hat. Aber in einem knappen Achtzeiler von 1977, *Far From Why*, findet sich zumindest ein Hinweis darauf, wie er mit seiner individuellen Trauerarbeit umzugehen gedenkt, wie er dafür Sorge trägt, daß ihm die Einsamkeit nicht den Boden unter den Füßen wegzieht: »Es gibt eine Möglichkeit, die

Stille zu meistern:/deren Windungen kontrollieren/deren dunkle Ecken bewohnbar machen/und der Zeit, die draußen an einem vorbeizischt, zuhören.«^(NTN*) Paul, schon seit jeher der »unsichtbare Beobachter«, hat sich nunmehr nur noch eine Schicht tiefer in lautloser Finsternis vergraben und achtet darauf, daß das Leben in möglichst weiter Ferne an ihm vorbeizieht, ihn auch nicht mehr im geringsten tangiert. Vom bisherigen Filtern von Emotionen zu deren vollkommenem Ausschluß vordringen, lautet sein Fernziel. Bloße Existenz statt pralles Dasein. Atmen, essen, zwischenmenschliche Begegnungen über sich ergehen lassen – und Ereignisse als unerhebliches Hintergrundgeräusch wahrnehmen. »Ein Fremder zu sein ist unterhaltsamer, als zur Menge zu gehören. Man sieht die Dinge besser, versteht manches besser. Man steht außerhalb.«^(PB/TNG) Aber es handelt sich um einen unspektakulären, gelassenen Rückzug. Er hat seinen Frieden mit der Welt gemacht. Als Gegenentwurf zu seinen Memoiren könnten seine letzten beiden Lebensjahrzehnte auch unter dem Motto *Stopping* firmieren. Er hält für immer inne, und niemand wird ihn mehr von diesem Entschluß abbringen.

Das titelstiftende Poem seiner Lyriksammlung, *Next to Nothing* – frei übersetzt ungefähr mit *So gut wie überhaupt nichts mehr* wiederzugeben – aus dem Jahre 1975, ist ein Unikum in Pauls Œuvre: ein ungewöhnliches siebenseitiges Langgedicht. Zugleich ein Zwiegespräch mit einem namenlosen Gegenüber, die Rekapitulation eines Lebensweges zu zweit. Angesiedelt in einer Ur-Situation, sozusagen am Beginn der Zeitrechnung, läßt es als eine Art auskomponierter Stillstand alle favorisierten Themen von Bowles noch einmal anklingen. Die Orientierungslosigkeit, die Vergeblichkeit, die Resignation. Tanger, die Stadt am Meer, als negative Utopie. Die Unmöglichkeit ausgewogener Kommunikation zwischen zwei aufeinander bezogener Menschen. Und mittendrin einmal auch das ominöse Wörtchen »Liebe«. Kein Name fällt, und doch deuten die folgenden Ausschnitte darauf hin, daß Paul sie als Epitaph für Jane verstanden wissen will:

…
Am Anfang war da Schlamm, und das Geräusch des Atmens.
Und niemand wußte sicher, wo genau wir waren.
Als wir es herausfanden, war es schon viel zu spät.
Jetzt kann nichts mehr geschehen. Es sei denn, es *müßte* geschehen.
Und dann war ich allein, und es spielte keine Rolle.
Doch nur deshalb, weil zu jenem Zeitpunkt nichts eine Rolle spielen konnte…

Nimm mich mit zum anderen Ende der Stadt,
dorthin, wo sie Haifische auf dem Sand aufschlitzen…
Nimm mich mit zum anderen Ende der Stadt,
dorthin, wohin niemand gehen möchte…
Nimm mich mit zum anderen Ende der Stadt,
dorthin, wohin niemand den Unterschied zwischen dir und mir kennt…
Es wird großes Leiden geben, aber du verstehst dich darauf, ihm gut zuzureden…

Einst gab es eine Zeit, da sich das Leben in helleren Bahnen bewegte.
Wir tranken noch Wasser aus dem See…
Auf unserem Weg nach draußen schlugen wir den Pfad ein, der um den Sumpf herumführt.
Als wir zum Rückweg aufbrachen, war die Flut gestiegen.
Es gab noch einen anderen Weg, aber er verlief viel weiter oben, und er war schwer zu erreichen.
Und so warteten wir hier, und alles ist unverändert geblieben.

Es gab viele Dinge, die ich dir sagen wollte,
bevor du weggegangen bist. Jetzt werde ich sie nicht sagen.
Obwohl das Licht auf den Balkon hinausfließt,
dieselben Schatten an denselben Stellen wirft,
kann nur ich es sehen, nur ich kann den Wind hören,
und er ist viel zu laut.

Die Welt schäumt über vor lauter Worten. Vergib mir.
Ich liebe dich, aber ich darf nicht an dich denken.
So lautet das Gesetz. Es wird nicht von jedermann befolgt.
Obgleich die Zeit vorübergeht und die Luft nie dieselbe ist,
werde ich mich nicht verändern. So lautet das Gesetz, und so ist es auch richtig…

Erst die extreme Metaphorik des nachstehenden, abschließenden Absatzes bricht den bis dahin harmonischen, in sich stimmigen Bilderfluß und verrät mit einer Reihe unversöhnlicher, befremdender Gleichsetzungen, daß wir es mit einem Gedankengebäude von Paul Bowles zu tun haben. Wenn dieses grausame »Ich« auch eine Wiederbegegnung mit diesem zuvor unversehrten »Du« in jenseitiger Ferne andeutet, so beharrt es gleichwohl auf einem spürbaren Ungleichgewicht, auf einer entscheidenden qualitativen Differenz. Und deutet wenigstens ansatzweise an, daß es bereit ist – als Eindringling, als Störfaktor, als dem anderen innewohnendes negatives Element –, für das Leben und Verschwinden des Dialogpartners Verantwortung zu übernehmen:

> Ich bin die Spinne in deinem Salat, der Aufstrich verschmierten Blutes auf deiner Brotscheibe.
> Ich bin das verrostete Skalpell, der Dorn unter deinem Nagel.
> Eines Tages werde ich nützlich für dich sein, so wie *du* es nie für mich sein kannst. ...
> Ich stelle die falsche Richtung dar, das tote Nervenende, den unbeendeten Schrei.
> Eines Tages werden dich meine Worte trösten, auf eine Weise, wie die *deinigen* mich niemals trösten können.[NTN*]

Ein Versprechen, das zugleich als Retourkutsche daherkommt, an das Unvermögen des Gegenübers rührt. Präsentiert sich Paul Bowles demnach auch am Ende seines Lebens als der zum Lebensglück zu zweit Unfähige? Als der ewige Sohn aus gutem Hause, als der moderne Nachfahre eines um die Welt reisenden Phileas Fogg, als der unverbesserliche Nihilist (ein Schlagwort, das er verabscheute und mit den Improvisationen eines *Free-Jazz*-Adepten verglich), als der Existentialist wider Willen (eine Rubrizierung, die ihm schon eher behagte), als der pessimistische Philosoph einer Endzeitstimmung (eine Einordnung, der er zustimmen konnte), die auch den Widerstand, den ihr nur Liebe oder Zuneigung entgegenzusetzen vermögen, ohne Erbarmen überrollt und plattwälzt?

Mit der Beisetzung Janes auf einem Gelände, dessen religiöse Konnotation er zutiefst mißbilligt, geht für ihn zweifelsfrei die lebenswerte und die liebenswerte Zeit zu Ende. Um 1986 verfaßt er einen knappen autobiographischen Text unter der lapidaren Überschrift *Biographie*. Dessen frappierend simple Schlußzeilen klingen beinahe wie die rhythmisierten Verse eines Songs. Und zeigen, daß er sich keiner Illusion hingegeben hat, als mit dem 4. Mai 1973, Janes Tod, ein Buch unwiderruflich zugeklappt worden ist.

Über die Fortsetzung dieses Tages, den er als Schlußpunkt seiner von Bedeutung getragenen Existenz auffaßt, heißt es dort mit schlichtem Pathos:

Danach schien es ihm, als ereigne sich nichts mehr.
Er lebte weiter in Tanger, übersetzte aus dem Arabischen, Französischen und Spanischen.
Er schrieb viele Short stories, doch keine Romane.
Es gab mehr und mehr Menschen auf der Welt.
Und es gab nichts, was er dagegen tun konnte.[PB/GE2]

Epilog

»No Exit«

Schreib' mir mehr über Pelztiere und auch,
ob und wann Du zurückkommst, wenn Du es weißt.
Ich habe das in diesem Brief wahrscheinlich schon
zwanzigmal gesagt.
Ich bin sehr ruhig und habe nicht sehr viel Amüsantes
zu sagen oder zu berichten,
deshalb schreibe ich so selten,
aber ich werde nie vergessen,
daß Du gesagt hast,
es ist besser, einen langweiligen Brief zu schreiben
als gar keinen.
Hier also mein langweiliger Brief,
ungefähr so langweilig wie eine Bank,
nur nicht so nützlich.

Jane in einem ihrer letzten Briefe an Paul aus Tanger
vom Oktober 1966[GMG]

Auf intellektueller Ebene war ich immer isoliert.
Ich habe immer in Ländern gelebt, in denen meine Bücher nicht erschienen.
Aber ich kann mir auch nicht vorstellen,
wie ich als Schriftsteller in einer Künstlerszene leben könnte.
In New York wäre ich nicht geblieben, nehme ich an.
Ich hätte bestimmt die Flucht ergriffen, um in diesem Mikrokosmos nicht zu ersticken.
Mit amerikanischen Schriftstellern habe ich nie viel Kontakt gehabt.
Für mich gab es die anderen amerikanischen Schriftsteller nicht.
Das ist schrecklich egoistisch, was ich da sage,
aber ich wollte lieber keine Konkurrenz haben.
Ich halte mich nicht für besser als andere:
Ich wollte bloß einfach nicht daran denken, daß es noch andere gab.
Ich wußte einfach, daß es besser war, allein zu arbeiten und weit weg zu sein.
Es ist eher tröstlich, sehr weit weg zu sein.

Paul (1989)[TNG]

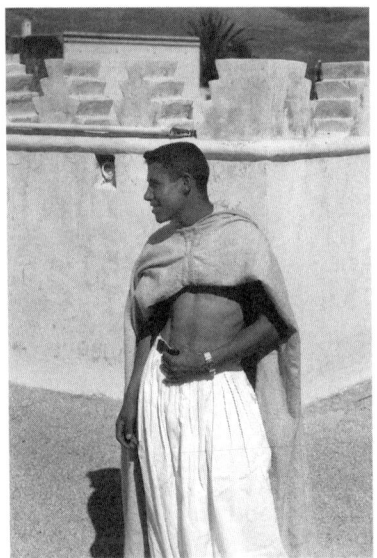

Die letzten fünfundzwanzig Jahre im Leben von Paul Bowles präsentieren sich als ein Lehrstück, wie man als übriggebliebene Hälfte eines aufeinander fixierten Gespanns, obgleich zum Weiterexistieren verpflichtet oder besser verdammt, erfolgreich die Zeit anhält. Ganze Kontinente harren noch der Entdeckung durch ihn; Australien, Schwarzafrika, weite Teile Asiens rufen nach ihm, aber ihr Appell verhallt ungehört. Nichts bringt ihn mehr aus dem Trab. Nichts darf ihn mehr betreffen. Kleine operative Eingriffe, die in Rabat oder in der Schweiz mit seiner vernunftbestimmten Einwilligung an ihm vorgenommen werden, fallen nicht weiter ins Gewicht. Heiter, wenn auch ein wenig resigniert, zelebriert er die perfekte Ereignislosigkeit. Bereits im März 1974 teilt er Virgil Thomson mit: »Der vielleicht beste Aspekt von [Tanger] ist, daß es einem das Gefühl vermittelt, sich in einer Art Höhle oder unter einer Glocke aus angehaltener Zeit und Bewegung zu befinden. So gut wie nichts geschieht [hier] über so lange Zeiträume hinweg, daß man am Ende bereits jegliche minimale Veränderung fürchtet, die die Statik durcheinanderbringen könnte.«[PB/AIS*] Seine besondere Form der Passivität schließt künstlerische Produktivität keinesfalls aus. Seit 1970 assistiert er vor Ort etwa David Halpern, dem Herausgeber des literarischen Periodikums *Antaeus*, steuert Beiträge bei, hilft mit, daß sich dessen Blatt über die Jahre zu einer angesehenen, anregenden Zeitschrift auswächst. Von Mrabets phantastischen Geschichten ediert er emsig einen Band nach dem anderen, und er legt auch eigene aphoristische Textsammlungen vor wie das melancholische *Points in Time* (1982) oder das Tanger-Tagebuch *Days* (publiziert 1991). In kurzen Novellen rückt er dem marokkanischen Alltag zu Leibe, verwandelt in seiner Erzählung *Kitty* ein junges Mädchen in eine Katze, schafft sich mit dem Porträt des achtzigjährigen Schlitzohrs Monsieur Ducros, der die Fallen der hiesigen Behörden mit Witz schlau umschifft, in *Rumor and a Ladder* einen literarischen Doppelgänger. In *Here to Learn* (1978) schickt er seine junge Protagonistin Malika gar in umgekehrter Richtung um die Welt – es stellt ein Novum innerhalb seines Schaffens dar, daß eine Marokkanerin, aus einer armseligen Ansiedlung im Rif-Gebirge stammend, durch Europa und die USA ziehen darf, mit dem Luxus des Genfer Sees und der Glitzerwelt von Beverly Hills vertraut gemacht wird. Eine humoristische Note, eine Tönung von feiner Ironie schleicht sich im übrigen fast unbemerkt in diese Texte ein – ob von Altersweisheit gespeist oder der amüsierten Abgeklärtheit eines eingeweihten Fremdlings zu verdanken, macht da kaum noch einen Unterschied.

Auf das paradoxe Phänomen seines mühelosen Hin- und Herschaltens zwischen musikalischer und literarischer Kreativität angesprochen, hat Bowles einmal das Bild von zwei verschiedenen, nur durch eine Tür getrennten Räumen geprägt: das eine Zimmer ohne Bedauern verlassen, durch eine Öffnung in der Wand spazieren, die Absperrung überwinden, die Tür hinter sich zuziehen und sich übergangslos in einem anderen, ebenso vertrauten Kosmos befinden. Die Gegenwelt einfach ausblenden. Ein spielerischer Umgang mit unterschiedlichen Realitäten, wie er etwa für Jane nie möglich gewesen ist. Jetzt hat auch Paul seinen Radius reduziert. Ausflüge ins Musikalische, Abstecher in ein Reich außerhalb seiner Privattopographie sind sehr selten geworden. Seine einstige Neugier ist bis zur Unkenntlichkeit zusammengeschrumpft, und er hat gelernt, sich mit dem Wenigen, das seine »Heimat« Itesa ihm bietet, zu begnügen.

Einen Fürsprecher der gleichmacherischen Globalisierung hätte man in Bowles wohl kaum gefunden. »Ich habe mir nie vorgenommen, mein Leben in Tanger zu verbringen. Es hat sich so ergeben. Mein Besuch war nur für eine gewisse Zeit vorgesehen, danach wollte ich weiterziehen und immerzu unterwegs sein. Ich wurde träge und verschob die Abreise. Dann kam der

Tag, an dem ich schockiert feststellte, daß es nicht nur viel mehr Menschen auf der Welt gab als noch vor kurzem, sondern daß auch die Hotels weniger gut waren, das Reisen unbequemer und die Orte im allgemeinen häßlicher. Seitdem sehnte ich mich, wohin ich auch reiste, nach Tanger zurück. Wenn ich also noch immer hier bin, so nur, weil ich hier war, als mir bewußt wurde, wie sehr die Welt sich zum Schlechten entwickelt hatte, und ich nicht länger reisen wollte. Zu [ihrer] Verteidigung kann ich eigentlich nur sagen, daß [diese Stadt] viel weniger als die meisten anderen in vergleichbarer Größe von den negativen Aspekten heutiger Zivilisation berührt wurde.«[WSR] Er ist ein radikaler Anhänger von Exklusivität. Von Demokratie, als unterschiedsloser Zugang zu Errungenschaften für jedermann mißverstanden, hält er herzlich wenig. Die Außenwelt wird von ihm konsequenterweise draußen gehalten. Selbstverständlich verfügt er nie über ein Telephon. »Ich habe von niemandem die Telephonnummer. Ich schreib sie nie auf. Ich hasse es ohnehin, am Telephon mit jemandem zu sprechen.«[WFW] Eingehende Post kann er je nach Belieben beantworten oder ignorieren, schlimmstenfalls vernichten. Und die modernen Medien, wie sie die Sensibilität systematisch zur Abstumpfung zwingen, faßt er ebenso natürlich als Teufelszeug auf: »Das Fernsehen hat fast alles abgetötet. Es hat die Musik hingemeuchelt, ebenso wie die mündliche Überlieferung von Literatur. Es handelt sich um eine mörderische Erfindung.«[PB/PRT*] Eine geistige Umweltverschmutzung, der er Kasteiung, Individualität, Phantasie, virtuelle Kommunikation unter Geistesmenschen via Lektüre und Korrespondenz entgegensetzt. »Telephonieren ist wie Fliegen – man wünscht sich die ganze Zeit, es möge endlich vorbeigehen damit. Die nervöse Anspannung ist fürchterlich; man ist in beiden Fällen außerhalb jeglicher wirklicher Kontakte, und nichts bringt einen wieder in die Realität zurück außer Auflegen oder Landen.«[CON*]

Dasselbe Verdikt gilt demnach für fragwürdige Errungenschaften wie Massentourismus und Fortbewegungsmittel, durch die die Allgemeinheit in den Genuß von Urlaubserlebnissen kommt, die ihr, ginge es nach Bowles, gar nicht zustehen:

»Der Tourismus zieht die Zerstörung der Welt nach sich«, schimpft er 1993, pikanterweise in einem Fernsehporträt über ihn selbst, »die Touristen hinterlassen nichts [Substantielles]. Sie zerstören sämtliche Länder, durch die sie ziehen. Sie haben keinerlei Schwierigkeiten, überall hinzugelangen, aufgrund dieser – meiner Ansicht nach – entsetzlichen, ja grauenhaften Erfindung des Flugzeugs. Für Viehzeug ist es natürlich ideal. Ideal, um Schafe, Kühe und Stiere von den Orten, an denen sie leben, bis zum Schlachthaus zu transportieren. Das Flugzeug dient dazu, sich rasch von einem Ort zum anderen zu begeben, aber nicht zum Reisen. Zum echten Reisen muß man hingegen bereit sein, Monate wegzufahren und nicht einfach nur wenige Stunden. Die Touristen kümmert das wenig. Ihnen ist es ganz egal, wohin sie fahren. Hauptsache, sie kommen schnell an, und dann ab in ihr Hotel, das ist alles. Sie kommen nicht etwa, um ein Land zu entdecken. ... Wozu soll das gut sein? Warum nicht gleich zu Hause bleiben? Das käme auf dasselbe hinaus.«[PB/PRT*] Seinen Kampf um die Privilegien des Individualreisenden, die er jahrzehntelang genießen durfte, ficht er im Zeitalter der Charterjets auf verlorenem Posten. Aus dem Zorn auf die geistlosen Horden, wie sie, in kurzen Hosen und mit Videokameras ausgerüstet, auch die Altstadt von Tanger entweihen, von sonnenschirmschwenkenden Reiseleitern an der Leine geführt, spricht – neben der Trauer um die nicht mehr rückgängig zu machenden Frevel an der Authentizität – auch eine gehörige Portion Arroganz: Was ihm lange zustand und immer noch zusteht, davon möchte er irgendwelchen dahergelaufenen Erdenbürgern und kulturlosen Nachgeborenen nach Möglichkeit auch nicht die geringste Kleinigkeit abgeben.

In einem »Offenen Brief« von Bowles, den 1980 das *Journal de Tanger* abdruckt, wendet er sich an eine Gemeinschaft von Verschworenen, an alle »diejenigen, die am Überleben während des nächsten Jahrzehnts interessiert sind«. Ein Menetekel. Er verleiht darin seinem Widerwillen vor einem fragwürdigen »international way of life« Ausdruck, warnt vor der bedrohlichen Bevölkerungsexplosion, den Gefahren der Massenfortpflanzung, der Einhalt geboten werden müsse. Um sich als Höhepunkt auf die Idee zu versteigen, ein Klub solle gegründet werden, an dessen Mitglieder er bereitwillig Zyankali-Tabletten verteile, um dem Dasein, falls eine Notlage eintrete, ein kurzes, todsicheres Ende bereiten zu können. Er verfüge über ein völlig schmerzloses Präparat, das einem ein qualvolles Koma erspare, versichert Bowles, und er hat keine Hemmungen, seinen Aufruf zum kollektiven Suizid angesichts der unerträglichen Vulgarisierung des Globus auch noch als gutgemeinte Neujahrsbotschaft auszugeben. Natürlich handelt es sich bloß um einen Scherz. Aber es steckt mehr als nur ein Körnchen Wahrheit hinter den flammenden, emphatischen Phrasen, mit denen er der Diktatur dieses Zivilisationsinfernos durch unbarmherzige Geburtenkontrolle beikommen, den Auswüchsen einer mittelmäßigen Welt durch Ignoranz und Ausschluß vorbeugen will.

Wie aber lebt der von misanthropischen Anwandlungen heimgesuchte Eremit wirklich in den 1980ern, wie bringt er seine Jahre hin? Mrabets Ankunft am frühen Morgen im Itesa markiert einen streng durchgehaltenen Tagesrhythmus. Paul läßt sich von ihm gegen acht Uhr das Frühstück zubereiten, das er wie die meisten seiner Mahlzeiten im Bett einnimmt, und macht sich während der Morgenstunden ans Schreiben. Die Zeit nach dem Mittagessen gehört der Beantwortung seiner umfangreichen Korrespondenz, und gegen 15 Uhr, mit dem Eintreffen seiner Hausangestellten, setzt auch der unablässige Strom erwünschter und unerwünschter Besucher ein. Ein neuer Vertrauter und junger Mann, Abdelouahaid Boulaich, holt Bowles in dessen Mustang – Ersatz für den früheren Jaguar –, einem silbergrauen Cabrio mit weißen Ledersitzen und weit über 100000 Meilen auf dem Buckel, dann für eine kurze Exkursion zum Postamt ab, derweil Mohammed eine leichte Abendmahlzeit vorbereitet. In den frühen Abendstunden wird palavert, meist zu zweit, und Kif geraucht. Mindestens ein halbes Dutzend solcher seinen Geist lüftender Zigaretten. »Nun, mit Kif läßt sich das Leben ertragen.«

Und wenn Mrabet aufbricht, um zu seiner Familie zurückzukehren, hat Paul den Rest des Tages für sich allein, weiß sich in Ruhe gelassen. Ein Spaziergang über den Markt mit ein paar wenigen Einkäufen, eine kleine Flanerie über dem Meer mögen das Einerlei variieren, mehr nicht. In Cafés und Bars zu gehen und sich angaffen zu lassen, hat er längst aufgegeben. Schwerhörigkeit plagt ihn, immer öfter flüchtet er sich deshalb, leicht verunsichert, ins Spanische. Dauernd ist ihm kalt, selbst im Sommer. Nur noch unter der Bettdecke findet er die unverzichtbare Wärme, fühlt sich geborgen. Unausgesetzt meckert er über die Unzulänglichkeiten seines Gastlandes, die Unzuverlässigkeit von Behörden und Menschen. Leidet er unter dem perpetuierten Alleinsein? »Wichtiger für mich ist, daß ich den Gedanken genieße, in der Nacht im Schlaf von Zauberei, die ihre Tunnel überall hingräbt, von Tausenden von Sendern und von Tausenden unwissender Empfänger umgeben zu sein. Verwünschungen werden ausgestoßen, Gifte gehen ihre Wege. Seelen verlieren sich, frei von parasitären Pseudo-Bewußtseinsebenen, die in den Schlupfwinkeln des Gehirns lauern.«[WSR] Bowles als Schlafender versteht sich als ein Medium für all diese verborgenen Begebenheiten und erst nach langer Zeit wirkenden Substanzen; seine Anwesenheit in Tanger setzt untergründige Prozesse in Gang, die nur darauf gewartet haben, von einem Berufenen zum Leben erweckt zu werden.

Wer also etwas von ihm möchte – und das tun bis in die späten 1990er viele Besucher aus nah und fern – muß sich schon selbst aufmachen, um ihn in seinem Allerheiligsten aufzusuchen. Sich vom Hafen oder Flugplatz aus mit einem unkundigen Taxifahrer herumschlagen, der nach einer langen Irrfahrt durch Ville Nouvelle und die Ausläufer der Altstadt gesteht, weder das Viertel um die American School noch das Immeuble Itesa zu kennen. Sich unten am Eingang, da die Klingel nicht zu funktionieren scheint und die Namensschildchen bis zur Unlesbarkeit abgeblättert sind, nach dem alten Herrn, den hier im Haus alle nur Señor Paul nennen, durchfragen. Feststellen, daß der Fahrstuhl außer Betrieb ist, oder seine Benutzung, Janes Phobie eingedenk, sicherheitshalber unterlassen. Sich bei jeder Biegung des

Treppenhauses gegen die Wand drücken, darauf gefaßt, im nächsten Moment dem Phantom Cherifas gegenüberzustehen. An die angelehnte Wohnungstür klopfen und, ohne eine Antwort zu bekommen, vorsichtig eintreten. Nichts innerhalb dieser vier Wände deutet darauf hin, daß es deren Bewohner zu bescheidenem Wohlstand gebracht hat, alles hingegen auf den spartanischen Lebensstil eines einzelgängerischen Individualisten. Sich vorbeitasten an den in die Flurecken gestopften Halden von Koffern und Gepäckstücken, auf denen vergilbte Aufkleber versunkener Dekaden prangen, so daß sie einem fast den Weg versperren.

Sich durch die Falten eines schweren grünen Samtvorhangs, von Staubwolken umhüllt, nach vorne kämpfen. Nach Luft ringend tiefer hinein in die kleine Wohnung, an deren Innenwänden sich Büchergebirge türmen, vorbei auch am überquellenden Schreibtisch und an einem kleinen E-Piano, von dem ein Kopfhörer baumelt. Unbeholfen blinzelnd, denn das durch die Außenscheiben hereindringende grelle Sonnenlicht gelangt, blockiert von überdimensionierten Schlingpflanzen und Töpfen, in denen man so argwöhnisch wie unwillkürlich die Nachfolger des vermaledeiten, verhexten Philodendrons vermutet, kaum bis in die Zimmermitte. Die wenigen Strahlen gefilterten Lichts lenken allmählich den Blick auf einen schönen greisen Herrn, makellos gekämmt, aufrecht im Bett sitzend, Buch und Schreibutensilien auf den Knien, eingerahmt von Zimmerpflanzen, Partituren und Musikkassetten. Eine Neuzeitvariante von Spitzwegs Poeten in seiner Matratzengruft. Sicher hat er gerade eine Siesta gehalten, aber von Schläfrigkeit ist ihm nichts anzumerken.

Eine Brille trägt er nicht, die kristallklaren blauen Augen funkeln, signalisieren ein kaum überraschtes Wiedererkennen. »Ah, there you are«, murmelt er zur Begrüßung unterschiedslos, auch Freunden gegenüber, die er seit Jahren nicht gesehen hat und die seinetwegen extra um den halben Erdball gereist sind. Er erhebt sich mühsam und schlurft in die kleine Küche, um Wasser aufzusetzen und Tee aufzubrühen. Wenn der Kessel zu pfeifen ansetzt, erklärt er die Phase des *small talk* für beendet und wappnet sich für die Interviews, die Ausfragungen, das Kreuzverhör, in das ihn Wißbegierige, Fans und Nostalgiker verwickeln. Zwischen 1973 und 1999 steht er dutzendfach Rede und Antwort, leiert gebetsmühlenartig dieselben Antworten auf dieselben Fragen herunter. Skandinavier, Südamerikaner, Franzosen, Deutsche, Amerikaner, Engländer rennen ihm Tag für Tag die Bude ein. Bis es ihm plötzlich zu dumm wird oder zu artig, zu schöngeistig. Dann gibt er sich kratzbürstig, angriffslustig, sein Widerstandsgeist erwacht. So mancher Pilger wird, ehe er es sich versieht, recht unsanft vor den Kopf gestoßen. Verhöhnt und abserviert.

Manche Fragesteller konfrontiert er mit Repliken, deren enervierende Genauigkeit und Unversöhnlichkeit verstört. Warum er noch immer in Marokko lebe? »Tanger ist reizvoll – es ist durch und durch korrupt.« Was er von europäischer Kultur halte? Sie sei inexistent, eine verspätete Imitation alles Amerikanischen. Aber auch eine kohärente »amerikanische Kultur« vermag er nirgends zu erblicken. Ob er sich selbst noch als Amerikaner betrachte? »Ich *bin* Amerikaner.« Warum er schreibe? Weil er sich immer noch im Reich der Lebenden befinde. Ob er viel arbeite? Er sei schon immer sehr faul gewesen. Wenn ihm jemand zu schmeicheln versucht und seine persönliche Lieblingserzählung von Bowles erwähnt – prompt wird ihm erwidert, er selbst halte gar nichts mehr von diesem Machwerk. Wenn *The Sheltering Sky* gepriesen wird, macht er eine verächtliche Handbewegung, bezeichnet es als völlig überschätzt, bezeichnet den erfolglosen Nachfolger *Up Above the World* als sein mit Abstand am besten geschriebenes Buch. Jungen Autoren rät er, nie über ihre Tätigkeit zu sprechen und das jeweilige Werk, an dem sie gerade arbeiten, mit keinem Wort zu besudeln – nicht einmal eine Vertraulichkeit gegenüber eingeweihten Kollegen bis zum Zeitpunkt der Publikation. Nach der Bedeutung einzelner Texte befragt, kontert er patzig, er sei weder Wissenschaftler noch Kritiker, er analysiere nie, stelle keine Vergleiche an, bewerte seine Schriften nicht. Wo seine Interviewpartner auch nachbohren, sie stoßen auf Granit.

Verlegen sich die Journalisten irritiert und frustriert danach auf Persönliches im Leben Pauls, betreten sie noch schwankenderes Terrain. Gedanken seien wichtiger als Gefühle, heißt es anderntags. Ideen, Entscheidungen zählten allein. Empfindungen hätten dagegen nichts zu bedeuten. Als die glücklichsten Jahre seines Lebens gibt er die Zeit an, als er Anfang zwanzig war. Die Rolle seiner Eltern? Eltern seien immer ein riesiges Problem. Welche Bedeutung der Liebe in seinem Leben zukomme? »Keine besondere. Ich kann mich nicht daran erinnern, daß sie irgendeine Wichtigkeit besaß. Wie drückt sich Liebe aus? Ich glaube, ich bin eher fähig gewesen, sie mit Musik als mit Worten auszudrücken, denn für mich ist Liebe etwas Abstraktes. Das war vielleicht auch der Grund, warum ich die Musik aufgeben wollte. Ich nehme an, daß das mit meiner Abstammung aus einer neuenglischen Familie zu tun hat. Religion und Liebe waren obszöne Gesprächsgegenstände, über die zu Hause nie auch nur ein Wort fiel.«[CON*] Ob er sich denn nie von dieser repressiven Erziehung befreit habe und immer noch wie ein kleiner Junge fühle? »Ganz genau. Man kann nicht einfach alles in den Mülleimer werfen. Diese Option hat man nicht. Man bleibt so, wie man schon als Kind gewesen ist, auch wenn man zum Jugendlichen heranwächst. Man wird zum Mann und bewahrt stets genau die Regeln, die einem von seinen Eltern vermittelt worden sind.«[CON*] Das Stichwort Sexualleben befördert er wie einen Pingpongball flugs zurück auf die Gegenseite: »Ich war schon immer eher autoerotisch geprägt. Es gibt [aber] anscheinend Menschen, die [dauernd] Sex brauchen. Das beschränkt sich bei ihnen nicht nur auf eine Idee, sondern ist etwas, was sie fühlen.«[WFW] Und seine Vorstellung von Spaß, von *having a good time*? »Ich habe überhaupt einen guten Teil meines Lebens mit Lachen zugebracht, auch wenn man das meinen Texten nicht unbedingt ansieht! Und ich bin absolut gegen Leute, die nicht lachen. Ich war Mitglied der Kommunistischen Partei, aber diese Leute lachen nie.«[PB/TNG]

Es ist ein vertracktes Vexierspiel, auf das sich die Wahrheitssucher einlassen, denn Bowles läßt sich seinerseits nur ungern auf Eindeutigkeiten festlegen. Am ehesten funktioniert Kommunikation mit dem weisen Gentleman, wenn man stereotype Allgemeinplätze anspricht, wie sie schon zig-mal von ihm und über ihn verbreitet worden sind. Dann erhält man sofort die erwünschten Auskünfte. Bowles' Passion für das Innere Nordafrikas? »Die Sonne, die Stille, das Nichts«, seufzt Paul daraufhin behaglich. »Ich finde die Wüste sehr aufregend, weil es dort nichts, rein gar nichts gibt. Man kann dort weder einen Baum oder einen Felsen oder einen Busch finden. Man wird überhaupt nichts finden, außer Sanddünen. Man kann so tun, als wäre man darin völlig verloren. Und man kann darin auch tatsächlich verloren gehen. Es ist sehr, sehr schön. Sogar Jane hielt es für den allerschönsten Ort, den man je zu sehen bekam.«[CON*] Seine Identität als Schriftsteller? »Der Mann, der diese Bücher geschrieben hat, existiert gar nicht. Kein Schriftsteller existiert. Er existiert nur in seinen Büchern, und damit hat es sich. Was er [sonst noch so] tut, ist von keinerlei Belang.« Wie Bowles selbst seine Verdienste einschätzt? Eine knappe Verlautbarung: »Ich habe einige Bücher und etwas Musik geschrieben. Das ist alles.« Und seine Vision für ein künftiges Weiterleben, seine Vorbereitung auf den Tod? »Ich habe alle Verbindungslinien abgeschnitten. Zu jedermann. Mein soziales Leben beschränkt sich auf Umgang mit denjenigen, die mich bedienen und mir meine Mahlzeiten zubereiten – und mit jenen«, fügt er nicht ohne Häme hinzu, »die mich interviewen wollen.«[CON*] Jegliche Intimität wird im Keim erstickt. Niemand erhascht auch nur ein Sterbenswörtchen Klatsch oder überraschende private Bekenntnisse. Als alter Hase im literarischen Geschäft weiß er nur zu genau, in welchem Maße Ambivalenzen und Widersprüchlichkeiten seinen Nachruhm mehren werden. Die Unzugänglichkeit zahlt sich aus, vervielfacht das Mysterium Bowles.

Schon 1969 hat der Filmemacher Gary Conklyn in seiner Dokumentation *Paul Bowles in the Land of Jumblies* von ihm etwas Besänftigendes, Kompromißbereites hören wollen – und ist an dessen fröhlichem Zynismus wie von einer Mauer abgeprallt. »Nein, ich bin kein Humanist«, verkündete Paul damals stolz. Und hakte mit diabolischer Freundlichkeit nach: »*Muß man das etwa sein?*«^TNG Mit Bedacht kultiviert er seither sein janusköpfiges Image als »a saint and a sadist«. Nur in zweierlei Hinsicht läßt er sich zu Sentimentalitäten hinreißen, flackert etwas Persönliches auf, rutscht ihm ein Eingeständnis heraus, das im selben Atemzug gleich wieder relativiert werden muß: wenn man ihn nach Jane befragt und wenn man Genaueres über seine Träume in Erfahrung bringen will. Äußerungen über seine Frau sind stets der Ausgangspunkt für Elogen, schwärmerische Beobachtungen über ihr Wesen, den Vorbildcharakter ihres Schreibens für ihn, zärtliche Umschreibungen ihres sich verschlechternden Zustandes. Er hat sich daran gewöhnt, in Jane eine Nachfahrin und Wahlverwandte der schon zuvor erwähnten, hochbegabten Schweizer Schrifstellerin Annemarie Schwarzenbach (1908–42) zu erblicken, deren tragisches Schicksal – weitgehend unerfüllte lesbische Liebe, chronische Suizidgefährdung, Drogenabhängigkeit, Depressionen, Aufenthalte in psychiatrischen Kliniken, Unfalltod – Parallelen zu Janes Werdegang aufweist, in deren nomadischem Verständnis von Kreativität – sie unternahm ausgedehnte Reisen in den Iran, nach Afghanistan und Afrika und veröffentlichte Text- sowie Photo-Reportagen über diese fernen Länder – in dem Paul aber auch einen wesentlichen Teil seiner selbst ausmachen konnte. Daß Jane diese Annemarie, einen »untröstlichen Engel mit schönem Gesicht«, überdies eine enge Freundin von Erika Mann, einst sogar gekannt hatte, verstärkt die Analogien noch. Soweit zur Verklärung seiner Partnerin.

Doch dann verleitet ihn das aktive Nachdenken über Jane zu unangenehmen Erkenntnissen, zu härteren Urteilen, als dächte er heute zum erstenmal über sie nach. Daß es sich bei ihr um eine autodestruktive Persönlichkeit gehandelt habe, schließt er auf einmal nicht mehr aus und erregt sich: »Es ist mir nie gelungen, ihre Sichtweise zu kapieren. Nie. Verrückt war sie nicht. Aber neurotisch, von Stunde zu Stunde änderte sie ihr Befinden, so wie Quecksilber. Sie war ein komischer Vogel; aber sie war ja auch eine Frau, sie war kein Mann. Und ich bin zu der Schlußfolgerung gelangt, daß eine Frau sich von einer Minute auf die andere vollkommen verändern kann, ohne daß irgend jemand irgend etwas darüber zu sagen braucht. Alles, was sie zu sagen hat, ist: ›Gerade jetzt fühle ich mich so und so.‹«^(CON*) Aber dessen ungeachtet beurteilt er die Zweisamkeit mit ihr als etwas Unersetzliches, Unwiederbringliches. Und benutzt dafür die schöne, unübersetzbare Wendung: »It takes two to tango.« Seine Gesprächspartner sind frappiert, daß dieser kauzige, scharfkantige Mann von ihr einst mit liebevollen Koseworten wie »Fluffy« oder »Bubbles« belegt worden ist. Aufgebracht leugnet er jegliche Gemeinsamkeiten mit seiner Lebenspartnerin: »Wieso hätte sie denn so wie ich sein sollen?«^(WFW)

Integriert er dann wenigstens die Erinnerung an sie, in guter alter surrealistischer Tradition, auch in das Unterbewußtsein seiner Nächte, so wie ihm einst Tanger als leibhaftige Traumgestalt erschienen ist? Paul verneint. »Wenn ich von etwas träume, dann sind es meistens Orte. Nur sehr selten geschieht es, daß ich von jemandem träume, den ich gut kenne. Es kommen Leute vor, aber es sind nur Passanten, Durchreisende, Menschen, die ich auf meinen Reisen kennengelernt habe. Ich träume meist von Landschaften. Oder von New York. Meistens spielt alles in New York.«^(CON*) Eine Aussage von 1986, die eine Schlußpassage seiner Memoiren von 1972 zu konterkarieren scheint: »In den meisten Nächten schlagen draußen die Trommeln. Ich wache nie davon auf. Ich höre [sie] und baue sie in meine Träume ein, so wie die nächtlichen Schreie der Muezzins. Selbst wenn der Traum in New York spielen [sollte] – beim ersten Schrei *Allah akbar!* erlischt der Hintergrund. [Mein] Traum geht weiter, und alles, was folgt, wird [einfach] nach Nordafrika versetzt.«^(WSR*) Tanger oder New York – am Ende überlagern sich beide Traumwelten, werden nahezu identisch. Und Bowles' Traum geht in der Tat noch ein langes, ausgefülltes Jahrzehnt weiter, ohne daß er Jane durch einen anderen Mann oder eine neue Partnerin ersetzt oder austauscht. Er sucht nicht einmal nach einem Lückenbüßer; er ist einfach in die Lebensphase »ohne Jane« eingetreten und wahrt mit der Beschränkung aufs Alleinsein das Andenken an sie. Er weist ihr den fälligen Respekt.

Extreme Privatheit (das gleichförmige Dasein eines Zurückgezogenen) kollidiert zwischen 1990 und 1999 auch mit extremer Verfügbarkeit. Denn jetzt, zunehmend ans Bett gefesselt, physisch schwächelnd, ist er dem immer dichteren Strom von Besuchern, Interviewern, Eindringlingen, Dienstpersonal, Regisseuren, den Mrabets und Boulaichs hilflos ausgeliefert. Eingekesselt von Freunden, Wohltätern, Zaungästen. Bis jetzt ist er stets so stolz darauf gewesen, dem Inferno Tanger durch geistige Distanz entgangen zu sein, von lauter Verrückten umgeben eine Insel der Vernunft und Beherrschung dargestellt haben zu können. Warum ist nicht auch er verrückt geworden? will manch einer wissen. »Warum sind denn die anderen durchgedreht?«, bellt der in die Enge Getriebene zurück. Seine Tür steht weiterhin offen, zu weit womöglich. Die Belagerer begehren zuhauf Einlaß in seine winzige Appartement-Schachtel. Der Freiraum für ihn wird knapp. Die Fluchtburg im Ausnahmezustand. Wird Tanger nun auch für ihn, nolens volens, zu einer Sackgasse? Leuchtet ein klaustrophobisches »No Exit« bald auch über dem Domizil des Achtzigjährigen auf?

Es geht noch einmal hoch her im Itesa und auf den seltenen Ausflügen in das »Eingangstor zu Afrika«, wie Paul Tanger so gern genannt hat. Krimi-Autorin Patricia Highsmith macht ihm 1990 ihre Aufwartung, gefolgt vom Komponisten Phillip Ramey, mit dem eine enge Freundschaft zustande kommt. Als der *run* um die Dreharbeiten für den Bertolucci-Streifen einsetzt, mag Bowles wehmütiges Bedauern ergriffen haben, daß nicht schon 1964, als das Regiegenie Robert Aldrich die Filmrechte am *Sheltering Sky* erworben hatte, eine vielleicht überzeugendere Verfilmung zustande gekommen ist. Hinzu kommt, daß John Malkovich und Debra Winger nur zweite Wahl sind: Die ursprünglich vorgesehenen Stars William Hurt (für Port) und Melanie Griffith (für Kit Moresby) sagen in letzter Minute ab – Babysorgen gaben den Ausschlag. Das wäre Jane und Paul nicht passiert. Bowles schickt sich in den unvermeidlichen Hollywood-Rummel, läßt sich vom Schöpfer des Oscar-gekrönten *Letzten Kaisers* herumschubsen, wartet geduldig im dicken

Tweedmantel in sengender Hitze, genau dort, wo Bertolucci ihn eben plaziert, und macht gute Miene zum mißlungenen Spiel. Daß der Film später flopt, schert Paul wenig. Befördert er ihn doch vom *underground writer* zum Lieblingskind der postmodernen Medienwelt. Daß es da einen Paul Bowles gibt, der seit Jahrzehnten in Marokko lebt, spricht sich auf einmal schnell herum. Der junge spanische Skandalregisseur Pedro Almodóvar klopft wegen einer Drehbuchlizenz bei ihm an; leider kommt das Vorhaben einstweilen nicht über das Projektstadium hinaus. Bei der Aussicht auf eine kongeniale bildmächtige Lektüre der subversiv-subtilen Bowles-Texte durch den Vorreiter der Madrilener »Movida« läuft Cineasten in Paris oder Manhattan bereits das Wasser im Munde zusammen. Schon ein paar Monate zuvor sind sogar die Rolling Stones bei Paul zu Gast gewesen. Auch sie haben 1989 einen Film in Tanger gedreht – eine Dokumentation der BBC über ihre Aufnahmesession mit den marokkanischen Jajouka-Musikern. Bowles spielt den Mittelsmann, posiert mit Mick Jagger und den einheimischen Instrumentalisten. Auf dem neuen Album der Stones, *Steel Wheels*, findet sich folgerichtig ein Titel mit der bezeichnenden Überschrift *Continental Drift*. Nun, was Paul angeht, so haben sich die Erdschollen untergründig längst bis zur Angleichung verschoben, nähern sich die Welten immer mehr einander an.

Geschickt spielt der alte Schelm gleich zwei potentielle Biographinnen auf einmal gegeneinander aus, die er aus den USA zur selben Zeit nach Marokko bestellt, ihnen »Privat«-Verabredungen mit ihm zur selben Uhrzeit vorschlägt und dann, während sie sich bemühen, einander tunlichst aus dem Weg zu gehen, nach Strich und Faden wochenlang an der Nase herumführt. Weniger gut gelingt es ihm indessen, sich gegen eine Schar neuer, jüngerer Amerikaner und anderer, ihm zugetaner Ausländer abzuschirmen, die um seine Freundschaft werben und ihn zu guter Letzt auch erobern sollen: die Photographin Cherie Nutting und die Malerin Marguerite McBey, die Musikerin Irene Herrmann, die sich für sein musikalisches Vermächtnis einsetzen wird, sein neuer Nachbar Kenneth Lisenbee, die französische Übersetzerin Claude Nathalie Thomas und der Photograph Vittorio Santoro. Auch Joseph A. McPhillips, Rektor der American School of Tanger, für die er noch so manche Bühnenmusik – sogar unter Einsatz von Synthesizern – verfaßt (Sophokles, Euripides, Camus, Wilde), wächst ihm ans Herz. Von ihm läßt Paul sich zuweilen in dessen Privathaus »Gazebo« auf dem Old Mountain einladen.

Es schmeichelt ihm, daß sich eine neue, unverbrauchte Generation um seine Gesellschaft reißt und nichts unversucht läßt, ihm den manchmal unerfreulichen Alltag eines gebrechlichen alten Mannes zu erleichtern. Das Reaktivieren seines Talents zur Freundschaft bringt für eine Weile frischen Wind in den Nihilismus des alten, kaltschnäuzigen Mannes, der mit dem Leben abgeschlossen zu haben scheint. Daß er auch in künstlerischen Belangen offen für neue Trends bleibt, beweist seine Zusammenarbeit mit dem begabten katalanischen Maler Miquel Barceló, der seine im afrikanischen Mali angesiedelte Novelle *Too Far From Home* anschaulich und originell illustriert; 1992 wird der als Teamwork entstandene Band publiziert. Neue und alte Gesichter überall – er vertraut der Fürsorge seines Dienstmädchens Souad, einer wahren Perle, und auch Zane, der Anführer der sagenumwobenen Jilala-Musiker, geht bei Señor Paul aus und ein. Seit einer Weile weicht der marokkanische Student Abdelwahab El Abdellaoui, sein letzter treuer Gefährte, nicht mehr von seiner Seite. Wo immer sich Bowles in diesen Jahren auch hinbegeben muß oder will, er kann sich auf Vertraute stützen – beim nicht mehr zu umgehenden Brillenkauf 1994 in Atlanta, Georgia, nach den literarischen Ehrungen und medizinischen Untersuchungen in der dortigen Emery University; beim Betreten des Théâtre du Rond-Point an den Pariser Champs-Élysées im Mai desselben Jahres, wo Chérif Khaznadar eine musikalische Retrospektive für ihn veranstaltet. Hinter dunklen Augengläsern verborgen, nimmt er dort verwundert wahr, wie ihm das französische Konzertpublikum eine nichtendenwollende *standing ovation* bereitet. Kein Zweifel, Paul Bowles steht im Mittelpunkt wie noch nie zuvor. Er ist eine öffentliche Figur geworden, fast ohne sein Zutun. Fortan hapert es gehörig mit dem altbekannten, liebgewonnenen Alleinsein. Der Greis kommt kaum noch zur Ruhe. Und je mehr er sich für westliche Bewunderer in Pose setzt, desto stärker wird sein Mißtrauen gegenüber »den Marokkanern«, wächst sich gar zu einer fixen Idee aus. »Es ist schwierig, als Nichtmoslem in einem moslemischen Land zu leben«[INT*], verrät er mit verschwörerischem Unterton der Filmemacherin Regina Weinreich in einem Schreiben – eine merkwürdige Erkenntnis nach mehr als einem halben Jahrhundert gewollter Mimikry. Er rückt Dinge und Sachverhalte zurecht, die ihm früher als trivial galten oder aber als sakrosankt behandelt wurden. Er sucht Halt bei Bewährtem, Zuflucht in den Publikationen seiner einstigen Weggefährten.

An irgendeinem Nachmittag steht, als würde die Uhr um Jahrzehnte zurückgedreht, der Gelegenheits-Tangerianer Gore Vidal vor der Tür, jener Unruhestifter und frühreife Romancier, jener ambitionierte Politiker und unbarmherzige Chronist der politisch-gesellschaftlichen Machenschaften eines sich als freiheitlich gerierenden, aber zutiefst korrupten Amerika. Auch dieser Vorkämpfer offen homosexueller Prosa und leidenschaftlicher Streiter wider den *mainstream* ist, wenngleich eine erkleckliche Zeitspanne jünger, in die Jahre gekommen. »I can't believe you're here«, empfängt Bowles, seinen Tee inzwischen durch einen Strohhalm schlürfend und ehrlich erstaunt, mit schräger Ironie diesen aufmüpfigen, ehemals jungen Mann, den er in den 1950ern oft durch die Stadt begleitete und der nun seinerseits eine angegraute publizistische Instanz darstellt.

Vidal ist gerührt und ergriffen von Pauls unverändert eleganter Erscheinung, den sechzig Jahre alten, tadellosen, in Paris angefertigten Anzügen, die er immer noch trägt, von der blauen Blässe seiner Augen, von seinem seit jeher trockenen Witz. »Sein Gesicht sah aus wie eine Sanddüne, die gerade vom Wind verweht worden ist«, charakterisiert ihn Vidal in seinen 1996 erschienenen, mit *Palimpsest* überaus zutreffend betitelten Memoiren. Und er erinnert sich noch genau daran, wie Bowles sich einst über Gores jäh einsetzenden Ruhm, ausgelöst vom Skandalgewitter um dessen Roman *The City and the Pillar*, mokiert hatte. »Too much too young«, spottete er damals, fest davon überzeugt, daß der vorzeitige Medienrummel nur von Schaden für den jungen Schreiberling sein könne. Gore hat also noch eine Rechnung mit ihm offen. Während seines immer wieder unterbrochenen Besuches stürzen Kameracrews ins Itesa, umzingeln Bowles mit Tonbandgeräten, ausgefahrenen Mikrophonen und Scheinwerfern. Ein Blitzlichtgewitter geht auf seinen betagten Kollegen nieder, den die späte Glorie förmlich überrollt. Er wendet sich kopfschüttelnd zur Wohnungstür und läßt Paul, von Journalisten und Make-up-Personal umringt, in seinem Gefängnis zurück. »Too much too late«, lautet im Gegenzug sein Ausspruch, als er hinter der Trennwand des Samtvorhangs entschwindet – eine fast mit Bedauern vorgetragene, traurige Retourkutsche.[GV] Ein bißchen zu spät für den mit Macht alternden Freund, geht ihm durch den Kopf, und er denkt aus gutem Grund bald wieder an ihn, sobald nämlich die Bertolucci-Filmplakate die Werbeflächen von Manhattan überschwemmen.

Es ist auch eine Zeit der Abschiede. Im Februar 1983 bereits ist Tennessee Williams von der Welt abgetreten, nicht ohne Tanger und Bowles zwei Monate früher noch einmal *good-bye* gewünscht zu haben. Ein Trinkgelage in einem New Yorker Hotel, bei dem er einen Korken verschluckt, ist ihm, von dem Eingeweihte nur als »the bird« sprachen, zum Verhängnis geworden. Der todgeweihte französische Romancier Hervé Guibert sucht, verzweifelt eine nutzlose Therapie nach der anderen ausprobierend, kurz vor seinem AIDS-Tod gegen Ende der 1980er gleichfalls Marokko auf, verspricht sich vergebens letzte Hoffnung von der Begegnung mit lokalen Scharlatanen und Wahrsagern. Im Dezember 1985 stirbt Ahmed Yacoubi, der wichtigste Mann in Pauls Leben, an Krebs. David Herbert, ein weiterer Veteran auf Pauls und Janes Bühne, verläßt im April 1995 mit Ende achtzig das große Welttheater. Der »ungekrönte König von Tanger« ist wie Paul seiner schäbig gewordenen Wahlheimat bis zuletzt treu geblieben, wenn auch zum guten Schluß ein schlechtsitzendes Toupet und eine übergroße Zahl glitzernder Ringe an seinen Fingern das einstige Raffinement des eitlen Ästheten ein wenig trüben mochten. Aber mit seinem Tod geht am Old Mountain eine Ära zu Ende.

»Es gibt keinen ›Tangier way of life‹ mehr«, bilanziert Bowles nüchtern, »die Zukunft von Tanger ist die gleiche wie die von, sagen wir, Nizza oder Brüssel oder jeder anderen Stadt. Ich habe nicht das Gefühl, daß [auch nur irgend] etwas vom alten Tanger übriggeblieben ist.« König Hassan II. tut also gut daran, um die Hafenstadt einen großen Bogen zu machen und sie nur so selten wie möglich mit einer Visite zu beehren. Aber für Paul ist Tanger ja schon immer ein Synonym für den Zustand der Welt gewesen. Verallgemeinernd leitet er von dessen Topographie auf seinen persönlichen Alterspessimismus über: »Es geht bereits alles zugrunde, da bin ich sicher – Zerfall. [Damit] meine ich jegliche Art von Kultur oder angenehmem Leben für den Einzelnen. In Zukunft wird es keinen Platz mehr für Individualisten geben, jeder wird, ja *muß* Teil einer Gruppe sein.«[WFW] Und auch seinen geliebten Ford Mustang muß Bowles schließlich aufgeben. Zwischen all den kleinen und größeren Operationen, den Reisen mit seiner Musik zu Festivals nach Frankreich und in die USA, hat er keine Verwendung mehr für das Gefährt mit Sammlerwert.

Daß sich ein anderer großer Marokko-Liebhaber und Dichterfürst, der *outcast*, Dramatiker und Intellektuellenliebling Jean Genet, im April 1986 nach seinem schnöden Tod in einem winzigen Pariser Hotelzimmer von Nahestehenden in die verehrte muselmanische Erde versenken ließ, auf dem christlichen spanischen Friedhof von Larache, südlich von Tanger, mit Blick auf den Atlantik, läßt Bowles verblüffenderweise kalt. Jedenfalls kommentiert er das Ereignis nicht, so wie er Genet, dessen Spuren die seinen in Tanger über Jahre hinweg täglich gekreuzt haben müssen, auch sein Lebtag lang geflissentlich aus dem Weg ging. Choukri schätzte Genet, schrieb eine Monographie über ihn wie auch über Tennessee; Paul schweigt sich nichtsdestotrotz beredt über ihn aus. Unausgesprochen läßt er durchblicken, es sei neben ihm – und zur Not noch Burroughs – kein Platz für einen weiteren, international unangefochtenen Tanger-Experten und Marokko-Emigranten übrig. Seine Berühmtheit ist von nun an unteilbar, ja unantastbar.

Erwägt er selbst auch eine Beerdigung im großen Stil, mit Pomp und ausländischer Presse, hat er sich schon ein bestimmtes Plätzchen über den Herkulesgrotten oder in der Nähe des Cap Spartel reservieren lassen? Sibyllinisch läßt er sich vernehmen: »Es wird ein großes *funeral* geben, und später werden die Leute an mein Grab in Tanger pilgern, so wie sie jetzt zu mir in meine Wohnung kommen.« Diese befremdliche Vision ausgerechnet aus dem Munde von Paul, der die Wahl von Janes letzter Ruhestätte nur mit Mühe verwinden konnte? Wie um sich selbst zu korrigieren, gibt er andernorts zu Protokoll: »Es ist schon schlimm, daß man überhaupt gezwungen ist, Beerdigungen und ähnliche Dinge durchführen zu müssen. Ich habe mir immer gewünscht, keinen Leib zu besitzen. Ich nehme an, so ergeht es jedermann.«[CON*] Im *Sheltering Sky* hat Bowles ein Epigramm von Paul Valéry zitiert, dessen eindringliche Metaphorik nichts zu wünschen übrig ließ: »›Lebe wohl‹, sagt der Sterbende zu dem Spiegel, den man ihm hinhält. ›Wir werden einander niemals wiedersehen.‹«[TSS] Und Paul wäre nicht der alte, unverbesserliche Fatalist, als der er unter Freunden und Widersachern bekannt ist, wenn er diesem gefühlvollen Sinnspruch nicht am Ende von *Without Stopping* eine vernichtende Ergänzung beigefügt hätte: »Um es richtig zu machen, hätte der Sterbende seinem kleinen Abschiedsgruß drei [erleichternde, aufatmende] Worte hinzufügen müssen, und die wären: ›Gott sei Dank‹.«[WSR] Die gnadenlose Rache eines eingefleischten Atheisten an einer oft gedankenlos dahingesagten Redewendung, raffiniert umgemünzt in die unverfälschte Akzeptanz des eigenen Todes. In die Bejahung des Schlußstrichs unter ein wahrhaft ausgefülltes Dasein.

Was für eine Bedeutung hat das freiwillige Exil in Marokko an seinem Lebensende für Bowles erlangt? Um ein Diktum von György Konrád, des von den Zeitläuften gebeutelten ungarischen Romanciers, Soziologen, Bürgerrechtlers und Regimekritikers, zu paraphrasieren, gilt folgende Definition für den Exilschriftsteller: In der Heimat vermißt ihn niemand, in der Fremde erwartet ihn niemand; die Existenz des Emigranten sei das Äquivalent endloser Flucht. Das Leben des Exilschriftstellers gleiche einem »Verschwinden zu Lebzeiten«. Wenn Konrád mit dieser Kennzeichnung auch eher die politische Dimension einer aufgezwungenen Ortsverlagerung im Auge hat, so gilt vieles an ihr auch für Paul, der die USA aus freien Stücken verlassen hat – das Wohlbehagen, als Fremdling gelebt haben zu dürfen; die intellektuelle Obdachlosigkeit, die er als Segen empfunden hat; die Indifferenz der meisten Einheimischen; Fliehen und Reisen als Programm und Inhalt einer reichen Vita. Und zuletzt die todsichere Aussicht, auch in Tanger sein Haupt eines Tages zur Ruhe betten zu können, von seiner Wahlheimat aufgesogen zu werden. In ihr aufzugehen. In einem ganz und gar un-existentialistischen *Huis clos*, das keine Vorstufe der Hölle repräsentiert, sondern dessen schutzbringender Himmel, der *sheltering sky*, sich nun endgültig über ihm schließen würde. »No Exit« also auch für ihn – Tanger als *point of no return*. Die positive Variante des Schicksals von Jane: nicht an dieser Stadt zerbrechen, vielmehr ihren Angriffen standhalten, sich erst im Augenblick des Ablebens von ihr vereinnahmen lassen. Den fliegenden Teppich einrollen.

In einer nicht verwendeten Szene des Bertolucci-Films, die der Adaptation als einer von vielen möglichen Endeinstellungen dienen sollte, steht der reale Paul Bowles, angetan mit Kamelhaarmantel, Anzug und Krawatte, der artig gescheitelten Kino-Jane in Pulli, Rock und Sandalen, hier verkörpert von Debra Winger, von Angesicht zu Angesicht auf einer Anhöhe gegenüber. Ein panoramatisches Standphoto hat sich erhalten. Zu ihren Füßen liegt das Häusermeer von Tanger – ein Ozean aus weißen und hellblauen Kuben, so weit das Auge reicht. Ein Labyrinth, aus dem auch er nie ganz schlau geworden ist. Zwischen Paul, der die Hände auf dem Rücken verschränkt hat, und *Pseudo-Jane* ragt eine Palme in den nordafrikanischen Dunst, weist mit einer graziösen Geste über die sonnenbeschienene Dächerflut. Der Gesichtsausdruck der beiden ist nicht zu erkennen, ihre Köpfe liegen im Schatten. Jemand scheint ihnen aus dem *off* zuzurufen, sie sollen sich gefälligst in die Arme schließen. Aber die Wiederbegegnung zwischen Realität und Fiktion funktioniert nicht – mehrere Meter trennen sie. Mann und Frau bewegen sich nicht aufeinander zu, scheinen wie angewurzelt in der staubigen braunen Erde verwachsen. Die Stadt, die sie hier zusammengeführt und so lange an sich gefesselt hat, würdigen sie keines Blickes. Ein *happy end* ist ausgeschlossen – und Tanger hat den Sieg davongetragen.

Doch dann kommt alles ganz anders. Wenige Tage vor dem Jahrtausendwechsel, am 18. November 1999, stirbt Paul Bowles 88jährig im Italienischen Krankenhaus zu Tanger an Herzversagen. Als wolle er einer neuen Zeitrechnung seine Zustimmung verweigern, dem nächsten Jahrhundert um keinen Preis seine Reverenz erweisen. Und er erweist sich noch im Tod als Meister der Paradoxien. Eine Gestalt, die selbst Nahestehenden ein Schnippchen schlägt und sich immer wieder entzieht: Denn, aller Wahrscheinlichkeit hohnsprechend, im heimischen Familiengrab in Lakemont an der amerikanischen Ostküste, fern von der Kasbah Tangers und der Ruhestätte seines Geistesverwandten Jean Genet, ferner noch vom Totenacker Janes an der südspanischen Küste, läßt er sich zum Erstaunen seiner »Gemeinde« am 1. November 2000 beisetzen. In den Schoß seiner puritanisch-neuenglischen Vorfahren zurückgekehrt, Seite an Seite mit dem verhaßten Elternpaar, den Sirenen seiner *dream city* brüsk den Rücken zuwendend. Wer Wetten über seinen ewigen Verbleib in Marokko abgeschlossen haben sollte, der sieht sich nun von diesem posthumen Rückzieher gefoppt.

Fast genau ein langes Jahr hat seine letzte große Reise gedauert. Seine sterblichen Überreste gelangen standesgemäß per Schiff, wie es sich für ihn gehört, in die Vereinigten Staaten, wo sie schließlich verbrannt werden. Zur Bestattung seiner Asche im Bundesstaat New York in der Finger Lakes Region hat sich eine kleine Schar intimer Freunde eingefunden, zumeist junge Amerikaner und die oben aufgezählten »Tangerinos« seiner letzten Jahre. Ein Tag im Herbst. Drei Grabsteine stehen hier auf dem Terrain des Lakemont Cemetery nebeneinander: außen rechts die geschätzten Großeltern, in der Mitte Rena und Claude und zu ihrer Linken Paul – und Jane. Auch ihr Name prangt auf dem Block, umgeben von Weinbergen und unweit des von Paul so geliebten Seneca Lake, in Reichweite von Glenora. Sieben Meilen nördlich dieses idyllischen Horts seiner Verwandtschaft väterlicherseits. Paul, der Feind aller Friedhöfe, hat seine Frau in einem letzten surrealen Akt heimgeholt, die Konvertierte aus den Klauen von San Miguel in Málaga befreit, aber ihr Gedächtnis auch nicht in unmittelbarer Nähe von Itesa und Ville Nouvelle bewahren wollen.

Nicht Afrika, nicht Europa – Amerika, dem von ihm so verunglimpften und beschimpften »Käfig«, vertraut er seine (und virtuell auch ihre) zu Staub gewordenen Gebeine an. *No Exit* – fürwahr. Ein Kreis schließt sich. Alles ist geregelt. Seine Bücher und Manuskripte weiß er bei Rodrigo Rey Rosa, seine Partituren und Skizzen bei Irene Herrmann in guten Händen. Mit der Kategorie Unsterblichkeit führt er nichts im Schilde. Und wer jetzt in Tanger nachschauen käme, was von der Dauerpräsenz der beiden Bowleses geblieben ist, dem erginge es wie Pauls Heldin Malika aus seiner Erzählung *Here to Learn*, die, inzwischen völlig verwestlicht, nach Marokko zurückkehrt, auf der Suche nach Mutter, Schwester, Elternhaus – nichts wäre von ihnen übrig, die Erinnerung an sie in alle Winde zerstreut.

> Der ungewohnte Anblick der Stadt verwirrte sie. Sie hatten den Markt verlegt; sie konnte ihn nirgends entdecken, und sie spürte, wie ob dieses Verrats eine Woge der Entrüstung in ihr aufstieg. ... Sie stieg die menschenleere, mondüberflutete Straße hinauf, bis sie an einen rechteckigen kleinen Platz kam, von dem aus man, wenigstens bei Tage, das Haus ihrer Mutter am Rande des Abhangs sehen konnte. Sie schaute hin, doch der Mond schien es nicht zu beleuchten; sie konnte ihr Haus nicht entdecken. Sie lief weiter, von einer albtraumhaften Vorahnung erfüllt, und dann blieb sie stehen, den

Mund in ungläubigem Staunen geöffnet. Das Haus war nicht mehr da. Selbst das Grundstück, auf dem es gestanden hatte, war verschwunden. Sie merkte, wie sich vor Schmerz ihre Kehle zuschnürte, als sie sich sagte, daß es nicht mehr existierte. ... Sie ging zu der Aufschüttung, stand am Rand und starrte hinunter auf die plane Oberfläche des Abhangs, unwirklich selbst im spärlichen Licht, das der Mond darauf warf. Sie mußte die Augen zukneifen, um die Tränen zurückzuhalten, die in ihr aufstiegen, und das kam ihr seltsam vor, denn sie hatte nie Zärtlichkeit für ihre Mutter empfunden.
Dann sah sie etwas klarer. Sie weinte nicht um ihre Mutter, sie weinte um sich selbst. Es gab keinen Grund mehr, irgend etwas zu tun. ... Es wäre gut, hier an dem Ort, an dem sie gelebt hatte, zu sterben, zusammen mit dem [von Bulldozern abgerissenen Haus] unter der verhaßten Masse begraben zu werden. ... Eine Wolke zog langsam vorm Mond vorbei. Sie lief den Berg hinunter zur Straßenlaterne.[PB/GE2]

Ein eiserner Vorhang hat sich unwiderruflich vor der Lebensbühne Marokko gesenkt. Paul und Jane sind zurückgekehrt nach New York, nicht ganz in die Stadtmitte von Manhattan, wo ihr rasanter Parcours seinen Ausgangspunkt nahm, aber in den gleichnamigen Staat – eine letzte Hommage an ihrer beider Kindheit, die sich unfern der Metropole vollzog, eine schöne Hommage vor allem an Jane, der zwischen Central Park und Battery die vielleicht glücklichsten, sorgenfreisten Momente ihrer Jugendzeit zuteil wurden.

Soll man nun, da die Chronologie zum Stillstand gekommen ist, ihren Lebensentwurf akribisch bilanzieren oder nur eine Handvoll einfacher Fragen stellen? Denn der Verdacht drängt sich auf, daß selbst in dieser ungewöhnlichen Paarung althergebrachte, traditionelle Schemata automatisch wirksam, gar unvermeidbar geworden sind, sich nach einer bestimmten Phase des Zusammenlebens eingeschlichen haben – der dominierende, am Ende triumphierende Mann mit geglückter Karriere und vollendetem Lebensweg hier, die zaudernde, sich mutwillig zum Verstummen bringende, in Krankheit und Zerstörungswut ihr eigenes Grab schaufelnde Frau dort. Denkbar zumindest wäre es.

Oder man wagt die kühne Antithese: daß sich im Porträt der Partnerschaft von Jane und Paul Bowles wesentliche Impulse und Experimente für die Verbindung von Künstlertum und »freier« zwischenmenschlicher Beziehung, wie sie in der Moderne verschiedentlich erprobt worden sind, geradezu paradigmatisch aufzeigen lassen. Verwirklichen sie mit ihrer Scheinexistenz in Tanger nicht den Traum jedes Künstlers von einem idealen, bindungsfreien Niemandsland? Oder manövrierten sie sich, das Schicksal ihrer eigenen Romanfiguren vorwegnehmend, dort mutwillig in eine ästhetische Sackgasse, aus der kein befreiender Weg mehr hinausführte? Scheiterten sie nur an der Umsetzung dieser allzu optimistischen Utopie?

Soviel ist sicher, die Bowleses haben ihr einzigartiges, lebenslanges Zwiegespräch nach außen hin gezielt inszeniert, stilsicher instrumentalisiert und so diskret wie möglich kultiviert. Die wenigen, eindringlichen Konterfeis von ihnen als reiferem Paar genügen als erstes Indiz – sie legen beredtes Zeugnis davon ab, wie bewußt sie ihr Image einzusetzen und damit auch in den dominierenden westlichen Kulturmilieus und Medien zu spielen verstanden, bezogen selbstverständlich auf eine stets marginale, sogenannte alternative Szene. Zweites Indiz – die so oft zitierte kreative Osmose. Weder thematisch noch stilistisch hatten sie zwar viel miteinander gemein. Pauls Schreiben – und mehr noch, sein musikalisches Schaffen – blieb Jane im Grunde in Gänze unverständlich; ihm diente ihres als Folie, von der er sich absetzen konnte, als vermintes Feld von Fehlerquellen, die es zu vermeiden galt. Aber der Stoff, aus dem sie beide ihre Erzählungen und Romane schmiedeten, war bevölkert mit um ihr Lebensglück ringenden Paaren, Männern und Frauen, Frauen und Frauen, Brüdern und Schwestern. Die miteinander diskutierten und argumentierten, ausprobierten und verwarfen. Aber im Gegensatz zu ihren Protagonisten erstickten deren Schöpfer, auch wenn sie manchmal an der Wesensart ihres Gegenübers verzweifeln mochten, einander nicht.

Gibt es etwas Nachahmenswertes an dieser Freundschaftsliebe? Festzuhalten bleibt: Die Toleranzgrenzen waren, von beiden für beide, in alle Richtungen offen und weit gesteckt. Außerdem war anfangs durchaus eine gewisse erotische Verbundenheit vorhanden. Doch etwas eher Geschwisterliches – grenzenloses Vertrauen, so beständiges wie hartnäckiges Interesse am Werdegang des Gegenübers – gewann überraschend leicht die Oberhand. Nach ein paar Monaten verschwanden denn auch sexuelle Vertraulichkeiten aus ihrer Ehe. Aber – der Abriß ihrer Vita hat es verdeutlicht – bis in den Tod hinein hielten beide zueinander, erwiesen sich Paul und Jane unverbrüchliche, seltsam inzestuöse Treue. Ihre Beziehung fungierte für beide als Rettungsanker. Und, wie die Heimholung Janes durch Paul an den Seneca Lake eindrucksvoll beweist, eine Dämonisierung, wie man sie seiner Person stets erneut hat oktroyieren wollen, hat sich als unnötig, ja als ungerechtfertigt erwiesen. Er, dem jegliche physische Nähe zuwider war, teilt nunmehr wenige Quadratzentimeter mit der einzigen wichtigen Frau in seinem Dasein. Das kann man eine Spielart von Liebe nennen.

Man hat sie des öfteren zum Zwillingspaar von Zelda und F. Scott Fitzgerald umbiegen wollen, mit den Elementen ihrer Lebens- und Liebesgeschichte einen Zerrspiegel dieses amerikanischen Traumpaars konstruiert. Die minderbegabte, intellektuell jedoch reizvolle Gattin eines Erfolgsautors, die in Sanatorien endet (Zelda), entspräche bei dieser Analogisierung einem Teilaspekt von Jane, der schwindende Ruhm und jähe Tod eines mondänen, umworbenen Gesellschaftsstars (Scott) einem anderen von ihr. Doch der Vergleich hinkt nicht nur, er trifft nicht – Pauls spezifische Eigenschaften sind bei den Fitzgeralds nirgends abgebildet; die französische Riviera der *Roaring Twenties* hat wenig mit dem Nachkriegs-Tanger der späten 1940er und frühen 1950er gemein; ihr Lebensstil vollzog sich auf ganz unterschiedlicher materieller Basis; und nur bei den Fitzgeralds war ein Kind mit im Spiel (Scottie), das das Auf und Ab von Glamour und tiefen Krisen auszubaden hatte.

Bei den Bowleses, und damit ist die gewichtigste Differenz

zwischen diesen vier Exil-Amerikanern benannt, war aber vor allem kein gegenseitiges Verschlingen am Werk, keine Streitereien als Selbstzweck, keine Dramen und Dauerfehden. Denn für ein Paar wie diese Bowleses, das keine sexuellen Besitzansprüche aneinander stellt, existieren Kategorien wie Untreue oder Betrug schlichtweg nicht, und es kommt auch, wenn man sich gegenseitig größtmögliche Freiheit läßt, dem Liebesleben des anderen mit Wohlwollen zusieht, sich für temporäres erotisches Glück mitfreuen kann, zu keinen Seitensprüngen. Dann – und nur dann – muß nicht gelogen, muß kein Fehltritt eingestanden, keine Unschuld beteuert, kein Verrat vertuscht, keine »ewige Liebe« proklamiert werden.

»Jane und Paul haben ihr Leben zum Mythos erklären wollen«, philosophiert Choukri, »sie haben das als eine Herausforderung verstanden, als eine Rache an ihren Familien. Vielleicht haben sie sich sogar im Geheimen darauf verständigt, diesen Pakt zu schließen, und den Schlüssel zu diesem Mysterium weggeworfen. Ein Mysterium wie Tanger selbst: Der Schlüssel zu diesem chaotischen Irrgarten bleibt auf ewig unauffindbar.«[MC/PRT*] Ein Schlüssel zum Irrgarten könnte die genauere Lektüre von Pauls Songs sein. Zu deren Vertonung bezog er nicht nur eigene Texte, sondern auch Gedichte von Jane ein – das einzige Mal, daß kreative Erzeugnisse des einen im Œuvre des anderen zu einem neuen Genre verarbeitet wurden. Bei dieser künstlerischen Vermählung sind abstrakte Liebeshymnen von betörender Intensität zustandegekommen. In Pauls Lied *Secret Words* von 1943 zieht er ein eigenes Gedicht als Kompositionsgrundlage heran:

> Far within your face I saw the night
> And in the night I saw the stars
> And then the stars became your eyes
> Awaiting secret words from me
> But that can never, never be.
> Because I know the night has sealed your heart.
> …

> Far within the night I heard the sea
> And on the sea I heard the wind
> And then the wind became your voice
> Entreating secret words from me
> But that shall never, never be.
> The dark has sealed your heart.

Auf dieses Spiel mit den Elementen, die Eigenschaften und Wesenszügen der oder des Geliebten gleichgesetzt werden, aber zu keiner wirklichen Annäherung der Emotionen führen, scheint Janes berühmtes Gedicht über eine Geschwisterliebe im Traum, *My Sister's Hand in Mine,* zu antworten, das *A Quarreling Pair* entnommen ist und aus dem Paul ebenfalls ein (undatiertes) Lied gemacht hat:

> I dreamed I climbed upon a cliff,
> My sister's hand in mine.
> Then searched the valley for my house
> But only sunny fields could see
> And the church spire shining.
> I searched until my heart was cold.
> …
> A girl ran down the mountainside
> With bluebells in her hat.
> I asked the valley for her name
> But only wind and rain could hear
> And the church bell tolling.
> I asked until my lips were cold
> But wakened not yet knowing
> If the name she bore was my sister's name
> Or if it was my own.

In beiden Texten werden Namensnennungen oder Kommunikation verweigert. Bei Paul versiegelt die Nacht das Äußern geheimer, herbeigesehnter Botschaften; bei Jane wird eine bis zum Tode führende Ratlosigkeit über die Identität der anderen, in nächster Nähe und dennoch unnahbar, angedeutet. Desillusionen von Zweisamkeit. Doch wenn Sprache oder verbale Übereinstimmung nicht mehr das Ausschlaggebende zwischen zwei Menschen sein kann, wie es uns die letzten Jahre Janes schmerzlich vor Augen geführt haben, dann bleibt womöglich nur noch das schiere Füreinander-da-Sein als Lebensinhalt. So, wie Jane es in einem Brief an Paul aus Tanger vom August 1948 formuliert hat: »Ich frage mich auch, ob ich mich mit all dem abgeben würde, wenn Du nicht existiertest. Ich weiß nicht. Ganz sicher hätte ich nicht damit angefangen – ich meine, diese Idee ohne Dich bekommen. Genau auf dieselbe Weise empfinde ich auch, was mein Schreiben angeht. Würde ich mich damit abgeben, wenn Du nicht existiertest? [Würde es mir nicht völlig egal sein?] Es ist grauenhaft, nicht zu wissen, was man tun würde, wenn man mutterseelenallein auf dieser Welt wäre.«[OTW*]

Paul wußte, was er tat, als er mutterseelenallein in Tanger weiterzuleben gezwungen war, aber insgeheim schon den Plan schmiedete, mit Jane für immer an die Gestade jenes Sees zurückzukehren, wo zum ersten Mal das trostspendende Lied von den *Sheltering Palms* in seinen Ohren widergehallt war und an sein Herz gerührt hatte. Mochte der schutzbringende Himmel über der Wüste sich auch als trügerisch erwiesen haben – die Entscheidung, sich dem albernen Text eines harmlosen Schlagers auszuliefern, um sich damit den schutzbringenden Palmen von Glenora im kühlen Neuengland zu überlassen, war sein ganz besonderer Vertrauensbeweis für Jane. Und ergab sich auf einmal wie von selbst.

spirieren und verführen. Wenn irgend möglich, wurde bei Nennungen von Werken deren englischen, amerikanischen und französischen Originaltiteln der Vorzug gegeben, denn ihre z.T. fragwürdigen deutschen Äquivalente fallen nicht selten ungeschickt oder sogar sinnentstellend aus. Sobald Quellen allerdings auf deutsch existierten, stammen Zitate und Nachweise aus diesen Zweitfassungen – ungeachtet der Qualität ihrer Übertragungen. Falls zusätzliche Übersetzungen erforderlich waren, habe ich selbst dafür gesorgt.

Jede Darstellung von komplexen Lebensbildern fußt bis zu einem gewissen Grad auf der Vorarbeit von Kollegen und Forschern, Zeitzeugen und Verehrern, Pilgern und Mitläufern, Hagiographen und Fans; so auch hier. Millicent Dillon (für Jane) und Robert Briatte (für Paul) haben in Amerika bzw. Frankreich mit ihren monumentalen, eindrucksvollen Büchern immensen Zeit- und Rechercheaufwand betrieben; die Ergebnisse ihres Spürsinns sind zu Recht als Meilensteine der Bowles-Forschung anerkannt und alsbald in die Bibliotheken der Welt gewuchtet worden. Pauls erster Biograph, Christopher Sawyer-Lauçanno, zog sich den ungezügelten Zorn des Porträtierten zu, aber ihm gebührt das Verdienst des Pioniers (1989), der immerhin dem erst *nach* Bertoluccis Film einsetzenden Rummel zuvorkam, Bowles der Vergessenheit entriß und dennoch letztlich Undank erntete. Seine Untersuchung, weit besser und hilfreicher als ihr Ruf, liegt nicht auf deutsch vor, ebensowenig wie Dillons faszinierender Essay *You Are Not I* (1998), in dem sie sich, nach eigener Auskunft eher vergeblich, an den Kern von Pauls ambivalenter Persönlichkeit heranzutasten versuchte.

Durch Jeffrey Millers vorbildliche amerikanische Edition (*In Touch*, 1994) besteht Zugang zu Hunderten von Pauls Briefen im Original; eine aktualisierte Erweiterung dieser vielschichtigen Korrespondenz (um Privatbriefe und Epistel aus den letzten Lebensjahren) nebst einer deutschen Übertragung wäre wünschenswert. Auch von Janes umfänglichem Briefkonvolut in ihrer Muttersprache, hierzulande 1997 partiell von der Bowles-Übersetzerin Pociao herausgegeben, wird dem deutschen Publikum noch ein kleinerer, aber entscheidender Teil vorenthalten. Simon Bischoff hat sich eingehend mit Bowles' Ästhetik und Photographietechnik befaßt und zu beiden Aspekten kluge Überlegungen angestellt (1993); aus den Federn von Édouard Roditi, Truman Capote, Joyce Carol Oates und Gore Vidal stammen teils scharfsichtige, teils intime Würdigungen, mit denen nicht zuletzt Janes Leistungen der ihnen gebührende Rang zugewie-

Nachwort

Leben ohne anzuhalten stellt eine doppelte Premiere dar – es ist das erste Buch eines deutschsprachigen Autors über Jane oder Paul Bowles (frühere Bildbände und längere Essays nicht mitgerechnet); erstmals stehen beide Protagonisten durchgängig in ihrer Konstellation als Paar im Vordergrund, werden wechselseitig beleuchtet, gespiegelt und miteinander konfrontiert, während ihnen zuvor stets Einzelanalysen gewidmet waren. Zudem wird hier der Versuch unternommen, wenigstens in Ansätzen der Bedeutung der Musik im Schaffen von Bowles Rechnung zu tragen und sie, integrierend statt gesondert betrachtet, in einen biographischen Zusammenhang zu stellen.

Nichtsdestoweniger seien folgende Hinweise vorausgeschickt – man könnte auch von einer doppelten Warnung sprechen:

Eine strikt chronologische Erzählweise ließ sich innerhalb der Kapitel und Absätze nicht immer durchhalten; die kreuz und quer durch Epochen und Kontinente springenden Lebensläufe der Bowleses widersetzen sich sogar einer allzu ordnenden, abhakenden Chronik, einem mechanischen Punkt-für-Punkt-Schema. Dessen Anwendung um jeden Preis wäre unangemessen und widersinnig.

Und, wichtiger noch: Bei dem vorliegenden Doppelporträt handelt es sich zwar um das Werk eines Musikologen und Literaturwissenschaftlers, doch wurde ganz bewußt eine populäre und lesbare Biographie und keineswegs eine streng wissenschaftliche Studie angestrebt. Um den Lesefluß nicht zu stören, haben sich Autor und Verlag für einen Verzicht auf Fußnoten bzw. gegen einen aufwendigen, detaillierten Anmerkungsapparat entschieden. Der Genauigkeit der Quellennachweise wurde dennoch Genüge getan – Abkürzungen in Großbuchstaben nach längeren Zitaten bzw. Absätzen erlauben, wenn auch ohne Angabe von Seitenzahlen, den Rückschluß auf Autoren, Dichter und Komponisten (jeweils zweistellig) und/oder Bücher, Schriften und Veröffentlichungen (jeweils dreistellig). Darüber hinaus listet das ausführliche Literaturverzeichnis nicht nur die hier verwendeten Beiträge, Monographien und Forschungsresultate auf, sondern soll vor allem auch zum Weiterlesen und Weiterhören insen wird. Irene Herrmann und Gena Dagel Caponi (die ebenfalls einen Sammelband mit Interviews zusammengestellt hat) kümmern sich seit geraumer Zeit um Bowles' leider immer noch weitgehend vernachlässigten musikalisch-kompositorischen Nachlaß. Neuere Arbeiten von Virginia Spencer Carr und Allen Hibbard standen während der Niederschrift meines Buches kurz vor der Publikation, konnten aber nicht mehr berücksichtigt werden.

Ohne einen gründlichen, kritischen Seitenblick auf das Treiben, Schreiben, Wirken, Irren und Scheitern all der Tangerianer, Wahlpariser und Exilamerikaner wie Stein, Capote, Genet, Williams, Rorem, Gysin, Chester, Burroughs etc. läßt sich das Panorama der Vor- und Nachkriegsjahrzehnte in New York, Paris, Berlin und im Maghreb nur schwer in den Griff bekommen. Mittlerweile haben sich die Memorabilia der Tanger-, Beat- und Avantgardeliteratur sowie Zeugnisse der *lost generation* jedoch ihrerseits zu einem verwirrenden, komplizierten Labyrinth ausgewachsen; ein Dickicht, aus dem nicht immer Wege ins Licht führen, ein kunstvoll gewobenes Netz aus Querverweisen und Lebenslauf-Überschneidungen. Darunter finden sich unzählige Beiträge, die sehr wohl wertvolle Nuancierungen und überraschende Relativierungen zulassen, aber nur selten zur völligen Aufklärung geeignet sind. Besonders aufschlußreich war für mich das stimulierende Studium von Michelle Greens brillanter Tanger-Topographie (*The Dream at the End of the World*), die Lektüre der oft unbequemen und radikal voreingenommenen Reflexionen von Mohamed Choukri, einem von Pauls literarischen Zöglingen (*PB, le Reclus de Tanger*), und das wiederholte Entzücken an dem ausgezeichneten, der mythischen Hafenstadt und ihren illustren Bewohnern auf Zeit gewidmeten Juni-Heft der Schweizer Kulturzeitschrift »du« (1990) – ein Glücksfall der Bündelung journalistisch-literarischer und visueller Kompetenzen. Ned Rorems Tagebücher, Aufsätze und Reflexionen aus den letzten fünf Jahrzehnten bilden meines Erachtens die Quintessenz luzider Autobiographistik und intelligenter Musikbeschreibung aus erster Hand und wurden hier, auch aus stilistischen Gründen, häufig zu Rate gezogen. Er, der den Bowleses überall auf dem Erdball regelmäßig begegnet ist, dient meinen Ausführungen gewissermaßen als Kronzeuge. Allen übrigen, aber weit weniger gehaltvollen Auswüchsen der Bowles- und Tanger-Nostalgie wurde ein strenger Selektionsriegel vorgeschoben; das diesbezügliche Schrifttum droht in der Tat unterdessen ins Unübersichtliche auszuufern.

Wissenschaftliche Beiträge wurden gleichfalls mittels rigider Auswahlkriterien gesichtet, sofern sie für dieses Buch überhaupt in Betracht kamen. Mit Exzerpten semiologischer und poststrukturalistischer Erbauungsliteratur, für die Vita und Œuvre der beiden Bowleses naturgemäß ein gefundenes Fressen darstellt, habe ich die geneigten Leser zu verschonen gewußt. Eine – notgedrungen – bescheidene Diskographie rundet das Gesamtbild ab und soll auf Bowles als Verfasser witzig-virtuoser Kompositionen, deren offensichtliche Attraktivität den Musikkonzernen bislang entgangen ist, neugierig machen – bedauerlicherweise sind von den wenigen verfügbaren Einspielungen die meisten inzwischen wieder vergriffen und Neu- sowie Erstaufnahmen, vor allem der Bühnenwerke, Zarzuelas und Theatermusiken, nicht in Sicht. An dieser mißlichen, letztlich unverständlichen Situation haben weder die Pariser noch die New Yorker Bowles-Revival-Konzerte der 1990er Jahre substantiell etwas zu ändern vermocht. Hingegen haben Katharina Franck und Ulrike Haage eine schöne, stimmungsvoll-dichte Hommage an Jane als Hörspiel konzipiert (*Bei unserer Lebensweise...*), und von Paul als Leser und Rezitator eigener Texte gibt es einige Tonaufnahmen, unterlegt von einem authentischen Tanger-»Soundtrack« (u. a. *Black Star...*). Von dem guten Dutzend Fernsehfilmporträts zu Bowles wurde hier mit Absicht nur ein einziges aufgeführt.

Wer es noch genauer wissen möchte, wird in den üppig ausgestatteten Bowles- und Dillon-Archiven einiger amerikanischer Universitäten und Bibliotheken fündig, wie etwa

- in The Harry Ransom Humanities Research Center at The University of Texas at Austin;
- im Archive of Folk Culture, Paul Bowles Moroccan Music Collection;
- in The Library of Congress, Washington D. C. bzw.
- in der Rare Book and Manuscript Library, Butler Library, Columbia University, New York;
- im Special Collections Department der University of Delaware Library
- und in den Gertrude Stein und Virgil Thomson Collections im Besitz von The Beinecke Rare Book and Manuscript Library, Yale University.

Wer seinen Wissensdurst immer noch nicht genügend gestillt hat, sei hiermit herzlich aufgefordert, weiterführende Informationen auf den einschlägigen Websites der beiden Dichter-Nomaden einzusehen.

Bei der Beschaffung von schwer zugänglichen Materialien (Primär- und Sekundärliteratur, Tonaufzeichnungen sowie Partituren) waren in Berlin, Essen und Amsterdam Susanne Hein, Corinna, Ulrich Linke, Martine Eger und Huib Ramaer behilflich; Michaela Röll sorgte für die unverzügliche Konkretisierung meines Buchvorhabens. Ihnen allen sei herzlich gedankt. Mit Liane betrieb ich Spurensicherung auf dem Gelände der Emory University zu Atlanta, wo sich ein betagter Paul Bowles 1994 von US-Akademikern ehren und am Medical Center einem *check-up* unterziehen ließ; ein herbstliches Eivissa zeigte mir Tanger. Und Reinold Werner, der für mich in New York bibliophile Schätze zutage gefördert hatte, lange bevor er im September 2002 in seiner Wahlheimat Paris sein Leben lassen mußte, hätte insbesondere dieses Buchprojekt mitsamt seinen Protagonisten sehr am Herzen gelegen; seine unnachahmliche Präsenz und geistreichen Anregungen vermisse ich schmerzlich.

Verzeichnis der Abkürzungen

JB   Jane Auer [Stajer] Bowles
PB   Paul Frederic[k] Bowles

GW   Gesammelte Werke (PB, München)
*   übersetzt von: Jens Rosteck

CS   Christopher Sawyer-Lauçanno (PBs Biograph)
DH   David Herbert (Tangerianer, Freund von JB und PB)
MC   Mohamed Choukri (marokkanischer Schriftsteller, anfangs von PB übersetzt)
MD   Millicent Dillon (JBs Biographin)
MG   Michelle Green (Autorin einer Tanger-Monographie)
RB   Robert Briatte (PBs Biograph)

AC   Alfred Chester, amerikanischer Schriftsteller
ER   Édouard Roditi, amerikanisch-französischer Schriftsteller, Übersetzer und Kritiker
GS   Gertrude Stein, amerikanische Schriftstellerin
GV   Gore Vidal, amerikanischer Schriftsteller
TC   Truman Capote, amerikanischer Schriftsteller
WB   William S. Burroughs, amerikanischer Schriftsteller

AIS   *An Invisible Spectator* (CSs PB-Biographie)
CON   *Conversations with PB* (Band mit gesammelten Interviews, hg. von Gena D. Caponi)
GE1   Gesammelte Erzählungen, Band I (GW V – PB)
GE2   Gesammelte Erzählungen, Band II (GW VI – PB)
INT   *In Touch* (PB-Briefausgabe)
NTN   *Next to Nothing* (PBs Gedichte)
TNG   *Tanger Socco* (RBs PB-Biographie)
WFW   *Wie hätte ich ein Foto in die Wüste schicken können?* (PB-Photoband)
WSR   *Without Stopping* (*Rastlos* – Autobiographie von PB)

TSS	*The Sheltering Sky* (I. Roman von PB)
LCD	*Let It Come Down* (II. Roman von PB – GW II)
TSH	*The Spider's House* (III. Roman von PB)
UAW	*Up Above the World* (IV. Roman von PB)
ALO	*A Little Original Sin* (MDs Biographie von JB; engl./dt.)
EFR	*Einfache Freuden* (JB, Schriftensammlung dt.)
ERS	*Eine richtig kleine Sünde* (JB, Schriftensammung dt.)
GMG	*goNza magilla* (JBs Briefe dt.)
OTW	*Out in the World* (JBs Briefe engl., hg. von MD)
ZED	*Zwei ernsthafte Damen* (JBs Roman dt.)
PRT	*Paul Bowles – Le Reclus de Tanger* (Essay über PB und JB von MC)
SES	*Second Son* (DHs Memoiren)
SPA	*Schreibende Paare* (Studie von Gerda Marko zu literarischen Paar-Beziehungen)
ZTD	*Zuflucht Tanger* (Kultur-Zeitschrift »du«, Schweiz, Juni 1990)

Ausgewähltes Literaturverzeichnis und Quellen

I Schriften von Jane und Paul Bowles

The Portable Paul and Jane Bowles. Zusammengestellt und hg. von Millicent Dillon. New York 1994

Werke von Paul Bowles

Romane

The Sheltering Sky (1949). New York 1990
 dt.: *Der Himmel über der Wüste.* München 1994
Let It Come Down (1952). Santa Rosa 1997
 dt.: *So mag er fallen.* München 2000 (GW II)
The Spider's House (1955). Santa Rosa 1986; New York 2003
 dt.: *Das Haus der Spinne.* München 1988
Up Above the World (1966). Hopewell 1982
 dt.: *Gesang der Insekten.* München 1988

Erzählungen, Reiseberichte, Prosa (Auswahl) sowie Lyrik, Theater und Partituren

Collected Stories, 1939–1976 (1979). Vorwort von Gore Vidal. Santa Rosa 1994
Gesammelte Erzählungen I (GE1). München 2000 (GW V)
 Darin: *Collected Stories 1939–1976*
Gesammelte Erzählungen II (GE2). München 2001 (GW VI)
 Darin: *Mitternachtsmesse (Midnight Mass), Zeitstellen (Points in Time), New York – Tanger (Unwelcome Words), Der ferne Kontinent* (verstreute Prosatexte), *Biographie (Biography)*

»The Waterfall.« In: *The Oracle,* Mai 1926, S. 41 ff.
The Delicate Prey and Other Stories (1950). New York 1982

Yallah. Mit Photographien von Peter W. Haeberlin. Zürich 1956/New York 1957
The Hours After Noon. London 1959
  dt.: *Die Stunden nach Mittag. Marokkanische Erzählungen.* München 1989
A Hundred Camels in the Courtyard. San Francisco 1962
Their Heads Are Green and Their Hands Are Blue. London 1963
  dt.: *Der Weg nach Tassemsit – und andere Reiseerzählungen aus der nichtchristlichen Welt.* Bonn 1990
The Time of Friendship. New York 1967
Pages from Cold Point and Other Stories. Los Angeles 1968
Things Gone and Things Still There. Santa Barbara 1977
In the Red Room. Los Angeles 1981
Midnight Mass. Santa Barbara 1981/83
  dt.: *Mitternachtsmesse.* München 1989/1991
Points in Time. Moroccan Tales. London 1982/1990
  dt.: *Zeitstellen.* Graz/Wien 1989
A Distant Episode – Selected Stories. New York 1988
Call at Corazón and Other Stories. London 1988
Unwelcome Words. Bolinas 1988
  dt.: *New York – Tanger.* München 1991
A Thousand Days for Mokhtar. London 1989
Days. [Two Years Beside the Strait.] Tangier Journal: 1987–1989. London 1989/Hopewell 1991
  dt.: *Tagebuch Tanger 1987–1989.* Graz 1991
Paul Bowles/Miquel Barceló (Zeichnungen): *Too Far From Home.* Zürich 1992; frz.: *La Boucle du Niger.* Paris 1996
  dt.: *Zu fern der Heimat.* Frankfurt/M. 1997
Too Far From Home. Selected Writings. Hg. von Daniel Halpern. Einleitung von Joyce Carol Oates. Hopewell 1993
  Darin u.a.: Roman-Auszüge, *Too Far From Home* (Novelle), Stories, Tales, Poems, Travel Essays, Briefe

Allal. Stories aus Marokko. Bonn 1983/Reinbek 1987
Eisfelder. München 1990
Der ferne Kontinent. Acht Erzählungen aus den vergangenen drei Jahrzehnten. München 1995
Die leichte Beute. Stories aus Marokko. Reinbek 1996
In absentia. Übersetzung ins Frz. und Vorwort von Brice Matthieussent. Paris 1993

Next to Nothing. Collected Poems, 1926–1977 (1981). Santa Rosa 1990
dt.: *Nichtsnah*. Sankt Gallen 1998
The Garden. Unveröffentlichtes Theaterstück nach der gleichnamigen Erzählung. Uraufführung: Tanger 1967; inszeniert von Joe McPhillips
Selected Songs. [38 Lieder.] Santa Fe 1984
Concerto for Two Pianos, Winds and Percussion. [Orchesterpartitur.] Santa Fe 1989

Autobiographie, Briefe, Interviews; Schriften zu Photographie, Film, Musik

Without Stopping. An Autobiography (1972). New York 1985
dt.: *Rastlos. Erinnerung eines Nomaden*. München 1990
In Touch. The Letters of Paul Bowles. Hg. von Jeffrey Miller. New York 1994
Dear Paul, Dear Ned – The Correspondance of Paul Bowles and Ned Rorem. Einleitung von Gavin Lambert. New Hampshire 1997
Conversations with Paul Bowles. Gesammelte Interviews. Hg. von Gena Dagel Caponi. Jackson 1993
Looking for Jane. Rundfunksendung des Senders France-Culture, Paris, für die Reihe »Nuits magnétiques«, Dez. 1986
Wie hätte ich ein Photo in die Wüste schicken können? Photographien. Hg., Essay und Bowles-Interview von Simon Bischoff (SB) und der Schweizerischen Stiftung für die Photographie, Zürich. Zürich 1993
engl.: *How Could I Send A Picture into the Desert?* New York 1994
Bernardo Bertolucci/Paul Bowles: *Un thé au Sahara* [*The Sheltering Sky*]. Filmbuch. Paris 1990. Darin u.a. »Les Contrées du Ciel« (Robert Briatte), Interview PB/Fabio Troncarelli
Timothy Mangan/Irene Herrmann (Hg.): *Paul Bowles on Music*. [Mit PBs letztem Interview vom 6. Juni 1999.] Berkeley 2003

*Paul Bowles' Übersetzungen und Übertragungen/
Transkriptionen via Tonband aus dem Marokkanischen
(arabische Dialekte/»Mundsteller«),
Spanischen und Französischen (Auswahl)*

Mohamed Choukri/PB: *For Bread Alone*. London 1974
frz.: *Le Pain nu*. Übersetzung von Tahar Ben Jelloun. Paris 1997
dt.: *Das nackte Brot*. Nördlingen 1986
Larbi Layachi [Driss ben Hamed Charhadi]/PB: *A Life Full of Holes*. New York 1964
dt.: *Ein Leben voller Fallgruben*. [*Schuldlos schuldig.*] Neuwied 1967/Nördlingen 1985
Larbi Layachi/PB: *Gestern und heute*. Graz 1995
Mohammed Mrabet/PB: *Love With A Few Hairs*. London 1967
dt.: *Haarige Liebe*. Augsburg 1993
Mohammed Mrabet/PB: *M'hashish*. San Francisco 1969
dt.: *M'hashish*. Geschichten aus Marokko. München 1989
Mohammed Mrabet/PB: *The Lemon*. London 1969
dt.: *El limon*. Graz/Wien 1989; München 1992
Mohammed Mrabet/PB: *Look & Move on*. Santa Barbara 1976
Mohammed Mrabet/PB: *Harmless Poisons, Blameless Sins*. Santa Barbara 1976
dt.: *Harmlose Gifte, verzeihliche Sünden*. Augsburg 1991
Mohammed Mrabet/PB: *The Big Mirror*. Santa Barbara 1977
Mohammed Mrabet/PB: *Marriage with Papers*. Bolinas 1986
Mohammed Mrabet/PB: *Ramadan und andere Erzählungen*. Graz 1993
Mohammed Mrabet/PB: *Der Ameisendompteur*. Augsburg 1994
Mohammed Mrabet/PB: *Dollars und Schokolade*. Graz 1996
Mohammed Mrabet/PB: *Mohammed und Mina. Eine Liebesgeschichte*. Frankfurt/M. 2000
Five Eyes. Stories von Abdeslam Boulaich, Mohamed Choukri, Larbi Layachi, Mohammed Mrabet, Ahmed Yacoubi. Aufgezeichnet und übersetzt von PB. Santa Barbara 1979
Rodrigo Rey Rosa: *The Path Doubles Back*. New York 1982
Rodrigo Rey Rosa: *El cuchillo del mendigo/The Beggar's Knife*. Short stories. San Francisco 1985
dt.: *Der Sohn des Hexenmeisters*. Vorwort von PB. Heidelberg 1990
Rodrigo Rey Rosa: *Dust on Her Tongue*. Short stories. San Francisco 1992

Isabelle Eberhardt: *Les Chercheurs d'oubli/The Oblivion Seekers*. San Francisco 1975
dt.: »Vergessenssucher.« In: Dies., *Sandmeere 2 – Notizen von unterwegs*. Reinbek 1983
Jean-Paul Sartre: *Huis Clos/No Exit*. New York 1958
dt.: *Geschlossene Gesellschaft*. Reinbek 1986
She Woke Me Up, So I Killed Her. San Francisco 1985. Gesammelte Übersetzungen von PB aus dem Frz. und Span. (u.a. Jorge Luis Borges, Giorgio de Chirico, André Pieyre de Mandiargues, Francis Ponge, Ramón José Sender), seit Mitte der 1940er Jahre verstreut in Zeitschriften erschienen, mit einem Vorwort von PB

Werke und Briefe von Jane Bowles

My Sister's Hand in Mine. The Collected Works of Janes Bowles (1978). Hg. von Millicent Dillon. Vorwort von Truman Capote. New York 1995 (vervollständigte, erweiterte Fassung der *Collected Works of Jane Bowles* von 1966)
Darin: *Two Serious Ladies* (1943), *Plain Pleasures* (1966), *In the Summer House* (1953/54), *Feminine Wiles* (1976), verstreute Erzählungen, Briefe, Notizbücher, Fragmente
dt. uneinheitlich verstreut auf mehrere, verschiedene Ausgaben:
Eine richtige kleine Sünde. Prosa, Briefe, Theater. Mit einem Vorwort von Édouard Roditi (ER): »Kleines Portrait JB«. München 1990
Einfache Freuden. Erzählungen. München 1985. Neuausgabe Berlin 2002
Zwei sehr ernsthafte Damen. Roman. München 1984. Neuausgabe Berlin 2001
Stèle. Übersetzung ins Französische und Essay »Muthos« (S. 37–44) von Michèle Causse. Paris 1978
Sämtliche Werke in einem Band. Frankfurt/M. 1988
Everything Is Nice – The Collected Stories. Vorwort von PB. London 1993
Out in the World. Selected Letters of Janes Bowles, 1935–1970. [Mit Auszügen aus dem gleichnamigen Romanfragment.] Hg. von Millicent Dillon. Santa Barbara/Santa Rosa 1990
dt. in Auszügen [nicht vollständig]: *goNza magilla – Ein Leben in Briefen*. Bonn 1997

II Ausgewählte Literatur zu Jane und Paul Bowles

Monographien

Robert Briatte: *Paul Bowles, 2117 Tanger Socco*. Paris 1989
dt.: *Paul Bowles, 2117 Tanger Socco – ein Leben*. Reinbek 1991 [mit ausführlicher Bibliographie und Werkverzeichnis von PBs Kompositionen]
Gena Dagel Caponi: *Paul Bowles – Romantic [Manufactured] Savage*. Carbondale 1994
Gena Dagel Caponi: *Paul Bowles*. New York 1998
Virginia Spencer Carr: *Paul Bowles – A Life*. New York 2004
Mohamed Choukri: *Paul Bowles ou Le Reclus de Tanger*. Paris 1997
Millicent Dillon: *A Little Original Sin. The Life and Work of Jane Bowles* (1981). Berkeley 1998
dt.: *Lauter kleine Sünden. Eine Biographie*. Hamburg 1993, München o.J.
Millicent Dillon: *You Are Not I. A Portrait of Paul Bowles*. Berkeley 1998
Cherie Nutting (Hg.): *Yesterday's Perfume – An Intimate Memoir of Paul Bowles*. New York 2000
Gary Pulsifer (Hg.): *Paul Bowles by His Friends*. London 1992
Édouard Roditi: *The Fiction of Jane Bowles as a Form of Exorcism*. Manuskript, unveröffentlicht
Édouard Roditi: *Works and Things of the Young and Evil*. Essay über PB. Manuskript, unveröffentlicht
Christopher Sawyer-Lauçanno: *An Invisible Spectator. A Biography of Paul Bowles*. New York 1989 [mit Werkverzeichnis von PBs Kompositionen]
Lawrence Shifreen: *Jane Bowles – A Bibliography*. Los Angeles 1989
Jennie Skerl (Hg.): *A Tawdry Place of Salvation – The Art of Jane Bowles*. Carbondale 1997
Zuflucht Tanger – Ein Ort für Literaten. Kulturzeitschrift »du«, no. 592, Zürich, Juni 1990. Mit Beiträgen von Dieter Bachmann, SB (»Fotografische Annäherung«/»Längs der Fluchtlinie«), Elfriede Müller (»Noli me Tangere«), Ernst Kahl (»Totentanz in Tanger«), Alfred Chester (»Tanger Peepshow«), JB (»Toll, daß du näher kommst«), Mohammed Mrabet/PB (»Die Hütte«), Tahar Ben Jelloun (»Jour de silence à Tanger«), Brion Gysin (»Musik für 1001

Nacht«), Michael Rogers/PB (»Manchen gefällt es, und sie bleiben«), Susanna Heimgartner (»Der Duft der großen weiten Welt«). *Mirrors on the Maghrib – Critical Reflections on Jane and Paul Bowles and Other American Writers in Morocco*. Hg. von R. Kevin Lacey und Francis Poole. New York 1996

Wissenschaftliche und journalistische Sekundärliteratur; Aufsätze, Essays und Beiträge

Michael Althen: »Nur Finsternis und völlige Nacht. Der große amerikanische Erzähler Paul Bowles ist im Alter von 88 Jahren in seiner Wahlheimat Marokko gestorben.« In: *Süddeutsche Zeitung*, Nr. 268, 19. Nov. 1999, S. 15

Johannes Willem Bertens: *The Fiction of Paul Bowles – The Soul Is the Weariest Part of the Body*. Amsterdam 1979

Robert Gorham Davis: »A Relentless Drive Towards Doom.« In: *New York Times Book Review*, 2. März 1952, S. 1

Chester E. Eisinger: »Paul Bowles and the Passionate Pursuit of Disengagement.« In: Ders., *Fiction of the Forties*. Chicago 1963, S. 283–288

Ellen G. Friedman/Miriam Fuchs (Hg.): *Breaking the Sequence – Women's Experimental Fiction*. Princeton 1989

Donald Gallup (Hg.): *The Flowers of Friendship – Letters Written to Gertrude Stein*. New York 1953

P. Garland: »Paul Bowles and the ›Baptism of Solitude‹.« In: *Americas – Essays on American Music and Culture, 1973–1980*. Santa Fe 1982, S. 186–218

Francine du Plessix Gray: *Adam and Eve and the City – Selections from Non-Fiction*. New York 1987 [zu JB]

Mel Gussow: »Obituary« (Nachruf auf PB). In: *New York Times*, 19. Nov. 1999

Ihab H. Hassan: »The Pilgrim as Prey – A Note on Paul Bowles.« In: *Western Review* 19, 1954, S. 23–36

Allen Hibbard: *Paul Bowles – A Study of the Short Fiction*. New York 1993

Jon W. Holden: *Form and Harmonic Techniques in the Two-piano Works by Paul Bowles*. Diss., University of New York, Ann Arbor 1995

Brigitte Kronauer: »Über Jane Bowles.« In: Dies., *Aufsätze zur Literatur*. Stuttgart 1987

Sabine Lammers: »Jane Bowles.« In: *Frauenliebe – Männerliebe. Eine lesbisch-schwule Literaturgeschichte in Porträts.* Frankfurt/M. 1999, S. 68–72

Cecil R. McLeod: *Paul Bowles – A Checklist.* Flint 1970

Jeffrey Miller: *Paul Bowles – A Descripive Bibliography.* Santa Barbara/Santa Rosa 1986

Richard F. Patteson: »The External World of Paul Bowles.« In: *Perspectives on Contemporary Literature,* University Press of Kentucky, no. 10, 1984, S. 16–22

Richard F. Patteson: *A World Outside – The Fiction of PB.* Austin 1987 [mit ausführlicher Bibliographie]

Evelyne Pieiller: »Bowles l'étranger.« In: *Magazine littéraire,* Mai 1987

Wayne Pounds: »Paul Bowles and *The Delicate Prey* – The Psychology of Predation.« In: *Revue belge de philologie et d'histoire* 59, no. 3, 1981, S. 620–633

Wayne Pounds: *Paul Bowles – The Inner Geography.* New York 1985

Michel Rauch: »Paul Bowles, der Titan von Tanger.« In: *Welt am Sonntag,* o.J. [1999]

Review of Contemporary Fiction 2, no. 3, 1982.
  Darin u.a. Essays von: Jack Collins: »Approaching PB« (S. 55–63)
  Stephen Emerson: »Endings and *The Sheltering Sky*« (S. 73–75)
  Robert Hauptman: »PB and the Perception of Evil« (S. 71–73)
  Wendy Lesser: »PB's *Collected Stories*« (S. 50–52)
  Paul Metcalf: »A Journey in Search of PB« (S. 32–41)
  Eric Mottram: »PB – Stacity and Terror« (S. 6–30)
  Wayne Pounds: »*Let It Come Down* and Inner Geography« (S. 42–50)
  Lawrence D. Stewart: »PB and *The Frozen Fields* of Vision« (S. 64–71)
  Linda S. Wells: »PB – ›Do not appropriate *my* object‹« (S. 75–84)

Ned Rorem: »Jane Bowles.« In: Ders., *Other Entertainement – Collected Pieces.* New York 1996, S. 306

Richard Rumbold: *A Message in Code – The Diary of Richard Rumbold, 1932–1960.* London 1964

Gertrude Stein/Alice B. Toklas: *Dear Sammy – Letters.* Hg. von Samuel Steward. Boston 1977

Alice B. Toklas: *Staying on Alone – Letters.* Hg. von Edward Burns. New York 1973

Gore Vidal: »Selected Memories of the Glorious Bird and the Golden Age.« In: *New York Review of Books,* 5. Febr. 1976, S. 15

John Wakeman (Hg.): *World Authors 1950–1970*. New York 1975
Tennessee Williams: »Das Wunderland einer neuen, ganz frischen Sensibilität.«/Truman Capote: »Die Schwierigkeiten des Schreibens gehen an die Grenzen echten Schmerzes.« In: *Bogen* 12, München 1984

Literatur zu Tanger, Marokko und zu im dortigen Exil lebenden Autoren (Beat Generation)

Lotfi Akalay: »Tanger, c'est Tanger!« In: *Le Point*, no. 1554, 28. Juni 2002, S. 60/61
An American Guide to Tangier – The Golden Gateway. Tangier 1952
Thierry de Beaucé: *La Chute de Tanger*. Paris 1984
Paul Bowles: »An Open Letter – To Those Interested in Surviving the Coming Decade.« [Offener Brief.] In: *Le Journal de Tanger*, 12. Jan. 1980
Robert Briatte: *Tanger s'il y a lieu*. Paris 1988
William Betsch: *The Hakima. A Tragedy in Fez*. Einleitung von PB. New York 1991
Jon Bradshaw: *Dreams That Money Can Buy – The Tragic Life of Libby Holman*. New York 1985
William S. Burroughs: Werke I. – *Junkie; Auf der Suche nach Yage; Naked Lunch; Nova Express*. Frankfurt/M. 1978
William S. Burroughs: Werke II/III. – *Die wilden Boys; Port of Saints, Arbeitsjournal; Die Städte der Roten Nacht*. Frankfurt/M. 1980/85
Truman Capote: *Music for Chameleons* (1975). London 1981
Truman Capote: *Answered Prayers*. New York 1987
Marie-Haude Caraës: *Tanger ou La Dérive littéraire. Essai sur la colonisation littéraire d'un lieu – Barthes, Bowles, Burroughs, Capote, Genet, Morand*. Paris 2003
Alfred Chester: *Head Of A Sad Angel. Stories 1953–1966*. Santa Rosa 1990
Mohamed Choukri: *Jean Genet und Tennessee Williams in Tanger*. Hamburg 1995
engl.: Übersetzt von PB (1974/1979).
Gerald Clarke: *Capote – A Biography*. New York 1988
dt.: *Truman Capote*. München 1990
Rupert Croft-Cooke: *The Caves of Hercules*. London 1974

Jack Dunphy: *Dear Genius – A Memoir of My Life with Truman Capote*. New York 1987
Alberto España: *La pequeña historia de Tánger. Recuerdos, impresiones y anécdotas de una gran ciudad*. Tánger 1954
Daphne Fielding: *The Nearest Way Home*. London 1970
Iain Finlayson: *Tangier – City of the Dream[s]*. London 1992
Sylvia Fol: *Tanger, oranges amères*. Paris 1997
Sylvia Fol: *Vu de dos*. Paris 1998
Raffael Ganz: *Orangentraum. Erzählungen aus Marokko*. Zürich 1961
Jean Genet: *Un captif amoureux*. Paris 1986
Norman Glass: »The Decline and Fall of Arthur Chester.« In: *Paris Review* 18, no. 71, 1977, S. 89–125
Michelle Green: *The Dream at the End of the World. Paul Bowles and the Literary Renegades in Tangier*. New York 1992
Brion Gysin/William S. Burroughs/Ian Sommerville: »Cut-ups – A Project for Desastraous Success.« In: Dies., *Let The Mice In*. West Glover 1973
Brion Gysin: *The Last Museum*. New York 1986
Brion Gysin/Terry Wilson: *Here to Go, Planet R-101*. San Francisco 1982
David Herbert: *Second Son*. London 1972
David Herbert: *Engaging Eccentrics*. London 1990
C. David Heymann: *Poor Little Rich Girl – The Life and Legend of Barbara Hutton*. New York 1983
Allen Hibbard: *Paul Bowles, Magic and Morocco*. Cadmus Editions 2004
John Hopkins: *Tangier Buzzless Flies*. New York 1972
John Hopkins: *Carnets de Tanger, 1962–1979*. Paris 1995
John Hopkins: *Adieu, Alice*. Paris 1999
Jane Howard: »A Talk in the Casbah.« In: *Washington Post Book Week*, 19. März 1978
Tahar Ben Jelloun: *Jour de silence à Tanger*. Paris 1990
Joseph Kessel: *Au Grand Socco*. Paris 1952
Brenda Knight/Ann Charters: *Women of the Beat Generation – The Writers, Artists and Muses at the Heart of a Revolution*. Berkeley 1996/New York 2000
Isaac [Abraham] Laredo: *Memorias de un viejo Tangerino*. Madrid 1935
Hélie Lassigne: »Zestes de Tanger.« In: *Libération*, 28. Dez. 1989
Wyndham Lewis: *Travels into Barbary*. Santa Barbara 1983

Robin Maugham: *The Rough and the Smooth*. New York 1951
Robin Maugham: *The Wrong People*. New York 1967
Peter Mayne: *The Alleys of Marrakech*. London 1953
Barry Miles: *The Beat Hotel – Ginsberg, Burroughs and [Gregory] Corso in Paris, 1957–1963*. New York 2000
Ted Morgan: *Literary Outlaw. The Life and Times of William S. Burroughs*. New York 1988
Greg Mullins: *Colonial Affairs – Bowles, Burroughs and Chester Write Tangier*. Madison/Wisconsin 2002
Douglas Porch: *The Conquest of Morocco*. New York 1983
Daniel Rondeau: *Tanger*. Paris 1987
Gordon Sager: *Run Sheep Run*. New York 1950
Angus Stewart: *Tangier – A Writer's Notebook*. London 1977
Lawrence D. Stewart: *Paul Bowles – The Illumination of North Africa*. Carbondale 1974
Gore Vidal: *Palimpsest. A Memoir*. London 1996
Lawdom Vaidon [=David Woolman]: *Tangier – A Different Way*. Metuchen 1977
Hugo Vickers: *Cecil Beaton*. Boston 1985
Hannsjörg Voth/Ingrid Amslinger: *Hassi Romi*. Nürnberg 1989
Edward Westermarck: *Ritual and Belief in Morocco*. London 1926
Tennessee Williams: *Memoirs*. New York 1983
Tennessee Williams: *Letters to Donald Windham, 1940–1965*. New York 1976
Edmund White: *States of Desire. Travels in Gay America*. New York 1980
Edmund White: *Genet. A Biography*. New York 1993
Donald Windham: *Two People*. New York 1965
Josef Winkler: *Das Zöglingsheft des Jean Genet*. Frankfurt/M. 1992
Le Titan de Tanger – Paul Bowles, une légende. Film von Sebastian Hirt, München 1993. Arte/La Sept 1994

Bowles und Musik

George Antheil: *Bad Boy of Music – Autobiographie*. Hamburg 2000
Gena Dagel Caponi: »A Nomad in New York – The Music of Paul Bowles, 1933–1948.« In: *American Music*, VII, no. 3, 1989, S. 278–314
Peggy Glanville-Hicks: »Paul Bowles, American Composer.« In: *ML* 26, 1945, S. 88–96

Mark N. Grant: *Maestros of the Pen. A History of Classical Music Criticism in America.* Boston 1998

Jay Harrison: »Composer at Home Abroad.« In: *New York Herald Tribune*, 17. Mai 1953

Irene Herrmann: »Paul Bowles.« In: *The New Grove, Dictionary of Music and Musicians.* Zweite, neu bearbeitete Ausgabe, London 2001, Bd. 4: Bor-Can, S. 151/152

Kathleen Hoover/John Cage (Hg.): *Virgil Thomson – His Life and Music.* New York 1959

Minna Lederman: *The Life and Death of a Small Magazine – »Modern Music«, 1924–1946.* Brooklyn 1983

Tim Page/Vanessa Weeks Page (Hg.): *Selected Letters of Virgil Thomson.* New York 1988

Joan Peyser: *Bernstein – A Biography.* New York 1987; revidiert 1998 (dt.: München 1991)

Howard Pollack: *Aaron Copland – The Life and Work of an Uncommon Man.* New York 1999

Howard Pollack: »The Dean of American Gay Composers – Aaron Copland.« In: *American Music*, Frühjahr 2000

Ned Rorem: »Come Back, Paul Bowles.« In: *New Republic* 166, 22. April 1972, S. 24

Ned Rorem: *An Absolute Gift – A New Diary.* New York 1978

Ned Rorem: *The Later Diaries – 1961–1972.* San Francisco 1983

Ned Rorem: *Setting the Tone – Essays and A Diary.* New York 1984; darin vor allem zwei längere Artikel zu PB: S. 233/234 und S. 355–357

Ned Rorem: *The Nantucket Diary – 1973–1985.* San Francisco 1987

Ned Rorem: *Knowing When to Stop. A Memoir.* New York 1994

Ned Rorem: *The Paris Diary & The New York Diary, 1951–1961.* New York 1998

Ned Rorem: *Lies – A Diary, 1986–1999.* Washington 2000

Virgil Thomson: *Virgil Thomson by Virgil Thomson. [Autobiographie.]* New York 1966

Anthony Tommasini: *Virgil Thomson – Composer on the Aisle.* New York 1997

Barbara Zuck: »Paul Bowles.« In: *MGG (Die Musik in Geschichte und Gegenwart).* Zweite, neu bearbeitete Ausgabe, Kassel/Stuttgart 2000, Bd. 3: Bj-Cal, Spalten 584–587

III Literarisches, kultur- und zeitgeschichtliches Umfeld

Yann Andréa: *Cet amour-là*. Paris 1999
Gudrun Arndt: *Spaziergänge durch das literarische New York*. Zürich 1997
John Bainbridge: *Another Way of Living – A Gallery of Americans Who Chose to Live in Europe*. New York 1968
Sylvia Beach: *Shakespeare and Company. Ein Buchladen in Paris*. Frankfurt/M. 1982
Nicolas Born: *Die Fälschung*. Reinbek 1979
Patricia Bosworth: *Montgomery Clift*. New York 1978
Joachim Büchner (Hg.): *Kurt Schwitters, 1887–1948*. [Ausstellungskatalog der Retrospektive im Sprengel-Museum Hannover, Frühjahr 1986.] Berlin/Hannover 1986
François Buot: *Hervé Guibert – le jeune homme et la mort*. Paris 1999
Clancy Carlile: *The Paris Pilgrims*. New York 1999
Céline [Louis-Ferdinand Destouches]: *Voyage au bout de la nuit* (1932). Paris 1972
dt.: *Reise ans Ende der Nacht*. Reinbek 2003
Bruce Chatwin: *What Am I Doing Here*. London 1989
Marguerite Duras: »Les Hommes«/»Le Livre«/»L'Alcool«. In: Dies., *La Vie matérielle*. Paris 1987, S. 42–52/S. 97–103/S. 23–28
dt.: »Die Männer«/»Das Buch«/»Der Alkohol«. In: Dies., *Das tägliche Leben*. [Gespräche mit Jérôme Beaujour.] Frankfurt/M. 1988, S. 40–49/S. 88–93/S. 21–26
Jean-Marie Fitère: *Violette Nozière*. Wien 1979
Areti Georgiadou: *Das Leben zerfetzt sich mir in tausend Stücke. Annemarie Schwarzenbach – eine Biographie*. München 1998
André Gide: »Les Caves du Vatican.«/»Les Faux-monnayeurs.« In: *Romans. Récits et soties. Œuvres lyriques*. (Bibliothèque de la Pléiade, no. 135.) Paris 1993
Peggy Guggenheim: *Confessions of an Art Addict*. New York 1960
Hervé Guibert: *Le Protocole compassionnel*. Paris 1991
dt.: *Mitleidsprotokoll*. Reinbek 1992
Ulrike Hänsch: *Individuelle Freiheiten – heterosexuelle Normen in Lebensgeschichten lesbischer Frauen*. Diss., Reihe »Geschlecht und Gesellschaft«, Bd. 36, 2003
Christopher Isherwood: *Goodbye to Berlin* (1939). London 1983
Christopher Isherwood: *Mr Norris Changes Trains* (1935). London 1984

Christopher Isherwood: *Christopher and His Kind*. New York 1976
Dietrich Kerlen: *Der schwarze Duft der Schwermut. Edgar Allen Poe – eine Biographie*. Berlin 1999
Lautréamont [Isidore Ducasse Comte de]: *Œuvres complètes. Les Chants de Maldoror. Lettres. Poésies I & II*. Paris 1973
Cecily Mackworth: *The Destiny of Isabelle Eberhardt*. London 1951
Arthur Machen: *Far off Things*. New York 1923
Norman Mailer: *Advertisements for Myself*. New York 1959
Kamala Markandaya: *Nektar in einem Sieb*. München 1956
Gerda Marko: *Schreibende Paare. Liebe, Freundschaft, Konkurrenz*. Frankfurt/M. 1998
Henri Michaux: *Un barbare en Asie*. Paris 1967 & 1986
Georges Perec: *W ou Le Souvenir d'enfance*. Paris 1975
Roger Perret: »Meine ins Ferne und Abenteuerliche verbannte Existenz.« In: Annemarie Schwarzenbach, *Alle Wege sind offen – Die Reise nach Afghanistan*. Basel 2000, S. 39–67
Jens Rosteck: *Zwei auf einer Insel – Lotte Lenya und Kurt Weill. Eine Doppelbiographie*. Berlin 1999; Neuausgabe: Frankfurt/M. 2005
Jens Rosteck: »André Gide.« In: *MGG (Die Musik in Geschichte und Gegenwart)*. Zweite, neu bearbeitete Ausgabe, Kassel/Stuttgart 2002, Bd. 7: Frap-Gre, Spalten 920–927
Helma Sanders-Brahms: *Marlene und Jo – Recherche einer Leidenschaft*. Berlin 2000
Christopher Sawyer-Lauçanno: *The Continual Pilgrimage – American Writers in Paris, 1944–1960*. New York 1992/San Francisco 1998
Michael Schulte (Hg.): *Paris war unsere Geliebte. Streifzüge mit James Joyce, Ernest Hemingway, Ezra Pound, Gertrude Stein und anderen*. München 1989
Martin Schulze: *Geschichte der amerikanischen Literatur – von den Anfängen bis heute*. Berlin 1999
Annemarie Schwarzenbach: *Jenseits von New York. Reportagen und Fotografien*. Basel 1992
Nicholas Shakespeare: *Bruce Chatwin*. London 1999
Diana Souhami: *Gertrude and Alice*. London 1991
Stephen Spender: *The Temple* (1929/30). London 1988
Stephen Spender: *World within World. The Autobiography*. (1951) London 1991
Gertrude Stein: *Kriege die ich gesehen habe*. Frankfurt/M. 1984
Gertrude Stein: *Everybody's Autobiography*. New York 1937 dt.: *Jedermanns Autobiographie*. Frankfurt/M. 1986

Gertrude Stein: *Autobiographie von Alice B. Toklas*. Zürich 1996
Gertrude Stein: *Paris Frankreich – Persönliche Erinnerungen*. Frankfurt/M. 1996
Gertrude Stein: *Q. E. D. [Things as they are.]* dt.: Frankfurt/M. 1996
Kyra Stromberg: *Zelda und F. Scott Fitzgerald – ein amerikanischer Traum*. Reinbek 1997
Michel Tournier: *La Goutte d'or*. Paris 1985
dt.: *Der Goldtropfen*. Frankfurt/M. 1993
Ann Wadsworth: *Light, Coming Back*. Los Angeles 2002
Andrew Wilson: *Beautiful Shadow – A Life of Patricia Highsmith*. New York 2004
Michel Winock: *Le Siècle des intellectuels – Barrès, Gide, Sartre*. Paris 1997

IV Kleine Diskographie

Paul Bowles: Kammermusik und Lieder. – *Nocturne* für zwei Klaviere (1935); Sonate für Oboe und Klarinette (1931); Drei ausgewählte Lieder (1944–47); Sonate für Flöte und Klavier (1932); *Quatre canciones* nach Federico García Lorca (1944); *Four Miniatures* für Klavier (1932–43); *Scènes d'Anabase* nach Saint-John Perse für Tenor, Oboe und Klavier (1932). – Irene Herrmann, Mark Brandenburg, Roger Wiesmeyer u.a. – CD Koch/Schwann 1995

Paul Bowles: *An American in Paris*. – *Huapango* no. 1 und 2 für Klavier; *Sechs Préludes* für Klavier (1934/35); *La Cuelga* für Klavier (1943); *El Bejuco* für Klavier (1943); *Night Waltz* für zwei Klaviere (1949); Concerto für zwei Klaviere, Bläser und Percussion (1946); ausgewählte Songs (1935–82) nach Charles-Henri Ford, Tennessee Williams, Jane und Paul Bowles, Gertrude Stein, Frances Frost, William Saroyan etc. – Gustavo Romero, Howard Haskin, Haridas Greif, Jo Ann Pickens, Jean-François Zygel, Kun Woo Paik, Huseyin Sermet u.a. – CD Koch/Schwann 1995

Paul Bowles: *Migrations*. – Concerto für zwei Klaviere, Bläser und Percussion (1946); Sonate für Flöte und Klavier (1932); *Music for A Farce*, Konzertsuite nach einer Bühnenmusik für Orson Welles (1938/39); Sonate für Oboe und Klarinette (1931); *Hippolytos* and *Salome*, bearbeitete Bühnenmusiken (1992/93); *Scènes d'Anabase* nach Saint-John Perse für Tenor, Oboe und Klavier (1932); *Night Waltz* für zwei Klaviere (1949). – Hermann Kretzschmar, Olga Balakleets, Dietmar Wiesner, Ib Hausmann, Catherine Miliken, Carol Robinson, Martyn Hill, Peppie Wiersma, HCD Ensemble u.a. – CD Largo 1995

The Music of Paul Bowles. – Pastorela (First Suite); Suite für kleines Orchester; Concerto für zwei Klaviere; *The Wind Remains*; *Secret Words*, eine Suite aus 6 Songs, arrangiert von Jonathan Scheffer. – CD BMG Catalyst 1996

Paul Bowles: *Black Star at the Point of Darkness.* – Klavierstücke, Gedichte, Erzählungen, Straßenszenen aus Marokko. – CD Sub Rosa 2001

Paul Bowles: Songs für Bariton und Klavier. – *Blue Mountain Ballads* (1946); ausgewählte Songs nach Tennessee Williams, Gertrude Stein, William Saroyan, Jane und Paul Bowles (1935–46). – William Sharp, Steven Blier. – CD New World Records 1989

Paul Bowles: Klaviermusik (*Sechs Préludes*; Sechs lateinamerikanische Stücke) auf: *American Piano Music I.* – Klaviermusik (*Dance* aus *The Wind Remains*; *Cross Country*; Sonatine) auf: *American Piano Music II.* – Bennett Lerner. – CDs Etcetera 1984 (I) und 1986 (II)

Jane Bowles/Katharina Franck/Ulrike Haage: *Bei unserer Lebensweise ist es sehr angenehm, lange im voraus zu einer Party eingeladen zu werden.* – Hörspiel. – CD Sans Soleil/Bayerischer Rundfunk 1999

Bildnachweis

Seite 24
Dem Labyrinth überlegen: Jane und Paul lichten einander auf der Dachterrasse ihres damaligen Wohnsitzes, Haus Nr. 28 in der West 10th street, ab, New York 1946.

Seite 72
Richtungswechsel: Paul, noch Komponist und schon angehender Schriftsteller, New York, 1946, photographiert von Jane.

Seite 128
Weichzeichner: Jane in verführerischer Glamour-Pose, frühe Vierziger Jahre.

Seite 182
Der ewige Dandy: Paul, stets untadelig, in Fez, nach Abschluß des *Sheltering Sky*, 1948, porträtiert von Edwin Denby.

Seite 238
Neckischer Charme und traute Idylle: Paul, zurück aus Mexiko, und Jane, seinerzeit liiert mit Helvetia Perkins, 1944, vorübergehend vereint in New York.

Seite 306
Genießer: Paul mit obligatorischer Kif-Pfeife am Atlantik, Cap Spartel nahe Tanger, Ende der sechziger Jahre.

Seite 364
Erleichterung: Eine befreite Jane nach ihrer geglückten Ankunft in Marokko, Tanger, 1948.

Seite 422
Selbstauslöser: Die beats besuchen Paul (mit Krawatte, ohne Jane) in Tanger – Gregory Corso, Ian Sommerville, Michael Portman und William S. Burroughs (mit Hut und Kamera), Hotel Muniriya, 1961.

Seite 484
Schwarzweißkontrast: Jane Arm in Arm mit Cherifa (verhüllt), Tanger, 1967, photographiert von Terence Spencer.

Seite 558
Irrfahrt: Jane läßt sich durch Marrakesch kutschieren, 1963.

Seite 614
Rivalen und Nebenbuhler: Cherifa auf der Terrasse des Immeuble Itesa, Tanger, 1960
und Ahmed Yacoubi, Hotel Palais Jamai, Fes, 1947, beide photographiert von Paul.

Seite 644
Kniefall vor dem eigenen Image: Paul mit Schal und Kamelhaarmantel an seinem Hausstrand Merkala Beach, Tanger, 1963, festgehalten von Bill Belli.

Seite 24 o., 24 u., 72, 306, 364, 422, 558, 614 o., 614 u., 644:
© Fotostiftung Schweiz, Winterthur/VG Bild Kunst, Bonn

Seite 128, 182, 484:
© The Literary Estate of Jane and Paul Bowles by kind permission of the Wylie Agency (UK) Ltd.

Seite 238:
© Harry Ransom Humanities Research Center/The University of Texas at Austin and by kind permission of The Wylie Agency (UK) Ltd.